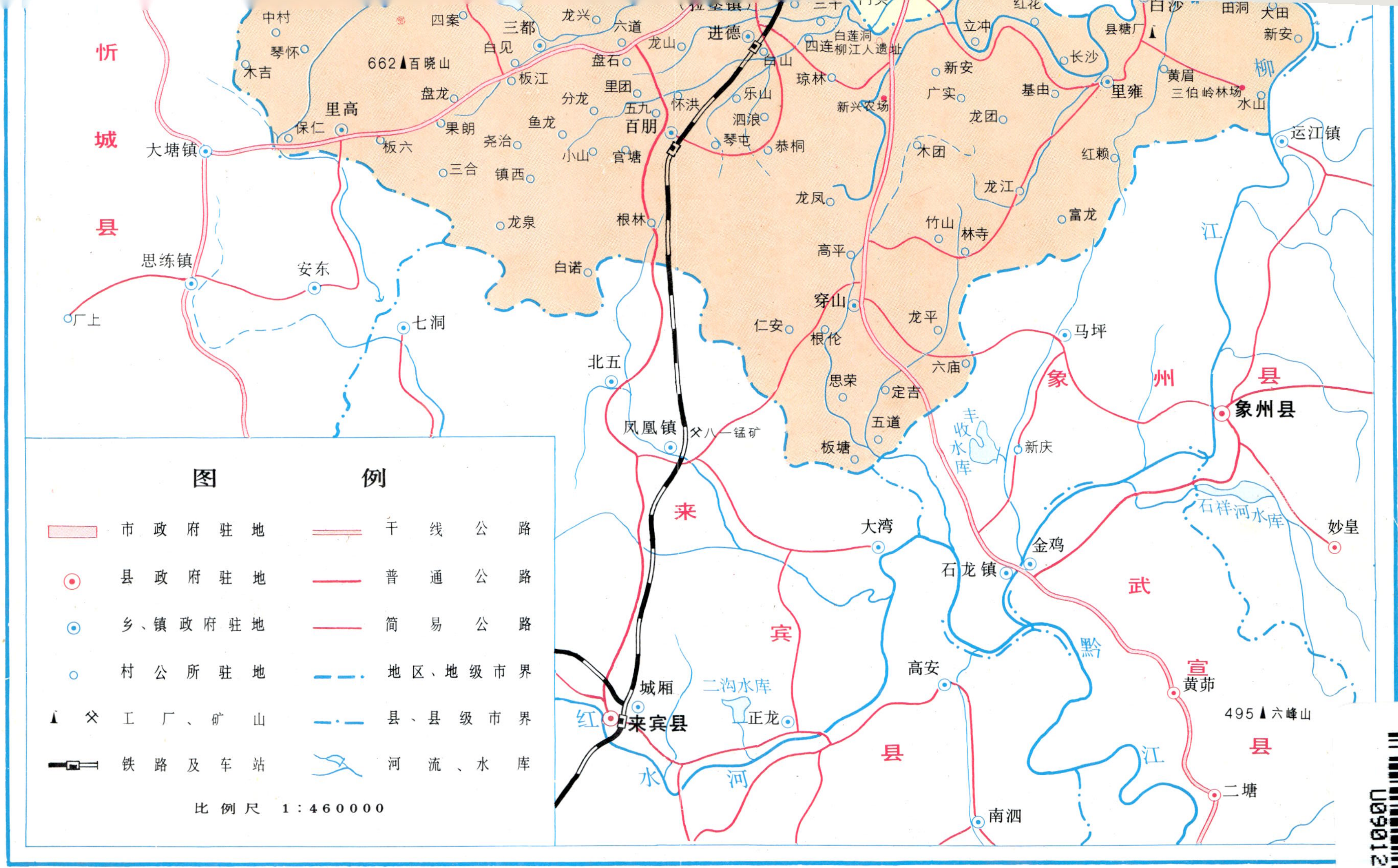

忻城县
大塘镇
思练镇
厂上
安东
七洞
北五
凤凰镇
八一锰矿
来宾县
城厢
正龙
二沟水库
红水河
来宾县
大湾
石龙镇
金鸡
高安
南泗
黔江
武宣县
黄茆
二塘
495▲六峰山
妙皇
石祥河水库
象州县
马坪
新庆
丰收水库
柳江
运江镇
662▲百晓山
中村
四案
三都
白见
龙兴
六道
龙山
进德
白山
琴怀
木吉
里高
保仁
板江
盘龙
盘石
里团
分龙
鱼龙
果朗
板六
尧治
三合
镇西
五九
百朋
怀洪
乐山
泗浪
琴屯
恭桐
小山
官塘
龙泉
根林
白诺
龙凤
高平
穿山
仁安
根伦
思荣
龙平
竹山
林寺
六庙
定吉
五道
板塘
白莲洞
四连柳江人遗址
琼林
新兴农场
木团
龙江
富龙
红赖
新安
广实
龙团
基由
里雍
长沙
立冲
县糖厂
黄眉
三伯岭林场
水山
田洞
大田
新安

图例

	市政府驻地		干线公路
	县政府驻地		普通公路
	乡、镇政府驻地		简易公路
	村公所驻地		地区、地级市界
	工厂、矿山		县、县级市界
	铁路及车站		河流、水库

比例尺 1:460000

广西地图院编制

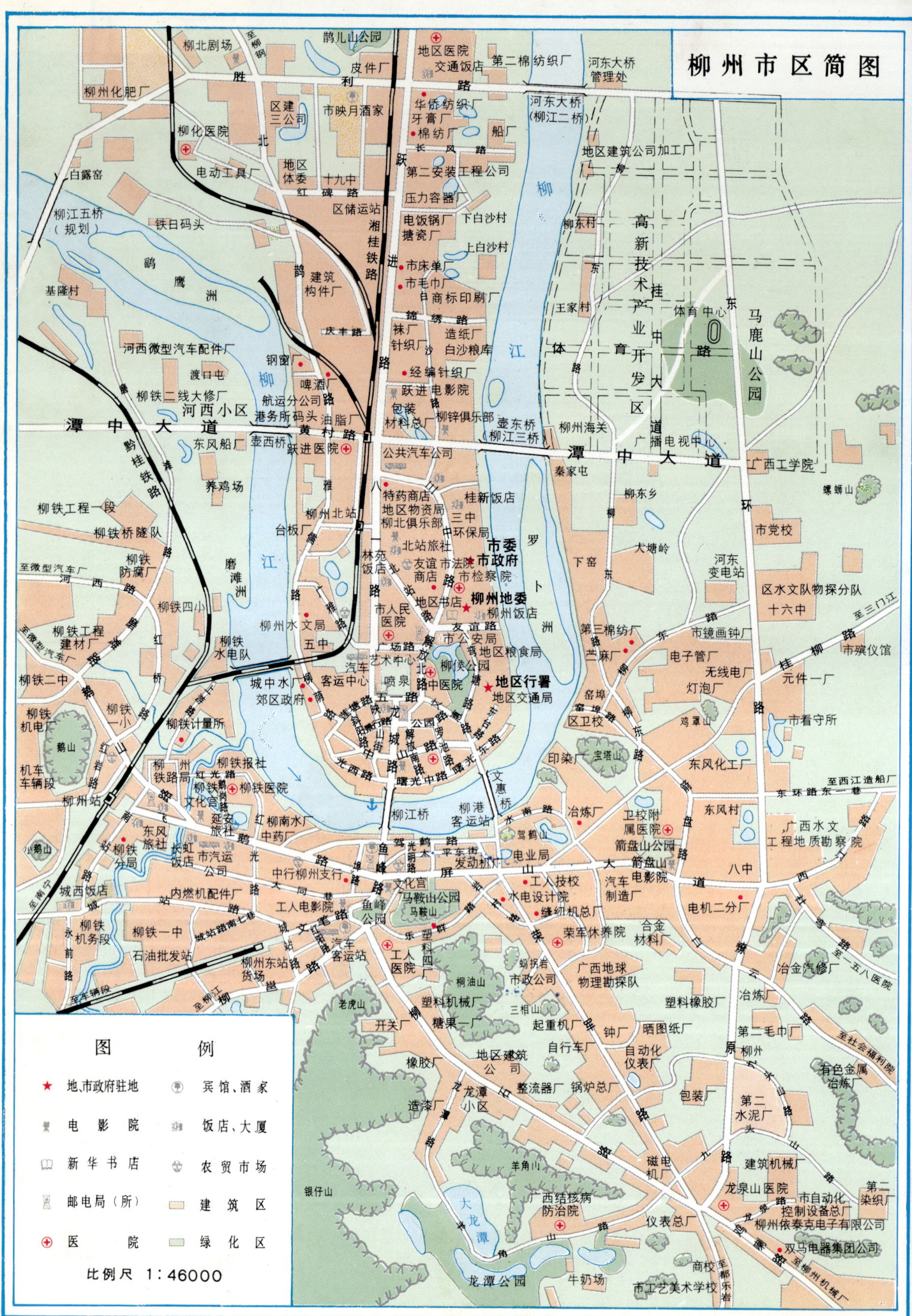

广西地图院编制

1996年10月

柳州年鉴

1998

柳州市人民政府主办
广西人民出版社出版

本年鉴委托香港经济导报社在香港、澳门、台湾地区及国外发行。

柳 州 年 鉴

1998

（国内外发行）

柳州年鉴编纂委员会编辑

图片设计：柳州市金帆广告公司

编辑部地址：柳州市三中路66号（市档案局内） 邮政编码：545001 电话：(0772)2822652

广 西 人 民 出 版 社

南宁市河堤路14号 邮政编码530021

柳州市印刷厂激光电脑排版 柳州市印刷厂印刷

开本：787×1092毫米 1/16 22.25印张 890千字

1998年10月第一版 1998年10月第一次印刷

书号：ISBN7－219－03705－8/K·700 广告经营许可证号：2267

国内定价：60元

《柳州年鉴》编纂委员会

顾　　问　蒋纯基　宋继东

主　　任　于开金　徐伟崇

副 主 任　何　军　韦志飞　黄忠正

委　　员　肖永传　李月群　梅　伟　凌耀文　于祖毅　韦建军

李　炯　蒋崇东　胡敏翔　刘俊和　李茂兰　黄润健

邓绍昌　罗　红　陆仁生　皮可慰　周树民　李伯勤

杨立峰　罗树生　张威明　冷永景　程玉君　刘沛盛

陈学忠　苏东兵　詹　德　杜明东　赵甫荣　吴　丹

王应初　王　遥　于　丁　邬燕文　黄伟光　何家丽

卢德宏　李厚全　杨德轼　黄仕安　张乔林　黄民凤

郑俊康　纳　翔　焦耀光　刘里军　黄邦门

《柳州年鉴》编辑部

主　　编　黄忠正

副 主 编　何家丽　卢德宏

特邀编审　李　萍

编　　辑　曾　益　陈素琴　吴培炳　廖文清

编 辑 说 明

一、《柳州年鉴》是柳州市人民政府主办、市档案局承办的综合性地方年鉴。1993 年创刊，每年出版一卷，国内外发行。1998 卷为第六卷，它记录着 1997 年柳州市在深化改革，扩大开放，经济、社会及各方面发展变化情况，是经济发展的缩影，是具有年度公报性、信息总汇性、资料权威性的大型工具书。为各级领导和各部门、各单位以及社会各界人士、海外人士了解、认识柳州服务。

二、《柳州年鉴·1998》卷共有 23 个大篇，依次是：特载、柳州市概况、政治、法制·军事、工业、交通·邮电、农业、建设·环保、国内贸易、对外经济贸易·旅游、财政·金融、经济管理、科学技术、社会科学、教育、文化·卫生·体育、社会生活、县区概况、人物、大事记、文件选编、统计资料、附录。全书设分目 120 个，条目 1250 余条，文字力求做到精炼。彩色图片专辑除收入“今日柳州”建设成就外，还在各大篇之间，安排有彩色插页，反映全市各有关单位两个文明建设的重大成就、产品选介。

三、本年鉴刊登的稿件，均由市直机关各部、委、办、局、群众团体和有关单位的编写组撰写和提供，并经撰稿单位负责人审核。涉及全市经济统计资料，由市统计局提供。有关专业性数据由主管部门提供。

四、《柳州年鉴·1998》卷的编纂出版，得到各级领导的重视和支持，尤其是撰稿和审稿的同志们的高度负责和辛勤劳动，在此，表示衷心感谢和崇高敬意。由于编辑水平有限，难免存在缺点和错误，请提出宝贵意见。

《柳州年鉴》各编辑(编写)组

(排列不分先后)

中共柳州市委员会办公室
雷应敏　何志忠　曾桂红
中共柳州市委组织部
肖永传　周柳一　肖光其
中共柳州市委宣传部
李月群　何贵文　刘紫林
中共柳州市委统战部
马成凤　李桂雄　李　钢
中共柳州市委政法委员会
赵如镜　陈芳萍　王代玲　赖伟军
吴武章
中共柳州市委老干部局
郑德金　冷　静
中共柳州市委政策研究室
张咸明　罗仲光
中共柳州市委精神文明建设委员会办公室
徐川城　邓少英
中共柳州市委党史研究室
宋　华　周柳蓉　黄惠兰
中共柳州市直属机关工作委员会
谢世艳　黄水华
中共柳州市委、市人民政府信访办公室
覃梦楚　左重特
中共柳州市纪律检查委员会、柳州市监察局
陈高明　陈子刚　覃家茂
柳州市人大常委会办公室
黄柳玉　谭学书
柳州市中级人民法院
陈朝华　胡国雄　王朝君
柳州市人民检察院
李秀崇　郝金玉
柳州市人民政府办公室
韦志飞　韦孟强
柳州市计划委员会
汤福胜　谈国恩　刘　艳
柳州市经济贸易委员会
吴集成　杜瑞兵　吕福生　利建明
谢彩玲　邬永清　廖忠友　韦立东
邓　伟　李冠环
柳州市建设局
韦建军　罗　宁
柳州市科学技术委员会
金蕴珊　廖建清　李　超
柳州市农村办公室
李柱柏　黄晋豪　李怀干　韦日机
李　健　佘锦伟
柳州市对外贸易经济合作局
胡敏翔　刘名康　俸耀先
柳州市经济体制改革委员会
李茂兰　梁爱凤
柳州市体育运动委员会
陆仁生　高　宁　李兆澄
柳州市教育委员会
罗　红　廖小芬　李运生
柳州市计划生育委员会
贺祖成　赵丽华
柳州市民族事务委员会
吕　琦　班雪梅
柳州市外事办公室
黄润健　农　耘　梁家积
柳州市人民防空办公室
杨壮礼　叶万添
柳州市侨务办公室
吴金福　杨宏伟　黄惠琼
柳州市人事局
蒋谋改　朱安俊　韦旭光
柳州市劳动局
程玉君　崔　宏　谭　立　张敏翔
柳州市统计局
周树民　王鸿鹄　王树林　梁凤涛
柳州市物价局
陆群英　陈连海　覃政权
柳州市物资局
刘能界　赵国炎
柳州市工商行政管理局
丁有新　曾肖红
柳州市国家税务局
杨立峰　纪晓梅　张凤阳
柳州市地方税务局
罗树生　黄卓禄　黎规友
柳州市机械电子工业局
苏东兵　王智民　覃若新
柳州市轻工总会
詹　德　梁任业　黎森昌
柳州市城镇集体手工业联社
赵甫荣　覃序芬　韦柳盛
柳州市纺织总会
韦光俊　武　君　张　菁　黄　俊
柳州市技术监督局
唐东江　晏　武　覃艳秋
柳州市交通局
孙小青　刘建严
柳州市城市规划局
贺海良　段　强　陈其远
柳州市邮电局
申志伟　曹　曦　李宁肇
柳州供电局
王震乾　黄开国　黄富荣　陈冬云
柳州市环境保护管理局
白志中　何汉章
柳州市土地管理局
罗林宗　郑贻昌　刘莉莎　周　龙
柳州市房产管理局
李恳生　肖根源　覃倩倩

柳州市住房制度改革办公室

何以斌　林西慧

柳州市园林管理局

刘柏丽　贾玉英　姚更生

柳州市农业局

吴寿福　黄湘君　吴有根

柳州市农业机械化管理局

魏祖汉　颜仁凤　梁桂清

柳州市水利电力局

孔庆友　吴秋成　彭紫萍

柳州市蔬菜副食品管理局

孙玉田　刘学义　韦小莲

柳州市林业局

何卷龙　何日坤　潘济华

广西甲天下烟草(集团)有限公司

谢　平　刘　鸿　唐格莲

柳州市乡镇企业管理局

兰保荣　王桂宁　黄其明

柳州市畜牧水产局

张继忠　曾昭孔

柳州市贸易局

黄伟光　谭　泊　王　翔

柳州市粮食局

浦国斌　梁惠强　陆干川

柳州市财政局

韦　钢　苏少坡　麦　丰

柳州市审计局

周铁盆　陈定奎　蔡恒吉

柳州市国有资产管理局

张　崑　朱润燕　刘　俐

周晓波　徐文雄

柳州市口岸办公室

杨侨生　张四喜

柳州市公安局

于　丁　侯富才　许先荫

柳州市司法局

黄振土

柳州市文化局

蓝建军　王芝英

柳州市卫生局

陈学忠　李求田　段利民　王思汉

柳州市民政局

王应初　黄祝宝　郭尚文

柳州市广播电视局

罗桂卿　石加宁　关　玲

柳州市档案局

何家丽　卢德宏　周伍柳

柳州市旅游局

刘丽萍　余允圣　曾宪忠

柳州市老龄工作委员会办公室

曲卫国　梁玲玲

柳州市经济技术协作办公室

李道园　王　超

柳州高新技术产业开发区管委会

李启发　杨建萍　余乐军

柳州市供销合作社

覃怡林　庞勇光　宋军军

柳州市农工商联合公司

方向好　兰永松　汤菊香

柳州市机关事务管理局

邬燕文　田茂琳

柳州市地方志编纂委员会办公室

李厚全　廖六田

柳州市防震工作办公室

池正洪　郭金华

柳州市气象局

周彰仕　高克普　李家文

水文资源柳州分局

胡永忠　张柳钢　覃义珍

政协柳州市委员会办公室

梁志贤　谢忠勇

柳州军分区

黄邦门　廖日翰　唐建中

武警柳州市支队

周玉林　贺四清

柳江县人民政府

杨伟林　钟柯俊　覃玉珍

柳城县人民政府

蔡耀中　覃　勋　何立生　曾勇光

柳北区人民政府

李伯勤　李冰洁　盘武明

城中区人民政府

胡火生　刘世平　张德荣

鱼峰区人民政府

梁　兵　零霍香

柳南区人民政府

黄民凤　柒增华

郊区人民政府

张乔林　李忠霖

柳州市总工会

杨克斌　陶海舶

共青团柳州市委

何焕全　杜新权　刘　俊

柳州市妇女联合会

谭和平　利丽珍　周小兰

柳州市科学技术协会

杨　奔　王安有

柳州市社会科学界联合会

蒙智扉　苏彩和　韦柳草

柳州市文学艺术界联合会

柯天国　张细英　李梦秋

中国人民银行柳州分行

杨德轼　江　帆　陈　杰　陈万基　周　媚

中国工商银行柳州分行

黎洪义　石　红　单武城

中国建设银行柳州分行

黄达生　黄向军　汪尚国

中国银行柳州分行

张　懿　杨共春　代义刚

交通银行柳州支行

姚开利

中国农业银行柳州分行

苏荣松　曾贤伟

中保财产保险有限公司柳州分公司

熊宜阳　谢甫金　廖　艳

中保人寿保险有限公司柳州分公司

江　畅

中国农业发展银行柳州分行

蔡顺明　苏建东

目　　录

特　　载

改革开放大家谈

柳州市概况

政　　治

法制·军事

工　业

交通·邮电

农　业

建设·环保

国内贸易

对外经济贸易·旅游

财政·金融

经 济 管 理

科学技术

社会科学

教　育

文化·卫生·体育

社 会 生 活

县区概况

人　物

大　事　记

文件选编

统　计　资　料

附　录

图 片 专 辑

领导视察

1997年3月20日，中共中央政治局委员、国务院副总理邹家华（前右三）在柳州视察工作

1997年6月，中共中央政治局委员、国务院副总理吴邦国（前中）在柳州视察工作

1997年8月，广西壮族自治区党委书记曹伯纯（前中）在柳州两面针股份公司考察

本页照片均由赖柳生摄

▼1997年9月19日，中共柳州市委、市人民政府在首都北京钓鱼台国宾馆举行柳州市经济发展’97北京恳谈会，向各界展示党的十四大以来柳州市经济发展所取得的成就，听取和征求国家有关部门领导、专家学者对柳州市改革与发展的意见和建议。国贸委、计委、体改委等中央、国家机关领导及自治区领导、专家学者200多人参加了会议。图为会场一角

▲市委书记刘知炳在向与会的领导介绍柳州市经济发展成就

本页照片均由赖柳生摄

柳州市经济发展97北京恳谈会

①1997年5月1日，桂林至柳州高速公路正式开通。全国人大常委会副委员长程思远、交通部副部长李居昌、广西壮族自治区党政领导为桂柳高速公路正式通车剪彩②河西防洪堤的建成，对柳州市的防洪排涝发挥了作用③柳州市中心繁华的龙城路，经过沿街商家的共同创建，街道面貌和服务质量发生了根本的变化，1997年3月24日被中共中央宣传部命名为文明示范街。图为从高处鸟瞰的龙城路街景

①

赖柳生 摄

②

茂祥 摄

③

赖柳生 摄

喜庆香港回归

今日柳州

柳州市老年体协举行丰富多彩的文体活动庆祝香港回归

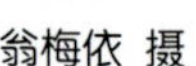
翁梅依 摄

1997 年 6 月 30 日晚，柳州市在文化艺术中心举行“东方梦圆”大型文艺晚会，喜迎香港回到祖国怀抱，图为晚会剧照

赖柳生 摄

在喜庆香港回归祖国之际，柳州市举办了大型的花展，图为广场花展一角

翁梅依 摄

《柳州年鉴·1997》参加第九届香港书展

具有地方特色的权威性大型工具书《柳州年鉴·1997》，是柳州市唯一参展的书籍

书展展位一瞥

由香港贸易发展局主办的第九届香港书展，1998年7月22至27日在香港会展中心举行。来自香港、中国内地和台湾地区及德国、英国、新加坡、伊朗等国家和地区的350多家公司参加了展出。书展荟萃了中文出版界的精英。《柳州年鉴·1997》参加第四届中国年鉴推介专题展览在此次书展上展出。

亚太地区最具规模的“香港书展”开幕式

香港会展中心

柳州微型汽车厂是国有大型一档企业、国家定点生产微型汽车专业厂家之一，在激烈的市场竞争中，该厂坚持技术改造不停步、开发新产品不停步、依靠科技兴厂、发扬“艰苦创业、自强不息”的精神，促使企业长足发展。1997年生产微型汽车90008辆，产销量在全国汽车制造行业中排序为第七位和在微型汽车行业中排序为第一

柳州五菱汽车有限责任公司董事长、
柳州微型汽车厂厂长　金振华

柳州微

LZW6370A 客车

98款 LZW1010PN 货车

位，市场占有率为国内同类产品25%强。几年来，该厂荣获“全国质量效益型先进企业”，中国500家最大工业企业和中国机械工业百强企业光荣称号。目前，该厂占地面积2.1平方公里，固定资产8.85亿元，拥有职工7000多人，其中工程技术人员988人，年产规模超过10万辆。到2000年形成年产15万辆微型汽车的综合生产能力，建设成为祖国南方微型汽车生产基地。

▲柳州微型汽车厂总装配生产流水线

1996年10月2日，国务院总理李鹏（右二）在柳州微型汽车厂厂长金振华（右一）、党委书记高学江（左一）陪同下视察该厂总装车间

1997年6月14日，国务院副总理吴邦国（右一）在自治区主席成克杰（左二）、柳州微型汽车厂党委书记高学江（右二）陪同下，视察该厂总装车间

型汽车厂

98款LZW1010PSN双排座

98款LZW6330微型客车

任重道远的桂柳高

▲ 党委书记、主任　周安宁

丰富多彩的职工文化生活

桂柳高速公路自1997年5月1日通车营运一年来，已有150万辆汽车顺利通行，充分显示快捷、安全、舒适、经济的特性，促进了交通运输事业的发展。随着高速公路的通车，沿线两市三县的投资环境得到改善，各种资源得到进一步的开发利用，工业生产、旅游、果林种植、畜牧水产、土地开发、城镇建设、城乡道路修建、招商引资等都掀起新一轮高潮，直接相关产业大幅度增长，产生了良好的经济效益和社会效益。

桂柳高速公路管理处致力于建设形象路、致富路、示范路，确立“高起点，严管理，保畅通，创一流”的工作目标，狠抓队伍建设、科学管理和优质服务。坚持开展主旋律教育、职业道德教育和业务培训，实行准军事化管理，培养造就政治合格、纪律严明、作风顽强、业务精通的职工队伍。利用

配套的服务——沿线七个服务区提供加油、修理，餐饮、休息服务

速公路管理处

科学技术手段强化征费、监控、通讯和救援系统，提高快速反应能力，实施高效管理。坚持文明用语，礼貌待人，公开服务承诺，提高服务质量，主动为过往司乘人员排忧解难，一年做好事达2000余次，受到广泛的好评。通车以来，桂柳高速公路保持畅、平、净、美，始终处于良好的运行动态中，车辆通行量稳步上升，并形成了文明的路风，两个文明建设取得了丰硕的成果，管理处被授予柳州市文明单位，下属各管理所也被所在地党委、政府授予地市县级文明单位。获广西“青年文明号”5个，地市级“青年文明号”3个，全区文明服务示范窗口2个，全区交通系统文明服务示范点4个。

随着广西加快建设大西南通道步伐，桂柳高管处正以崭新的姿态，做好柳南高速公路柳州至王灵段的接管工作。执着、勤奋的桂柳高管人将为广西的经济建设和社会进步作出更大的贡献。

争创“青年文明号一条路”的桂柳高管人

向司乘人员敬礼致意

为抛锚车辆免费维修

现代化管理——监控中心

中共区委书记　胡仕权

区长　郑俊康

团结奋进的柳

“柳南区领导班子是团结务实、开拓进取的班子”，这是柳州市委在考核柳南区领导班子时的高度评价。1993年以来，在市委、市政府的正确领导下，柳南区党委、人大、政府、政协团结务实，真抓实干，“四个轮子一齐转、四驾马车一股道”，认真贯彻落实党的基本路线和方针、政策，全方位发展城区经济，两个文明建设及各项事业取得辉煌成就。

柳南区紧密结合实际，突出抓住经济建设这个中心，充分发挥其市场集中、人口流动量大、交通便捷等地域优势，实施“以流通业为龙头、以服务业、房地产业为两翼”的经济发展战略，通过优质服务、优惠政策、营造宽松和谐的内部外部环境等重大举措，大力发展第三产业，先后发展了12项三产重点项目，其中有占地一万多平方米的柳州市建筑装璜材料市场、有120个床位的区政府招待所、日销量达25万套的柳州市餐具消毒中心和华丰湾房地产开发公司、桂中竹木交易市场、柳邕竹木交易市场、柳州林业木材综合市场、市场运输服务站等，最近，自筹资金1800多万元的柳南区机关新办公大楼即将竣工，柳州市首家卧具消毒中心和饲料批发市场正在筹建之中。1997年底，全区拥有街道企业

柳南区机关新基地办公楼

市领导刘知炳等到柳南区研究防洪工作

1998年6月4日市委书记蒋纯基到柳南区指导工作

区人大常委会主任　林维江

区政协主席　龚明辉

南区领导班子

1942家，是1993年的5倍多，第三产业营销额已达20.23亿元，工业总产值5.1亿元，分别比1993年翻了三番，经济效益大幅度增长。

在高速发展经济的同时，柳南区坚持“两手抓、两手都要硬”的方针，深入开展“讲文明、树新风”、“创建文明城区”等多种形式的精神文明建设活动，推动全区各项事业全面发展。1995年至1997年连续三年荣获自治区“双文明建设先进单位”，并先后荣获“全国民政工作先进县（区）”、“全国普及九年义务教育区和扫除青壮年文盲区”、“全国群众体育先进集体”、“中国街道之星”、自治区“依法行政先进县人民政府”、“双拥模范区”、“社会治安综合治理模范区”、“科技兴区先进区”、“发展第三产业先进单位”和柳州市“计划生育工作先进单位”等152项集体荣誉称号。

目前，柳南区领导班子正再接再励，深入贯彻落实党的十五大精神，为全面建设一个经济繁荣、环境优美、秩序优良、社会文明的新城区而努力奋斗。

区四套班子领导正在研究工作

区党政领导到市餐具消毒中心指导工作

广西证券有限责任公司

总经理 张鹏飞

广西证券有限责任公司柳州证券交易营业部是广西证券有责任公司在柳州设立的唯一深、沪股票投资交易所，位于柳州中心繁华地段(华侨大厦三、四楼全层)，交通便利，环境怡人，是您股票投资的理想场所。

营业部交易大厅设计独特新颖，装饰豪华，总营业面积3200平方米。拥有6台点阵式大屏幕，可同时显示深、沪股市情及走势图，厅内有500多台自助委托电脑终端，其中包括豪专户室、高级中户卡座、影院式散户大厅等，场内备有中央空调、国内品牌电脑、闭路电视监控系统、自动报警消防系统等现代设施，电脑委托采用全数码式中继线。此外，场还设有港式快餐、酒吧、信息、商务以及娱乐等务设施。

该营业部的服务宗旨：为您提供舒适、优雅、安全、方便、有序的投资环境。

服务承诺：顾客第一、服务第一、信誉第一。绝不挪用投资者的交易资金；为投资者的各项资保密；以最快速度办理各项业务；为投资者提供种完备的咨询服务。

该营业部热诚欢迎您的到来，并竭诚为您供尽善尽美的服务。衷心的祝福您股票投资有更的收益和回报。

影院式散户大厅

深圳席位号：233302
联系电话：0772-2821498
电话委托：29999 16888000 281686

广西证券有限责任公司柳州证券交易营业部

全体员工合影

中户室一角

柳州证券交易营业部

豪华专户室

港式快餐厅

▲酒吧、信息、商务

◀ 豪华专户室

- 柳州对外金融活动的主要窗口
- 经营本、外币存贷款，人民币结算
- 外汇买卖、信用卡等各项金融业务

中国银行柳州分行

选择中国银行 实现心中理想

中国银行柳州分行是一家具有较强经营实力、充满生机的国际性、综合性、多功能的国有商业银行，是柳州对外金融活动的主要窗口，经营本、外币存款及人民币结算、外汇买卖、信用卡等各项金融业务。该行于1980年从人民银行柳州分行分设出来，十几年来，充分利用和发挥外汇业务经营优势，多渠道筹集资金，累计发放各项人民币贷款90多亿元，各项外汇贷款6亿多美元，支持了柳州市邮电通讯、汽车制造、机电、轻纺、建材等行业几百家企业的流动资金需要和100多个技改引进项目，积极开办进出口押汇、提货担保、担保见证和保函等国际结算业务，与22个国家和地区109家海外联行、国际代理行的136个分支机构建立了业务往来关系，形成了一个较为广泛的国际业务网络，累计办理9亿多美元的结售汇业务，有效地支持了柳州地市的经济发展和对外开放。

统一的外部形象识别标志

为客户提供舒适的环境和优质的服务

将先进的电子化技术运用到业务和管理中

积极开发业务品种，最早在柳州发行信用卡。图为该行发行的长城卡

地址：柳州市屏山大道178号 电话：（0772）3838002 邮政编码：545005

柳州会计师事务所

以质量求信誉

以信誉求发展

独立、客观、公正

柳州会计师事务所于1985年经广西壮族自治区财政厅批准成立，是柳州市成立最早的一家会计师事务所。现有从业人员65人，其中注册会计师25人。从业人员中，具有大专文化的25人，本科12人；具有高级职称8人，中级职称30人；60岁以下的人员占80%以上；是一支具有会计、审计、金融、税务、工程技术等知识门类齐全，实力雄厚的专业队伍。内设办事机构有五部一室，有一套完善的内部管理制度和严谨的工作程序、工作标准。业务范围有：审计、验资、资产评估、工程预决算审核、财会人员培训、会计咨询、代理记帐和税务代理等。1998年经自治区财政厅批准，获得大型企业年度会计报表审计资格。

十多年来，在社会各界人士的大力支持下，该所的规模及业务均有很快发展。目前已有固定客户140多家，涉及国有企业、股份制企业、外商投资企业、集体企业、私营企业。该所一贯坚持“以质量求信誉，以信誉求发展”为宗旨，恪守独立、客观、公正的原则，按《独立审计准则》办事，执业质量高，在社会上享有较高的信誉。欢迎各界人士到该所承办业务，该所将竭诚为大家服务。

柳州会计师事务所部分注册会计师合影（前排右三为江昆所长）

柳州市工人医院

市领导及自治区卫生厅领导为工人医院荣获“三甲”医院揭牌

院长 李佑琳

柳州市工人医院建于1933年，是自治区三所医学院校的教学医院，拥有市级临床检验、激光治疗、心理卫生中心，是柳州市一所集医疗、保健、科研、教学为一体的大型综合性医院。

医院占地面积8.9万平方米，建筑面积9万平方米，年门诊量约50万人次，年住院量约1.4万人次。有职工1112人，高级职称97人，中级职称339人，设有职能科室16个，医技科室8个，临床科室18个，开设有41个专科门诊。医院拥有新型GE peobpeed SX Aduatage CT机、西门子1200MA电视遥控X光机，美国CD-1700全自动生化分析仪，自动微生物鉴定和药敏分析仪，日本准分子激光治疗仪，英国SHANDON-620E型密闭式横冷冰冻切片机，CMIAS-008多功能增色病理图像分析系统等100多台套的先进设备。

血液病科、泌尿、整形外科、心血管内外科等是该院的重点科室，医院开展的体外循环心内直视手术100多例，成功率达98%；采用世界上最先进的准分子激光技术治疗近视眼，有效率达98%以上；对腕部离断病人、全头皮撕脱及阴茎离断病人进行显微整复外科手术全部获成功。

医院在“一流的设备、一流的技术，一流的服务”中赢得了荣誉，是市卫生系统中唯一的“科技兴医”先进单位，1993--95年连续三年获市卫生系统医疗质量综合检评中三连冠而夺“白求恩”杯，1997年获自治区综合治理模范单位，连续五年获市级先进单位，1985年以来连续荣获自治区文明单位等。1998年5月28日一举通过自治区三级甲等医院评审。

新引进的全自动生化分析仪

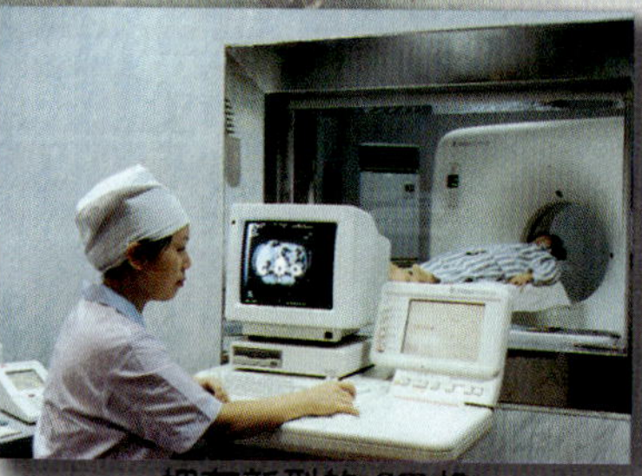

拥有新型的CT机

优美的医疗休养环境

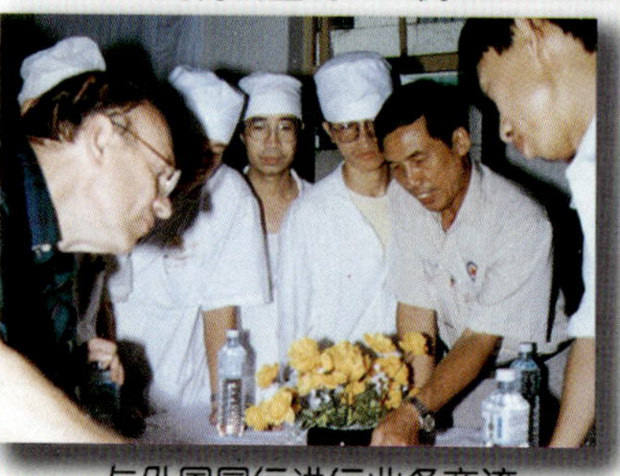

与外国同行进行业务交流

1997年5月启用的新住院大楼建筑面积1.6万平方米，是目前全区设施最完善的住院大楼

柳州市电影发行放映公司

公司领导班子召开工作会议

该公司采取多种形式开展电影宣传活动吸引观众看电影，图为公司宣传车上街宣传

柳州市电影发行放映公司，是柳州市唯一的电影发行影片机构，负责全市的电影发行放映工作，直接管辖人民电影院（特级）、工人电影院（甲级）、箭盘山电影院、羊角山电影院、跃进电影院等五家专业电影院和116个对内对外放映单位。公司以电影发行放映为主，开展多种经营，现有歌舞厅，卡拉ok厅，录像厅、保龄球馆、电影技术服务等项目。以“优质宣传、优质放映、优质服务”为标准，为广大观众创造高雅的观映环境和娱乐环境。

该公司以改革为动力，不断完善经营机制，开拓创新。1998年5月中旬，在广西区电影公司的主持下，该公司首次以招标的形式放映美国进口大片《泰坦尼克号》，由人民电影院、工人电影院、柳州文化艺术中心、市东风剧场等七家放映单位参加投标，人民电影院以75万元中标，获独家放映权，放映近一个月，票房收入达160万元，开创了柳州市单片独家放映票房收入的历史最高水平。

该公司多次获得柳州市文明单位、社会主义文明建设先进单位、广西区文化厅授予全区电影发行放映一等奖，全区社会治安综合治理模范单位等荣誉称号。

为弘扬民族文化，工人电影院召开独家放映国产故事片新闻发布会

经理：于保平　地址：柳州市三中路64号　电话：2826050

柳州市地方税务局长期注重抓好税收宣传工作，图为该局与有关部门举办的“地方税收知识电视大奖赛”现场。

柳州市地税局定期在干部中开展各种业务竞赛活动，不断提高干部业务素质，图为该局干部正在进行查帐比赛。

柳州市地方税务局

柳州市地方税务局下辖5个征收分局、6个稽查分局、两个县局，有税务股所121个，干部职工603人，助征员262人，担负着全市及两县3.08万户工商业户的地方税税收征管，其中：国有经济 2386户，占7.75%；个体经济1.93万户，占62.85%。营业税纳税户2.9万户。1998年，该局党组按照“开拓创一流，进取不停步”的工作思路，围绕实现“四项创一流”的年度工作目标(“四项创一流”即组织税收收入工作、税收征管改革和税收征收管理工作、精神文明建设工作、提高干部队伍素质工作等四项工作创一流成绩)，圆满完成了两个文明建设的各项任务。年内，该局除保持市级文明单位、“双拥”先进单位、爱国卫生先进单位、绿化美化先进单位等称号外，还同时加大了廉政勤政力度，被自治区纠风办和柳州市纠风办评为“行业风气评议试点先进单位”，在争先创优过程中，该局直属征收分局被授予“全国税务系统先进集体”称号、该局柳南征收分局柳南征管所被授予全国“巾帼文明示范岗”称号，该局局长罗树生被授予全国首届“五好文明家庭”称号。

柳州市地税局扎实开展“创先争优”活动。图为该局党组书记、局长罗树生(右六)与荣获全国“巾帼文明示范岗”称号的柳南征收分局柳南征管所干部合影

前进中的

柳州市国税河北征收分局

柳州市国税河北征收分局局长 刘勋

柳州市国税河北征收分局前身为柳州市国税局河北分局，成立于1984年，位于罗池路21号。现有干部职工69人，助征员33人，下设7个股所，负责柳州市柳江河以北、胜利路以南、北雀路以东、二桥以西片税收征管工作。1997年该局完成税收1.6亿元。

该局坚持两个文明一起抓，先后获得柳州市爱国卫生先进单位、城中区文明单位、双拥先进单位。分局各股所曾50余次荣获市局文明股所等称号，120人次荣获市、自治区、国家级奖励，分局涌现了全国征收征管能手李盛等一批模范人物。

该分局局长刘勋（左）、副局长刘春（中）、王国营共同研究工作

分局人员经常深入企业、、积极主动为企业排忧解难，图为分局管理一所到市锌品厂了解该厂生产经营情况

建设一支作风过硬、纪律严明的干部队伍。图为分局组织干部职工到部队进行封闭式军训的场面

柳州市
国税高新征收分局

局长、党支部书记 张阳

柳州市国家税务局高新征收分局于1996年8月组建，位于柳州市高新技术开发区管委会办公楼内，现有职工26人，其中干部17人，助征员9人，平均年龄28.3周岁，下设政秘股、业务股、管理所、计征所、票管所五个股（所），担负着柳州市高新技术开发区12公里的税收任务，辖区纳税户600多户。1997年上级下达税收任务2000万元，实际完成2300万元，提前35天超额完成税收任务。

该分局狠抓队伍建设，以思想教育为先导，培养集体主义意识。曾先后获得“两个文明”先进单位，“先进党支部”，分局各股所获得先进股所、“青年文明号”，1997年分局参加市局业务考核，成绩优异，荣获总分第二名。

▼ 为促进税收任务完成，该分局人员经常深入企业调查税源情况，图为税务人员在华力电器厂了解情况

该分局股所长在研究税法宣传提纲

在第七个税法宣传月活动中，国税高新征收分局以多种形式宣传税法。图为该分局在集贸市场宣传税法

柳州市地方税务局

柳南征收分局五里亭所

该所人员合影，后排中为所长蒙民

为纳税人提供优质、文明的服务

诚信、公平
情义、服务

柳州市地方税务局柳南征收分局五里亭所座落在柳州市南大门九头山，并设有占地面积100平方米的办税大厅，环境优雅、美观大方，设有税务咨询、税款申报、审核、征收、银行划转等五个窗口。全所现有人员6人，大厅年税收任务240万元，担负着五里亭327户纳税单位和625户纳税个人的税收征收管理任务。1997年完成征收任务600多万元。

该所信守“诚信、公平、情义、服务”的职业道德准则，主动、热情、耐心、周到地接待好每一位纳税户；他们采取印制服务卡下发纳税人，开展即时服务和限时服务等多种文明服务形式，推进税收征收管理，树立文明的办税新风。在全所人员的共同努力下，1997年荣获柳州市流通行业优质服务示范先进单位、示范先进集体荣誉称号。

广西柳州市对外经济贸易公司

总经理 朱春鹤

广西柳州市对外经济贸易公司是经中国对外贸易经济合作部批准成立的具有进出口经营权的综合性对外贸易企业。该公司承办各类进出口业务，主要经营粮油、食品、土畜产、山货、机械及设备、黑色金属、有色金属、非金属矿产品、轻工产品、纺织品、丝绸、服装、化工产品、工艺品、煤炭、医药、陶瓷品、运输工具、仪器仪表、电子产品、工农具、包装、橡胶制品、木材、建材、饲料等产品的进出口。

承办中外合资企业、合作生产、国外来料加工、来样加工、来件装配业务及进料加工业务，代理进出口，租赁。

经营补偿贸易、对销贸易、边境贸易、易货贸易、技术贸易、转口贸易、货物代售、进口酒、饮料的寄售。

该公司年进出口总额达1亿美元，年出口创汇6000万美元，经营规模在广西名列前茅，是承担柳州市进出口任务的外贸骨干企业；是全国外贸500强企业之一。该公司大力拓展海外业务，在香港、东南亚、美国、澳大利亚、欧洲等国家和地区均设有分支机构。

该公司恪守信誉第一、质量第一、效率第一的精神。

朱春鹤总经理（左一）率领考察组在公司设立的新加坡柳州产品展览室与合作的新加坡商人张先生（左二）合影

公司地址：中国广西柳州市北站路130号
电话:(0772)2811955 2829051 邮编：545001
传真:(0772) 2823406 电挂：1120

公司总经理朱春鹤（左一）正在和外商洽谈贸易

新建成的商住楼

柳州市飞鹅市场

地处繁华飞鹅路中段的飞鹅市场创建于1992年，它是自治区首家企业办成功的市场。该市场占地面积2万平方米，经营面积1.8万平方米，拥有摊点2648个，其中服装1989户、小百货50户、针织品146户、饮食6户，从业人员12800余人，年营业额3.5亿元，拥有市场管理人员及工商、税务、公安等工作人员近200人。市场经营的商品主要有：服装、小百货、针织品，商品高、中、低档齐全，上万个花色品种争相辉映，平均日客流量1-3万人次，是柳州市较大的日用工业品批发市场之一。该市场扩建工程已完工，扩建后的飞鹅市场将成为集居住、商场、停车场、宾馆、娱乐厅、邮电所、储蓄所、幼儿园等多功能于一体的大型商住城，其中商住楼一楼270间门面经营服装、二楼250间门面经营百货，它将成为西南地区最大、品种最全的日用工业品批发市场。

市　场　大　门

市　场　一　角

地址：柳州市飞鹅路226号　　联系电话：3834461　　负责人：湛林建

党委书记　谭淑恒

总经理　王常有

职工文艺汇演

柳州市服

柳州市服务总公司现有旅店、照相、理发、餐饮、商贸五个行业，独立核算单位22个，门店26家，员工1500多人。近年来，该公司在市委、市府的领导和支持下，公司领导班子团结、务实、廉洁、开拓，带领全司员工，坚持以发展壮大企业为中心，以服务于社会为宗旨，以创建明星企业为目标，大胆调整企业经营格局，以抓住主营不动摇、强化管理不动摇、开拓经营不动摇作为企业改革与发展的重要措施。1994年，该公司投资7500余万元于1996年建成总面积2.4万平方米的龙头企业——延安大酒店，成为公司主要的新的经济增长点。1996年以来，该公司相继投资600多万元对下属柳州照相馆、龙城饭店等十几个单位进行装修改造，使企业以一流的环境、一流的设备和一流的技术再现国有老字号服务业雄风。同时，该公司针对行业特点，持之以恒地开展优质服务及以“五心八满意”为内容的文明承诺示范服务，使企业在创建文明行业活动中取得良好效果。企业1994年至1997年营业总收入以年平均

延安大酒店酒楼餐厅

龙城饭店

市服务总公司领导班子成员（左起）余健生（副总经理）、何春香（副总经理）、林伟（副总经理）、王常有（总经理）、谭淑恒（党委书记）、黄志勇（副总经理）李桂宁（党委副书记）、杨桂娥（工会主席）

自治区副主席刘知炳视察延安大酒店

15.47% 的幅度增长，税利以年平均 8.47% 的幅度增长，现有固定资产价值2.4亿元。公司获得市先进单位、市文明单位、市明星企业、市治安模范单位、自治区综合治理先进单位、自治区文明示范窗口等二十八项殊荣。目前，该公司正以坚实的步伐在改革的大道上奋勇前进。

地址：柳州市飞鹅路 79 号

电话：3615008（总机）

延安大酒店

每月一日组织升旗仪式

公司1994年以来连年为柳州市社会主义现化建设先进单位

延安大酒店大堂

柳州市豆制品公司

柳州市豆制品公司是专业生产豆制品的企业，是柳州市政府指定和认可生产豆制品的企业，也是柳州市“菜篮子”工程重要组成部份。该公司始建于1958年，现在职职工300多人；有二个专业生产豆制品厂，每年向柳州市市场供应3500多吨的优质豆制品。

该公司以“豆制品业为主，多种经营”为指导方针，发展第三产业，目前已形成规模，有南方大厦、药店、东方旅社、双达摩托车销售公司、五金交电、饮料厂、毛线厂等八个经济实体，有雄厚的资金和技术力量，1997年固定资产2500万元，销售收入3800多万元，为柳州市“菜篮子”工程作出了积极的贡献。

该公司先后获自治区“优质文明服务杯”劳动竞赛银杯奖，商业系统集体商业“先进单位”，柳州市先进单位、“农业工作先进单位”、第七、第八届“文明服务杯”明星企业、“经济效益”铜杯奖、“流通系统先进单位”等。

经理：周家莉

地址：柳州市飞鹅路101号　电话：3617900

该公司春节期间设点向市民销售农副产品

公司领导班子在讨论工作

南方大厦外景

“强身”系列饮料

该公司生产的豆制品

柳州市高健贸易有限责任公司

市场引导 从严治司 创新发展 自成一体

位于柳州市天山路二区17号的柳州市高健贸易有限责任公司，创建于1993年3月13日，是一个既年轻又充满活力的，以经营糖酒、饮料、副食、日用百货为主的股份制企业。

该公司现有员工137人，固定资产280万元。下设配备无线指挥系统的配送中心、调拨中心以及三个销售部，一个车队和一个经营部，年销售额达5000多万元。业务范围辐射整个柳州市及周边地区80%的批发部和零售店。目前，公司与国内十几家名牌产品公司建立了稳固的合作伙伴关系，主要经销产品有蓝带啤酒、飘雪蒸馏水、可口可乐饮料和健力宝橙蜜饮料等。

该公司拥有紧密团结、拼搏向上的领导层，自创建以来始终贯彻“市场引导、从严治司、创新发展、自成一体”的经营方针，经营规模从小到大，从弱到强。1999年将发展成为集商贸、餐饮为一体的多元化公司。

高健公司以市场营销为导向，视客户为上帝，本着“长期合作、利益共享”的原则，愿与社会各界同仁共图大业，共铸辉煌。

地址：柳州市天山路二区17号
电话：3829988　邮编：545005

该公司每月一次举行的有奖购物开奖仪式

超群饼家

柳州市超群饼家成立于1991年5月，是生产经营各式面包、蛋糕、西饼等糕点的私营企业。

该饼家近年来狠抓产品质量，不断创新，1998年在保证原有100多种产品质量的基础上，派人到外地学习先进技术，又推出鲜果味忌廉蛋糕、全蛋萨琪玛、蛋挞王等符合大众口味的产品。

该饼家产品质量好，味道鲜美，深受广大群众的欢迎。

厂址：总厂　柳州市驾鹤路71号　电话：3834236　解北分厂　柳州市解放北路42号　电话:2825786
黄村分厂　柳州市黄村小学旁　电话：2531124　屏山分厂　柳州市屏山大道413号　电话：3123210

发展中的柳州海员大厦

总经理 覃仁智

柳州海员大厦地处市中心，座落于风景秀丽的柳江河畔，毗临柳州江滨公园风景区，环境优美，交通便捷，是柳州市唯一的全江景临江大厦。

大厦将“人本管理和严格规制管理”相结合，以“宾客至上、至善服务”为宗旨，参照星级标准要求严格管理。在经营上以特色经营为主，以质量取胜，酒楼开辟音乐夜茶项目，并设有丰富多彩的文艺节目，闲暇消遣，别有一番滋味。大厦还利用自身独特的地理优势开辟了出租车经营项目，现已拥有出租汽车 90 辆。客房住宿以定位于工薪阶层宾客能接受为标准，故能保持较高的住宿率。因经营灵活且有特色，使大厦能在激烈的市场竞争中站稳脚跟。

经过几年的努力，经营已有长足发展，形成了以客房、饮食为主体，集美容保健、舞厅、娱乐、出租车等经营项目为一体的综合性大厦，经济效益逐年提高。

▼独具特色的全江景酒楼令人心旷神怡

▼按星级宾馆装修后的客房焕然一新

◀柳州海员大厦

总经理、总设计师 梁素云

中外合资

柳州祥云时

柳州祥云时装有限公司成立于1989年11月28日，厂房面积800平方米，内设设计部、工艺部、技术部、业务部，拥有一支高素质的员工队伍，年产时装3万套，远销国内外，深受广大用户的喜爱。

总经理总设计师梁素云女士是中国服装设计师协会会员，广西电视台服装设计顾问，钟爱服装设计，她设计的款式新颖别致高雅，曾多次获奖。1986年荣获柳州市首届时装设计大赛一等奖，1988年、1989年囊括柳州第二届、第三届青年时装设计大赛特等奖和一、二、三等奖，1991年与柳州市电视台联合举办'91金秋时装表演展示会，1992年应日本政府邀请，由团中央组织以中国杰出优秀青年出访日本，1993年获全国天鹅杯四季服装设计大赛铜奖，1993年在北京成功举办个人时装展示会，出版时装专辑3万多册，1994年接受香港亚视电台的采访。1994年获亚太地区国际博览会金奖，1995年获全国蒙妮莎杯时装设计大赛个人组铜奖。1998年9月，应中国文化部中国传统文化促进会邀请，梁素云设计“苑韵”作为唯一的时装展示参

在人民大会堂举行的“八喜杯”中国国际茶文化交流文艺晚会上，梁素云女士与参加演出的著名歌唱家董文华合影

祥云精品服装商场

异彩纷呈的祥云时装

职业女套装

装有限公司

加在北京人民大会堂举行的“八喜杯”中国国际茶文化交流会，高贵典雅，端庄俏丽的时装赢得了在座万名观众的阵阵掌声。10月，在柳州市文化艺术中心柳州市时装模特协会成立大会上举办了个人时装专场展示会。梁素云女士致富不忘济贫，为山区贫困乡和社会福利院残疾儿童捐赠服装及玩具数十次总价15万元。

该公司竭诚为各工矿企业、学校、宾馆、演出团体以及特种体形人士设计制作服装。

公司地址：柳州市跃进路东二巷27号

电话：2826663 邮编：545001

1993年9月18日，梁素云女士个人时装展示会在京举行，梁素云女士与模特儿合影

中共中央政治局委员、国务院副总理吴邦国在该厂造纸车间视察

厂长：杨贝祥

广西柳江造纸厂兴建于1968年，1974年建成投产，是以生产52克胶印书刊纸、挂面纸和纱管纸为主导产品的国有大型制浆造纸综合企业。现有职工2000多人，其中专业工程技术人员158人。拥有固定资产5.1亿元，下属柳州市柳江包装纸厂、柳纸印刷厂等四个独立核算单位，年销售收入近2亿元，年创税利2000万元以上。1998年3月，该厂投入3亿多元兴建的二期改扩建日产100吨全漂化木浆系统工程建成投产，为开发各种规格、高附加值产品创造了条件。

该厂自建成投产以来，以“求实勤俭，文明创新”的企业精神，致力于为社会主义精神文明建设服务。目前正利用自身的技术优势和广西丰富的木材和竹子资源，开发生产55克、60克等各种规格、高白度的书刊纸和美术铜板纸、复印纸、电传打字纸等高档纸种，以及快餐盒等纸制品，努力发展成为集制浆造纸及其附属产业——印刷、纸加工等多种行业为一体的企业集团，为社会主义精神文明建设作出更大的贡献。

100吨／日全漂化木浆系统真空洗浆机

广西柳江造纸厂

厂区全貌

地址：柳州市洛埠镇 电话：(0772)2750734 查询电话：(0772)2750125 传真：(0772)2750177 邮编：545011

特　载

在中共柳州市第八届委员会第五次全体（扩大）会议上的讲话（摘要）

（1997年元月15日）

中共柳州市委书记　刘知炳

一、全面总结1996年工作，正视面临的严峻挑战

1996年是柳州历史上不平凡的一年，也是柳州市各族人民经历了严峻考验的一年。大灾之年，我市的改革仍然取得了较大突破。经济建设仍然有所发展，社会保持稳定。据初步统计，去年全市国内生产总值预计完成140.8亿元，按可比价格计算，比上年增长3.19%，其中第一产业增长2.15%，第二产业增长3.29%，第三产业增长1.48%。工业战线努力克服"7·19"特大洪灾造成的严重影响以及遇到的各种困难，基本实现了把洪灾造成的损失降到最低限度的目标。全年工业产品销售收入预计完成198.57亿元，与上年持平。农业战线大灾之年仍然获得较好收成。农业总产值27.71亿元，按可比价格计算，比上年增长4.02%；粮食总产量预计39.65万吨。全年第三产业增加值预计完成47.3亿元，比上年增长1.48%；全社会消费品零售额预计达到56亿元，比上年增长12.72%。金融形势平稳，物价涨幅明显回落。人民生活有所改善，预计城市居民人均生活费收入为4800元，比上年增长6.39%；农民人均纯收入1850元，比上年增加430元。

在党的十四届五中全会精神指引下，我市的改革也取得了较大的突破。"优化资本结构"试点工作取得实质性进展。现代企业制度试点工作进入实施运作阶段。"抓大扶强"成效显著，围绕"个、十、百"工程建设，突出抓好柳工、五菱、纺建等企业集团和集团公司的组建与发展，完成了对水泥厂、柳钢、柳化、床单厂、建机总厂等企业的公司制改造。"放小搞活"进展顺利，积极推进中小企业以股份合作制为主要形式的企业改制，确定了25户中小企业进行改革试点。兼并、破产工作进度加快，增资减债效果明显，"分离分流"初见成效，社会保障制度改革迈出坚实步伐，再就业工程开始实施。市场体系、住房制度以及科技、外贸、财税、金融、流通体制等一系列配套改革都取得了新进展。

我们始终坚持"两手抓、两手都要硬"的方针，把精神文明建设放在突出的地位来抓，促使经济建设与精神文明建设相互促进、协调发展。以爱国主义为主题的教育活动广泛深入。社会公德、职业道德和家庭美德教育的试点和经验推广工作，得到自治区的充分肯定。成功地承办了'96广西国际民歌节。洪灾过后不久，又协助自治区成功地举办了全区第八届运动会，赢得了社会各界的广泛赞誉。群众性的精神文明建设系列活动继续深入。一年来，我们在继续保持"全国卫生城"、"全国科教兴市先进市"、"全国双拥模范城"和"广西文明城"等十多项全国、全区先进荣誉称号基础上，又获得了"全国基层工会工作先进市"、"全国军转安置工作先进市"等荣誉称号。我们按照党中央和自治区党委的部署，围绕党的基本路线，进一步加强党的自身建设。坚持把思想建设放在首位，注重抓好党员干部特别是各级领导干部的正规化教育培训。重点抓好开展"双学"活动，实施"三严四自"工程，以对照检查、整改突出问题为重点，进一步把用人风气、干部风气和机关风气搞正。下大力气抓好党风和廉政建设，加大纪检监察力度，在领导干部廉洁自律、查处大案要案和纠风工作等方面都取得了新的成果。

二、正确分析形势，把握机遇，集中精力把经济搞上去

当前形势为加快发展提供了良好的环境，为我市调整优化经济结构，加快技术进步，开拓市场提供了有利条件。今年自治区确定全区的经济增长要继续高于全国平均水平，柳州市应当作出应有的贡献。我市作为自治区的工业重镇，经济发展的快慢好坏对全区经济将产生直接的影响，起到举足轻重的作用。去年遭灾，全市国民生产总值、财政收入等主要经济指标都受到严重影响。如果今年不能抓住有利时机，保持较快的发展速度，提高效益和增加财政收入，我们将办不成任何事情，不仅影响到城市建设和人民生活的改善，影响到全市的社会稳定，而且将影响到全区经济发展的大局，我市在全区领先发展的地位就会丧失，自治区对我市提出的当好"带头羊"、率先奔小康的要求就无法实现。整个"九五"计划就可能落空。因此，我们必须保持清醒的头脑，增强危机感、紧迫感，树立责任感，抓住当前有利的时机，加快改革和发展的步伐，集中精力把经济搞上去.

根据对形势的分析，综合考虑今年社会经济政治的各种因素，结合我市实际，市委常委经过研究，提出了我1997年工作的指导思想，这就是：坚持以邓小平建设有中国特色社会主义理论和党的基本路线为指导，全面贯彻党的十四届五中、六中全会精神，江泽民总书记、李鹏总理视察广西和柳州时的重要讲话精神，正确处理好改革、发展、稳定的关系，切实推进两个根本性转变，以解放思想为先导，以深化改革为动力，以市场为导向调整优化经济结构，以提高经济效益为核

心加快发展，全面实施科教兴市战略，进一步搞好国有企业，加强农业基础地位，加快发展第三产业、乡镇企业和非国有经济，提高对外开放水平，培育新的经济增长点，促进国民经济持续、快速、健康发展；坚持“两手抓，两手都要硬”的方针，把精神文明建设提到更加突出的地位，积极推进民主法制建设，推动社会全面进步；进一步加强党的建设和党的领导，团结和带领全市各族人民振奋精神，抓住机遇，开拓前进，开创我市两个文明建设新局面，为全面完成我市国民经济和社会发展“九五”计划、实现精神文明建设“九五”规划而努力奋斗。

按照这个总体要求，1997年我市经济和社会发展的主要指标是：国内生产总值增长18%，力争达到20%。工业增加值增长16.5%，力争20%；实现税利增长35%以上；农业增加值增长8%，力争9%；第三产业增加值增长22.5%，力争25%；出口创汇增长12%以上；固定资产投资增长20%；财政收入增长与经济发展相适应，确保收支平衡；物资涨幅控制在国家调控目标之内；人口自然增长率控制在11‰以下。

我市经济增长速度计划目标高出全国10个百分点，高出全区8个百发点。但从我市的实际来看，这个速度是在去年较低基数上的增长，达到这个速度，实际上也仅仅是达到去年我市国内生产总值的计划数。因此，这个安排，是考虑到重灾之后恢复性质的安排，是抢回洪灾延误的时间、弥补损失、搞好“九五”计划实施衔接的安排。今年具备快一点发展的条件，提高一些发展速度，对于“九五”后几年发展的压力就会减轻一些。他强调，完成今年各项主要奋斗目标，这是一项艰巨的任务。必须始终坚持以“三个有利于”为标准，始终坚持解放思想、实事求是，始终坚持敢闯敢试敢探索。各级领导干部要深刻领会解放思想、实事求是这个精髓，以“三个有利于”为根本标准，增强改革意识和创新意识，坚决破除消极畏难、等待观望、无所作为的陈旧观念，锐意进取，勇于探索，加大改革力度，积极解决改革和建设中的难点和重点问题，力求取得新的突破。

要实现市委提出的今年的发展目标，尽管面临着一定困难，但也有不少有利条件和发展机遇。中央和自治区经济工作会议确定了大政方针，为我们加快改革开放和经济建设提供了坚实的保证。从柳州市本身的条件看，经过这些年的改革发展，我们经济发展的基础和外部条件也大为改善。去年“7·19”特大洪灾后的迅速恢复，充分显示了我市具有较强的经济实力和巨大的发展潜力。特别是去年我市改革上的突破，“优化资本结构”试点、“抓大放小”以及“三改一加强”等方面的工作都取得了实质性进展，为今年的改革和经济发展奠定了良好基础。同时，中央领导同志亲临柳州视察，为柳州未来的发展创造了特殊的机遇，只要我们抓住这个机遇，更加积极主动地争取中央和自治区及其各部门的支持，一定会促进我市各项工作更好更快地发展。经过抗洪救灾、恢复生产、重建家园的严峻考验，全市党员干部群众的凝聚力、向心力、战斗力进一步增强，只要把群众中蕴含的这种可贵的凝聚力和高昂的政治热情引导好、保护好、发挥好，一定会化为加快改革和发展的巨大力量。

三、扎扎实实推进两个根本性转变，全面提高我市经济整体素质和效益

（一）深化改革，调整结构，搞好我市主体经济

工业经济是我市的主体经济。加快工业经济发展，必须紧紧抓住企业改革和发展这个中心环节不放松，充分发挥“优化资本结构”试点和自治区综合改革试点城市的优势，突出重点，抓大扶强，放小搞活，使改革取得明显成效；要大力调整经济结构，促进企业素质全面提高，力求在变化的环境中实现既有较快的速度又有较好的效益。

深化改革、搞好国有企业，必须抓住主要矛盾，使有限的力量发挥出最大的效应。当前，要集中力量，抓大扶强，抓好“关键的少数”。一是重点扶持优势产业。汽车及零配件工业、以工程机械和通用机械为主的机械工业、以钢铁和有色金属深加工为主的冶金工业、造纸及包装印刷业和以两面针牙膏为主的日化工业等，是我市的支柱产业，要通过政策的倾斜，对它们在增量投入上优先扶持，让它们在资产存量的优化重组中进一步发展壮大。同时，积极发展高新技术产业，培育新的产业体系，对建材等优势产业，给予适当扶持，使其尽快发展成为支柱产业。二是重点扶持大集团、大企业，优先扶持在我市经济发展中举足轻重的骨干企业，使之对我市经济产生重要的带动作用。三是坚持抓两头、带中间。在“抓大”的同时，搞好“放小”。对那些基础条件好、产品适应市场需求、企业活力强的企业，鼓励和支持它们改组成为多元投资主体的有限责任制公司或股份有限公司；对那些与大企业关联度较大的小企业，通过结构调整，走与大企业联合或加入集团的路子；要区别不同情况，采取改组、联合、兼并、股份合作制、租赁、承包经营和出售等多种形式，加快国有小企业的改革步伐。

在调整结构方面，一是调整企业组织结构，促进现有资产存量的优化组合。在企业组织结构调整中，重点是推进企业集团化。要巩固壮大已有的工程、五菱、两面针等企业集团，努力壮大核心企业实力，积极发展配套企业，促使其上规模、上水平，跻身于全国同行业的强手之林。在此基础上，选择5—10户大型骨干企业为龙头，通过联合、兼并、无偿划转等方式，组建新的集团。同时，推动一般企业向龙头企业靠拢，把分散的生产能力集中起来。推进企业集团化，要与实施“个、十、百”工程紧密结合起来，通过组织结构调整，淘汰部分救活无望的企业，搞活一般企业，壮大优势企业。

二是调整产品结构，增强产品的市场竞争能力，扩大市场分额。瞄准市场，生产适应需求的产品，是调整产品结构的根本原则。要大力培育、发展名牌产品，名牌就是产品的高质量，是产品丰富文化内涵的外在表现，是通和市场的门票，因而也是企业的生存之本。企业要搞好，必须有能够在市场上站得住脚的好产品。要成为国家级的大企业，就必须有国家级的名牌产品。大中型企业要把创造、培育和发展名牌产品作为首要任务。要以市场为导向，加大新产品引进、研制和开发速度。要建立技术支撑体系，提高企业开发产品能力。继续大力推动“产学研”联合，加速技术成果转化。要鼓励和支持有条件的大型企业和企业集团建立较高水平的技术开发中心，不断推出新产品。

三是把增资减债的各项措施落到实处，切实补充和增加企业的资金和自有资金，努力调整企业债务结构，降低企业负债比率。在这方面，我市通过“优化资本结构”试点的推进，已经探索出一些较好的做法，取得了一定成效。今年要在原有的基础上更进一步，继续采取分离经营、兼并、联合、破产，国家注资，企业自补生产资金，股改吸纳资金等多种方式进行资产债务重组，积极探索调整负债结构、增资减债的新途径，使企业资产负债率再降 3 个百分点左右。

（二）提高经济增长的质量效益为企业创造良好外部环境

企业改革同科学管理是相辅相成、互为保证的关系。在当前市场竞争十分激烈的情况下，如果不把管理这个环节抓上去，讲发展、讲转变就会成为一句空话。因此，我们必须重视企业管理，大力加强企业内部的质量管理、资金管理、成本管理、营销管理，向管理要市场、要效益。当前，特别要加强以成本核算为中心的经营管理，尽快摆脱粗放式的企业管理模式。认真开展学邯钢活动，在提高产销率、提高产品质量和降低成本上狠下功夫，把各项管理工作抓实、抓细，落实到每一个职工，切实抓出成效来。

必须加大力度推进全市工业企业技术进步工作，全力实施技术进步推进战略。坚持技术进步与外向开拓相结合，努力通过引进国际先进管理经验和技术，加快对我市传统产业的改造，提高企业开发、创新能力；坚持技术进步与深化企业改革相结合，促进企业优化资本结构，建立现代企业制度，形成市场化运行机制；坚持技术进步与发展规模经济相结合，加快结构调整，促进生产要素向优势企业和名牌产品聚集，提高集约化程度；坚持技术进步与加强企业管理相结合，促使企业眼睛向内，苦练内功，挖潜增效。无论是老企业还是新企业，都必须把推进技术进步、技术创新提高到关系企业兴衰存亡的战略高度上来，树立紧迫感，千方百计增加投入，切实抓好企业技术改造、技术进步和技术创新，提高企业技术装备水平，提高产品技术含量，提高员工技术素质，提高改建扩建项目技术档次，增强企业的总体技术实力。

建立和完善社会保障体系，是加快企业改革的有力保证。我市社会保障体系建设取得了一定进展，但还不能适应建立现代企业制度的需要。要进一步加大改革力度，加快形成以养老、失业、医疗保障为重点的社会保障制度，实施再就业工程。要进一步理顺我市社会保障机构，逐步实行统一机构、统一政策，建立统一、健全、有效的社会保障体制。同时在深化企业改革进程中还必须进一步转变政府职能，按照精简、统一、效能的原则，推进党政机关机构改革。各级党政机关及其各部门，要明确其中心任务是为群众服务、为基层服务，要建立严格的工作制度、监督制度，提高办事效率，强化服务功能。

（三）继续抓紧抓好农业生产，推进农村经济全面发展

坚持以小康建设统揽农村工作全局。在稳定发展粮食生产的前提下，积极发展多种经营，使农业和农村经济始终保持健康发展的良好态势。一是要立足抗灾夺丰收，千方百计抓好粮食生产，抓好“菜篮子”工程，确保有效供给。继续实施粮食增产旱育稀植、晚稻赶早稻、旱粮增产、抗灾农业和种子产业化五大工程，改造中低产田，推广先进适用农业新技术，推进粮田适度规模经营和集约化生产，提高种粮的经济效益。“菜篮子”工程建设要在现有的基础上，上规模、上档次，逐步形成基地化、集约化、产业化生产。巩固、完善和提高副食品基地的生产水平。认真抓好农副产品的流通环节，有重点地建立农贸综合市场。以国营农场为主体，组建龙头企业，建立公司带基地加农户一体化的组织，带动果蔬、生猪、水产、家禽等专业户发展，形成一定规模的贸工农经营体系，推进农业产业化进程。二是要大力加强农业综合开发，积极发展优高农业。坚持一手抓粮食生产，一手抓优高农业，放手发展多种经营。县郊及农林场（站）要从实际出发，合理开发和充分利用当地资源，增加农民收入，发展集体经营。观光农业要与农业综合开发结合起来，进一步提高档次和效益。三是要集中主要精力，狠抓乡镇企业的发展与提高。要把发展乡镇企业作为振兴农村经济和增加农民收入的战略重点，抓住实施乡镇企业法的机遇，进一步加快我市乡镇企业的发展步伐。四是突出重点，主攻薄弱环节，加快小康建设步伐。要切实打好扶贫攻坚战，把我市的扶贫工作与农民致富奔小康结合起来。去年我市部分乡村遭受不同程度的洪涝灾害，各级党委和政府要妥善安排好群众生活，并以修复水毁工程为重点，安排好农田水利基本建设。

（四）实施科教兴市战略，加快三产发展步伐，推进城市形象建设

实行两个根本性转变，必须坚定不移地实施科教兴市战略，加速科技进步。必须全面落实邓小平同志科学技术是第一生产力的思想，真正确定起“四个观念”，就是科技进步的主体是企业的观念，科技进步的导向是市场的观念，科技进步的灵魂是创新的观念和科技进步是全社会共同任务的观念。要坚持以教育为本，提高全体市民的科技文化素质，真正把经济建设转移到依靠科技进步和提高劳动者素质的轨道上来；必须尊重知识、尊重人才、爱护人才，采取各种积极有效措施，充分调动和发挥人才的积极性和创造性；既重视引进人才，也重视人才的培养，形成培养人才、吸引人才和优秀人才脱颖而出的机制和氛围，不断发展壮大我市科技人才队伍，进一步发挥广大科技人员和教育工作者在我市改革开放和经济建设中的特殊重要作用。

从长远的发展来看，为了逐步优化我市经济结构，必须采取综合配套措施，加快三产发展，使之成为"九五"时期我市经济发展的新的增长点。当前要在继续发展交通、邮电、旅游等行业的同时，把重点放在启动市场、搞活流通和个体私营经济发展上。要深化住房制度改革，加快"安居工程"建设，改善投资环境，搞活房地产市场，启动新的消费热点。要采取有力措施，推动旅游业的发展，切实改变我市旅游业严重滞后的局面。商业、供销、粮食、物资等流通企业要以提高效益为中心，加快改革开放步伐，提高规模经营效益。要继续保持市场物价稳定，强化控价目标责任制，确保全年物价上涨幅度控制在国家调控范围内。要放手发展个体私营经济，各县、区和各有关部门要十分关注个体私营经济的发展，真正把个体私营经济作为加快经济发展的生长点。要切实加强财税金融工作。

城市的建设，既反映物质文明，又反映精神文明；既是硬环境，又是软环境；既是已有经济实力的体现，又是新的经济增长点。我们必须从这样的战略高度来认识这个问题，把提高城市规划、建设、管理水平作为一项长期而紧迫的战略任务来抓，年年有动作，年年有提高，力争经过几年的努力，使柳州市城乡面貌有一个大的变化。坚持把基础设施建设作为城市建设的首要任务，以防洪排涝、供水、供电、交通、通讯以及环境保护为重点，继续为市民办好十件实事，不断完善城市功能。特别是把防洪堤建设作为基本建设工程中的重中之重，扎扎实实抓出成效。为迎接广西壮族自治区成立40周年大庆，创建国家级卫生城，从今年开始必须安排一些对改善我市城市面貌和功能具有重大影响的项目，办成几件群众满意的实事。要提高城市管理水平，坚持依法管理，实现城市管理的经常化、制度化、法制化。强化市场、交通、社区管理，积极推进社区管理模式，落实两级政府、三级管理，加强基础工作，充分发挥基层组织的作用，把城市管理得更加整洁美观。继续加强城市环境综合整治工作，坚决控制新污染源，加快治理老污染源，改善城市环境质量。

(五)要实施外向带动战略实现对外开放新突破

这几年我市对外开放取得了一定成绩，但无论是从出口创汇、引进外资，还是从三资企业的发展来看，都存在很大的差距，与我市经济发展还很不适应，外经外贸仍然是制约我市经济发展的薄弱环节。

要加快我市对外开放步伐，提高对外开放的层次和水平，必须进一步解放思想，转变观念。全市上下都要充分认识扩大对外开放的重大战略意义，努力强化"只有大开放、才能大发展"的观念，形成自觉开放、主动开放的环境和内在动力。要牢固树立"人人都是投资环境，事事关系招商引资"的思想，把对外开放变成全市人民的自觉行动，形成各方面共同参与、支持、促进对外开放的良好局面。要切实抓好投资环境特别是软环境建设，重合同，守信誉，坚持平等互利、互惠互利；进一步强化服务意识，转变工作作风，提高办事效率，严格依法办事，切实解决"三乱"问题，维护外商投资企业的合法权益；坚持政府有关部门的联合办公制度，继续实行一个"窗口"对外，一条龙服务，营造良好的招商引资环境。要进一步加快高新技术产业开发区建设，搞好基础设施配套，提高招商引资和开发能力。同时，进一步加强城市基础设施以及旅游、接待设施建设，增强对外的吸引力。要全面实施外向带动战略，充分利用国内外两个市场、两种资源；抓好利用外资嫁接改造，通过引进外资，引进国外先进管理和技术，改造和提高我市传统产业；进一步加强外贸队伍建设，促进对外贸易健康、快速发展，多出口、多创汇，扩大自营出口创汇能力，发展加工贸易和边境贸易，发展"三资"企业，加快形成大经贸格局，把我市外向型经济推向一个新的高度。

四、加强精神文明建设，促进社会全面进步

新形势下如何加强社会主义精神文明建设，要认真贯彻落实党的十四届六中全会和区党委七届二次全会的精神，结合柳州市实际，在坚持以经济建设为中心，抓好物质文明建设的同时，切实把我市精神文明建设放到更加突出的地位，进一步加强和改善党对精神文明建设的领导，加大对精神文明建设的投入，促进我市两个文明建设协调健康发展。

各级党组织要认真组织好全市广大党员干部特别是各级领导干部的学习培训。道德建设要突出抓好以社会公德、职业道德、家庭美德为主要内容的"三德"教育活动，使"三德"教育由试点逐步向全面推广、向更深层次推进。各单位各部门要结合实际，突出重点，认真解决群众普遍关注的问题。各行业特别是"窗口"服务行业，都要制定具有本行业特点的职业道德规范，逐步推行社会服务承诺制度。高度重视青少年的思想道德教育。继续深入开展以爱国主义为主题的系列教育活动，充分利用香港回归、召开党的十五大等重大活动开展爱国主义、社会主义教育，营造和强化爱国主义教育氛围。大力宣传弘扬"柳州精神"。进一步加强和改善思想政治工作，特别要注重做好困难企业、破产企业职工的思想政治工作，引导职工树立正确的思想意识、改革意识，增强改革的承受力，团结和稳定职工队伍。坚持"二为"方向和"双百"方针，进一步繁荣我市的文化事业。文艺创作要树立精品意识，力争创作出全区甚至全国较有影响的精品佳作。以企业文化为龙头，以村镇文化、社区文化为两翼，广泛开展各种形式、群众喜闻乐见的群众性文化活动。坚持一手抓管理、一手抓繁荣，继续开展"扫黄打非"活动，使我市文化市场管理走上经常化、制度化和法制化轨道。以创"两城"为重点，进一步开展群众性的精神文明创建活动。各项精神文明的创建活动，要同解决人民群众普遍关心的实际问题，同促进经济发展和社会进步紧密结合，持之以恒，务求实效，使群众在参与中得到服务，在参与中有所奉献，在参与中受到教育，最终促使两个文明有机结合，落到实处。继续抓好创建文明单位和军(警)民共建活动，抓好"南珠杯"竞赛活动的各项工作，加强城市建设和管理，进一步提高文明城市建设水平。宣传、报刊、广播电视、文学艺术、理论教育和社会科学研究等方面，要坚持以科学的理论武装人，以正确的舆论引导人，以高尚的精神塑造人，以优秀的作品鼓舞人，坚持团结稳定鼓

劲的方针，为我市改革和发展提供精神动力、智力支持和思想保证。科技、教育、文化、体育、卫生、计划生育等工作要切实按照六中全会精神的要求，按照市委的部署，围绕中心工作，作出新的成绩。

在深化改革、加快发展的过程中，大力加强社会主义民主法制建设；进一步加强和完善人民代表大会制度，进一步提高地方国家权力机关的权威；坚持和完善共产党领导的多党合作和政治协商制度；认真贯彻党的民族、宗教、侨务和对台政策；进一步加强工、青、妇等群团组织工作；进一步加强"双拥"工作和国防教育；坚持依法治市，进一步强化社会治安综合治理，促进社会全面进步。

五、进一步加强和改善党的领导，保证全面实现各项奋斗目标

为完成我市今年各项工作任务，必须进一步加强和改善党的领导，不断增强党组织的凝聚力和战斗力，充分发挥广大党员在改革和建设中的先锋模范作用。要坚持把加强党的思想建设放在首位；努力建设一支高素质的干部队伍，为加快改革和发展提供强有力的组织保证；分类指导，突出重点，加强党的基层组织建设；要继续加强党风廉政建设，抓好反腐败工作。

要在全体党员干部中继续深入地开展"双学"活动，把学习邓小平建设有中国特色社会主义理论作为中心内容，并向广度和深度推进，注重提高学习质量。按照自治区党委关于实施"三严四自"工程第三阶段的工作要求，在继续抓好对照检查、解决突出问题的基础上，重点抓好领导干部的思想道德建设，新时期新的任务，对各级干部的素质提出了新的更高的要求，要按照江泽民总书记提出的五条基本要求选拔任用干部，努力把干部队伍建设提高到新的水平。在抓好各级领导干部队伍建设的同时，切实加强企业经营管理者队伍、农村基层干部队伍、思想宣传干部队伍和年轻干部队伍的建设。今年要把加强国有企业领导班子的整顿和建设作为重点来抓。要突出抓好企业"三支队伍"建设，即企业家队伍、科技队伍和职工队伍的建设。认真组织实施"九五"人才工程规划，抓好后备干部队伍的管理和培训教育。拓宽选人和育人渠道，大胆选拔优秀年轻干部，注重选拔妇女干部、少数民族干部和党外干部。

企业党组织要充分发挥党组织的政治核心领导作用，紧密结合企业的生产实际，采取富有实效的方式开展党的活动。农村基层组织建设要按照"五个好"的目标，继续抓好后进村党支部的整顿和转化工作，使全市所有行政村在1997年10月底以前达到中央提出的"五个好"的要求。进一步加强机关、学校和街道基层组织建设。注重加强在青年、妇女和一线的工人、农民和知识分子中发展党员。

按照中央关于反腐倡廉的要求，一是要进一步加强党风廉政教育，深化领导干部廉洁自律工作。要认真贯彻廉洁自律的有关规定，巩固已取得的成果，防止出现反弹。二是继续认真查处大案要案。着重查外领导机关、领导干部，以及经济管理、执法监督部门及其工作人员的严重以权谋私、贪污受贿、腐化堕落等问题。三是继续认真抓好纠风工作和各项专项治理工作。要在执法部门和直接掌握人、财、物的岗位，建立有效防范以权谋私和行业不正之风的约束机制。

在中共柳州市委八届七次全会上的讲话（摘要）

（1997年10月27日）

中共柳州市委书记　刘知炳

自治区党委七届四次全会，对进一步深入学习宣传贯彻党的十五大精神作出了重要部署，审议通过了区党委常委会提出的《贯彻落实十五大精神，努力实现改革与发展新突破的若干意见》，作出了"实施三大战略，实现六大突破"的决定，确定了柳州市在以工业为主的桂中经济区域中的战略地位和作用。我们一定要认真贯彻自治区党委七届四次全会精神，把学习贯彻党的十五大精神同贯彻区党委七届四次全会精神紧密结合起来，紧密联系柳州实际，研究贯彻实施的具体措施，努力开创我市现代化建设事业的新局面。

一、一定要高举邓小平理论伟大旗帜，不断提高理论素养，以学习理论促进思想解放，掀起解放思想的新高潮

十五大的灵魂就是高举邓小平理论的伟大旗帜，邓小平理论是我们党的指导思想和中华民族的精神支柱，也是我们每个干部做好工作的根本思想武器。是不是学懂了这个理论，能不能正确运用这个理论指导工作，对于我们各项事业的发展关系重大。改革开放以来的经验反复证明，一个干部在实际工作中产生某些摇摆，怕这怕那，不敢大胆作为，往往源于理论上的模糊不清；一个干部在实践中敢于大胆创新、开拓进取，常常得益于理论上的坚定有力。作为一名领导干部，只有掌握了这个伟大理论，才能始终站在时代前列，履行好自己承担的历史责任。否则，不但不可能成为一名合格的领导干部，还可能成为时代的落伍者。高举邓小平理论伟大旗帜，绝不是一句空洞的口号，而实实在在的行动要求。全体党员和各级领导干部，都要努力掌握这一理论的科学体系、基本原理及其精神实质，掌握马克思主义的立场、观点，坚持正确的政治方向，提高运用理论解决实际问题的水平，增强分辨理论是非、政治是非的能力。只有这样，才能在遇到困难和干扰，遇到各种议论和压力时，做到坚持真理不动摇，才能保持清醒头脑，做出正确决策。

学习理论的目的是为了解放思想，使我们的思想和主观更好地适应客观形势的发展要求，提高解决实际问题的能力和水平，增强解决复杂问题，大胆创新，开创新局面的勇气和魄力。回顾一下柳州市的发展历程，我们不难得出这样的结论，每一步经济社会的大发展，都伴随着一次思想的大解放；每一次思想的大解放，都极大地推进了改革与发展事业。思想解放是事业发展的前提，思想解放的程度，决定着改革开放的力度；改革开放的力度，决定了经济社会发展的进度。柳州市改革开放成就的取得，得益于不断解放思想、实事求是。但是，解放思想是永无止境的，在各项事业的发展中，出现了许多新情况、新问题，有许多是我们以前没有经历过的，也没有现成的经验可供借鉴，都需要我们不断解放思想，大胆探索，对比分析，我们解放思想的任务不是越来越轻，而是越来越重了，当前的思想解放的差距还很大。

从纵向比较，思想解放的程度与我们发展目标的要求还有很大差距。到本世纪末，我们要在全区实现“提前翻三番，率先奔小康”的目标，实现“两高两低，一好一快”的目标，继续保持在全区的领先地位。但是，目前我们的干部群众，特别是各级领导干部的思想观念有些还远远不适应发展目标的要求。在新形势下，面对许许多多，不断出现的新情况、新问题，常常手足无措，招数不多，力不从心。

从横向比较，思想解放程度与沿海发达地区、与区内先进地市都存在很大差距。特别是在产品的科技含量、名牌产品、经济的外向度和非国有经济的发展和大企业大集团的实力等方面差距明显。这些差距表现在数字上、工作上，但根子在思想。许多事情，人家敢想，我们不敢想；人家敢干，我们不敢干；人家会干，我们不会干。关键还是思想观念滞后，思维方式陈旧，精神状态欠佳。

自身内部比，部门之间、行业之间、单位之间，县区之间，城乡之间思想观念的差距也很大，发展相当不平衡。

这些差距，反映到实际工作中，就突出地表现为五个字：

怕——怕犯错误，怕担风险，怕负责任，怕“枪打出头鸟”。对待新生事物，管死的办法多，管活的办法少。

推——事情能推就推，互相踢皮球，延误时机。部门利益作怪，对自己有利的就干，没有利的就推。

满——满足现状，对已有的成绩和进步沾沾自喜，自我陶醉。小富即安，小进则止。满足于“步子不大年年迈，效益不多年年有”。看不到严峻的挑战，没有危机感、紧迫感。

懒——思想懒惰，不思进取。“等、靠、要”思想严重，只会找市长，不会闯市场；有些干部养尊处优惯了，什么实事都不做。

僵——思想僵化，因循守旧，墨守陈规，教条主义思想严重，“唯书”、“唯上”，一切从“本本”出发，看不到生动丰富的实践活动。

这些思想认识上的差距和障碍虽然只是存在于某些部门、单位和少数干部身上，但影响极坏，甚至影响了全局的工作，造成的危害是相当大的，必须引起我们的高度重视。

解决这些差距和障碍，最根本的一条，就是要加强理论学习，没有理论武装，是干不出好成绩的。要养成认真的而不是敷衍的、切实的而不是表面的、理论与实际密切结合的而不是彼此脱离的学习风气。要以老老实实的态度，投入尽可能多的精力，下苦功夫、真功夫，学习和运用理论，克服学习上的懒惰情绪和畏难情绪，克服不求甚解、浅尝辄止的现象，铁下心来，结合丰富的实践活动，刻苦学习，持久学习。在学习中，首先，要牢牢把握小平理论“解放思想、实事求是”的理论精髓，围绕正在做的事情为中心，着眼于深化对实际问题的理论思考，有针对性地解决一些具体问题。其次要注重理论联系实际，学以致用，用理论指导实践。要坚持“三个有利于”的标准，坚持“实践是检验真理的唯一标准”，大胆实践，大胆作为。只要我们以正确态度的和方法学习邓小平理论，我们的思路就会越来越宽，解决问题的办法就会越来越多，思想解放的程度就会越高，胆子就会越来越大，步子就会越迈越大、走得越来越扎实、稳健。

我们不仅要认真学习小平理论，学习十五大报告，还要重点学习小平同志南方谈话的重要篇章。92年春，小平同志在南方谈话中说“改革胆子要大一些，敢于实验，不能像小脚女人一样。看准了，就大胆地试，大胆地闯。”“没有一点闯的精神，没有一点‘冒’的精神，没有一股气呀、劲呀，就走不出一条好路，走不出一条新路，就干不出新的事业。”对现在的改革攻坚、对外开放仍然具有很强的指导性。还要虚心学习借鉴外地的先进成功经验。不仅县处级领导干部要认真学习，还要组织好单位广大干部职工群众的学习，以领导同志的带头学习、带头宣讲，推动全市的学习，在全市掀起一个学习的高潮，一个解放思想的高潮。

二、一定要全面、深刻、准确地把握社会主义初级阶段理论，增强贯彻党的基本路线的自觉性、坚定性，提高领导工作的原则性、系统性和创造性

十五大报告重新强调我国现在处于并将长期处于社会主义初级阶段；进一步论述了我国社会主义初级阶段的主要特征、发展进程、主要矛盾和根本任务；在重申坚持党的基本路线不动摇的同时，提出了党的社会主义初级阶段的基本纲领。这些重要论述坚持了邓小平理论的基本观点，总结了我国改革开放和现代化建设的实践经验，对于我们解决种种矛盾，澄清种种疑虑，认识为什么必须实行现在这样的路线和政策而不能实行别样的路线和政策，具有十分重要的意义。

我们学习把握社会主义初级阶段的理论，要着重解决好三个问题：首先要正确认识社会主义初级阶段的科学内涵和主要特征。社会主义初级阶段的科学论断包括两层含义：第一，我们已经进入社会主义，我们必须坚持而不能离开社会主义；第二，我国的社会主义还处在初级阶段，我们必须从初级阶段出发，而不能超越这个阶段。初级阶段是一个不可逾越的历史阶段，其主要特征就是不发达的阶段。

其次就是要正确把握社会主义初级阶段社会的主要矛盾，坚持党的基本路线不动摇，集中精力把经济建设搞上去。在社会主义初级阶段，社会的主要矛盾是人民日益增长的物质文化需要同落后的社会生产之间的矛盾，这个主要矛盾贯穿于我国社会主义初级阶段的整个过程和社会生活的各个方面。解决这一主要矛盾的根本途径，是要排除各种干扰，集中力量发展社会生产力。坚持党的基本路线不动摇，始终以经济建设为中心，不能脱离这个中心，也不能有别的中心。要坚持“发展是硬道理”的思想，依靠自己的发展解决前进中的问题。

第三，要充分认识我市的市情特点，重新审视我们现行的各项政策、措施是否与初级阶段相适应，切实纠正超越发展阶段，不顾市情特点，脱离现实的一切“左”、“旧”的错误观念和意识，纠正阻碍生产力发展，不利于调动人民群众积极性、创造性的各项政策、措施，敢于向现行政策、措施、条例“动刀子”，下决心砍掉不合理的东西，研究适应形势发展需要、符合生产力发展水平的新政策、新措施。使我们的各项政策措施反映初级阶段的客观要求，反映客观规律的要求，极大地促进生产力的发展。

三、围绕一个中心环节，努力实现五大突破，开创我市经济体制改革和经济发展的新局面

党的十五大在经济体制改革和经济发展的一系列重大问题上有了新的发展、新的突破，特别是在调整和完善所有制结构、完善分配结构和分配方式等重大理论问题上，解开了长期困扰人们思想认识的种种疑虑和模糊认识，明确提出了公有制为主体、多种所有制经济共同发展的基本经济制度，明确了公有制经济的含义，提出了公有制实现形式可以而且应该多样化，肯定了股份制、股份合作制的重要作用和历史地位，明确了要坚持按劳分配为主体、多种分配方式并存的制度，允许和鼓励一部分人通过诚实劳动和合法经营先富起来，允许和鼓励资本、技术等生产要素参与收益分配，等等。这些理论上的重大突破，为我们的改革与发展指明了方向，必将使经济体制改革与经济发展的一些重大方面得到突破性进展。

如何贯彻好十五大精神，真正走出一条速度较快、效益较好、整体素质不断提高的经济协调发展的路子，是我们必须认真研究的重大课题。回顾柳州市改革发展的历程，不能说我们的改革力度不大，不能说我们的国有企业搞得不好，不能说我们的发展成就不显著，但是确确实实，我们与先进地区存在很大差距，有些差距还在进一步扩大。为什么我们的工业竞争力不强，国有企业装备落后的状况始终没有得到根本改善，技术改造的“双加”项目得不到顺利实施？为什么我们的经济活力不够，对国有经济的依赖性太大？为什么我们的市场不活，交通枢纽、“桂中商埠”的优势没有发挥出来？为什么我们的外向型经济和对外开放水平总是低速徘徊，质量不高、效果不好？等等，这些问题都应引起我们高度的重视和认真总结、思考。市委常委通过学习十五大精神，经过认真分析研究，认为：制约柳州市经济发展的深层次矛盾和问题在于所有制结构单一，我们与先进地区的差距，差就差在企业的社会财产组织方式、企业组织形式和经营方式上，也就是所有制结构的多样性和公有制实现形式的多样性、灵活性上。由于所有制结构单一，导致国有经济布局几乎面面俱到，涉足各个工业门类，战线拉得太长；由于战线太长，导致力量分散，装备落后，技改迟缓，发展后劲不足；由于装备落后，传统产品比重过大，企业竞争力减弱，参与国际国内竞争的力量不强，对外开放能力、开拓市场能力不强，开放水平不高；由于所有制结构单一，非公有制经济发展滞后，人民群众的积极性创造性没有充分发挥出来，致使整个经济缺乏足够活力。因此，所有制结构单一，直接束缚了生产力的发展，影响了全市经济发展的各个方面，是问题的症结所在，是柳州市经济社会发展的根本障碍，所有制结构的调整是关系柳州市前途命运的重大战略问题。基于这些分析和认识，市委常委会提出了以“围绕一个中心环节，实现五大突破”为主要内容的贯彻十五大精神和自治区若干意见的实施意见，请全会审议。

对待改革与发展这个复杂的系统工程，有个工作方法问题。是抓住关系全局的深层次矛盾和问题，重点突破，以点带面，推动全局；还是事无巨细，平均用力，面面俱到。显然，不注重方法，什么都摆到同样重要的位置，什么都想抓，是不可能打破僵局的，其结果是什么都抓不好。因此，必须树立“有所为，有所不为”的思想，明确主攻方向，抓准突破口，大胆作为，才能收到事半功倍的效果，才能达到推动全局的目的。因此，把所有制结构调整作为中心环节的地位不能动摇，围绕所有制结构调整有很多工作要做，五个突破就是围绕这个中心环节而展开的。思想观念的突破是根本保证和前提；提高国有经济运行质量和效益，探索公有制的多种实现形式和放手发展非公有制结构经济，要靠调整所有制结构来实现；扩大对外开放、加快科技进步、技术创新，加快传统工业的改造，是在更高的层次上探索公有制经济与国内外先进技术、管理经验、资金的更好的结合和实现形式。因此，“一个中心环节”和“五个突破”是有机统一、相互促进、相辅相成，构成了加快实现改革与发展新突破的总体思路和战略格局。只要我们按照这个战略部署，进一步深化改革、扩大开放，我市的经济活力、工业竞争能力、对外开放水平一定会大大增强。

四、加强领导，真抓实干，切实把十五大精神贯彻落实到具体工作中，抓出成效

全市各级领导干部一定要“思想更解放一点，精力更集中一点，力度更大一点，工作更扎实一点”，切实把贯彻十五大精神的各项工作落实到具体工作中，抓出成效。

首先，各级党组织要认真组织好本单位、本部门的学习，党政一把手负总责，要用党的十五大精神、自治区的《若干意见》和市委的《实施意见》统一全市党员、干部群众的思想，达到思想统一，行动一致，力量集中的目的。

二是，各部门、各单位要根据市委的《实施意见》制定具体的贯彻实施细则，围绕“一个中心环节、五大突破”的主线开展工作，拿出有力措施，打破传统，大胆突破。

三是，要切实转变政府职能，转变管理经济的方式方法。要重新审视现行的各项政策、措施以及管理经济的方法是否仍然停留在计划经济的时代，是否仍然是以姓“资”姓“社”、姓“公”姓“私”区别对待，要开始着手研究适应新形势的管理办法，全面建章立制。要改正机关作风，提高办事效率和服务质量，规范各部门行为，坚决整治“三乱”，为我市的各项工作营造一个宽松的环境和条件。

四是，要大胆启用人才，使用好人才，正确评价人才。要大胆启用想干、能干、会干的人才，要努力创造一个干事业的良好环境，旗帜鲜明地支持改革者，鼓励探索者，教育失误者，惩治腐败者，追究诬告者，鞭挞空谈者。对领导干部政绩的考核，要树立“无功便是过”的观念，把那些畏首畏尾，顾虑重重，只想“守摊子”，延误发展时机的干部换下来。

五是，要切实抓好当前的工作，这是贯彻落实十五大精神的第一步。要切实抓好当前的经济工作，确保全年任务的完成，要抓好工农业生产、商贸流通工作，安排好职工生活，确保元旦、春节的物资供应，要正确处理好改革、发展、稳定的关系，抓好社会治安，认真解决人民内部矛盾，关心群众疾苦，解决群众困难。11、12月召开全市对外开放会议、科技工作会议和文化工作会议，进一步研究贯彻落实十五大精神，加快改革开放、科技进步和文化建设的具体政策、措施。

五、牢牢把握历史机遇，掀起改革与发展的新高潮

机遇，是指历史发展进程中出现的有利于某项工作的条件、环境和契机。它具有不确定性和非常驻性。机不可失，时不再来。能否抓住机遇，历来是关系改革与建设兴衰成败的大问题。可以说，柳州市的每一步改革发展的成果都是科学地认识机遇、抓住机遇的结果，同样我们也丧失过一些机遇。对于抓住机遇加快发展，行业之间、企业之间的发展也不平衡。我们有抓住机遇，开创发展新局面的典型，也有错失良机，从先进变为落后典型；也有对机遇视而不见，麻木不仁，延误企业发展机遇的典型；正反两方面的经验教训要求我们必须保持清醒头脑，科学地认识机遇，把握机遇，用好机遇。

具体来讲，要把握好三个机遇：一是政治机遇。党的十五大对改革开放和社会主义现代化建设跨世纪的发展作出了全面部署，提出了经济、政治、文化的基本纲领，在许多重大理论问题上有新的发展、新的突破，为我们怎样建设社会主义指明了方向。可以说这是一个重大机遇，特别是在公有制的含义和实现形式上、在非公有制经济的发展问题上都有重大突破。这也是一个改革的历史性机遇，改革的方向已经非常明确，没有什么可以争论的了，丧失这个机遇，就不是在踏踏实实地建设社会主义；二是发展机遇。现在国内、区内先进地区都在加快发展，而且形成了许多很好的经验，发展步伐也比我们快，如果我们不发展或发展慢，就会落后，就会影响群众生活的提高，对不起龙城的父老乡亲。东部沿海地区的产业结构正在加速调整，一些产业逐步向内地和中西部地区转移，国家也将加大对中西部地区和少数民族地区的支持力度，这也是一个发展机遇；三是开放机遇。香港的回归、东南亚一些国家和地区的快速发展、广西大西南出海通道的建设以及广西沿海经济开放战略的启动都为我们创造了良好的机遇。对待机遇要有一个科学的态度，在机遇没有出现时，我们要为机遇的出现做好充足的准备，练好内功，打好基础，把该准备的准备好，把该治理的环境整治好，蓄势待发；在机遇出现时，我们就要迅速抓住机遇，乘势而上，加速改革与发展，并在改革发展中创造新的机遇。

政府工作报告(摘要)

在柳州市十届人大五次会议上

(1998年2月28日)

柳州市市长　宋继东

一九九七年工作回顾

一、国民经济稳定发展，经济效益继续提高

去年，我们紧紧抓住经济建设这个中心，坚持“三个有利于”的标准，大力调整和优化经济结构，强化农业的基础地位，提高工业整体素质，加快发展第三产业，促进了国民经济快速健康发展。据初步统计，全市国内生产总值完成166.5亿元，比上年增长16.4%(按可比价计算，下同)，完成了年度计划，其中第一产业增长10.14%，第二产业增长16.07%，第三产业增长18.25%。

工业经济稳步增长，经济运行质量和整体效益进一步提高。全年完成工业销售收入222.9亿元，工业增加值79.7亿元，实现税利17.67亿元，分别比上年增长7.66%、16.42%、73.9%；实现利润1.81亿元，产品产销率95.7%。技术创新工程全面启动。全年完成技术改造投资12.5%亿元，比上年增长5.0%，有8个项目进入国家技术创新项目，有14个项目进入国家重点新产品试产计划。我市被国家确定为全国技术创新试点城市，筹建了柳州市技术创新基金。企业成本管理、财务管理、资金管理和质量管理工作进一步加强，产品质量不断提高，又有6家企业通过ISO9000质量体系认证。推行扭亏增盈责任制取得成效，全市独立核算工业企业亏损面为27.5%，企业经营性亏损9850万元，控制在控亏目标之内。

农业生产获得丰收，农村经济全面发展。全市农业总产值完成31.1亿元，比上年增长13.9%；粮食总产量达42.01万吨，创历史最高水平，糖料蔗总产量达269.91万吨，比上年增长16.8%；“菜篮子”工程发展较快，市场供应充足，蔬菜、肉类、水产品、水果总产量分别比上年增长8.7%、24.74%、29.18%和24.90%。乡镇企业稳定发展，营业总收入达70.7亿元，比上年增长45.38%；实现利税4.26亿元，比上年增长

52.8%。全市绿化补植造林8.65万亩,实现全市绿化达标。农田水利基本建设进展顺利。扶贫攻坚工作取得明显成效,两县四个贫困乡已通过市级脱贫达标验收。

第三产业快速发展。全市第三产业增加值为62.5亿元,占国民生产总值比重为37.54%,比上年提高0.82个百分点。市场繁荣,购销两旺,全年社会消费品零售总额达58.72亿元,比上年同期增长12.81%。全年完成客运量3024万人,比上年增长6.3%;货运量3411万吨,增长1.79%;邮电业务总量4.27亿元,增长36.3%。全市财政收入18.45亿元,增长19.48%,其中市本级财政收入完成15.99亿元,增长22.43%;当年全市财政支出9.37亿元,增长15.15%,其中市本级财政支出7.02亿元,增长18.33%。各项金融业务有了较大发展,1997年年末金融机构各项存款余额179.79亿元,比年初增长13.46%;各项贷款余额142.16亿元,比年初增长10.39%。保险事业有了新的发展。

非公有制经济发展步伐加快。至去年底,全市私营企业1592户,比上年增长4.5%;个体工商户35573户,增长1.9%;个体工商户和私营企业上缴税金增长8.6%。

市场物价稳定,人民生活水平进一步提高。去年,居民消费价格指数为100.3%,社会商品零售价格指数为99.5%,实现了自治区下达的控制目标。在经济发展的基础上,人民生活水平有了进一步提高。城市居民人均可支配收入5423元,扣除物价因素,实际增长3.09%;农民人均纯收入2461元,比上年增长23.23%。

二、经济体制改革取得新的进展,对外开放进一步扩大

去年,我们以国有企业改革为重点,全面推进各项改革。出台了关于国有资产的管理与运营、国有企业的改组、改制等方面的15个改革政策文件,为整体推进改革提供了依据。现代企业制度试点进一步扩大,选择了柳空等25户企业进行第二批扩大试点。优化资本结构试点取得新的进展。全市完成3户优势企业对3户困难企业的兼并,实现资产重组21.83亿元,企业增资2.6亿元。分离分流取得较大进展,共分离分流富余人员5万多人,分离企业办学校、医院各2所。"抓大放小"取得成效,围绕发展支柱产业,实施大公司、大集团战略。完成了两面针集团扩大,五交化、凤山糖业、立宇和联压企业集团的组建工作。改制工作稳步推进。目前已完成改制的大中型企业30户,其中国有工业企业22户,占全市国有大中型企业总数的20.56%;市属中二以下166户工商企业完成改制149户,占89.75%;进入改制16户,占10%。社会保险制度改革全面推进,进一步完善了养老、工伤、失业保险制度。建立并实施了城乡居民最低生活保险救济制度,全年发放救济金113万元。稳步推进农村改革,建立健全农村流通服务体系、社会化服务体系和产业化服务体系。供销社体制改革取得新的进展,入社农户增至30371户,募集社会股金3180万元。2.16万人参加农村社会养老保险,农村社会养老保险金总积累740多万元。积极实施再就业工程。建立行业性的再就业服务中心2个,国有、集体企业职工失业统筹面达100%,通过各种渠道安置失业、下岗职工9035人,占失业下岗职工总数的60.18%;城镇登记失业率为2.9%。住房制度等各项改革进一步推进。

对外开放逐步向全方位、多层次、宽领域拓展。出台了关于扩大对外开放的5个政策性文件。去年全年完成出口总值2.16亿美元,比上年增长11.19%;利用外资取得新的突破,实际利用外资5508万美元,增长22.18%。对外开放已从工业逐步向农业、第三产业、城市基础设施建设拓展,"六桥一路"项目洽谈取得成功,首期引进外资2500万美元,开创了我市利用外资的新渠道。口岸建设得到加强,全年从柳州口岸进出口货物26.5万吨,比上年增长24.8%。横向经济联合进一步扩大,全年实施经济技术协作项目134项,引进市外资金6300万元。

三、重点工程建设进展顺利,城市管理进一步加强

去年,全市共完成城市维护建设投资2.55亿元,比上年增长54.6%。年初确定的十件实事:河西防洪堤工程已完成主体1838米,1998年可全部完成;三中防洪堤基本完成,白沙堤二桥至回龙冲段堤防及三桥西泵站已开工建设;莲花干渠已贯通排水;柳西水厂扩建工程已建成投入使用;市区二氧化硫排放量比上年削减1万吨的任务已超额完成,大气中二氧化硫含量和酸雨频率明显降低;50套解困房、100套教师公寓、柳石路、东环路、柳长路拓宽改造工程以及邮电扩容工程、市区低压配电网改造工程均已按计划完成;国际互联网柳州接点已开通;鹿山、马鞍、三中变电站已投入使用,八一变电站改造工程正在进行;龙屯立交桥、第三期城市煤气工程和里雍垃圾填埋场完成初步设计;潭中高架桥正在进行基础钻探和施工图设计,即将动工。因资金紧张等原因,雅儒路、静兰变电站、垃圾中转站未能按计划实施。旧机场开发区完成道路、供排水和路灯等一批基础设施配套工程并投入使用。迎接自治区成立四十周年的一批重点工程正在按计划进行。

城市管理进一步加强,市容市貌有较大改观。加强对城市管理工作的领导,建立了领导干部城市管理巡查制度。进一步完善了市、区两级城管系统,完成了环卫保洁所下放城区工作,逐步理顺城市管理关系。实施《城市管理目标责任制》,进一步加大了城市综合管理的力度。设立"118"等城市管理投诉(监督)服务电话。在城市各主干道设立市容监督岗。对市区部分道路进行交通分流调整,实行市区禁鸣喇叭,市容、交通秩序进一步好转。

四、科教兴市取得较好的成绩,各项社会事业不断发展

我们把科技教育放在优先发展的地位,全面推进科教兴市战略。制定和完善科技成果管理有关政策,实施"七大科技工程",全市共完成新产品开发321项,科技成果登记54项,颁发市级科技奖66项,获广西科技进步奖 17 项。深入开展科普工作，组织专家到两县一郊开展技术咨询、科技示范和技术指导。高新开发区建设有新的进展，技工贸总收入 7 亿元，比上年增长 205.7%，有四家高新技术企业通过认定。教育事业继续发展。重视抓好基础教育，郊区通过自治区政府组织的“两基”评估验收。教育质量不断提高，素质教育进一步加强。改革成人高教体制，筹建柳州高等职业技术学院。卫生事业发展加快。公费医疗制度改革全面铺开，全市公费医疗费用比上年下降 21%，节约经费 775 万元。在全市公共场所开展禁止吸烟活动取得较好成效。农村初级卫生保健工作初见成效，合作医疗制度逐步推开。围绕庆祝香港回归和党的十五大召开，开展了一系列文化活动。广泛开展具有柳州特色的、以企业为主体的群众性文化活动；坚持不懈地抓好“扫黄打非”，净化文化市场。广播电视、新闻出版工作取得新的成绩。积极开展群众性体育活动，推动全民健身活动的开展。出台加强流动人口计划生育管理的规定，完成了自治区下达的人口计划和各项计生工作任务。

五、精神文明建设和民主法制建设进一步加强，社会秩序稳定

我们在全市广泛开展了爱国主义教育和学习十五大精神活动，制定并实施《柳州市社会主义精神文明建设“九五”规划》，开展了“讲文明、树新风”、“创文明行业、文明单位”和“三德教育”活动，提倡文明言行，提高全市人民的文明素质。实行服务承诺制，加强窗口行业和广大市民的素质教育。龙城路被列为全国文明示范街。继续广泛深入开展“双拥”工作，密切军（警）民关系，谱写了“双拥”工作的新篇章。

积极推进民主与法制建设。加强和完善社会主义民主制度，自觉接受人大监督，定期向人大汇报工作，向政协通报情况。积极配合人大代表和政协委员开展各项视察工作。认真承办人大代表和政协委员会的建议和提案。全年共办理市人大议案 2 件，代表建议、批评和意见 83 件，办复率 100%，满意率 95%；办理政协常委会建议案 3 件，委员提案 118 件，办复率 100%。加强和完善政府法制工作，推进“依法治市”，加强执法监督检查，做到依法行政、文明执法。

社会治安综合治理取得较好成效，社会秩序稳定。对公安工作进行了改革，实施“一警多能制”，交警上路巡逻，交通治安统一执法，变静态管理为动态管理。进一步完善“110”报警体系，提高了公安队伍快速反应和整体作战能力。从严治警，组建了警务督查队，实行“黄牌警告制度”和“干警易岗交流制度”，收到较好成效。组织开展打击盗抢机动车、禁毒统一行动等各项专项斗争，成功地破获了一批影响坏、危害大的特大案件，维护了社会的稳定。

廉政建设取得成效。制定了《柳州市贯彻落实中央八项规定工作责任制》，加强对领导干部在住房、汽车、电话、公款吃喝等方面的廉政检查，共清理超标车 215 辆。治理“三乱”工作取得一定成绩。加强对违法违纪案件的查处工作。全年共立案调查 193 件，已结案 181 件，给予党纪政纪处分 176 人，其中县处级干部 12 人，挽回经济损失 216.3 万元。

过去一年，人事、外事、土地、统计、审计、侨务、国家安全、信访、档案、人防、修志、气象、农机、技术监督、民族宗教、老龄等各项工作都有新的进步，取得了新的成绩。

在肯定成绩的同时，我们也清醒地看到，当前经济和社会生活中还存在一些不容忽视的困难和问题。主要是：经济结构未能适应市场经济发展的需要；一些国有企业面临的困难较多，经济效益不够理想，部分职工生活困难，下岗、失业人数增多，社会就业压力加大；农业产业化程度还比较低，综合生产能力有待于提高；外向型经济和非国有经济发展仍然相对滞后，投资环境还需要进一步改善；财政仍然比较困难，城市基础设施、环境治理和城市公共事业的重点工程建设资金压力比较大；城市管理、社会治安、安全工作还有一些薄弱环节；一些部门和部分机关工作人员，公仆意识不强，办事效率不高，机关作风还需要切实加以整顿，等等。所有这些，需要我们在今后工作中认真加以解决。

一九九八年工作任务

一、打好国有企业改革攻坚战，全面推进各项改革

今年的经济体制改革，要紧紧围绕所有制结构调整这个中心环节，坚持“抓大放小”和“三改一加强”方针，争取取得突破性进展。

按照现代企业制度的要求，推进国有大中型企业公司制改造。要实行投资主体多元化，提倡法人实体相互参股，建立有限责任公司或股份有限公司。落实企业法人地位和权力，建立完善企业法人治理结构，确保股份制改造后企业（集团）能够按《公司法》行使权力和履行义务。

继续推进国有企业的战略性改组。围绕支柱产业，抓紧实施“个十百”工程，实施大公司大集团战略，强化资本经营意识和扩张意识，采取整体划转、兼并联合、收购等方式发展大型企业集团，加快有色、糖业、建材等集团的组建工作。要加快中小型企业的改造步伐，利用各种形式，如改组、联合、兼并、租赁、承包经营和股份合作制、出售等，放开搞活中小企业，力争今年基本完成全市中小企业的改制工作。

进一步搞好优化资本结构试点。用好政策，鼓励兼并，规范破产，促进存量资产向支柱产业和优势企业流动。要抓住国家重点扶持纺织行业解困的机遇，大胆探索，加快我市纺织行业结构调整和资产重组。继续抓好增资减债、减员增效、下岗分流工作，降低企业资产负债率，提高经济效益。

调整所有制结构，大力发展非公有制经济。从战略上调整国有经济布局，有步骤地将国有资本从支柱产业以外的行业和一般性竞争行业退出；大胆探索公有制的多种实现形式，对国有企业进行股份制和股份合作制改造；采取有效措施，创造公平的市场环境，支持、鼓励和引导非公有制经济健康发展，扶持组建发展民营企业集团，提高非公有制经济的比重，逐步改变我市国有经济比重过大的状况。

积极实施再就业工程。妥善安排好失业下岗工人，关系到改革的成败，必须动员全社会的力量切实抓好再就业工程。要采取退养、转岗、自谋职业等方式安置下岗失业职工，保证下岗失业职工的基本生活费，所需资金由政府、企业、社会“三家抬”。要贯彻落实《柳州市实施再就业工程方案》，完善政策机制和资金筹措机制，扶持、鼓励下岗职工再就业，特别是对自谋职业的下岗职工，在税收、场租等方面给予优惠。充分发挥各级再就业服务中心的作用，进一步加快劳动力市场的建设，发挥劳动力市场的吸纳、吞吐和配置作用，多渠道分流企业富余人员和失业下岗职工。

继续推进各项配套改革。建立和完善社会保障体系，组建统一的社会保险机构，进一步完善养老、工伤、失业保险制度，扩大覆盖面，提高费用收缴率。推进国有资产管理体制改革。实行资产经营责任制，理顺企业产权关系，明确企业法人财产权和企业资产经营责任，建立经营者激励和约束机制，强化企业内部约束机制，提高资产运营效益，实现国有资产保值增值。坚持按劳分配为主体、多种分配方式并存的制度，把按劳分配和按生产要素分配结合起来，鼓励资本要素和技术要素参与分配。积极推进政府机构、城区管理体制、财税、金融、住房等其他各项制度改革。

二、实施外向带动战略，提高对外开放水平

我市经济发展正处于一个关键时期。只有加快实施外向型牵动战略，建立完善全方位、多层次、宽领域的对外开放格局，才能引进先进的技术和管理经验，引进资金，促进我市经济体制和经济增长方式的转变，促进资产重组和结构调整，促进经济和社会的持续发展。

实施外向牵动战略，除了要继续加强城市的硬件建设外，还必须突出抓好投资软环境建设。要加强对外宣传，扩大对外民间友好交往，进一步提高柳州知名度。建立健全规章制度，坚决整治各种乱收费，维护外商合法权益；注重按国际惯例办事，简化办事程序，完善配套服务，提高办事效率。重点实施政府服务一站制、业务审批限时制、行政行为免费制、收费项目目录制、收费方式一票制、检查评比报批制、政策实施督办制、外商待遇平等制、产品使用优先制，在国家政策法规的指导下，对来柳投资的外商实行投资行业不限，投资方式不限，投资规模不限、投资来源不限、投资的所有制形式不限、投资的地区不限。要及时把握和适应外商投资和国际资本流动的新动向，积极引导外资投向，以第二产业为重点，逐步向第一、第三产业扩展。要建立招商项目库，拿出优势企业、优势项目与国外的大公司、大财团进行嫁接改造，继续吸引外资合作经营路、桥等基础设施。

要深化外贸体制改革，调整出口商品结构，扩大对外贸易。采用参股联营、兼并收购等多种方法，进行专业外贸公司的改组改制，推进外商注资、租赁经营及民营化试点，继续搞好外贸企业承包经营。加快科工贸一体化，实现外贸的集约化经营，按行业相近、优势互补的原则，组建大型外贸企业集团。要发挥自营出口生产企业资金、人才、技术等优势，开拓和扩展国际市场。要广泛开展国际经济技术合作，发展技术贸易、服务贸易、“三来一补”贸易。积极开展横向经济联合，大力引进资金、人才和项目，促进经济发展。

要切实加强外经贸人才队伍建设，培养和造就一支熟悉国际市场、善于与外商打交通、掌握国际惯例和外贸经营管理的专门人才队伍，全面提高涉外经济领域工作人员的素质。

三、加快工业经济发展，提高经济运行质量

为了贯彻自治区的三大战略，我们必须集中力量，加快工业经济发展。今年安排工业增加值增长13.5％，实现利税增长13.2％。

加快工业经济的发展，必须调整和优化工业结构。要以市场为导向，以效益为中心，进一步加快产业结构和产品结构调整，推进生产要素向支柱产业和高效益企业集中，逐步在全市建立10－12个大型企业集团。充分利用两个市场、两种资源，增加工业产品出口，提高工业经济的外向度。

加快工业经济的发展，必须推进技术创新，搞好技术改造。要坚持制度创新与技术创新相结合，围绕我市支柱产业和优势产业，集中人力、财力、物力，开展科技攻关，推广成熟的先进技术，解决生产中的关键技术。争取国家支持建立技术创新投入支撑体系、人才支撑体系和中介组织支撑体系，建立企业技术创新体系，搞好技术创新培训和技术服务工作。坚持产学研联合，大中型企业要与大专院校或科研院所建立各项形式的长期稳定的合作关系，建立健全技术开发机构，优势企业要建立国家级、省级技术中心。加速科技成果转化，重点组织推广应用有利于促进支柱产业发展的高新技术，搞好中试基地建设，认真组织一批有较大价值的技术、产品进行工业性试验。结合产业结构调整，加快采用高新技术改造传统产业，装备支柱产业、优势产业和重点骨干企业，提高产品技术含量，促进产业结构和产品结构升级。要建立项目库，尽快挑选一批有相当技术含量和有市场前景的新项目，搞好项目前期工作。今年计划技改投入15亿元以上。

加快工业经济的发展，要继续实施名牌产品战略，大力开发有市场、有效益、技术含量高的新产品，尽快形成新的经济增长点。对我市的两面针、工程机械、汽车等名牌产品和拳头产品，在贷款上要给予重点倾斜，同时实行优惠政策，鼓励其兼并中小企业和破产企业，盘活资产存量，迅速扩张资本，扩大生产规模。要有计划地扶持发展一批市场潜力大的新产品，加快创名牌进程。综合经济管理部门要敏锐地观察市场和科技发展新动向，深入企业调查研究，在政策、资金上扶持企业开发新产品，今年重点扶持和支持运钞车、天成金芝养生液等若干重点产品生产和销售，加速培育一批新的名牌产品。

加快工业经济的发展，必须加强企业管理，转换企业经营机制。企业要适应市场的发展变化，建立起对市场信号有敏捷反应能力的运行管理机制。加快营销市场化，加强营销网点建设和营销队伍建设，建立行之有效的营销激励机制，提高产品的市场占有率。加强以资金管理为中心的企业财务管理，降低成本，提高效益。在资金紧张、销售困难的情况下尤其要注重压减两金，提高企业筹资能力和资金使用效率。实施质量振兴计划，积极推广 ISO9000 质量保证体系和产品质量认证。继续抓好三支队伍建设，加强企业领导班子建设，探索和建立企业经营者的选拔、使用、考核、监督和奖惩制度，试行“年薪制”。进一步强化扭亏责任制，抓好扭亏增盈工作。今年市属国有独立核算工业企业亏损面要控制在 25%之内，经营性亏损控制在 1 亿元之内。实行安全生产责任制，加强监督防范，强化安全生产。

四、抓好农村工作，全面发展农村经济

今年的农村工作，要贯彻中央二号文件精神，稳定和落实党在农村的基本政策，深化农村体制改革，合理调整农村产业结构，提高农村经济整体素质和效益，确保农业增产、农民增收、农村稳定。

发展农村经济，重点要抓好结构调整、科技兴农和农产品流通体制的改革。一是调整优化农业产业结构，大力发展“两高一优”农业。粮食生产，重点推广高产优质良种、水稻旱育稀植和抛秧技术，稳定杂交稻面积；蔗糖生产，要加强高糖良种良法的推广速度；“菜篮子”生产，要保证总量、优化结构，大力发展无公害蔬菜、名优水产品、名优水果以及节粮型、食草型畜禽生产。二是加快推进农业产业化。大力发展产加销、贸工农一体化经营，抓好“龙头企业＋基地＋农户”一体化建设。建立和完善农业社会化服务体系，搞好产前、产中、产后服务，使农民急需的生产资料能买得到，生产的农产品能卖得出。三是继续实施科教兴农战略，推广“农业十项重大实用技术”，加强农业科技推广体系建设，健全机构，稳定队伍，实施“绿色证书工程”，提高科技对农业的贡献率。四是多渠道增加农业投入。市、县财政都要确保农业发展的预算支出，同时鼓励、支持社会各方面对农业的投资，支持农民个人加大对农业经营的投入。通过增加投入，改善农业基础设施和生产条件，保证农业的可持续发展。

发展乡镇企业是振兴农村经济、加快农民致富的重要途径。乡镇企业要在前几年高速发展的基础上，继续巩固、提高，进一步完善经营机制，深化产权制度改革，提高整体素质和经济效益。要把发展乡镇企业与农业产业化、发展村级集体经济和小城镇建设紧密结合起来，重点抓好农副产品加工业和“东西合作示范项目”，带动农村种植业、养殖业和第三产业的发展，提高农业综合效益。

五、加快发展第三产业

第三产业的发展，要为实施自治区三大战略服务，为第一产业和第二产业服务，为改善和提高人民生活服务。今年重点抓好流通业、旅游业、交通运输业、邮电通讯业、房地产业、金融业和居民服务业的发展。

流通业的发展，要充分发挥工业城市和大西南交通枢纽的区位优势，加强市场建设和市场培育，特别是要抓好生产资料、生产要素市场的建设和培育，通过加快工业产品的流通，活跃经济，带动区域经济发展。今年重点抓好现有市场的改造和完善，搞好各项配套服务，建立规范的交易秩序，使之上规模、上档次、上水平，扩大知名度。今年要完成柳州铁道农贸市场、鱼峰杰成农贸市场、大桥农贸市场、银山小区农贸市场、城站路农贸市场的建设；想方设法多渠道筹集资金，采取“谁投资，谁所有，谁受益”的方式建设雀儿山市场；争取在“九五”期内再建成和培育几个大的工业品批发市场、生产资料市场，以及旅游商品市场和奇石市场。积极推进商贸流通体制改革，对商贸流通企业实行股份制、股份合作制改造，组建和完善大型商贸企业集团，培育市场主体。大力发展商业连锁经营，推行粮食“双线”运行、物资代理制，坚决落实工商局管办市场分离。

旅游业要按照“统一规划，合理布局，积极开发，加强宣传”的方针加快发展，使之尽快成为我市的一个新的经济增长点。要充分利用历史文化名城的旅游资源和民族风情，因地制宜地兴建和完善一批文化旅游景观。要加强与区内外、国内外的旅游协作，充分利用毗邻桂林优势，加入大桂林旅游圈，并联合周围县市，建设柳州旅游区。要搞好旅游基础设施配套建设，改善交通条件，加强旅游业的宏观管理，营造良好的旅游环境。要加大宣传力度，扩大知名度，争取创建全国优秀旅游城市。

继续大力发展交通运输仓储及邮电通信业、房地产业、金融保险业。交通运输业，重点抓好交通网络建设，发展联运市场；邮电通信业，今年要新建、扩容程控电话 5 万门，新建移动电话基站 31 个，实施“村村”通电话工程，建成并开通多媒体通信网；住宅制度改革，要实行住房实物分配向货币分配转变，加速住房社会化进程；土地使用制度改革，要抓好培育和完善土地市场，充分发挥土地聚财生财的效能；金融体制改革，要注重培育和发展金融市场，扩大直接融资渠道，支持经济和社会事业发展。

要大力培育和发展与人民生活密切相关的社会化、产业化的社区服务业。发展多种所有制形式的服务网点，拓宽服务项目，积极开辟生活服务消费新领域，形成多种经济成分和多种经营方式并存、行业结构合理、服务门类齐全、服务技术和服务水平都有较大提高的社区服务体系。

六、大力加强财税工作

要按照“培育财源，加强征管，规范预算，开源节流”的要求，加强财税工作。要建立确保财政收入稳定增长的财源体系，在稳定发展第二产业的基础上，广辟地方财源，逐步提高第一产业、第三产业在财政收入中的比重。完善预算制度，合理调整财政支出结构。进一步加强预算外资金的集中管理和使用，把凡是体现政府职能（包括一些行使政府行政职能的事业单位）的预算外收入和财政性投资项目的收益纳入财政预算管理。严肃财经纪律，加强财政收支监管，确保财政收支平衡。

要加强税收征管工作。加强对税源的监控，大力推进征管制度改革，强化税收均衡入库，加强个人所得税

的征收，建立纳税人自行申报和以计算机网络为依据的税收管理监控体系，扩大税收征管覆盖面。加大执法力度，强化稽查工作，严厉查处偷漏税案件，打击偷、骗、抗税行为。继续清理企业(包括个体、私营经济)多头开户的现象，加强对企业财务的宏观监控。加强税务队伍建设，提高服务质量，改变被动候税式服务为主动上门服务，保证税款足额征收。

七、抓好基础设施建设，进一步加强城市管理

建设和改造城市环境，对于改善人民生活、改善投资环境、促进经济的发展，具有十分重要的意义。今年城市建设的主要任务是：搞好城市维护，抓好重点工程建设，进一步加强城市管理。

要切实抓好城市的维护和建设。对现有城市基础设施，要加强维护，充分发挥作用，保证城市正常运转。积极筹措建设资金，加快防洪工程建设。加强城市基础设施建设和环境污染治理，进一步加强城市道路、供水、供电、排水网络、路灯设施建设，认真抓好城市二氧化硫总量的控制、城市噪音、油烟排放管理，推广使用无铅汽油，抓紧潭中高架桥建设和河北环岛污水截流管工程和污水处理厂前期工作。实施创建园林城市方案，大力开展群众性“种一棵树，植一平方米草”活动，搞好城市绿化和美化。继续推进旧城改造和新区开发。今年要切实抓好城市建设的一批重点工程：1. 完成河西、白沙防洪堤上段工程；2. 改造人民广场草地，建成广场中心雕塑；3. 完成河南江滨公园三期建设；4. 建成10座垃圾中转站；5. 建成50套解困房、405套教师公寓；6. 建设荣军北路；7. 拓宽燎原路；8. 迁建市社会福利院。同时，千方百计多渠道筹集资金拓宽改造北鹊路。为迎接广西壮族自治区成立四十周年，今年还要建成邮电大楼、交通枢纽调度指挥中心等一批重点工程。

要进一步加强城市管理工作。加强城市规划管理，严格控制零星改造建设，坚决制止违法违章建设。严格执行城市管理规章制度，加大执法监督管理力度，抓好长效管理。积极参加自治区市容“南珠杯”竞赛，开展城市“金壶杯”竞赛活动。要以整治市容交通、环境噪音和餐饮业油烟排放为重点，抓好城市生活环境的治理。市容管理要进一步向治理户外广告、小街小巷、居住小区和单位的庭院、楼舍、宿舍延伸，抓好城郊结合部的环境卫生管理，落实“门前三包、门内达标”责任制。强化公用事业单位服务管理，全面推行社会服务承诺制。进一步提高全国文明示范街龙城路的建设管理。对三中路、鱼峰路、解放北路、五一路沿街建筑物进行外墙立面美化装修，提高店面照明亮度，努力创建整洁有序、繁荣美丽的现代化城市。

八、切实关心和改善群众生活

努力增加城市居民收入，提高生活质量。要进一步调整经济结构，采取有效措施，提高企业经济效益，千方百计确保职工收入稳定增长；加强引导和扶持，努力营造良好环境，大力发展第三产业，繁荣城市经济，多渠道增加城市居民收入。要开辟农民增收的新领域、新渠道，挖掘农村经济增长潜力，突出解决部分农产品销售不畅等实际问题，促进农业增值增效，农民增收。切实减轻农民负担，坚决把农民的实际负担控制在国家规定的限额之内。建设三个社会主义新农村示范点和推广沼气应用，进一步改善人民群众的生活环境和农村生态环境。继续采取有效措施，保持物价稳定，确保人民群众随着经济增长得到真正实惠。

切实抓好扶贫帮困工作。要在城市建立两级困难企业解困资金，进一步完善最低生活保障线制度，逐步把解决特困职工生活纳入制度化轨道。继续开展扶贫开发工作，巩固和发展扶贫成果。对刚脱贫的村屯和农户，在政策和资金上，仍要给予一定的扶持，防止出现返贫现象。继续加强边远山区水、电、路等基础设施建设，改善山区人民的生产生活条件。要在城乡广泛深入开展扶贫帮困活动，切实帮助孤寡老人和贫困居民解决生活困难。

九、发展科技教育等各项事业，推动社会全面发展

继续实施科教兴市战略。科技工作，要把组织实施技术创新工程作为重点，加强科技与经济的结合，提高科技进步对经济增长的贡献率。进一步深化科技体制改革，对职能重复、力量分散的科研机构进行调整和重组，组建有相当规模和实力的科研机构，同时大力发展民营科研机构。加快高新技术开发区建设，发展高新技术产业。调整开发区产业发展和建设规划，形成集高新技术产业、科研、教育、文体、居住、娱乐为一体的新园区格局。加强科技队伍建设，注意选拔、培养和引进能适应高科技发展和市场经济要求的高素质的各类人才。加强科普工作，运用群众喜闻乐见的形式，普及先进的科学技术知识和科学思想，继续抓好科技、文化、卫生“三下乡”。

坚持把教育放在优先发展的战略地位。要加强基础教育，在巩固五区“五基”达标的基础上，确保两县今年实现“两基”达标。认真贯彻国家《职业教育法》，合理调整职业教育布局，加强职业学校的建设和管理，提高职业教育水平。继续深化成人教育改革，加快柳州高等职业技术学院建设，确保1998年招生开学。要特别注意加强农村职业教育和成人教育，切实提高农民的文化水平和生产技能。加强对社会力量办学的规范管理和监督引导，提高社会力量办学质量。强化素质教育，建设全市学生素质教育基地，逐步实现教育资源共享，加快教育现代化步伐，全面提高教育质量。加强教师职业道德建设，提高广大教师的素质。加快建设教师公寓，解决部分教师住房困难。继续多渠道筹措教育资金，增加教育投入。

加快发展卫生事业。加强农村初级卫生保健工作，发展合作医疗，提高农村医疗技术水平；积极开展医疗单位创等级活动；进一步加强对社会医疗、个体行医和药品市场的管理，维护广大患者的切身利益；加强防疫和妇幼保健工作；今年要组建柳州市急救中心。深化文化体制改革，发展文化事业。要抓好历史文化名城建设，加强企业文化、村镇文化、校园文化、社区文化、家庭文化建设，广泛开展各种群众性文化活动。抓好文化

精品生产，加强文化市场的管理，加大"扫黄打非"力度。进一步发展广播电视新闻出版和博物、图书事业，搞好档案、修志工作。要广泛开展全民健身活动，提高全民身体素质。加强体育队伍建设，提高竞技水平。计划生育工作要巩固成果，加强管理，努力完成自治区下达的人口计划和各项工作任务。

十、进一步加强社会主义精神文明建设和民主法制建设

全面实施《柳州市社会主义精神文明建设"九五"规划》。进一步加强思想道德建设，继续深入开展爱国主义、集体主义、社会主义教育和"三德"教育活动。继续深入开展"讲文明、树新风"活动，重点解决环境卫生、文明言行、交通秩序、服务质量等方面的问题。深入开展创建文明单位、文明机关、文明小区、文明村镇和军警民共建等群众性创建活动。要认真做好庆祝广西壮族自治区成立四十周年的各项筹备工作，并以此为契机，深入广泛开展"爱我中华，爱我广西，爱我龙城"活动，增强全市人民的向心力和凝聚力，把我市精神文明建设推上一个新的高度。

继续加强社会主义民主法制建设。自觉接受人大及其常委会的监督，切实执行人大决议和决定，坚持和完善向人大及常委会工作汇报制度。发挥人民政协的参政议政作用，重大决策要广泛听取政协及社会各界的意见，认真办理人大、政协的各项议案、提案和建议。加强各级政府和各部门的信访工作，密切政府与人民群众的联系。坚决贯彻执行国家的政策和法律、法规，搞好民族、宗教和侨务工作。加强政府法制工作，建立和完善司法责任制、评议考核制，抓好行政执法检查，严格执法，文明执法，提高依法治市、依法行政水平。继续抓好普法工作，增强全民法律意识。加强法律服务和法律保障工作。继续加强基层政权、基层组织和基层民主政治建设，搞好人民调解工作，维护社会稳定。

进一步搞好社会治安综合治理。集中力量严厉打击盗抢机动车、团伙犯罪等严重危害社会治安的犯罪活动，继续抓好禁毒工作。加强群防群治，认真落实防范措施。逐步完善公安干警勤务改革措施，坚持实行"一警多能制"。加强硬件建设，完善"110"报警体系，提高快速反应能力和处置突发事件能力。进一步加强公安队伍建设，完善内部监督管理制度，加强内部督查工作，提高队伍整体素质。要增强国家安全意识，切实抓好隐蔽战线工作。

十一、进一步整顿机关作风，加强干部队伍建设

努力改进机关工作作风，对于实现今年的国民经济和社会发展目标至关重要。各级政府及其工作人员要牢固树立全心全意为人民服务的思想，积极为人民、为基层办实事、办好事。要进一步整顿机关作风，坚决反对推诿扯皮、相互掣肘、拖沓应付、设卡梗阻等不良现象，增强全局观念，简化办事程序，提高工作效率。大力倡导实事求是、求实务实的工作作风，坚决摒弃官僚主义、形式主义和主观主义。进一步完善向广大市民征求合理化建议的制度，推进决策民主化和科学化。努力精文减会，深入实际调查研究。继续对政府工作实行严格的目标管理，严格考核，奖惩兑现。政府工作人员，要忠于职守，勤于政事，克己奉公，勇于开拓，创造性地做好各项工作。

要切实加强廉政建设。继续抓好领导干部廉洁自律、查办大案要案和纠正行业不正之风三项工作，落实厉行节约、制止奢侈浪费的八项具体规定和"关于严肃机关纪律的若干规定"，重点查处利用职权"吃、拿、卡、要"和乱收费、乱摊派、乱罚款等腐败现象，切实解决部门利益驱动问题，坚决制止少数权力部门利用职务和工作之便谋取部门、小团体和个人私利的行为。要强化各种监督机制，加强对干部的勤政廉政教育，肃贪褒廉，激浊扬清，推动反腐败斗争深入、持久、扎实地开展下去。

在柳州市第十届人民代表大会第五次会议上的工作报告(摘要)

(1998 年 2 月 28 日)

柳州市人大常委会主任 杨鸿泉

(一)

1997 年是我们国家发展历史上非常重要的很不平凡的一年，也是我市克服困难、加快发展、减轻洪灾造成损失的重要一年。市人大常委会在市委的领导下，高举邓小平理论伟大旗帜，坚持以党的基本路线为指导，坚持以经济建设为中心，以推进民主法制建设为根本任务，认真贯彻党的十五大精神和市委八届五次、七次全会精神，认真执行市十届人大三次会议的有关决议，围绕把人大及其常委会建设成为真正的国家权力机关、工作机关、民意机关，实现三个转变的基本工作目标，履行宪法、法律赋予的职责，进一步增强工作实效，各方面工作都取得了一定进步，为我市改革开放、经济建设的顺利发展和社会的全面进步作出了贡献。

一年来，我们主要抓了以下四项工作：

一、自觉坚持和依靠党的领导，认真贯彻市委的意图，坚持人大工作的正确方向

第一，自觉坚持和依靠党的领导，使人大工作服务于全党全国的工作大局。

第二，认真贯彻党委意图，善于把党的决策和主张变为国家意志，这是人大工作坚持党的领导的一个重要方面。

第三，坚持以经济建设为中心，坚持了人大工作的正确方向。

二、密切联系代表和群众，充分反映民意，帮助人民排忧解难

第一，密切了与代表的联系。我们坚持联系代表制度，主任接待日制度，全年共走访联系代表近300人；认真地听取代表和人民群众的意见和建议，对有些可能解决的问题，督促有关部门抓紧解决。认真办理代表议案和书面意见，加强督促落实。市十届人大三次会议主席团交付有关专门委员会审议的代表议案28件。各专门委员会经过调查研究，及时提出了审议结果报告，经常委会审议通过的两个议案，已交有关部门办理。市十届人大三次会议以来，代表共提出书面建议83件，已全部办复。

第二，认真做好人民群众来信来访的申诉受理工作。一年来，共受理人民群众来信来访1400多件次，常委会领导亲自批办的重要来信来访100余件。

第三，针对群众关心的热点、难点问题及事关人民群众切身利益的事项认真开展监督活动。重点抓了如下几项：一是开展对“三乱一难”问题的监督检查活动。二是重视对环境保护工作的监督。三是对白云市场“9·19”火灾进行了认真的调查了解。

三、加强对“一府两院”工作监督和法律监督，把监督和支持有机结合起来，促进“一府两院”工作的开展

第一，认真开展执法检查，保证国家法律、法规在我市的正确贯彻实施。我们抓住重点，先后对乡镇企业法、刑事诉讼法、民事诉讼法、行政处罚法、归侨侨眷权益保护法、科技进步法、土地管理法、城市规划法等法律的实施情况进行了检查监督。对检查中发现的问题，及时交“一府两院”研究解决，进一步督促行政机关和司法机关依法行政、公正司法、严格执法。

第二，对“一府两院”的有关工作进行审议，作出相应的决议和决定。为了组织全市人民投入禁毒斗争，抵御国际毒潮的侵袭，严厉打击毒品违法犯罪分子，控制贩毒、吸毒的蔓延，维护我市社会治安的稳定，常委会作出了《关于批准市政府〈切实做好禁毒工作，保持社会稳定议案〉的实施方案的决定》，市人民政府根据人大常委会的决定认真组织实施，开展了禁毒专项斗争，有力地打击了毒品犯罪分子，遏制了毒品在我市的蔓延势头，维护了社会的稳定。

第三，加强对“一府两院”任命干部的监督，认真开展干部述职评议工作，把对人的监督和对事的监督有机地结合起来。通过述职评议，进一步强化和完善了国家权力机关对“一府两院”的监督，增强了国家机关工作人员的民主意识、法律意识和公仆意识，激发了他们进一步做好工作的责任感和使命感。同时也进一步树立了人大作为国家权力机关的权威。

四、按照实现三个转变、建设三个机关的要求，努力加强常委会的自身建设

人大工作要实现三个转变，最重要的是要提高人大常委会组成人员和人大机关干部队伍的素质。

一是加强学习。我们认真组织学习邓小平理论，学习党的十五大精神，进一步统一思想、提高认识。

二是加强了制度建设。重新修改了常委会议事规则；各专门委员会也根据工作实际制定了有关工作制度；常委会办公室制订和修改了一系列制度和规定，使人大工作朝着制度化、规范化方向迈进。

三是加强机关建设。根据工作需要，增设了常委会调研室；调整充实了机关工作人员；实行择优上岗，在机关内部进行了换岗。

四是充分发挥专门委员会的作用。各专门委员会加强了与对口部门的联系，认真做好“一府两院”工作报告的初审，督促检查常委会决定、决议和审议意见的落实；结合常委会的审议内容，做好调查研究，提出视察报告；在干部述职评议和执法检查中，也发挥了重要作用。

五是积极开展与兄弟城市人大的交流。

（二）

1998年是我们全面贯彻落实党的十五大提出的各项任务，实现我市“九五”计划、奔小康至关重要的一年。

一、坚持以经济建设为中心，紧紧围绕市委八届七次全会提出的“一个中心、五个突破”依法行使职权，促进我市改革与发展的新突破

要认真行使好对重大事项的决定权。要认真探索进一步明确人大及其常委会决定重大事项的范围和内容，以促进决策的科学化、民主化，使人大的决定权真正落实到实处。

二、坚持以加强民主法制建设为根本任务，认真贯彻依法治国的战略方针，积极推进依法治市

要进一步强化法律监督，提高监督实效。以新颁布的《中华人民共和国刑法》等国家重要法律为重点开展执法检查工作。要大胆、充分地运用法律规定的监督形式如质询、组织特定问题调查委员会、撤职、罢免等，实现由程序性监督向实质性监督的转变。要积极推行执法责任制和冤案、错案责任追究制度，督促“一府两院”依法行政、公正司法。要继续督促市政府贯彻实施“三五”普法规划，搞好普法教育，提高全民法律意识。特别是要抓好领导干部的法律教育和培训工作，增强他们依法办事的自觉性，克服以言代法、以权代法现象。

三、进一步密切联系代表和人民群众，倾听群众和代表的呼声，充分反映民意，发挥人大主要民主渠道的作用

要按照代表法的规定，加强对代表活动组织指导，研究和改进代表视察检查的方法，提高活动实效。认真办理代表议案，检查代表议案的办理情况，特别是对代表多次提出，能够解决但至今仍未很好解决的问题，要督促有关方面限期解决。要抓住群众关心的热点问题开展监督活动，要继续抓好对“三乱一难”问题的检查监督活动，促进“一府两院”进一步转变工作作风，增强服务意识。要对下岗待业职工再就业问题进一步作深入的调查研究，作出决定，督促政府进一步做好下岗、待业人员安置工作。

四、认真做好县区人大换届选举工作

县区人大依法换届选举，是我市人民政治生活和县区政权建设的一件大事，是加强社会主义民主与法制建设，坚持和完善人民代表大会制度的重大实践活动。

五、加强常委会的自身建设，不断适应形势发展的要求

常委会组成人员要进一步深入学习邓小平理论和党的十五大精神，学习宪法法律和人大制度理论，努力提高思想水平和工作水平，站在全局高度，认真研究和解决人大工作和民主法制建设中的新问题，更好地履行宪法和法律赋予的职责，不负人民重托。

在政协柳州市八届四次会议上的工作报告(摘要)

(1998年2月27日)

柳州市政协副主席　马　红

一九九七年工作回顾

一、认真学习贯彻中共十五大精神

中共十五大是在世纪之交召开的一次承前启后、继往开来的大会，是高举邓小平理论伟大旗帜，把建设有中国特色社会主义伟大事业、推向二十一世纪的大会。深入学习贯彻十五大精神，对于坚定不移地沿着十一届三中全会以来正确路线胜利前进，具有十分重大的意义。十五大召开后，我们及时对委员们学习贯彻十五大精神作出具体部署。在八届十一次常委会议上进行专题学习，把学习党的十五大精神与学习市委八届七次全会精神结合起来。各专门委员会也分别召开了学习座谈会。通过一系列的学习，委员们加深了对高举邓小平理论伟大旗帜重要意义的认识，增强了贯彻执行社会主义初级阶段基本路线和纲领的坚定性，增强了贯彻执行共产党领导的多党合作和政治协商制度的自觉性，增强了做好政协工作的责任感和使命感，提高了参政议政的水平。为了帮助委员加深领会十五大精神，了解当前经济体制改革实际，支持和参与改革，特邀请自治区党校负责同志向委员作了《经济体制改革要有新突破》的专题报告，使委员们对经济体制改革的重要性、紧迫性有了更加深刻的认识，对国有企业的发展前景充满信心。为贯彻落实市委提出的"一个中心，五大突破"的战略部署，在学习中共十五大和市委八届七次全会精神的基础上，经主席会研究，制定了《政协柳州市委员会贯彻落实中共柳州市委〈实施意见〉的方案》。

二、广泛开展迎香港回归祖国活动

1997年7月1日，我国政府对香港恢复行使主权，这是雪百年之耻，扬民族之威的盛事。同全国人民一道，我们在香港回归祖国前后，通过各种形式开展了一系列的迎回归活动，主要有柳州市各界人士迎香港回归座谈会，民族、宗教界迎香港回归座谈会，与市民革、市历史学会、黄埔同学会联合举行的迎香港回归座谈会。政协委员纷纷发言、赋诗作画，畅谈香港的百年沧桑，誉赞祖国的日益强盛、邓小平"一国两制"的伟大构想和党中央的英明决策，表达自己洗刷耻辱、扬眉吐气的强烈感受和喜悦之情，表示要做好工作，推动社会主义现代化建设的不断发展，促进祖国和平统一大业的早日实现。4月份，我们协助自治区政协迎香港回归艺术团在柳作巡回演出。5月份，与市歌舞团联合组成迎'97香港回归艺术团，先后在区、县的厂矿(场)、企事业单位、乡镇作巡回演出13场，观众达3万余人次，深受群众欢迎，取得了良好的社会效果。

三、认真履行政治协商、民主监督、参政议政职能

一年来，我们认真贯彻执行中共柳州市委批转我会《关于政治协商、民主监督、参政议政的细则》，切实开好政协全会、常委会、主席会，提高参政议政的水平和实效。在市政协八届三次全会期间，委员们听取和讨论了"一府两院"工作报告(讨论稿)，并就我市改革开放、经济发展、城市管理、精神文明建设和民主法制建设等提出了意见和建议。会议中还进行了大会发言，举行了提案现场办理会，取得了较好的效果。每次常委会、主席会议都根据政协的特点，抓住带有全局性、紧迫性和人民群众关心的重点、热点问题议大事，进行协商。为推动改变我市森林防火工作薄弱、险情不断的严峻状况，为促进解决我市下岗职工再就业问题，积极组织委员开展视察、调研，撰写专题调查报告，先后提交主席会和常委会审议，形成了市政协常委会《关于加强我市森林防火工作的建议案》、《关于加强实施我市再就业工程的建议案》，送交市委和市政府研究，促成决策。全年还召开了多次情况通报会，由相关部门分别就1996年全市经济运行和下一年工作的设想、市公共汽车运行及为市民服务问题、1997年上半年全市经济工作情况和下半年工作安排、我市行政执法机关的执法情况、我市技术创新工作情况、我市城市基本建设情况等，向市政协领导或委员们进行通报，展开交流和协商，促进了工作的开展和问题的解决。

各专门委员会根据政协三次全会确定的工作目标和任务，选择党和政府重视、人民群众关注的重要课题，以经济建设为中心，围绕改革与发展、民主法制建设、文化建设等工作，着重对我市"抓大放小"改革、高新技术产业开发区、森林防火及造林绿化、再就业工程、新一轮"菜篮子"工程、科普工作、非公有经济的发展及经营情况、城市基础设施、禁毒工作、违法青少年教育、宗教问题、贯彻《行政处罚法》情况、文化设施、社会力量办学情况、推进中小学素质教育、县郊"两基"达标、实施《全民健身计划纲要》情况、历史文物保护等，组织委员开展视察、调研、考察、专题座谈等活动59项次；给市委、市政府或有关部门报送各类专题报告和各种情况反映30份，其中形成常委会建议案2份；专委会提出提案9件；召开专题研讨会12次，收到委员撰写的论文70篇。以上工作为我市党政机关科学决策提供参考，对促进我市改革开放、两个文明建设和民主政治建设，发挥了积极的作用。

重视做好新形势下的提案工作，采取有效措施，激发委员参政议政、争提好提案的积极性。通过现场办案、督办、召开表彰会等方式，促进了提案办理质量的提高。政协八届三次会议收到了118件提案，已由承办单位办理完毕，其中得到采纳、付诸实施的有56件，占总数的47.5%；列入工作计划、逐步实施的有27件，占总数的23%；因目前条件不具备、无法实施的有35件，占总数的29.5%。

四、积极开展海内外联谊工作

一年来，我们利用海内外联谊优势，为柳州市的对外开放和外经外贸做了大量工作，主要抓了以下几项：一是认真贯彻市委、市政府召开的全市对外开放工作会议精神，为介绍和引进国外先进技术、促进经济合作献计出力。二是派员参加了'97广西（深圳）国际经济技术合作交流会、桂林山水节暨广西名优产品展销经贸洽谈会，以及在南宁举行的广西世界同乡恳亲会，期间共邀请了香港、台湾等地的客商30余人次到会。三是为我市大中型建设项目和开发区引资搭桥，促成新加坡及台商到我市、县进行实地考察、洽谈与交流。四是努力做好接待服务工作，为委员、"三胞"、外商解决生产经营和用电等实际问题。通过协调，促使有关单位解决了台商龙江木业有限公司的善后问题，解决了市电梯厂与德国公司的经济纠纷和华力集团中外合资汽车检测线开业审批等事项，增强了台商、外商投资柳州的信心。对于"三胞"及其亲属的来信、来访，我们均热情接待、牵线搭桥、传递信息，尽可能地为他们排忧解难。

五、做好文史资料的征集、整理、出版

一年来，文史资料的挖掘、征集、出版工作取得了新的进展。一本记录了市、县、区政协和各民主党派、工商联40多年光辉历程，且有存史、使用价值的柳州文史资料第11辑《风雨同舟》一书，在1997年首季顺利出版，为了我市申报"胡志明旧居"为自治区重点文物保护单位，我们与市博物馆联合收集、挖掘史料，提供了大量的文字、图片、录音资料。最近，自治区政府已批准胡志明旧居为自治区重点文物保护单位。此外，还完成了新时期中共党史资料专题——人民政协的发展和作用的撰写任务。协助并做好自治区政协、社科院联合出版的《民办教育在广西》论文专辑的征稿、组稿工作。

六、加强机关的思想、组织、作风建设

一年来，我们把机关思想建设摆上重要议事日程，认真抓紧抓好。通过组织和引导干部开展"双学"活动，学习中共十四届五中、六中全会以及党的十五大精神，对干部进行包括爱国主义、"三德"教育、"三严四自"和廉洁自律为主要内容的思想教育，使大家对邓小平理论、对江泽民总书记十五大报告有了更全面、更深刻的理解，思想觉悟和政治素质又有了新的提高。以党政机关实行国家公务员制度、开展机构改革为契机，加强了机关的组织建设。按照国家机关公务员制度的要求，按照"精简、统一、效能"的原则，我们依据新的机关 改革方案，顺利地实施了"三定"工作。机关作风建设在"创建文明机关"活动中继续得到加强。在抓班子建设和干部队伍建设的同时，进一步加强目标管理，健全制度，定岗定责，提高效率，全面落实精神文明建设的各项要求。

1998年工作安排和指导思想

在新的一年里市政协工作的指导思想是：继续高举邓小平理论伟大旗帜，以中共十五大精神和党的基本路线为指导，在中共柳州市委的正确领导下，坚持以经济建设为中心，紧紧抓住改革与发展两大工作重点，按照市委八届七次全会的部署，结合政协工作的特点和实际，选准角度，发挥优势，建言献策，切实履行政治协商、民主监督、参政议政职能，为实现我市改革与发展的新突破，为推动我市社会主义精神文明建设与民主政治建设，为促进祖国统一大业作出新的贡献，据此，提出本年度的主要工作是：

一、坚定不移地用邓小平理论指导政协工作

党的十五大把邓小平理论确立为全党的指导思想，这充分表明了以江泽民同志为核心的中共中央和全党把邓小平开创的伟大事业，全面推向二十一世纪的决心和信念，反映了全国人民的共同心愿。用邓小平理论武装头脑、指导实践，是做好政协工作的前提。当前，要深刻领会江泽民总书记在十五大的重要报告，掌握邓小平理论的精髓，牢固树立解放思想、实事求是的思想路线，用邓小平理论的立场、观点研究新情况，解决新问题，指导各项工作。要按照市委《实施意见》及全盘工作的部署，着眼于对柳州市实际问题的思考，真正为解决改革与发展、社会与生活中深层次的问题提出真知灼见。通过学习，增强我们做好政协工作的责任感和使命感，提高参政议政的水平；通过学习，使大家重新审视和认识柳州的市情，认清形势，增强加快改革与发展的紧迫感和责任感；通过学习，使大家进一步解放思想，转变观念，形成共识，真正全面坚持"三个有利于"标准，坚持以经济建设为中心，坚持"发展才是硬道理"，坚持"两手抓，两手都要硬"的方针，在中共柳州市委的领导下，抓住重点，积极建言献策，推动改革与发展新突破，促进两个文明建设与民主政治建设取得新进展。

二、围绕党的中心工作履行政协职能

在新的一年里，我们将按照全区经济工作会议精神，按照中共柳州市委提出的"一个中心、五大突破"的战略目标，发挥政协优势，围绕改革与发展这一重大课题展开深入的调查、视察活动。重点放在所有制改革和培育新的经济增长点方面。要积极配合市政府"抓大放小，对国有企业实施战略性改组"，着重对国有企业和

流通领域的国有资产进行战略性调整,对加快企业转机建制和进行股份制改造,对产业结构调整等工作,单独或会同有关部门开展调查、研讨活动,提出意见和建议。围绕市委"积极探索公有制多种实现形式,提高非公有制经济比重"的决策,运用政协地位、作用特殊,以及与各界人士联系广泛的有利条件,组织委员对非公有制经济进行考察、视察,了解企业生产经营情况,反映业主们的意见和要求。同时,加强宣传调研,主动配合市政府探索公有制多种实现形式,扶持和发展非公有制经济。

在推动改革与发展的同时,要大力加强社会主义精神文明建设,按照中共十五大精神,组织科技、文化、教育、体育、卫生等各界委员,围绕社会主义文化建设、精神文明建设的诸方面工作,选择群众关心的"热点"问题开展视察、调研、献计献策,为市委、市政府提供决策参考。

要继续开好政协全会、常委会和主席会,坚持议大事,协商大事。要进一步加强各专委会的工作,充分发挥委员的主动性、积极性和创造性,搞好调查、考察和视察活动。要重视和加强提案工作,进一步完善提案工作制度,开好提案工作研讨会,继续提高提案的办理质量,抓好提案、建议案、各类报告的追踪反馈。

三、促进政治体制改革和民主法制建设

促进民主政治建设,是政协的一项重要工作。在新的一年里,要认真贯彻十五大关于政治体制改革和民主法制建设的精神,健全民主制度,加强法制建设,推进机构改革,完善民主监督制度,维护安定团结。就政协而言,要坚持和完善共产党领导的多党合作和政治协商制度。坚持"长期共存、互相监督、肝胆相照、荣辱与共"的方针,加强同民主党派合作共事,巩固中国共产党同党外人士的联盟。继续推进人民政协政治协商、民主监督、参政议政的规范化、制度化,促进我市决策民主化、科学化,使之成为党和政府团结各界的重要渠道。巩固和发展广泛的爱国统一战线。全面贯彻党的民族政策、宗教政策、侨务政策。密切联系工会、共青团、妇联等群众团体,发挥它们民主参与和民主监督作用。

要促进法制建设的进一步加强。坚持有法可依、有法必依、执法必严、违法必究,是党和国家事业顺利发展的必然要求。加强和促进"依法治市",是政协义不容辞的工作。为此,要对我市社会治安综合治理情况、一些重要法律的贯彻落实情况,以及群众反映强烈的问题,开展视察调研。参与执法监督活动,促进执法和司法队伍建设,增强全民法律意识,提高干部法制观念和依法办事的能力。同时,要积极配合政府和有关部门开展社会主义教育、爱国主义教育、法纪教育、职业道德教育、家庭伦理教育等内容的精神文明建设,加强社会治安,坚决打击刑事犯罪和消除"黄、赌、毒"的危害,净化社会风气,创造良好的社会环境。

在推进政治体制改革和民主法制建设中,要积极协助政府抓好社会稳定工作,要积极主动地配合政府做好下岗职工的思想工作,理顺情绪,化解矛盾,反映社情民意,为加快建立社会保险体系,加快实施"再就业工程"开展调查研究、出谋献计,促进我市国有企业战略性改组得以顺利实施,维护社会的团结和稳定。

四、进一步搞好海外联谊工作

香港的顺利回归,我国进一步的对外开放,为继续搞好海外联谊提供了新的机会。要积极开展多种形式、多种渠道的海外联谊活动,密切与香港地区柳州政协委员、台港澳同胞以及海外侨胞的联系,反映他们的意见和建议,争取他们来柳参观、考察、投资。充分发挥政协联系广泛的优势,加强与外地政协、经贸部门、涉外单位的联系,展开各种方式的联谊和经贸促进活动。广为宣传柳州,提高柳州知名度。积极协助政府搞好"三引进",为我市企业和外商牵线搭桥,促进我市外向型经济发展。要继续关心和支持"三资"企业的经营和发展,热诚为"三胞"及其亲属服务,尽可能地帮助他们解决一些实际问题。要继续高举社会主义和爱国主义两面旗帜,宣传贯彻"一国两制"方针,为迎接澳门回归、实现祖国大陆同台湾的统一作不懈地努力。

五、继续做好文史资料征集

对文史资料的保存和文物的保护,作为历史文化名城应予重视,然而这项工作在我市却存在薄弱环节。要积极向有关部门建言献策,加强文史资料的征集存档和文物保护。要认真贯彻全国政协和自治区政协文史工作会议精神,继续做好我市建国后文史的征编出版工作,1998 年要完成《柳州文史资料》第 12 辑(柳州市落实各项统战政策专辑)的组稿、出版、发行工作。做好政协委员学习中共十五大报告论文评选活动,编纂学习十五大精神《学习参考资料》。同时要继续关心市文物保护工作,有重点地选择一些文物点,组织委员进行跟踪视察,提出意见建议,促进柳州市的文物保护工作。

六、进一步加强政协自身建设

新的形势与任务对政协自身提出了更高的要求,政协委员要以高度的责任感和使命感,自觉履行政协职能,积极参加政协的各种活动。要为委员参政议政创造条件,随时听取委员的意见和要求,通过多种形式和各种渠道,帮助委员了解情况、熟悉政策、扩大视野、把握全局。各专门委员会要善于总结经验教训,注意改进活动方式,提高活动效果,加强与委员的联系和走访工作,注重专门委员会之间的协作与配合,进一步发挥专委会的整体功能。要密切与县、区政协的联系,加强对县、区政协今年换届工作的指导。机关工作人员要继续加强学习,坚持学以致用,树立强烈的事业心、责任感,发扬艰苦奋斗、团结协作精神,培养严谨敬业的态度和作风,增强服务意识,提高业务水平和工作效率,进一步使政协机关工作制度化、规范化。要深入实际,调查研究,对政协需要解决的课题,对改革发展中出现的新情况、新问题,要开动脑筋,积极探索,提出解决问题的新思想、新办法、新建议。要求认真务实,埋头苦干,办实事,讲实效,创造性地开展工作,圆满地完成各项任务。

柳州市概况

基本情况

【地理】

位置、面积　柳州市位于广西中部偏东北、东经 108°50′～109°44′，北纬 23°54′～24°50′。地处柳江中游，柳江自西北方向穿绕城市向东南方向流去。市区山环水绕，呈壶状。全市辖两县五区，总面积为 5307.24 平方公里，市区面积 651 平方公里。

地形、地貌　柳州市是一个北、东、西三面被山丘包围，南面张开的岩溶盆地，具有典型的岩溶地貌特征。由于柳江穿流市区及气候、岩性、构造的影响，形成河流阶地地貌与岩溶地貌迭加的特点。其地貌单元可分为：城中河曲地块、柳北孤峰岩溶平原、柳东孤峰、峰丛岩溶平原、柳南峰林峰丛谷地、柳西多级河流阶地、沙塘向斜岩溶盆地及低山丘陵等。市区地形平坦微有起伏，地面标高在海拔 85～105 米之间。

（段　强）

【气候·水文】

气候　1997 年，柳州市气候特点是冬、春温暖，夏、秋温凉。全年无明显旱、涝灾害，作物生长季节雨水比较调匀；秋季寒露风开始日期特早且强度强；大部分月日照时数偏少，尤其 7—12 月市、县各地日照时数连续偏少，为历史罕见。与常年值比较，除日照时数明显偏少外，气温、降雨量、雨日均属正常年，但气候要素变化明显异常，给人们有“冬行春令，春夏倒置”的感觉。年雨量 1284—1496 毫米，为正常年雨量。雨量分配为冬、春多雨，夏、秋少雨，其中，1 月雨量 90—125 毫米，各地偏多 1—2 倍，柳江县出现 1958 年以来 1 月雨量最大值。市区和柳城县分别为 1951 年和 1959 年以来 1 月第三个多雨年；3 月雨量，南部 157—169 毫米，偏多近 1 倍，北部 113—114 毫米，偏多 6 成；4 月雨量为全年最多雨或次多雨月，其中市区 339 毫米，偏多 1.2 倍，为 1951 年以来第 3 个高值；郊区 270 毫米，偏多近 9 成，为 1936 年以来第 4 个高值；柳江县 280 毫米，偏多近 1 倍，为 1958 年以来第三个高值；柳城县 159 毫米，偏多 1 成多，为全年次多雨月。5 月雨量除柳城县正常外，其它地区偏少 5—6 成，柳江县出现 40 年来同期第三个低值。8—11 月各地雨量均连续偏少，其中 10 月 20—53 毫米，偏少 5—7 成，11 月 3—15 毫米，偏少 8 成至 1 倍，市区和郊区仅 3.4—5.4 毫米，为历史少见。年雨日 163—170 天，各地均接近常年值。7 月雨日 23—25 天，偏多 7—10 天；12 月雨日 18—20 天，偏多 9—11 天。7 月多雨日为柳城、柳江、市区历史首见，12 月多雨日为 1936 年来郊区首见。年暴雨天数，柳城县 1 天，其它地区 3—5 天。最长连续降雨，郊区 9 天，其它县市 12—19 天，分别出现在 4 月上旬和 6 月底到 7 月上旬。最长连续无雨 28 天，出现在去年 12 月中旬到今年 1 月上旬。年平均气温：南部 20.5—20.8℃，偏高 0.1—0.3℃，北部 20.1℃，为常年值；年平均最高气温 24.5—24.8℃，偏低 0.3—0.4℃；年平均最低气温 17—18℃，市区和郊县分别偏高 0.8 和 0.4℃；极端最高气温 36.2—36.6℃，出现在 8 月上旬和中旬，极端最低气温市区 3.7℃，郊区 0.2℃，柳城县 0.6℃，柳江县 2.2℃，出现在 1 月 10—11 日；各月平均气温除 6—9 月和 12 月外，各月均偏高，其中 1 月 11.6—12.6℃，偏高 1.6—2.2℃，为近 30 年来同期最高温年；7 月 26.6—27.4℃，偏低 1.5—2.0℃，其中，柳城县出现 1959 年以来同期最低值，郊区出现 1936 年以来同期第 2 个低值，市区和柳江县出现 40 年来第二个低值。9 月 23.7—24.8℃，偏低 2—2.7℃，出现各地历史同期最低值，其中郊区 23.7℃，比 1936 年以来同期最低值还偏低 1.5℃。日照时数：全年 1100—1237 小时，比常年偏少 23—29%，为近 40 年来日照最少年，郊区为 1936 年以来第三个寡照年。7 月日照时数 81—106 小时，偏少 51—63%，为近 40 年来同期最少日照，12 月 12.6—18.2 小时，偏少 87—89%，为各地有日照记录以来最少年。全年各地霜日 2—3 天，出现在 1 月上旬。第一次寒露风出现在 9 月 19—22 日，比常年早 24—28 天，过程最低气温 13—14.8℃，出现时间早，降温强度大为历史罕见。

气象灾害　1997 年气象灾害：(1)雨涝：4 月 1—2 日市区、郊区和柳江县暴雨和大暴雨，日雨量 94—127 毫米，造成春季雨涝。市区部分地段排水不畅，雨涝成灾，壶东大桥西头路段积水 70 厘米，路旁 19 个门面不同程度进水，26 台汽车被淹；柳石路、东环路部分路段积水 70—80 厘米，造成交通阻塞。柳江县的拉堡、成团、三都、里高、百朋等乡镇降雨 100—136 毫米，降雨时间短，强度大为历史少见，造成雨涝灾害，损失严重。全县 35 所学校被水淹，其中两所小学被迫停课；造成危房 57 间，倒塌 15 间，被淹、冲坏稻田 656.96 公顷、秧田 468.18 公顷，玉米、黄豆、花生、甘蔗等作物 916.19 公顷，蔬菜 835.08 公顷、鱼塘 69.37 公顷，养鱼网箱 630 个。成团乡白露村为重灾区，近 1000 个养鱼网箱，被洪水冲翻 580 个，损失近 600 万元。柳江县因 3 月下旬以来的大雨、暴雨，雨涝导致约 13340 公顷蔬菜基本无收，另有 1120.56 公顷蔬菜不同程度减产。(2)冰雹大风：4 月 3 日，冰雹大风袭击柳城县东泉、古砦、六塘等乡镇，最大冰雹直径 20—30 毫米，4651 户 2.57 万人受灾，万多亩农作物不同程度受损。4月29日，柳城县六塘、马山乡冰雹大风，冰雹最大直径15毫米，最大风力9级。冰雹大风路经三界、拉燕、黄冲、六塘、肯社、肯路村民委，36个自然屯1980户9180人受灾，造成危房260间，损坏瓦片91万片，农作物成灾面积654.59公顷，部分电力、通讯设施受损，通信中断24小时，直接经济损失172万元。此外，4月2日市区出现17—18米/秒雷雨大风，造成局部灾害。(3)寒露风：9月19日—22日，25—29日各地分别出现寒露风天气，两县共有273.47万公顷晚稻抽穗扬花受影响。 (高克普)

水文　1997年为正常水文年份。市区降水日数165天，年降水量1446.2毫米，为多年平均值的99.1%，柳城站年降水量1284.1毫米，为多年平均值的93.9%，均接近多年平均值，偏差在10%范围内。全年降水量分布比较均匀，各月雨量不大，但雨季来得较早。1月份最大日雨量达44.2毫米，10天降水量超过100毫米，为本市同期实测记录中少见。3月中旬起，雨日较多，雨量明显增大，正式进入雨季。全年最大月雨量出现在4月份，其次为7月份。9月初起，降雨明显减少，雨季即告结束。

柳江水位为中水年水平。1—3月，水位均在70米以下。4月份虽已进入汛期，但水位仍然不高，4—5月，最高水位未超过72.5米，仍有69.5米左右的低水位。6月5日起，开始出现明显的洪峰过程，但洪峰水位不高，6月份最高水位略超过77.5米。7月为全年水位最高月份，其水位均在71米以上。7月9日出现年最高水位，为81.19米，比多年平均值低0.5米多。由于最高洪峰水位较低，差0.31米才达到警戒水位，洪水未淹入市区，也未造成水灾。年径流量424.1亿立方米，年平均流量1340立方米每秒，为多年平均值的1.07倍。年最大流量1.36万立方米每秒，为多年平均值的89.5%。本年悬移质输沙率也是正常年水平，年输沙量为431万吨，年平均输沙率为136千克每秒，年平均含沙量为0.10千克每立方米，均小于多年平均值。柳州以上流域侵蚀模数为94.9吨每平方公里，也略小于多年平均值。柳江水温，年平均值为21℃，最高水温为31℃，发生在9月13日；最低水温为11.3℃，发生在2月10日；均略高于上一年。柳江水质维持上一年的水平，市区河段水质按国家标准GB3838—88评价，一般为Ⅲ—Ⅳ类，超过Ⅲ类水标准的物质，枯水期主要是挥发酚，在丰水期为挥发酚、氨氮和大肠杆菌等。

(黄志平)

【人口】　1997年末，柳州市常住居民户数45.38万户，比上年增加1.87万户，增长4.30%。全市总人口175.29万人，其中，男性人口91.17万人，女性人口84.12万人，男女人口占总人口的比重分别是52.01%和47.99%，男女性别比为108：100。在总人口中，非农业人口88.48万人，占总人口的50.48%，农业人口86.81万人，占总人口的49.52%。1997年，全市出生人口24709人，人口出生率为14.20‰，比上年上升5.54个千分点，死亡人口7608人，死亡率为4.37‰，人口自然增长率为9.83‰，比上年上升6.21个千分点。1997年，全市人口机械变动程度较大，从外地迁入的人口为34789人，迁出的人口为24706人，人口总迁移率为68.50‰，比上年上升33.79个千分点，人口净迁入率11.61‰，比上年增加3.81个千分点。

1997年末，市区人口87.54万人，比上年增加1.37万人，增长1.58%，各城区、郊区年末人口分别是：城中区7.94万人，鱼峰区19.41万人，柳南区21.98万人，柳北区21.50万人，郊区16.70万人。1997年，市区出生人口7030人，人口出生率为8.09‰，比上年上升0.13个千分点，死亡人口3369人，死亡率3.88‰，人口自然增长率为4.21‰，比上年上升1.3个千分点。全年迁入市区的人口24756人，迁出市区的人口14787人，人口总迁移率为45.53‰，人口净迁入率为11.49%。

年末，柳江县人口49.56万人，比上年增加3895人，增长0.78%，人口出生率为10.55‰，死亡率为4.05‰，人口自然增长率为6.5‰。

柳城县人口38.20万人，比上年增加7100人，增长1.88%，人口出生率为9.30‰，死亡率为4.90‰，人口自然增长率为4.41‰。

(梁凤涛)

【行政区划】　1997年，柳州市行政区划为4城区、1郊区、2县。

柳北区：区政府驻八一路，辖区面积48.46平方公里，辖解放、黄村、胜利、雀儿山4个街道办事处，56个(包括厂矿)居民委员会。

城中区：区政府驻龙城路西一巷，辖区面积2.28平方公里，辖公园、中南、城中、水上4个街道办事处，39个居民委员会。

鱼峰区：区政府驻鱼峰路，辖区面积25平方公里，辖天马、驾鹤、荣军、箭盘山、五里亭5个街道办事处，45个居民委员会。

柳南区：区政府驻华丰湾，辖区面积22.7平方公里，辖柳石、柳南、鹅山、河西、南站5个街道办事处，45个居委委员会。

郊区：区政府驻雅儒路，辖区面积535平方公里，辖沙塘、石碑坪、洛埠、太阳村4个镇和白露、长塘、西鹅、黄村、柳东、羊角山6个乡，68个村民委员会，6个居民委员会。

柳江县：县政府驻拉堡镇，县境面积2504平方公里，辖拉堡、进德、穿山、百朋、三都、成团、洛满、里高8个镇和里雍、白沙、福塘、流山、土博5个乡，127个村民委员会，9个居民委员会。

柳城县：县政府驻大埔镇，县境面积2124平方公里，辖大埔、太平、六塘、沙埔、凤山、东泉6个镇和寨隆、社冲、西安、龙头、冲脉、古砦、洛崖、马山8个乡，120个村民委员会，11个居民委员会。

(民政局编写组)

【民族】　1997年末，柳州市有少数民族人口75.71万人，比上年末少数民族人口净增12.8万，增长1.7‰，占全市净增人口的52%。少数民族人口在全市总人口中所占比例为43.19%，比上年末上升0.12

个百分点。

柳州市居住着汉、壮、仫佬、瑶、侗、回、苗、满、毛南、土家、水、黎、蒙古、白、京、彝、朝鲜、藏、仡佬、高山等民族。人口在千人以上的7个少数民族是:壮族,71.67万人,占全市少数民族人口的94.7%,人口比上年增加6237人,增长8.8‰;仫佬族,13.66万人,人口比上年增加375人,增长28.2‰;瑶族,7843人,人口比上年增加467人,增长63.3‰;侗族,6044人,人口比上年增加310人,增长54‰;苗族,4347人,人口比上年增加230人,增长55.9‰;回族,4300人,人口比上年增加73人,增长17.3‰;满族,1661人,人口比上年增加77人,增长48.6‰。

柳州市区(含四城区和郊区)少数民族人口为17.67万人,比上年末增加10046人,辖区内少数民族人口的比重为20.19%,比上年末增加0.85个百分点。四城区和郊区的少数民族人口及少数民族在当地总人口中所占的比例情况分别是:城中区13653人,占17.19%;鱼峰区43254人,占22.23%;柳南区33147人,占15.08%;柳北区39801人,占18.51%;市郊区46843人,占28.05%。

柳江县少数民族人口37.78万人,比上年末增加463人,全县少数民族人口的比重为76.22%,比上年末下降0.51个百分点。

柳城县少数民族人口20.27万人,比上年末增加2289人,全县少数民族人口的比重为53.05%,比上年末下降0.4个百分点。

民族的分布状况与上年比没有大的变化,具体是:汉族:市区70.2%;柳江县11.8%;柳城县18.0%;壮族:市区20.8%;柳江县52.2%;柳城县27.0%;仫佬族:市区41.9%;柳江县12.8%;柳城县45.3%;瑶族:市区82.9%;柳江县7.5%,柳城县9.6%;侗族:市区74.2%;柳江县7.6%;柳城县18.1%;苗族:市区68.2%;柳江县7.7%;柳城县24.1%;回族:市区96.5%;柳江县2.3%;柳城县1.2%;满族:市区96.1%;柳江县2.7%,柳城县1.1%。其他千人以下的少数民族大部分在市区。

(班雪梅)

【华侨】 1997年,柳州市旅居海外的华侨、华人和港澳同胞约10万人。主要分布在印度尼西亚、越南、马来西亚、新加坡、泰国等48个国家和地区。华侨在海外组织有同乡会,关心家乡的建设,与家乡保持着密切的联系。柳州市的归侨、侨眷和港澳同胞亲属约有4万人。归侨来自马来西亚、印度尼西亚、越南等25个国家和地区。其中越南归侨及其子女有8609人。全市归侨有一部分集中在柳州华侨化纤纺织厂、柳州市纺织印染总厂、柳州钢铁集团公司、柳州市汽车运输(联运)公司等企业,一部分散居于市内100多家企事业单位和城镇街道,还有约1万人居住柳城县华侨农场、伏虎华侨农场和广西柳兴实业开发总公司。侨眷和港澳同胞亲属几乎遍及柳州市的大街小巷和各个企事业单位之中。柳州市的归侨、侨眷和港澳同胞亲属与他们在海外的亲人,保持着密切的书信、通讯和探亲往来。

(杨宏伟)

【宗教】 1997年,柳州市有天主教、基督教、伊斯兰教、佛教。建有市天主教爱国会、市天主教教务委员会、市基督教三自爱国运动委员会、基督教协会、市伊斯兰教协会和市佛教协会6个宗教团体,教职人员24人,信徒8753人。年内,市宗教局对全市(含两县)30座(个)宗教活动场所实施了96年度年检,30座(个)寺庙教堂和基督教聚会点获得政府颁发的96年度年检合格证。经申请登记的市郊长塘乡北岸基督教聚会点柳城县安乐寺和柳江县成团街、里高街、拉堡街3个基督教聚会点获政府批准予以登记的宗教活动场所。市郊长塘乡香兰基督教聚会点经申请批准予临时登记。同时解散了柳江县成团乡长汶基督教聚会点,该点信徒就近到成团街聚会点过宗教生活。柳城县4个临时登记和10个暂缓登记的基督教聚会点维持不变。

年内,市宗教局广泛在信教群众中进行爱国主义传统教育,引导宗教参予社会公益活动。为柳江防洪堤捐资人民币1.62万元。为失学孤儿兰淑娟重新上学赠送蚊帐、手表、衣物等一批用品,引进澳门宗教人士兰钦文牧师考察柳江、柳城两县,为柳城上里村小学和柳江白沙小学修建水毁教学楼捐资15万元,扶助柳江贫困农民发展养羊连锁户4户。

年内,查禁治理1座野庙,对56座非法庙宇查禁之后的综合治理工作进行了检查和监督。整治灵泉寺和西来寺门前的脏乱差现象以及封建迷信活动,寺庙环境井严有序、美观卫生。

(李绮霞)

【市领导机构及领导人】

中共柳州市委员会

书　记:刘知炳
副书记:赵玉林(任至5月)
宋继东(5月任职)
杨鸿泉
梁柳珠
于开金
常　委:刘知炳
赵玉林(任至5月)
杨鸿泉
梁柳珠
于开金
宋继东
谭仕选
李洪义(任至3月)
周卓新
黄桂清
韦德权(3月任职)
盛忠雄(3月任职)
秘书长:何　军
办公室主任:蒙梓林(兼)
组织部长:盛忠雄
宣传部长:周卓新
政法委书记:黄桂清
统战部长:蒋富生
政研室主任:张咸明
老干局局长:左正金
市直机关工委书记:何　军(兼)

柳州市人民代表大会常务委员会

主　任:杨鸿泉

副主任:林善似
罗寿振
罗连镒
黄绪益
梁爱凤(2月任职)
何庆荣(2月任职)
秘书长:林善似(兼)(任至2月)
郑务新(2月任职)
办公室主任:陈永浩
法制委员会主任委员:
覃启德(任至1月)
李水秀(2月任职)
财经委员会主任委员:
郑务新(任至2月)
苏志明(2月任职)
农业委员会主任委员:黄俊
城建委员会主任委员:傅善玉
科教文卫委员会主任委员:谢满蓉
民族华侨委员会主任委员:郭顺红
代表人事联络工委主任:何少兰
调研室主任:黄柳玉

柳州市人民政府

市　长:赵玉林(任至5月)
宋继东(5月任代市长,12月任市长)
副市长:宋继东(任至5月)
梁裕宁
朱润娟
黄家仁
徐伟崇
覃鸿全
秘书长:韦志飞
办公室主任:韦志飞(任至2月)
王启生(2月任职)
计划委员会主任:张　南
经济贸易委员会主任:吴集成
教育委员会主任:
梁家湖(任至9月)
罗　红(9月任职)
科学技术委员会主任:刘俊和
经济体制改革委员会主任:李茂兰
公安局局长:于　丁
司法局局长:赵建华
国家安全局局长:熊家旺
监察局局长:梁爱凤(任至3月,3—5月空缺)
陈　虹(5月任职)
民政局局长:王应初
财政局局长:张立新
人事局局长:冷永景
劳动局局长:程玉君
建设局局长:韦建军(8月任职)
(原建委主任莫廷龙任职至8月)
交通局局长:王　遥
体育运动委员会主任:陆仁生
文化局局长:刘沛盛
卫生局局长:陈学忠
计划生育委员会主任:贺祖成
审计局局长:周铁盆
统计局局长:周树民
工商行政管理局局长:黄福华
地方税务局局长:罗树生(7月任职,7月前空缺)
技术监督局局长:唐东江
环境保护管理局局长:陈学明
农业局局长:何宝才
林业局局长:黄江智
水电局局长:孔庆友
乡镇企业管理局局长:韦永长
广播电视局局长:吴　丹
城市规划局局长:贺海良
房产管理局局长:李悬生
土地管理局局长:罗林宗
园林管理局局长:赵有德(任至1月)
刘柏丽(2月任职)
物价局局长:陆群英
粮食局局长:浦国斌
对外贸易经济合作局局长:胡敏翔
国有资产管理局局长:张　崑
民族事务委员会主任:邓绍昌
机关事务管理局局长:邬燕文
机械电子工业局局长:苏东兵
人民防空办公室主任:杨壮礼
蔬菜副食品管理局局长:孙玉田
贸易局局长:黄伟光
外事办公室主任:黄润健
侨务办公室主任:吴金福
农村工作办公室主任:李　炯
法制局局长:陈　谋
城市综合管理办公室主任:
陈　刚(任至8月)
梁元甫(8月任职)
流通服务行业管理办公室主任:
蒋崇东

柳州市中级人民法院

院　长:陈朝华

柳州市人民检察院

检察长:李大任

政协柳州市委员会

主　席:徐步基
副主席:蒋富生
马　红
彭格非(兼)
盛大新
覃奉高
梅　煊(兼)
梁　溪(兼)
秘书长:刘国铧
办公室主任:李国平(兼任至8月)
封俊昌(8月任职)
经济科技委员会主任:蔡华英
文教卫体委员会主任:
梁志贤(兼任至8月)
郭雁萍(8月任职)
社会法制委员会主任:何雪兰
学习文史资料委员会主任:杨志清(兼任至5月,5月后空缺)
联谊委员会主任:李守传
提案委员会主任:缺

中共柳州市纪律检查委员会

书　记:谭仕选
副书记:梁爱凤(任至6月)
蒋克昌
陈高明
陈　虹(6月任职)
常　委:谭仕选
梁爱凤(任至6月)
蒋克昌
陈高明
覃孟楚(任至12月)
陈　虹
邱健青
杨胜周
金永起(11月任职)

群众团体

市总工会主席:杨克斌
共青团市委书记:何焕全
市妇联主席:谭和平
市科协主席:陈景欢
市文联主席:蒋富生(兼任至2月)

柯天国(2月任职)
市侨联主席:邓运良
市社科联主席:(空缺)
市残联理事长:兰砚球

1997年柳州市国民经济和社会发展

【概况】 1997年,柳州市以调整经济结构为中心,继续坚持“抓大放小”和“三改一加强”,建立现代企业制度和优化资本结构试点工作由重点突破转向整体推进,以企业改革为重点的各项改革取得新的突破。全市完成国内生产总值163.53亿元,按可比价计算(下同)比上年增长13.6%,其中:第一产业增加值17.88亿元,比上年增长10.7%;第二产业增加值83.13亿元,比上年增长12.3%,第三产业增加值62.52亿元,比上年增长16.4%。

【工业经济总量稳步增长】 1997年,柳州市坚持“三改一加强”,经济效益逐步提高。全市工业总产值260.48亿元,按可比口径比上年增长13.3%;全市工业增加值77.11亿元,按可比口径比上年增长12.6%;全市乡及乡以上独立核算工业企业销售产值209.48亿元,比上年下降0.8%;实现利税总额18.06亿元,比上年增长77.67%;利润总额1.65亿元(上年为-3.69亿元)。

结构调整取得一定成效 1997年,轻、重工业协调发展。轻工业产值68.88亿元(90价),比上年增长4.21%;重工业产值139.45亿元(90价),比上年增长9.93%;轻、重工业占全市乡及乡以上工业产值的比重分别为33.1%和66.9%;全市国有工业企业产值145.97亿元,按可比口径比上年增长4.95%;集体工业企业产值65.6亿元,按可比口径比上年增长17.08%;其他经济类型产值29.82亿元,按可比口径比上年增长3.05%。国有企业、集体企业和其他经济类型工业产值占乡及乡以上工业总产值的比重分别为60.47%,27.18%和12.35%;大中型工业企业继续发挥主导骨干作用。大中型工业企业工业总产值、工业增加值、实现利税分别为161.58亿元、45.92亿元和14.38亿元,占全市独立核算工业企业的比重分别为66.9%、66.8%和79.6%。

柳州特种汽车厂生产的“解放牌”平头加长车性能和质量好而赢得市场
赖柳生 摄

各种资产存量继续增长 全市独立核算工业企业年末资产总计406.57亿元,比上年增长8.27%,其中:国有经济资产总计293.12亿元,比上年增长6.53%;流动资产年平均余额175.89亿元,比上年增长13.3%;国有经济流动资产年平均余额115.83亿元,比上年增长11.15%;全市工业企业固定资产原值合计216.70亿元,比上年增长10.94%;国有经济固定资产原值合计170.67亿元,比上年增长8.44%;全市独立核算工业企业固定资产净值年平均余额152.37亿元,比上年增长16.20%;国有经济固定资产净值年平均余额121.67亿元,比上年增长15.5%。

主要产品产量有升有降 1997年,在考核的主要产品中,产量比上年增长的有:汽车10.24万辆,比上年增长21.04%;锌金属含量1.62万吨,比上年增长7.59%;生铁101.06万吨,比上年增长31.81%;钢85.44万吨,比上年增长11.62%;钢材74.15万吨,比上年增长5.29%;气体压缩机9853台,比上年增长96.75%;变压器166.16万千伏安,比上年增长82.39%;机制糖25.82万吨,比上年增长15.66%;化肥9.32万吨,比上年增长7.13%;硫酸21.54万吨,比上年增长17.96%;化学纤维5787吨,比上年增长2.2%;合成氨14.45万吨,比上年增长5.17%;尿素12.01万吨,比上年增长8.83%;牙膏3.53亿支,比上年增长5.99%;布4822.3万米,比上年增长22.11%;塑制品2.11万吨,比上年增长6.87%。产量比上年下降的有:水泥232.27万吨,比上年下降5.96%;机制纸及纸板5.97万吨,比上年下降27.18%;电工仪器仪表183.01万台,比上年下降22.14%;木材5.86万立方米,比上年下降13.22%;发电量18.49亿千瓦小时,比上年下降6.02%;烧碱1.52万吨,比上年下降21.73%;卷烟28.81万箱,比上年下降1.01%;啤酒2.66万吨,比上年下降33.64%;配混合饲料25.77万吨,比上年下降29.82%;纱2.51万吨,比上年下降9.17%。

技术创新工程启动 1997年,柳州市被列为国家科委、国家经贸委“技术创新”试点城市。全年完成项目357项，立项完成率82%，其中国家级项目完成13项、自治区级项目完成71项、市级项目完成20项、企业级项目完成253项。本年度完成投资1.14亿元，比去年增长9.6%；实现新产品产值43.6亿元，新产品产值率17.7%，比上年增加1.5个百分点；建机总厂建成国家级技术中心。

城市交通运输及邮电事业 1997年，公路旅客运输量2950万人，比上年下降11.73%；水路旅客运输量120万人，比上年增长61.95%；公路货物运输量2950万吨，比上年增长7.47%；水路运输量131万吨，比上年增长1.52%。

邮电业务总量4.27亿元，比上年增长37.21%；年末电话机数15.57万部，比上年增长31.83%；年度末，无线寻呼用户17.65万户，比上年增长39.62%，手机用户3.75万户，比上年增长77.11%。

【农村经济全面发展】 1997年，农业总产值31.4亿元，按可比价格计算比上年增长14.2%；农业增加值17.88亿元，比上年增长10.7%；农民人均纯收入2461元，比上年人均增加464元，增长23.63%。

【主要农副产品产量全面增长】 1997年，粮食播种面积10.25万公顷，比上年下降2.23%；粮食总产量42.01万吨，比上年增长5.5%，创历史最好水平；糖蔗产量269.91万吨，增长16.8%；水果产量5.73万吨，比上年增长24.9%；烤烟产量3777吨，比上年增长127.67%；生猪年累出栏数67.48万头；年末生猪存栏数53.27万头，比上年增长4%；肉类总产量7.09万吨，比上年增长24.76%(其中：猪、牛、羊肉产量5.56万吨，比上年增长24.29%；禽肉产量1.53万吨，比上年增长27.04%)；禽蛋产量1.52万吨，比上年增长29.18%；水产品产量1.52万吨，比上年增长29.18%。全市造林补植面积5.83万亩，成活率95%以上，在实现绿化达标的基础上，向提高全市森林覆盖率，实现生态农业迈进。

【农业生产条件有所改善】 全年财政用于农业生产支出2970万元，金融部门农业贷款余额4.57亿元，比上年增加9459万元。年末实有农业机械总动力39.19万千瓦，比上年末增长6%，农村用电量1.27亿千瓦小时，增长21.62%。农田水利基本建设和病险水库除险加固工作投入资金827.5万元，劳动积累43.46万工时，完成土石方29.73万方，浆砌石4.82万方，15处病险水库得到加固处理，完成渠道防渗31.8公里，清淤257公里，改善灌溉面积500亩。

【实施科技兴农战略】 1997年，柳州市农业部门扩大水稻旱育稀植及抛插秧等各种配套防旱育秧栽培技术培训，全市农户受训面达85%以上。农机部门扩大了工厂化育秧的试点工作。全市继续抓好吨粮田建设和中低产田改造，大面积推广双杂良种，推广面占粮食种植面积的90%以上。水利部门组织实施2.67万公顷科灌项目，达到节水三分之一，平均亩增20公斤粮食以上的技术指标。畜牧水产部门举办各类科技培训班242期。蔗糖、水果、蔬菜等部门在选配良种上下功夫，推广高产、高效的品种。植保防治部门，加强对病虫害的测报和防治，全市防治病虫害发生面积控制在90%以内。

【农村改革和扶贫工作】 年内，全市有27个乡(镇)完成土地延包签订工作，重新签订承包合同15万份。收取土地承包费200万元，收回“四田”156.2公顷。土地流转800公顷。全市已完成贫困人口降至1万人以下，贫困村下降至45个以下，贫困自然屯下降至40个以下；在贫困地区修建乡村公路150公里，解决1万人以上的饮水困难，解决4个无电村的用电问题。土博、穿山、古砦、太平通过脱贫达标验收，全市实现无贫困乡。全市农民人均负担控制在国务院规定的5%以内。

【乡镇企业继续快速发展】 1997年，全市乡镇企业营业收入70.7亿元，比上年增长45.38%；乡镇企业总产值55.74亿元，比上年增长31.71%；固定资产原值20.13亿元，增长54.85%。乡镇企业实现利税总额3.26亿元，增长16.85%。

【外经外贸有较大发展】 1997年，柳州市外贸出口总额2.16亿美

柳州市洛维园艺场柚子生产获丰收　赖柳生　摄

元，比上年增长11.19%。外贸公司出口创汇3898万美元，比上年同期下降24.7%，占全市出口创汇比重由上年的26.6%下降至18.1%；自营出口生产企业出口创汇9541万美元，比上年增长34.3%，占全市比重由上年的36.6%上升至44.2%。实际利用外资完成5508万美元，比上年增长22.18%，其中：外商直接投资4448万美元，比上年增长51.76%。全市以出让"六桥一路"经营权的方式引进外资。

【城市环境建设】 1997年，柳州市完成城市维护建设投资2.55亿元，比上年增长54.6%。柳西水厂扩建工程建成投入使用，柳石路、东环路、柳长路拓宽改造工程以及邮电扩容工程，市区低压配电网改造工程均按计划完成。年末城市道路长度达569公里，比上年增长9%；道路面积496.28万平方米，增长16.43%；排水管道长度429.71公里，增长9.34%；人均居住面积7.9平方米，比上年人均增加0.43平方米；市区投入营运公共汽车399台，营运线路长度164公里；全年客运量1.37亿人次；全市供水总量4.22亿立方米，其中生活用水量1.12亿立方米，增长0.29%；使用煤气、液化气普及率76.38%，比上年提高2.97个百分点；市区园林绿地面积2.47万公顷，与上年基本持平。

全市完成污染治理项目33项，总投资227.8万元；交通噪音低于70分贝，达到国家排放标准；削减二氧化硫排放量1.08万吨；大气二氧化硫浓度(年均值)0.124mg/m^3，比上年减少0.07mg/m^3；新增废水处理能力1961.5吨/日，废气处理能力30.71万标立方米/年，废渣处理能力3.6万吨/年。

【财政、金融、保险事业】 财政收支预算 1997年，柳州市财政收入(含两税)完成18.45亿元，按可比口径比上年增长19.48%，其中：市本级财政收入15.99亿元，比上年增长22.43%；当年全市财政支出9.37亿元，按可比口径比上年增长15.15%，其中：市本级财政支出7.02亿元，按可比口径比上年增长18.33%。

金融运行平稳 年末，金融机构各项存款余额179.79亿元，比年初增加21亿元，其中城乡居民储蓄存款112.08亿元，比年初增加13亿元；金融机构各项贷款余额142.16亿元，比年初增加13亿元；现金收入年累计488.57亿元，比上年末增85.37亿元；现金支出472.12亿元，比上年末增88.43亿元；货币收入大于支出16.45亿元。

保险事业快速发展 1997年，承保金额578.56亿元，比上年增长53.14%；国内各类保险业务收入3.13亿元，增长39.21%；已决赔款1.55亿元，下降74.67%。

【物价涨幅回落，人民生活改善】 1997年，柳州市物价涨幅继续在低价位运行，从7月份开始，物价涨幅连续6个月负增长。全市商品零售价格指数和居民消费价格指数全年累计为99.5%和100.3%，涨幅分别比上年同期回落5和5.8个百分点，是价格改革以来该市物价形势最好的一年。全市职工平均人数43.34万人，比上年增加2.59人，增长6.36%；职工工资总额28.77亿元，比上年增长2.2%，职工年平均工资6156元，比上年增长5.3%；城市居民人均可支配收入5423元，扣除物价因素，实际增长3.09%；城市居民人均消费性支出4732元，比上年增长3.39%。

年末，柳州市总人口175.29万人，比上年净增2.47万人，人口自然增长率9.83‰，人口指标控制在国家下达的计划之内。

【市场流通平稳】 1997年，柳州市社会消费品零售总额61.36亿元，比上年增长17.89%。在社会消费品零售额中，国有商业零售总额12.99亿元，比上年微增0.5%。

【固定资产投资略有增长】 1997年，柳州市固定资产投资完成29.29亿元，比上年增长2.95%。从投资类型看，基本建设投资完成8.06亿元，比上年下降18.16%；更新改造投资完成12.71亿元，比上年增长3.79%；房地产投资完成5.1亿元，比上年下降6.73%。从经济类型看，国有经济完成投资17.75亿元，比上年下降11.96%；集体经济完成6619万元，比上年增长94.22%；其他经济类型完成3.12亿元，比上年增长83.23%。

重点建设项目 柳州市防洪工程完成投资1.40亿元，其中：河西防洪堤工程完成主体1838米；三中

柳州市房改已成热门话题，图为市民观看安居工程经济实用住房图片展
赖柳生 摄

防洪堤基本完成，莲花干渠已经贯通发挥作用。柳州钢铁(集团)公司100万吨钢技改项目完成投资2.52亿元，柳州微型汽车厂“九五”一期技术改造完成投资1.25亿元。柳西水厂扩建工程建成投入使用；市区低压配电网改造工程按计划完成，鹿山、马鞍、三中变电站已投入使用；潭中大道高架桥完成初步设计，进行拆迁，城市煤气第三期工程和里雍立冲沟垃圾填埋场完成初步设计；超额完成市区二氧化硫排放量比上年削减1万吨的任务，按计划完成柳石公路、东环路、柳长路部分路段拓宽改造工程；旧机场开发区完成道路、供排水等一批基础设施建设，并投入使用；完成邮电扩容工程，国际互联网柳州接点开通。

建筑业发展平缓　年末人数5.7万人，建筑业总产值18.29亿元，比上年下降6.04%。全年建筑业增加值6.02亿元，比上年增长8.5%；全员劳动生产率3.21万元/人，比上年增长0.55%。

【科技事业】　1997年，柳州市完成科技经费投入1383.2万元，完成开发工业新产品239项，新增产值30.46亿元。完成科技成果登记70项，获科技进步奖66项，其中：广西科技进步奖17项(二等奖4项、三等奖13项)，柳州市科技进步奖49项，一等奖1项、二等奖9项、三等奖34项、四等奖5项。全年申请专利180件，实施专利技术52件。新增产值2.54亿元。全市拥有独立科研机构15个，固定职工人数579人。科技队伍壮大，全市有各类科技人员6.11万人，其中取得中级以上职称的2.82万人。

【教育事业】　1997年，柳州市在财力十分紧张的情况下，想方设法保证教育经费，改善办学条件。郊区顺利通过“两基”达标验收。各级各类教育协调发展。全市普通高校在校学生3242人，增长8.57%，初中中等专业学校在校学生2.03万人，增长26.44%，技工学校在校学生1.19万人，下降1.33%，普通中学在校学生10.51万人，增长19.57%，小学在校学生22.83万人，增长2.47%。学龄儿童入学率98.2%，市区小学入学率98.9%，17周岁初中教育完成率98%。

【文化事业】　1997年，柳州市有艺术表演团体4个，群众文化事业机构1个。年末公共图书馆藏书量50.69万册，全年发行报刊6271万份，广播和电视覆盖率分别为100%和97.5%。

【卫生事业】　年末，柳州市有卫生机构1115个，病床数8215张；卫生技术人员1.20万人，其中医师5395人。医疗条件不断改善，医疗质量和工作效率得到提高。《柳州市公费医疗管理暂行办法》正式施行，取得初步成效。农村卫生工作得到加强，农村合作医疗开始启动。

【体育事业】　1997年，柳州市运动员参加洲际、全国、全区比赛34项次，共获奖牌208枚：其中金牌83枚、银牌70枚、铜牌55枚。其中洲际比赛金牌1枚，全国比赛金牌2枚、银牌6枚、铜牌6枚。向广西区体工大队输送运动员8名，向区体校输送运动员14名。全市举办或承办各类运动会13次，参赛人数9500人。全市中小学推行《国家体育锻炼标准》面达100%，适龄人数达标率92.09%；有28所学校通过了实施《学校体育工作条例》工作的检查验收；重新考核命名的全区传统体育项目学校8所，市级传统校9所；参加全区中学生田径运动会获得甲组团体总分第一名，小学生男子篮球队获全区第一名。

【民政事业】　1997年，柳州市救济4.6万户(次)，20.29万人(次)，全年新增投保人数7850人，新增保险额332万元，农村社会养老保险基金累积达656.9万元，投保人数2.12万人。城市居民共有9792户次，2.65万人次接受了最低生活保障救济，计发放救济金113.8万元。

【实施再就业工程】　1997年，柳州市制定《柳州市再就业工程实施方案》及若干个配套文件，成立实施再就业工程领导小组及办公室，建立再就业工程信息网，有效地保证全市再就业工作的开展。

【失业保险体系初步建立】　至1997年，全市参加失业保险有583个单位、20.11万人(全部建立个人缴费手册)；共征收失业保险基金6596.9万元，支出基金4228.7万元，结存基金2368.2万元；先后为1.25万人(其中失业职工4788人，破产企业职工7671人)提供失业救济金；培训失业职工1375人，通过各种渠道使6506名失业、破产企业职工实现再就业。

(刘艳)

精神文明建设

【学雷锋为民服务及三德教育活动】　1997年，柳州市制定下发《一九九七年学习雷锋活动方案》，指导各单位开展学雷锋为民服务活动。全市有学雷锋小组2603个，青年志愿者3.86万人，长年坚持开展学雷锋为民办好事实事活动。

年内，广泛开展以“做文明柳州人”为主题的“三德”教育活动，重新修订《柳州市民文明公约》，编发20多万册《柳州市民手册新编》一书。年末，全市有文明市民学校491所，举办文明礼仪骨干培训班，有285个单位400人参加培训。

【“讲文明、树新风”活动】　1997年，柳州市制定“讲文明、树新风”活动方案，并召开千人动员大会。全市报社、电台、电视台等宣传新闻单位紧密配合，开辟专栏，宣传《柳州市民文明公约》、《柳州市民“四讲、四不讲”行为规范》、《柳州市民“十不”行为规范》，在主要街道悬挂“讲文明、树新风”的过街横幅，各单位设置《柳州市民文明公约》宣传标牌，张贴“讲文明、树新风”公益宣传广告3万张，营造“讲文明、树新风”的气氛。

【文明示范点、文明单位管理】　1997年，柳州市先后在供电、邮电、交通、卫生、公安交警、供水、供气、商业金融等20多个行业推出120多个文明示范窗口，通过建章立制，规范服务行为，提高服务质量，实行社会服务承诺制度，接受群众的监督，服务水平有明显的提高。柳州市采取平时抽查和年终考核相结合的办法加强文明单位的管理，不搞“终身制”，经过考核验收，保持市级文明单位称号的有467个，撤销或自然消失的13个，新创建的市级文明单位36个。

【文明村镇、文明县(区)】 1997年，开展文明创建的“十个一”工程，即重点抓好一个机关、一个厂矿、一个商店、一个学校、一个医院、一个市场、一个文化娱乐场所、一条大街、一条小巷(村)、一个军警民共建点的文明创建工作。全市大小单位1445个，开展创建文明单位1380个，创建面达到95.5%；县郊共有村民委345个，开展创建文明村活动的286个，占总数的90.7%。全市现有市级文明单位467个，其中自治区级文明单位62个。县(区)级文明单位706个，县级文明村95个，文明楼院331个，五好家庭1.08万户，遵纪守法6.78万户，双文明户7156户。市级文明市场19个，其中自治区级文明市场11个。被自治区确定为精神文明建设示范点(户)38个，其中文明单位示范点3个，文明小区示范点3个，文明“窗口”示范点8个，文明村镇(户)示范点24个。

【全国文明商业示范街龙城路】 1997年3月，龙城路被确定为全国文明示范街，柳州市成立龙城路创建工作领导小组，投资500多万元对龙城路的主干道、人行道路面、沿街交通设施、园林设施、路灯、环卫设施以及宣传广告设施等进行全面改造。同时抓好沿街各单位的精神文明创建工作，以改善服务态度提高服务质量为核心，开展创建文明行业活动。以五星商厦为样版，市邮电局、工贸大厦、工行龙城办事处、龙城大厦、龙城商行、五一照相馆、五一商场、交警五一女子岗、亨得利钟表行、自来水公司等国有商业企业和单位通过开展建立岗位责任制，实行社会服务承诺制度。沿街各单位普遍落实“门前三包、门内达标”责任制，路面实行全日保洁，长效管理，整个龙城路整洁美观。

【军警民共建活动】 1997年，柳州市以加强军政军民团结为重点，认真贯彻中央军委关于加强军队精神文明建设的《意见》，坚持共建共有，双向服务的原则，充分发挥各自的优势，广泛开展共学科学理论、共树文明新风、共育技术人才、共献社会爱心、共保一方面平安活动，以及智力拥军、智力助军，培养军地两用人才，全年培训军地两用人才5000多人，军地双方互办实事活动，使军警民共建活动不断发展，全市有军警民共建片17个，军警民共建点542个，新办少年军校8个，新增加共建点34个，少年警校1个。

(徐川成　陈冬春)

经济体制改革

【制定政策，整体推进企业改革】 1997年，柳州市以搞活国有经济为主线，加快全市工商业结构战略性调整，围绕构建社会主义市场经济体制的基本框架，利用“优化资本结构”试点的契机，着眼于建立现代企业制度和在整体上搞好国有经济，市委、市政府对企业推进改制过程中出现的新情况和新问题，制定一系列改革力度大、配套性强的政策性文件，出台《柳州市国有企业改组为有限责任公司的暂行办法》、《柳州市国有企业实行公司制改组设立职工持股会的暂行办法》、《柳州市国有企业改组设立公司有关费用收取的暂行办法》、《柳州市国有资产管理暂行办法》、《柳州市中小企业股份合作制改组的暂行办法》、《柳州市城镇股份(合作)制企业党建工作若干规定》、《柳州市再就业工程实施方案》等15个，这些文件的制定和实施，是柳州市探索公有制多种实现形式的重大突破，为企业改革实现由重点突破转到整体推进创造了条件和提供了依据。

【加大国有企业改革，加速结构的调整】 1997年，柳州市采取多种形式，全面推进国有企业改革，加速结构调整，一是对1996年组建的柳工、五菱、纺建、两面针、五交化五大集团内部关系作了进一步的理顺，柳工集团资产评估后进行国有资产授权经营，同时，安置建材公司离退休人员。二是对纺建公司改革总体方案进行调整并通过论证，协助其构建母子公司体系，进一步推进公司内部资产重组与优化配置。三是以优势企业为龙头，将市彩色印刷包装厂划入两面针集团公司，加速优势企业的发展。四是协调五菱集团公司享受有关兼并政策、五交化集团公司资产评估和债权债务的清理工作，3月份，五交化集团公司挂牌运作。五是以资产为纽带组建柳州联压集团公司，柳州力风股份有限公司更名扩股为柳州联压股份有限公司，组建凤山糖业集团有限公司，立宇集团有限公司。大集团的组建带动了一批小企业的发展，已组建的柳工、五菱、两面针、联压、纺建五个集团(公司)共吸附了41个企业，总资产达82.1亿多元，占全市国有资产总额约三分之一。年内，这五个集团(公司)的销售收入预计将达60亿元左右。目前，正在着手组建糖业等其它的企业集团。六是继续抓好企业制度创新的探索。柳州市作为自治区、市首批14户建立现代企业制度试点的《试点方案》通过论证并实施运作。年内，两面针、塑机厂、建总、糖果一厂4户试点企业的方案通过论证，试点企业按照《公司法》和“产权清晰、权责明确、政企分开、管理科学”的要求进行综合改革，着力于转换机制和制度的创新，努力建立和完善法人治理结构。七是推进企业兼并破产。年内，柳州市破产企业3家(市奇峰机械厂、元件一厂、合金材料厂)；兼并企业3家(市搪瓷厂兼并化工设备厂、北京李宁体育用品销售中心兼并柳州李宁运动器材有限公司、起重机厂兼并建材公司)，截至年底，柳州市破产企业20户，结案18户，涉及职工9750名，共计实有资产4.3668亿元，负债9.4124亿元，获核销银行呆帐2.9417亿元，减员增效获免息

1500万元。18户优势企业完成对20户困难企业的兼并，获免息2516.88万元，盘活存量资产5.31亿元，7145名下岗、失业职工得到分流安置，占下岗失业职工的70%。

【推进中小企业改制、改组、改造，促进企业经济快速发展】 1997年，柳州市中小企业的改制工作，由试点转向整体推进，积极发展集体经济和非公有制经济，主张国有资产首先从竞争性行业的中小企业逐步退出，大力推行劳动联合与资本联合为主的集体经济，支持和鼓励非公有制经济购买、租赁国有资产。不求经济成份纯，只求能搞活，在企业改制形式上，不搞一刀切，坚持多种形式并举。企业适宜采取哪种改制形式就采取哪种改制形式。允许一个企业实行不同的多种改制形式。年内，完成改制的企业72户；市属中二以下166户工商企业完成改制149户，占89.75%，其中改为股份合作制企业35户，占21.1%，承包租赁28户，占16.8%，兼并破产29户，占17.66%，改组联合进入集团24户，占14.4%，抽本经营8户，占4.8%，公司制改造17户，占10.2%，其它形式8户。股份合作制改造及兼并破产实现资产重组达17亿元。据募股到位的23户股份合作制企业统计，预计可募股金3249万元，年底，募股到位1734万元。年内，市属中二以下166户工商企业以外的集体企业，市体改委批复实行股份合作制的企业4户，注册资本1184.90万元，正在操作市钢圈厂劳动服务公司由集体的劳服企业改制为股份合作制企业。截至1997年底，柳州市改组新成立的股份合作制企业87户，总股本达3.5亿元。市体改委还指导、帮助广西金嗓子制药厂、锅炉厂、搪瓷厂、机刀厂等一批企业改组为有限责任公司；市供电局下属11个集体企业和汽车厂下属九通公司8个企业改制为集体公司。市体改委与有关部门按市政府指示，协调解决商业试点企业市二饮、二糖、二服、德兴4个公司营业网点租用房产局的38个公房铺面的问题，市政府下文给公司按建筑面积每平方米500元的综合价购买，这对减轻企业负担，搞活经济，创造了有利条件。

【社会保障制度配套改革】 1997年，市政府成立"柳州市社会保障工作领导小组"，领导小组办公室设在市体改委，具体协调劳动人事、民政、卫生几个部门的社会保障改革工作，草拟"关于柳州市统一社会保障机构的意见"报市政府。年内，柳州市的养老保险实行养老保险社会统筹与个人帐户相结合，全部使用个人帐卡和微机管理，公费医疗改革从5月1日起使用IC卡看病，实行微机管理，杜绝利用简易门诊开自费药品等行为。出台《柳州市公费医疗管理暂行办法》，加强管理的力度，医疗费用浪费现象得到遏制，为财政节约一定的各种公费医疗开支，医疗费用支出1997年与1996年相比平均下降21%。企业职工医疗保险方案已制订，报市政府。大病医疗统筹方案组织有关方面进行调研、测算。社会保障制度改革全面推进，进一步完善养老、工伤、失业保险制度，建立并实施城乡居民最低生活保障救济制度，全年发放救济金113万元，2.16万人参加农村社会养老保险，农村社会养老保险金总积累740多万元。

【流通体制改革和要素市场的培育建设】 1997年，柳州市在发展现代商业中进展较快，仓储式、超市、连销店等先进的销售方式在很多企业中脱颖而出，粮食系统内推行仓厂合并，工商一体经营方式，柳新饲料厂向广东"永丰"饲料集团靠拢，借助"永丰牌"饲料的名牌商标优势，在商业公司逐步推行便民粮店的做法，着重抓好由柳州股权证托管中心牵头的全区股权证联合托管工作，托管中心为16家股份公司办理分红派息手续，为2家公司办理送股手续，为1家企业转制办理股权转集资手续，共为5万多股民办理领息手续，代收派息个人所得税约20万元。积极开展股权转让业务，截至11月，柳州托管中心内部股交易累计成交2394万股，成交金额4579万元。

【企业股票上市预选工作】 1997年，经企业申请，市政府向区证券办推荐作为柳州市上市预选企业7家(柳微、柳州水泥厂、两面针、柳钢、金天宇、联压、凤糖)，经区、市政府推荐，国家证券委批准，确定五菱汽车有限公司为发行境内上市外资股预选企业，6月份，市政府成立柳州市证券管理领导小组，领导小组办公室设在市体改委，并明确证券管理领导小组的主要职责，加强对全市证券市场的宏观管理和监管，进一步推动企业股票上市工作的健康发展。

【股份制企业的规范工作】 1997年，柳州市继续抓好原有的股份有限公司的规范和管理，对去年底未能按时规范登记的柳发、银都、德兴3家股份公司年初在区工商局办理重新登记手续，柳州市19家股份公司全部重新规范登记。其中：工业9家，商业5家，建筑业3家，其他2家，股本总额10.9亿元。市体改委指导、帮助两面针、银都股份公司扩股、送股及对章程的修改。19家股份公司上半年报国家统计局的报表，市体改委审核后报自治区体改委。

【调查研究总结经验】 1997年，市体改委深入实际调查研究，先后拿出《柳州市股份合作制改革概况与问题思考建议》、《改革内部机构，优化资源配置，增强企业实力》、《开元集团管理体制现状和改革思路》等汇报材料，并与有关部门召开座谈会，组织联合考察组赴外地学习考察改革经验，写出《股份制改革中问题座谈汇报》、《有关租赋不平衡问题调查意见》、《关于赴上海、无锡学习考察的报告》、《深圳改革的考察报告》、《关于上海市城区管理体制学习考察报告》、《设立柳州市华侨经济管理区方案》调查报告，为领导决策提供依据。市体改委中心学习组写的《以资产重组为突破口深化国有企业改革》文章获得市委宣传部组织的专题理论征文评比一等奖。

(李茂兰　梁爱凤)

政　　治

中共柳州市委员会

【概况】 1997年，中共柳州市委员会坚持以邓小平理论和党的基本路线为指导，全面贯彻党的十五大精神，正确处理改革、发展与稳定的关系，以解放思想为先导，以深化改革为动力，以迎接香港回归和党的十五大胜利召开为契机，按照市委八届五次全会确定的"振奋精神，抓住机遇，抢回时间，弥补损失，加快发展"的总要求，和市委八届七次全会提出的"围绕一个中心环节，实现五个方面突破"的战略部署，坚持以经济建设为中心，坚持两手抓、两手硬的方针，促进两个文明建设的协调健康发展。

【调整和优化经济结构】 1997年，市委紧紧围绕经济建设这个中心，坚持"三个有利于"的标准，大力调整和优化经济结构，强化农业的基础地位，提高工业整体素质，加快发展第三产业，促进国民经济的迅速发展。全年工业经济获得稳步增长，经济运行质量和整体效益进一步提高。技术创新工程全面启动，有8个项目进入国家技术创新项目，有14个项目进入国家重点新产品试产计划。柳州市被国家确定为全国技术创新试点城市。筹建柳州市技术创新基金。企业成本管理、财务管理、资金管理和质量管理工作进一步加强。产品质量不断提高。推行扭亏增盈责任制取得成效，全年企业经营性亏损均控制在控亏目标之内。

【农业生产获丰收】 1997年，柳州市农业生产获得丰收，农村经济全面发展。粮食总产量创历史最高水平。"菜篮子"工程发展较快，市场供应充足，蔬菜、肉类、水产品、水果总产量分别比上年有所增长。推进农村改革，建立健全农村流通服务体系、社会化服务体系、产业服务化体系。发展农村股份制企业和股份合作制企业。乡镇企业稳定发展，各项经济指标均比上年有提高。全市实现绿化达标。农田水利基本建设、病险水库除险加固和渠道硬化工作进展顺利。农业机械化工作得到加强，机耕面积占耕地总面积的34.84%。扶贫攻坚工作取得明显成效，两县四个贫困乡已通过市级脱贫达标验收。

【第三产业发展】 1997年，柳州市第三产业快速发展，交通运输、邮电通信、商贸服务，财税金融等行业成就显著。保险事业获得进一步发展，保险体系和保险制度不断完善，开拓保险业务的新领域。非公有制经济发展步伐得到加快。市场物价保持稳定，人民生活水平进一步提高。

【国有企业改革】 1997年，柳州市以国有企业改革为重点的经济体制改革取得新的进展。出台15个关于国有资产的管理、国有企业的改组、改制等方面的政策文件，为整体推行改革提供依据。现代企业制度试点进一步扩大，在抓好首批14户试点企业正常运作的同时，选择25户企业进行第三批扩大试点。优化资本结构试点取得新的进展。全市共完成18户优势企业对20户困难企业的兼并，股份合作制改造及兼并破产取得成效。分离分流取得较大进展，共分离分流富余人员5万多人，分离企业办学校、医院各2所。"抓大放小"取得较好成绩，围绕发展支柱产业，实施大公司、大集团战略，完成两面针集团扩大，五交化、凤山糖业、立宇和联压企业集团的组建工作。改制工作稳步推进，完成改制的大中型企业30户。

【社会保障制度改革】 1997年，柳州市进一步完善养老、工伤、失业保险制度。建立并实施城乡居民最低生活保障救济制度，全年发放救济金113万元。积极实施再就业工程，建立行业性的再就业服务中心2个，国有、集体企业职工失业统筹面达100%。通过各种渠道安置失业、下岗职工9035人，占失业下岗职工总数的60.18%。住房制度等各项改革进一步推进，保证社会安定和政治稳定。

【精神文明建设】 1997年，中共柳州市委制定并实施《柳州市社会主义精神文明建设"九五"规划》，开展"讲文明树新风"、"创文明行业、文明单位"、"双学"和"三德"教育活动，提倡文明言行，提高全市人民的文明素质。实行服务承诺制，加强窗口服务行业和广大市民的素质教育。加强党员干部，特别是领导干部的"三严四自"教育和廉政教育。市委抓好对各级领导干部，特别是县处级干部的政治思想理论的教育。以实现"五个好"为目标，继续抓好农村基层党组织建设。从各机关、企事业单位抽调56名党员干部组建17支企业党建工作队加强企业党组织建设工作。加强党风廉政建设，制定并实施柳州市党政机关厉行节约、制止奢侈浪费行为8项具体规定。加强对党员领导干部在住房、汽车、电话、公款吃喝等方面的廉政检查，加强违法违纪案件的查处工作，治理"三乱"工作取得一定成绩。继续深入开展"双拥"工作，进一步密切军、警、民关系。积极推进民主与法制建设，加强和完善社会主义民主制度，推进"依法治市"工作，加强执法监督检查，做到依法行政、文明执法。加大社会治安综合治理力度，保证社会秩序的稳定。一年来，柳州市继续巩固和保持了"全国卫生城"、"全国城市环境综合整治优秀城市"、"全国双拥模范城"等10多项荣誉称号。并再次荣获"广西文明城"和双文明建设先进单位荣誉称号。

【市委八届五次全体(扩大)会议】 中共柳州市委八届五次全体(扩大)会议于1997年1月15日至17日召开。出席会议的有市委委员30人,候补委员6人。市纪律检查委员会委员、市人大常委会、市政府、市政协的党员负责人,两县五区、市直机关各部委办局、各人民团体、有关企事业单位的党员主要负责人800多人列席会议;全国政协常委、副市长梁裕宁应邀参加会议。会议主要任务是贯彻落实党的十四届五中、六中全会、中央经济工作会议精神和自治区党委七届二次全会、自治区组织工作会议精神,学习贯彻江泽民总书记、李鹏总理视察广西柳州时的重要讲话精神。全会回顾总结1996年工作,研究确定1997年的工作任务和目标。全会讨论审议《柳州市社会主义精神文明建设"九五"规划(草案)》;讨论修改《1997年柳州市"优化资本结构"改革试点工作意见》(讨论稿)。全会由市委常委主持。市委书记刘知炳代表市委常委作《振奋精神,抓住机遇,加快发展,开创我市两个文明建设的新局面》的工作报告。全会提出1997年柳州经济和社会发展的主要指标是:国内生产总值增长18%,力争达到20%。工业增加值增长16.5%,力争20%;实现税利增长35%以上;农业增加值增长8%,力争9%;乡镇企业营业收入增长30%以上;第三产业增加值增长22.5%,力争25%;出口创汇增长12%以上;固定资产投资增长20%;财政收入增长与经济发展相适应,确保收支平衡;物价涨幅控制在国家调控目标之内;人口自然增长率控制在11‰以下。全会要求,1997年的经济工作要扎扎实实推进两个根本性转变,全面提高经济整体素质和效益。坚持"两手抓,两手都要硬"的方针,切实把精神文明建设提到更加突出的地位,以优异成绩迎接党的十五大的召开。会议听取市委副书记于开金对《柳州市精神文明建设"九五"规划》(草案)的说明,审议并通过《柳州市社会主义精神文明建设"九五"规划》,原则同意《1997年柳州市"优化资本结构"改革试点工作意见》。

【市委八届六次全会】 1997年5月16日下午,中共柳州市委召开第八届委员会第六次全体会议。出席会议的市委委员26人、候补委员3人。全会审议通过《中共柳州市委员会关于召开中国共产党柳州市代表会议的决议》;全会以无记名投票等额选举的方式,选举出12名出席自治区党代表会议推选代表候选人预备人选,其中党政机关代表7名,工业战线代表4名,金融战线代表1名。

【国务院副总理邹家华来柳视察】 1997年3月20日,邹家华在国家计委副主任叶清、化工部部长顾秀莲、土地局局长邹玉川和自治区党委书记赵富林、自治区主席成克杰,自治区党委常委、副主席袁正中的陪同下视察柳州市,并深入柳州微型汽车厂,了解企业生产情况。

【中国共产党柳州市代表会议】 1997年5月28日,中国共产党柳州市代表会议召开。参加会议的代表219名。会议以无记名等额选举的方式,选举产 生出席自治区党代会的10名推选代表。

【国务院副总理吴邦国来柳视察】 1997年6月13日至15日,中共中央政治局委员、国务院副总理吴邦国在国务院有关部门和自治区主席成克杰、副主席袁正中的陪同下视察柳州市。吴邦国一行深入柳州钢铁(集团)公司等四家大型企业进行考察,听取柳州市关于兼并破产再就业的工作汇报。对柳州市优化资本结构等工作提出要求,并接见四套班子领导。

【市委举办领导干部十五大精神学习班】 1997年10月20日至23日,市委举办全市领导干部十五大精神学习班。市四套班子领导及正、副秘书长,各县(区)四套班子领导,市直机关、各有关企事业单位共246人参加学习。学习班系统地学习十五大的报告和文件,并结合柳州市实际着重对邓小平理论、社会主义初级阶段理论、经济改革与经济发展理论进行学习讨论。学习班还对市委常委组织起草的《关于贯彻落实十五大精神和自治区党委的部署加快实现改革与发展新突破的实施意见》(征求意见稿)进行认真的讨论和修改完善。

【市委八届七次全会】 1997年10月27日,中共柳州市委召开八届七次全体会议。出席会议的市委委员、候补委员35人。列席会议有市纪委委员,市委顾问,市人大、市政府、市政协党组成员;市政府顾问,市委、

1997年10月27日,中共柳州市委召开八届七次全会,图为会场
赖柳生　摄

市政府正副秘书长，市长助理；市人大、市政协秘书长及各专门委员会党员主任；两县五区党委书记、县(区)长，市直机关各部委办局、各人民团体，主要事业单位和市政府驻外办事处的党员负责人。会议进一步学习贯彻党的十五大精神和自治区党委七届四次全会精神，审议并通过《中共柳州市委员会关于贯彻落实十五大精神和自治区党委的部署　加快实现改革与发展新突破的实施意见》，动员全市党员和干部群众，高举邓小平理论伟大旗帜，坚持社会主义初级阶段基本路线和基本纲领，进一步解放思想，抓住机遇，突出重点，开拓奋进，加快实现柳州市改革与发展的新突破，把柳州市社会主义现代化建设事业全面推向21世纪。会上，市委书记刘知炳代表市委常委作《解放思想，抓住机遇，突出重点，实现改革与发展的新突破》的重要讲话。全会强调要进一步解放思想，实事求是，把全体党员和领导干部的思想和行动统一到十五大精神和“三个有利于”的标准上来。提出“围绕一个中心，实现五个方面突破”的战略决策。全会指出，要以十五大精神为指导，坚持“两手抓，两手都要硬”的方针，切实抓好各项工作，确保全年目标任务的顺利完成。

【市委提出贯彻落实十五大精神实施意见】　为认真贯彻落实党的十五大和自治区党委七届四次全会通过的《若干意见》的精神，更好地抓住机遇，深化改革，扩大开放，加快柳州市经济和社会的全面发展，实现柳州市跨世纪发展的宏伟目标。中共柳州市委八届七次全会审议并通过《关于贯彻落实十五大精神和自治区党委的部署　加快实现改革与发展新突破的实施意见》。《实施意见》共分三部分。结合柳州市的实际情况，对柳州市的市情进行客观、认真的分析，明确指出，制约柳州市经济发展的突出问题集中表现在：国有经济力量分散，运行质量不高，大企业不强，小企业不活，部分国有企业经营困难；国有经济比重过大，所有制形式单一，不适应现实生产力发展水平，人民群众的积极性、创造性没有得到充分发挥；工业竞争力不强，传统加工工业为主，技术装备落后、产品档次不高、技术含量低、高附加值和高新技术产品少的状况没有根本改善；经济活力不够，外向型经济、第三产业、非国有、非公有制经济发展缓慢，国民经济对国有企业的依赖性过大；对外开放水平不高，等等。针对这一系列阻碍柳州经济发展的问题和矛盾，《实施意见》明确提出，必须抓住重点、选准突破口，有所为、有所不为，在关键问题上实现重大突破。要求在今后两三年内，必须牢牢抓住所有制结构调整这个带有全局意义的中心环节，在五个方面实现重大突破。一是坚持解放思想，实事求是，实现思想观念上的新突破。二是抓大放小，对国有企业实施战略性改组，实现从整体上搞好国有经济的突破。三是积极探索公有制多种实现形式，提高非公有制经济比重，实现所有制结构调整优化的新突破。四是改善投资环境，强化开放意识，实现对外开放的新突破。五是推进科技进步，加快技术创新，实现科学技术与经济结合的新突破。

【市委召开情况通报会】　1997年，市委召开3次情况通报会。1月10日下午，市委向各民主党派、工商联新一届负责人和无党派人士代表通报1996年柳州市各项工作进展情况和1997年工作设想，以及即将提交市委八届五次全体(扩大)会议审议的柳州市精神文明建设“九五”规划的主要内容。并向他们征求意见。7月24日，市委召开会议，向老领导、老干部通报柳州市上半年工作情况、下半年工作打算。会上，市委书记刘知炳向老领导、老干部，通报国务院副总理吴邦国同志视察柳州情况和全区领导干部会议精神。10月24日，市委召开各民主党派、工商联、无党派人士座谈会，征求他们对柳州市《关于贯彻落实十五大精神和区党委部署加快实现改革与发展新突破的实施意见》(征求意见稿)的意见。

【市委学习中心组理论学习】　1997年，市委学习中心组坚持理论学习制度，围绕贯彻落实党的方针、政策和邓小平理论，联系实际，加强学习，提高理论水平。中心组分专题，认真学习中央关于发扬艰苦奋斗、制止奢侈浪费行为的八项规定以及《香港特别行政区基本法》、十五大文件和中央、自治区领导的有关讲话精神，并结合工作实际，就如何进一步解放思想、实事求是，推进改革开放、加强党的建设、促进依法治市和柳州市经济社会的全面发展等问题进行学习讨论，为柳州市两个文明建设的健康发展，奠定理论基础。

【柳州市经济发展’97恳谈会在京召开】　1997年9月19日，市委、市政府在首都钓鱼台国宾馆召开柳州市经济发展’97恳谈会，听取和征求国家有关部门领导和专家学者对柳州市改革与发展的意见和建议。国家有关部门领导、自治区党政领导曹伯纯、成克杰、赵富林、丁廷模、马庆生、市委领导刘知炳、宋继东、杨鸿泉、谭仕选等200多人参加会议。

【柳州市对外开放工作会议】　1997年11月12日，市委、市政府在市委礼堂召开柳州市对外开放工作会议。市委书记刘知炳在会上作题为《解放思想，抓住机遇，努力实现我市对外开放的新突破》的讲话，代市长宋继东作题为《全面实施外向带动战略开创对外开放工作新局面》的讲话。会议强调要统一思想，提高认识，坚定不移地扩大对外开放，大胆地引进利用外资，推动全市经济的发展；努力形成对外开放工作合力，进一步改善投资环境，吸引外商投资，以改组国有外贸企业为重点，推进外贸体制改革，增强出口创汇发展后劲，切实加强外经贸人才队伍建设，促进对外开放事业的发展。会议讨论修改《市委、市政府关于改善投资环境，进一步扩大对外开放的决定》、《市委、市政府关于利用外资的奖励办法》、《市委、市政府关于鼓励外商投资的若干规定》。

【全市卫生工作会议】　1997年6月19日，市委、市政府召开柳州市卫生工作会议。市领导刘知炳、宋继东、于开金、徐伟崇同志分别在会上讲话。这次会议是柳州市解放以来，市委、市政府第一次主持召开的全市卫生工作会议。主要任务是总结柳州市解放以来卫生事业发展情况，部署柳州市卫生改革与发展工作；贯彻落实全国、全区卫生工作会议精神和中共中央、国务院《关于卫生改革与发展的决定》精神，统一思想，提高认识，共商柳州市卫生改革与发展大计。会议明确提出柳州市1997—2010年卫生改革发展目标和实现此目标必须进行的各项改革，并制定出落实措施和具体的工作任务。市委书记刘知炳在会上强调，要增强搞好卫生工作的紧迫感和责任感，要突出重点，努力抓好农村卫生、预防保健和中西医结合工作，积极推进城镇职工医疗保障制度改革和卫生管理体制改革，加大卫生执法力度，建设高素质的卫生工作队伍，促进柳州市卫生事业蓬勃发展。

【柳州市科技工作会议】 1997年12月19日，市委、市政府召开柳州市科技工作会议。会议的主要内容是：贯彻落实党的十五大和市委八届七次全会精神，总结全市科教兴市和科技经济体制改革与发展的各项工作，研究部署贯彻市委八届七次全会通过的《实施意见》和加快科教兴市、技术创新步伐的具体措施。市领导刘知炳、宋继东、覃鸿全分别在会上讲话。会议强调，要切实提高领导干部的科技意识，增强依靠科技进步的紧迫感和责任感，进一步扩大对外开放，加强科技交流与合作，积极引进国内外先进技术，促进柳州市技术升级和经验发展；切实加强技术创新工作，加快农业科技进步；加强经济社会发展重大软课题的研究，推进科学决策；加强科普工作，提高人员素质；重视加强和改善对科技工作的领导，深化科技体制改革，培养高素质科技人才队伍，开创柳州市经济、社会、科技发展新局面。会议讨论修改市委、市政府即将出台的《关于加快柳州市高新技术产业发展的决定》、《关于稳定科技人才队伍的若干规定》、《关于引进人才有关问题的暂行规定》、《柳州市技术创新奖励办法》和《柳州市"九五"科普工作纲要》。

【柳州市文化工作会议】 1997年11月27日，市委、市政府召开全市文化工作会议。会议的主要任务是，进一步学习贯彻十五大精神，高举邓小平理论伟大旗帜，总结本市文化工作的成绩和经验，明确柳州市文化工作的新思路，制定柳州市文化工作发展规划和目标。会上，市领导刘知炳、宋继东、于开金分别讲话。会议以十五大精神为指导，明确提出柳州市文化工作发展目标和任务。强调围绕社会主义初级阶段文化工作的总目标和总要求，高举邓小平理论伟大旗帜，努力提高市民的文化素质和城市文化品位，深化文化体制改革，增强文化事业的活力；发展柳州特色文化事业，实施精品战略繁荣文艺事业；培养一支高素质的文化艺术工作队伍，坚决贯彻党的"二为"方向和"双百"方针，努力开创柳州市文化工作的新局面。会议讨论并修改市委、市政府《关于加快柳州市文化事业发展的若干决定》。

组　　织

【"双学"活动和"三严四自"工程】 1997年，中共柳州市委制定《关于柳州市1997年深入开展"双学"活动的实施方案》，把"双学"（学《邓小平同志建设有中国特色社会主义理论》、《学党章》）与党员思想实际、与发展经济、与党风廉政建设、与发挥党员先锋模范作用相结合。至1997年底，共培训理论教员2.34万名，编印下发学习资料18万册，参加"双学"学习的党员达63.35万人次。

1997年，市委制订《柳州市干部队伍建设"三严四自"工程第三阶段工作实施方案》。在市委党校举办两期领导干部党性党风学习班，115个单位的领导干部参加为期一周的学习。全市举办各种类型的学习班、报告会2391次，参学人数达到8.17万人。

【党的基层组织建设】 1997年，《中共中央关于加强和改进国有企业党的建设工作的通知》下发后，市委成立市国有企业党建办，向企业派驻党建工作队，制定《关于加强国有企业党建工作的分步实施意见》和《关于做好企业领导班子考核建设工作实施方案》，重点抓202家国有企业的考核建设。通过考核建设，整顿和调整59家企业领导班子。提拔96名中青年干部到企业领导岗位，使企业领导班子结构更趋于合理，班子平均年龄从考核建设前的46.2岁降至44.8岁，大中型企业领导班子成员大专以上文化程度的比例从考核建设前的45.2%提高到80.89%。

农村基层组织建设　至1997年底，全市抽调1000多名干部组成驻村工作队，分三批（每年一批）进驻市郊和两县的106个后进村。全市315个行政村，共调整村级干部637人；发展农民党员1481名；为驻村群众办实事2818件，总投入资金（含物折款）1.95亿元。有298个行政村达到"五个好"的目标要求，17个行政村基本达标。

发展新党员　全年发展新党员3490名，党员队伍结构得到改善。各级党组织加强对党员的教育管理，积极开展"一盏灯"、"一面旗"和"创岗建区"等活动。

【领导班子和干部队伍建设】 1997年，全市结合党风廉政检查，对县（处）级领导干部进行考核评鉴；对一批大中型企业的领导班子进行全面的工作考察，在此基础上，调整领导班子89个，调配任免领导干部466人。

培养选拔优秀年轻干部。根据柳州市改革发展和干部队伍建设需要，在党政机关、企事业单位中选拔95名40岁以下的优秀年轻干部进入领导班子，增强干部队伍的活力。年内，市委挑选44名优秀年轻干部到县（区）、乡（镇）挂职，挂职前进行了培训。

【公开选拔县（处）级领导干部】 1997年，市委安排12个处级领导职位面向社会公开选拔。通过竞争，选定9个职位的10个人选。在社会上引起良好的反响。

【干部学习培训】 1997年,全市有3.18万名干部参加以党的十五大精神为重点的学习;869名各级各类领导干部分别参加政治理论、工商管理、电脑等业务知识的学习,完成自治区组织部下达柳州市的18个班次143名领导干部的调训任务,干部队伍的素质得到提高。

【知识分子工作】 至1997年末,市"专业技术拔尖人才"总数达到216名,"优秀青年科技人才"总数达到168名。获自治区科技重奖6项30人。年内相继成立柳州市农业专家服务团和柳城、柳江县专家咨询服务团,发挥了科技人才的积极性。

宣 传

【干部理论教育】 *县处级以上党委中心组学习* 年内,全市县处级以上党委中心组理论学习,以市委中心学习组为先导,在学习制度上,坚持严格按照学习计划实施学习,严格学习纪律;在学习内容上,通过学习新专题、新内容帮助学习者形成新认识、新体会,以学习促进知识更新;在学习效果上,坚持理论联系实际,求真务实,不搞形式主义。学习中,突出理论研究和学习实效两个环节。各中心组注重把学习和研究理论与推进具体工作结合起来,以理论指导实践。年内,市委宣传部、市国税局、市地税局、柳州日报社联合举办"税务杯"县处级中心组学习专题理论征文活动,发表理论文章50多篇;市委宣传部、市社会科学界联合会、柳州日报联合举办"学习十五大精神笔谈"征文活动,征集理论文章100多篇。年内,各中心组着重学习悼念邓小平逝世的三篇重要文献、江泽民总书记5月29日在中央党校省部级领导干部毕业典礼上的讲话以及党的十五大精神三大内容。各中心组还组织了对邓小平经济理论、《中华人民共和国刑法》、《中华人民共和国香港特别行政区基本法》等的学习讨论会。

普通干部职工的理论教育 年初,市宣传教育部门把开展理论学习列入创建文明单位的考评内容,组织全市干部职工学习党的十五大文件,学习邓小平理论和党章,掀起第二个"双学"热潮。市委宣传部全年编印下发学习资料10余种1万多册,在柳州日报开设理论专版"论苑",年内全市举办8期理论骨干培训班,培训干部2000人;组织理论教员深入基层进行理论辅导100多人次,受教育人数近万人。

【社会宣传】 *政策宣传* 1997年,全市各级宣传部门广泛深入地宣传党的十五大精神,宣传自治区党委七届二次、四次全会和市委八届三次、七次全会提出的各项任务,宣传自治区实施"三大战略、六大突破"和柳州市实施"一个中心环节、实现五大突破"的重要意义;宣传全市深化国有企业改革、扩大对外开放、实施再就业工程、社会保障工程、防洪工程建设以及加快发展乡镇企业、第三产业和个体私营经济的重大决策。

迎香港回归和十五大召开大事的宣传 全市各级宣传部门充分利用报纸、广播、电视等新闻舆论媒介和墙报、黑板报、闭路电视以及唱山歌、文艺演出等形式,营造良好的社会舆论氛围。在此期间,全市报纸、广播、电视开设专栏或专题12个,刊播稿件921篇;组织各单位黑板报上街展出2次,文艺演出24场。

美化城市环境宣传 配合城市管理部门开展"讲文明,树新风,治理脏乱差,美化、绿化、亮化环境工程"系列宣传。宣传城市管理"六通一亮"(电话通、电通、水通、路通、煤气通、广播电视线路通,路灯亮)的服务承诺,宣传"110"报警服务和"118"城市建设服务热线电话开设使用等。

禁毒宣传 围绕以鱼峰区为禁毒试点单位并逐步推开的全市禁毒活动,全市各级宣传部门利用文艺晚会、展览、宣传周等形式配合宣传,营造声势。禁毒活动期间,制发宣传资料12万册,张贴宣传标语、横幅2万多条,展出黑板报60多块,出动宣传彩车30多台,组织各界群众上街游行5万多人次。

先进模范典型的宣传 年内推出国防教育工作先进集体柳州市郊区民兵应急分队、自费到山区建电站为改变农村落后面貌而工作到生命最后一息的市科委退休干部吕昌荣等一批富有时代精神的先进典型,大力宣传他们的先进事迹,弘扬社会正气,激励人们奋发向上。此外,还配合有关部门抓好"三五"普法教育、全民国防教育、"创建文明机关"活动的宣传工作。

【迎香港回归爱国主义教育活动】 1997年7月1日,中国政府恢复对香港行使主权。市各级宣传部门

柳州市市直机关"迎香港回归"长跑活动

机关工委供稿

和群团组织积极开展以庆祝香港回归为主题的一系列群众性爱国主义教育活动。

举办迎回归报告会、座谈会　3月初，市委宣传部、市关心下一代工作委员会、市教委、团市委联合举办迎回归报告会，在全市各机关、企事业单位、学校进行巡回报告60多场，听讲群众2万多人。4月4日，新华社副总编朱承修到柳州市给全市机关 干部和各界人士代表800多人作有关香港问题的形势报告。4月至5月，市委外宣办、市侨办联合举办全市归侨侨眷港澳同胞亲属迎回归暨纪念香港特别行政区《基本法》颁布7周年座谈会；市政协、民革柳州市委会、市历史学会、广西黄埔军校同学会柳州联络组联合召开迎香港回归座谈会；市妇联举行各界妇女迎回归座谈会。

开展迎回归读书征文和知识竞赛文艺表演活动　5月，市委宣传部、柳州军分区政治部、柳州日报社联合举办"迎回归、颂中华、作贡献"读书征文活动，组织全市职校、普通中小学校学生10万多人开展迎香港回归知识竞赛活动，在此基础上组队参加自治区有关部门举办的全区青少年学习香港特别行政区《基本法》知识竞赛，柳州市获得电视大赛二等奖。举办各种形式的迎回归文艺表演活动。5月，市委宣传部、市文联等单位联合举办"迎回归，颂中华"歌咏大赛；市政协组织迎香港回归艺术团，深入全市各县区和企事业单位进行巡回演出；6月，市委宣传部、市文化局、市广播电视局等数家单位在市文化艺术中心举办全市迎回归专题文艺晚会。此外，很多单位和群众还开展迎回归万人倡议签名、图片展览等活动，各中小学校也纷纷组织开展迎回归主题班会、书画展、黑板报比赛、校园广播宣传等多种形式的教育活动。这些活动，较好地扩大爱国主义教育影响面。

树立迎香港回归倒计时牌或倒计时钟　从5月1日起，柳州市有关部门在市中心喷泉广场树立大型迎香港回归倒计时牌。一些企事业单位和学校也在各自所在场地设立迎香港回归倒计时牌或倒计时钟。

【思想政治工作】　1997年，全市各级宣传部门进一步加强和改进思想政治工作。认真做好形势教育，每月举办全市宣传政工干部形势教育报告会，组织观看形势教育内部录像20场，举办形势教育讲座2次。配合全市基层各单位开展形势教育，编印下发各种形势教育材料3000册。各级宣传教育部门在工作中把正面引导与自我教育、思想教育与行为规范、精神鼓励与物质鼓励、开展活动与树立典型结合起来，使思想教育更富有成效。各级宣传部门认真贯彻落实《爱国主义教育实施纲要》，认真组织开展唱国歌、每月1日升国旗及成人宣誓仪式等活动。以青少年为主要对象，在全市开展"热爱祖国，立志成才"教育活动，全市有5万多人参加。组织举办"红岩魂——白公馆、渣滓洞革命先烈斗争史实展览"，全市有近7万人参观。

【党员教育】　1997年，全市党员教育的主要内容是学习邓小平理论和学习党章，各级宣传部门按照自治区、市党委的工作部署和要求，普遍利用业余党校阵地，组织举办党员骨干学习班250多期，全年培训党员2万余人。市委宣传部组织力量编印下发各种党员学习材料2万多册。

【对外宣传】　1997年，全市加大了对外宣传工作领导力度。年内市委召开对外宣传领导小组全体会议，制定《柳州市对外宣传领导小组暂行工作条例》、《柳州市关于外宣工作实行归口管理分工负责制度的意见》、《关于加强全市对外宣传品印制管理的意见》、《关于做好市内突发事件对外报道和对外辟谣工作的意见》工作规范。加强与国内外新闻媒体的联系与往来。年内，先后邀请和接待国内新华社、人民日报、中央电视台、中央人民广播电台、光明日报、经济日报、工人日报、中国青年报、法制日报等中央新闻单位记者15批50多人次以及港澳台记者5批16人次采访报道柳州，共发稿68篇。其中新华社《这里永远是春天》、人民日报《参与与受益》、人民日报海外版《龙城路上交警花》、光明日报《擦亮"窗口"，照亮全街》、经济日报《闹市长街沐春风》、工人日报《文明"窗口"的魅力》、中国青年报《透过开满鲜花的"窗口"》、法制日报《争创文明从我做起》等通讯或消息；集中报道全国"文明商业示范街"柳州市龙城路商业街的盛况；新华社电发通讯《柳州再造国有工业新优势》、中央电视台"中国报道"栏目播发《柳州市多格局改革国有企业》节目、经济日报在头版刊发《柳州搞好国有企业的故事》等系列文章，重点报道、全方位地宣传柳州市改革与发展的概况。此外，还邀请和接待中央和自治区有关新闻单位记者前来采访报道在本市召开的西南经济区市长联席会第十一次会议情况。办好对外发行的《柳州侨报》的扩版增期工作；组织制作一批反映柳州市概况和对外招商的外宣品，并通过各种渠道发送。紧密配合全市各项重大对外经贸活动，把外宣工作渗透到经贸工作中。年内市有关部门、柳州微型汽车厂在北京钓鱼台国宾馆举办五菱新型车新闻发布会，配合市委、市政府在北京举办柳州经济发展'97恳谈会。

【宣传队伍建设】　1997年，全市各级宣传部门按照政治强、业务精、作风正、纪律严的要求，切实加强宣传思想工作队伍的自身建设。在全市宣传干部队伍中继续开展提高自身素质和工作效率，树立良好作风的教育活动。对宣传政工干部特别是宣传口各单位领导干部组织了考核评审，加强了对宣传口专业技术拔尖人才的管理，落实"管人管事相结合"原则，切实加强宣传口各单位领导班子建设。坚持德才兼备原则和干部队伍"四化"要求，对干部进行调查、了解、考核、调整、充实。组织了全市政工专业技术职称评审工作。年内评审机关单位高级政工师81人，政工师117人，助理政工师182人，政工员45人，评审企事业单位政工师100人，助理政工师78人，政工员25人。

（何贵文）

【党校工作】　1997年，市委党校继续深入贯彻《中国共产党党校工作暂行条例》，搞好党校的教学、科研和后勤工作。

干部培训　1997年，举办主体班次10期，培训干部676人，其中县处级领导干部进修班两期（2个月）107人，中青年干部培训班两期（3个月）114人。教学内容：以邓小平理论为中心，把学习邓小平理论同学习马克思主义、列宁主义、毛泽东思想的基本著作，同学习党的路线、方针、政策，学习党的文件，学习经济、科技、管理、法律、历史等知识结合起来，把学习基本著作、基本理论、基本路线、基本知识同加强党性教育，改造世界观结合起来。教学方法：强调针对性、多样性、灵活性，特别注重调动学员的参与积极性，加大研讨课的份量，做到教学相长。并正在探索案例教学、典型分析等教学方式。年内，市委党校开办乡镇领导干部培训班两期（10天），培训228人。开办市直机关及事业单位领导干部（党委书记、纪委书记）党性教育学习班两期（每期5天），参加学习115人。开办市县（区）、副职、副乡（镇）长培训班（对象为派往两县五城区31个乡镇挂职的中青年干部）一期（4天）39人和市妇女干部培训班一期73人。另外还与其他部门协办学习班6期，培训370人。市委党校还配合市委举办全市领导干部十五大精神学习班5期培训1158人。

函授教育　1997年，招收函授本科政法、经管、涉外、工商、党政专业10个班579人，大专行管、经管、政法专业9个班480人，超额完成招生计划299人。年内毕业了大专党政、经管专业5个班223人，本科经管、党政、涉外专业5个班235人。承办市委与南京理工大学联办的工程与管理硕士研究生班一个64人。在读广西区党校95级政经专业研究生班一个20人（已完成全部课程的学习，进入毕业论文写作阶段）。

科研　1997年，共发表论文70篇。其中在省级公开刊物上发表33篇，市级公开刊物上发表7篇，内部刊物发表29篇。学校利用暑假组织老师对柳州市百家企业调研活动，课题组撰写《柳州市国有企业改革战略的思考——百家国有企业调查分析》获柳州市第一届“求实工程”一等奖。校刊《理论季刊》在版面设计和内容上有很大改观，全年4期，共刊出文章67篇。

师资队伍建设　1997年，市委党校选派两名教师到上海复旦大学进修，选出6名学科带头人，麦艳红教师被评为柳州市优秀青年科技人才。继续选送4名教师到机关部委办局挂职锻炼。

校园建设　1997年完成绿化二期工程，种植花木800多株，种草1000平方米，投入25万元完成配电增容工程。新建职工宿舍楼一栋计1260平方米，为离退休员工修建门球场一个。

（罗素珍）

柳州市市民自发到新华书店购买邓小平画像，深情缅怀这位世纪伟人
赖柳生　摄

统一战线

【概况】 1997年，柳州市统一战线工作紧紧围绕国家对香港恢复行使主权和党的十五大胜利召开两大历史事件，组织各民主党派、工商联成员，台胞、台属、归侨、侨眷和宗教界人士、黄埔同学会成员学习十五大会议精神。向两县、五区统战部长及部分国有大中型企业、大专院校传达全国全区统战工作和中央对台工作会议精神，组织统战系统处以上干部参加市委主办的十五大学习班。以香港回归为契机，相继举办一系列以“迎回归”为主题的庆祝活动，参加活动的社会各界人士近500人次，信教群众及市民近万人次。以自治区人大、政协换届人选推荐工作为重点，年内，共推荐党外全国人大代表人选1人，自治区人大代表3人，自治区政协委员40人，增补市政协委员10人。加强多党合作制度建设。年内协助市委召开四次各民主党派、工商联负责人和无党派人士情况通报会，推荐8名民主党派成员和非公有制经济人士担任市特邀监察员，协助民建市委会顺利完成换届工作。

【非公有经济领域统战工作】 1997年，协助工商联顺利完成换届工作，配合自治区党委统战部开展非公有经济领域的调研工作。先后深入市蓝天机电有限公司、八达机电有限公司、华电集团、鱼峰通讯仪器厂等私营企业调查，鼓励私营企业主继续为柳州市的光彩事业多做贡献。春节前，对生活有困难的原工商业者发放生活补贴。

【对台和海外联谊工作】 年初，分别给港澳同胞寄出“港澳同胞谈香港回归”征稿函160多份，邀请归侨、台胞、台属代表到市广播电台“龙城各界话回归”专栏进行专题谈话。4月，向15位台胞发出邀请函，请他们到深圳参加自治区人民政府举办的招商引资洽谈会。促成台商独资375万美元兴办“柳州五星保龄球有限公司”。

【宗教事务管理】 完成宗教活动场所的96年度年检工作，组织宗教界人士为防洪堤工程捐款1.6万元，为希望工程和扶贫工作捐款5.5万元。

（李钢）

政策研究

【调查研究】 1997年，柳州市各级领导深入基层、企业、农村，进行调查研究，为科学决策掌握第一手材料。9月，市委、市政府为抓好两个“大头”（20户企业实现利润在100万元以上，32户企业亏损额在100万元以上），市四套领导班子和有关部门领导组成若干调研小组，选择部分企业作为联系点，深入调查研究，帮助企业克服困难加快发展，确保全年目标的完成。12月，市委、市政府又组建推进企业改革工作队，分为9个小组下到有关企业进行调查研究。市委书记刘知炳在柳江县调研时，对如何抓好农村工作，促进农业生产发展，强调要进一步在实践中探索经验，广开思路，搞活农村经济。市长宋继东在对如何发展个体私营企业进行调研时，强调要出台比过去更加完善、更加有力的扶持个体、私营经济发展的政策，为民营企业发展创造更为宽松的软环境和硬环境。市委、市政府的各级领导也纷纷深入基层，结合本单位的实际开展调查研究。

【完善配套政策、措施】 1997年，市委、市政府完善和配套一系列政策，其中主要有《柳州市国有企业改建为有限责任公司暂行办法》、《柳州市国有企业实行公司制改建　设立职工持股会的暂行办法》等等。在抓大放小、增资减债、兼并破产、减负增效、分离分流等方面对国有企业实行战略性改组。市委、市政府按照“三个有利于”的原则，出台了关于国有资产管理和营运、股份合作制改组、再就业工程实施等三个改革政策，为企业改革力度的加大提供依据。尤其在再就业工程上，采取7个渠道再就业的实施办法，即：利用优势企业收购破产企业安置一批、破产企业生产自救安置一批、企业办三产安置一批、在黄金地段实行“退二进三”吸纳一批、通过再培训转岗安置一批、用全市统筹控制招收临时工比例安置一批、厂内退养一批，从而有效地加大劳动就业的宏观调控力度。

【举办“求实工程”调研活动】 1997年，市委政策研究室与市委宣传部、党校、讲师团和市计委、经贸委、科委、体改委、流通办、社科联等10个部门，联合开展1997年度“求实工程”调研征文活动，其目的是带着两个文明建设中的热点、难点和重点问题，深入基层调查研究，探索柳州市改革、发展的新路子，努力为领导科学决策服务。征文从6月开始，11月结束。参加征文稿件共69篇。经评委评定，一等奖2篇，二等奖5篇，三等奖10篇。（罗仲光）

老干部工作

【概况】 1997年，柳州市有离退休干部1.3万多人，其中离退休党员干部4556人，有党支部106个，党小组265个。是年，柳州市老干部局、市老年大学分别被评为柳州市老龄工作先进单位和集体。

【落实老干部政治待遇】 1997年，柳州市坚持组织老干部阅文、向老干部通报情况、重大节日走访老干部的制度。举办离退休老干部政治理论学习班，参加学习人数达1万人。年内，邀请市委党校教授给400多名老干部作《当前反腐倡廉的形势与任务》、《关于我市经济体制改革》等专题报告。

【落实老干部生活待遇】 1997年，市财政拨款40万元，在市工人医院内科病房大楼增设老干部病房，改善河南片老干部住院条件。桂柳高速公路通车后，市老干局组织原市四套班子老领导和老红军前往参观，同时参观桂林两江机场，游览桂林名胜风景，多数基层单位组织老干部外出参观和健康休养。在春节和国庆节期间，慰问住院病瘫老干部210人次，给离休干部630人次发放节日补贴。年内，纠正11个单位实行不符合离休干部政策的医药费报销办法。

【建立离休干部信息网络】 1997年，柳州市老干局在全市开展信息网络统计工作，深入基层给327个单位举办业务指导学习班，完成1526位健在老干部的信息采集，如期完成离休干部信息管理系统三级库的准备工作，为实现老干部资料管理网络化打下基础。

【社会办学】 1997年，柳州市由

老年人迎香港回归表演活动　　老干局供稿

老干部开办的各类学校35所，在校学生6620多人，参加办学的离退休干部300多人，担任校领导的有40多人，截至97年度末毕业学生4200人。

【老年教育】 1997年，柳州市有老年大学8所，老年学校2所，在校学员900多人。老年大学开设有书法、图画、装裱、诗词、舞蹈等12个专业，学员达2500多人次。

【关心下一代工作】 1997年，柳州市关心下一代工作委员会成立老干部关心下一代报告团，聘请35位老干部为关工委教育报告员；报告员给3万多青少年作报告80多场；成立基层关工委110多个；印发香港回归祖国知识竞赛学习资料2.5万册；组织全市18万青少年参加香港回归祖国知识竞赛；与市委宣传部等单位联合举办《一国两制，百年梦圆》一九九七年香港回归祖国大型图片展。

（冷静）

纪律检查与行政监察

【市纪委全会】 1997年1月17日，中国共产党柳州市纪律检查委员会召开第四次全体会议。出席这次全会的市纪委委员20人，两县五区纪委书记和部分国有企业的纪委书记45人列席会议。全会学习贯彻党的十四届六中全会、中央纪委七次全会和自治区党委七届二次全会、区纪委二次全会以及市委八届五次全会精神，回顾1996年的工作，研究进一步加强党风廉政建设，加大反腐败力度，保证和促进柳州市两个文明建设顺利进行的具体措施。全会审议通过了市委常委、纪委书记谭仕选代表市纪委常委会所作的《进一步加强党风廉政建设，促进柳州市两个文明建设健康发展》的报告，市纪委常委主持了会议。

1997年3月24日，中国共产党柳州市纪律检查委员会召开第五次全体会议。出席这次全会的有市纪委委员、两县五区党委负责人、纪委正副书记和监察局正副局长、市直机关各部门及各事业单位党委（党组）负责人，纪检监察部门的负责人。参加两县一郊纪检监察干部培训班学习的69名学员也列席了会议。全会学习贯彻中央纪委第八次全会和江泽民总书记在中央纪委第八次全会上的讲话及自治区纪委三次全会精神，总结上年全市纪检监察工作，部署1997年纪检监察工作。会议由市纪委副书记蒋克昌主持。市委书记刘知炳在会上作重要讲话，市委常委、市纪委书记谭仕选代表市纪委常委会作《锲而不舍，开拓前进，努力夺取反腐败斗争新成效》的工作报告。

1997年10月28日，中国共产党柳州市纪律检查委员会在柳州饭店召开第六次全体会议，出席这次全会的市纪委委员19人，县（郊）区纪委书记和有关负责同志13人列席会议。会议期间市纪委委员列席了中共柳州市委员会八届七次会议。全会学习贯彻党的十五大精神和自治区纪委四次全会以及市委八届七次全会精神，研究部署进一步加强柳州市党风廉政建设和反腐败斗争工作。市委常委、市纪委书记谭仕选代表市纪委常委会作题为《认真学习贯彻十五大精神，深入开展反腐败斗争，为柳州市改革发展创造更好的环境》的重要讲话。

【反腐败三项工作】 1997年，柳州市制订《贯彻落实中央八项规定的工作责任制》和《关于印发党政机关厉行节约制止奢侈浪费八项具体规定的通知》等规章制度，深入开展领导干部廉洁自律工作。一是认真开好以贯彻中央八项规定为重点的领导班子廉洁自律专题民主生活会。应参加民主生活会的领导干部2203人，实际参加2179人。二是领导干部廉洁自律“三项制度”初步得到贯彻落实，大部分单位领导干部均按规定和要求进行申报收入情况和礼品登记。三是开展清理纠正领导干部违规建房住房工作，对市直部委办局及县区959名县（处）级领导干部申报的住房情况进行核查；四是继续严格执行领导干部不准购买、乘坐超标准小汽车的有关规定，继续建立和完善车辆管理制度，加强对车辆管理；五是进一步加强国有企业领导干部廉洁自律工作。全市有185个企业实行业务招待费使用情况向职代会报告制度，占应报告数的96.85%；已建立个人收入申报制度的企业154个，占应申报企业数的80.62%，实行申报个人收入798人，实行礼品（金）登记人数119人，有89人上交礼品（金）折款47.14万元；有107个企业建立领导干部报告个人重大事项制度，541名领导干部自觉报告个人重大事项。

1997年，全市纪检监察机关继续以查办案件为重点，严肃查处一批违法违纪案件。全年受理群众来信来访举报2546件；初查案件线索899件，比上年上升30.4%；立案调查193件（含上年遗留案件15件），比上年上升10.2%；结案181件，结案率93.8%。其中大案要案29件，属经济类案件102件，占立案数的52.8%；给予党纪政纪处分176人，其中县处级（或相当于县处级）干部12人，移送司法机关查处19人，挽回经济损失216.3万元。市纪委监察局初查案件线索35件，比上年增长16.6%；立案调查11件（含上年遗留3件），比上年增加2件，已结案8件，结案率88.9%；给予党纪政纪处分9人，其中县（处）级干部6人，挽回经济损失132.86万元。

纠正部门和行业不正之风工作有新的成果。一是开展“清费治乱减负”工作。3月，在全市部署开展治理党政机关、司法机关、事业单位“乱收费、乱罚款、乱摊派”工作，共抽调40名干部组成10个检查组，对全市35个党政机关、司法机关和事业单位的收费情况进行重点抽查，共查出涉及提高标准收费、自立项目收费、不按规定使用统一票据收费、未办许可证收费和搭车收费等问题的乱收费项目118项，查出违法所得469.2万元，退还缴费者328.5万元。5月，组织人员对全市企业收费情况进行清理，公布取消收费文件11份，其中涉及的收费项目24项，减轻企业负担497.96万元，减轻企业群众负担920.07万元。二是不断扩大专项治理成果。春秋两季学校开学之时，抽调人员组织 11 个检查组分别对全市 128 所中小学的收费管理情况进行检查，共查处中小学违规收费金额 73.2 万元。清理涉农文件，取消不合理的收费项目 17 项，清退金额 58.8 万元，纠正不合理的集资项目 1 项，共计减轻农民负担 418.8 万元。对 79 个单位的预算外资金情况进行重点抽查，共查出应缴未缴财政预算金额 76 万元，应缴未缴财政专户金额 2425 万元，通过检查处理，已缴财政预算金额 11 万元，已缴存财政专户金额 1051 万元。从 9 月至 12 月，在市地税局、邮电局、公安交警支队三个行业开展行风评议试点工作。通过被评议单位自查自评、社会评议等工作，解决群众反映强烈的问题，不断促进行风建设。三个单位均被评为一九九七年度行风评议先进单位。

【制止奢侈浪费】 1997 年，柳州市制订《贯彻落实中央八项规定的工作责任制》和《关于印发党政机关厉行节约制止奢侈浪费行为的八项具体规定的通知》等规定，并加强监督检查，取得初步成效：全市停建、缓建办公楼 10 项，节约经费 5600 万元；停止装修办公楼 8 项，节约经费 326 万元；取消或压缩各种会议 124 个，节约经费 154.8 万元；建立完善公务接待制度，业务招待费明显下降；全市党政机关清理公费住宅电话 1774 部，已按规定处理 1739 部，清理移动电话 912 部，其中封存 619 部，经批准使用 204 部，按规定已折价处理 89 部；严格控制和取消各类庆典活动 24 项，节约经费 90.3 万元；减少 22 个不必要的检查评比达标活动。

【党风廉政检查】 1997 年 12 月，全市开展了党风廉政检查，在全市 216 个单位党组织自检自查的基础上，由市领导带队，从市纪委、市委组织部等部门抽调 60 名干部，组成 12 个检查组于 12 月 9 日至 20 日，对 22 个党政机关单位进行重点抽查和班子年度考核，并对检查发现的问题提出整改意见和建议，促进

中共柳州市纪律检查委员会第六次全会会场　　李红求　摄

全市党风廉政建设。

【执法监察工作】 1997 年，市纪检监察机关积极开展执法监察工作：一是在企业开展效能监察。年初，市纪委监察局对全市的企业效能监察工作进行布置。8 月份，对 75 家企业的有关领导进行效能监察学习培训。全市有 85 家企业围绕生产、经营、财务、基建、行政后勤及物资管理等开展这项工作，共立项 282 项，完成 232 项。通过开展效能监察，发现案件线索 31 个，立案查处 23 件，处理违法违纪人员 23 名，查处违纪金额 218.513 万元。避免或挽回经济损失 497.12 万元，增加或创造效益 2518.54 万元，节约开支 1654.94 万元，提出建议 550 条，被采纳 382 条，建立和修订规章制度 511 项。二是在农村加强执法监察。市、县(郊)纪检监察机关继续对救灾款物余数的分配发放进行严格的监督检查，对违法违纪者进行查处，使“抗洪救灾、恢复生产、重建家园”工作得到更好落实。开展农村“村务公开、民主管理”试点工作。全市共有 52 个村为试点。三是开展维护市场经济秩序执法监察。查处单位和个人收受药品回扣 210.78 万元，处以商业贿赂罚款 20 万元，没收桑塔纳轿车 1 辆，大哥大 4 台，BP 机 10 部。收到涉及建筑市场各类举报投拆 102 件，立案 12 件，已结案 9 件，查处违法违纪金额 750 万元，挽回经济损失 410 万元。四是积极协同有关部门开展统计执法大检查、环境保护执法检查等工作，保证政令畅通。

【党风廉政教育】 1997 年，柳州市各级纪检监察机关积极开展以“讲学习、讲政治、讲正气”为主要内容的党性党风党纪教育。3 月，市纪委编印 2.5 万份《党中央、中央纪委对领导干部廉洁自律提出的若干规定》，发给各级领导干部学习。9 月 5 日至 10 月 20 日，由自治区纪委监察厅与市纪委监察局联合举办的党风廉政教育挂图展活动在市博物馆举行。这次活动，全市 60 多个单位参加创作，共创作作品 800 多幅，公开展出 522 幅，有 5 万多名党员干部观看展览。认真组织党员干部学习《中国共产党纪律处分条例(试行)》、《中国共产党党员领导干部廉洁从政若干准则(试行)》和《中华人民共和国行政监察法》，在此基础上，市纪委监察局组织举行“两规一法”知识竞赛活动，并荣获全区“两规一法”知识竞赛优秀组织奖。各单位充分利用电教手段等形式开展教育活动，全年播放电教片 650 场次，观看人数 5 万多人次。市纪委领导亲自到党校及部分机关、企事业单位讲课，推动党风廉政教育的深入开展。市纪委还编辑发行《风纪了望》月刊 12 期，不定期编发《纪检监察信息》、《情况交流》等内部资料

10 期。

【政策法规和理论研究】 1997 年，市纪委监察局举办 2 期法规学习班，组织编写《纪律处分条例》和《行政监察法》讲课提纲。起草制定，《严肃机关纪律的若干规定》和《关于严格执行不准领导干部兼职取酬的有关规定的通知》等文件。编辑出版《党风廉政建设理论与实践》论文集；组织推荐 7 篇论文参加区、市理论研讨会，其中 2 篇论文分别荣获二、三等奖；在市党建学会 1997 年年会上，又有一批纪检监察干部撰写的论文获奖。

【纪检监察队伍自身建设】 1997 年，市纪委、监察局组织广大纪检监察干部认真学习十四届六中全会、十五大和中纪委八次全会精神，学习党章，学习邓小平理论，增强纪检监察干部的使命感和责任感；组织实施“三严四自”工程，开展“群众观、大局观、人生观”的学习讨论，提高全心全意为人民服务的思想；全年举办各类学习班 22 期，参加学习人数 318 人（次）。重点学习《纪律处分条例》、《廉政准则》和《行政监察法》等法规和政策性文件，扎实认真开展创建文明机关活动，建立完善创建文明机关的各项规章制度，制订《纪检监察干部职业道德准则》。积极推行纪检监察干部的轮岗和交流，全市共交流纪检监察干部 61 人，其中调入 41 人，调出 20 人。

（陈高明　陈子刚　覃家茂）

柳州市人民代表大会

【市十届人民代表大会第三次会议】 市十届人民代表大会第三次会议于 1997 年 2 月 23 日至 26 日举行。会议听取市长赵玉林作的市人民政府工作报告；市计委主任张南作的市 1996 年国民经济和社会发展计划执行情况及 1997 年国民经济和社会发展计划的报告；市财政局局长张立新作的市 1996 年财政预算执行情况和 1997 年财政预算情况报告；市政府关于发展柳州市“九五”期工业支柱产业和重点产品发展纲要的报告；市人大常委会主任杨鸿泉作的市人大常委会工作报告；市中级人民法院院长陈朝华作的市中级人民法院工作报告，市人民检察院检察长李大任作的市人民检察院工作报告。代表们对以上各项工作报告进行认真审议，并作出相应的决议。会议接受林善似辞去市十届人大常委会秘书长职务，接受郑务新辞去市十届人大常委会委员、市十届人大财经委主任委员职务。会议选举梁爱凤、补选何庆荣为市十届人大常委会副主任、补选郑务新为市十届人大常委会秘书长，补选、选举陈景欢、苏志明、郭顺红、李水秀、梁英奇为市十届人大常委会委员，补选苏志明为市十届人大财经委主任委员，李水秀为市十届人大法制委主任委员，郭顺红为市十届人大民族华侨委主任委员。大会进行了专题审议发言，12 位代表在会上就事关全局的大事作专题发言，对柳州市各方面工作提出意见和建议。会议确定柳州市 1997 年的奋斗目标和工作任务。会议收到代表提出的议案 28 件，收到建议、批评、意义 41 件。

【市十届人民代表大会第四次会议】 市十届人民代表大会第四次会议于 1997 年 11 月 30 日至 12 月 2 日举行。会议补选宋继东为柳州市人民政府市长，会议以无记名投票方式，选举产生杨鸿泉等 39 名出席自治区九届人民代表大会代表。新当选的市长宋继东在会上作表态讲话，表示要恪尽职守，忘我奋斗，不负人民重托，做一个经得起历史检验的柳州市市长。

【市十届人民代表大会常务委员会】 1997 年，市十届人大常委会先后举行了 6 次会议。

市十届人大常委会第八次会议，于 1997 年元月 31 日举行。会议听取林善似副主任作的《关于召开市十届人大三次会议的意见》和《市十届人民代表大会代表资格审查情况报告》；听取审议市法制局局长陈谋受市政府委托所作的《关于切实做好禁毒工作，保证社会稳定》议案的实施方案。听取市人大法制委对市政府关于《切实做好禁毒工作，保证社会稳定》议案的实施方案的初审意见，会议分组审议市人大常委会工作报告和 1997 年工作要点，会议对召开市十届人大三次会议的有关事项进行认真研究。审议通过市人大常委会工作报告和 1997 年工作要点，关于召开柳州市第十届人大三次会议的决定。会议通过接受覃启德辞去市十届人大常委会委员职务，接受赵有德辞去市园林管理局局长职务的决定；通过关于批准市政府《切实做好禁毒工作，保证社会稳定》议案实施方案。会议决定任命刘柏丽为市园林管理局局长。还通过了其它人事任免事项。

市十届人大常委会第九次会议，于 1997 年 3 月 27 日举行。会议听取审议市外经委主任胡敏翔受市政府委托所作的关于《改善投资环境，发展外经外贸工作的情况汇报》；市文化局局长刘沛盛受市政府委托所作的《关于文化建设的情况汇报》；会议听取市人大财经委关于《改善投资环境，促进外经外贸工作发展的调查视察报告》；市人大教科文卫委关于《柳州市文化建设情况的调查视察报告》；会议肯定柳州市在改善投资环境，发展外经外贸方面所取得的成绩，指出软硬环境还不理想，开放意识不够强，环境不够宽松，运输、能源、交通等基础设施仍然滞后，“三资”企业总量不多，发展不平衡。建议提高认识，转变观念，下大力营造良好的投资环境，做好利用外资工作，建立外经外贸发展基金，更好地支持外贸出口。会议还对柳州市文化建设提出了不少意见和建议，要求在抓物质文明建设的同时，把精神文明建设放到突出的地位，抓好精神文明“九五”计划的落实，实施精品战略，提高精神产品生产的质量，以满足群众日益增长的文化需求。会议还听取市人大农委、城建委、财经委、教科文卫委关于市十届人大三次会议提出的有关农业，城建、财经、教科文卫委方面议案的初审情况报告。通过关于确立《解决古砦乡革命老区交通问题》和《加强新华书店网点建设》的议案的决定，会议批准任命朱光华为市城中区人民检察院检察长，还通过其它人事任免事项。

市十届人大常委会第十次会议，于1997年5月25日举行。会议听取审议市园林管理局局长刘柏丽受市政府委托所作的关于《创建全国园林城市工作方案的汇报》；市旅游局局长潘兆英受市政府委托所作的《关于柳州市旅游业发展情况的报告》，听取市人大城建委关于《柳州市创建国家园林城市工作方案》的审议意见；市人大民侨委关于《柳州市旅游业情况的视察汇报》。会议认为，创建园林城市是柳州的一件大事，是柳州市两个文明建设的重要组成部分，是反映柳州市综合经济实力和人民生活质量、城市文明程度的标志，是发展社会主义市场经济，建设现代化国际大都市的需要，要求市政府有效地调动广大群众绿化生活环境、改善城市生态、提高城市整体素质的积极性，对园林绿化实行分级管理，加强园林科学研究工作，加大投入，突出重点，发挥地方优势，造特色园林。会议通过《关于市人民政府创建国家园林城市》的决定。通过赵玉林辞去柳州市市长职务的决定；接受孙中文辞去市十届人大常委会委员职务的决定，决定由市政府副市长宋继东代理市长。会议任命陈虹为市监察局局长，还通过了其它人事任免事项。

市十届人大常委会第十一次会议，于1997年7月29日举行。会议听取审议市政府代市长宋继东作的关于柳州市1997年上半年国民经济运行和社会发展计划执行情况及下半年工作意见，市乡镇企业局局长韦永长受市政府委托所作的《关于柳州市贯彻乡镇企业法情况和上半年乡镇企业发展情况的报告》，市政府代市长宋继东作的关于《加强新华书店网点建设议案的实施方案》和《关于解决古砦乡革命老区交通问题议案的实施方案》。会议听取市人大财经委《关于柳州市上半年国民经济计划执行情况的视察报告》和对市政府关于《解决古砦乡革命老区交通问题议案》实施方案的初审报告；市人大农委《关于柳州市贯彻执行乡镇企业法和发展乡镇企业情况的视察报告》；市人大教科文卫委关于对市政府《加强新华书店网点建设议案》实施方案的初审报告。会议通过关于批准市政府《解决古砦乡革命老区交通问题》和《加强新华书店网点建设》议案的实施方案的决定。会议接受谭建伟辞去市人大教科文卫委员会副主任委员和市人大常委会教科文卫工作处副处长职务，同意增补谭建伟为市人大教科文卫委员会委员。会议任命韦建军为市建设局局长；梁元甫为市城市综合管理办公室主任，还通过了其它人事任免事项。

市十届人大常委会第十二次会议，于1997年9月16日举行。会议听取审议市人民政府副市长徐伟崇、市中级人民法院院长陈朝华、市人民检察院检察长李大任分别作的关于贯彻实施《刑事诉讼法》的情况汇报。听取审议市政府副市长徐伟崇作的关于柳州市第九届人民代表大会以来议案办理情况汇报；听取市人大常委会秘书长郑务新关于对市九届、十届人大代表议案办理情况视察检查的报告；市人大法制委关于对“一府两院”贯彻实施《刑事诉讼法》情况的视察调查报告。会议要求“一府两院”要进一步加强对新的《刑事诉讼法》的学习和研究；公、检、法、司各部门应进一步加强协调、各司其职，依法办案；加强律师队伍建设，尽快建立法律援助中心。会上林善似副主任还传达了自治区人大换届选举工作会议精神。讨论修改并通过市人大常委会议事规则，批准任命王建政为柳州市柳南区人民检察院检察长，任命罗红为市教育委员会主任。

市十届人大常委会第十三次会议，于1997年11月13日举行。会议首先组织委员们学习《行政处罚法》，为帮助委员们加深对该法的基本内容和行政处罚程序的了解，特请市司法局的律师作《行政处罚法》辅导。会议听取审议市政府副市长徐伟崇作的关于《贯彻实施行政处罚法》的情况报告，听取市人大法制委关于《贯彻实施行政处罚法工作情况的视察报告》。会议肯定《行政处罚法》在柳州市实施一年来所取得的成绩，规范处罚程序，改变过去行政执法主体乱、处罚乱的现象，行政机关和执法人员依法行政，依法管理得到群众的支持。但由于该法实施时间不长，执法主体关系不顺，行政处罚有重实体，轻程序的现象，建议要加强对该法的学习宣传，加快修正完善规范性文件的步伐，落实行政执法人员上岗培训、持证、亮证制度，加大行政执法经费的投入，提高执法水平。会议就召开市十届人民代表大会第四次会议的有关事项进行研究。通过关于召开市十届人民代表大会第四次会议的决定和市十届人大常委会关于在行政司法机关中实施执法责任制度和错案、冤案责任追究制度的决定。

【开展专题调查】 1997年，柳州市人大常委会抓住事关全局，影响到柳州市改革开放、经济发展和社会稳定的大事，开展专题调查研究，组织市人大常委会委员、部分市人大代表先后对下岗职工再就业问题，改善投资环境、发展外经外贸问题，蔗糖购销体制改革问题，修建雀儿山市场问题进行专题调查。市人大财经委、农委、教科文卫委及市人大代表先后深入县郊和有关部门、单位，召开座谈会，听取汇报和广泛地听取各方面的意见；在充分调查研究的基础上，形成有一定深度和份量的专题调查报告，有的报告转市政府并报告市委、供领导决策时参考。关于修建雀儿山市场的调查报告转到市政府后，引起市府领导的重视，市政府召开有关部门负责人会议进行研究，将此问题列入市政府1998年工作计划。此外，市人大常委会还根据市人大代表反映的广西露塘农场、柳兴糖厂、柳州白莲淀粉厂水污染严重，且事故时有发生的问题进行现场察看、深入调查了解，提出意见和建议，污染问题已基本得到了控制；对白云市场“9·19”火灾，组织有关人员进行实地调查，主任会专门听取了市监察局，市工商局等部门的汇报，了解火灾的起因及处理情况，并督促市政府依法认真处理此事，追究有关人员的法律责任，吸取教训，搞好防范，避免重大火灾的再次发生。

【开展述职评议活动】 1997年8月,市十届人大常委会第11次会议对市经贸委主任吴集成、市环保局局长陈学明,常委会第13次会议对市中级人民法院院长陈朝华、市科委主任刘俊和4位被任命干部进行述职评议。主任会议先后对市房屋地产管理局局长李悬生、市广播电视局局长吴丹、市物价局局长陆群英、对外贸易经济合作局局长胡敏翔、市劳动局局长程玉君、市技术监督局局长唐东江、国有资产管理局局长张崑、市机电局局长苏东兵以及市人民检察院的副检察长江发等9位被任命干部进行述职评议。评议前组织考评小组进行深入的调查;分别召开不同层次人员座谈会,个别交谈了解,广泛征求意见,评议中突出依法评议,突出调查研究,突出评议力度,重点评议干部的执法情况和依法行政的水平,评议中委员们坚持客观公正,肯定成绩,指出不足,提出今后改进工作,提高领导水平的建议和意见,市中级人民法院、市环保局、市房屋地产管理局、市科委负责人在接受评议后,根据评议中提出的问题及时提出整改措施,并付诸实施。

【市人大代表视察】 1997年元月中旬,市十届人大代表在全市城乡范围内开展视察活动,代表们就本市1996年国民经济计划,财政预算的执行情况,深化企业改革,加速经济结构调整,发展外向型经济,实现两个根本性转变,农业基础设施建设,"菜篮子"、"米袋子"工程的发展,个体私营企业发展、水利冬修、农民收入提高,贫困地区的脱贫,土地使用情况,社会治安综合治理;教育发展,开展反腐败斗争、城市建设、管理、环境保护、园林绿化、市场建设、精神文明创建情况、群众普遍关心的热点、难点问题进行视察、调查;23个代表小组的代表,深入到县郊农村工厂、企业、学校等53个单位部门,广泛地听取各方面的意见,代表们针对视察中发现的问题提出意见和建议87条。参加视察的代表达到85%。

1997年12月,市人大常委会组织由柳州市选举产生的新一届自治区九届人大代表分两个小组开展视察活动,代表们集中学习宪法、组织法、选举法和代表法,自治区人大常委会副秘书长、办公厅主任、自治区九届人大代表刘木林作代表法学习辅导报告,使新当选的代表比较系统地了解和掌握代表的职责、权利、义务等方面的基本知识。代表们听取市政府宋继东市长关于柳州市1997年工作情况汇报和市委副书记梁柳珠关于柳州市企业改革情况汇报,市财政局关于1997年财政工作情况汇报,听取市监督局、物价局关于治理"三乱一难"情况和市劳动局关于下岗职工再就业工作情况、市环保局关于大气污染及治理情况汇报。视察两面针集团公司、市微型汽车厂、起重机械运输总公司等企业。代表们就柳州市防洪工程建设、柳州微型汽车工业发展、兼并破产企业呆帐坏帐问题、治理酸雨问题等提出意见和建议。这些意见上报自治区人大后,请在广西的全国人大代表将意见转全国人大,建议国家在下达1998年计划时,充分考虑柳州市是全国首批试点城市和广西重要工业城市,遗留问题多,结构调整任务重的实际情况,给予适当倾斜。

【市人大代表闭会期间的活动】 为庆"七一",迎香港回归,洗雪百年耻辱,6月份市人大常委会召开"迎回归、学习香港基本法报告会",请自治区司法厅的法律工作者作基本法的基本内容辅导报告。两县五区人大常委会领导和部分市人大代表300多人参加报告会,与会人员均受到一次深刻的爱国主义教育,对香港的由来及基本法的基本内容等有较系统的了解。

7月份市人大常委会组织全市代表就企业扭亏增盈,企业下岗职工分流和再就业等问题开展视察、调查,代表们分别深入到城乡的35个单位进行视察,并针对视察中发现的问题提出意见和建议,为常委会会议审议市政府上半年国民经济计划执行情况提供情况参考。78%的代表参加了视察活动。9月份,市人大常委会召开代表小组长工作座谈会,会上23个小组的代表和城区人大领导发言,大家就如何发挥代表作用、增强代表活动实效等问题进行交流、磋商、探索,为进一步开展代表活动打下了基础。

【代表议案意见办理情况】 为督促代表议案、意见、建议的办理落到实处,市人大常委会认真抓好追踪检查工作,将追踪情况进行及时通报,督促有关部门加强办理进度,提高办理质量。7月至8月间人大常委会对市政府办、市建设局、环保局、柳州铁路局、公路局、柳城县等单位和部门办理的13件建议进行追踪检查、实地察看了柳州铁路局关于办理的《柳江县洛满乡堤内铁路涵洞整修问题建议》的情况。10月份,组织部分代表对办理情况进行视察,听取市政府、市建设局、市环保局、市工商局的办理情况汇报。实地察看柳江县土博乡的三个村屯的人畜饮水情况,太平西街市场和荣军路市场,柳邕路市场及柳铁木材厂的污水处理情况等,市十届人大三次会议和闭会期间代表提出的建议、意见、批评90件,代表们满意的32件,占39%,基本满意的52件,占54.07%,不满意的6件,占6.25%,得到采纳的42件,占50%,列入工作计划逐步实施16件,占19.28%,因条件不具备暂时未能实施的25件,占30.12%。

【开展对外交往及海外联谊活动】 1997年6月,市人大常委会副主任罗连镒带领柳州市经贸代表团访问俄罗斯的沃罗涅日州,参加为期15天的国际展览会和进行经贸考察,为柳州市发展对外贸易,引进外资牵线搭桥。柳州市代表团在访问期间与沃州邮电局、农场等签订(约)床上用品合同,洽谈合资办高档家俱厂的协议,沃罗涅日州市政府组织20多家工贸企业与柳州市代表对口洽谈。加深互相之间的了解,为今后更好地合作打下基础。

11月,市人大常委会副主任何庆荣带领柳州市海外交流协会侨务代表团访问新加坡、泰国的曼谷和马来西亚的吉隆坡等城市,了解东南亚华侨、华人情况,增进与外国人民的友谊,加强合作与交流。

【召开乡镇人大主席工作会】 1997年5月，市人大常委会召开为期6天的乡镇人大工作会，组织全市37个乡镇的63位乡镇人大正副主席进行封闭式学习，请市委党校廖剑鸣教授作香港回归有关问题的专题报告，市人大常委会副主任林善似、市人大法制委主任委员、柳江县人大常委会主任分别就人民代表大会制度、代表法、乡镇人大工作条例等作辅导，并进行座谈讨论，使乡镇人大主席们加深对人大性质、地位、作用及代表权利、义务的理解，了解乡镇人大工作条例的基本精神。会上柳江洛满乡、拉堡镇，柳城的太平乡、大埔镇，郊区的羊角山乡、沙塘镇等6位乡镇人大工作的同志分别介绍了他们开展乡镇人大工作和当好乡镇人大主席的经验，会者受到启发、教育，学到了经验，为推动乡镇人大工作的开展打下了良好的基础。

（黄柳玉　谭学书）

柳州市人民政府

【国民经济稳步发展】 1997年，柳州市大力调整和优化经济结构，提高工业经济运行的整体素质。加大农业投入，加快发展第三产业，推进国民经济稳步、健康发展。全市国内生产总值完成163.53亿元，比上年增长13.6%(按可比价计算，下同)。工业完成销售收入222.9亿元，增加值77.1亿元，实现利税17.67亿元，分别比上年增长7.66%、12.62%和73.9%。全年独立核算工业企业亏损面为27.5%，企业经营性亏损9580万元，控制在控亏目标之内。农业总产值完成31.1亿元，比上年增长13.9%。粮食总产量达42.01万吨，创历史最高水平；糖料蔗总产量269.91万吨，比上年增长16.8%；乡镇企业营业总收入70.7亿元，比上年增长45.38%，实现利税比上年增长52.8%。第三产业增加值62.52亿元，占国民生产总值比重37.54%，比上年提高0.82个百分点。全年社会消费品零售总额61.35亿元，比上年同期增长17.86%。

市场物价稳定。全年居民消费价格指数100.3%，社会商品零售价格指数99.5%。城市居民人均可支配收入5457元，扣除物价因素，比上年实际增长4.09%。农民人均纯收入2461元，比上年增长15.01%。

【“抓大放小”，调整所有制结构】 以搞好国有经济为重点的“抓大放小”取得成效。“抓大扶强”围绕发展以汽车及其零配件工业，以工程、通用机械为主的机械工业，以钢材、有色金属为主的冶金工业，造纸、包装印刷业，以两面针为主的日化工业等支柱产业，完成“两面针”(集团)公司扩大、组建五交化、凤山糖业、立宇、联压等企业(集团)公司。已组建的柳工、五菱、两面针、联压、纺建5个(集团)公司，共吸附41个企业，总资产82.1亿多元，约占全市国有资产总额三分之一。“放小搞活”采取多种形式推进中小企业的改制、改组、改造。全年完成市属中型二类以下工商企业改组改制140户，占总数166户企业的84.37%，加上原来完成的9户，共149户。其中实行股份合作制的35户，租赁承包的28户，兼并、破产38户，改组联合20户，抽本租赁8户，选择其它改组改制形式的13户。有5亿元资产在股份合作制改制中得到优化重组。

在调整所有制结构中，个体经济在前几年较快发展的基础上继续平稳发展。全市注册个体工商户3.56万户，注册资金3.39亿元，从业人员4.24万人，分别比上年增长1.9%、16.7%和3.6%；全年个体经济实现产值3.13亿元，比上年增长31%；销售总额25.95亿元，比上年增长22.8%，占全市工业销售收入比重11.6%；社会消费品零售总额17.39亿元，比上年增长11.6%，占全市全年社会消费品零售总额比重29.6%。全市注册私营企业1592户，注册资金7.47亿元，分别比上年增长4.5%和10.7%；实现产值3.55亿元，销售总额3.98亿元，社会消费品零售总额3.21亿元，分别比上年增长36.9%、85.3%和146.9%。

【市政府全体成员会议】 全年召开市政府全会3次。

第1次：1月24日召开。讨论、审核年度《政府工作报告》。

第2次：4月1日召开。主要内容是讨论、研究如何抓好反腐败斗争。市长赵玉林在会上从“认清形势，进一步提高对反腐败斗争的认识”、“加大力度，突出重点，坚持不懈地开展反腐败斗争”、“加强领导，齐抓共管，从根本上遏制消极腐败现象”三大方面作了重要讲话。

第3次：8月14日召开。代市长宋继东在会上作市政府上半年工作总结，继续采取有力措施，确保完成全年各项经济指标。加大结构调整力度，切实转变经济增长方式。提高工业经济运行质量，加强精神文明建设等10个方面部署今后几个月的政府工作。

【市政府常务会议】 全年召开会议共12次，作出《柳州市1998年国民经济和社会发展主要指标》、《关于加速发展乡镇企业若干问题的规定》和加快高新技术产业开发区建设等重大决策29项。

1月20日，第1次市政府常务会议，市长赵玉林主持，讨论、研究禁毒工作方案和年度《政府工作报告》。会议对《柳州市禁毒工作方案》原则上通过。会议对《政府工作报告》提出在城郊结合部建农副产品批发市场等5点修改意见。

4月11日，市长赵玉林主持召开第4次会议，研究大中专学生分配工作和加快高新开发区建设等问题。会议原则同意《柳州市大中专毕业生分配工作有关规定》。对加快高新技术产业开发区建设工作，会议作出吸引更多高新技术项目、外资项目，完善中长期建设规划，搞好基础设施建设等5项决定。

11月18日，代市长宋继东主持召开第9次市政府常务会议，研究成立“柳州市高等职业技术学院”和加快全市文化事业发展等问题。作出同意市教育学院、市工业职工大学、市职工大学、市机电职工大学、广西冶金工业职工大学等5所成人高校合并改制为“柳州市高等职业技术学院”的决定;在修改的基础上,通过《关于加快柳州市文化事业发展的若干规定》。

12月12日,市长宋继东主持召开第12次会议,研究、修改并通过《柳州市人民政府关于促进科技成果转化的决定》、《柳州市科学技术进步奖励办法》、《柳州市环境噪声污染防治管理办法》。

【市长办公会议】 全年共召开14次,作出政府工作重大决策43项。

1月10日,市长赵玉林主持召开年度第一次市长办公会,审议《1997年柳州市深化国有企业改革工作意见》、《柳州市国有企业领导干部聘任期岗位目标责任制实施办法》和《柳州市精神文明建设“九五”规划》。会议从国有企业必须紧紧围绕结构调整,以市场为导向,根据全市经济发展战略和产业规划组建大集团、大公司,创建名牌产品,企业领导干部工作责任与经济利益挂钩、个人收入与企业效益挂钩、多渠道筹集精神文明建设所需资金等方面,对上述文件草案进行审议和修改,并原则通过。

3月25日,市长赵玉林主持召开第3次市长办公会,就《柳州市技术创新工程方案》、《柳州市大埔电站分期建设、滚动发展方案》和给予参加自治区第八届运动会的运动员、教练员及有关人员奖励等进行研究、审议。会议决定:(1)关于技术创新工程方案问题。由市财政设法一次性拨出2000万元,向自治区申请拨1000万元,建立市技术创新基金;(2)关于大埔电站分期建设、滚动发展方案问题。大埔电站建设资金,市里每年负责筹集2000万元。各有关部门负责筹集的资金要按时到位,电站一期工程竣工发电后,除银行贷款外,根据谁投资谁受益的原则,按各方投资比例分红;(3)关于运动员奖励问题。同意市体委列出奖励方案,分档次奖励给区八运会参赛运动员、教练员及有关人员。

6月20日,代市长宋继东主持召开第7次市长办公会,审议《柳州市公费医疗改革方案》和《柳州市中小企业股份合作制改组暂行办法》,审定《关于切实做好减轻农民负担的工作意见》和《柳州市渔业管理实施办法》。

11月4日,代市长宋继东主持召开第12次市长办公会,会议审定三大事项:1. 严厉打击毒品犯罪,市财政尽力安排拨给禁毒工作经费,审议并原则通过《柳州市人民政府关于禁毒的若干规定》;2. 加强招商引资工作,政府各部门从1998年起都要参与引资工作,同时要增强服务意识,创造良好的投资软环境。经审议修改,原则同意《关于改善外商投资软环境进一步扩大对外开放的决定》报市委审定;3. 审议通过《关于奖励外商投资的若干规定》和《柳州市利用外资奖励办法》报市委审定。

12月16日,市长宋继东主持召开第14次市长办公会,审议《柳州市1998年国民经济和社会发展主要指标》。会议听取市计委提出各项指标所作的说明,并认真审议,同意《柳州市1998年国民经济和社会发展主要指标》报市委审定。会议审定《柳州市流动人口计划生育管理规定》、《柳州市城市规划管理技术规定》和《柳州市人民政府关于加强森林防火工作的决定》。

【市长专题会议】 1997年形成会议纪要的市长专题会议共33次,研究实施五菱汽车公司新型车零部件扩散和发动机发展、潭中大道高架桥建设管线拆迁改建、夏粮收购、建设教师公寓等33项重大工作,并作出开展工作、解决问题的206项意见和决定。

1月3日,副市长徐伟崇主持召开有市教委、计委、规划局、房产局领导参加的专题会议。会议要求要加快教师住房建设进度,对教师住房建设实行统一规划、统一安排和统一建设。并作出尽早规划,对住房合理设计,确保资金到位等6项决定。

5月27日,受主管副市长委托,市政府副秘书长崔放明主持召开有郊区政府、市交通局、建委、规划局、柳州供电局、柳州公路管理局、柳州钢铁(集团)公司参加的会议,研究协调解决柳长路柳钢立交桥路段改建工程管线迁移问题。会议作出为保证该路段改建工程顺利按期施工、沿路管线所属单位必须限期迁移的4点决定。

8月14日,代市长宋继东和市委副书记于开金,就实施城建城管“光亮工程”一期工程,召开有城市综合管理办公室、市委精神文明办、市规划局、建设局、财政局、计委、市政维护处、路灯管理处等单位参加的专题工作会议。要求市区各主干道、首先是龙城路沿街建筑物的外墙(包括主面顶部)要用霹雳砖贴面装饰,提高街道(包括户内户外)照明亮度,市路灯管理处在9月25日前完成市区12条主干道路灯改装任务。龙城路地下街两个出口、三个立面公益广告牌和有关城雕等要安装照明。会议就一期工程的实施作出决定。

10月7日,代市长宋继东主持召开有市工商局、流通办、消防支队等单位负责人参加的紧急专题会议,研究处理市白云市场“9·19”火灾事故的有关问题。会议总结火灾善后工作,并对善后工作进展较快表示满意。会议对火灾事故作出5点处理决定:1. 明确责任,依法处理;2. 妥善安置市场受灾业主,使其尽快恢复经营,并在税、费、贷款方面给优惠政策;3. 对灾后的市场大楼质量进行技术鉴定,从速装修,高效率完成市场修缮工作;4. 按“特事特办”原则,抓紧对事故原因的分析和事故责任的判定;5. 总结事故教训,狠抓预防工作。

12月3日,市长宋继东主持召开有市流通办、物价局、蔬菜副食品局、食品公司等单位负责人参加的会议,专题研究1998年春节的物资供应工作。会议议定搞好产销衔接,保证节日市场供应,慰问下岗特困职工,市财政对活猪、活鸡等8种供应品种按上年标准给予补贴等7个事项。

【办理人大议案】 十届人大三次会议提交市政府办理两件议案:《关于加强新华书店网点建设议案》和《关于解决古砦乡革命老区交通问题的议案》。第一件议案,市政府从四个方面实施办理:①把图书发行网点纳入城建总体规划，确因城建规划需拆除图书网点的，拆一建一或先建后拆；②鱼峰路新华书店和解放南路书店营业点因城建规划拆迁，市财政拨给100万元支持购楼营业；在"五角星"东面兴建图书发行大厦；③新华书店所得税返还，从年销售收入中各按3%的比例提取技术开发费和补充流动资金费用，以增强其发展后劲；④在大中型商场、车站、码头、机场等设立图书专柜，培育图书市场；改进经营方式，发挥书店国有发行的主渠道作用。第二件议案的办理，市政府决定投资340万元将洛崖——龙美段碎石路改建成沥清油路，工期2年。

【办理人大代表的建议、批评和意见】（以下简称"建议"）。1997年3月，市政府接到市十届人大三次会议代表建议83件。其中城建方面38件，教科文卫方面11件，政法方面16件，农业方面10件，其他方面8件。截止12月底，代表所提的建议已全部办理。其中得到采纳实施的42件，占50.6%；列入工作计划逐步实施16件，占19.28%。因条件不具备暂时未能实施25件，占30.12%。代表建议采纳实施收到较好的社会效益。据人大代表建议办理情况统计结果，代表对办理结果满意和基本满意率达95%。

【办理市政协委员提案】　3月，市政府收到市政协八届三次会议提案118件，截止12月底，全部提案办理完毕，办复率100%。据统计，市政协提案得到有关部门采纳实施56件，占47.46%；列入部门工作计划27件，占22.88%；因条件不具备暂时无法采纳实施35件，占29.66%。加速城市绿化工作，发展无公害蔬菜生产，强化柳州历史文化名城的硬件建设等提案采纳实施后，收到很好的社会效益。

【建立农村最低生活保障线】　1997年，市政府根据国家和自治区关于加快建立多层次社会保障制度的要求，从9月起，按工作准备、摸底调查、汇总测算、建立制度、兑现实施五个工作阶段的实施方案，在市属两县（柳江、柳城县）一郊（郊区）全面开展建立农村最低生活保障线工作。至年底，两县一郊建立制度工作均已完成，共有2263户5044人需要接受最低生活保障救济，年需救济金80.1万元。其中柳江县1146户3302人，需救济资金38.66万元；柳城县813户1145人，需救济金26.7万元；郊区304户597人，需救济金14.74万元。最低生活保障标准分别是：两县为每人500元，郊区为每人每年600元。1998年1月7日，在柳江县百朋镇举行最低生活保障金首发仪式，1月20日即春节前夕，将第一批保障金发放到两县一郊保障对象手中。

至年底，市区共有9840户次、2.67万人次接受最低保障救济。其中城区居民4641户次、1.048万人次接受保障救济；企业职工5199户次、1.62万人次接受保障救济，共计发放保障救济金114.13万元。

【为市民办10件实事】　1997年，市政府确定为市民办的10件实事：1. 建成河西、三中防洪堤，开工建设白沙堤和雅儒堤；2. 建成莲花干渠；3. 市区二氧化硫排放量要比上年削减5000吨；4. 建成50套解困房，100套教师公寓；5. 拓宽改造东环路、燎原路和柳长路城市出口路段，完成柳石路南段改造；6. 兴建龙屯立交桥；7. 新增市内程控电话容量1.8万门、长途电话程控容量1万线、模拟式移动电话信道262个、数字式移动电话信道386个，设立国际互联网柳州接点，开通高速无线寻呼网；8. 建设第三期城市煤气工程；9. 建成6座城市垃圾中转站，建设里雍垃圾填埋场；10. 新建静兰变电站，改造八一变电站，完成市区低压配电网和新风、鸡喇、白沙变电站改造。

截止12月底，河西防洪堤已完成1838米主体工程，三中防洪堤基本完成，白沙堤及三桥西泵站已开工建设；莲花干渠已贯通排水；市区二氧化硫排放量比上年削减1万吨；50套解困房、100套教师公寓，柳石、东环、柳长路拓宽改造以及邮电扩容、市区低压配电网改造工程均按计划完成；国际互联网柳州接点已开通；八一变电站改造工程正在施工；龙屯立交桥、第三期煤气工程和里雍垃圾填埋场完成初步设计。因资金紧张，雅儒、静兰变电站、垃圾中转站未能按计划实施。

【群众意见、建议征集工作】　1997年6月，成立"柳州市政府人民群众意见、建议征集办公室"，开展群众意见、建议征集工作。代市长宋继东亲自发送第一批征集意见、建议函。截止12月底，向市人大代表、政协委员、市直各部、委、办、局领导、各界知名人士、离退休干部和市民发出征集函件826件，因受函人工作变动等退回函件29件。收到意见、建议复函件440件，回函率55%。有438人（次）给市政府各级工作提出意见、建议889条。

收到的意见、建议，涉及改革开放、经济发展、社会治安、下岗职工再就业、城市规划建设、城市管理、科教文卫、外事、旅游、文物管理、机关工作、反腐倡廉、精神文明建设各个领域，相当一部分建议具有较高的政策性、超前性和可操作性。到年底，市政府共采纳49条意见和建议，市府办对被采纳的意见、建议分送各部门和工作单位，实施督办。

【建立"党政领导接待群众来访日"制度】　1997年6月，市委、市人民政府作出决定，建立"星期五党政领导接待群众来访日"制度，定期接待群众来访。制度规定：柳州市市委常委、市人民政府副市长以上领导同志都参加（群众来访日接待）值班，轮流接待来访群众。接待来访"既要切实做好来访群众的思想、教育、解释工作，又要注意解决来访群众的实际问题。坚持谁值班接访谁负责处理的原则，能依据法律、政策当场答复；一时不能答复解决的问题，按照'分级负责、归口办理'的原则，转请分管领导责成有关部门办理；对涉及到几个部门、单位的问题，可交由信访部门牵头，协调有关单位共同研究，限时办结；对那些涉及面广、影响大、情况复杂的问题，接访领导要亲自出面，组织有关单位研究办理。"7月11日（星期五）首次进行接访日活动。到12月底，参加接访日的市委书记、市长等市委、市政府领导共22人(次),接待来访群众296批983人次,交办查办信访案173件,结案164件。据跟踪抽样调查,93.84%的群众对接访日工作表示满意,其中68.34%的群众认为建立这一制度、开展这项工作"很好"和"较好"。

【廉政建设】 1997年,柳州市制定《柳州市贯彻落实中央八项规定工作责任制》等规定,在住房、汽车、电话、公款吃喝等方面加强对领导干部、特别是党政机关领导干部的廉政检查。全年停建、缓建办公楼10项,节约资金5600万元;取消、压缩各种会议124个,节约经费154.8万元,党政机关清理公费安装住宅电话1774部,移动电话912部;控制和取消各类庆典活动24个,节约费用90.3万元。全年清理使用超标准车215辆;对违纪违法立案查处案件193件,结案181件;给予党纪政纪处分176人,其中县(处)级干部12人,挽回经济损失216.3万元。

市政府抓"三乱"(乱收费、乱摊派、乱罚款)的治理。先后发出《柳州市人民政府关于开展治理乱收费减轻企业负担的通知》、《柳州市人民政府关于取消二十四项收费的通知》等治理文件。在治理"三乱"中,取消不合理收费17项,清退金额58.8万元;全年减轻农民负担418.8万元。查出提高涉及标准收费、自立项目收费等118项,总金额4313.6万元,查收违法所得462.9万元,退还缴费者328.5万元。

【补选市长】 1997年6月,市长赵玉林因工作调动,12月2日,市十届人大第四次会议,补选宋继东为柳州市人民政府市长。

【转让"六桥一路"全部专营权15年】 1997年,柳州市人民政府为筹措资金加快城市基础设施建设,经自治区人民政府批准,将市区柳江河上6座大桥(柳江大桥、壶东大桥、壶西大桥、河东大桥、文惠桥、潭中高架桥)及南环路的全部经营权授与柳州市经济发展总公司,并允许该公司以有偿、有限期方式将全部专营权转让给由该公司与香港Hing Wah Investment Ltd(中文名:中海兴华投资有限公司。以下简称"中海公司")共同组建的中外合作柳州中海基建投资公司和柳州中海路桥投资公司(以下简称"合作公司")。7月31日在柳州签署合作合同,从8月1日起开始执行,执行期为15年。合同总金额为5988万美元,其中中海公司应投资金5000万美元,分三期注入。第一期2500万美元,于7月31日注入。

合作公司对上述"六桥一路"的专营权包括两大方面:一是对过往的机动车辆(合同上指定的特别、特种公务用车除外)收取通行费;二是在"六桥一路"专营的规定区域内经营广告设置权出让,以及经营饮食、车辆维修等服务设施及其业务。合作公司自获得专营权之日起,全权负责"六桥一路"的经营(收费)和管理,并按中国的有关法律法规和政策缴纳各项税金;专营期内若将专营权及其它权益转让、出租、抵押给合作双方以外的第三者,需经合作公司双方同意并报市政府批准;车辆通行的收费标准及收费办法由柳州市人民政府报自治区人民政府批准;对"六桥一路"经营管理制订的有关规章制度,要报市政府有关部门批准后才可实施。专营期满,专营权无偿交还柳州市经济发展总公司;合作公司的全部资产(包括债权)归合作公司的中方——柳州市经济发展总公司所有。

专营权转让以来至年底,经营情况良好。通过征收过桥费,圆满完成合同中市经济发展总公司应付给外商的二次投资收益,并略有盈余。

【开通"118"城市管理监督电话】 9月份,市政府决定设立"118"城市管理监督电话,直接听取市民对城市管理工作的意见和建议,解答城管方面的有关问题,监督城管部门搞好各项管理服务,帮助市民解决所反映的城管方面需要解决的问题。"118"于9月20日正式开通。从开通之日起,每天接到群众来电80个以上,内容有城市管理、城市建设、环境污染治理等,凡市民生活、工作上遇到困难和问题,这些困难和问题与城建、建管方面有联系的,市民都求助于"118"解决或解答。截止12月31日,"118"共接到市民电话5800个左右,为市民解决因城市基础设施损坏造成供水、供电、供气中断、煤气泄漏、街道无证经营秩序混乱、化粪池堵塞、垃圾乱堆乱放、城管人员工作作风差、乱罚款等损害市民利益的事件3000件以上,得到市民普遍赞誉。在年底跟踪调查中,94.66%的市民对此项工作表示满意,其中有69.83%的市民认为做得"很好"和"较好"。

【开展城市居民户卷调查】 1997年10月至12月,市政府办公室组织有关部门,成立"柳州市城市居民户卷调查领导小组",在市区就市民对政府1997年工作的评价、1998年工作的建议和市民家庭生活对政府工作的要求等方面开展调查工作,直接征求城市居民的意见和建议。调查以二相随机抽样办法抽出600户调查样板户,受调查人数1970人,其中男性1008人,女性962人,分别占51.17%和48.83%。在户卷调查的基础上,进行座谈式典型调查。户卷、典型调查结果,市民对市政府1997年开展的各项工作所取得的成效表示满意。其中,对发展汽车、工程机械等五大支柱产业、培养拳头、名优产品、实施名牌战略,城市基础设施建设,城市蔬菜、副食品供应,优化资本结构、深化经济体制改革,市政府采取多种措施密切与人民群众的联系等工作认为抓得很好,很有成效。同时,市民对治理"三乱"、城市污染、社会治安、一些职能部门工作作风等存在的问题提出了意见。对1998年市政府工作,市民们希望继续抓好经济结构调整、提高非公有制在国民经济中的比重、促进公有制实现形式的多样化、多渠道安排下岗职工再就业、加快治理环境污染等八大工作,在城市规划建设上希望实施潭中高架桥建设、加快防洪工程建设、建设解困房和教师公寓、将广场、北站、胜利、跃进等8条主干道改造为园林式街道等11个项目。同时,居民希望政府创造良好的社会教育环境，加强对青少年的教育，设立和增加上门收垃圾、送煤气上楼等居民家庭生活服务项目和服务网点，以方便居民生活。

【市区机动车禁鸣喇叭】 1997年，柳州市政府决定，从10月1日起，在市区行走的机动车禁鸣喇叭。禁鸣范围：北起鹧鸪江路口，南至柳石路五岔路口，东起静兰大桥西端，西至西环路与河西路交叉口，西南至柳邕路与门头路交汇处。禁鸣规定：在上述范围内，除执行紧急任务的特种车辆外，其他机动车辆禁止鸣放喇叭，违反者，公安机关将依据《中华人民共和国环境噪音污染防治法》有关规定依法处罚。市区禁鸣喇叭执行后，噪音污染得到有效治理，市民拥护。

【白云市场火灾】 1997年，9月19日凌晨2时40分，柳州市白云交易市场发生特大火灾，过火面积1.39万平方米，市场一、二、三楼共271户经营业主的门面及所存的副食品、家用电器、音像制品等一大批货物被烧毁，造成直接经济损失1900万元。

特大火灾的起火点，是该市场一楼食品批发市场38#、42#、和43#摊位(门面)的进户电线连接处。经勘查分析，认定为38#摊位(门面)进户电线连接处接触不良，局部绝缘失效，导致电线对地放电产生火花引燃造成火灾。火灾发生后11分钟报警，市消防支队先后调集全市5个公安消防中队、19辆消防车、225名官兵和7个企业专职消防队13辆消防车、65名队员参加灭火。但终因报案迟缓、火势过大难以及时扑灭，于4时55分大火才得到控制，6时30分才基本扑灭。

中国人民政治协商会议柳州市委员会

【市政协八届三次会议】 1997年2月22日至25日，市政协八届三次会议召开。市政协主席徐步基、副主席彭格非分别主持开幕、闭幕式。副主席蒋富生、马红、盛大新、覃奉高、梅煊、梁溪，调研员刘雅章，秘书长刘国铧出席会议。盛大新作八届常委会工作报告。出席会议的委员列席了市十届人大三次会议，听取和讨论“一府两院”报告。市领导刘知炳、赵玉林、杨鸿泉、梁柳珠、于开金、宋继东等出席开幕式。市委书记刘知炳在开幕会上作重要讲话。会议举办提案现场办理会，办理的提案是《采取有效措施，促进做好我市下岗职工再就业工作》、《建议我市积极创建“国家园林城市”，加快柳州旅游业发展》、《大力发展无公害蔬菜生产，加快推行无公害蔬菜上市步伐》和《关于搬迁柳侯公园内动物园的建议》。25日，与会委员收看了邓小平同志追悼大会的电视现场直播。会议增补韦维昌、张德昌、林金川、罗树生、唐夏、莫晓钢为市政协八届常务委员。

【市政协八届常委会议】 1997年召开常委会议5次。第1次常委会议于1月30日召开，审议通过召开柳州市八届三次会议有关事项。会议由徐步基主席主持。经协商，通过市政协八届常委会工作报告和八届三次会议的主要议程。决定增补韦维昌、江宗仁、许新国、陈虹、周川枫、罗树生、秦茂林、唐夏、黄雄飞、雷新南为市政协八届委员会委员，会议决定任高良斌为市政协学习文史委员会副主任(专职)。

第2次常委会议于2月25日召开。徐步基主席主持，通过《关于市政协常务委员会工作报告的决议(草案)》、《关于市政协提案工作情况报告(草案)》和《政协柳州市第八届委员会第三次会议政治决议》，并决定将上述三个决议(草案)提交全体委员表决通过。

第3次常委会议于5月21日至22日召开，徐步基主席主持。市委党校廖剑鸣教授应邀作香港回归祖国的报告。会议通过关于加强柳州市森林防火工作的建议案。

第4次常委会议于7月23日至24日召开，徐步基主席主持。会议听取并讨论黄家仁副市长代表市政府作的1997年上半年国民经济运行和社会发展计划执行情况及下半年工作意见的通报。通过《关于加强实施我市再就业工程的建议案》。经协商，决定任林焕新、刘汉玉为市政协副秘书长(兼职)；任陈虹为社会法制委员会副主任(兼职)；任秦茂林、罗树生、唐夏、韦维昌为经济科技委员会副主任(兼职)，任黄雄飞为文教卫体委员会副主任(兼职)；同意杨志清因退休辞去市政协委员、副秘书长、学习文史委员会主任职务；同意黄立夫因健康原因辞去市政协委员、常务委员职务。

第5次常委会议于10月30日至31日召开。徐步基主席主持。部分常委以大会发言形式，畅谈学习

自治区政协委员视察团来柳视察再就业工程实施情况，图为自治区政协副主席黄语杨(左二)在副市长梁裕宁(右二)陪同下视察柳钢

市政协供稿

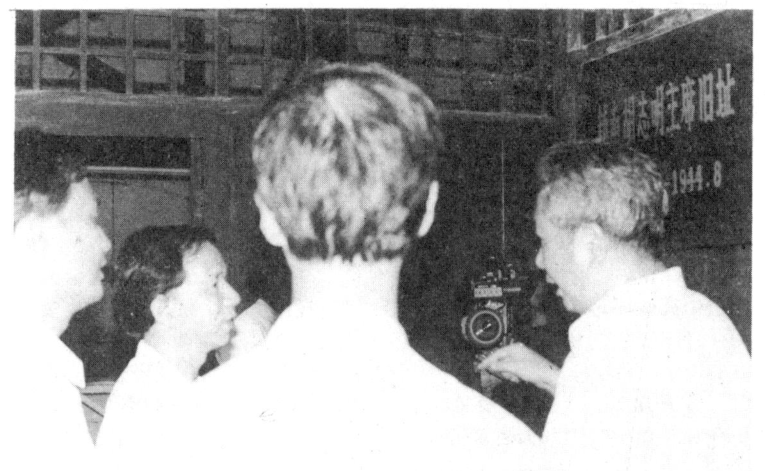

位于鱼峰山小学旁的越南胡志明主席旧居 市政协供稿

中共十五大报告的认识和体会;讨论中共柳州市委《关于贯彻落实十五大精神和自治区党委的部署,加快实现改革与发展新突破的实施意见》。通过市政协《关于认真学习贯彻中国共产党第十五次全国代表大会精神的决议》。经协商,决定任封俊昌为市政协副秘书长,免去梁志贤副秘书长、文教卫体委员会主任职务。任郭雁萍(女)为市政协文教卫体委员会主任(专职),任温志中为市政协文教卫体委员会副主任(专职)。

【《风雨同舟》出版】 由市政协学习文史委编纂的《风雨同舟》(柳州文史资料等11辑)3月19日举行首发式,市政协副主席、市委统战部部长蒋富生到会讲话。该书实事求是地记录柳州市解放后各级政协组织、民主党派、工商联在中共柳州市委领导下的发展历程。全书23万字,市政协七届委员会主席王仁武主编,八届委员会主席徐步基作序。市政协老领导肖寒、梁山、田民、王仁武、谢凤年、梅品清、吴志刚、黄衍斌等为该书题词。

【自治区政协委员视察柳州再就业工程】 10月5日至9日,以自治区政协副主席黄语扬为团长的区政协委员视察团来柳视察再就业工程实施情况,视察团听取了市委副书记、代市长宋继东以及市体改委、经贸委、劳动局、工商局、总工会、妇联等单位负责人的情况汇报。到柳钢、开关厂、柳工等企业了解生产经营及减员增收,分流安置下岗职工的情况。视察团认为柳州市再就业工程搞好了,可为全区起到表率作用。建议形成社会合力齐抓共管,搞好再就业工程。

【政协机关机构改革】 5月13日,中共柳州市委批转《中国人民政治协商会议柳州市委员会机关机构改革方案》。《方案》的指导思想是有利于加强和完善共产党领导的多党合作与政治协商制度,有利于巩固和发展新时期的爱国统一战线。按照精简、统一、效能的原则,规范派出机构,压缩后勤服务性机构,调整职能交叉、重叠机构,改善干部结构,提高工作效率。市政协设置六个专门委员会,即经济科技委员会、文教卫体委员会、社会法制委员会、学习文史资料委员会、联谊委员会、提案委员会。各专委会下设秘书科。市政协的办事机构即政协办公室,下设人事工资科、秘书科、财务科、综合信息科。成立市政协机关后勤服务中心。

【学习十五大精神报告会】 11月14日,市政协邀请自治区党校副校长张桓教授作题为"经济体制改革要有新突破"的报告。市政协委员,市统战口机关干部200人参加报告会。

【胡志明旧居为自治区级文物保护单位】 8月27日,市政协学习文史委员会牵头与鱼峰区政协部分委员视察胡志明旧居(位于鱼峰小学大门旁),越南革命干部培训班原址(位于大桥园艺场亮山)和胡志明被国民党关押过的山洞(位于市卫校)等地。建议并配合市人民政府申报胡志明旧居为自治区重点文物保护单位。市政协文史委为此提供大量文字、图片、录音材料。其中有在中央电视台播出过的胡志明在越南革命干部训练毕业典礼上的演讲记录稿。12月,自治区人民政府发出通知,将位于柳州市鱼峰区柳石路2—1、2、3号的胡志明旧居列为自治区级文物保护单位。

【自治区政协主席陈辉光来柳视察】 5月4日至7日,自治区政协主席陈辉光来柳考察并指导国有企业生产和改革。重点考察柳钢、两面针股份有限公司。考察广西工学院和部分国有商业企业。并与市领导交换意见。 (梁志贤、谢忠勇)

民主党派与工商联

【中国国民党革命委员会柳州市委员会】 1997年发展党员9人,调入1人,年末共有党员196人。其中:男性136人,女性60人,离、退休77人,平均年龄54.5岁。大专以上学历的110人,有专业技术职称的141人,其中有高级职称的34人,担任中层以上领导职务的77人。基层组织6个支部、1个小组。

组织建设 1997年,广西壮族自治区民革换届,柳州市民革梁溪当选为自治区民革副主委,郑永礽、甘智明、王迎雁、韦俊海当选委员,甘发锌当选候补委员,推举谢凤年为名誉副主委,李焯岗为顾问。

参政议政 1997年市民革党员中有各级人大代表、政协委员40人,特邀监察员、执法监督员5人、提出议案、提案、建议16份,大部分被采纳。

海外联谊 祖统工作坚持"和平统一、一国两制"的方针,开展对外宣传和联谊活动。年内,有2名台属赴台湾探亲;市委会接待台湾军政人员及经济界人士数千人。10月,民革全自治区祖统会议在柳州市召开。

为社会服务 1997年,民革党员、佳用公司总经理李天健,经过7年的努力,该公司已发展拥有11个超级市场或直营店、5个批发部、员工700人、销售超亿元的公司。该公司捐赠"佳用希望小学"13万元,捐赠福利院、孤寡老人、残疾职工近10万元。武术教练陈苏平评为市劳模、市科技拔尖人才。甘发锌厂长利用台资创办的鑫兴袜厂,现已拥有固定资产600万元,创年产值逾700万元,赞助公益事业逾5万元。中山职校、中山学校秋季招生5个班,毕业4个班,年末在校20个班,学生866人。9月,再次荣获民革全国办学先进单位奖。 (郑毅夫)

【中国民主同盟柳州市委员会】

1997年,有盟员575人,平均年龄53.06岁,其中女盟员242人,离退休盟员261人。盟员中从事文教403人,从事科技110人,其它72人。具有中、高级职称的盟员503人。基层组织有总支部1个,支部34个,小组5个。

自身建设 6月举办《香港特别行政区基本法》知识竞赛。11月组织市委委员学习党的十五大精神。全年出版《柳州盟讯》两期,发展新盟员8人,并对部分支部、小组进行了调整。

参政议政 1997年,民盟有自治区人大代表1人,市人大代表5人(其中常委1人)。城区人大代表3人,自治区政协委员5人(其中常委1人),市政协委员19人(其中常委4人),城区(县)政协委员19人(其中常委5人)。在市政协八届四次全会上作的《关于建立我市捐赠机构的建议》、《保护好具有历史文化特色的文化街》、《强化〈劳动法〉执法力度,维护职工合法权益》大会发言受到有关部门的重视。

社会办学 盟市委主办的业余中专财会专业毕业一个班40人,有一个班30人在读。挂靠的高考补习班40人,有23人被录取。

(丁昌东)

【中国农工民主党柳州市委员会】

1997年末,市农工民主党共有成员272人,其中从事医卫工作189人,占成员总数的69%。基层组织总支部1个,支部18个,小组1个。成员中高级职称49人,占成员总数的18%;中级职称198人,占成员总数的72.9%。

自身建设 7月,开展全市农工成员学习中共十五大会议精神及统战理论知识竞赛活动。10月,精选出2名选手,参加农工市委会举行的决赛。办好农工内部刊物《柳州农工》,全年共组稿56篇,选送《广西农工通讯》42篇,出版《柳州农工》2期。

参政议政 1997年,农工民主党的市人大代表和担任政协委员的成员就柳州市医疗卫生、文化教育、环境保护等问题共撰写提案11份,农工市委会提的《为龙城创建国家级卫生城,建议我市机动车使用无铅汽油》在市政协八届四次会议上作大会发言。

组织建设 1997年,农工民主党柳州市委会继续贯彻"以大中城市为主,以医药卫生界为主,以中高级知识分子为主"的方针,发展农工新成员18名,其中高级职称1人,中级职称12人,初级职称5人。年末,有1个总支、13个支部顺利完成换届。

社会服务 农工市委会组织有关医疗单位为沙塘卫生院捐赠新生儿抢救床、五头无影灯、胃肠减压器、电压稳压器、电洗手器、磅称、手术床各1台;手术器械车1部,价值人民币2万多元。发动成员捐赠医技书724册。所捐物品及书籍已全部送达沙塘卫生院。

年初,市委会一行4人至南昌、长沙参观学习农工办实体经验和党务工作经验。8月31日"中国农工民主党柳州门诊部"正式挂牌开诊。

(黄裕金)

【中国民主建国会柳州市委员会】

1997年发展新会员9人。平均年龄40.6岁。大专以上学历6人,中级以上职称5人。年末有会员277人,有总支5个,支部17个。

自身建设 3月18日至19日召开民建柳州市第七次会员代表大会,会议听取和审议了梅煊作的《发挥民建优势,为加快柳州市改革开放步伐和两个文明建设作贡献》的第六届委员会工作报告,大会为工作报告作出决议。大会给历届委员会离任委员及老同志的致敬信。大会选举产生民建柳州市第七届委员会,主委梅煊、副主委郑朝锴、钟良碧、秘书长梁醒能。大会推举吴志刚、谢百举为顾问。

加强舆论宣传,大力充实和改进《柳州民建》的编辑、发行工作,发挥"对内教育、对外窗口"的积极作用,全年在《中央民讯》用稿2篇、《广西民讯》10篇、《柳州政协报》3篇。

参政议政 1997年,围绕经济建设中心,和中共柳州市委、市政府提出的两个文明建设和社会发展目标,提出了有关的对策和建议,全年已获立案和采纳的提案共有25件。在市政协八届三次全会上,所作《建立良好市场秩序,促进我市经济发展》的建议,获得采纳。在原调研委员会的基础上进行调整、充实,成立了参政议政专门委员会,在组织上为搞好参政议政提供了保证条件。8月利用组织生活时间举办了3期"柳州市经济形势分析及股份制知识讲座"。会员吴德学获市城中区府推荐前往柳城县挂职,任东泉镇政府副镇长。 (吴柏林)

【中国致公党柳州市委员会】

1997年末党员201人,其中具有中高级技术职务资格的占78.6%,归侨、侨眷占60%。有基层支部8个。

参政议政 市委会负责人参加中共柳州市委召开的通报和征求意见座谈会3次。年内有2人担任市、城区人大代表,24人担任各级政协委员,主委何庆荣当选市人大副主任,副主委刘汉玉任市政协副秘书长,副主委吴彤峰任市监察局特邀监察员。市委会以《必须着重解决领导干部在住房方面的以权谋私问题》为题,在市政协八届三次大会上发言，受到好评。提出提案16件，刘汉玉、吴谦祺提出的《在企事业单位改革、转制中对归侨职工的工作安排问题》提案受到采纳，市政府于当年8月发了《关于在企业减员增效中注意做好归侨、侨眷职工工作安排的通知》，对归侨、侨眷职工工作安排作出四项明确的规定。

自身建设 市委会紧紧围绕中共十五大召开和香港回归开展工作，通过一系列的学习，加深对高举邓小平理论伟大旗帜的认识，增强坚持和完善共产党领导的多党合作和政治协商制度的坚定性，150多位党员出席迎香港回归座谈会，7位党员在会上发言。何庆荣等15人出席致公党广西区第九次代表大会，刘汉玉等2人出席致公党第十一次全国代表大会，认真贯彻落实这两次大会的各项决议。

海外联络和参与社会力量办学 全年接待海外侨胞、华人、港澳台同胞等34人次。举办英、日语培训班6期，结业学员98人。致柳特教学校被国务院授予“残疾人之家”，该校新建的1200平方米五层教学楼，英国驻华大使捐赠价值5万元人民币健身器具的功能康复室，已落成并投入使用，年末学生101人。

（刘汉玉）

【中国民主促进会柳州市委员会】 1997年末共有会员348人，其中从事教育工作的227人，具有中高级职称的236人，分别占会员总数的65.4%和67.8%。基层组织1个总支，36个支部（小组）

换届工作 1月13—14日，中国民主促进会召开了柳州市第七次会员代表大会，林焕新代表民进柳州市六届委员会作题为《抓住机遇 团结奋斗 为振兴柳州迎接新世纪作出贡献》的工作报告。大会选举产生第七届委员会委员25人。第七届一次全体委员会，选举产生第七届常务委员会委员9人，主任委员林焕新；副主任委员刘现琨、于子静、杨静华；秘书长杨静华（兼）。

自身建设 重点是搞好政治交接，加强干部（尤其是领导干部）的思想作风建设。调整常委会领导下的各专门委员会，注重新老结合，及时召开各专门委员会工作研讨会，发挥优势，为社会服务。教育委员会负责人方家直获由国家教委、香港柏宁顿（中国）教育基金会颁发的第三届“孺子牛金球奖荣誉奖”。年内，出版《柳州民进》4期。

参政议政 会员中有自治区政协委员4人，其中常委1人；市政协委员15人，其中常委3人；市人大代表2人，其中常委1人；城区政协委员19人，其中常委4人，副主席3人。在市政协八届三次全会上，以民进市委会名义提交的《关于在市区繁华地段兴建购书大厦及其销售网点的建议》、《关于保证市专业剧团演出费用的几点意见》的提案，以及《贯彻落实中共十四届六中全会精神，切实加强精神文明前沿阵地的建设》的大会发言，受到中共柳州市委和市政府的重视和采纳。刘现琨代表和郭雁萍、杨静华委员分别就教育改革措施和办法、在校生违纪情况调查及对策，向市长宋继东和市政府提交书面意见。年届80高龄的原市政协副主席、民进柳州市委会主委黄衍斌，亲自下乡调查农村职业教育状况并写出调查报告提交给市长。

杨静华被中共柳州市纪委聘为第二届特邀监察员。

扶贫助学 由会员武长良牵线搭桥，香港同胞陈珠爱女士捐资扶助柳江县15名贫困学生复学，并设立36名奖学金，出资为贫困学生家庭修缮房屋。会员朱庄蓉和朱吟华捐资1000多元救助贫困学生。全会300多名会员捐书近千册支援贫困山区学校。市委会荣获市妇联“亿万爱心献春雷活动”先进集体。

（杨静华）

【九三学社柳州市委员会】 1997年，发展新社员12人。年内，有社员302人。其中具有高级职称的141人。社员平均年龄57.02岁。基层组织有支社14个，2个直属小组。

自身建设 1997年，推荐社员参加九三广西区委组织的骨干学习班2期，举办喜迎香港回归、十五大精神报告会2次，组织机关干部参观普法教育、禁毒、爱国主义教育2次，出版《九三柳州社讯》2期。

参政议政 社市委领导参加柳州市委、市政府、市人大、市政协召开的通报会、协商会、座谈会共7次，参加市政协组织的视察4次，参加人大视察和执法检查5次。

在政协九届三次会议上，社委会《柳州城市向南北伸延发展的建议》提案，获得市政府重视和好评。社政协委员提交的7件提案，已有6件得到满意的答复。副主委唐仕鸿由市监察局聘为第二届“特邀监察员”，刘墉被聘为行风检查员。

科技扶贫 年内，社市委会发挥科技优势，专门成立科技咨询委员会，签订科技意向书5份。副主委许新国作为科技项目负责人获97年度市科技进步二等奖。创办九三柳州医疗门诊部，组织社员参加市科委举办的科技活动周活动，为科技兴市出谋献策。社员吕昌荣退休后，献出毕生积蓄6万元为山区苗寨建电站，电站发电后一个月，积劳成疾，累死在奔波忙碌的途中，塑造了一个“九三人”科技扶贫、无私奉献的高大形象。其事迹登载于11月25日的柳州日报上，引起社会上的强烈反响。年内，社员向九三区委扶贫点捐款504元、图书1000册建立农村图书馆，另赠送价值5000元的甘蔗刀1000把给贫困山区。

（唐洪程）

【柳州市工商业联合会】 1997年，有会员980名，其中国有企业95家，集体企业37家、私营企业151家，“三资”企业23家，乡镇企业32家，个体工商户299人、个人会员45人，老会员308人；基层组织4个；新发展会员51名，会员中任各级人大代表4人，各级政协委员23人。

参政议政 1997年，会员中的各级人大代表、政协委员充分履行参政议政职能，对如何发展柳州市非公有制经济、城市的建设管理、民主监督等问题撰写提案。中共十五大召开后，组织部份非公有制骨干会员参加中共柳州市委、市政府召开的“关于在新形势下如何发展非公有制经济”座谈会，为发展柳州市非公有制经济立言献计。

年内，参加市个体私营经济联

合调查组，调查阻碍柳州市个体、私营经济发展的因素，写出《关于柳州市个体私营经济发展情况的调查报告》、《解放思想、抓住机遇、加快我市个体和私营经济发展》，得到采纳。参加制定“关于进一步加强个体、私营经济发展的决定”的讨论和修改。杨英兰秘书长在柳州日报发表文章：《配套政策滞后、发展需要合力——关于我市非公有制经济发展的调查》。

自身建设　坚持每月两次组织非公有制经济会员的学习制度和机关干部学习制度。

6月27日至28日召开柳州市工商联第十届会员代表大会，出席大会代表215人。第九届会长梅煊作题为《充分发挥新时期工商联的作用，为建设有中国特色社会主义服务》的工作报告。大会选出盛大新等51名执行委员会委员。第十届执委会第一次全会选举产生盛大新为会长，温应源、麦在基、刘忠意、李自立、叶锡群为副会长，杨英兰为秘书长，选举常务委员18名。

服务会员　年内，为119名个体、私营企业申办年检会计证和换新证，为会计事务所提供培训会计上岗人员15名。

在9.19白云市场特大火灾后，盛大新会长多次组织市场受灾业户代表在工商局和工商联开会，传达市委、市政府有关精神，及时掌握动态，做稳定思想工作，消除不安定的隐患。协助市政府配合有关部门做好灾后赔偿工作，发挥了工商联作为党和政府的桥梁、纽带和助手作用。

年底，对原工商业者的生活状况进行调查，针对不同程度的困难，向267名原工商业者发放困难补助款共计5.61万元。

光彩事业　响应全国工商联号召，贯彻自治区七次党代会提出的“动员更多的私营企业家参与扶贫为主的光彩事业”号召。有70多名会员参加了“柳融光彩事业”，集资40.2万元，在融水四荣乡江潭村开垦500亩荒山种植优良纸竹，并正式成立“广西融水苗族自治县柳融光彩种植有限责任公司”。

（杨英兰）

群众团体

柳州市总工会

【概况】　1997年，柳州市有基层工会组织848个，所属职工35.2万人，会员30.6万人。全市有2个县总工会（柳江、柳城县总工会），4个城区工会和1个郊区工会，市直机关工会，2个产业（财贸、教育）工会，5个行业（建设、金融、交通、劳动局直属单位、私营企业）工会工作委员会。

1997年，柳州市各级工会组织和广大工会干部树立主动参与意识，及时反映职工队伍在改革中出现的新情况和新问题，并研究探讨解决的办法；引导广大职工积极投身建设和改革，在服务全局中充分发挥工人阶级的主力军作用。深入开展经济效益杯等劳动竞赛及合理化建议、班组升级、技术比武等活动。市总工会注重参与市有关改革文件的起草和论证，从源头上维护职工的合法权益。推动依靠职工搞好国有企业，年内把民主评议企业领导干部当作全会的重点工作来抓，促进了企业领导班子建设。进一步完善集体协商和集体合同制度，年内加强对集体合同履行情况进行检查和调研，全市大多数企业集体协商机制初步形成。

【组织职工投身建设和改革】　1997年，柳州市总工会团结动员全市广大职工克服各种困难，促进改革、发展、稳定。年内开展经济效益杯等劳动竞赛及合理化建议、班组升级、技术比武等活动。全市300多家企业、20多万职工投入了各项劳动竞赛。抓紧帮扶企业扭亏增盈工作，举行“我为扭亏献一计”活动取得了实效。指导基层建立、落实职工董事和职工监事制度，引导职工群众拥护和参与企业改革。市总工会派出有关部门负责人深入基层进行企业改革知识的讲座和辅导，帮助职工转变观念，教育职工树立风险意识和竞争意识。市总工会参与、承办《柳州市国有企业实行公司制改组设立职工持股会的暂行办法》并下发执行，参与《柳州市“九五”期后三年深化企业改革“优化资本结构”试点工作意见》、《柳州市1998年改革工作意见》等重要文件的论证。

【依靠职工搞好国有企业】　1997年，市总工会把职代会民主评议企业领导干部作为落实依靠工人阶级方针、推动依靠职工搞好国有企业的重要途径，纳入企业党建工作的内容，年内，这项工作已在全市铺开。在评议中坚持公开述职、评议、测评、反馈，并将测评结果作为企业领导班子整顿的重要依据，同干部任免升降挂钩。年内进行民主评议的国有企业和集体企业分别占应评议企业数的99%。调整企业领导班子108个，有142名企业领导干部被免职、降职、调离或不予续聘。

【完善集体协商和集体合同制度】　1997年，市总工会着重加强对集体合同履行情况进行检查和调研。认真执行自治区总工会《关于对集体协商和集体合同建制工作进行检查调研的通知》精神，深入基层了解合同的履行、检查、修订，合同的配套制度，协商代表的培训、建档等方面的问题。调查表明，广大企业法人和企业职工对签订集体合同反映较好，认为集体合同发挥了协商劳动关系的作用，是贯彻实施《劳动法》的具体行动，是规范企业制度的重要措施，是加强企业民主管理不可缺少的环节。年内大多数企业集体协商的机制已经形成。

【“送温暖工程”和再就业工程】　实施“送温暖”工程和再就业工程，是年内全社会关注的焦点。年内，市总工会开展对困难职工和下岗职工的调查，完善有关档案。引导职工树立正确的择业观念，指导基层成立职工消费合作社32家和兴办经济实体142个。建立领导干部联系困难职工制度，有50多个单位党政工领导与350多户特困职工家庭建立联系制度。市委、市政府和市总领导及32家效益较好的企事业单位与43户困难企业的特困家庭结了帮困对子。市总工会为下岗职工举办养殖、裁剪等转岗技能培训班。市总工会女职工委员会指导基层举办美容美发、护理知识、烹饪、家政等技能培训班。市总成立职业介绍所给用工单位推荐下岗职工。职业介绍所10月底正式成立以来，接待下岗和失业职工1600人，安置280人。11月，市总工会被评为全国市县工会实施“送温暖工程”先进单位。

【精神文明建设】 年内开展以职业道德教育为重点的以“讲文明、树新风”为载体的精神文明建设活动，评选职业道德的先进单位、集体、个人，评选“十佳师德”标兵，促进“四有”职工队伍的建设。年内，市总工会成立柳州市劳动模范协会，搞好各级劳模的评选和管理工作。

【工会自身建设】 1997年，柳州市总工会指导60多个基层工会按期换届，协助基层党组织做好主席人选的考评工作。做好模范职工之家评比工作；加强工会领导班子和干部队伍建设。年内举办工会干部培训班共16期。加强财务、经审制度建设。进行会计基础工作整顿，完善事业单位财务管理。全市基层经审组织组建率达96.3%，各级经审组织坚持按章办事，对本级工会经费做到一年两审，依法维护工会和职工的合法权益。年内市总机关撰写调研理论文章参加区总评选获奖4篇。加强工会机关建设，年内，市总工会实行竞争上岗，进行干部聘任改革。

（陶海舶）

共青团柳州市委员会

【概况】 1997年，柳州市有共青团员10.22万名，基层团委177个，团总支465个，团支部3985个，专职团干部373名。团市委机关下设：办公室、组织部、宣传部、青工部、青农部、学校部、统战部、权益部。机关人员编制22人。

加强共青团宣传思想工作　1997年，共青团市委把引导青少年系统学习建设有中国特色社会主义理论和贯彻党的十五大精神和自治区第十次团代会工作放在首位，深入开展对青少年思想教育，利用典型宣传青少年的爱岗敬业，奉献社会的精神。以李文森等5名状元及53名青工技术能手为宣传导向，表彰一批“杰出青年岗位能手”、“五小”标兵、农业生产大王、星火带头人、科技示范户、见义勇为青年英雄、十佳辅导员和少先队员等各行各业的学习榜样。柳微青年龚运息荣获广西第三届十大杰出青年。

全面推进“双跨工程”　1997年，共青团柳州市委把跨世纪青年文明工程、青年人才工程作为主要工作。把导师带徒活动作为全面推进青年岗位能手的中心环节，全市有60个单位的3500多对师徒签了“拜师学技”合同书，考核、评定、表彰10名市“杰出的青年岗位能手”和30名“市优秀青年岗位能手”及5个“青工状元”。建立“青工再就业培训指导中心”，推出“星火援助行动”，发动农村青年星火带头人和城市下岗青工结对。以“青年文明号服务卡”服务内容，帮孤助残。在创建“全国青年志愿者行动”重点城市活动中，围绕市委、市政府争创全国卫生城、文明城、园林城开展志愿服务活动。继续推进“希望工程”，基本完成救助全部失学儿童重返校园。组织12所大中学校30个小分队300多人参加文化、科技、卫生三下乡援助活动。组织大中专院校开展柳州市“第四届青少年文化艺术节”和“迎香港回归”系列活动。组织“爱国储蓄”活动单位达60多所，存款20多万元。年内，有54所中小学获市级“雏鹰大队”称号。年内表彰65个先进团委，85个先进集体，311个先进团支部，627位“优秀团干部”、563位优秀团员，设立共青团工作“支持奖”和“最佳支持奖”。全年发展新团员1.1万名。市团校举办基础级团干培训班6期，培训团干300多人。

【建设“共青新村”】 1997年，共青团柳州市委组织全市288个单位和团组织，集资50万元，开始共青新村第二期工程“致富工程”建设。该新村围绕扶贫攻坚，开发科技项目20多个，帮助90%的农村青年掌握1—2门实用技术。在市、县(乡)举办科技培训班266期，培训青年达17万人次，培养农村青年示范户500名、星火带头人150名。

【庆祝《柳州青年报》复刊周年】 9月29日，《柳州青年报》复刊一周年庆祝活动在市两面针大厦举行，市领导、来宾100多人参加庆祝活动。在此前还召开通讯座谈会，40多名通讯员参加座谈。复刊一周年后，《柳州青年报》增刊改版，内容涉及要闻、消费、校园、经济、时事体育、

中共柳州市委副书记、市长宋继东到团市委调研

团市委供稿

社会、文化娱光等各层领域，从版式内容上均有“贴近生活、贴近社会”的办报风格。

【向社会公开选任团市委副书记】 1997年，共青团柳州市委首次公开向社会选任1名团市委副书记，有32人报名，通过笔试和面试，柳南区团委书记陈家达光荣任选。这次向社会公开选任领导干部是柳州市干部人事任用制度的一项新举措。

【调研信息工作】 1997年，团市委围绕柳州市改革开放的经济建设，开展“青少年吸毒”、“青少年犯罪”、“中小企业的组织体制改革”、“多种经济组织建团”、“城市流动流失团员管理”、“解决青工下岗再就业”、“探索共青团参与民主监督”7个专题开展调研。其中《柳州市青少年吸毒现象及思想》、《柳州下岗青工现状及再就业对策》分别获市首届“再就业工程”三等奖和入选奖。团中央确定柳州市为全国共青团调研信息重点城市，年内，在市、区、国家级报刊杂志、电视反映柳州市共青团活动的稿件400余篇，其中国家级21篇，自治区级78篇。

柳州市妇女联合会

【概述】 1997年，市妇联下辖7个县（区）妇联，1个儿童少年活动中心，37个乡（镇）妇联。有专（兼）职妇女工作者97人。农村基层妇代会336个，城（镇）街道居委会妇代会163个，机关及事业单位妇委会36个，其中市直机关23个，县（区）13个，有个体劳动者协会妇委会6个，民主党派妇委会8个。还有柳州市女知识分子联谊会等10个横向会员组织。市妇联机关内设6个部（室），人员编制22人。

1997年，全市各级妇女组织，发挥自身优势，团结、动员广大妇女参与社会经济工作。在宣传男女平等基本国策，实施“两纲”（《中国妇女发展纲要》、《九十年代中国儿童发展规划纲要》）、“两法”（《中华人民共和国妇女权益保障法》、《中华人民共和国未成年人保护法》），深化“巾帼建功”、“双学双比”活动，帮助下岗妇女再就业，创建“五好文明家庭”，依法维护妇女儿童的合法权益，加强妇女组织自身建设，促进柳州市的两个文明建设作出积极贡献。同时，也培养造就一大批具有时代精神的“四有”、“四自”新女性。市妇联组织开展评选“五好家庭文明标兵”、“十佳好媳妇”、“年轻妈妈读书”演讲等有特色的活动，带动千千万万家庭走向文明进步。儿童工作不断深化，“三优”工作延伸到乡村，《儿童发展纲要》在全市逐步实施。妇儿工委工作列入政府工作的正常轨道。制定颁布《柳州市妇女发展规划》，促进妇女参政的目标。年内，柳州市再次荣获全国儿童工作先进市及自治区儿童工作先进市。市妇联被柳州市柳北区政府授予“人民调解工作先进单位”、自治区妇联授予“全区巾帼建功”先进单位称号。

柳州市实施《儿童纲要》示范点骨干培训班　　市妇联供稿

【维护妇女合法权益】 1997年，市妇联为受侵权的妇女提供法律帮助。协助司法机关查处侵犯妇女儿童合法权益的大案要案，维护法律正确实施。掌握维权工作重点，分别开展妇女婚姻状况、家庭暴力情况的调查，有针对性开展法制宣传教育，呼吁妇女们努力学法、懂法，提高素质，反对家庭暴力。深入街道、农村开展禁毒宣传，召开居民、农民座谈会，组织群众观看禁毒电视宣传片，组织禁毒演讲员巡回演讲。一年来，接待来信来访1103人次，解答法律咨询616人次，代理参与诉讼和非诉讼42件，协助司法机关查处大案8件，有力地维护妇女儿童的合法权益，促进社会的安定团结。

【开展“巾帼文明示范岗”活动】 1997年9月成立市级“巾帼文明示范岗”创建活动领导小组。市妇联选择基础较好、女性员工占60%以上、积极性较高的地方税务局和市百货公司作为创建“文明示范岗”的试点单位。8月，检查验收，有67个集体被评为市级“巾帼文明示范岗”。经市妇联推荐，市地方税务局柳南征收分局柳南征收管理所、市地方税务局柳北征收分局雀儿山征收管理所、市城中交警大队女子中队五一岗、柳州市百货股份有限公司五星商业大厦纺织商场毛呢组等4个荣获自治区妇联授予“巾帼文明示范岗”。9月，市妇联举行第二批“巾帼文明示范岗”授匾，柳州市妇幼保健院被授予市“巾帼文明示范单位”，金融系统、卫生系统和公交系统等50个集体被评为市级“巾帼文明示范岗”。1997年底，全市有“巾帼文明示范单位”8个，市级“巾帼文明示范岗”134个，市级“最佳巾帼文明示范岗”16个，自治区级“巾帼文明示范岗”11个，全国“巾帼文明示范岗”1个。

【妇女宣传工作】 1997年，市妇联以宣传贯彻《中国妇女发展纲要》、《广西妇女发展规划》为中心，以开展“四有”、“四自”教育为内容，宣传男女平等的基本国策，营造有利于妇女发展的氛围。全年在中央电视台、柳州日报、柳州晚报、柳州电视台、柳州有线电视台、柳州广播电台、桂中电视台等宣传报道妇女工作的新闻380多条，在柳州日报开辟“五好文明家庭”标兵、“好媳妇”、“好园丁”、“好儿童”专版，宣传柳州市妇女、儿童的典型事迹。建立妇联系统宣传网络，聘请64名通讯员。

【妇女干部培训】 1997年9月10日至25日，市委组织部、市妇联、市委党校联合举办首期妇女干部培训班，市委副书记梁柳珠参加开学典礼作学习动员，市妇联、市总工会、市委党校等领导分别给培训班讲课。讲课的主要内容有：学习党的十五大文件；邓小平建设有中国特色社会主义理论；领导艺术与领导决策；马克思主义妇女观与男女平等的基本国策；市场经济对妇女干部工作的新挑战和新形势下妇女干部工作的思考，妇女在社会大系统发展的地位和作用，当前企事业单位妇联组织建设存在问题与分析；市场经济条件下女性择业、下岗和再就业探析；妇女儿童权益与法律保护等课程。来自县(郊)、乡(镇)、党政机关、企事业单位80名妇联干部参加学习。

【全国妇联领导看望妇女干部】 1997年8月18日，带队来柳检查精神文明建设工作的全国妇联副主席王淑贤，看望柳州市在职副厅、正处级女领导干部。王淑贤副主席看到柳州市正处级以上女干部个个精神焕发，高兴之情溢于言表。她勉励女领导们努力学习理论、认真总结经验、提高从政水平，为培养发现更多的妇女人才，促进女干部成长作出新的贡献。

市妇联等有关部门上街宣传《妇女权益保障法》，开展咨询活动

市妇联供稿

【《柳州市妇女发展规划》颁布实施】 1997年5月，颁布实施《柳州市妇女发展规划》。7月，市妇儿工委召开了有市计委、市委组织部、宣传部、市教委、市卫生局、市劳动局、市司法局、市科委、市妇联、市扶贫办等有关部门领导和负责人参加的会议，研究、落实《〈柳州市妇女发展规划〉分年度实施计划》的制定工作。10月，汇总形成了《〈柳州市妇女发展规划〉分年度实施计划》，将柳州市妇女发展规划制定的2000年目标值分解为年度值，明确了各年的工作内容、工作目标、工作任务和责任部门，为今后对规划实施情况进行检查、监测、评估准备了必要条件。柳城、柳江县和五区分别结合本地实际制定妇女发展规划和工作方案，成立了实施规划的组织领导机构和监测评估机构。

人 事

【概况】 1997年，市人事局围绕人事工作适应两个转变实现两个调整(即人事工作从适应计划经济调整到适应社会主义市场经济上来，从传统的人事管理工作调整到整体性人才资源开发上来)的战略目标，以人事工作为经济建设服务为中心，继续深化人事制度改革，加快整体性人才资源开发，拓宽人事工作渠道，全面完成各项人事管理工作。年内，引进各类人才295人；接收安置应届大中专毕业生2677人；办理干部调动2977人；完成事业单位法人、非法人年检审核换证580个；培训干部2520人；办理工资套改等7030人；安置军队转业干部108人；录用新干部1530人；聘用干部1180人；考核机关事业单位干部40681人；办理出国政审384人；办理干部退休662人；办理干部任免手续124人；评审获重奖科技人员43人；完成国外智力引进项目11项；吸收303个事业单位参加社会保险1.24万人。年内，市人事局获自治区人事厅授予“全区人事宣传工作先进单位”，获市委、市政府授予“老年工作先进单位”荣誉称号。

【机构改革及机构编制管理】 1997年11月底，以各单位“三定”方案核发实施为标志，柳州市全面完成机构改革工作。经过改革，市级党政机构由77个减到59个，精简23.4%；全市行政编制由3913人减到3000人，精简23.3%。市辖两县党政机构由63个减到29个，精简54%；两县县直机关行政编制由原来1764人，减到1272人，精简27.9%。郊区党政机构由原有40个减到25个,精简37.5%。城区党政机构由25个减到20个,精简20%。同时,继续从严控制机构编制增加、机构升级;对人员调动实行严格管理,机关需要进人,实行公务员单项法规;全额拨款事业单位原则上停止调入人员;差额拨款和自收自支事业单位,严格审批制度。年内,机关进出编相抵,增加68人;事业单位进出编相抵,增加273人。

【干部调配及人才交流】 1997年,市人事局引进各类技术人才295人,其中大专以上学历者占90%以上;接收安置应届大中专毕业生2677人,其中高校1207人,中专1470人;按干部调动原则,办理远郊干部调入市区21人,调出干部168人。实施"九五"人才资源开发规划:一是继续贯彻《柳州市关于不包分配自费大专以上毕业生择业暂行办法的实施意见》,开发利用大批闲置科技人员。二是系统组织人才交流(招聘)会。市人才市场全年举办41次人才交流会,429家用人单位招到急需人才;10月15日举办专场人才引进洽谈会,62家企业进场参与招聘人才,1076人达成就业意向;组团参加西北人才交流会,招聘一批企业急需人才。三是强化人才市场软、硬件设施建设,完善人事档案入库微机管理系统。开展人才交流技术转让中介服务,人事档案关系代管等多项业务。年内,人才市场迁到市技术交流站二楼,展厅扩展到500平方米,市场配备大屏幕显示多媒体国际联网人才库数据查询系统,利用计算机检索查询任意项目的组合信息,为进档人员得到及时就业提供高效服务,促进人事档案管理工作进入科学化、正规化轨道。利用计算机录入新增入库人事档案代管500份,累计入库1750多份。四是严格控制各类技术人才流失。1997年全市有300多名技术干部要求调出,经过采取措施,只调出120多人。

【干部管理】 1997年,市人事局以全面推行国家公务员制度为契机,按分类管理的办法从机关、事业、企业三个方面管理干部。

推行公务员制度,面向社会招录公务员　1997年,对机关干部管理推行公务员制度,积极布置开展职位分类和编写职位说明书工作;推行公务员考试录用制度。按照"公开、平等、竞争、择优"的原则,为编制缺额的市直机关单位招录公务员。6月份,面向社会公开市直机关各部委办局200个职位,面向全社会招考,条件为35岁以下,大专以上学历,有柳州市户口的国家在职干部。810多人参加笔试,根据总成绩,确定180余人为拟录用对象。经过统一体检和严格考核,134人被正式录用为国家公务员。

干部年度考核　按照德能勤绩标准,完成96年度机关事业单位干部考核工作。考核机关干部9231人,其中优秀1258人,称职7736人,不称职19人;考核事业单位干部3.15万人(其中1267人未定等次),评为优秀等次4287人,合格等次2.57万人。

机关工作人员工资正常晋升　年内,及时办理连续两年考核称职以上和实行职级工资连续三年考核优秀人员的工资晋升确认工作,办理连续两年考核称职以上911人的考核结果确认工作;办理连续三年考核优秀可晋升工资人员52人的晋升确认工作。

优化公务员队伍　根据《国家公务员辞职辞退暂行规定》,全市辞退工作人员18人,其中机关8人,事业单位10人;辞职16人,其中机关2人,事业单位14人。对企事业单位干部继续推行干部聘用制,帮助企业建立科学规范的现代企业人事管理制度。一年来,办理政府各委、办、局领导干部任免25批67人;办理企业股份公司任职12批52人;呈报市人大任免材料3批5人;办理出国干部政审181批384人;办理新干部录用1530人,聘干1180人;举办各类干部培训班24期,培训干部2520人。

【军队转业干部安置】 1997年,市安置军队转业干部108人,其中团职23人,营职36人,连排职19人,专业技术干部30人;安置随军家属29人。年内,营以下军队转业干部66人参加国家公务员考试,43人通过考试考核合格安排进党政机关。

【工资福利】 1997年,市人事局根据工资改革后调资工作经常化的特点,狠抓建卡制度,建立多功能的工资管理系统,及时、快捷地处理各种工资业务。搞好工资基金管理,为482个单位核发工资手册并办理各单位的工资进册手续;办理大中专毕业生转正定级815人,月增资5.1万元;办理工作人员职务职称工资进档2033人,月增资5.1万元;办理农林水一线及苦、脏、累、险人员浮动工资934人,月增资4.2万元;办理公安干警警衔与工资挂钩349人,月增资1.49万元;办理两年晋升一档职务工资及机关循环晋升级别工资2099人,月增资5.1万元;办理调入机关事业单位人员套改工资810人,月增资7.6万元;审批办理机关工作人员职务补贴6513人,月增资67.1万元。同时,办理了机关事业单位技术工人等级考核与工资挂钩兑现工作。建立汽车驾驶、机械制造、电器、餐饮等多个培训点,开办85个工种技工班,培训技工3929人,已办理工资挂钩1641人,月增资2.8万元。

【退休干部管理及养老保险】 1997年,市人事局认真落实退休人员"两个待遇"。一是按有关政策办理611人的退休增资手续;按时发放机关事业单位退休人员春节、国庆、中秋、重阳节慰问费121.7万元。二是组织退休人员2400多人参加健康体检。三是组织退休人员参加丰富多彩的文娱活动:500多人参加春节游园活动;900多人参加教师节庆祝活动。四是为机关事业单位退休人员订阅《老年知音》、《中国老年》书报3690份。同时,强化柳州市机关事业单位社会保险服务中心的各项管理制度建设,优化服务质量,推动养老保险社会化,吸收全市303户事业单位参加社会保险,参保人员1.24万人,投保率98%,收缴率97%。年内办理干部退休手续662人,办理延长退休45人,办理离岗休息7人。

【科技人才管理及智力引进】 1997年,市人事局围绕科技工作服务经济建设这个中心,广开门路为科技工作服务,促进科技与经济接轨。一是科学合理地开展职称评审工作,调动各类科技人员积极性。年内组建市行政机关高级经济师、高级政工师、二级律师、档案副高四个高级评委,评审通过行政机关高级职称125人;为企事业单位通过初审,并向区职改办报送材料的高级职称779人,中级1238人,初级739人。二是搞好专业技术人员管理,创造良好的科技人才成长机制。年内组织评审获重奖科技人员43人,评出工业奖4项,农业奖4项,奖金额102万元;评选第6批专业技术拔尖人才31名,优秀青年科技人才55名。三是积极引进国外智力。年内办理派出荷兰防洪培训团等7个项目37人出境培训;办理引进项目11项,引进专家18人,获国家外专局资助18.38万元;帮助牙膏厂、柳压总厂、搪瓷厂、柳工等11家国有企业解决技术难题。同时,组织部分科技专家到柳江、柳城两县乡镇开展科技咨询活动,进行科技兴农。 (韦旭光)

民 政

【概况】 1997年,柳州市遭受局部性自然灾害10次,灾情涉及36个乡镇。城市实行最低生活保障制度,2.65万人(次)领到最低生活保障金。郊县开展村民自治示范及评选最佳乡镇、模范村民委员会、优秀乡镇长和优秀村委会主任活动,初步形成农村基层管理新模式。社区服务业稳步发展,领到社区服务证书的单位347家,城中区名列自治区社区服务示范城区第一名。柳江县成团、洛满、里高3个乡改为镇建制。福利彩票发行从1988年至1997年,累计募得社会福利资金3000余万元,已使用2300余万元,兴办和资助兴办社会福利项目138个。发行工作被中国福利彩票发行中心誉之为"一枝独秀",柳江县的里雍、白沙、成团、穿山和柳城县的凤山、龙头6个乡镇经自治区人民政府批准为革命老区。殡葬事业加强软、硬件建设,城区尸体火化率保持在98%以上。全年办理结婚、离婚、涉外婚姻共1.41万对。建立婚姻档案340册。福利企业完成工业总产值1.06亿元,税利200万元。

【救灾救济】 1997年,柳州市遭受风雹、洪涝、干旱等自然灾害,受灾7.39万户、33.29万人,成灾4.35万户、19.59万人;受灾农作物3.49万公顷,成灾1.91万公顷,绝收4202.1公顷。因灾减产粮食805.4万公斤;民房倒塌59间,损坏411间;直接经济损失6783.5万元。民政部门发放救灾款135万元。对1996年遭受特大洪灾造成生活困难的群众,在春夏荒季节,再发放救济粮298万公斤,救济款534万元,救济45967户(次),202884人(次)。冬令,全市发放御寒衣物5215件,使缺穿少盖的群众安然过冬。

【优抚安置】 1997年,元旦春节和"八一"建军节期间,慰问驻柳部队并赠送价值150万元的慰问品;优待优抚对象1912户,发优待金223.1万元;接收安置退伍军人703人;接收军地两用人才355人,开发使用327人,开发率92%;接收安置3名军休干部和45名无军籍退休职工。

【村民自治示范及评优活动】 1997年,柳州市315个村民委员会开展村民自治示范活动,建立村民代表大会制度,实行村务公开,民主决策,民主管理,自我教育,自我服务,初步形成农村基层管理的新模式。同年,全市开展评选最佳乡镇、模范村委会、优秀乡镇长和优秀村委会主任活动,评出6个最佳乡镇,7个模范村委会,5名优秀乡镇长和12名优秀村委会主任。年内,自治区人民政府授予柳江县进德镇"乡镇之星"称号;柳江县拉堡村委会、柳城县伏虎村委会、郊区鸡喇村委会被评为自治区模范村委会;郊区羊角山乡乡长莫勇被评为自治区优秀乡镇长;郊区水南村委会主任陶潜、柳城县江头村委会主任覃继东被评为自治区优秀村委会主任。

【勘定柳州地市毗邻县界】 1997年,开展建国后首次柳州地市毗邻县级行政区域勘定工作,涉及柳州市郊区和柳江、柳城2县与柳州地区融水、融安、鹿寨、象州、来宾、忻城6县。经过勘测协商,边界线总长382公里,已勘定贯通328公里,由柳州市埋设的7块界桩已埋设完毕。尚未勘定贯通的54公里,将继续组织对口县调查协商解决。

(民政局写作组)

市直属机关管理

【市直机关党群组织管理】 1997年,市直机关工委坚持"党要管党"和"从严治党"的方针,以建设高素质的机关党员队伍为目标,加强对党员干部的教育、管理和监督力度,组织机关党员干部认真学习贯彻党的十五大精神和市委八届七次全会精神,开展"迎香港回归"活动,抓好机关的"双学"和干部队伍建设"三严四自"工程第三阶段的实施工作,开展"创建文明机关"活动,促进机关党的建设和精神文明建设。年内,分别组织有120多个单位1万多名干部职工参加的"工行杯"市直机关精神文明建设知识笔试竞赛和45个单位组队参加的精神文明知识抢答赛。组织有1500多名机关党员干部参加的以"迎香港回归"为主题的形势报告会。组织机关党员干部、部队、学生及四家班子领导1500人在喷泉广场隆重举行"庆七一、迎回归、升国旗"仪式。组织市直机关大院内40多个单位上街开展"学雷锋为民服务活动",为群众服务达500多人次。组织发动145个机关及部分事业单位共6800名干部职工为防洪工程建设捐款157万元。市直机关所属单位在柳州市社会主义建设活动中被评为先进单位6个,先进集体20个、先进工作者31名。

党建工作 1997年,市直机关工委继续开展"创先争优"活动,抓党建目标责任制的落实，做组织发展工作，抓党风党纪、党性教育。年内，举办各类培训班5期，参加培训人数共500人，组织机关党员干部1000人观看自治区纪委和市纪委联合举办的反腐倡廉挂图展，与市纪委共同制定下发《关于严肃机关纪律的若干规定》共3000份。全年审批发展新党员83名，审批预备党员转正84名，审批换届选举党组织25个，新建、改建党委3个、党总支2个、党支部4个，接收新划归党组织29个，组织168名新党员参加"七·一"入党宣誓仪式。组织对36个党组织的党建目标责任制进行检查、评比。表彰1996年度市直机关先进党组织51个、优秀党务工作者122名、优秀共产党员400名。全年严肃查处机关党员违纪案件4起，处分党员5人，其中开除党籍4人。接待、办结来信来访11件。

创建文明机关活动　1997年6月，市直机关开展"创建文明机关"活动。成立了由市委副书记于开金为组长的创建文明机关活动领导小组，中共柳州市委下发《柳州市党政机关"创建文明机关"活动方案》。6月12日召开180个市直机关副处以上机关、事业单位党政主要领导及纪委书记共300人参加的市直机关"加强作风建设，创建文明机关动员会"。8月，召开110个单位参加的"创建文明机关"活动情况汇报会，10月，召开两县、五区及五个企事业单位监督员参加的"创建文明机关"活动民主监督评议会，组织有115个单位共200人参加的"创建文明机关经验交流会"，市纪委、市人事局、市计委、人民银行柳州分行分别在会上介绍了经验，12月底，市直机关工委、市委文明办组织人员对市直机关81个单位按"创建文明机关考核评分标准"进行检查验收。开展"创建文明机关"活动，促进了机关精神文明建设。

工会及共青团工作　1997年，市直机关工会工委推广并举行第八套广播体操比赛，妇女拔河比赛，表彰1996年度市直机关工会工作先进单位(集体)20个，工会积极分子137名，巾帼能手45人。对12个基层工会进行换届选举，新成立工会1个。1997年市直机关工委表彰1996年度先进团组织16个、优秀团干36名、优秀团员134名。市直机关工委批准新成立团委(支部)5个，组织换届选举团组织8个，发展新团员19名。　（黄水华）

【市直机关行政管理】　*机关后勤改革工作*　1997年，市直机关行政管理处更名为柳州市机关事务管理局；市直机关保卫处并入机关事务管理局。管理局科室由原来的7个调整为5个，人员从原有的69名行政编制减为36名，成立市直机关后勤服务中心，定事业编制为45名。

改革后的后勤机构，体现了三个方面：一是实现后勤服务职能与机关行政管理职能分开，服务职能从机关行政序列划分出来，符合政府机构改革，转变职能，精兵简政的要求。二是初步建立新的后勤服务体制和运行机制，后勤服务开始向市场化、企业化、社会化转变。三是积极开展内外两面服务，发展后勤经济，增强保障能力，弥补经费不足。1997年12月，广西区人民政府机关事务管理局授予柳州市机关事务管理局"全区政府机关后勤系统先进单位"称号。

环境建设　1997年，完成：①市委大院第八栋两房一厅4200平方米、48套危房重建全部工程、并验收交付使用。②市委大院第十三栋三房一厅3400平方米、32套危房重建全部工程并验收交付使用。③市委大院菜市场门面400平方米及市场交易棚660平方米等配套工程。④老人委打混凝土路面140平方米及平整停车场地300平方米。⑤新建80套宿舍楼管道煤气安装工程及81套宿舍有线电视线路的安装工程。⑥市委大院100米供水管道的改造工程，及大院球场安装高杆灯工程。

绿化建设　1997年，市委市政府机关大院在市级"花园式单位"的基础上，进一步绿化、美化。①种树429棵；②植草皮250平方米；③花圃培育盆花1万盆；④种盆花2万盆；⑤种各种花苗2.06万株；⑥给绿化带拉护栏网700米；⑦种植竹子、爬墙虎500棵。在全市"迎香港回归"花展活动中，市委市政府大门外布展的"迎回归"花台，获栽培二等奖和花台造型三等奖。

机关房改工作　1997年，办理机关干部职工新房购房手续80套，办理旧房调整及购、退手续85套，发放新房产证98本。

机关大院安全文明管理　1997年，加强市委市政府机关大院的文明建设和安全管理。①加强治安防范队伍建设，组建有50人的门卫、巡逻人员队伍；②9月1日起，由武警市支队派武警战士进驻市委市政府机关大院，负责大门警卫和办公区保卫工作；③9月1日起，在市委市政府大院内上班的干部职工实行戴牌上岗，接受群众和社会的监督；④群防群治，齐抓共管，与机关38个部门签订《治安、防火综合治理目标管理责任状》；⑤加强对机关大院内施工点临时工和外来暂住人员的管理。进行造册登记，办理临时出入证582个和暂住证43个；⑥加强来访登记制度，门卫执行凭工作牌进入机关大门，来访办事登记制度；⑦机关大院内机动车、自行车划线停放，排列整齐，下班后机动车辆凭机关《车辆通行证》进入大院或停放。

机关宿舍实行综合管理　1997年，机关大院实行每栋楼聘任楼栋管理员，负责楼栋清洁卫生、治安防范、安全防火、房屋管理和计划生育的宣传和信息反馈工作；对两大院(市委市政府大院、老人委大院)实行计划生育目标管理，818户的3032人中，全年无超生、无计划外生育现象，育龄妇女放环结扎服药率达100%。被柳州市委、市政府授予一九九七年度全市计划生育工作先进单位荣誉称号。　（田茂琳）

信　访

【人民群众来信来访】　1997年，柳州市党政信访部门受理群众来信来访7387件(人次)，比上年增加29.5%。其中来信1992件，比上年增加0.8%；来访5468人次，比上年增加45.8%。全年立信访案326件，办结318件，结案率97.6%。

市、县、区党政领导阅批群众来信791件，接待来访群众2063人次。市委市政府信访办受理群众来信来访4940件（人次），比上年增加104%。其中来信1313件，比上年增加3.7%；来访3627人次，比上年增加215%，集体上访76批2562人次。市委市政府领导阅批群众来信178件，查办重要信访案97件。

【实行市领导接待群众日】 1997年7月，实行市领导接待群众来访日，市委、市政府领导接待来访群众296批983人次，交办173件，办理结案164件。11月7日，设在市技术交流站的星期天市场经营业主代表反映，他们大多是下岗职工，有关单位要取消该市场，他们请求恢复星期天市场。市领导听取他们的陈述后，立即召集有关部门领导研究，当即决定恢复星期天市场。

（左重特）

对台事务

【对台宣传】 1997年，柳州市利用各种形式向台胞台属宣传党的“和平统一、一国两制”的方针。年内，市委台湾工作办公室（下称市台办）先后举办“柳州市归侨侨眷、台胞台属迎春晚会”、“柳州市台胞台属迎香港回归义诊活动”，组织召开“柳州市台胞台属喜迎香港回归座谈会”和台胞台属学习“十五大”精神座谈会。向台胞台属发送广西壮族自治区实施《中华人民共和国台湾同胞投资保护法》办法1000多份，《柳州投资指南》100多册。市台办还通过报刊、电台、电视台编发对台宣传稿件35篇，其中有两篇论文荣获自治区统一战线优秀成果一等奖和三等奖。向台湾有关报刊寄发“寻人启示”16则。

【涉台教育】 1997年，柳州市赴台探亲、定居的台属129人，其中探亲125人，定居4人。对去台定居的台属，行前市台办找他们促膝谈心，希望他们赴台定居后要为祖国的统一大业做一些有益的事。

【对台经贸】 1997年，柳州市对台经贸工作，重点是发挥台胞和台属以台引台的作用，积极配合市政府做好招商引资工作，热情为台商和台资企业服务。年内，来柳州市进行经贸洽谈的台胞324人，新增台资独资企业2家，投资总额为385万美元。台商出资合作做生意的3家，出资总额120万元人民币。

【柳台交流交往】 1997年，柳州市前往台湾和台湾来柳州进行考察交流的团体2个。4月8日至21日柳州市柳新汽车冲压件有限公司赴台考察团一行6人，应台湾福臻实业股份有限公司的邀请，前往台湾进行车身改造业务考察。该团在台期间，受到台湾企业负责人的热情接待，圆满地完成考察任务。

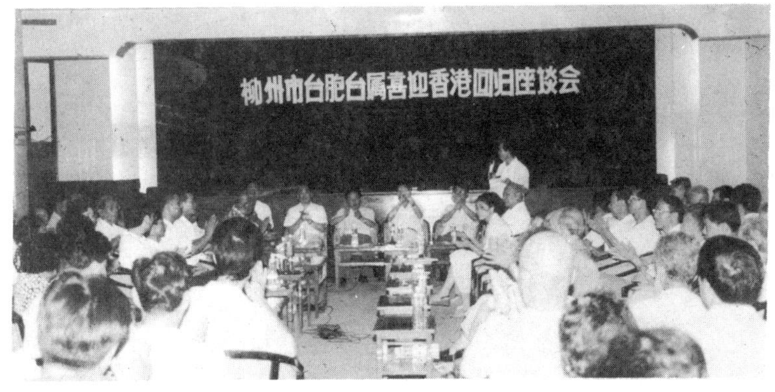

1997年6月26日，柳州市台胞台属欢聚一堂庆香港回归

李纲摄

7月14日至17日，以台湾中山大学公共事务管理所所长、教授、高雄都会开发基金会秘书长汪明生先生为团长的学术交流访问团一行34人，来柳进行农业考察和旅游观光，先后考察大桥园艺场，都乐度假村和游览柳州市容，副市长朱润娟会见访问团，向他们介绍柳州的基本情况。

【台胞台属接待】 年内，从台湾来柳探亲、观光旅游、经商的台胞共1172人。来访台属230人。对来访的台胞台属市里都予以热情的接待，对他们要求帮助解决的一些事情，市台办都给予热情帮助。年内，市台办还为5位台胞办理了多次出入境签证手续，为20多名台胞台属解决工作、住房、子女入学的问题。

【台胞捐赠】 1997年1月28日台湾曹氏基金会向柳州市残疾人捐赠轮椅50张，价值8万多元人民币。台湾联塑机器股份有限公司董事长陆孝庭先生向柳城县六塘镇肯社村小学捐款一万元人民币。体现了海峡两岸同胞血浓于水的骨肉深情。

（刘 越）

华侨事务

【组织迎香港回归活动】 1997年4月4日，市侨办与市委宣传部联合邀请市部分归侨、侨眷、港澳同胞亲属80多人，举行迎香港回归、纪念《中华人民共和国香港特别行政区基本法》颁布七周年座谈会。协助宣传部门对20多位归侨、侨眷和港澳同胞亲属作专题采访、报道。两县、五区和归侨、侨眷较为集中的企业，如柳州市华侨化纤纺织厂、柳州市纺织印染总厂、柳钢集团公司等组织了形式多样、内容丰富多彩的迎香港回归宣传活动。

【华侨企业转制工作】 1997年，根据《国务院办公厅转发国务院侨务办公室关于深化华侨农场经济体制改革意见的通知》和《自治区人民政府关于改革华侨企业领导体制问题的通知》要求，市政府将接收柳城华侨农场、伏虎华侨农场。市侨办会同市体改委、财政局、柳城华侨农场组成7人考察组，到广东省考察农场体制改革工作中的做法，并实地参观体制改革后的华侨农场。会同市国资局对两农场资源情况进行清核。督促柳城县政府对两农场土地进行核查、丈量和发证。两农场的资源情况清核完毕，柳城县政府将其境内8.3万余亩的国有土地使用证书颁发两农场。接管两农场的工作已基本准备就绪。

【侨务信访】 1997年，市侨办接待归侨、侨眷来访220人次，来信24件。信访中反映生活、工作、住房、学习、落实政策等方面的问题。市侨办积极为他们排忧解难。1997年，市侨办为归侨、侨眷、港澳同胞亲属办实事26件。

【"海交会"工作】 1997年10月30日至11月11日，市海交会由副市长朱润娟、副秘书长陈永强、办公室主任吴金福、百货公司副总经理莫晓丹等4人组成的柳州市赴大马世联会及庆典活动访问考察团，出访马来西亚、新加坡、香港等地。在马来西亚，访问团出席了第八届世界广西同乡会，并向大会的成功举办表示柳州人民的祝贺。期间，访问团对马、新、港等国家和地区的有关商业、企业进行考察。此次出访，拜会和结识了世界广西乡贤的许多新老朋友。11月12日至26日，由市人大常委副主任何庆荣等组成的"海交会"访问团，出访泰国、马来西亚，拜会各国(地)广西会馆，交往中使海外的广西乡贤乡亲增进对柳州的了解。年内，市"海交会"接待来自马来西亚、美国、香港、澳门等国家和地区的华侨、华人8批20人。并与有关企业进行合作意向的洽谈。

【侨办企业】 1997年，中国旅行社努力开拓国内外旅游，完成国外组团近9千人次，国内2千人次。全社营业额达1400万元，实现利税约20万元。在中山东路投资兴建中旅社综合大楼。在清理过去债权债务基础的同时，华建公司销售总额285万元。

【侨政工作】 1997年，市侨办开展全市侨属企业情况调查工作；海外新移民状况登记归档工作；市领导、侨办、侨联、人大民侨委先后慰问80余户老归侨、生活有困难的归侨，及部分退休侨务工作者；组织表彰"八五"期以来先进归侨、侨眷、港澳同胞亲属和侨务干部；为归侨、侨眷出具身份证明70张，"三侨生"升学证明104张，协助电视台制作4部专题片，新闻单位采纳稿件63篇。

（杨宏伟）

外 事

【概况】 1997年，市接待来自日本、美国、英国、法国、德国、意大利、奥地利、捷克、泰国、马来西亚、越南、朝鲜、乍得等13个国家的外宾52批334人次。接待来自日本、英国、美国、意大利、奥地利等国家的外籍专家、教师137人次。办理因公出国(境)团组初审和证件257批791人次。由市外办、市对外友协组织分别前往美国、法国、荷兰、德国、日本、马来西亚、新加坡等国考察访问出访团7批60人次。市外办接待来柳视察、指导工作的副部级(副省、副军级)以上内宾及其随行人员2182人次。其中副总理级3人，他们是吴邦国、邹家华、程思远。

柳州市政府领导给伏虎华侨农场颁发国有土地证书

市侨办供稿

【为经济与社会发展服务】 1997年，市外办重视宣传柳州改革开放形势，引进外资优惠政策、良好的投资环境，吸引外商来柳投资和促进柳州对外经贸合作与交流。6月，美国纽约大陆工商会主席、费城华人工商会理事长毛伟雄来访；11月，美国凯斯公司首席执行官捷·彼尔路斯先生来柳考察和看望其公司人员在柳州工作情况。市领导会见并组织参观考察，有关部门负责人参加会谈，从而增强外商对柳投资信心。

1997年，由市外办接待，并促进香港中国海外兴业有限公司投资经营柳州"六桥一路"达成协议(总投资5900万美元，第一期投资2950万美元已到位)。在日本大孤南扶轮社代表团访柳期间，经外办接待积极宣传本市"希望工程"助学活动，促进该团捐款60万日元资助100名学生就学。该团还表示每年将继续捐资支持"希望工程"。

【开展教育交流】 8月份，市对外友协邀请美国辛辛那提市英语教师彼尔茨先生为本市50多所中小学的140多名英语教师授课，通过短期培训，有助于提高外语教师们的口语、听力水平，借鉴教学方法。

年内，选派2名中学英语教师和外事办1名翻译到辛辛那提市进修英语3个月和开展教育交流活动。他们住在美国师生家里，与学生们一道上课，开展教育交流活动，向师生们介绍柳州市经济发展以及风土人情等，深受辛市师生欢迎。

【柳州——恩贾梅纳市交往】 1997年，经柳州市人大常委会讨论通过，报自治区政府审核同意，全国对外友协和外交部批准，4月7日，柳州市政府邀请非洲乍得恩贾梅纳市市长阿里·哈隆率团来访。双方就两市间建立友好城市关系和进一步加强合作交流进行会谈，取得一致意见。4月11日，两市在柳州饭店隆重举行缔结友好城市关系议定书签字仪式，赵玉林市长、阿里·哈隆市长分别在《柳州市与恩贾梅纳市友好城市关系议定书》上签字。8月份，乍得政府违背中乍建交原则与台湾建交，中国政府中止与乍得外交关系，柳州市与恩贾梅纳市的一切交往也随之停止。（农耘）

民族事务

【重新审定民族定点企业】 1997年11月份，市民委根据自治区民委主任会议的精神对柳州市原有的20家民族用品生产定点企业进行全面调查了解，开始重新申报审定工作。目的是把那些生产少数民族生活必需用品、经济效益好，对民族团结进步事业有贡献的企业增补进定点企业的行列中来，并给予优惠照顾，帮助其发展并对民族事业做出更大贡献。

【探索城区民族工作的新路】 1997年，市民委为探索新形势下做好城区民族工作路子，从建立工作网络入手。6月，成立"城中区民族工作协调委员会"，把城中辖区内的33个单位吸纳为该委员会的委员。民族工作协调委员会把民族工作的网络延伸到街道办事处一级。该会成立后在组织学习、宣传《城市民族工作条例》、开展民族人口、干部情况调查以及协调民族关系等方面做了一系列工作。

【落实民族政策、维护民族团结】 1997年，市政府解决了东风化工厂多年来排放的工业废渣淹占回民旧坟场的问题。经市民委与市宗教局、环保局等有关部门共同工作，多次奔走于东化和伊协之间宣传政策，做协调工作，促使双方最终达成协议。东风化工厂同意尽快将原堆积在回民坟场内的工业废渣运走，今后不再向坟场内排放废渣，并给回民群众补偿15万元。清真寺和民族小学划分遗留问题由于其年代久远，牵涉面复杂而成为柳州市民族工作的一个难点。1997年，市政府两次召开市长办公会专题研究方案，市民委、市委统战部、市宗教局按政府的指示先后四次召开回民代表座谈会，听取意见，努力促进问题的解决。最后为柳州市回民群众解决了宗教活动场地窄小的困难。

【使用少数民族干部情况】 1997年，柳州市机关及企事业单位中有少数民族干部18589人，比上年增加901人，增长5.1%，占干部增加数的35.8%。全市少数民族干部在干部总数中的比重为26.4%，比上年上升0.4个百分点。现任市四大班子领导中少数民族占25.8%。1997年，各级机关获晋升职务的少数民族干部101名，占晋升职务干部总数的24%，其中晋升厅级领导职务1名、处级领导职务9名、科级职务64名。

在市、县（区）、乡（镇）三级机关、企事业单位中，少数民族干部的比重分别是17.4%、46%和68%，基层的少数民族干部比重较大。

机关、企业、事业单位中少数民族干部的比重依次为34.9%、17.9%和35.4%，企业中少数民族干部的比重略低。

少数民族干部在党政机关地（厅）级干部中所占的比例为30.8%，厅级非领导职务及相当者中占42.9%；在县（处）级领导职务中占21.9%，处级非领导职务及相当者中占16.3%；在科级领导职务中占31.3%，科级非领导职务及相当者中占39.6%；在科员、办事员及其他人员中占37%。基本上各项比例都比上年有所提高。

少数民族在专业技术人员中所占的比例为25.4%，其中在获高级职称的专业技术人员中占16.4%，在获中级职称的专业技术人员中占23.1%，在获初级职称的专业技术人员中占27.4%。各项比例比上年均略有上升。

【民族联谊与往来】 1997年，市民委努力促进柳州市各民族与国内外民族的往来和交流。在"侗年"节日期间支持和帮助居柳部分侗族同胞举办联欢会活动。市民委作为市人民政府代表团成员参加广西民族学院成立45周年校庆活动。9月下旬，市民委受自治区社会科学院委托，协助接待捷中协会副主席、捷克科学院东方研究所奥布霍娃博士考察柳州市少数民族经济、文化、教育等。奥布霍娃博士先后考察阳和村、柳江县百朋镇水泥厂。市民委还接待国家民委经济司、自治区民委、钦州市民委、桂林市民委、柳州地区民委等领导和考察团，互相交流民族工作的经验。（班雪梅）

柳州市民委帮助居柳部分侗族同胞举办欢庆"侗年"联欢活动
张晓芳摄

法制·军事

人大法制工作

【开展执法检查活动】 1997 年 7 月至 9 月，市人大常委会组织市人大各专委和部分代表，先后开展了对《中华人民共和国产品质量法》、《中华人民共和国产品质量管理法》、《中华人民共和国预算法》、《中华人民共和国审计法》、《中华人民共和国统计法》、《中华人民共和国技术合同法》、《中华人民共和国农业技术推广法》、《中华人民共和国民事诉讼法》、《中华人民共和国刑事诉讼法》、《中华人民共和国残疾人保障法》、《中华人民共和国归侨侨眷公益保护法》等 11 部法律执行情况检查，分两个阶段进行，第一阶段先由各部门各单位进行自查自纠，市两级法院对受检一年半中审结的 490 件案件进行全面检查，自查率达 100%，7 个基层法院自查 2206 件，占审结的 57.3%，市中级人民法院在自查后进行总结，并根据自查情况出台 17 条整改措施。第二阶段，由市人大常委会组织重点抽查，被抽查的单位有柳南区和柳江县人民法院，市贸易局、机电局、粮食局、轻工总会、中糖公司、五星商厦、雅乐食品厂、华侨化纤厂及县郊的部分乡镇企业等，针对抽查中发现的问题，提出意见和建议，并将检查情况专题报告自治区人大常委会。同时，还结合柳州市的实际情况先后对乡镇企业法、行政处罚法、科技进步法、土地管理法、城市规划法等法律的实施进行了检查，对检查中发现的问题及时转“一府两院”办理，促进了行政机关司法机关依法行政，公正司法，严格执法。

【参与地方立法】 1997 年，市人大常委会及市人大各专委积极协助自治区人大常委会做好有关法律法规草案征求意见的工作，组织部分市人大代表、市人大各专委，先后对《中华人民共和国动物防疫法》、《中华人民共和国防洪法》、《中华人民共和国归侨侨眷权益保护法》、广西壮族自治区《体育市场管理条例》、《书报刊市场管理条例》、《著作权管理条例》、《科学技术协会管理条例》、《道路运输管理条例》、《家畜屠宰经营管理条例》、《烟草专卖条例》、《公路运输管理条例》、《木材运输管理条例》、《农村社区合作经济组织条例》、《实施〈中华人民共和国农业技术推广法〉办法》等法律法规草案进行座谈讨论，提出修改补充意见，并整理上报自治区人大常委会。

【开展“三乱一难”检查】 1997 年 11 月，市人大常委会组织市人大代表在全市范围内对柳州市部分行政机关，司法机关存在的“三乱一难”(即乱收费、乱罚款、乱摊派和办事难)问题进行一次检查。常委会制订方案，确定检查监督的具体内容方式和组织管理，并举行新闻发布会，设立举报电话便于群众监督。1997 年 11 月 20 日至 12 月 31 日，收到群众举报电话及来信共 107 件。由市人大法制委、财经委、城建委、农委、教科文卫委、民侨委负责，对市中级人民法院、人民检察院、公安局、司法局、建设局、规划局、环保局、计生委、人事局、教委、卫生局等 49 个行政部门进行检查，涉及收费项目 610 项，其中罚款 24 项，摊派 88 种，后取消 46 项。其中涉及办事难 4 项。

政法工作

【理顺政法干部队伍管理关系】 1997 年，市委组织部和政法委员会联合发出《关于加强政法干部队伍管理有关问题的通知》。市委政法委年内完成了对政法系统 171 名副处级以上干部和市公、检、法、司、安等部门领导班子的考核工作，完成政法系统提拔任用的 44 名正科级干部的任免审批手续和政法系统 35 名后备干部的考核工作。

【政法系统评选双“十佳”】 1997 年，经政法各部门的推荐，市委政法委研究决定并报市委、市政府同意，授予市司法局、市综治办、柳南派出所、鸡喇派出所、交警女子中队、柳城县检察院、鱼峰区检察院、鱼峰区法院、中级法院少年刑事审判庭、国家安全局对外联络科等单位为“十佳”单位(集体)，授予蔡昭聪、张国辉、黄广林、刘雅丽、刘建伟、王德明、刘卫民、全蓝方、赵建华、于仲强等为“十佳”干警。

【加大执法监督力度】 1997 年 3 月，市委政法委成立督查室，重点指导大案要案的查处和抓疑难案件的协调，通过督办、催办和查办上级机关和领导交办的、群众反映强烈的案件及干警违法违纪案件，推动政法队伍执法水平的提高。全年共处理群众来信 250 余件，接待来访群众近 1000 人，督办案件近 100 件，发挥了执法监督的作用。

【举行新刑法知识竞赛】 1997 年，由市委政法委牵头，市公安局、检察院、中级法院、司法局联合主办的政法部门新刑法知识竞赛，经过近一个月的精心组织，在各部门组织预赛的基础上，于 9 月 10 日晚举行决赛，市人民检察院代表队获一等奖。 (王代玲　吴武章)

审　　判

【概况】 1997 年，柳州市两级法院全面加强各项审判工作，进一步推进和完善审判方式改革，狠抓队伍建设，大力加强人民法院的精神文明建设和物质文明建设，较好地完成了各项任务。全年，共受理刑事、民事、经济、行政一审、二审和再审案件1.39万件(含旧存377件)，审结1.35万件，结案率97.41%，适用督促程序审结民事、经济纠纷案58件，执结各类案件4656件。通过审判为公民、法人和其他组织解决纠纷标的13.64亿元。受理减刑案件3776件，假释案30件，全部审结。接待群众来访1.09万人(次)，处理告诉、申诉信件6050件。完成各类司法鉴定658件。年内，市中级法院被自治区高级法院评为双文明目标管理三等奖。

【刑事审判】 1997年，柳州市两级法院继续深入开展严打斗争，进一步强化打击职能，严厉打击严重刑事犯罪活动，全力维护社会稳定。全年共受理各类刑事案件1530件(含旧存17件)，审结1523件，结案率99.54% 。在判决发生法律效力的1836名人犯中，处5年以上有期徒刑、无期徒刑、死刑的794名，占43.24%。(1)抓住重点，强化打击力度，始终把斗争锋芒对准杀人、抢劫、强奸、爆炸、重大伤害、重大盗窃等严重刑事犯罪活动。在判决上述几类严重刑事犯罪的965人中，判处5年以上有期徒刑、无期徒刑、死刑重刑的643名，占66.63%。(2)严厉打击严重经济犯罪活动，市两级法院重点打击发生在党政机关、行政执法机关、司法机关和经济管理部门的贪污、贿赂、挪用公款案件。全年一审共审结上述三类案件37件。在判决发生法律效力的32人中，判处五年有期徒刑以上重刑的15人，占46.88%。

【经济审判】 1997年，柳州市两级法院，进一步加强经济审判工作，全年共受理一审经济纠纷案2550件(含旧存189件)，审结2388件，结案率93.65%，解决诉讼标的金额11.94亿元；受理二审经济案204件(含旧存1件)，审结200件，结案率98.04%。一是妥善处理涉及企业转换经营机制的纠纷案件，抓好企业承包、租赁、破产案件的审理，严格依法、按政策处理。共审结一审破产案件7件，破产企业财产总额为7.14亿元，涉及债权债务总额为5.32亿元，配合、协助政府妥善安置破产企业职工4392人。二是积极稳妥地审理涉及整顿金融秩序的经济纠纷案件，重点是审理信贷、证券、银行存单等纠纷案件，全年共审结此类案件906件，认讼标的金额共2.92亿元。三是认真审理涉及农村经济发展的案件，重点审理好农村承包合同纠纷案件，维护承包者的合法权益，稳定农村联产承包责任制，促进农村经济的发展。

【民事审判】 1997年，柳州市两级法院始终坚持正确、及时、合法的原则，及时调处各种民事纠纷案件。全年共受理一审民事案件8577件，审结8401件；结案率97.95%；受理二审民事案件553件，审结548件，结案率99.1%。在民事审判工作中着重抓好发案多，易影响社会稳定的婚姻家庭纠纷及债务纠纷案件的审理，全年共审结此类一审案件7370件，占全部一审民事结案数的87.77%。同时，妥善处理好房地产纠纷案件。共审结此类案件301件，在处理民事纠纷中，按照自愿、合法的原则，积极做好调解工作，尽量化解矛盾，促进社会稳定。在全年审结的一审案件中，调解结案的4534件，占53.97%。

【行政审判】 1997年，柳州市两级法院坚持“积极、稳妥”的原则，通过对被诉具体行政行为合法性的审查，监督和支持行政执法机关依法行政，维护当事人的合法权益。全年共受理一审行政案件129件(含旧存3件)，审结126件，其中维持行政机关处罚决定的38件，占30.1%，撤销16件，占12.7%。同时，协助政府依法处理好旧城改造、违章建筑、计生处罚中遇到的棘手问题，有效支持了政府依法治市工作的开展。

【执行工作】 1997年，柳州市两级法院进一步加大执行力度，采取组织执行会战和集中力量办理委托执行案件的措施，克服地方、部门保护主义的干扰和执法环境不好带来的困难，执结各类案件4656件，执结标的金额1.68亿元。

【参与社会治安综合治理】 1997年，市两级法院充分发挥审判职能作用，积极参与社会治安综合治理。(1)坚持严肃执法、公正裁判，提高办案的法律效果和社会效果，打防结合、标本兼治，通过公开审理、公开宣判教育群众，震慑罪犯。全年共召开宣判大会23场，旁听群众达14.16万人(次)。(2)认真做好申诉工作，对当事人申请再审的案件，经审查确有错误的，依法提起再审，及时依法纠正。全年共受理申诉案件129件，其中经审查维持原判的49件，改判30件，撤诉或作其他处理的50件。(3)加强信访接待工作，做好思想政治工作，消除不安定因素，维护社会稳定。两级法院全年接待群众来访1.09万人(次)，处理群众来信6050件。(4)用特殊程序做好少年刑事审判工作，采取加强对缓刑少年犯的回访考察和管理、组织教育看望团对少年犯回访教育等措施，教育、感化、挽救失足青少年。(5)正确适用缓刑、减刑、假释，调动服刑人员改造积极性，协助和支持监狱做好监管工作。全年共受理减刑案件3778件，假释案30件，全部审结。

【法院自身建设】 1997年，柳州市两级法院把提高干警队伍的政治、业务素质，努力造就一支政治坚定、业务精通、纪律严明、作风过硬、清正廉洁、严肃执法，高层次、高水平、高素质的法官队伍作为法院的头等大事来抓。(1)抓邓小平理论、十五大精神、党风党纪、廉政和职业道德教育。(2)抓纠风整纪工作。全年两级法院除1人被依法追究刑事责任外，还对13名违法违纪干警进行立案查处。(3)深入开展争先创优和创系列“十佳”活动，开展“学谭彦，比贡献”，创系列“十佳”等活动，1名干警被最高法院荣记一等功，1名干警被最高法院、共青团中央等12家单位评为“中国优秀青年卫士”,1人被自治区高级法院批准荣记二等功。5名个人被高级法院评为先进个人,5人被自治区高院、人事厅、法官协会、妇联授予“八桂文明女法官”称号,2人被自治区妇联授予“三·八红旗手”。(4)狠抓教育培训,两级法院有近100名干警在读“专科本科”,12人攻读研究生。(5)狠抓法院物质建设,保障审判工作的开展。一是继续抓紧“两庭”建设,柳南法院审判庭及办公楼已经落成,柳江县法院进一步加强人民法庭的配套建设,中院培训中心主体工程已竣工。二是进一步改善办公设施,提高审判工作效率。全市法院均加配传真设备、交通、通讯工具以及电脑等,部分法院庭审已使用速录机。通过集资、筹资等办法新建了部分住房,干警住房困难问题得到缓解。

(市人民法院写作组)

检　察

【概况】 1997年,柳州市检察机关坚持“严格执法、狠抓办案、加强监督”的工作方针,认真执行修改和修订后的《中华人民共和国刑事诉讼法》和《中华人民共和国刑法》,以惩治腐败、查办大要案,严厉打击严重刑事犯罪活动,强化执法监督三项工作为重点,全面开展各项检察业务。全年共立贪污、贿赂等职务犯罪案103件,侦结106件(含上年积存数),为国家和集体挽回直接经济损失1194万元。审查批准逮捕人犯2324人,提起公诉2190人,不起诉126人;依法追捕19人,追诉25人。对侦查、审判活动中的违法情况提出纠正意见共83件(次)。

【力查贪污、贿赂案件,推动反腐败斗争】 1997年,全市检察机关配合全国开展的反腐败斗争,力查贪污、贿赂、渎职等职务犯罪。年内共受理贪污、贿赂等经济犯罪447件、立案侦查103件116人,比上年上升17.02%和6.19%。侦结106件(含上年积存数)。在所侦结的经济犯罪案件中,大要案占62.1%,比上年上升6.12%。起诉经济犯罪案件44件58人,免诉9件11人,不起诉31件32人,撤销案件13件。为国家和集体挽回直接经济损失1194万元。

年内,查办贪污贿赂案件:一是立案总数上升。件数和人数与上年同期相比增加17.02%和6.19%,立大要案件数比去年上升24.3%。二是查办了一批发生在党政机关、行政执法机关、司法机关和经济管理部门的犯罪案件,特别是官吏腐败、司法腐败的经济犯罪案件。共立案侦查9件(9人),占立案总数8.74%。三是依法打击了破坏重大改革措施的犯罪。市两级检察机关从服务改革和经济建设的大局出发,依法查办了发生在金融、财税、土地出租、房地产等领域中的贪污、贿赂犯罪。全年共立案侦查此类案件7件(8人),占立案总数的6.79%。四是坚决查办了国有企事业单位中的“富方丈”。在国有企事业单位中,查办了一批企事业单位中领导干部的贪污、受贿案。这类案件群众反映强烈、影响大,市两级检察机关在查办时,排除各种干扰和阻力一查到底,收到了较好的社会效果。

【从重从快打击严重刑事犯罪】 1997年,市检察机关依法从重从快严厉打击各种严重刑事犯罪。在审查批捕和审查起诉的各个环节中,强化了执法监督力度,维护了司法公正和法律尊严。全年共受理提请批捕案1679件2532人。经审查对1558件2324人作出了批捕决定。受理起诉(含不起诉)案件1617件2609人。经审查,向法院提起公诉1411件2190人,不起诉82件126人。

突出重点　市两级检察机关对严重危害社会治安的杀人、抢劫、伤害、重大盗窃、拐卖人口、毒品、特大诈骗等犯罪,以及流氓恶势力和带黑社会性质的犯罪团伙进行重点打击。共受理上述案件1375件2124人,占受理案件总数的81.89%。检察机关在办案时注意坚持依法从重从快方针,做到快捕快诉。市检察院批捕部门审查的一起涉嫌人员和罪名多、作案时间长、作案次数频繁、犯罪金额巨大的案件,仅卷宗材料就50多册。承办该案的检察员在法定时间内审结了案件,依法对有关犯罪嫌疑人作出了批捕决定。加强打击力度,仅鱼峰区检察院全年就批准逮捕涉毒犯罪案件31件46人,审查批捕贩毒案件平均每案仅用一天时间。

依法办案　市两级检察院在全面贯彻执行“两法”中不断强化法律监督意识,认真履行法律监督职责,重点对公安机关在侦查活动中的违法情况和法院在审判活动中的该判不判,重罪轻判的情况进行监督。对85件中不符合逮捕条件的158人作出不批捕决定;对该捕而未提请逮捕的犯罪嫌疑人及时向公安机关提出追捕建议。共追捕漏犯19人。依法追诉漏犯25人。对检察机关已作出批捕决定而公安机关不按法定期限移送审查起诉的问题提出检察建议,予以纠正。全市两级院年内对侦查活动中的违法情况提出口头和书面纠正意见共65件(次),提起抗诉10件13人。法院审结6件8人,其中改判2件3人,发回重审2件2人。

【法纪检察】 1997年,柳州市的法纪检察工作仍然纳入反腐败斗争的总体部署,重点查办徇私舞弊、玩忽职守、刑讯逼供、非法拘禁等案件。全年共受理各类案件80件,初查65件,立案侦查17件。依法查办了一批给国家和群众造成重大损失和侵犯公民人身权利的渎职犯罪案件。法纪部门还结合办案,积极开展综合治理,配合有关单位举办厂长、经理安全学习班10期,受训人员3490人。配合有关部门对企业、厂矿、建筑、煤矿、采石场等施工点进行安全消防大检查234人(次),查出不安全隐患250处,提出整改建议50次。

【控告申诉检察】 1997年,柳州市两级院控申部门共受理群众来信来访849件(次)。其中来信745件,占受理总数的87.75%;来访104人(次),占受理总数的12.25%;首次信访785件(次),占受理总数的

92.46%；重复信访64件，占受理总数7.54%。按性质分类，申诉信访157件(次)，控告检举信访692件(次)。举报各类犯罪线索的有408件。

年内，共查办各类控申案件16件。其中交办案件6件，不服撤案1件，不服免诉3件，不服判刑1件，申请复议案1件，申请复议赔偿案1件，重婚案1件，其他2件。还对32件事实不清，性质不明的举报线索进行了初查，其中直接立案2件，移送检察机关内部自侦部门立案2件。

【监所检察】 1997年，柳州市两级检察院监所检察部门依法对监管劳教场所的执行情况进行监督。一是抓办案。受理监狱侦查部门移送审查起诉的案件33件37人，全部在法定时限内向法院提起公诉。二是配合监管场所做好罪犯的教育、改造、转化工作。分别与柳州监狱和柳城监狱建立了帮教联系点，给犯人上法制课4次，受教育人犯1630人(次)，直接找犯人谈话教育684人(次)。三是抓了检察院驻监狱检察室的“两化”建设。柳城县检察院驻柳城监狱检察室在参加全区的检查评比中取得106分的好成绩，被评为全区驻监狱检察室先进单位。四是加强了对监管场所活动的监督力度。对本市监管场所保外就医的214名罪犯进行了考察；对市看守所、拘役所服刑人员进行清查后，针对两所存在的问题向其主管机关市公安局提出检察建议，并得到了纠正。年内，两级检察院监所检察部门严格履行监督职能，针对监管场所存在的问题，提出书面和口头建议共115次。

【贯彻实施修改和修订后的“两法”】 柳州市两级检察院全面实施新刑事诉讼法、刑法。反贪部门改变侦查模式，把原来主要靠获取口供来突破案件的做法转变为以加强立案前的初查为重点来突破案件。注意综合运用侦查手段，依法开展初查，提高了破案率。1—8月检察机关自侦部门共立案99件114人，其中反贪部门就立案85件96人，相当于上年全年的立案数。起诉部门通过不断学习、实践、研究、总结，已初步取得了控辩式庭审的经验，公诉工作顺利与新刑诉法接轨。

市检察院在刑法颁布后，及时组织了两级院20名业务骨干参加中国政法大学新刑法培训班学习，随后又组织两级院和基层院领导参加自治区检察院举办的新刑法培训班，并组织业务骨干分别向两级院干警授课，播放最高检察院制作的各专家学者的授课录相，最后进行考试。

【检察队伍建设】 1997年，柳州市两级检察机关坚持“依法建院、从严治检”的方针。一是出台了两个文件：《市检察机关贯彻落实十五大和市委八届七次全会精神的意见》及《为我市加快改革发展措施服务的意见》。二是开展创“文明机关”活动。两级院分别制订了“创文明机关活动”方案，对创文明机关活动的目的、内容、步骤、考核评比等项目都作出具体规定。市院还组织本院中层领导及各区、县检察院检察长到柳南区检察院召开“创文明机关”经验交流现场会，促进了两级院“创文明机关”活动。市院反贪局制定了文明办案制度，控申部门制定了文明接待制度，城中区检察院制定了办案监督卡制度。

(市检察院写作组)

公　安

【概况】 1997年，柳州市公安机关积极推行公安体制改革，加强公安队伍建设，努力开展各项公安业务工作，为柳州市改革开放和经济建设顺利进行，创造良好的社会治安环境。主要措施：一是把维护社会持续稳定作为公安工作的首要任务。积极开展情报信息和敌情调查研究，制定各种预案，加强防范工作；开展打击邪教和境外宗教渗透活动；妥善处置群体性事件。二是积极推进公安工作改革。年内，实施派出所勤务改革，派出所工作重心由破案转到“发案少、秩序好、群众满意”上来；刑侦工作改革，实行“刑侦中队驻所制”；交警勤务改革，实行“撤销岗台，上路巡逻，变静态管理为动态管理，交通、治安统一执法”。三是努力提高市公安机关快速反应和整体作战能力。市公安局以“110”报警服务台建设为龙头，建立、完善公安机关快速反应机制，提高整体作战能力，并将其列为局长工程；“有警必出、有险必抢、有难必帮、有求必应”的社会承诺，受到市民欢迎。四是坚持“严打”方针。加强对大要案的侦破，狠打团伙犯罪；开展集中打击盗抢机动车统一行动；适时开展严打整治行动；抓好对经济诈骗案件的侦破以及开展全市禁毒统一行动。五是强化治安管理。坚持社会治安从严管理原则，把“严打”与严防、严管、严治相结合，开展“双禁”(禁赌、禁卖淫嫖娼)；强化重点复杂行业、场所治安管理和收枪制爆工作。六是加强基础建设。(1)积极推进派出所规范化，年内，市公安局向区公安厅申报规范化派出所48个，经区厅抽查8个派出所，均验收合格。(2)强化内部执法监督、提高办案质量，年内共受理申请复议案件立案15起17人。经复议，维持6起7人，撤销2起3人，变更2起2人，自撤5起5人。(3)加强公安宣传工作。充分发挥《警视风云》和《柳州公安交通报》两个宣传阵地，及时报道公安工作情况；制订市公安局《宣传报道奖励办法》，鼓励民警踊跃向新闻单位投稿。年内被各级新闻单位采用2604篇，其中，中央级新闻单位采用23篇，省级新闻单位采用543篇，地市级新闻单位采用2038篇。七是加强反腐倡廉教育和队伍建设。出台实施队伍管理的“黄牌警告制度”等一系列规定，年内，以“枪、酒、车”热点问题为重点，查处民警违纪案件19起22人，免职副分局长、副所长各2名，47人受黄牌警告；市公安局设立《警察互助基金》，以解决民警后顾之忧。

年内，市公安系统立集体三等功7人，评为柳州市先进集体5个；评为全国优秀人民警察2名、全国公安系统政保专项斗争先进个人1名，自治区劳动模范1名，全区公安科技先进个人2名,全区"十佳"公安技侦民警1名,市劳动模范1名,市先进工作者11名,2人立个人二等功、61人立个人三等功,530名个人获市公安局嘉奖。

【"110"报警服务台建设】 1997年,市公安局继续加紧"110"报警服务台建设,实施公安机关快速反应,提高整体作战能力。市公安局党委把建设"110"列为局长工程,从硬件和软件加大投入。一是建造一个高规格指挥大厅,开通有线指挥、无线指挥、计算机信息处理、大屏幕显示和同步数字网络录音及接警、处警计算机输入查询等系统。4月,把"112"交通事故报警电话并入"110",形成一整套接警处警指挥中心;二是建立由巡警、刑警、治安警、交通警、防爆警联合组成全方位、全天候的备勤队伍,工作突出一个快字,接到"110"指挥中心的指令,处警单位出警最快的20秒钟,一般的5分钟内即到达现场;三是配备有实践经验和指挥能力的干警,到"110"指挥中心指挥接处警;四是组织全局干警签订"110"工作责任书,制定黄牌警告等一系列接处警规章制度,确保"110"指挥畅通无误。年内给予延误"110"警务工作的3名民警黄牌警告和2名派出所副所长免职及1名警长撤销职务处理。

年内,"110"报警服务台共接到群众拨打"110"电话3.3万个,(报警电话1.4万个,举报各种违法犯罪线索电话1568个、报告一般治安问题5280个、报告交通事故8657个,求助电话2839个)。"110"指挥中心调度出动警力7.5万人次,抓获处理违法犯罪人员6922人,破获刑事案件666起,查处治安案件1288起,处理交通事故8657起,接处火灾火警106起,调解各类纠纷528起,为群众排忧解难2839件。

【刑事侦察】 1997年,市公安机关始终坚持"严打"方针,以"破大案、打团伙、追逃犯"为重点,狠抓侦察破案。全市(含两县)立刑事案件1.1万起,刑事案件总数比上年上升9.5%;破案7980起,破案率为70.15%。

【侦破大要案】 公安刑侦部门把侦破杀人、抢劫、盗枪、劫持人质等重特大案件为主攻目标,以侦破区公安厅督办案为龙头,组织专案侦查,加强横向联系和各警种、各部门之间的密切配合。破重特大案件3179起,破重特大案率为61.49%。成功地破获上年发生在龙晶花苑、晶远花苑的"3·11"、"5·6"、"8·8"特大入室抢劫杀人案以及破获"7·6"盗枪案、"8·14"杀人碎尸案等一批影响大、危害严重的重特大案件。

打击团伙犯罪 全年打掉犯罪团伙483个、成员1599人。7月,郊区公安分局,挖出一个"产、供、销"一条龙的特大拐卖儿童犯罪团伙,破获拐卖儿童案件29起,解救被拐卖儿童27名,受到国务院、公安部和区公安厅的表彰。

开展专项斗争 1月、3月、10月以刑侦部门为主力,多警种联合参战,开展集中打击盗抢机动车统一行动,破获盗抢机动车案479起,缴获被盗抢的机动车414辆。同时,打掉盗抢机动车团伙46个,抓获作案成员186人。10月10日至11月30日,开展集中打击行动,破获刑事案件2196起,其中破重特大案件953起。

抓好刑侦基础工作 (1)恢复警犬专业工作。年内警犬出动现场24次,提供侦查方向破案10起,嗅源鉴别破案8起,直接破获重大抢劫案1起。(2)完成对全市军用手枪重新检验、建档工作。全年检验枪支3200支。(3)利用情报资料提供线索破案2300起,其中破大案1300起。(4)全年共收集犯罪资料7000余份,检索提供犯罪嫌疑人30名,提供破案线索20条;搜集储存盗抢机动车信息1000条,提供检索5681辆次;收集指纹70000余份,分析建档1500份,提供检索200次。(5)通过现场勘查、检验尸体、伤情鉴定、提取各类痕迹物证等,提供侦查方向96起,提供物证证实犯罪231件,利用痕迹、物证串并案件43起。

【治安行政管理】 1997年,市公安机关坚持从严管理治安,全面落实各项安全防范措施,加强督促、检查、堵塞漏洞,预防减少案件发生。年内,查处治安案件2704起,依法处理各类违法人员6627人,治安罚款118.85万元,没收财物折款2.28万元。

加大"双禁"工作力度 2月,会同市工商、社文办等有关部门清理整顿音像市场,缴获销毁黄色录相带378盒、影碟88张。6月,针对电子游戏机赌博突出,及时开展收缴赌博游戏机专项行动,清查电子游戏室282家,抓获赌博人员137人,收缴马机266台,电脑板148块。9月,针对一些宾馆饭店、路边食住店公开拉客、电话骚扰及色情

图为郊区公安分局解救被拐卖儿童回柳州的情景

市公安局供稿

服务等突出问题，组织开展打击卖淫嫖娼统一行动，出动警力2090人次，对宾馆、美容美发厅、路边店等1000多家行业场所进行检查，依法处理卖淫妇女234人、嫖客81人、引诱容留妇女卖淫8人、色情服务11人。年内，共查处赌博、卖淫嫖娼案件870起，依法处理2763人；收缴赌资3334.47万元。

加强对重点复杂行业、场所的治安管理 (1)7月至10月，对全市废旧金属收购业进行重点清理整治，查出违章收购21家，依法取缔无证经营18家，治安隐患56家，下发整改通知书77份。(2)以破获发生在旅店的系列麻醉抢劫案为契机，组织开展对旅馆业进行全面整顿。检查宾馆、旅社、招待所319家。对发现有治安问题和治安隐患的停业整顿2家、挂牌警告1家、吊销《特种行业许可证》6家、治安罚款12家，发整改通知书56份。

加强对爆炸物品、枪支弹药的管理 1997年4月至10月，对爆炸物品进行清理整顿，发现不安全隐患59起，及时清除隐患49起，发整改通知书10份，查处爆破事故3起。年内，开展2次全市性收缴流散在社会上的爆炸物品、非法枪支弹药和管制刀具统一行动，共收缴炸药456公斤、雷管2089发、导火索60米、导爆管500米；各类枪支1168支、子弹230发、小炮弹10发、手榴弹9枚、手雷2枚及各种管制刀具600余把。

做好大型活动的安全保卫 年内，为保卫春节焰火晚会和元宵灯展，桂柳高速公路通车典礼，中朝足球赛，迎香港回归万人长跑等24场次大型活动的安全，制定保卫方案13套，出色地完成安全保卫任务。

【户政管理】 1997年，柳州市公安户政管理部门，积极开展以人口管理为中心，改革户口管理制度，做好居民身份到期换证，纠正错、重号码，暂住人口实行计算机管理试点，规范市区门牌、楼牌设置等项工作。

推进派出所规范化建设 加强软硬件建设，培训全市派出所所长、教导员，组织户籍民警学习户政业务，开展岗位练兵。加大人、财、物方面的投入，建立健全各项户政管理制度及台帐。抓好鸡喇派出所规范化建设试点。按照区公安厅派出所规范化建设考评的157项内容逐项检查落实，该所率先达标后，推动全市各派出所规范化建设的进程。

加强户口管理 改建市公安局户政“办证厅”，选派业务熟、责任心强、服务态度好的民警在前台办公。设立接待处，认真解答群众来访和咨询，认真做到思想上尊重群众、感情上贴近群众、服务上优先群众。坚持公开办事制度，改进审批办法，简化办证程序和办证周期，对“非迁非”、“农迁农”，“农转非”户口材料齐全的申请，做到不超半月审批签证，并严格按规定收费。年内，办理各类户口准迁证1.6万人(次)，其中农转非1667人次；办理居民身份证13.8万人(证)；完成居民身份证10年到期换证9.9万人(证)；纠正错、重码563人(证)；完成更换全国统一的《常住人口登记表》126万份。

加强暂住人口管理 全市登记暂住人口11.1万人，应办暂住证8.1万人，已办证7.8万人，办证率达96.1%。完成更换全国统一的《暂住人口登记表》7.42万份8.5万人。开展流动人口清理整顿工作，清理“三无”人员1335人，收容遣送421人，查获犯罪嫌疑人79人，查破案件77起。

规范市区门牌、楼牌设置 依据国家《地名管理条例》的规定，规范市区门牌、楼牌4281块。

【内部保卫】 1997年，市公安机关充分发挥各级内部保卫部门的职能作用，落实预防和打击犯罪各项措施，确保内部单位稳定。年内，全市内部单位发生刑事案件比上年下降22.88%，发生重特大案件比上年下降2.3%，无刑事案件单位332家，无重大刑事案件单位455家，内部单位无重大治安灾害事故。

切实做好内部单位政治稳定 (1)建立健全内部单位防范网络，落实内部治安综合治理，在572家内部单位全部推行治安承包责任制，并纳入单位行政及生产经营管理，有效地减少内部人员违法犯罪。(2)搜集掌握各类情报信息2000条，做到及时了解和掌握内部动态。上报《内部情况反映》10期，为各级领导提供可行决策依据。(3)派出专门力量做好国有大中型企业和大中专院校重点要害部门的安全保卫工作，坚持预防为主的原则，切实抓紧抓好敏感时期稳定工作。(4)年内，对出现的不安定事端、苗头，从提高快速反应和妥善处理入手，坚持教育疏导，把问题解决在单位内部，解决在萌芽状态，有效防止矛盾激化蔓延。(5)加强金融保卫工作。狠抓侦查破案、打击经济犯罪活动，年内侦破金融财税犯罪案件48起，抓获违法犯罪嫌疑人47人，其中逮捕29人，缴获赃款赃物折款计763.12万元。

深入开展“严打”斗争 全市各级内部公安保卫部门适时组织多次专项斗争、破案会战。围绕“破大案、打团伙、追逃犯”为中心工作不停顿地打击刑事犯罪活动。全市企事业公安保卫部门破获各类刑事案件1280起，其中重大案件211起、查破治安案件1167起。抓获违法犯罪嫌疑人3580人，抓获逃犯20人；打掉犯罪团伙62个，成员243人；依法逮捕116人；劳教、少管94人。缴获赃款赃物折款计576.2万余元。

【禁毒工作】 1997年，市公安机关采取打击、防治并举的禁毒专项斗争，加大缉毒工作力度，狠狠打击毒品违法犯罪，并积极做好禁毒帮教工作，取得显著成效。

狠抓缉毒侦察破案 1997年4至9月，以破大案、打团伙、缴巨毒、打荡毒品地下消费市场为主攻方向，以公安缉毒大队为龙头，多警种密切配合、协同作战，在全市开展声势浩大的禁毒专项斗争。派出所充分发挥地域优势，在辖区内对毒品零包市场进行反复扫荡，打击零包贩毒人员、查处吸毒人员，取得突破性战果。年内，侦破毒品案件2015起，其中重特大案件93起，缴获毒品海洛因2571.8克，查处毒品违法人员2071人，逮捕毒品犯罪嫌疑人159人。

把禁毒工作落在实处 (1)全市各派出所管段民警在管区内、逐

街(村)、逐巷、逐户、逐个单位进行调查核实,掌握全市吸毒人数。对吸毒人员严格执行“两个一律”,即凡是吸毒的一律送戒毒所强制戒毒;凡是复吸的一律送劳动教养。年内,送强制戒毒 2907 人,比上年提高 144.3%;送劳动教养 862 人,比上年提高 192.2%。(2)完善戒除毒瘾出所人员的管理措施,吸毒人员戒毒脱瘾出所,必须签订《不再吸毒保证书》。为解决以往吸毒人员在社会上无人管理的问题,在禁毒试点鱼峰辖区,施行全民禁毒责任制,层层签订责任书,组织管段民警、居委会干部、吸毒人员家属与吸毒者本人签订“三帮一”责任书,定期对帮教对象进行教育转化工作。得到自治区强制戒毒工作专项检查组的肯定。(3)做好禁毒宣传,增强全民禁毒意识。充分利用《警视风云》电视栏目,《柳州公安交通报》等宣传阵地,向社会广泛宣传禁毒工作,并经常向新闻单位投稿宣传禁毒。警官艺术团编排禁毒文艺节目在“6.26”国际禁毒日电视文艺晚会上演出。公安缉毒大队汇同有关部门,摄制 5 集禁毒电视片《向毒品宣战》、编辑出版《禁毒教育画本》,组织禁毒演讲、黑板报比赛、开展禁毒咨询、禁毒法制宣传等活动,编印散发各类禁毒宣传资料 20 万份(册)。

【出入境管理】 1997 年,市公安机关出入境管理部门,继续坚持依法审批,热情服务的原则和“两公开一监督”的办公制度,认真做好中国公民出入境、外国人入出境及外国侨民管理工作。年内,批准市民出境 1686 人;发单程去香港证件 46 人,双程去香港证件 766 人;发单程去澳门证件 2 人;办理到台湾定居证件 2 人,办理到台湾探亲证件 147 人。办理外国人、华侨、港澳台同胞证件延期、延签、变更手续 153 人次。全年查处各类涉外案(事)件 23 起,查获非法入境案 10 起,遣送出境 10 人。全市现有外国侨民 9 人,三资企业 260 家,常住境外人员 27 人。年内到柳州探亲、旅游、洽谈贸易及文化科技交流的外国人 3069 人、华侨 101 人、香港同胞 9300 人、澳门同胞 185 人、台湾同胞 1201 人。

【消防监督管理】 1997 年,武警柳州市消防支队获自治区和柳州市“拥政爱民模范单位”和柳州市“文明单位”称号。消防监督管理水平、军事训练、灭火战斗力进一步提高。

加强灭火、抢险救援训练 (1)重新修订全市一、二级防火重点单位灭火作战计划,狠抓以熟悉防火保卫对象为主要内容的“五懂”训练。(2)根据火灾特点,强化战斗应用和特勤装备训练。年内,完成戴空气呼吸器侦察火源操、单车双梯联用攀登灭火操及双车并联高层灭火操等 15 个训练项目。7 月份,进行高层建筑工地灭火实战演习,掌握运用现有器材装备进行高空救人、破拆、排烟、灭火等技能。11 月份,消防武警官兵参加业务技能考核,及格率 97.18%、良好率 80.18%、优秀率 53.45%。全年扑灭火灾 214 起,其中重大火灾 1 起,特大火灾 1 起,完成抢险救援 246 次。

强化消防监督管理 (1)加强消防安全责任制,进一步完善消防监督管理制度。重新确定全市一、二级重点防火单位,消防支队与 89 个一级重点防火单位和 260 个二级重点防火单位逐一签订消防安全责任书。全市三级重点防火单位推行三级管理制度,责任到派出所,并建立健全一、二、三级重点防火单位档案资料。(2)加强防火监督管理。召开全市消防工作会议 2 次,下发消防文件 8 个。审核建筑项目 107 个,参加工程竣工验收 25 个。开展全市性防火大检查 6 次,检查 561 个单位,查出火险隐患或不安全因素 3157 处,提出整改意见 2469 条,下发重大火险隐患通知书 13 份,责令停产停业整改 4 家。查明火灾起因 170 起,处罚单位 5 个、个人 4 人,罚款 3.2 万元。举办消防专业知识培训班 13 期,共培训 938 人;为企事业单位普及消防知识课 48 次,受教育达 7160 人。全年被市报刊、电台、电视台刊用消防宣传教育稿件 70 多篇(条)。

【交通管理】 1997 年,市公安交警部门根据全市道路交通的客观实际,以“抓秩序、防事故、保畅通”为工作中心,整顿与调整并举为工作思路,加大交通管理力度,全市道路交通秩序继续保持良好状态。

建立城市交通治安管理新体系 (1)改革单一行使道路交通管理的勤务制度,实行城市道路交通治安统一执法,使交通警察成为维护全市道路交通秩序和社会治安秩序的一支重要力量。年内,路面交警处置治安问题 1138 件,抓获各类违法人员 240 人。(2)撤销交通岗台 7 个,把警力从岗台解放出来,变静态管理为动态管理,实行定警力、定路段、定任务,包纠正处罚违章、包宣传教育、包交通治安秩序良好的“三

1997 年 8 月,柳州市交警开始担负“一警多能”职责,负责路面的交通,治安执勤巡逻。图为交通民警在飞鹅路上执勤　　赖柳生摄

定三包”责任制。(3)改革事故处理体制,将一般和轻微交通事故处理权下放到城区交警大队,把交通事故报警电话纳入“110”报警服务台,提高交通事故处理接警、出警、处警快速能力。

科学调整市区交通流量流向 实行以人民广场为中心,四周道路逆时针单向行驶的交通分流方案,并在部份路段开辟公交车专用道。在分流路段上增加警力,延长监控时间,对违章者给予重罚,保证交通分流方案顺利实施,市中心区域车辆拥堵基本缓解,车速比分流前提高20%以上,公交车往返一趟减少10至20分钟。

加大交通安全管理力度 年内,全市共发生交通事故6977起,死亡138人,受伤722人,直接经济损失450.15万元。与上年相比,交通事故总数、受伤人数和经济损失有所上升,但死亡人数下降15%。针对交通事故增多的原因和特点,为预防和减少事故,制定方案和措施有:(1)坚持专项治理整顿。全年先后开展春运、南珠杯等6次大规模交通秩序整顿工作,重点整治无牌、无证上路行驶、酒后驾驶、超载超速、闯红灯、不按车道行驶,行人跨越隔离栏,乱停乱放等8乱行为。全年纠正违章77.2万人(次),暂扣证件14.67万本(次),暂扣车辆2.52万辆(次)、吊扣驾驶证1444本(次),行政拘留144人。(2)强化路面监控。对城郊结合部和事故易发路段延长监控时间,对209和322国道实行24小时监控,并采取不定点方式在柳邕路、西江路、柳长路等路段,加强检查客运车辆,对违章超速超载的客车予以重罚。春运期间检查客运车辆6000辆(次),处罚违章超速超载3500辆(次),就地卸客转运1053人。(3)督促全市各有车辆单位落实各项交通管理措施,同时加强对个体运输户、承包驾驶员的安全教育和车辆安全检查,将不安全因素消灭在上路之前。(4)加大交通安全宣传教育,提高全民遵守交通法规意识。4月在全市开展“交通安全系万家”电视大赛;8月在市中心广场组织“向不文明交通行为告别”万人签名活动。利用《警视风云》电视栏目,《柳州公安交通报》大量宣传报道交通管理情况,中央、自治区、市级新闻单位采用交警支队发送的稿件800篇(条)。(5)对学生开展交通安全常识教育,培养学生自觉遵守和维护交通秩序的良好习惯。鱼峰交警大队在东环小学、乐群小学开办“少年警校”,柳北交警大队在北站小学成立“红领巾交警队”,这一尝试收到很好的效果,新华社就“少年警校”作了专门报道。

加强车管、培训工作 年内,审验驾驶证11.47万本,检验车辆9万辆,完成11万辆机动车和14万驾驶员的档案整理、归类工作。同时,加快驾驶员培训基础设施建设,完成13公里考训路网工程并投入使用,全年培训驾驶员7130名。

(公安局写作小组)

司法行政

【概况】 1997年,柳州市有律师事务所22家,律师225人,公证处4家,公证员13人,基层法律服务所35家,基层法律工作者169人,调解委员会947个、1.4万人。市各级司法行政机关坚持以邓小平理论为指导,深入贯彻全区司法行政会议精神,以服务柳州市经济建设为中心,充分发挥司法行政机关三大职能作用,立足本职,锐意进取,开拓前进,各项工作取得了较好成绩,为柳州市民主与法制建设做出了积极贡献。司法部批准柳州市司法局荣立集体一等功。

【普法和依法治理】 1997年,主要抓了以下几项工作:(1)4月23—26日,由中宣部、司法部、全国普法办共同主办的第四次全国学法用法依法治市经验交流会在柳州市召开,柳州市各级司法行政机关积极协助市政府,以高度负责的精神做好各项会务工作,为会议取得圆满成功创造了条件。(2)自治区党委于6月27日作出《关于开展依法治桂工作的决定》,柳州市结合实际进行了大规模的宣传贯彻。草拟了柳州市普法依法治县(区)、乡(镇)、村、厂、校、店和柳州市党政、执法部门、各群团组织普法依法治理7个工作考核标准,以及《柳州市领导干部学法用法考核规定》和《行政执法责任制》规定。(3)抓好领导干部和青少年普法教育。坚持以各级领导干部学法日制度,11月23日,组织市直机关政法系统近千名副处级以上领导干部进行1997年度普法集中统一考试。青少年法制教育坚持搞好警校共建,抓好中专、职技校法制课教学。(4)开展形式多样的普法宣传教育活动。建立了一支4000多人的法制宣传员和普法教员队伍;组建“市普法艺术团”,深入基层演出50余场;展出法制宣传图片7期,出版《普法快报》3期,法制宣传图片5期共2.8万幅,各类宣传资料10万份;配合各专业部门开展专业法宣传8次,组织黑板报320块,出动宣传车24次。

【律师工作】 1997年,成立柳州市律师协会,加快律师管理体制从行政管理向行业管理转变。对国资律师事务所进行合并重组,充分发挥国资所在改革中的带头作用。规范律师业务文书格式,统一印制专用介绍信、《接受指定辩护函》、《调查取证申请书》等26种书、信、函、状,下发全市统一使用。市政府于11月正式批准成立“柳州市法律援助中心”,年内,全市已有21家律师事务所开设援助服务,办理法律授助案件170件;柳州市律师共担任常年法律顾问299家,受理刑事案件1018件,代理民事、经济、行政诉讼1878件,办理非诉讼法律事务453件,涉及财产标的4.04亿元,索回赔欠款7537万元。

【公证工作】 1997年,柳州市公证工作主要有:(1)制定《关于市属公证处管理若干问题的规定(试行)办法》以及信息联络费返还标准等配套方案,把公证处的宏观管理和微观管理相结合,将监督机制和激励机制引入各公证处。(2)组织1997年度公证员资格考试报名及资格审查工作,共有21人报名参加考试。(3)市公证处制定了岗位责任、财务管理等制度,并实行承诺制,公开监督机构和投诉电话,自觉接受群众监督。(4)配合市计生委搞好计划生育合同公证工作。(5)规范法律服务市场,树立良好的律师、公证员形象,制作统一上岗胸牌,实行挂牌上岗制度,要求律师、公证员在执业中实行挂牌服务。共办理各类公证6420件,其中:国内民事公证3665件,国内经济公证534件,涉外公证1892件,涉台、港、澳公证329件。

【基层法律服务】 1997年,柳州市制定下发《关于加强基层法律服务工作管理的意见》,在人事管理制度上向"主任负责制"、"全员聘用合同制"方向发展;财务管理逐步向"自收自支、独立核算、自负盈亏、自担风险"的方式转变;在分配制度上,推出了基层法律服务实行定额缴纳管理费的新举措,目标责任落实到人。年内,全市基层法律服务工作者担任常年法律顾问142家,比上年增加75%;代理民事诉讼731起,比上年增加49%;办理非诉讼法律事务176件,比上年增加80%;协办公证158件,比上年增加229%;共为当事人避免和挽回经济损失2304万元。

【人民调解工作】 1997年,柳州市人民调解工作主要抓好以下几项:(1)抓紧健全完善三级调解网络,在街道结合居委会换届选举,调整、充实调整骨干;在农村结合基层组织建设,全面调整充实调解组织力量;在城乡结合部,郊区司法局和柳南区司法局成立流动人口聚居点调委会,(2)大力发展规范化调委会,建立起一套较完善的管理体系,实现管理制度化、调解纠纷规范化、调解文书标准化,并制定出相应的调解程序、工作原则和纪律,建立了一套考核评比制度。(3)以防激化为重点,扎实开展"学习侯殿禄,百县千乡创四无"(无民间纠纷转为刑事案件,无民间纠纷引起自杀案件,无集体械斗,无集体上访)活动,成功调解一批重大纠纷,防止一批矛盾激化案件。年内,全市调解民事纠纷8175起,调解成功7450起,调解成功率为92%,防止民转刑案件102件,避免非正常死亡12人,防止民间纠纷激化110件。

【司法行政队伍建设】 1997年,柳州市司法部门加强职业道德建设,提高律师、公证和基层法律工作者队伍素质。组织全市已注册律师参加《刑诉法》业务培训班和庆祝《律师法》颁布一周年法律咨询及座谈活动;利用各种优惠条件鼓励律师、公证员参加提高学历和专业技能学习培训,共选派32人参加学习;严肃执业纪律和职业道德,狠抓律师、公证投诉案件处理,共受理对律师、公证员投诉16起;清理整顿基层法律服务队伍,结合年审注册和深入调查,对13名基层法律服务工作者作出暂停执业的决定,注销法律服务执照;收缴5家不年审注册的法律服务所执照;责令一名工作者退出不合法收入;3家法律服务所更名并选聘新主任主持工作。

【法学研究和法学教育】 1997年,柳州市司法部门加强对市法学会的组织、管理和指导,使法学会工作制度化、经常化。组织各分会上街开展大型的基本法宣传活动,完成法学会重新登记审查工作,市法学会荣获市社科联授予的"先进学术团体"称号。组织、指导全局开展调查研究、论文写作工作,共收到局领导、县(区)司法局及各科室领导和干部送交的论文24篇,选送区厅4篇,8篇论文获市社科优秀成果二、三等奖。中华全国律师函授中心柳州辅导站继续为社会培养具有高等学历的法律专业人才,现在律函中心法律班、律师班、广西师大法学班、区党校经济法专业及自学考试法律专业就读的约计300人。

(马宏伟 黄振土)

社会治安综合治理

【维护社会稳定】 1997年,市综治委先后召开了两次全委(扩大)会议,专门研究部署柳州市维护社会稳定工作。各县区进一步完善了维护稳定工作的领导机制、工作预案和信息情报网络。各部门各单位加强了企业解困职工解困和实施再就业工程,制定和完善了各种工作制度和措施。针对封建迷信、非法宗教活动抬头,容易诱发不安定因素,4月11日,市政法委牵头组织公安、宗教等部门依法对市区五大公园和县郊的"非法佛像"、"野庙"进行整顿,有效地遏制了封建迷信的漫延势头。人民调解对维护稳定也起到了积极的作用,司法部门组织开展了"迎香港回归,保社会稳定,促经济发展"为主题的大调解活动,共调解民间纠纷7924件,防止民转刑案件40件99人。全市共有948个调解组织,14个调解办,3000余名调解人员。年内,全市没有发生影响社会稳定的群体性事件。

【社会治安综合治理检查评比】 1997年3月19—22日,自治区社会治安综合治理检查组一行6人在区民政厅副厅长、检查组组长郑荣贵的带领下,对柳州市1996年综治工作进行了检查,较高地评价柳州市综治工作,柳北区首次荣获自治区级治安模范城区,鱼峰区继续保持自治区级治安模范城区称号。

【表彰"警校共建"先进】 1997年,市综治委、市教委第二次表彰"警校共建"先进单位(集体)、先进个人和"无犯罪学校"。柳州市政法各部门积极参与对在校学生的法制教育和"双差生"的教育转化,治理学校周边治安环境,打击影响正常教学、学习秩序的各种违法犯罪活动。学生违法犯罪现象有所下降,学校周边治安环境大有好转。这次获表彰的有110个先进单位(集体),93个先进个人,48所无犯罪学校。

【群众安全感调查测评】 1997年,市综治委设计调查问卷500份用了4天时间深入五区两县13个治安复杂场所,公共场所随机采访基层干部群众,了解对治安状况的感受和意见,共采访不同层次的群众409名。经统计分析,群众对柳州市1996年的治安评价认为“好”的占6.59%，“较好”的占29.76%，“一般”的占46.1%。

（王代玲　吴代章）

柳州军分区

【概况】 1997年，柳州军分区坚持抓根本、打基础、求质量、“硬件”、“软件”建设一起抓，突出抓好党委班子建设和人武部建设三年规划的落实，履行军事机关职能，充分发挥“桥梁”、“纽带”作用，单位的全面建设和民兵预备工作上了新的台阶，圆满完成上级军事机关和当地党委政府赋予的各项任务。

思想政治建设　1997年，军分区狠抓了8个专题的理论学习。抓好：读书、讨论、辅导、写心得体会四个环节，注意四个结合：即：理论学习与党的路线方针政策学习相结合；理论学习与四个教育相结合；理论学习与党和国家、军队重大事件的庆典相结合；理论学习与高科技军事知识学习相结合。军分区党委连续四年被广西军区评为先进党委，另有3个人武部党委被评为先进党委班子，分区有21名师团职干部参加了上级举办的读书班，有92名科以下干部参加军地各级理论培训班学习，有4名团职干部被广西军区评为优秀党员，2名团职干部被广西军区评为优秀廉政干部。同时，军分区围绕“一个中心”（以加强纪律建设为中心），狠抓“两个经常性工作”（经常性思想工作、经常性管理工作）落实，实现“两个转变”，努力做到“四个管住”（管住人、管住车、管住钱、管住枪）从而使军分区的作风纪律建设和正规化建设水平有新的提高。

军事训练　年内，重点抓了干部“四会”教学指挥训练和民兵应急分队的建设，配齐了人员，统一了服装、装备了器材，进行民兵的应急训练，完成了5300名基干民兵的训练任务。经“两级”军区的考核验收，基础训练和合同战术成绩全部在良好以上，受到“两级”军区的通令表彰。军分区机关和人武部共完成军区下发的二期函授作业。修定完善了《紧急疏散方案》、《稳定社会方案》、《抢险救灾行动方案》等8个方案。5月6日，军区“三级参谋长会议”在军分区召开，与会代表参观作战室、工程室、资料室等，都给予了很高的评价，受到了军区的表彰。10月份，军分区自筹资金42.5万元，购置微机14台，在邮电局的积极配合下，开通了全军自动化指挥网和人武部的邮电分组交换数据通信网，并于10月20日至31日举办一期数据通信指挥网操作员培训班，有14个上网工作，开通率达95%。同时，派出部分官兵帮助30所大中小学校平均完成军训15天，军训学生达3万人。

基层建设　1997年，军分区把基层建设的重点放在达标上，结合民兵整组训练，教育整顿，完成急难险重任务，征兵等时机，领导带工作组下基层对乡、镇、厂矿企业武装部和村民兵营的全面建设，逐一检查过关，整改达标，完善了各种方案，按条令要求正规办公秩序，促进基层建设稳步发展。164个基层武装部，有150个达标，占90%。来宾、三江两个民兵铁路护路连完成任务好，先后派出民兵418人次，配合公安部门围捕罪犯，抓获犯罪分子33人，收缴赃物价值达10万元，有力地打击和预防各种犯罪活动，与去年同期相比铁路货盗案件下降60%。

【冬季征兵】 1997年，征兵工作在市委、政府的领导下，军分区坚决执行国务院、中央军委的征兵命令，强化组织领导，严格体检审查把关，保证新兵质量，圆满完成了1924名新兵征集任务。其中男兵1892名，女兵32名；陆军1580名，武警344名，兵员质量好，无退兵。

【双拥共建】 1997年，军分区领导发挥“桥梁”、“纽带”作用，积极协调驻军和组织民兵预备役人员，参加双拥共建活动：一是充分发挥了民兵预备役人员与完成急难险重任务中的突出作用。全年共动用民兵应急分队8个1100多人次，扑灭森林大火4次，城镇消防救火2次，紧急抢救战备物资2次，挽回经济损失1000万元。二是参加柳州防洪工程建设。由军分区牵头，组织驻军29个团以上单位和民兵预备役人员，参加修筑“十里爱民堤”。三是军分区积极配合有关部门重新修订颁布了义务兵优待、退伍义务兵安置和随军家属就业的政策法规。四是积极参加义务植树活动。军分区组织广大民兵预备役人员参加植树造林2.68万公顷，植树1847.26万株。五是积极参加军警民联防，加强对重要目标的守护，配合公安机关巡逻执勤、维护社会治安，确保人民生命和国家财产安全。全年先后出动民兵2.48万余人；守护大桥、民兵武器弹药仓库等重要目标101个，出动巡逻队伍1650人；配合公安机关统一行动，抓获各类犯罪分子802人，协助破案920起，收缴各种凶器1169件，收缴赃款赃物价值达366.25万元。

军分区部门以上领导人

职务	姓名	军衔
司令员	韦德权	大校
政治委员	古麟宗	大校
副司令员	余良忠	大校
参谋长	黄邦门	大校
政治部主任	刘汉忠	大校
后勤部部长	邹建军	中校

【扶贫工作】 1997年，军分区组织发动干部和民兵预备人员参加扶贫攻坚，把持贫工作作为一项政治任务列入党委重要议事日程和民兵预备役工作总体规划，做到扶真贫、真扶贫，取得了一定的成效，受到地方党委和人民群众的好评。投资13万元，协调资金70万元，抓融水县四容乡四合村等扶贫点，军分区机关和人武部干部又广泛开展了“一部扶一村”、“一干助一童”、“一人包一户”的扶贫帮困活动，每名干部每年出资200元帮助一名失学儿童。

（黄邦门　唐建中）

柳州陆军预备役步兵师

【概况】 1997年，柳州陆军预备役步兵师认真学习贯彻党的十五大、军委扩大会议和广州、广西军区党委扩大会议精神，按照江主席“五句话”总要求，围绕党和国家的大事，狠抓工作落实，在稳定中求发展，园满完成了年度工作任务，总的形势是好的。

思想政治建设　1997年围绕香港回归、建军70周年、党的十五大三件大事，大力加强思想政治建设，确保了部队坚定正确的政治方向和安全稳定。一是理论学习和政治教育扎实。师团党委先后完成了邓小平论社会主义精神文明建设、邓小平哲学思想、邓小平法制思想，“一国两制”理论、《香港特别行政区基本法》、中国近代史知识的学习。二是贯彻落实“迎回归、作贡献、创三无”活动认真。三是作风纪律教育整顿和加强财务管理监督，预防打击经济犯罪整顿严肃。年内，认真地组织了两次较大范围的整顿，广大官兵大大增强了遵纪守法意识和维护军队声誉的责任感、使命感。保证全师官兵政治坚定、思想道德纯洁，经受住复杂环境的考验。

干部队伍建设　1997年，师团党委遵照江主席关于加强 党的建设的指示，认真落实军委和两级军区的指示精神，党委班子建设水平和干部队伍素质有提高。一是抓党内监督。二是抓教育整顿；三是抓干部教育管理。一年来，严格管理与关心爱护结合的比较好，干部队伍思想稳定，发挥了工作的能动性。

军事训练　1997年，共完成3849人的训练任务。其中，干部骨干629人，新兵712人，专业保障分队专业训练248人，战术演习分队22个连队2292人，超额完成年度训练任务并取得总评良好成绩。有针对性地重点训练了无线电通信、工兵舟桥分队和榴炮一连。机关的训练比较落实，3月份，在军区对师级机关的8个考核科目中，均取得及格以上成绩。4月份，在军区边境坚守防御作战演习中，师机关决策正确、情况处置及时，得到军区的肯定；5月份在军区参谋业务竞赛中取得总分第3名。机要组被军区评为安全保密无事故活动先进单位；10月份，在军区组织的财务账目评比中，获军分区类第2名。年内，进行了司机队伍专项治理；按“三化”标准，落实了武器装备管理制度；进一步完善了自动化指挥系统和有线通信设备；全年无事故、无案件、无军警民纠纷。

后勤保障工作　师团后勤工作坚持勤俭建军原则，开源节流，努力提高业务素质和保障水平。年内，进行了野炊和自救互救训练；按制度加强了经费、物质的管理，没有发生奢侈浪费和违法违纪现象。武器弹药安全无事故。为把营院治理好，师自筹资金，新建了一栋宿舍楼。一团维修了办公区、训练基地设施，被评为花园式营院。卫生防病工作做得比较好，计划生育工作受到广西军区通报表扬。

【扶贫攻坚工作】　1997年，师团加大扶贫工作力度，共投入扶贫资金35万元，投入兵力1.2万余人次，援建一所希望小学，扶持5600人脱了贫，使85名失学儿童重返校园。各团均建立了扶贫项目，一团资助修桥铺路，二团帮助点上搞种植，三团解决点上群众饮水问题，炮团的修路、种养等，很受当地群众欢迎。

【支援地方重点工程建设】　1997年，陆军预备役步兵师参加了地方两项重点工程建设。一是建设柳州防洪堤，义务开挖基槽250米，完成土石方2000余立方米。二是支持柳梧国家二级干线光缆工程施工，成建制动用10个连队940多人，安全、优质、按时完成了74公里光缆挖槽铺设任务。

【培养宣传典型】　1997年2月，自治区、广西军区授予柳州陆军预备役步兵师榴炮一连“预备役部队全面建设模范连”荣誉称号。人民日报、解放军报、国防报等中央和省地市新闻媒体对一连先后进行了几十次的宣传报道。师和炮兵团集中人力物力为一连建设了新连部，加工布置了荣誉室，国防教育室于6月份迁入新址办公，连队面貌焕然一新，吸引了一些兄弟省、市的预备役部队前来参观学习。全师掀起了“向一连学习，建一流连队”的高潮。

【拥政爱民工作】　1997年，全师官兵植树造林324公顷，近13万株，兴修水利123公里，修路58.7公里，搬运土石19万立方米，投工2500个。师团帮助群众筹措资金35万元用于发展生产和改善教育条件。帮助军训职工3500余人次。师部和4个团所在地全部是双拥模范县(城区)。

【扑灭山火】　1997年，全师共出动官兵2500多人次，扑灭山火达33.33多公顷。步兵二团的一营、三营官兵两次参加扑灭森林火灾，做到召之即来，来之能战，没有一人退缩。为国家挽回经济损失400多万元。

【维护社会治安】　1997年，陆军预备役步兵师部队共出动官兵巡逻1800人次，协助公安部门抓获犯罪分子48名，主动疏通交通堵塞10次，较好地维护了当地的社会治安。

预备役师部门以上领导人：

师长(军分区司令员兼)　韦德权　大校

政委(军分区政委兼)　古麟宗　大校

副师长(兼军分区副司令员)　刘进忠　大校

参谋长　詹根　大校

政治部主任　马瑞杰　大校

后勤部长　刘胜益　上校

(黄振洋)

武警柳州市支队

【概况】　1997年，武警柳州市支队认真贯彻武警总部、广西总队两级党委扩大会精神，以《军队基层建设纲要》和条令条例为依据，紧紧围绕“两件大事”(党的十五大召开和香港回归祖国)，狠抓“两项工程”(党委班子建设的“龙头工程”、基层建设的“基础工程”)，确保“两个稳定”(国家安全和社会稳定、部队内部安全稳定)，部队建设整体水平有了明显提高，各项工作圆满完成。

【思想政治建设】 1997年，武警柳州市支队紧紧抓住用科学理论武装头脑这个根本，在保证官兵政治上坚定和思想道德纯洁上下功夫，在官兵中深入进行了以学习马列主义、毛泽东思想，特别是邓小平理论、江总书记关于加强武警部队建设的一系列重要论述和党的十五大精神为主要内容的理论学习，进一步深化了以“做党和人民忠诚卫士”为主题，以“爱国奉献、尊干爱兵、遵纪守法”，“三德”为主要内容的“四个教育”。狠抓了党委班子建设的“龙头工程”，进行了增强党性观念和民主集中制的教育，进一步完善了《党委廉政建设若干规定》、《转变领导工作作风措施》。23人参加了各级举办的理论读书班学习，41人参加了中央党校函授本科学习。通过理论学习，官兵政治信念坚定，思想道德进一步纯洁，在履行使命、完成本职工作中表现出了高度的政治觉悟和良好的精神风貌。年内，有22名官兵荣立三等功，178人次受到各级表彰。

【执勤和“处突”工作】 1997年，武警柳州市支队认真落实勤务规定和制度，制定完善“处置突发事件”预案，进一步规范战备执勤工作，狠抓执勤中的思想教育和勤务管理。年内，部队圆满完成担负看押、看守、守卫、押运和城市武装巡逻等任务。19名官兵受到表扬，涌现出执勤能手42人。

【军事训练】 1997年，武警柳州市支队大兴练兵习武之风。举办大队、中队、排三级军事干部教学法和骨干集训5期，培训干部、骨干294人次，“八·一”前夕举行军事业务训练成果汇报，推动了部队的训练。全年完成训练时间：首长机关30天，机动分队129天，执勤分队67天，涌现出“四会”（会讲、会做、会教、会做思想工作）教练员96名，擒敌技术能手45名，神枪手37名，2个中队参加总队组织的军事考核总评优秀。

【行政管理】 1997年，武警柳州市支队坚持依法治警，从严治警，认真落实教育、管理、检查“三到位”。开展了“条令条例学习月”、“安全防事故月”等活动。全年部队无行政责任事故、案件，无执勤事故，无严重违纪。

【基层建设】 1997年，武警柳州市支队紧紧围绕“全面建、整体上”的目标，认真贯彻落实《军队基层建设纲要》和《武警部队贯彻落实〈军队基层建设纲要〉的意见》，狠抓基层建设，夯实“基础工程”。举办《纲要》学习班1期，筹集基层建设专项资金8万余元，领导机关下基层指导帮助108人次，为基层办实事15件。大力加强基层党支部建设，举办2期基层党支部正、副书记学习班，对2个基层党支部进行了整顿，吸取43人入党。年内，有2个中队党支部被总队、支队评为“先进党支部”，3名党务工作者和15名党员受到各级表彰，2个中队为基层建设先进中队，96名战士被评为“优秀士兵”。

【拥政爱民工作】 1997年，武警柳州市支队官兵支援地方经济建设，派出兵力4082人次，车辆792台次，植树6800株，向灾区、希望工程捐款1.14万元，为民做好事312件，派出120多人次帮助公安干警、学生举行军训。支队被自治区评为军（警）民共建先进集体，被柳州市授予军（警）民共建标兵单位。

【后勤保障】 1997年，武警柳州市支队加强以“种养”为主的农副业生产。全年养猪195头（收入11万余元），养鸡1500只，产菜22.8吨，人均创收1100余元；支队与柳州市土地管理局联合建起了生产基地，种龙眼树80余亩；加强对部队的伙食管理，年内，全支队共节粮10.5吨，节余伙食费2.3万元。卫生防疫工作也有较大的起色，部队昼夜发病率控制在1‰以下，计划生育“四率”达100%。

支队部门以上领导人

支队长	魏正田	上校
第一政治委员	于丁（市公安局局长兼）	
政治委员	李运才	中校
副支队长	王卫	中校
参谋长	李通兴	中校
政治处主任	周玉林	少校
后勤处处长	（缺）	

【军事业务训练成果汇报】 为庆祝中国人民解放军建军70周年，1997年7月26日，武警柳州市支队举行了一次以擒敌技术、防暴器材使用、硬气功为内容的军事业务训练成果汇报表演。广西总队总队长温吉粼大校，柳州市领导宋继东、杨鸿泉、徐步基、黄桂清、徐伟崇等莅临观看并给予了高度评价。

【武警部队副政委张钰钟中将来支队视察】 1997年11月21日，武

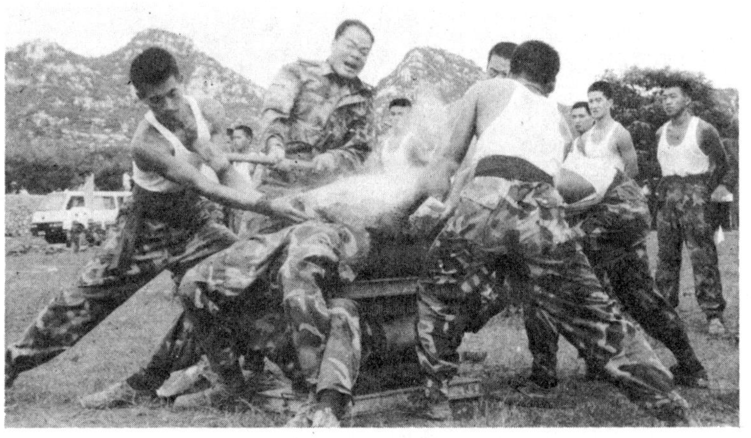

图为官兵在军事业务训练汇报表演硬气功双钉床碎石

赖德勇 摄

警总队副政委张钰钟中将在广西总队政委张德顺大校等领导的陪同下到支队检查工作，先后视察了支队机关、一中队、四中队，并与基层官兵谈心。对支队党委按《纲要》抓基层、打基础，部队建设所取得的成绩给予了充分肯定。

【城市警备工作】 1997年，武警柳州市警备指挥部认真落实武警部队城市警备工作会议精神，认真履行维护警容风纪、维护武警车辆交通安全、管理过往武警人员任务。全年派出纠察人员1415人次，纠察违规108人次，违章车辆210台次，为过往武警人员解决困难68件，查处打击了一批冒牌武警车辆、假武警。

（周玉林　贺四清）

人民防空

【概况】 1997年，柳州市有市、区两级人民防空办公室5个。市人防办公室在机构改革中列入政府编制序列，内设4个职能科。各城区人防办公室挂牌城区城建局。人防部门在职员工33人。市、区人防部门以《人民防空法》为指导，较好地完成了人防工程、指挥通信、平战结合等任务，人防财务管理实现了电算化，人防机关建设得到增强。年内，在接受自治区人防办目标管理检查中，柳州市人防办获自治区人防办目标管理一等奖。

【人防工程建设】 1997年，柳州市人防工程建设主要开展了5项工作：一是进行半山人防工程扩挖施工，完成扩挖石方3000立方米。二是组织马鞍山人防地下指挥所附属工程掘进施工，完成掘挖石方5000立方米。三是继续进行蝴蝶山人防工程扩挖施工，完成扩方量1.27万立方米。四是组织开展人民防空监察工作，举办柳州市第一期防空地下室设计培训班，培训设计人员160名。审批防空地下室工程两项，对在建的28个防空地下室的建设质量进行了检查，面积6.08万平方米。五是抓好防空地下室易地建设费的征收工作，年内共收取防空地下室易地建设费419万元。

【人防工事开发利用】 1997年，柳州市主要抓好已建人防工程的开发利用。采取人防部门和个体户共同投资，利用马鞍山人防工程兴建“东南亚奇石城”石玩市场。奇石城占地6300平方米，成为广西最大的石玩市场。该市场的建成和使用，为柳州市增加了一个对外开放的宣传窗口，安排下岗职工近200人，每年可增加人防平战结合效益10万元。

【人防指挥】 1997年，柳州市人防办对人防地面指挥室进行了建设装修，购置了电脑、大屏幕投影和音响设备，并制作了防空袭预案软件，已初步建成防空袭预案微机管理指挥系统。市人防办还坚持抓好群众防空组织的训练，并组织了防空洗消专业队的实兵演习，得到自治区人防办的肯定。

【人防通信】 1997年，柳州市人防通信建设主要抓了几项工作：一是抓好通信值勤，落实通信制度，提高服务质量，人防总机共接转电话10万次，没有出现差错责任事故。二是抓好通信人员岗位培训，组织通信骨干参加自治区举办的传真机操作使用培训，通信人员的专业技术水平得到巩固和提高。三是开通了对自治区人防办的传真通信网，提高了通信保障能力。四是落实机线维护制度，有线、无线通信设备良好率达到95%以上，警报器一次鸣响率100%。

【防空知识教育】 1997年，柳州市人防办会同教育部门，以《人民防空法》为依据，坚持抓好47所市属中学8950名学生的防空知识教育，考试及格率达100%。

【人防宣传】 1997年，人防宣传以《人民防空法》为重点，市人防办投入宣传经费7.5万元。主要采取五种形式：一是组织干部职工向《广西人防》杂志及市属有关报刊投稿78篇；二是出版《柳州人防》简报6期，宣传板报5期；三是采取召开座谈会，请市领导视察人防工作，发表电视讲话和在报刊上发表文章的做法，向各级领导和群众宣传《人民防空法》；四是设置人防宣传点，组织宣传车和在主要街道挂横幅标语。五是组织开展《人民防空法》知识竞赛。

【领导视察人防工作】 1997年，国家人防办公室徐培义局长于8月22日来柳州检查人民防空建设情况，并对人防工作作了重要指示。10月29日下午，中共柳州市委书记刘知炳同志率领市四套班子，会同柳州军分区首长共11名领导视察了市人防工作，并出席《人民防空法》实施一周年座谈会。

（人民防空办公室）

图为柳州市长宋继东出席在马鞍山人防工程兴建的“东南亚奇石城”开业仪式　　市人防办供稿

工 业

综 述

【概况】 1997年,柳州市的工业因其重点以生产资料的产品为主体,受市场钳制较大;加之水、电、煤、运输费用不同程度地上调;资金短缺;"两金"占用比年初及去年同期仍有较大幅度地增加,经济运行情况艰难。尽管如此,柳州市仍涌现出轻工总会、微汽、搪瓷、糖二、两面针等一批获利能力较强的优势行业及企业;城区工业、乡镇工业、轻工业、集体工业比重有所提高;全市工业产销率持续提高。

各项经济技术指标完成情况 1997年度,全市乡及乡以上工业企业完成工业总产值(90年价)208亿元,比上年同期增长7.98%。其中:全市独立核算工业企业全年销售收入实现227亿元,比上年同期增长7.57%;实现税利18亿元,比上年同期增长77.7%;实现工业增加值69亿元,比上年同期增长13.2%;产品质量稳定提高率为92.49%,比上年同期下降1.92%;实现新产品产值43.6亿元,新产品产值率为17.7%;关键工序一次投入产出合格率为94.99%;完成技术改造投入8.14亿元,比上年同期增长12.5%。按106户国有独立核算工业企业统计,经营性亏损额为9850万元。

主要产品产量 在全市18种主要工业产品中,有13种有不同程度的增长,占统计数的72%。其中:增幅在30~40.73%的产品有生铁、硫酸、机制纸3种;增幅在20~30%的产品有水泥、布、电冰箱、柜、电风扇、微型汽车5种;增幅在10~20%的产品有钢材、钢、装载机3种;增幅10%以下的产品 有牙膏和合成氨2种。仍有5种产品处于下降状况,占统计数的28%。其中:降幅为42.58%的有糖果产品;降幅在10~21.74%的有聚氯乙稀、中型货车、自卸车、烧碱3种产品;降幅在10%以下的有纱产品。其中:两年持续下降的有糖果、东风汽车、聚氯乙稀、纱等4种产品。

1997年柳州市工业主要产品产量

产品名称	计量单位	产 量	比上年±%
机制纸	吨	56564	40.73%
硫酸	吨	215395	39.87%
生铁	万吨	100.01	30.44%
微型汽车	辆	92895	28.57%
电风扇	台	235859	26.40%
电冰箱、柜	台	39228	25.32%
布	万米	4822	26.52%
水泥	万吨	232	23.40%
装载机	台	2963	16.24%
钢	万吨	85.44	14.99%
钢材	万吨	74.15	10.39%
牙膏	万支	35311	6.11%
合成氨	吨	144487	5.17%
糖果	吨	8863	-42.58%
烧碱	吨	15202	-21.74%
中型货车 中型自卸车	辆	6473	-15.20%
聚氯乙稀	吨	4377	-13.63%
纱	吨	25114	-8.22%

【新产品开发】 1997年,柳州市重点抓好一批技术含量高、经济效益好的新产品开发项目。上级下达给柳州市的项目计划共127项,其中:国家级项目20项、自治区级项目83项、市级项目24项。完成项目357项,立项完成率为82%,其中:完成国家级项目13项、完成自治区级项目71项、完成市级项目20项、完成企业级项目253项。全年计划总投资3.321亿元(不含重复数,含企业数),实际完成投资1.14亿元。全年全市实现新产品产值43.6亿元,新产品产值率为17.7%。

在推行"产学研"工作方面,全年共完成共同开发项目18项,完成投资1493万元。

【产品质量】 为提高企业产品的市场占有率,充分发挥名牌产品的名牌效应,1997年,出版了《柳州市名牌产品名录》,在上年获得8个广西名牌、30个广西优质产品的基础上,加大创名牌工作力度,全年共向自治区推荐28家企业的65种产品,有55种产品已被列入自治区经贸委下达的创名牌产品计划,其中,有6种产品获得广西名牌产品,27种产品获广西优质产品。1997年度ISO9000质量体系认证工作,全市通过认证的企业有:两面针股份有限公司、柳州钢铁(集团)公司中板厂、柳州市仪表总厂、柳州锌品股份有限公司、柳州工程机械(集团)有限责任公司、东风汽车工业联营公司柳州汽车厂等6户企业,另有柳州水泥厂等6户原获认证的企业通过了复查。全市群众性的QC小组质量活动整体水平有所提高。参加市级评审的QC成果为128个,其中,有3个QC小组被评为国家级的优秀QC小组;有20个被评为自治区级优秀QC小组;有38个被评为自治区先进小组。1997年度,注册登记的QC小组达1678个,取得成果的有742个,成果率为44.28%;普及率达11.02%;创直接经济效益4320万元。

【利用外资】 1997年度,积极推进工业企业由内向型企业向外向型企业转变,增强企业的自主出口创汇能力。当年办理直接利用外资项目建议书批复3项,可行性研究报告批复5项;办理间接利用外资项目建议书10项,可行性研究报告2项;获自治区立项批复5项,可行性研究报告批复3项,总投资6.08亿元，其中外国政府贷款1727万美元，商业贷款3104万美元。对历年来在建的利用外资项目加强管理，监督企业按质、按量、按时搞好项目实施工作，按计划建成投产，发挥经济效益。全年共下达在建利用外资项目7项（其中：直接利用外资项目5项；间接利用投资项目2项），计划总投资3.62亿元，其中外资2129.45万美元，今年累计完成项目总投资2.3亿元，完成计划的63.74%；投入外资1176.65万美元，完成投资计划的55.26%。全年新批准成立外商投资企业5家，项目总投资4316.6万元，其中外资213.25万美元。在建实施项目有柳州采埃孚机械有限公司，惠好卫生用品有限公司等4个，其中3个已试机生产；柳州鱼峰石膏建材有限公司正在土建施工当中；项目实施之后，当年可实现新增销售收入3.2亿元，税收3096万元，利润2760万元。1997年，实行获权企业自营出口情况按月填报制度，通过对企业进行自营进出口业务管理以来，从上年的获自营进出口经营权企业16家增至26家。其中：冶金4家，机电10家，轻工3家，化工2家，建材1家，纺织5家，其它1家。以上企业当年累计出口创汇1.21亿美元。其中，自营出口9043.5万美元，供货出口2.47亿元（折合2977.5万美元），自营出口额比上年增长25.81%。

【扭亏增盈】 1997年度，扭亏增盈工作结合本市实际，围绕着深化企业改革，强化企业管理开展，在抓大放小、兼并破产、学邯钢、降成本等方面下功夫。采取促销、催收、节流等强有力措施，促使部份企业减亏、扭亏。柳州市建立了扭亏增盈联席会制度，有针对性地解决企业减亏增效中的具体问题。将全市亏损企业分为三类有区别地指导扭亏工作。狠抓两个“大头”，一以盈利优势企业为主体组建企业集团，采取划转方式代管、兼并劣势企业；二对严重亏损企业实施“增资、改造、分流、兼并破产”，把扭亏工作与企业改革有机地结合起来，多渠道为企业增资减债，增加“造血”功能。一是通过清产核资核销掉不良资产一块；二是通过银行帮助减债一块；三是通过所得税返还和免“两金”增加一块；四是通过募股、“拨改贷”转资本金增加一块；五是资产置换减债一块。1997年，申报获免“两金”18万元；“拨改贷”转国家资本金2136万元；实现企业以资产置换减债共9000万元。根据106户国有独立核算工业企业统计，1997年1～12月份，经营性亏损为9850万元，控制在全年控亏目标内，亏损企业30户，亏损面为28.3%，高出全年控亏目标三个百分点。

【安全生产】 1997年度，全市工交系统加强执行安全生产工作责任制的监督、考核，有效地控制了各类事故的发生。全年组织工交企业分别进行四次安全检查，加强了对事故隐患的整改。全市工交企业全年共发生生产事故28起，比上年增长21.7%。其中：死亡事故6起，重伤事故22起；重伤人数22人，死亡人数7人；千人死亡率0.035%，千人重伤率0.1%，均低于自治区和柳州市下达的控制指标。

【节能降耗】 1997年度，节能工作重点在于强化监督及指导，完善企业的能源管理，降低产品的单位能耗，节能产品的开发及推广，节能技改项目的预选、推荐与实施。并重点对柳州水泥厂提升输送系统节能技改项目、湿法生产线节能技改项目；柳州化肥厂、柳州市电力技术开发公司、柳州市有色冶炼总厂节能项目组织了实施。全市工交企业共耗各种能源（折合标准煤计）为249.9万吨；万元产值综合能耗（折合标准煤计）为1.97吨，比上年同期下降3.43%。其中：消耗电力14.7亿千瓦时；消耗原煤211.4万吨；消耗各种产品油1.6万吨。

【技术进步】 1997年度，共下达技术改造项目44项，计划投资11.8亿元。其中属国家下达的专项19项，计划投资5.47亿元，专项贷款3.4亿元。全年完成投资8.14亿元，比上年同期增长12.5%；竣工验收项目10个，重点考核投产、达产项目18项，项目投产后可新增效益，税利4.5亿元，销售收入69亿元。另有17个产品结构调整项目竣

市委、市政府邀请自治区有关部、委、金融单位领导来柳，听取汇报经济工作情况，共商经济发展大计　　杜瑞兵供稿

工。这些扶优扶强、支持重点产品项目，主要围绕着汽车制造、轻工业、机器制造等5大支柱产业和微汽、两面针、空压机等重点发展产品。重点支持了柳微产品升级换代；两面针发展附加值高的高档生活用纸；空压机行业的“石油、天然气压缩机改造”及螺杆压缩机、涡漩压缩机等技术含量大、附加值高的新产品的研制和生产。这5大支柱产业及重点发展产品的技改投入达6.5亿元，占全年技改投入数的80%。

【企业改革】 1997年，柳州市通过优化资本结构试点，实行“抓大扶强、放小搞活”，推进了现代企业制度的建设。

抓大扶强 1997年，着重抓了两方面的工作，一是理顺完善原重点组建的五大企业集团；二是选择条件成熟的企业组建大型企业集团。理顺完善方面，着重对柳工集团的内部关系、法人治理结构、母子公司体系；纺建公司的运作、子企业改制；五交化与两面针集团的优势互补方案实施；五菱对柳机、塑料四厂兼并、收购后的资产重组等问题进行理顺，使其迅速发挥作用。在理顺的基础上，选择条件成熟的企业迅速联合组成企业集团。协调、批准了柳工程、两面针集团公司的组建工作及一空、二空组成联压集团，柳城、凤山糖厂组成的凤糖集团。同时，还支持柳州水泥厂募股上市，收购控股组成跨地区的广西大型水泥集团；支持以本市有色冶炼企业组建成的冶炼延伸加工的大型企业联合体。

放小搞活 1997年，根据放小搞活要求，市属中二以下166户工商企业已完成改制的达149户，占89.76%；进入改制程序3户，占2%。其中，改制为股份合作制企业35户；承包租赁28户；兼并破产34户；改组联合组建集团24户。通过股分合作制改造和兼并破产实现资产重组17亿元。其中，35户股份合作制企业中，募股到位的有23户，计划募股3249万元，现到位1734万元。

建立现代企业制度试点 1997年，在推行现代企业制度中，出台了《柳州市国有企业改建为有限责任公司的暂行办法》、《设立职工持股会的暂行办法》、《柳州市国有独资公司董事长、总经理职权的暂行规定》，使建制工作在从国有独资向多元投资主体转变中有所突破。在1997年，组织试点企业有关人员学习《公司法》规范改制；协调首批柳工程、两面针集团等国有独资公司的建立；以及联压、凤糖等集团公司的建立；多次召开试点企业研讨会议，引导企业向多元投资主体方向改制。

兼并破产 按“鼓励兼并、规范破产、减员增效、下岗分流”的精神，充分利用有关政策帮助企业卸掉困难包袱，重获生机，年初编制了《1997年兼并破产和职工再就业工作计划》，通过大量工作，柳州市共有8户企业（峻岭、印染、二造纸、元件二、无线电二、通讯设备、儿童食品、奇峰机械厂）破产终结并由优势企业收购；一户困难企业（化工设备厂）被搪瓷厂兼并；减员增效一户（针织总厂）。1997年核销呆、坏帐2.94亿元，其中列入国家计划，获批准核销银行呆、坏帐2.14亿元，超出计划487.6万元，增长2.23%。

增资减债 在为企业增资减债，增加造血功能方面，采取“清产核资核销一块，银行帮助减债一块，资产置换减债一块，所得税返还和免‘两金’增加一块，募股、拨改贷转资金一块”等措施。1997年，增加企业资本金2.63亿元；帮助4户企业申报获免“两金”18万元；对开关厂等企业实行资产置换减债9000万元；帮助5户企业落实“拨改贷”转国家资本金2136万元。

【企业管理】 1997年，主要是引导企业强化内部管理，针对自身的薄弱环节，提高 企业适应市场的能力。通过组织企业人员听取自治区学邯钢经验巡回演讲报告会，参观柳钢中板厂，学习取经，提高人员的素质，并在企业中推行“模拟市场”核算，实行“成本否决”的核算方法，实现内部挖潜，降低成本，推广应用18种现代化管理方法管理企业，学习和借鉴国内外管理创新成果。全市企业申报现代化管理成果13项，在上报自治区级的7项现代化成果中，6项获一等奖，1项获二等奖。创造直接经济效益达一亿多元。以基础管理、现场管理为主要内容，开展企业管理水平整体评价工作。以“三提高一降低”为目标，加强企业管理力度，以管理水平的提高带动企业经济效益的增长。通过强化管理，冶金工业企业实现产销率达96.6%，资金回笼率达75%，提高了经济增长的质量。认真执行《企业财务通则》和《企业会计准则》，加强对财务的预算、控制和考核的管理。一是合理调整资金结构，提高使用效率；二是压减“两金”占用，加快周转，减少利息支出。民政工业企业通过加强资金管理，使产品库存由年初的356万元降至270万元，应收帐款由年初的892万元，降至680万元，分别下降24.2%和28.3%。强化了企业内部管理，提高了企业的活力。

【职工教育】 1997年，市属单位共有8.93万人参加了各级各类教育培训，占统计人数的47%，其中：干部培训人数3.35万人，占干部统计人数的60%；工人培训人数5.57万人，占工人统计人数的42%。在各级各类培训中，岗位资格培训有1.46万人，技术等级培训7000人，适应性培训5.17万人，继续教育7300人，高等教育6500人，中专教育1400人，文化基础教育636人。1997年，柳州市开展工商管理职业资格培训，以适应加速培养和造就职业化企业经营管理者队伍的需要。当年有8名大中型企业领导被抽调参加高级工商管理培训，市经济干校经区党委组织部、区经贸委、区人事厅审定获准承担工商管理培训任务后，举办四期培训班，173名企业中层以上领导干部参加培训，并取得中级工商管理培训证书。柳州工程机械企业集团公司的中高级技能提高班和柳州钢铁(集团)公司的高炉工长培训班等15个培训项目，分别获全市职工教育培训项目成果一、二、三等奖和鼓励奖，这些获奖培训项目经各自单位财务部门认定，可计量的经济效益共1787万元。

工 业

【轻重工业、城区工业和乡镇企业发展】 1997年,柳州市重工业(机电、冶金、建材)完成工业总产值(90价)87.5亿元,占全市工业总产值的42.4%;轻工业(轻工、二轻、纺织、化工、制药)完成工业总产值(90价)41.78亿元,占全市工业总产值的20.24%;城区工业(四城区)完成工业总产值(90价)21.7亿元,占全市工业总产值的10.51%;乡镇企业(两县一郊)完成工业总产值(90价)24亿元,占全市工业总产值的11.63%,实现税利方面:重工业为4.79亿元,占全市工业实现税利的28.16%;轻工业为7.01亿元,占全市工业的实现税利的41.22%;城区工业1.67亿元,占全市工业实现税利的9.79%;乡镇企业为1.37亿元,占全市工业实现税利的8.05%;分别比上年同期增长96.05%、 28.31%、 30.80%和59.09%。

【大中型企业】 1997年,柳州市有大中型企业109户。其中,大型企业50户(特大型企业:华锡集团一户),中型企业59户(中型一档19家;中型二档40家)。在大中型企业中,中央、自治区、地区属企业17户;国有企业84户;集团企业8户。1997年度又破产2户(中二柳州市奇峰机械厂、柳州市合金材料厂),现存107户。其中含柳州地区属企业4户。 (邬永清)

1997年5月柳州市被列为国家技术创新试点城市。图为国家经贸委、自治区人民政府有关领导来柳指导技术创新工作

杜瑞兵供稿

柳州市1997年度获匾、效益先进企业名单

柳州市税利1000万元企业(11个)

1. 柳州特种汽车厂
2. 柳州五菱汽车有限责任公司柳州机械厂
3. 柳州市有色冶炼总厂
4. 柳州市啤酒总厂
5. 柳州市棉纺厂
6. 广西金嗓子制药厂
7. 广西柳州化肥厂
8. 广西柳江造纸厂
9. 柳州联压机械集团有限责任公司
10. 柳州市百货股份有限公司
11. 广西柳州发电有限责任公司

柳州市增加值5000万元企业(11个)

1. 柳州市建筑机械总厂
2. 广西金嗓子制药厂
3. 柳州市第二棉纺织厂
4. 柳州市金美集团
5. 柳州市搪瓷厂
6. 柳州机车车辆厂
7. 柳州五菱汽车有限责任公司柳州机械厂
8. 广西柳江县拉堡糖厂
9. 柳州市百货股份有限公司
10. 广西柳江造纸厂
11. 柳州联压机械集团有限责任公司

柳州市增加值亿元企业(14个)

1. 广西柳州发电有限责任公司
2. 柳州供电局
3. 柳州凤山糖业(集团)有限公司
4. 柳州市有色冶炼总厂
5. 柳州两面针(集团)有限责任公司
6. 柳州两面针(集团)有限责任公司柳州两面针股份有限公司
7. 广西甲天下烟草(集团)有限责任公司
8. 柳州锌品股份有限公司
9. 广西柳州化肥厂
10. 柳州水泥厂
11. 柳州华锡集团有限公司
12. 柳州工程机械(集团)有限公司
13. 柳州工程机械(集团)有限公司柳工机械股份有限公司
14. 柳州市邮电局

柳州市利润1000万元企业(14个)

1. 柳州工程机械(集团)有限公司
2. 柳州工程机械(集团)有限公司柳工机械股份有限公司
3. 广西柳州钢铁(集团)公司
4. 柳州市凤山糖业(集团)有限公司
5. 广西柳江县拉堡糖厂
6. 柳州锌品股份有限公司
7. 广西甲天下烟草(集团)有限责任公司
8. 柳州市建筑机械总厂
9. 柳州水泥厂
10. 柳州柳新汽车冲压件有限公司
11. 柳州华锡集团有限公司
12. 柳州供电局

13. 广西露塘糖厂
14. 柳州市邮电局

柳州市税利亿元企业(2个)

1. 广西甲天下烟草(集团)有限责任公司
2. 广西柳州钢铁(集团)公司

柳州市税利5000万元企业(7个)

1. 柳州供电局
2. 柳州锌品股份有限公司
3. 柳州工程机械(集团)有限公司
4. 柳州水泥厂
5. 柳州华锡集团有限公司
6. 柳州凤山糖业(集团)有限公司
7. 柳州市邮电局

柳州市利润亿元企业(4个)

1. 柳州五菱汽车有限责任公司
2. 柳州五菱汽车有限责任公司柳州微型汽车厂
3. 柳州两面针(集团)有限责任公司
4. 柳州两面针(集团)有限责任公司柳州两面针股份有限公司

柳州市增加值五亿元企业(3个)

1. 柳州五菱汽车有限责任公司
2. 柳州五菱汽车有限责任公司柳州微型汽车厂
3. 广西柳州钢铁(集团)公司

柳州市1997年度经济效益先进企业(12个)

1. 柳州五菱汽车有限责任公司柳州微型汽车厂
2. 柳州两面针(集团)有限责任公司柳州两面针股份有限公司
3. 柳州市糖果二厂
4. 广西柳州化肥厂
5. 柳州华锡集团有限公司
6. 柳州市禽工商实业公司
7. 柳江县供电总公司
8. 广西柳江县拉堡糖厂
9. 柳城县电力公司
10. 柳城县糯米滩水力发电厂
11. 柳州汽车运输总公司
12. 柳州市汽车运输公司

(邬永清)

机械电子工业

【概况】 1997年,机电企业共47家(不含厂办集体企业和局属公司)。其中:国有企业34家,集体企业3家,“三资”企业10家。在国有34家企业中有27家大中型骨干企业,有8家企业进行股份或股份合作制改造。厂办乡镇企业20家,有三分之二企业进行一厂多制。工业总产值超亿元9家,销售收入超亿元8家,税利超亿元1家。全员劳动生产率12.99万元/人·年,全系统年平均产销率为98%,固定资产净值平均余额为29.8亿元。全年完成工业总产值(按90价计)66.5亿元,比上年增长13%,其中市属企业63.97亿元,机械工业62.83亿元,电子工业1.14亿元,中央区属企业和乡镇企业2.54亿元。完成销售收入63.6亿元,比上年增长11%,其中市属企业61.22亿元,机械工业60.48亿元,电子工业7473万元,中央区属企业和乡镇企业4.11亿元。完成税利1.95亿元,其中市属企业1.94亿元,机械工业2.02亿元,电子工业-789万元,中央区属企业和乡镇企业125万元。完成工业增加值12.4亿元,比上年增长8%,其中市属企业12亿元,比上年增长15%,中央区属企业4416万元。完成出口创汇1757万美元。亏损企业16户,经营性亏损额控制在控亏目标之内,与上年同比减亏1.1亿元。主要产品有70多大类,3000多种,400多个规格,主导产品汽车、装载机、钢筋拉伸机、扬声器、内燃机、空压机等产品产值均有增长。市机电局以经济效益为中心,反复分析“两个市场”研究如何引导用好“两种资金”,充分发挥好国内、外两个市场、两种资源的作用,搞好资本、资产营运,盘活存量资产,监督并落实压减“两金”及扭亏、控亏计划,千方百计地帮助企业克服困难,积极组织系统企业参加了桂林、南宁、越南等地方的经贸、展销、科技活动周洽谈活动,国有大中型企业利用外资取得突破。机电行业十分重视开展技术创新工作,加强质量管理,增强企业的市场竞争力。1997年元月,市建筑机械总厂获准成为国家第四批享受优惠政策的企业(集团)技术中心。柳州汽车厂和仪表总厂、柳工机械股份有限公司顺利的通过了ISO9000认证。机电系统获自治区优秀工艺、工装成果17项,设备改造优秀成果奖18项,分别占全区机械行业获奖项目的50%、75%。

企业管理 1997年,市机电局加强企业管理工作。认真推进企业开展学邯钢活动,搞好“转、抓、练、增”工作,加强成本管理,经常组织召开系统企业管理座谈会、调研会,会同有关部门做好国有资产的监管和资产营运工作,1997年度,全系统主要原材料采购成本比上年同期降低720万元,仅办公费用节约304.4万元,节约管理费416万元;能源耗量为12.21万吨标煤。

企业改革 1997年,市机电局积极配合有关部门,制定实施机电行业企业的改革方案,以指导企业深化内部改革,推进国有企业转换经营机制,指导企业开展“三改一加强”工作,推进柳工集团公司完善四厂一公司管理及五菱集团兼并柳机、家俱厂的收尾工作,在柳州压缩机总厂和柳州第二空压机厂的基础上组建了柳州联压机械集团公司;完成了无线电二厂、通讯设备厂、元件二厂的破产清算和职工的分流安置工作;峻岭机器厂的破产已结案,成立了机电局再就业中心,该中心正在积极做好峻岭破产后的职工安置工作。奇峰机械总厂的破产清算工作已进入到帮助收购单位做好进驻前的准备工作;完成铸造厂的股改工作,同时磁电机厂、高压电器厂、微电机厂、滤清器厂、水轮机厂、仪表总厂等企业的股份合作制改造也基本完成,整流器厂、锅炉总厂等企业组建有限责任公司工作正在积极推进中。

党的建设 1997年,市机电局党委一班人积极开展企业党建工作。一是抓好国有企业的领导班子考核,对所属36个国有企业的领导班子考核;二是抓好党组织的建设发展,把党员发展工作列入党委工作的议事日程,全年共发展新党员

260 人。三是抓好“双学”检查验收。通过开展“双学”活动，本系统有 31 个企业评为优秀，4 个企业评为合格，1 个企业评为不合格。

技术改造 1997 年，市机电系统在建技改项目 30 项。计划总投资 3.18 亿元，其中贷款 6572 万元，自筹 1.77 亿元，利用外资 910 万美元，完成投资 2.85 亿元，比上年同期增加 10.9%。重点达产考核项目 6 项，实现工业产值 42 亿元，实现利税 7151 万元。柳州压缩机总厂的大型煤气压缩机技改项目竣工验收。

新产品开发 1997 年，市机电系统新产品开发下达计划立项 67 项，其中国家级 9 项，自治区级 50 项，市级 8 项。下达计划总投资 1.07 亿元，其中贷款 2215 万元，企业自筹 6410 万元，补助 2170 万元。实际完成投资 5430 万元，其中企业自筹 5165 万元，补助 265 万元。新产品通过社会鉴定 39 项，填补广西空白的有 6 项，具有国内先进水平 34 项。荣获市科技进步奖 11 项，其中二等奖 4 项，三等奖 6 项，四等奖 1 项。实现新产品产值 32.72 亿元，新产品税利 1.72 亿元，新产品产值率为 50.6%。

产品质量 1997 年，市机电系统贯彻实施《质量法》及《产品质量监督条例》，大力开展质量信得过班组、QC 小组和“千厂万组无废品”活动。全系统申报 QC 成果 34 个，有 3 个被推荐参加市优秀成果，其中 2 个被推荐参加自治区优秀成果，柳工集团变速箱厂车八班和五菱汽车有限公司柳州机械厂起动噪音 QC 小组、柳州微型汽车厂消除前轮壳装配质量隐患小组分别获“中国机械工业质协”授予优秀质量信得过班组和优秀质量管理小组(QC 小组)称号。在贯标工作中，柳州汽车厂、仪表总厂、工程机械股份有限公司通过了 ISO9000 认证。全系统获区优秀工艺、工装成果 17 项，其中获一等奖 4 项，二等奖 7 项，三等奖 6 项。质量计划完成率为 94.2%，产品质量稳定提高率达 90.08%，产品质量等级品率为 65.53%，关键工序一次投入产出合格率为 93.6%，质量损失率为 0.76%，损失成本为 156.45 万元，其中内部损失成本 86.97 万元，外部损失成本 69.48 万元。

设备管理 1997 年，机电系统主要生产设备完好率为 92%，比上年同期比提高三个百分点；主要生产设备故障停机率为 2.19%，比国家要求的低 0.81%；主要生产设备利用率为 56%；主要生产设备大修计划完成率达 85%；主要生产设备新度系数为 0.68，全年无特大或重大设备事故。全系统获区设备改造优秀成果奖 18 项，占全区机械行业获奖项目的 75%。

【汽车工业】 1997 年，柳州市生产汽车企业有 2 家(不含特种汽车厂)，职工 11939 人，固定资产净值 10.27 亿元，主要生产载货汽车、自卸汽车、客车、民用改装车等。工业总产值 39.81 亿元，比上年增长 21.1%；销售收入 36.5 亿元，利税 1.48 亿元，利润总额 4099 万元，是机电系统生产、经营、效益较好的企业。柳州微型汽车厂全年共生产汽车 9.29 万辆，销售汽车 8.98 万辆，分别比上年同期增长 24.31%、23.73%，产值 34.56 亿元，比上年增长 31.3%；销售收入 30.32 亿元，比上年增长 18.7%；利税 1.74 亿元，比上年增长 16%。产销汽车继续保持全国微型车行业第一位。该企业在汽车市场持续低速运转的情况下，仍取得较好的成绩。一是以新产品赢得用户。1997 年该厂在原 P 系列车的基础上又开发出 PN 系列 7 种微型汽车，全厂已拥有三代产品共 29 个品种的微型车，成为全国同行业中品种最多的厂家。二是始终不渝地坚持抓技术改造，提高企业的整体装备水平，调整产品结构，增强企业的竞争力，使企业的经济效益不断提高。三是以优质产品赢得用户。他们组织有关人员对产品质量薄弱环节进行攻关，1997 年，五菱车通过了国家统检，被评为合格产品。连续 3 年荣获“全国质量效益型先进企业”称号。四是以合理的价格赢得用户。根据市场变化，该厂作了两次产品价格调整，提高了五菱汽车的竞争力。五是以优质服务赢得用户。该厂在全国各地已建立特约维修点 180 多个，1997 年共在全国 40 多个城市开展“售后技术服务月”活动，是历年来开展“售后技术服务月”活动最多的一年，深受用户好评。该厂坚持按高标准，严要求开展档案工作目标管理达标活动取得成效。12 月 8 日经自治区国家级评审人员评定，厂档案管理已达到国家二级标准。12 月 22 日，该厂二焊车间冲压一班荣获全国总工会的“全国安全生产先进班组”光荣称号，一焊车间 VH 地板组被机械部评为 1997 年度“无废品”班组。该厂的 LZW1010PL 微型汽车荣获市科技进步三等奖。新产品 LZW6330 微型客车、LZW1010VHN 微型高顶厢式货车、LZW1010PSN 微型双排座货车、LZW1010PN 微型货车、LZW1010PLN 微型货车、LZW5010XGAN 微型警车、LZW510XYZN 微型邮政车通过了自治区级的鉴定，达到国内先进水平。引进冲压件生产开卷落料线等 17 个技改项目完成投资为 1.24 亿元。五菱牌 LZW1010P 微型货车获区名牌产品。产品出口美国、东南亚等国家，创汇为 9.36 万美元。1997 年，柳州汽车厂全年产销汽车 6390 辆，完成工业总产值 5.324 亿元，销售收入 6.318 亿元，利税－2547 万元。该厂生产的三个汽车系列 75 个品种中，主导产品经国家多次质量监督抽查，均被评为一等品，企业先后获得广西质量管理奖，广西质量效益型先进企业等称号，1997 年元月 28 日，经国家进出口商品生产企业质量体系(ISO9000)西南评审中心专家们的严格抽审评审，顺利通过质量认证，成为广西汽车行业中首家进行 ISO9001 质量认证的企业。乘龙牌中型载货汽车车架纵梁模具开发项目获市科技进步二等奖。新开发的乘龙 LZ1020K 型轻卡、LZ1020KC 型轻卡、LZ4130M 型半挂牵引汽车、LZ4130MD9 型半挂牵引汽车、LZ3010M 型平头柴油自卸汽车、LZ1020KD13C 型轻型载货汽车、中型载货汽车架纵梁模具开发、LZ1020LD12C 型轻型载货汽车、LZ1020LD13C 型轻型载货汽车等 9 个新产品通过了自治区级鉴定。“双加”工程汽车专用车及变型车填平补齐技术改造项目完成投资为700万元，产品出口日本、东南亚等国家，创汇为82.93万美元。

柳州工程机械厂总装生产线　　覃若新供稿

【工程机械工业】 1997年，工程机械行业有柳工机械股份有限公司和市建筑机械总厂。柳工机械股份有限公司全年生产装载机2897台，完成工业总产值6.952亿元，销售收入7.14亿元，税利4767万元。1997年10月，该公司通过了ISO9000认证，北京华信技术检验有限公司给柳工颁发了ISO9001质量体系认证合格证书。经机械工业部和区机械厅安评专家组严格评价，柳工成为广西第一家荣获国家级“特级安全企业”的单位。1997年12月，国家机械工业部在北京召开“八五”期技术改造工作总结表彰大会，该公司荣获部“八五”技术改造优秀项目奖，副总工程师邢吉祥被评为技改先进工作者。荣获全国97“用户满意服务”称号，成为全国同行业中独家获此殊荣的企业。柳工公司已全部拿到“三满意”的荣誉称号，即“用户满意企业”、“用户满意产品”、“用户满意服务”。经评标委员会评审，国家经济贸易委员会确认，柳工公司在“九五”期间国家重大引进技术消化吸收计划项目施工机械5.4立方米轮式装载机子项的招标中被定为中标单位，此举进一步巩固了柳工在全国同行业的排头兵地位。1997年度ZL30E轮式装载机获市科技进步二等奖，柳工牌ZL50C轮式装载机获广西名牌产品，柳工公司变速箱厂车八班获“中国机械工业质协”授予优秀质量信得过班组称号。新开发的产品ZL15C轮式装载机、YZJ10C振动压路机通过了自治区级鉴定，其中振动压路机新产品填补了广西空白，轮式大型装载机等2个技术改造项目完成投资2260万元，产品出口美国、日本等国家，创汇为301.9万美元。市建筑机械总厂全年共开发9个科技项目，其中一项就应用于福建厦门的海沧大桥。该桥是国家重点工程，是特大型三跨吊钢箱梁悬索桥，为世界上第二座采用此种结构的悬索桥，堪称“跨世纪工程”。该厂又与南京理工大学合作，成功地将千斤顶进行了轻量化技术研制，重量比原来减少30%。还与大桥设计院合作，开发了具有世界先进水平的OVM250拉索体系，填补了国内空白。新开发的悬索桥锚锭OVMMD预应力锚固体系，改变了我国同类产品依赖进口的局面。与铁道部联合开发的铁路斜拉桥大吨位拉索锚具，提高了新产品的市场竞争力，销往东南亚国家和地区的产品为265.65万美元。该厂依靠自我开发的两项新技术在两个大桥建设中中标，一是首次在江苏江阴大桥使用的锚锭锚固系统；二是在广东虎门大桥中表现出色的紧缆及箱梁提升设备。年内，工业总产值1.26亿元，销售收入1.85亿元，税利2154万元。1997年元月，该厂技术中心获准成为国家第四批享受优惠政策的企业(集团)技术中心(在我区迄今为第3家)，DVM牌OVM锚固系锚具获广西名牌产品。

【农机工业】 1997年，农机行业企业5家，主要生产发动机、汽油机、动力机、油锯、钢圈、滤清器、磁电机等产品。固定资产净值3.84亿元，职工7756人。全年完成工业总产值6.77亿元，销售收入5.94亿元，税利－3885万元。有一家企业产值突破亿元，一家企业销售收入突破亿元。276Q、376Q汽油机和油锯是柳州机械厂的主要产品，该厂全年生产汽油机、动力机、油锯共42883台，工业总产值为5.45亿元，销售收入为4.58亿元，税利1415万元。LJ462Q－1型汽油机获市科技进步二等奖。新产品LJ462Q－1型汽油机、LJ462Q型汽油机、降低噪音进一步提高376Q发动机质量通过自治区级鉴定，其中有两个新产品填补了广西空白。376Q发动机填平补齐等3个技术改造项目完成投资为558万元，市发动机厂的主导产品为6105QB发动机，全年生产3112台，工业总产值1696万元，销售收入为2423万元。产品出口东南亚国家，创汇为14.81万美元。市钢圈厂完成钢圈产量30.94万套，工业总产值为7.29万元，销售收入7413万元，实现税利386万元，轻微型钢圈、涂装车间等2个技术改造项目完成投资为95万元，工程钢圈配件出口7413件，创汇为22.57万美元。市滤清器厂全年生产滤清器总成49万件，工业总产值3315万元，销售收入2664万元。市磁电机厂全年生产磁电机12.72万台，工业总产值1158万元，销售收入1110万元。

【石化通用机械工业】 1997年，石化通用机械行业企业有3家，主要生产各种型号压缩机。全行业完成工业总产值2.89亿元，销售收入2.64亿元，税利2262万元。柳州压缩机总厂是国家定点生产气体压缩机的重点骨干企业，生产各类压缩机八十多个品种，形成四个系列产品，开发出适时对路的煤压机系列产品十多种，市场占有率达60%以上。年内生产空压机747台，工业总产值为1.14亿元，销售收入为1.04亿元，挖掘装载机技术改造项目完成投资为333万元。新开发的VW－10/7(8)型无油润滑空压机、LW－40/4.5型无油润滑空气压缩机产品通过了企业鉴定，产品出口东南亚国家，共出口25台气体压缩机，创汇为27.34万美元。柳州力风机械股份公司生产11个系列100多个品种的气体压缩机和各种产品，其中各类无油润滑压缩机在国内居领先地位，而低噪音移动式螺杆压缩机的主要技术参数已达到当代国际先进水平。工厂的主导产品2Z－6/8－Ⅱ、2Z－3/8－Ⅱ和2Z－10/7无油润滑压缩机已占国内同类产品产量的80%左右。全年完成工业总产值1.52亿元，销售收入1.37亿元，税利1206万元。该厂实行“一厂多制”，兴办的4个乡镇企业共完成产值978万元。新开发的计算机辅助成组技术管理系统、A28T－8P.20安全阀、A28T－8P.25安全阀、WW－42/7无油润滑压缩机等4个新产品通过了自治区级鉴定，其中WW－42/7型无油润滑压缩机填补了我国水冷40立方无油机的空白。力风牌ZW－6/7型无油润滑空气压缩机获广西名牌产品，计算机辅助成组技术管理系统项目获市科技进步三等奖。产品出口创汇8.68万美元。市通用机械总厂全年完成工业总产值2298万元，销售收入2316万元，税利157万元，该厂的第二代天成金芝具有良好的经济效益和社会效益。

【电工电器仪器仪表工业】 1997年，该行业企业9家，职工7532人，固定资产净值3.62亿元，全年完成工业总产值2.73亿元，销售收入2.95亿元，税利－1116万元。柳州电机总厂完成主要产品交流电动机939台，内燃发动机组54台，电力变压器16.13万千伏安，产值4048万元，销售收入4995万元，利税－1377万元。新开发的30GF11－C单节空调客车用发电机组产品通过了自治区级鉴定，填补了广西空白。市开关厂全年完成工业总产值为8001万元，销售收入8232万元，税利473万元，完成主要产品产量高低压开关板2216面，高压断路器1648台，高压隔离开关807组，JYN6－10型移开式交流金属封闭开关设备、ZN59－10/1600－31.5型户内高压真空断路器等2个项目获市科技进步三等奖，ZN35/1600－25型高压真空断路器项目获四等奖。煤气表、自动化仪表、电度表主要生产厂家是市仪表总厂，该厂测试、计量、试验设备先进齐全。1997年，完成各种表共296.4万只产品出口泰国等国家，电度表出口954006只，煤气表出口5000只，共创汇为344.62万美元。互感器、硅元件、硅整流设备、工业锅炉、水轮发电机组、农用水轮机、微电机、低压开关板、高压断路器、日用电器等产品生产厂家有市高压电器厂、市整流器厂、市电器厂、市水轮机厂、市锅炉厂和市微电机厂。1997年，市水轮机厂工业总产值708万元，销售收入925万元，水轮发电机组有100多个规格品种，应用于自治区内外500多个电站；市锅炉厂完成工业总产值3018万元，销售收入2081万元，产品出口创汇为5.11万美元；市微电机厂工业总产值2569万元，销售收入2620万元，产品直流牵引电机转子出口日本，共出口17250台，创汇为40.12万美元；市高压电器厂的除铁器产品出口东南亚等国家，创汇为3.25万美元。

柳州微型汽车厂总装配线　　覃若新供稿

【通用基础件工业】 1997年,市链条总厂、市标准件总厂和市铸造总厂等是该行业的主要厂家,主要生产工业链条、标准紧固件、铸铁件等。行业职工2059人,固定资产净值4547万元。年完成工业总产值3768万元,销售收入6743万元,税利—55万元。市铸造总厂共出口铸铁管7302吨,创汇为204万美元。市标准件总厂的不锈钢救生衣扣出口到德国等国家,创汇为3.13万美元。

【机床工具、重矿机械、其他机械工业】 1997年,机电系统这些行业有2家(原有3家,破产1家)。企业主要生产起重设备,摩托车和电梯曳引机等。全行业有职工1122人,固定资产净值2655万元,完成工业总产值2381万元,销售收入2188万元,税利—438万元。柳州起重运输机械总公司是柳州市最早进行股份合作制试点的企业,通过4年探索的实践证明,股份合作是搞活中小企业的一种有效形式,它对于企业的改革与发展产生了多方面的积极效应,突出的是,明确了产权关系,实现了政企分开,使企业真正成为市场主体,职工真正成了企业的主人。1997年,该公司产值1604万元,销售收入1784万元,税利109万元。

【电子工业】 1997年,柳州市电子工业行业企业6家(不含厂办集体企业),原有8家,破产2家。职工1672人,固定资产净值8599万元,完成工业总产值11378万元,销售收入7473万元,税利—789万元,出口创汇为325.3万美元。兴办"合资"企业是该行业一大特点,目前已有70%的电子厂家有了合资企业,主要生产通信测量仪器、3.5英寸电脑软磁盘、汽车收放机、高低压开关板、电子管、扬声器、电磁线、磷铜板、刀开关等。全年生产3.5英寸电脑软磁盘177.26万片,创汇为25.41万美元;市电子管厂完成扬声器一体化T铁生产技改投资为180万元,产品出口到英国、巴基斯坦等地区和国家;T铁出口6083.9万只,扬声器出口12万只,电子管出口0.56万只,共创汇252.30万美元;市电声器材厂出口扬声器创汇为47.59万美元;市自动化控制设备厂新开发的GGD型交流低压配电柜、HD13BX—1500/30旋转操作型开启式刀开关、HS13BX—1000/31旋转操作型刀形转换开关、XGN2—10Z箱型固定式金属封闭开关设备等4个新产品通过了自治区级鉴定,产品达到国内先进水平,该厂全年生产刀开关2216件,高、低压开关板70面;市无线电五厂完成工业总产值3753万元,销售收入1535万元,税利—92万元,生产高低压开关板377面。市无线电总厂生产汽车收放机22212台。

【代管中央、自治区属工业】 1997年,市机电局代管中央、自治区属工业企业5家,职工6101人,固定资产净值3.23亿元。主要生产自卸汽车、载货汽车、汽车底盘、民用船、筛选设备、木工机械等。年内,这些企业共完成工业总产值3.8亿元,销售收入4.32亿元,税利1645万元,利润总额284万元,技术改造项目4项,完成投资为755万元,特种汽车厂十分注重开展技术创新工作,加强质量管理,增加企业的市场竞争力,在汽车市场竞争严峻的情况下,克服了重重困难,取得了较好的经济效益,年内,生产汽车3061辆,完成工业总产值2.21亿元,销售收入2.56亿元,税利1646万元,比上年又迈出了一大步。"八五"后期技术改造等3个项目完成投资为680万元。LZT3102K8型自卸汽车项目获市科技进步二等奖,CA1110PKZL5型平头加长载货汽车项目获市科技进步三等奖。该厂的解放自卸汽车产品出口东南亚等国家,创汇为25.2万美元。西江造船厂出口创汇37.95万美元。探矿机械厂全年生产筛选设备367台,出口选矿设备、破碎设备共59台,创汇为18.48万美元,长虹机械公司出口创汇为10万美元。林业机械厂生产木工机械、造纸机械389台,产值816万元,销售收入632万元,税利—545万元。

1997年机械电子工业主要产品产量

产品名称	单位	产量	比上年增减%
载货汽车	辆	74528	+21.04
客车	辆	21923	+33.20
自卸汽车	辆	3257	—16.76
汽车底盘	辆	2449	+400.82
钢筋拉伸机	台	1314	+15.47
电动油泵	台	736	+32.37
装载机	台	2897	+13.65
气体压缩机	台	2001	—1.28
小型空压机	台	4563	+53.07
塑料加工机械	台	119	+183.33
起重设备	台	195	+20.37
276Q汽油机	台	6624	—0.14
462Q汽油机	台	35460	+339.68
6105QB发动机	台	3112	+188.95
发电设备	台	54	—14.28
自动化仪表	万台	1.39	—22.35
电工仪器仪表	万台	182.58	—22.32
电站水轮机	万千瓦	1.08	—10.74
工业锅炉	台	98	+28.95
交流电动机	台	939.28	—46.56
变压器	万千伏安	27.25	—19.16
高压断路器	台	1648	—21.82
高压隔离开关板	组	999	—12.98
高压开关板	面	810	—35.77
低压开关板	面	18079	+519.57
硅元件	件	23482	—1.44
工业链条	米	45031	—28.06
铸铁管	吨	9829	—15.16
钢圈	套	309334.14	—7.51
磁电机	台	127150	—8.50
滤清器总成	万件	49	+32.43
筛选设备	台	367	—61.85
木工机械	台	218	—44.67
扬声器	万只	151.79	+4.95
电子管	万只	4.66	—62.30
汽车收放机	台	22212	—10.87
银制品	公斤	268	—29.39
刀开关	件	2216	—48.16
造纸机械	台	171	—16.18

(覃若新)

轻 工 业

【概况】 1997年，柳州市轻工总会所属企业21家，其中直属企业19家，代管区属企业1家。按经济性质分，国有企业18家，集体企业3家。其中已建立股份制企业13家。按企业类型分，大型企业9家，中型企业9家，小型企业2家。列入自治区重点骨干企业18家。所属行业有制浆造纸、日用化学、日用机械、日用硅酸盐、电光源、食品饮料、印刷包装、轻工机械、烟草和木材加工、建筑机械等13类。年末拥有固定资产原值13.71亿元，净值9.93亿元。全年完成工业增加值9.85亿元，比上年同期增长13.55%；产销率98.4%，比上年同期增长1.34%；利税6.42亿元，比上年同期增长5.95%；利润1.06亿元，比上年同期增长16.52%；资产利税率19.6%，比上年同期下降1.0%；资产利润率3.24%，比上年同期增长2.2%。1997年度获市授匾企业有：两面针(集团)有限责任公司、柳州卷烟厂、两面针股份有限公司、柳江造纸厂、市造纸厂、广西金嗓子制药厂、搪瓷厂、啤酒总厂，这些企业分别是利润亿元企业、税利1000万元企业，增加值亿元企业、增加值5000万元企业。

1997年度，市政府授予轻工系统社会主义建设先进单位有：柳州市轻工总会、柳州两面针(集团)有限责任公司、两面针股份有限公司、广西甲天下烟草(集团)有限责任公司柳州卷烟厂、柳州市搪瓷厂、两面针(集团)有限责任公司柳州市造纸厂、柳州市彩色印刷包装总厂、柳州市啤酒总厂、广西金嗓子制药厂、柳州市环力机械总厂、柳州市食品总厂、市机械刀片厂、柳州市玻璃厂、柳州市缝纫机台板家具总厂等14个单位。

柳州市轻工总会系统荣获“1997年度自治区轻工系统社会主义建设先进单位”称号。

【加强企业领导班子建设】 1997年度，市轻工总会对系统20家企业105名领导班子成员进行了德、能、勤、绩全面的考核和验收。这次集中力量，建立和完善党的建设工作、领导班子考核建设各项制度，通过开展民主建设、民主测评考核企业领导班子及成员，使每个领导干部经受了一次较深刻的党风廉政建设的考验和教育，思想政治觉悟有较大提高，工作作风和群众观念都有了一个较大转变，领导班子整体素质都有了较大提高。95%的企业党的建设工作，领导班子及其成员是好的和比较好的。

【解放思想，实现新的经济增长点】 1997年度，轻工总会把解放思想，实现观念上的更新和新的经济增长点与轻工业改革、发展放在首位。强调突出实现“四个破除、四个树立”即：要破除计划经济体制下单一投资主体的旧观念；破除国有企业依附国家自缚手肢的旧意识，树立社会主义市场经济条件下投资主体多元化的新观念和寻求企业改革与发展的新意识；要破除“小富即安”、“安中求稳”不思突破性大发展的旧观念，树立“抓住时机，加快改革发展”的新思路、新观念，要破除“围绕企业有依靠、保险”、“企业保我终身”的依赖性的观念，树立职工出资参股共图企业生存发展、共担风险、形成职工与企业利益同共体的新观念。全系统上下广大干部群众思想大解放，思想观念上实现“四破除、四树立”达成共识，从而加快了全系统企业改革与发展步伐。1997年，从两面针股份有限公司，广西金嗓子制药厂、搪瓷厂、市造纸厂等国有企业调查结果看，广大职工的思想解放、观念的更新，推动企业改革与发展，实现新的经济增长点有了新突破，其工业增加值率均高达30%以上。

【强调营销策略，提高增销、增盈】 1997年，轻工总会重视企业营销工作，强调经济运行质量，提高轻工业增加值率。对利大、税大的企业生产和销售，对附加值高的产品、则重抓好促销工作。如“金嗓子喉宝”、“甲天下香烟”、“牙膏”、“机械刀片”、“高档笔记本”、“搪瓷制品”等系列产品，其工业增加值率高达30%以上。抓内部管理，压缩“两金”占用，提高经济效益。1997年，市轻工总会对工业增加值率较低的企业，帮助他们找出问题，分析原因，抓内部管理，压“两金”占用，减员降耗，严格控制各种管理费的支出，采取减少中间投入，降低成本的办法来提高企业的经济效益。主要措施是抓好年产销量5000万元、税利500万元以上的盈利企业。以两面针集团、柳州卷烟厂、柳江造纸厂、搪瓷厂、广西金嗓子制药厂等大、中型骨干企业，其工业总产值占轻工系统的80.8%，销售收入占79.1%。成为轻工企业的支柱和龙头。

【推进企业改制，加快建立投资新体制】 1997年，轻工系统企业改制的速度快、力度大。年底，小型企业已基本上改造成股份合作制企业；部分大、中型企业已完成有限责任公司、有限公司制改造。共完成股份合作制改造的企业9家，企业集团2家；股份有限公司2家；有限责任公司1家；兼并与收购企业2家；破产企业4家；减员增效3家；分块搞活1家。轻工系统企业推进股份制后，大大调动了企业和职工的生产工作积极性，提高了经济效益，为企业注入了新的活力。主要体现在三个方面的改变：一是改变了企业所有制形式和内部运行机制，由过去在一个企业中只允许一种制度形式存在，变为国家、企业、职工个人多种的所有形式成份并存。明确了企业产权关系，把国家独资经营转变为合股经营，使企业真正成为独立经营，自负盈亏的商品生产者。二是改变了企业经营管理方式，原来由企业独立承担的风险，现在分散到了股东身上，使国家，企业职工个人三者的利益直接挂钩，较好地解决了企业长期存在的只负盈而无力负亏的问题。三是改变了企业的投资主体和资金构成，企业通过吸收职工个人股，使投资主体由单一化变为多元化，从而提高了企业自身发展能力和积累能力。

**【技术创新促发展，实施名牌占市

场】 1997年，轻工总会结合优化资本结构和企业体制的转换，开展技术创新工作，年内全系统共实施技改(引进)项目23项，计划投资2.2亿元，在国家银行贷款紧张的情况下，企业通过多方面筹措资金，保证了项目的实施，全年实际完成投资1.65亿元。此外，新产品开发投入了1309万元，开发新产品27项，其中国家级项目3项，区级项目3项，市级项目3项，企业级项目18项。

坚持贯彻ISO9000系列标准，实施名牌战略。年内，柳州两面针股份有限公司通过了贯彻ISO9000标准评审验收，成为中国牙膏行业首家荣获ISO9000质量体系认证证书的企业。同时轻工系统有两面针系列产品、金嗓子喉宝、甲天下香烟系列、11°鱼峰啤酒、柳冠牌日用搪瓷系列产品、鱼峰山牌糖果、银鸥牌胶印书刊纸、千里光系列香皂、永丰利系列机刀等9种产品被选编入《柳州市名牌产品名录》。

在创名优产品活动中，坚持开展各项质量活动，以质量创名牌。乐牌千里光香皂被评为广西名牌产品，柳冠牌5－55cm搪瓷系列产品、立士洁牌生活用纸、永丰利牌QD型切纸刀、八龙牌软硬抄笔记本被评为广西优质产品。全系统主要产品进行质量考核中，全年质量计划完成率99.7%，质量稳定提高率为96.0%，产量质量等级品率为60.5%，关键工序一次投入产出合格率为98.3%。经国家有关专业检测中心、区市技术监督抽检本系统所属企业产品92种(次)，抽检合格率达100%。

【造纸工业】 造纸工业有柳江造纸厂、柳州市造纸厂2家，共有职工3404人，固定资产原值3.42亿元，净值2.32亿元。主要生产胶印书刊纸、纸板、生活用纸及香烟滤咀棒等产品。1997年，该行业完成工业产值(90价)2.58亿元，比上年下降17.7%；工业产值(现价)2.87亿元，比上年下降29.5%；工业增加值8955万元，下降5.5%；实现税利2726万元，下降19.8%；百元产值创税利10.57元，比上年下降2.5%。全年生产机制纸36529吨，比上年下降29.4%；醋酸纤维及丙纶纤维香烟滤咀棒51.6亿支，比上年下降21.9%。

1997年，柳江造纸厂继续深化企业内部管理，通过精简机构、削减非生产人员，降低能源消耗以及剥离后勤服务部门等措施，降低了生产成本，部分消化了因纸价大幅度下跌造成的减收。企业出资700万元收购了破产的柳州市第二造纸厂，并改为柳州市柳江包装纸厂，为今后企业扩大发展，增加经济效益增添后劲。同时继续抓好二期改扩建项目“年产34000吨化学漂白浆工程”的实施，当年完成投资4474万元，整个工程累计完成投资3.33亿元，并于年底进行了投料试机。该厂全年生产机制纸3.46万吨，下降8.9%；销售收入1.75亿元，下降17.1%；工业增加值5561万元，下降14.1%；实现税利1885万元，下降38.0%；其中利润108万元，下降91.6%。经济效益下滑主要是受进口纸张冲击，国产纸张市场价格下跌所致。通过企业干部职工齐心协力，克服困难，仍保持生产经营的稳定。该企业荣获1997年度柳州市“税利1000万元企业”称号、“工业增加值5000万元企业”称号、柳州市农村基层组织建设先进挂钩单位、“经济效益杯”劳动竞赛银杯奖。

柳州市造纸厂以转机建制为契机，强化内部管理，不断探索生产经营新路。实行了“以效益为中心，限产压在途”、“模拟市场，成本控制”的经济承包责任制；内部整顿，优化结构，减员增效等措施，使企业经济效益得到较大提高。全年生产香烟滤咀棒51.6亿支，比上年下降21.9%；机制纸1923吨，下降10.5%；销售收入1.34亿元，下降23.4%；工业增加值3394万元，增长13.1%；实现税利841万元，增长136.6%；其中利润606万元，增长76.3%。立士洁牌生活用纸被评为1997年度广西优质产品，该厂荣获1997年度柳州市先进单位、“经济效益杯”劳动竞赛银杯奖。

【日用化学工业】 日用化学工业企业有柳州两面针股份有限公司和柳州市日用化工厂2家，共有职工2048人，固定资产原值1.37亿元，净值1.01亿元。1997年，完成工业产值(90价)3.28亿元，比上年增长11.9%；工业产值(现价)5.33亿元，增长15.4%；工业增加值2.13亿元，增长14.0%；实现税利1.66亿元，增长13.1%；百元产值创税利50.47元，比上年增长1.06%。

柳州两面针股份有限公司不断强化企业内部管理，坚持全面质量管理，贯彻ISO9000系列标准，不断完善质量体系。1997年1月获得了中国商检质量认证中心颁发的ISO9001质量体系认证证书，成为中国牙膏行业首家通过ISO9000国际质量体系认证的企业。坚持深化企业制度改革，精简科室机构，实行全员劳动合同制，充分调动了企业员工的积极性。根据市场需求，转换生产经营机制，不断调整产品结构，以销定产，实行仓储定额管理，严格控制产成品库存，最大限度发挥了企业资金的运行。坚持科技兴企，走集约化经营道路，不断扩展产品品种，形成了口腔保健类、洗涤类、妇女卫生巾类三大系列产品。年内该公司实施技改项目6项，总投资1.18亿元，已完成投资9082万元，其中当年完成投资7190万元。坚持技术创新，研制开发了儿童彩条牙膏、新中药牙膏、全能牙膏、南珠牙膏和成人彩条牙膏。该公司被列入建立区级技术中心计划、柳州市技术创新试点企业。全年生产牙膏3.53亿支，比上年增长6.11%；牙刷76.58万支，下降52.4%；卫生巾385吨，增长2.1%。完成工业产值(90价)2.97亿元，比上年增长9.8%；工业产值(现价)5.0亿元，增长15.2%；销售收入5.30亿元，增长20.1%；工业增加值2.02亿元，增长13.3%；实现税利1.64亿万元，增长12.2%；其中利润1.20亿元，增长8.3%。百元产值创税利55.17元，增长2.2%。为本系统生产、经营、效益最佳企业。该公司两面针牙膏的产销量；连续15年居全国同类牙膏的首位，1997年在全国牙膏行业中产销量居第二位，税利居行业首位。

该公司在第三次全国工业普查

中，荣列中国日用化学工业行业企业销售收入排行第12名，税利总额排行第4名，资产总计排行第16名。1997年两面针牌牙膏产品荣获全国用户满意产品称号，两面针球型牙刷获广西科技进步三等奖。该公司荣获1997年柳州经济效益先进单位、“利润亿元企业”称号、“工业增加值亿元企业”称号、广西重奖研制推广科技成果一等奖、广西一轻系统技改先进单位、柳州市先进单位、“经济效益杯”劳动部竞赛金杯奖。

柳州市日用化工厂于1996年12月改制为股份合作制企业后，职工参与生产经营意识增强，企业通过强化内部管理，完善供销责任制，加大财务监管和合理进行资金运作，实行产品生产成本否决措施，使企业生产经营保持稳定和增长。1997年生产肥皂2013吨（洗衣皂1033吨、香皂960吨），增长1.1%；完成工业产值（90价）3139万元，增长36.8%；工业产值（现价）3400万元，增长18.5%；销售收入2612万元，增长36.9%；工业增加值1108万元，增长26.8%；实现税利190万元，增长28.0%。该厂针对企业现状和日化市场消费趋向，开发了芬迪牌系列产品如芬迪洗衣粉、芬迪洗发露、芬迪香皂、芬迪喷口香、芬迪漱口水等新产品投放市场，深受用户欢迎。该厂生产的乐牌千里光香皂被评为广西名牌产品。

【包装印刷工业】 该行业共有企业3家：柳州市彩色印刷包装总厂、柳州市印刷厂、柳州市第三印刷厂，共有职工1267人，固定资产原值1.16亿元，净值8303万元。主要承印各种印刷制品、书刊、包装纸盒及礼品纸袋、文化纸制品，书刊、包装纸盒及礼品纸袋、承制各种瓦楞纸箱等，已具有印刷能力19亿印/年，生产瓦楞纸箱2500万平方米/年、礼品袋150万个/年。1997年该行业实际完成印刷量10.4亿印（含柳江造纸厂印刷分厂印刷产量1832万印），比上年增长17.0%；完成工业产值（90价）1.10亿元，增长24.7%；工业产值（现价）1.01亿元，增长22.8%；工业增加值3501万元，增长25.6%，实现税利721万元，下降12.7%。百元产值创税利6.58元，下降30.0%。

1997年，柳州市彩色印刷包装总厂转变观念，开拓市场，调整产品结构，加大生产经营管理力度，实行营销承包、生产岗位质量挂钩责任制。注重技改投入，完工了上年结转的三个项目，投入近600万元新开了四色纸板印刷摸切线项目。在工艺技术创新上采用了柔版、光敏树脂印刷技术、激光模切版工艺技术和应用PVC多层加膜装帧材料等，使企业生产工艺技术水平不断提高，保证了生产经营的稳步发展。全年完成印刷量38874万印，下降3.3%；生产瓦楞纸箱713万平方米，增长19.6%；生产礼品袋46.84万个，增长33.8%。实现工业产值（90价）6006万元，比上年增长33.8%；工业产值（现价）6605万元，增长31.9%；工业增加值2353万元，增长38.2%；销售收入6010万元，增长18.2%；实现税利407万元，下降1.2%；其中利润48万元，下降48.3%。该厂印刷的《看图讲童话》荣获国家新闻出版署优质产品；《小学音乐五线谱》、《小学美术（七）》、《小学美术（十二）》、《快速便捷交通》、《琳琅精美的用品》、《天狗的命运》、《狼来不知道》等书刊被区新闻出版局评为优质产品。该厂荣获1997年度柳州市先进单位、广西一轻系统技改先进单位、柳州市1997年度“经济效益杯”劳动竞赛银杯奖。

柳州市印刷厂根据市场情况，在经营管理上实行承包责任制，抓重点、抓大户，以优良的质量和良好的信誉赢得用户。同时结合企业实际，调整产品结构，把具高中档硬（软）抄、工商帐簿、高级办公用品四大系列150多个品种规格500多个花色产品的纸制文化用品列为企业生产经营主导产品之一。并以药物笔记本的特殊功效为突破点，迅速打开文化纸品市场，使文化纸制品销售收入占全厂54%，且在全区同行业中排行第一，区内市场占有率达12.5%。八龙牌软硬抄笔记本被评为1997年度广西优质产品。该厂全年完成印刷品60345万印，比上年增长12.2%；文化纸制品本册1086万册，增长37.9%。完成工业产值（90价）4854万元，比上年增长15.8%；工业产值（现价）3280万元，增长9.3%；工业增加值1075万元，增长9.9%；销售收入3534万元，增长1.8%；实现税利304万元，下降39.3%；其中利润73万元，下降71.2%。该厂荣获自治区企业管理先进单位、自治区三好企业、自治区新闻出版局优秀印刷企业。柳州市1997年度“经济效益杯”铜杯奖。该厂印刷的《小学美术（一）》、《小学美术（二）》、《小学数学（七）》、《初中几何（三）》、《风景绘画入门》、《初中数学重点难点解释》等六本书获国家新闻出版署印刷检测中心颁发优质奖；《小学美术（二）》、《思想品德（七）》、《思想品德（十）》、《初中几何（三）》、《小学数学（七）》获自治区新闻出版局优秀产品。

【日用硅酸盐工业】 该行业共有2家企业：柳州市搪瓷厂和柳州市玻璃厂，共有职工1766人，固定资产原值7381万元，净值6055万元。具有年生产日用搪瓷制品1.2万吨、玻璃瓶5万吨的能力。1997年实际生活日用搪瓷制品1.15万吨，比上年增长43.95%；玻璃瓶3.58万吨，下降3.2%。完成工业产值（90价）1.74亿元，比上年增长25.0%；工业产值（现价）1.89亿元，增长9.4%；工业增加值6263万元，增长35.2%；实现税利971万元，增长10.1%；百元产值创税利5.59元，下降11.8%。

柳州市搪瓷厂在八五期末实施的引进重油烧成炉技改项目，投入运行并产生较好的经济效益的情况下，继续加大技改投入，投入近500万元实施了大异型搪瓷产品生产线、消化引进技术建5#油炉、新大型油炉初期工程等项目，为今后企业持续发展增添了后劲。该厂全年生产日用搪瓷制品1.15万吨，增长43.95%；完成工业产值（90价）1.41亿元，比上年增长28.4%；工业产值（现价）1.56亿元，增长11.7%；工业增加值5450万元，增长27.5%；销售收入1.42亿元，增长40.3%；日用搪瓷制品出口交货值5482万元，增长8.3%；实现税利759万元，比上年下降12.6%；其中利润403万元，下降13.5%。该厂荣获一九九七年度柳州市“工业增加值5000万元企业”称号、柳州市先进单位、“经济效益杯”劳动竞赛银杯奖。广西一轻系统技改先进单位；柳冠牌5—55cm日用搪瓷系列产品被评为广西优质产品。

市玻璃厂注重深化企业内部管理，实行减员增效，生产经营承包责任制；多渠道筹措资金，对能耗大的一座窑炉进行改造，以节约能源，降低生产成本。同时开发了适于市场需要的印字印花瓶新产品，投入批量生产。通过上述措施，保证了企业维持正常生产，并在产量比上年减少14.8%，销售收入持平的情况下，创税利212万元，比上年增长11.2%。该厂荣获1997年度柳州市先进单位。

【日用机械工业】 该行业有柳州市钟厂和市环力机械总厂2家，共有职工971人，固定资产原值3874万元，净值2892万元。主要生产机械摆钟和石英钟、工矿配件和混凝土搅拌机等。全年生产机械摆钟82447只，下降34.5%；石英钟21069只，下降17.0%；搅拌机160台，下降15.3%。完成工业产值(90价)1885万元，比上年下降18.2%；工业增加值462万元，比上年下降28.0%；比上年亏损76万元。

柳州市钟厂是中西南地区能整机生产机械摆钟的最大专业厂家，产销量居国内同行第三位。年内，该厂改制为股份合作制企业，实行股份合作制后，提高了职工对企业的关心和风险意识，企业的凝聚力得到了进一步加强，在生产经营上坚持以质量、品牌开拓市场，并根据市场实际，立足于区内销售，保持市场占有率在80%以上；并巩固发展云贵市场，开发江西、浙江、广东、安徽、河南、河北、福建市场，不断提高了“金声”时钟在国内的知名度。坚持技术创新工作，投入100多万元，购进具国外先进水平的德国四面刨、意大利产推台锯等木制品加工设备，开发了新颖豪华的机械落地钟、高档木钟系列和镜框系列，使企业在竞争激烈的市场中得以维持生机，但因产量比上年减少31.0%，导致企业亏损107万元。

柳州市环力机械总厂目前是广西最大的生产系列混凝土搅拌机和系列砌块成型机厂家之一，年内改制为股份合作制企业。为了尽快开拓市场，重视产品质量提高，严格工艺纪律，实行质量否决、质量与经济效益挂钩制度。同时注重技术创新工作，根据市场变化，开发了近10种规格型号的建筑机械产品。其中JS500型、JSY500型双卧轴强制式搅拌机、JDY350型行星式单卧轴强制式搅拌机、PLD1200型电子式配料机填补了广西空白。以质赢取用户，以新开拓市场使该厂生产经营得以稳定和提高。该厂全年完成销售收入590万元，比上年增长41.5%；实现税利24万元，增长84.6%。该厂荣获一九九七年度柳州市先进单位。

【电光源工业】 电光源工业企业仅有柳州市灯泡厂，1997年有职工1492人，固定资产原值2903万元，净值2092万元。主要产品为普通白炽灯泡、汽车灯泡、荧光灯管等，年生产能力为3500万只。

年内柳州市灯泡厂继续深化企业内部管理，精简机构，减员增效；完善生产经营承包责任制，学邯钢，节能降耗，降废减损，使企业在市场竞争激烈、产品市场疲软的情况下，基本保持正常生产，以尽快扭亏增盈。全年生产灯泡3333万只，比上年下降2.4%；完成工业产值(90价)2253万元，比上年下降2.0%；工业产值(现价)2671万元，下降11.3%；工业增加值628万元，增长30.8%；销售收入2639万元，增长5.6%；企业亏损767万元，比上年减亏92万元。1997年11月，在市委、市政府的鼎力支持下，该厂以56万元收购了破产的梧州市灯泡厂的主要生产设备，实行真正的低成本扩张。至今，继南宁、梧州两市的灯泡厂相继破产后，柳州市灯泡厂已成为全区规模最大、实力最强、唯一生产普通灯泡的国有企业。为此，该厂正抓机遇稳生产，保质量促销售，抓管理创效益，努力使企业早日走出困境。

【轻工机械工业】 轻工机械制造企业仅有柳州市机械刀片厂，职工444人，固定资产原值2206万元，净值1578万元。主要生产轻工机械刀片，年产刀片能力2500吨；目前该厂生产规模和销售量排国内同行业第二位。1997年实际生产机械刀片621吨，比上年下降22.6%；出口交货值106万元，增长489%。完成工业产值(90价)1394万元，下降7.7%；工业产值(现价)1719万元，下降2.3%；工业增加值634万元，与上年持平。实现税利114万元，下降9.5%；百元产值创税利8.18元，下降1.9%。该厂根据市场需求，生产经营紧紧抓住国内市场，以“大客户、大行业、大市场”为营销目标，巩固原有造纸、印刷、包装行业市场外，加大力度开发了木材加工、塑料、食品、冲剪等行业用机械刀片的市场，逐渐扩大了国内市场占有率；在国际市场上，通过利用计算机互联网，不但扩大了企业产品的宣传，同时加强了国外新老客商的联系，使出口量有较大的增长。年内该厂投入近400万元进行设备的填平补齐；现该厂的工装设备、工艺技术水平已处于国内行业的领先水平。通过采用无氧化焊接技术，已开发出用户满意的高速钢刀片。永丰利牌QD型切纸刀被评为1997年度广西优质产品，该厂荣获柳州市先进单位、“经济效益杯”劳动竞赛铜杯奖。

【糖果及凉果工业】 1997年，该行业有柳州市糖果一厂、市糖果二厂(含广西金嗓子制药厂)、市罐头食品厂3家企业，共有职工1741人，固定资产原值1.15亿元，净值7537万元。全年生产糖果7665吨，比上年下降50.2%；冰淇淋578吨，下降28.1%；凉果134吨，下降40.4%；金嗓子喉宝含片2070吨，比上年增长104.7%。实现工业产值(90价)2.20亿元，比上年增长16.3%；工业产值(现价)2.20亿元，增长12.1%；工业增加值8027万元，增长18.5%。实现税利704万元，下降57.5%；百元产值创税利3.20元，下降63.3%。

年内柳州市糖果一厂由于资金紧张及糖果产品市场疲软等因素影响，1997年，仅生产糖果3843吨，比上年下降53.3%；冰淇淋578吨，下降28.1%；销售收入2970万元，下降64.6%；因生产经营状况不佳，加之遗留债务，全年企业亏损2124万元。

广西金嗓子制药厂（含市糖果二厂）加大调整产品结构力度，把保健品、药品作为企业的主导产品，紧紧抓住“金嗓子喉宝”这个品牌，加强企业内部管理和加大营销广告力度，以创名牌、挤市场来实现效益。同时坚持技术创新，投资800多万元新建胶囊、冲剂两个生产车间，增购具90年代国内先进水平的气、液相色谱仪，电子分析天平等仪器，进一步完善了产品检测手段，为创名牌建立可靠的质量保证体系。该厂质检机构已通过自治区药品生产企业质检机构等级认证A级标准评审。研制成功的罗汉果玉竹冲剂、宁心宝胶囊两个新产品投入了批量生产。1997年生产糖果3822吨，比上年下降46.8%；金嗓子喉宝含片2070吨，增长104.7%。完成工业产值（90价）1.81亿元，增长55.8%；工业产值（现价）1.82亿元，增长46.6%；工业增加值6876万元，增长37.4%；销售收入1.77亿元，增长67.5%；实现税利2764万元，增长132.5%；其中利润890万元，增长176.4%；百元产值创税利15.29元，提高49.3%。1997年，该厂荣获柳州市经济效益先进单位、“税利1000万元企业”称号、“工业增加值5000万元企业”称号、广西一轻系统技改先进单位、广西食品工业科技进步优秀企业、中国食品工业质量效益型先进企业、广西医药行业先进单位、广西重奖研制推广科技成果一等奖、柳州市先进单位、“经济效益杯”金杯奖和优秀组织单位奖。

【酿酒及非酒精饮料工业】 该行业有市啤酒总厂一家，职工981人，固定资产原值5352万元，净值3191万元。1997年生产啤酒2.65万吨，比上年下降33.7%；非酒精饮料6000吨，下降18.1%。完成工业产值（90价）4132万元，比上年下降29.2%；工业产值（现价）5606万元，下降38.1%；工业增加值2791万元，下降3.1%；销售收入5673万元，下降24.8%；实现税利1201万元，下降20.3%；百元产值创税利29.06元，增长12.2%。年内该厂在主导产品啤酒受到市场竞争的激烈冲击销售受阻的情况下，严把原料质量关，稳定工艺配方，降耗节能，以稳定和提高产品质量。并投资100多万元，改造了原泡沫加水泥保温装置，改用目前保冷效果最好的聚胺酯发泡外包铝板保温系统，大大降低了能耗，稳定了啤酒发酵温度，保证了啤酒质量。在企业内部管理上，实行质量指标与经济效益挂钩、生产岗位责任制等措施，使产品质量得以稳定和提高，全年产品质量合格率达99.72%，比上年提高1.2%。该厂荣获1997年度柳州市先进单位、“经济效益杯”劳动竞赛银杯奖。

【味精及调料工业】 1997年，味精及调料工业企业有柳州元宝味精股份有限公司和柳州市食品总厂两家，共有职工989人，固定资产原值7596万元，净值5624万元。全年完成工业产值（90价）6675万元，比上年下降16.4%；工业产值（现价）6146万元，下降19.6%；工业增加值1133万元，增长38.5%；该行业亏损2193万元。柳州元宝味精股份有限公司在八五期实施的年产3000吨糖蜜味精生产线，因原材料来源及价格变化等因素影响，该生产线基本上未开工。该公司全年生产味精3297吨，比上年下降25.0%；销售收入4057万元，比上年下降36.4%。因生产未形成规模经济，全年企业亏损2207万元。

市食品总厂1997年生产酱油4981吨，比上年下降17.9%；豆奶511吨，下降16.5%；白醋624吨，下降40.0%。完成工业产值（90价）1278万元，下降10.6%；工业产值（现价）1450万元，下降8.6%；实现税利126万元，下降13.7%。百元产值创税利9.86元，下降4.2%。该厂龙珠牌酱油系列产品质量稳定，在区内深受消费者欢迎，有一定的市场潜力。年内该厂改制为股份合作制企业后，通过深化企业内部管理，开展技术创新，提高产品档次，开发天然动植物保健酒系列等，将使企业产生更好的效益。该厂荣获1997年度柳州市先进单位。

【卷烟工业】 柳州市卷烟工业企业有柳州卷烟厂一家，为全区烟草行业规模最大的大型企业，职工1919人，固定资产原值3.5亿元，净值2.76亿元。年生产卷烟能力30万大箱，主要生产甲天下香烟系列、田七花香烟及大英雄香烟产品。

年内该厂紧紧围绕“以效益为中心、以质量作保证、以降耗节支为措施”的工作方针，认真贯彻ISO9000系列标准，使企业内部管理规范化、标准化、科学化。同时坚持技术创新，投资400多万元实施了烟丝提升系统、WYP—180烟草薄片生产线、狄更生线通风系统、GDX包装设备等技改项目；开发了全包装特醇田七花香烟、北联翻盖田七花香烟、翻盖钓鱼岛香烟、全信号红灯香烟、柳江桥香烟、深港湾香烟等新产品，为企业巩固和开拓市场打下良好基础。该厂1997年生产卷烟28.8万箱，比上年下降2.0%；完成工业产值（90价）7.11亿元，比上年下降2.0%；工业产值（现价）7.64亿元，下降0.8%；工业增加值4.46亿元，增长15.1%；实现销售收入7.81亿元，增长7.0%；实现税利4.3亿元，增长13.2%；其中税金4.19亿元，增长14.0%；利润1790万元，增长75.1%。百元产值创税利61.35元，增长17.9%。该厂荣获1997年度自治区文明单位、全国烟草系统安全先进单位、自治区安全生产先进单位、柳州市先进单位、“经济效益杯”劳动竞赛金杯奖。

（詹德　黎森昌　梁任业）

【烟草专卖管理】 柳州烟草专卖局认真贯彻区烟草专卖局“三个立足”、“四个坚持”的精神，按照《烟草专卖法》和《两个条例》，积极开展专卖管理工作，充分发挥“监督、管理、协调、服务”的职能作用，采取座谈会、知识竞赛、张贴、印发宣传资料、悬挂横幅标语等形式,多渠道、全方面的广泛做好烟草专卖法律法规的宣传工作,提高广大卷烟经营户和消费者的烟草专卖意识。1997年,广西甲天下集团各经济区共查处各种违法违章经营卷烟案件2931起,销毁假冒商标卷烟11395件,对稳定卷烟市场、理顺地产烟销售渠道起到了良好的保障作用。

(广西甲天下烟草(集团)有限责任公司办公室)

【制糖工业】 1997年,柳州市制糖工业生产能力继续加大。通过扩建、改造,柳州市内7间糖厂的日榨能力增加至20300吨,比上年增加了5300吨。其中,凤山糖厂日榨能力扩至5500吨,柳兴实业开发总公司糖厂扩至4700吨,成为国有大型制糖企业。主要副产品酒精的日生产能力142.2吨,比上年增加24.4吨。

1997年,全市总榨蔗量230.01万吨,比上年增加18.34%。产混合糖25.54万吨,比上年增15.46%。产酒精(折96°)16512吨,比上年增长22.24%。1997年,制糖工业总产值(90年不变价)7.51亿元,比上年增长19.78%。工业增加值3.45亿元,比上年增长22.26%。利税总额1.15亿元,比上年减15.87%。其中,利润总额5264万元,比上年减35.48%;税金6224万元,比上年减24.06%。

1997年8月,柳州市凤山糖业(集团)有限公司正式挂牌成立。这标志着柳州市的制糖生产及销售在体制改革上迈出了新的一步。

(李怀干)

【木制品工业】 1997年,柳州市轻工木制品工业有柳州市缝纫机台板家具总厂一家,职工522人,固定资产原值1446万元,净值968万元。全年生产台板25.25万块,比上年增长7.2%;完成工业产值(90价)1498万元,增长1.7%;工业产值(现价)1238万元,增长13.2%;工业增加值340万元,增长111.2%;实现税利64万元,增长60.0%;百元产值创税利4.01元,增长48.5%。年内该厂通过强化企业内部管理,降废减损,挖潜增效及稳定巩固原有产品市场,积极开拓新市场,使企业生产经营基本保持正常运行。该厂荣获1997年度柳州市先进单位、"经济效益杯"劳动竞赛铜杯奖。

1997年轻工业主要产品量

产品名称	单位	产量	比上年增减%
牙膏	万支	35310	+6.11
牙刷	万支	76.58	-52.4
肥皂	吨	2013	+1.15
糖果	吨	7665	-50.2
味精	吨	3297	-24.97
啤酒	吨	26500	-33.75
饮料	吨	6000	-17.81
酱油	吨	4981	-17.93
白醋	吨	624	-40.0
白酒	吨	617	
蜜饯	吨	134	-40.4
豆奶	吨	511	-16.5
冰淇淋	吨	578	-47.7
金嗓子喉宝	吨	2070	+104.75
香烟	箱	28855	-1.01
机制纸	吨	36529	-25.5
妇女卫生巾	吨	385	+2.1
瓦楞纸箱	万平方米	712	+19.5
纸袋(礼品袋)	万个	46.84	+33.8
印刷品	万印	104020	+17.0
本册	万本	1086	+37.8
轻工机械	吨	621	-22.57
缝纫机台板	万块	25.25	+7.17
机械挂钟	只	82447	-34.5
石英钟	只	21069	-17.0
日用搪瓷制品	吨	11500	+43.95
日用玻璃制品	吨	35800	-3.40
灯泡	万只	3333	-2.45
香烟滤咀棒	亿支	51.6	-21.9

(詹德 黎森昌 梁任业)

纺织工业

【概况】 1997年,柳州市纺织工业国有和集体企业共21家。按企业专业性质分:棉纺企业5家,针织复制企业7家,化纤企业1家,服装企业5家,纺织机械、丝绸、制鞋企业各1家;按企业规模分:大、中、小型企业各7家;按经济规模分:大、中、小型企业各7家;按经济类型分:国有企业15家,集体企业6家。有2家企业实行股份制;有4个厂家改制为责任有限公司。全行业工业总产值超亿元企业3家,销售收入超亿元企业2家。全员劳动生产率达3.75万元/人。固定资产净值8.21亿元。当年实现工业增加值3.10亿元,比上年增长3.33%;工业总产值9.15亿元,比上年下降3.99%;税利3940万元,比上年增长133.34%;销售收入8.85亿元,比上年下降12.18%。亏损企业8家,亏损面为38%,低于全国、全区同行业亏损水平;亏损总额为967万元。全行业利润盈亏相抵后仍有46万元余利。销售率达93.54%,比上年提高3.32个百分点;质量稳定提高率达100%,比上年略有提高;出口收购值完成9112万元,比上年下降108.4%。全年实际产棉纱21858.93万吨,坯布4359.04万米,印染布1371.84万米,床单98.44万床,毛巾1612.39万条,袜子1402.69万双,针织品599.88万件,经编纬编针织面料323吨,涤纶蚊帐4万床,化学纤维5786.88吨。年内,纺织行业采取措施化解不利因素:一是继续加大力度深化行业改革。二是加强以销促产工作。组织企业参加97年度金秋柳州全国名优特产展销会、桂林山水节。广西名优产品展销会。仅97年度金秋柳州全国名优特产展销会,就销售和签订合同议项100多万元。三是深化企业管理。与市经贸委等部门签订了扭亏责任状,并及时将指标分解到有关亏损企业,而且按月、季对企业进行分析督促帮助,年内亏损额控制在计划之内。另外,主管部门狠抓产品资金、应收帐款占用的压减工作，做到月有财务分析，信息反馈，并且针对两金占用的变化及时督促企业积极改进工作，努力压减。

技术改造　1997年，纺织主管部门和企业筹措资金，加快设备更新改造。全行业申报立项并已获批复的技改项目共7项，总投资1.4亿元，其中贷款1.07亿元，自筹3354万元。同时对当年完成的技改项目13项抓紧进行了投产达产效益考核，全年技改完成产值2.1亿元，利税2055万元，分别占考核计划数的104.67%、51.88%。

放小搞活　1997年初，纺织行业开始对中小型企业的放小搞活，分别对中小型企业的制鞋厂、童装厂、服装二厂等进行研究，结合具体情况制定不同的放小搞活的改革形式：童装厂通过改革实行集体承包；服装二厂由纺建国有资产经营有限责任公司出资参股，改变其资本结构，实现投资主体多元化；制鞋厂在8月份，经柳州市"优化资本结构"试点办公室批准，由职工集资入股改造为股份合作制企业，当年该厂完成了此项改造工作。

企业改制　按照《纺建国有资产经营有限责任公司改革总体实施方案》要求：1.该公司要逐步实现建立母子公司关系的框架，逐步完成对下属大中型企业的建立现代企业制度工作。1997年，先后实现床单厂改为灯花有限责任公司，袜厂改为双合有限责任公司。1997年12月31日，柳州立宇集团有限责任公司挂牌这是以柳州市棉纺厂、第二棉纺织厂为核心的紧密型企业联合公司。这两个企业均获ISO9000系列质量体系认证，产品质量与国际接轨。

行业存量资产调整　1997年，主管部门对行业内存量资产盘活调研、探索和调整。制订实施方案，对行业内的绣花机的归口专业化生产，做了大量的工作。1997年10月份，市针织总厂与市棉纺厂相关资产互换，完成对针织总厂2.3万锭棉纺设备向棉纺厂迁移；棉纺厂的电脑提花大园机及印花机等针织设备向针织总厂转移，实现了归口专业化管理，为增强市场竞争实力，提高经济效益创造了科学合理的条件。

【棉纺织印染工业】　1997年，柳州市棉纺织印染工业企业5家，比上年减少2家。其中大型企业4家，中型1家。完成工业总产值(90价)4.94亿元，比上年同期增长18.33%，占全行业的53.92%；工业增加值1.85亿元，比上年同期增长25%，占全行业的59.65%；销售收入完成5.6亿元，比上年同期增长11.74%，占全行业的63.59%；实现利税2743万元，其中利润332万元，是全行业利润的大户。棉纺织印染工业在柳州市纺织行业所占的比重越来越大，至1997年止，棉纺织印染工业有棉纺锭26.57万锭，气流纺2400头，生产能力为3.67万吨，实际完成3.34万吨(其中来料加工1.14万吨)。有各种织机2945台，其中无梭织机98台，无梭织机率为3.33%，生产能力6708万米，实际完成4359万米。有印染生产线5.5条，能力7000万米，实际完成1372万米。棉纺织印染工业的主要产品有棉纱、棉布、服饰布、帆布及制品，印染布及各种特殊用布。

1997年，棉纺织印染企业从体制上进行改革、减员增效，盘活资产存量，走集约化道路，各企业根据自己的情况，采取各种方式求生存发展，纺织印染总厂在减员增效上下功夫。全年从一线减员200余人，重新开发"三产"业，安置下岗工人，使一线下岗工人又重新就业。第三棉纺织厂走出单一再生产模式，盘活资产求发展，投入资金搞技改。利用原老厂地理优势，搬迁走老厂区所有设备，利用市政府给予的优惠政策，与市纺织房屋开发公司合作，搞房地产开发，用所创造的效益继续进行企业的技术改造，从而提高企业的生存发展能力和企业国有资产的保值和增值。

【化学纤维工业】　柳州市化学纤维工业主要生产涤纶低弹丝、涤纶预取向丝、丙纶烟用束丝、丙纶有色低弹丝、丙纶变形长丝等品种。柳州市化学纤维厂年产9000吨的生产规模，年产值突破1亿元；职工680人，其中专业技术人员120人。1997年，该厂完成工业总产值1.17亿元，比上年增加5.85%；销售收入8266万元，比上年增加13.87%；完成税金497万元；完成产量5787吨，其中涤长丝2924吨，丙长丝1863吨。每年产品销售率都超过95%，连续几年获自治区双文明建设单位称号。

【丝绸纺织工业】　市丝绸厂是全市有丝绸机织能力唯一的企业。1997年完成工业增加值49万元，工业总产值167万元，销售收入99万元，分别比上年下降34.67%、37.69%、59.28%；生产总量完成75.6万米。该厂以接订单，由客户交纳定金或收来料加工费等形式坚持生产运作；生产一些消费者较为欢迎的纯棉、T/C色丝织布、细布及化纤交织绸等产品，以保证部分职工的生活收入。

【纺织机械器材工业】　1997年，柳州市纺织机械股份有限责任公司在十分困难的情况下，采取了一系列措施，使生产经营工作趋于基本正常。1997年该厂完成工业总产值2191万元，比上年减少30%；销售收入1782.4万元，比上年减少

1997年纺织工业主要产品产量

产品名称	单位	全年产量	产品名称	单位	全年产量
棉纱	吨	33353	针织服装	万件	599.88
棉布	万米	4359.04	袜子	万双	1403.08
化学纤维	吨	5786.88	大园机	台	59
印染布	万米	1372	服装	万件	16.55
床单	万床	98.44	鞋子	万双	226
毛巾	万条	1612.34			

35%。实现产量59台大园机，生产三角42807块，生产针筒97套。该企业坚持以技术创新，加大技术改造、技术开发方面的投入，努力提高产品的技术含量和附加值，重点抓了以下几项工作：一是"年产3000万枚织针"技改项目进度顺利，当年已能生产针厚0.36mm以上各种规格的园机织针，并生产合格织针100多万枚，新增产值200多万元；二是完成"年产100台电脑提花大园机"技改项目的前期准备工作。通过自行研制针织主机，配用日本WAV公司的提花控制系统，完成了二工位电脑提花机的试制工作；三是完成了LFE23型电脑提花双面机的图纸设计、工艺文件的编制，已进入样机试制阶段；四是完成多功能平面机的图纸设计、工艺文件的编制，该机种已投入批量生产。

【针织复制行业】 1997年，柳州市针织工业有5家，职工3000多人，固定资产原值2.74亿元，固定资产净值2.04亿元，主要产品有针织面料、针织服装、针织绒线、涤纶蚊帐、经编地毯、涤纶长丝、棉纱、袜子等。年生产能力为经编针织面料2900吨、针织坯布2000吨、针织内外衣3800万件、针织绒线700吨、合纤长丝针织蚊帐10万床、经编地毯145万平方米、棉纱3000吨、袜子4500万双。以90不变价计，全年该行业共完成工业产值1.18亿元，销售收入完成1.21亿元，完成出口产品交货值1030万元。年内，实际生产汗衫背心493万件，棉毛类衫裤100万件，绒布类衫裤7万件，经编纬编针织面料323吨，涤纶蚊帐4万床，袜子1403万双。

柳州市复制行业有床单厂和毛巾厂2家。生产能力为年产毛巾3000万条、浴巾、纱滩巾500万条，毛巾被45万条，床上用品500万条(套)，宽幅印花装饰布1500万米。1997年该行业固定资产原值8410万元，固定资产净值6084万元，职工1800人。完成工业产值(90不变价计)8456万元，销售收入6990万元，出口产品交货值1991万元。当年，实际生产毛巾1473万条，毛巾被9万条，各式床单98万床、印花装饰布34万米。

【服装制鞋行业】 柳州市服装行业企业有5家，大部分均以来料加工为主。1997年，全行业固定资产原值为1700万元，固定资产净值1323万元，职工800人，年生产能力为生产各类服装197万件。当年完成工业产值1193万元，销售收入1062万元，全年出口产品交货值810万元，分别比上年增长13.94%、13.29%、16.05%。

(韦光俊 武君 张菁 黄俊)

冶金工业

【概况】 1997年，柳州市冶金工业继续保持了良好的发展态势。有色金属冶炼行业的发展略好于黑色金属冶炼工业。有企业19家，职工29450人。全行业资产总值64.58亿元，负债总额32.55亿元。固定资产原值36.32亿元，净值26.85亿元。当年末形成的生产能力状况是：钢铁企业生铁90万吨、炼钢100.5万吨、成品钢材97.5万吨；有色金属冶炼企业锌锭5.9万吨、锡锭0.8万吨；化工产品中等级氧化锌6.4万吨(折金属量5.12吨)、立德粉3.5万吨，硫酸17万吨；铝材压延加工能力1万吨。其中建筑用铝型材产能4000吨。

1997年，全行业完成工业总产值(90年不变价)21.19亿元、完成现价产值31.96亿元、分别比上年同期增长12.84%和12.41%；完成工业增加值8.28亿元、比上年同期增长18.3%；主要产品产量大幅度增长。实现销售收入30.41亿元、比上年同期增长12.6%；实现税利2.31亿元、比上年同期增长34.3%；其中利润实现3187.5万元、比上年同期增长88.3%；当年亏损企业6家(含所属乡企)，亏损合计1352.2万元，比上年同期减亏3.4%。

【外贸经营】 外贸出口冶金工业产品出口增长幅度大，全年出口钢材(含商品坯)5.22万吨、生铁11.8万吨、出口锌锭8291吨、锡锭899吨、氧化锌12437吨、立德粉4672吨、硫酸锌700吨。出口金额7304.8万美元，其中自营出口2547.38万美元。分别比上年同期增长123.85%和136.88%。其中以锌锭出口增长最为迅猛，同比增幅达100%。到年末，除铝型材厂外，柳钢、柳锌、有色冶炼、综冶共4家企业均获国家外经贸部授予自营进出口权，并已成立企业所属外贸公司。

【质量认证】 1997年，柳州锌品股份有限公司，柳州市有色冶炼总厂经过中国质量管理协会质量保证中心的考核、审查，通过ISO9002质量标谁认证。广西柳州钢铁(集

1997年冶金工业主要产品产量

产品名称	单位	产量	比上年增减%
钢铁	万吨	72.49	7.92
钢锭	万吨	85.40	14.94
生铁	万吨	100.89	31.6
钢坯	万吨	25.12	4.8
等级氧化锌(实物量)	吨	48199	
立德粉(实物量)	吨	25651	10.52
硫酸(折100%酸)	万吨	17.38	12.86
锌锭	吨	52054	17.46
锡锭	吨	5266	10.52
铝型材	吨	1060	—40.66
铝园片	吨	4732	7.45

团)公司中板分厂通过中国船级社ISO9000国际质量体系认证。

【节能降耗】 1997年，冶金工业企业在继续深入开展学邯钢，降成本活动，针对冶金产品中能耗占总成本比例较高这一现状，充分挖掘了潜力，大力开展节能节材、降低消耗活动。全年全行业共节约能耗：节煤折标准煤10.59万吨、节成品油3264.3吨、节电4881.1万Kwh。万元产值能耗6.784吨·标煤/万元，比上年同期下降5.58%，折标煤10931万吨。

【钢铁工业】 1997年，广西柳州钢铁(集团)公司年末职工总人数20178人。产钢突破80万吨，完成工业总产值(90年不变价)10.58亿元，比上年同期增长19.43%；完成工业增加值5.04亿元，比上年同期增长18.7%；实现销售收入17.88亿元，比上年同期增长6.36%；实现税利总额1.389亿元，比上年同期增长128.78%；其中实现利润1511万元，比上年同期增长0.51%。经营方面全年销售钢材69.91万吨，其中外贸出口钢材1.89万吨、生铁及商品坯15.12万吨，创汇2981.56万美元，折人民币2.47亿元，以材折款折币2.85亿。全年购进矿石129.46万吨，其中进口矿石50.8万吨，用汇1306.68万美元，购进煤炭98.14万吨，采购总支出11.56亿元。完成固定资产投资2.66亿元，主要用于企业技术改造。全年实施与完成的重大技术改造项目有线材一火成材改造工程；二总降166#线改造；3#方坯连铸机工程；4#制氧机组工程改造。4#制氧机组工程项目，1997年10月竣工，工程计划总投资9850万元，实际完成投资10788.3万元，新增制氧能力6500m³/h；二总降110KW总降线路工程改造计划总投资1.47亿元，1997年5月竣工，实际完成投资1.02亿元，该工程项目的完成，极大的改善了企业供电条件。此外当年投资并竣工的3#方坯连铸机改造工程，计划总投资2000万元，由企业全额自筹资金，完成投资3463万元，新增连铸坯能力28万吨/年，致此，企业实现了全连铸。线材分厂线材一火成工程改造是企业实施降成本的关键项目之一，该工程1997年7月竣工，计划总投资4000万元，实际完成投资5881万元，新增线材能力年17万吨。此外柳州钢铁(集团)公司的商标注册工作完成，其商标“LG”为正菱形图形，由国家工商行政管理局商标局核准并注册，该注册有效期10年，商标注册证号为第1055451号。企业改造改制工作深入开展，以“减员增效”为主要方向，从3月份开始，开展“精干主体、分离辅助、减人增效”工作，全年共减定员1765人，其中通过内退、下岗、自谋出路等途径实际减人1330余人，安排到新建项目430余人。将薄板、无缝两分厂实施资产联合承包经营，承包期限为三年，自担经营管理费用，每年上缴利润。年内发生重大事故一起，12月25日凌晨0:06分杨柳变电站变电设备发生故障，影响到柳钢166#线总降突然失压，全厂断电停产，至1:55分时全面恢复供电，逐步恢复生产，此为该厂建厂四十余年来发生的最严重的一次停电事故。

【炼焦及焦化工业】 广西柳州钢铁(集团)公司下属焦化分厂作为钢铁工业的配套设施，1997年，该企业有80型焦炉一组2座，66型焦炉二组4座，年产焦炭能力76万吨。因生产经营需要，66型焦炉已于1995年关闭停产。废水处理设施每小时处理废水250m³。生产的主要产品除焦炭外，尚有焦油、粗苯等化工产品的回收并同时生产硫铵等产品。当年主要产品产量除焦炭外是：回收煤焦油29281吨、回收粗苯6012吨、生产硫铵4152吨、生产沥青2696吨、生产轻油272吨、生产蒽油147吨、工业萘310吨、焦油深加工4641吨、外供焦炉煤气23.3万m³，全年完成工业现价产值3.41亿元。

【有色金属工业】 1997年，柳州市有色金属工业保持快速增长，经营规模进一步扩大，结构调整进一步优化。年末各项资产合计14.98亿元，负债11.89亿元，固定资产原值6.49亿元，净值4.61亿元。年末共有职工8871人。各项经济指标均有大幅度增长，全年共完成(90年不变价)工业总产值10.09亿元、现价产值11.9亿元，分别比上年同期增长8.96%和11.2%；完成工业增加值3.11亿元，比上年同期增长21.5%；实现销售收入11.36亿元，比上年同期增长176%；实现税利8574万元，比上年同期增长102.9%；其中实现利润1805.8万元，比上年同期增长514.6%；当年亏损企业3家、亏损额954万元，比上年同期减亏企业2家、亏损额减少297.3万元。全年销售有色金属产品锌锭55404吨、锡锭5212吨；有色化工产品等级氧化锌43679吨、立德粉20377吨、硫酸12.44万吨，其中自营出口锌锭6249吨、锡锭899吨、等级氧化锌(含高级粉)7481吨、立德粉455吨，创汇合计2192.6万美元，折人民币1.82亿人民币。全年购进各有色金属矿折金属量12.87万吨、煤炭24.53万吨，采购主要原材料支出6.438亿元。在抓好生产经营工作的同时，有色金属工业企业深化改革，转变机制。1997年，柳州市有色冶炼总厂和柳州市综合冶炼厂分别以较低价格收购了两家破产企业，以资产重组、资本运营的方式实现了企业的低成本扩大经营规模。其中柳州市有色冶炼总厂以700万元的收购资金全额收购柳州市耐磨材料总厂；柳州市综合冶炼厂以260万元收购资金全额收购柳州市无线电元件二厂。经整顿复产，仅当年12月即生产电位器51万只，同时综合冶炼厂年末的资产负债率从兼并前的91.2%降至年末的78.77%。全年发生工伤死亡事故3起，死亡3人。

1997年，柳州锌品股份有限公司继续深入开展学邯钢活动，大搞技术革新和节能降耗，全年共节约能源折标准煤1125.49吨、节电90万Kwh、节约锌金属1095.12吨，不仅如此，开展技术攻关和劳动竞赛的结果，氧化锌一级品率保持69.6%，锌耗降为0.871吨，为该企业历史最好水平。同时技术攻关取得明显成果，在“立德粉节约中和剂氧化锌”项目中全年节约氧化锌34.14吨;“电锌低锌耗、电耗攻关”降低锌耗至1.24t/t、电耗3920Kwh/t,比正常水平低100Kwh/t。企业改革探索新路,柳州市化学冶炼工业公司以建设新一座$14m^2$沸腾炉系统为契机,探索新的融资和企业所有制改革新路,于1996年成立柳州市烨业化工厂,由化学冶炼工业公司职工全部内部集资入股,成立股份合作性质的小型股份制公司,并同时具备法人资格,共同投资1800万元,于1997年6月18日建成一座$14m^2$沸腾炉,该工程项目建成后,年处理锌金属1万吨,产硫酸2.1万吨。

【有色金属压延工业】 柳州市有色金属压延工业共有4家,分别为柳州市有色冶炼总厂下属的金属压延分厂、九山铝型材厂、九山铝加工厂和柳州市铝型材厂,主营铝板材、型材等压延加工。1997年,上述4户企业年末资产总计1.5亿元,负债总额1.52亿元。固定资产原值5817万元,净值4578.6万元。年末职工总人数401人。4户企业全年生产总量4732吨,完成工业总产值5039万元(90年不变价),现价产值5047万元,分别比上年同期下降22.67%和27.47%;实现销售收入4369万元、比上年同期下降37.5%;实现税利为亏损318.7万元,比上年同期下降212.65%;其中利润亏损385.6万元,比上年同期增亏216.8%;完成工业增加值1290万元,比上年同期下降19.75%。全年销售铝板及铝园片2340.9吨、铝型材1396吨。全年购进铝锭2856.5吨,采购总支出3727.8万元。 (邓 伟)

化学工业和制药工业

【概况】 1997年,柳州市化工制药工业有国有工业企业8家,股份合作制企业1家。其中大型企业3家,中型企业5家,小型企业1家。职工1.1万人,其中工程技术人员2千人。共有生产设备6367台(套)。固定资产净值7.77亿元。产品有尿素、硝铵、五钠、炸药、烧碱、人造革、聚氯乙烯、胶管、运输带、油漆、氧化铁系列颜料、中西成药等70多种。

柳州化肥厂生产的硝铵质量过硬,在国内外市场有较高声誉。图为出口产品装车现场　　柳州化肥厂办公室供稿

克服困难,搞好生产经营　1997年,化工制药行业克服困难,适时调整经营策略,在加大市场占有率和内部挖潜改造上做文章,取得了较好的效果。全年共完成工业总产值(90价)7.16亿元;完成销售收入9.08亿元;工业增加值3.26亿元;利税4941万元;利润45万元。产品产销率为99.04%;“两金”占用比年初下降1.8%。

开展技术创新　年初,各企业花大力气促进企业技术力量的提高。全行业共进行大的技术改造项目三项;联合开发“膨化硝铵炸药”等多项新产品。产品质量计划完成率达100%,质量稳定提高率达100%;发表QC成果18篇。

抓好设备管理　年内,全行业以深入贯彻《‘九五’设备管理工作纲要》为重点,开展了一系列工作,使设备管理工作技术水平得到明显提高。一年来,未发生特大设备事故及因设备因素造成的伤亡事故;设备管理各项经济技术指标顺利完成;全部设备完好率为97.7%,同比增长0.05%;主要设备完好率为97.2%;主要设备利用率为59.1%;静密封点泄漏率为0.26%,动密封点泄漏率为0.88‰,设备故障停机率为0.42%。

学邯钢、降成本　通过在企业中推广学习邯钢经验,提高了企业管理水平,产品成本得到不同程度的下降。如柳化,通过进一步实行模拟市场核算,健全和完善成本否决的经济承包责任制,全年节约各种费用开支近1000万元。

整体推进企业改革　年初,拟定了全行业企业改革方案。按照抓大放小,建立现代企业制度的要求进行了操作实施。造漆厂于8月份完成了股份合作制改制;进一步抓了柳化组建集团公司的工作;二化

1997年化药行业主要产品产量

产品名称	尿素	硝铵	五钠	普钙	84#炸药	烧碱	冲剂	中成药
产量(吨)	120097	123043	18442	48436	11728	15201	472	162

进行了组建全区民爆企业集团的调研工作；广磷、东化、橡胶厂就改制为有限责任公司提出了初步方案；跃化的股份合作制改制工作完成了资产评估。各企业结合自身实际，在调整产品结构、优化资源配置、减员增效方面，做了大量工作。

【化肥工业】 1997年，柳州化肥厂职工3562人，其中工程技术人员813人；占地面积135万平方米；总资产6.45亿元，净值3.19亿元；年底，柳州化肥厂的年生产能力已达18万吨合成氨。生产合成氨16.8万吨、硝铵12.3万吨、尿素12万吨、精甲醇1.2万吨；完成工业总产值（90价）2.89亿元，销售收入4.512亿元，利税2241万元，其中利润679万元。该厂继续加强节能工作。一是前后两次，在抓18万吨合成氨扩建的同时，投入2000万元，进行了变换系统的加变、常变中温工艺的全低温变工艺改造获得成功，系统生产能力增加80%，吨氨蒸汽耗量平均下降600公斤，年直接经济效益500万元以上，间接经济效益1000万元以上。二是对部分动力设备改造，采用日本产带能量回收的高效泵，年节电800多万Kwh，价值200万元以上。三是改造尿素装置，吨尿素氨耗、汽耗下降，节能价值逾250万元。还对合成塔内件、吸收塔填料、造气工序、联醇装置进行了技改，节能效果明显。1997年，柳州化肥厂农用硝铵评为广西区名牌产品；尿素评为广西区优产品；企业获柳州市经济效益杯“金杯”奖、“增加值超亿元企业”、“税利壹仟万元企业”等荣誉称号。另外，广西磷酸盐化工厂1997年生产硅肥1.79万吨，同比增长117%；普钙4.8万吨。

【磷酸盐工业】 1997年，广西磷酸盐化工厂有在职职工2047人，其中工程技术人员406人；占地面积117万平方米，总资产1.88亿元，净值5925万元。全年共生产了黄磷4700吨、五钠18400吨、磷酸15500吨、饲钙1450吨、硅肥1.79万吨，普钙4.8万吨。完成工业总产值（90价）1.11亿元，销售收入1.35亿元，效益不佳，实现利税－475万元，其中利润－938万元。1997年该厂坚持开展学邯钢、降成本活动。减少各项管理费用达216万元。该厂一项现代化管理成果获市级一等奖；企业获柳州市“先进党组织”、广西石化系统“优秀思想政治工作单位”等荣誉称号。

【氯碱工业】 1997年，柳州市东风化工厂有在职职工1618人，其中工程技术人员380人；占地面积28万平方米；总资产1.94亿元，固定资产净值9346万元。全年生产盐酸1.3万吨、烧碱1.5万吨、电石（折标）5645吨、聚氯乙烯4377吨、液氯5701吨、溶解乙炔200吨；完成工业总产值（90价）6485万元，实现销售收入8158万吨，利税811万元，其中利润30万元。一方面东化厂以市场为导向，狠抓了营销管理。通过市场调研了解市场动态，采用让利不让市场、以销定产、开拓新市场、加强营销队伍建设等方法促销售，取得较好成绩，做到了产销平衡，货款回笼率达98%。另一方面，东化厂认真开展了“学邯钢、双增双节、扭亏增盈”活动。运用成本倒算法，制定并实行成本否决的方案，取得明显效果。如该厂机修车间由此实现了独立核算、自负盈亏，为建厂以来该车间在生产管理方面的新突破。1997年，东化厂获柳州市经济效益杯“银杯”奖。

【火工工业】 柳州第二化工厂，1997年，职工1053人，其中工程技术人员179人；工厂占地面积287万平方米；拥有总资产1.45亿元，固定资产净值1.12亿元。全年共生产粉状硝铵炸药11728吨、雷管2129万发、导火索1605万米、乳化炸药2414吨；完成工业总产值（90价）4700万元，实现销售收入7232万元，利税812万元，其中利润234万元。柳州第二化工厂重点抓了产品销售工作。销售人员实行以年为期的销售承包。货款回笼也实行经销人员包干办法，开拓新市场，实行全区市场分区包干，建立客户联系网。通过努力，企业销售取得好的效果。其中导火索产销率达109%。该厂一项现代化管理成果获市级一等奖。企业获柳州市“安全先进单位”、市经济效益杯“银杯”奖。

【橡胶工业】 1997年，柳州市橡胶厂职工935人，其中工程技术人员108人。工厂占地面积8.4万平方米；拥有总资产8777万元，固定资产净值4747万元。全年共生产了输送带26万平方米、传动带20万平方米、三角带433万A米、风扇带1万条、胶管107万标米；完成工

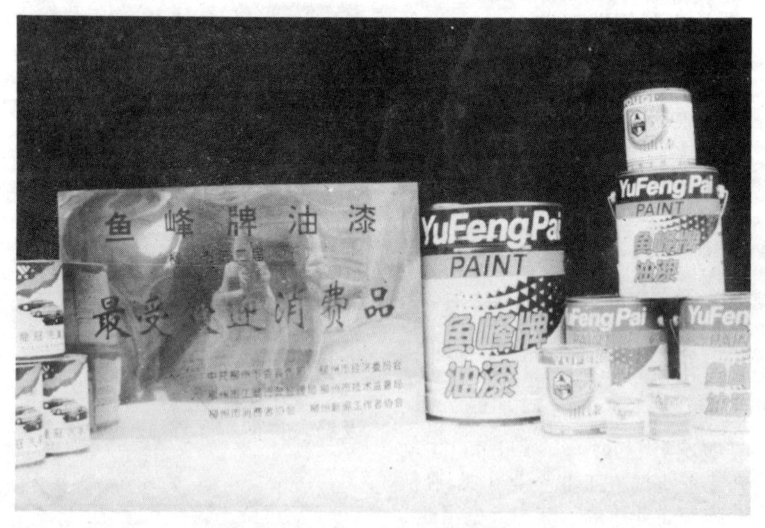

柳州市造漆厂鱼峰牌油漆系列产品

柳州造漆厂供稿

业总产值(90 价)4427 万元;实现销售收入 4200 万元,利税 330 万元,其中利润 64 万元。该厂以市场为导向,加强营销管理,产销率达 99%以上;继续开展学邯钢、降成本、增效益活动,加强质量管理工作。1997 年,柳州市橡胶厂获柳州市经济效益杯“铜杯”奖。

【涂料及颜料工业】 1997 年,柳州市造漆厂职工 278 人,其中工程技术人员 83 人;占地面积约 1 万平方米;拥有总资产 3641 万元,固定资产净值 1255 万元。共生产油漆 4858 吨;完成工业总产值(90 价)4030 万元;实现销售收入 4139 万元,利税 204 万元,其中利润 80 万元。1997 年 8 月该厂成功地改制为股份合作制企业。企业改制后,各类费用同比大幅度下降,仅管理费用就下降 110 万元。该厂获市经济效益杯“铜杯”奖。

柳州市跃进化工厂,1997 年,职工 493 人,其中工程技术人员 56 人;工厂占地面积 7.7 万平方米,拥有总资产 7140 万元,固定资产净值 4547 万元。1997 年共生产氧化铁红 1620 吨、氧化铁黄 1476 吨、Y101 磁铁粉 2719 吨;完成工业总产值(90 价)4937 万元;实现销售收入 3490 万元,税利 129 万元,其中利润 1 万元。大部分产品出口国外,市场竞争压力大。工厂很重视技术创新工作,已与南京理工大学等科研单位联合开发新产品。

【制药工业】 柳州市制药工业有柳州市制药厂和柳州市中药总厂。柳州市制药厂主要生产中、西成药。1997 年,该厂拥有在职职工 437 人,其中工程技术人员 157 人;占地面积 8 万平方米;拥有总资产 7835 万元,固定资产净值 2102 万元。全年共生产片剂 2.26 亿元、冲剂 145 吨、胶囊 25488 万粒;完成工业总产值(90 价)3725 万元;实现销售收入 2943 万元,税利 69 万元,利润－133 万元。1997 年,新产品产值达 335 万元。

柳州市中药总厂是生产中成药的专业厂家。1997 年,该厂职工 387 人,其中工程技术人员 75 人;总资产 4326 万元,固定资产净值 1435 万元。全年共生产片剂 44481 万片、冲剂 327 吨、糖浆 90 吨、塑包制品 1563 吨。完成工业总产值(90 价)2595 万元;实现销售收入 2185 万元,税利 271 万元,其中利润 45 万元。柳州市制药总厂注重技术工作,其产品葛根芩连微丸第二次被定为“全国中医院急诊室必备药”;花红片顺利通过卫生部的审批,载入卫生部部颁标准,并获国家中药保护品种称号。1997 年,柳州市中药总厂获柳州市经济效益杯“铜杯”奖。

【柳州化肥厂 18 万吨合成氨扩建工程顺利完成】 柳州化肥厂重视挖潜改造工作,坚持走内涵式发展道路。1997 年,该厂仅用一年时间完成了 18 万吨合吨氨扩建工程,即合成氨年产量由 15 万吨增至 18 万吨。该工程计划投资 9063 万元;由于采用新技术,仅用了 6700 余万元,取得很好经济效益。当年就生产合成氨 16.8 万吨,超出原生产能力 1.8 万吨。全部扩建工程于 1997 年 12 月投产后,运行情况良好。

(周俊明)

矿产业

【概况】 1997 年,柳州市在册国有矿山 25 座,集体矿山 145 个,个体采矿 178 处,从业人数 7992 人。合计采矿能力为 876 万吨/年,选矿能力为 60 万吨/年。年开采矿石总量 742.11 万吨,原矿现价产值 4634 万元,分别比上年减少 8.9%和 25.6%。年内,矿产开发及管理方面的主要工作:(1)严格矿权管理,做好采矿登记发证工作。开展了一次全市性采矿登记检查、总结、交流活动,促进了采矿登记发证工作的规范化、制度化。年末,全市在册国有矿山 25 个,均依法履行了采矿登记领证,其中,变更延续登记换证采矿许可证 2 个,持证率 100%。颁发集体个体采矿许可证 257 本,其中,新登记发证 28 本,延续登记换发采矿许可证 229 本;全市在册集体个体矿山 323 个,持证矿山 298 个,持证率 92%。(2)矿山年检。全市应检国有矿山 23 座,完成年检 23 座,完成年检 100%。其中,现场抽检 15 座,抽检率 65%。集体矿山应检 145 个,完成年检 140 个,年检率 96%,现场抽检 11 个,抽检率 79%,合格率 83%。个体矿山应检 164 个,完成年检 123 个,年检率 75%,现场抽检 117 个,抽检率 95%,合格率 76%。(3)抓好矿产资源补偿费征管,维护矿产资源国家所有权益。1997 年,全市完成矿产资源补偿费征收入库 73 万元,超额完成自治区下达的征收入库任务。(4)整顿小煤矿开采秩序。针对柳城县小煤矿开采安全条件差、管理混乱、伤亡事故多发的状况,柳州市政府决定对柳城县小煤矿实行全面停产整顿。整顿的重点是理顺管理关系,明确有关部门的职责和管理范围;严格按《矿产资源法》、《煤炭法》要求,完善办矿条件,提高小煤矿开采安全技术水平。(5)加强矿产资源开发监督检查,及时查处各类违法采矿,调处矿业纠纷,维护矿业秩序。1997 年,全市累计制止和处理各类违法采矿 56 起,调处矿业纠纷 18 起,处理市人大、市政协有关矿产开采问题提案建议 4 件。(6)做好矿产品经营登记发证工作。1997 年,全市登记颁发矿产品经营许可证 119 本。(7)根据国家地矿部、广西地矿厅的要求,部署开展全市矿山企业占有储量登记工作。

【采煤业】 1997 年,全市有集体煤矿山 4 个,个体煤矿山 23 个,煤炭生产能力 5 万吨/年。年生产煤炭 0.42 万吨,较上年减少 88%。柳城县小煤矿全面停产整顿。

【非金属采选业】 1997 年,全市有国有非金属矿山 23 个,集体个体非金属矿山 285 个,合计采矿能力 840 万吨/年,年采矿总量 737 万吨,比上年减少 8%。年开采矿种主要有石灰石、白云石、石英砂岩、河沙、硅土、大理石、粘土、页岩等。

【黑色金属采选业】 1997 年,全市国有锰矿山 1 个,集体个体锰矿山 8 个;国有铁矿山 1 个,集体个体铁矿山3个。合计采矿能力:锰矿6万吨/年,铁矿25万吨/年。全年锰矿产量1.35万吨,现价产值118万元,分别比上年减少66%和71%;铁矿石产量3.34万吨,现价产值119万元,分别比上年减少61%和增长16%。 (李冠环)

建材工业

【概况】 1997年,柳州市建材行业共有独立核算工业企业8家,其中国有企业4家(含代管自治区属企业1家),中外合资企业2家,集体企业2家,固定资产净值8.3亿元,主要生产设备1818台套,职工5518人。

1997年,柳州市建材行业共实现销售收入5.84亿元,比上年下降6.4%,实现税利5997万元,比上年下降16.3%,实现工业增加值2.06亿元,比上年下降6.8%,实现工业总产值(90价)3.8亿元,比上年下降14.6%,实现现价工业总产值5.42亿元,比上年下降18.6%,产品销售率102.9%,比上年提高6.2个百分点。主要产品产量水泥173.00万吨,比上年下降8.27%,劈离砖52.24万平方米,比上年下降29.78%,玻化砖20.03万平方米,比上年增长9.73%,抛光玻化砖8.43万平方米,比上年下降23.28%,水泥包装袋(50kg装)2038.03万条,比上年下降21.72%,菱镁玻纤瓦15.84万平方米,比上年下降14.86%,水泥预制构件1296立方米,比上年增长17.50%,建筑涂料20.90吨,比上年增长14.65%。

技术创新工作取得进展。年内开发生产新产品2项;新开工建设项目2项,完成投资4680万元;完成技术改造项目4项,完成投资730万元。

全年质量计划完成率100%,质量稳定提高率100%,关键工序一次投入产出合格率100%,出厂产品质量合格率100%。

全年万元产值综合能耗9.95吨标煤,比上年度上升5.6%,其中万元产值耗实物煤9.88吨,比上年度上升4.77%,耗电6812千瓦时,比上年度上升15.0%,耗实物油(汽油、柴油)0.07吨,比上年度下降13.6%。

【水泥工业】 1997年,柳州市水泥工业企业共有2家,设计年水泥生产能力共173万吨。1997年,柳州水泥厂有固定资产净值7.03亿元,职工3722人,设计生产能力为年产水泥163万吨。全年实现销售收入5.01亿元,比上年下降2.6%,税利5059万元,比上年下降17.0%,其中利润1062万元,比上年下降33.7%,工业增加值1.69亿元,比上年下降4.0%,工业总产值(90价)2.84亿元,比上年下降10.4%,现价工业总产值4.59亿元,比上年下降15.2%,产品销售率101.0%,比上年提高2.5个百分点。全年生产水泥165.62万吨,比上年下降8.5%。全年出口水泥91.7万吨,比上年增长10.1%,创汇3804万美元,比上年增长8.0%。水泥出口量、创汇收入均创建厂以来最高水平。年内开发生产出大坝水泥和塑钢门窗2个新产品:开工建设柳州鱼峰PVC型材/门窗厂塑钢门窗项目,计划总投资7000万元,年内完成投资4200万元;投资480万元建成年中转能力3万吨的湛江散装水泥中转站;投资600万元,采用国外先进技术成功将干法生产线生料库及窑喂料气力提升泵输送改造为皮带斗式提升机输送,降低了能耗,改善了环境。全年水泥质量稳定提高率、关键工序一次投入产出合格率和出厂水泥质量合格率均为100%。全年万元产值综合能耗10.86吨标煤,比上年度上升2.2%,其中万元产值耗实物煤10.81吨,比上年度上升0.7%,耗电6909千瓦时,比上年度上升1.9%,耗实物油(汽油、柴油)0.034吨,比上年度上升18.4%。

1997年,柳州市第二水泥厂有固定资产净值4917万元,职工711人,设计生产能力为年产水泥10万吨。全年实现销售收入1192万元,比上年下降33.3%,税利2.8万元,比上年下降94.3%,其中利润—118.4万元,比上年下降9.2%,工业增加值365万元,比上年下降45.7%,工业总产值(90价)1285万元,比上年下降18.4%,现价工业总产值1507万元,比上年下降22.3%,产品销售率103.0%,比上年提高0.5个百分点。全年生产水泥7.38万吨,比上年下降2.8%。全年水泥质量稳定提高率、关键工序一次投入产出合格率和出厂水泥质量合格率均为100%。全年万元产值综合能耗13.71吨标煤,比上年度上升29.2%,其中万元产值耗实物煤15.04吨,比上年度上升30.2%,耗电5719千瓦时,比上年度上升20.5%,耗实物油(汽油、柴油)0.044吨,比上年度下降12.0%。

【墙地砖工业】 1997年,柳州市墙地砖工业共有企业3家,设计年生产能力为劈离砖100万平方米,玻化砖70万平方米,釉面砖120万平方米。1997年,柳州市建筑材料工业二厂有固定资产净值5424万元,职工731人,设计年生产能力为劈离砖70万平方米,玻化砖70万平方米。全年实现销售收入3085万元,比上年下降26.0%,税利349万元,比上年增长1079.0%,其中利润37.5万元(上年度为—290.8万元),工业增加值1651万元,比上年增长19.3%,工业总产值(90价)3666万元,比上年下降29.1%,现价工业总产值2990万元,比上年下降35.1%,产品销售率95.6%,比上年下降1.8个百分点。全年生产劈离砖52.24万平方米,比上年下降29.8%,生产玻化砖20.03万平方米,比上年增长9.7%,生产抛光玻化砖8.43万平方米,比上年下降23.3%。年内投资50万元完成玻化砖辊道窑输送传动部分的改造;投资60万元研制成功JZK50/45双级真空挤出机,并通过国家建材局建材机械标准化技术委员会的验收;投资20万元研制成功劈离砖静切割机,解决了劈离砖尺寸公差大的问题。全年产品质量稳定提高率、关键工序一次投入产出合格率和出厂产品质量合格率均为100%。全年万元产值综合能耗1.56吨标煤,比上年度下降 2.5%,其中万元产值耗实物煤 0.88 吨,比上年度上升 8.1%,耗电 989 千瓦时,比上年度下降 2.9%。耗实物油(汽油、柴油)0.361 吨,比上年度下降 13.0%。

柳州东环陶瓷有限公司设计能力为年产釉面砖 120 万平方米,柳州地质新型建材总厂设计能力为年产劈离砖 30 万平方米,均因流动资金紧缺,97 年全年停产。

【水泥包装袋业】 1997 年,柳州大昌新型建材公司有固定资产净值 2848 万元,职工 299 人,设计能力为年产 50kg 装包装袋 4000 万条,吨装包装袋 30 万条。全年实现销售收入 3875 万元,比上年下降 13.7%,税利 576 万元,比上年下降 49.9%,其中利润 306 万元,比上年下降 64.4%,工业增加值 1616 万元,比上年下降 31.3%,工业总产值(90 价)4460 万元,比上年下降 23.6%,现价工业总产值 3681 万元,比上年下降 36.9%,产品销售率 134.4%,比上年提高 57.4 个百分点。全年生产 50kg 装包装袋 2038.03 万条,比上年下降 21.7%,1000kg 装包装袋 19.69 万条,比上年下降 11.8%,2000kg 装吊装袋 1.04 万条,比上年增长 117.1%。

(利建明)

二轻工业

【概况】 1997 年,柳州市二轻系统共有独立核算工业企业 46 家,其中,国有企业 3 家(柳州塑料机械总厂、市皮革集团公司、市塑料制品总厂)。集体企业 43 家(8 个股份合作制,3 个有限责任公司,8 个承包经营企业)。三产公司、商场 8 个、幼儿园和职工中专各 1 所,代管自治区单位 2 家。按企业规模分,大型企业 4 家,中型企业 3 家,小型企业 39 家。列为国家轻工总会重点企业 1 家;列为自治区二轻行业的重点企业 5 家。全系统包括塑机制造、家用电器、五金制品、塑料制品、皮革毛皮、工艺美术、帆布制品、木器家具、衡器仪表、电瓷制品、精细化工、纺织制毯、纸品加工、轻工机械、建材制品、食品、服装等 17 个种类。主要产品 43 种。占地面积约 133 万平方米,建筑总面积 67 万平方米。年末拥有固定资产原值 5.04 亿元,净值近 4 亿元。主要机器设备约 5300 台(套),在职职工 1.1 万人,专业技术人员 1770 人,离(退)休人员 4301 人,职工年人均工资 3954 元。全年完成工业总产值 5.6 亿元;工业增加值 1.6 亿元,税金 1341.23 万元。主要技术指标完成情况:全年技改项目 7 项,完成投资 573 万元;开发新产品 37 项;质量稳定提高率 89.13%;新产品产值率 29.5%;主要设备完好率 93.11%。

【召开"联社四届职代会"】 1997 年 4 月 8 日,柳州市机构编制委员会下发《关于市二轻城镇集体工业联合社职能配置、内设机构和人员编制方案的通知》,主要内容:撤销柳州市二轻工业管理局,成立市二轻工业总公司。二轻行业管理职能由市二轻城镇集体工业联合社承担,实行一套人马两块牌子。明确市二轻城镇集体工业联合社为市人民政府直属事业单位。内部机构设"三办"、"三科",即办公室、行业管理办公室、党委办公室、经营管理科、技术管理科、资产管理科。经过筹备,8 月 6 日至 8 日,柳州市二轻城镇集体工业联合社第四届职工(社员)代表大会隆重召开。127 名代表,充分行使民主权利,通过工作报告、财务工作报告、修改联社章程报告,选举产生了新一届联社主任、副主任、常务理事、理事。

【企业改制】 1997 年,窗纱厂、制毯厂、美陶厂、衡器厂、注塑压件厂 5 个企业改为股份合作制,皮革集团、飞羚总厂、都乐集团改制为有限责任公司;钢丝制品厂、帆布制品厂、木器总厂、电瓷厂、油毡厂、电化厂、塑二总厂、桂康化工厂实行风险抵押经营承包。通过改革将职工的利益与企业的前途和命运紧紧地捆在一起,加强了民主管理和监督,增强企业领导班子和职工的紧迫感和危机感。皮革公司创办龙城综合市场、胜利路皮革市场,使三产收入以 20%的速度递增,减亏 15 万元。

【产品创新】 1997 年,二轻工业在技术创新上狠下功夫。一是制订"柳州市二轻企业开展技术创新工作的实施方案",确定塑机、冷柜、塑制、双马四个企业作为试点单位,二是以市场为导向,加快新产品开发步伐。塑机总厂开发的 UN 系列电脑控制注塑机,塑料中空成型机,橡胶机械等 10 种新产品;冷柜厂与美国 ACM 公司共同开发车用空调的同时,还开发了五种大型冷柜;木器总厂开发实木地板;双马电扇厂开发吸排系列风扇、气雾净化器等 7 种新产品;皮革集团公司开发近百种新皮鞋、皮衣、皮包及革制品等,均受到市场欢迎。三是借助大专院校、科研单位力量,加快产、学、研联合。双马电扇厂与南京理工大学、广西美校、澳门高科技公司合作,研制新一代吸排油烟机、净化器以及改造老产品外型;塑机总厂借助桂林橡胶设计院的力量,开发橡胶机械产品;冷柜厂与上海交大合作生产环保"锅炉脱硫装置";仪器仪表厂引进广西医科大学化疗仪专利,生产化疗仪等,这些产学研联合的项目已开始形成。四是加强企业科研队伍建设。建立适应市场经济的科研队伍,全系统共有 13 个企业建立有新产品开发机构,把最好的工程技术人员放在开发机构上,给他们分任务、压担子,落实责任制和奖励政策,较好地调动了科技人员的积极性。

【塑机制造工业】 柳州塑料机械制造业主要由开元企业集团公司组成。1997 年,该公司工业总产值 1.9 亿元,增加值 6210 万元,销售 1.5 亿元,分别比上年同期增长 5.37%,18.74%,3.72%;其核心企业柳州塑料机械总厂,发展尤为迅速,全年实现工业增加值 2801 万元,销售 7161 万元,利税 283 万元。分别比上年同期增长 39.8%,43.6%,31%。经改制,公司成员单位由原 24 个减为 20 个。按产业分:工业企业 15 个,三产单位 4 个,运输部门 1 个,年末,全公司在职职工 1503 人,其中:工程技术人员 211

人，管理人员180人，工人1112人。拥有各种设备320台(套)，固定资产原值8259万元，净值5098万元，总资产2.9亿元，净资产4245万元；劳动生产率12.7万元/人，人均工资比上年同期增长5%。年内，主要抓了以下工作，一是抓改革，增动力。改革用人、分配制度。二是加强技术开发，增强企业竞争力。开发了90T、120T、UN350T、UN550T注塑机、UN300V热固机和VN140V排气式注塑机。其中，UN140V排气式注塑机填补了广西区内空白。还与上海自动化仪表厂合作开发完善了注塑机自动控制系统；以及开发了汽车、工程机械塑料配件达33种，增加了其配套能力。采用新技术、新工艺，成功地对8个项目进行技术攻关，提高了热处理加工实力和产品质量，降低了产品成本。加强新产品鉴定工作。年内，该厂UN—100T、UN—140T、UN—180T、UN—720T、UN—950T5种机型通过了新产品鉴定。三是加强企业管理，依靠发展内涵推动企业进步。1.优化营销机制，扩大市场占有率。在经济活跃地区扩建了5个服务点，同时，调动厂内力量实行全员销售，将职工全员推向市场，全年非销售人员实现销售占全部销售的14%。在全国97年首届售后服务评比活动中排名同行前列。2.优化增产机制，各部门一律对生产开绿灯，以保证产品交货期。全年完成总工时比上年增长了44%。

【家电工业】 柳州家用电器工业主要由都乐企业集团、双马电器集团公司两大集团组成。1997年，柳州都乐企业集团下属有独立核算企业共8家，按经济类型分均属集体所有制，其中大型企业1家，小型企业7家，共有职工1209人，获各类专业技术职称的有183人，固定资产原值4491.8万元，净值2089.8万元。全集团主要生产设备有568台(套)。具有年产制冷产品40万台，电热产品98万件的生产能力。年内，完成工业总产值1.02亿元，比上年增长10.74%，销售收入6454万元，比上年下降12.4%，全员劳动生产率为8.4万元/人年，比上年下降1.58%。有2家亏损企业，亏损额1443万元，比上年增亏411万元。

1997年，双马集团生产经营困难大，年初为了抢占旺季市场，及时将电扇生产启动时间提前，根据市场变化调整作业计划，年内，完成工业总产值3821万元，比上年增长9.94%，工业增加值975.96万元，比上年增长158.31%。

【塑料及塑料制品工业】 1997年，柳州塑料及塑料制品工业共产独立核算企业10家，较有特色的为柳州市塑料制品总厂和柳州市塑料编织水泥袋厂。

市塑料制品总厂是国有大型企业，广西外经贸商品出口生产基地企业，中国柔性集装袋10家龙头企业之一家。1997年，在职职工666人，退休职工82人，具有各类高、中级技术职称的专业人员138人，固定资产原值8962万元，净值7644万元，设备总数为417台(套)，年生产能力达万吨以上。年内，完成工业总产值4581万元，销售收入2350万元，全员劳动生产率7.3万元/人，人均工资5729元，工业增加值1462万元。1997年，该厂进一步扩大了主导产品——高强度柔性集装袋和系列管材的生产和销售，并全面推行ISO9000标准工作，取得了一定的成绩。“大口经Q100—Q300”改性HDPE压力管试制，获柳州市科技进步四等奖；高强度柔性集装袋获柳州市科技进步三等奖，是97年度广西优质产品，12月中国轻工总会机关报《中国轻工报》经过全国同行业遴选，该厂跻身中国柔性集装袋10家龙头企业之列。

市塑料编织水泥袋厂是西南地区最大的塑料编织水泥袋生产厂家，广西最大的塑料编织产品生产基地，属国家中型一档企业。1997年，职工448人，退休职工88人，各类专业技术人员52人，其中工程技术人员16人，总资产5265万元，固定资产净值1275万元。具有年产各类塑料编织袋、塑编复合袋5000多万条，各类中空、注塑产品1500T

1997年二轻工业主要产品产量

产品名称	单位	产量	比上年增减%
电热毯	万条	5.5	—42.47
日用精铝制品	吨	7	74.7
燃气灶	万台	1.1	54.93
日用陶瓷	万件	6.9	167.44
制革	万张	4.4	—48.54
皮鞋	万双	10.1	—34.39
革皮箱	万个	2.8	—93.62
塑料制品	吨	7856	—10.65
电冰箱	台	64	—93.1
冰柜	万台	3.9	28.29
电风扇	万台	21.9	17.36
小电珠	万只	1916	0.64
金银首饰	千元	8470	—54.34
服装	万件	8.7	—88.24
大衡	台	118	—25.32
塑料机械	吨	8531	4.4
铁钉	吨	1115	—26.16

的生产能力。主要产品有圆织袋、平织布的编织系列产品；圆织复合、平织复合系列产品；复膜彩条布、吨装袋涂复系列产品；工膜、农业地膜、背心袋、保鲜膜的塑料膜系列产品等。其中主要产品“腾飞”牌塑料编织袋，塑编复合袋双双荣获自治区优质产品称号。年内，完成工业总产值4095万元，工业增加值1700万元，销售收入3588万元，实现利润80.18万元，上交税金110.06万元，人均劳动生产率9.2万元/年、人。

【工艺美术工业】 1997年，柳州的工艺美术工业主要由2家集体所有制企业组成。年内，市工艺美术厂主要产品为：金银饰品、雕刻印章、机锈工艺品、装璜工艺品。职工156人，各类专业人员31人，其中从事工艺美术专业技术人员18人。拥有固定资产257万元，占地面积8000平方米，实现销售收入1186万元，税利104万元。该厂是柳州市企业改革试点单位，经企业股东大会选举产生董事长、董事会成员和监事会成员，企业改组为股份合作制，着重抓了三项工作：一是调整结构，适应市场需求，及时地压缩首饰生产，扩大印章生产，取得较好的效益。二是做好饰品的售后服务工作。三是抓企业技术改造，投入30万元资金，引进激光印章刻字机和艺术铜像新技术，激光印章刻字机使古老的手工业刻章进入了现代化生产。艺术铜像的投产，填补了广西空白，为企业的发展增强了后劲。

市美术陶瓷厂属集体所有制企业，1997年，职工283人，专业技术人员44人，其中中级职称12人。厂区占地面积5.95万平方米，建筑面积2.36万平方米，固定资产646万元。主要产品有美术陶瓷工艺品、炻瓷、紫砂电火锅、仿古陶制品、刻陶工艺品、殡葬系列产品及来料加工汽车零配件阴极涂装电泳漆。由于资金短缺等原因，致使生产不正常，除阴极涂装电泳漆车间外，几乎处于半停产状态。但经过努力，仍完成工业总产值291万元，工业增加值87万元，销售收入302万元，分别比上年增长23.9%、38%、20%。10月17日，经柳州市人民政府批准，该厂改制为股份合作制企业

【帆布制品工业】 1997年，柳州较为正规的帆布制品业仍是市帆布制品厂，该厂是广西区内最大、资格最老的蓬布生产厂家和自治区劳保用品定点生产企业。年内在职职工85人（其中下岗职工32人），专业技术人员19人，退休职工94人。年末固定资产原值46.2万元，净值80.1万元。主要专业设备80台（套），拥有年产各种蓬布8000张，劳保手套20万对，各种雨衣5万件，各种充气娱乐用品50套（件）的生产能力。年内，工业总产值81万元，产品销售收入73.3万元，税利－96.04万元，工业增加值27万元，人年均收入3118元，比上年同期下降幅度较大，分别为－75.6%、－68%、－551%、－72%、－17.3%。

【木器制品工业】 1997年，柳州市木器制品工业有市木器总厂一家，属集体所有制企业。年末职工253人，退休职工311人，专业技术人员17人，固定资产原值714.56万元。年内，除三产收入453万元，比上年增长5.1%外，工业总产值114万元，工业增加值47.5万元，产品销售收入64万元，分别比上年下降24.4%、28%、61.4%。开发出新产品四面企口实木地板，并形成月产木地板40万立方的生产能力，还自行设计制作的具有返朴归真的实木仿古雕花套装家具，实木消遥椅等产品，先后参加了'97柳州金秋全国名优商品展销会和'97桂林广西名优产商品展销会，受到青睐。

【五金工业】 1997年，柳州的五金工业主要由市螺钉厂、市窗纱厂、市金属制品厂（全停产）、市钢丝制品厂、市标牌厂及二轻建筑公司下属的汽车门铰链厂、东威汽车配件厂组成。

市螺钉厂始建于1964年，属集体所有制企业。1997年，职工193人，其中各类专业技术人员和管理人员共35人；占地面积13130平方米，建筑面积10000平方米，固定资产1000万元，其中拥有各类拉丝、冲压、金属切削机床、热处理及机加工等生产设备107台（套）；主导产品有：毛螺栓、邮电线路器材和燃气炉具两大类。年内实现工业总产值529万元，工业增加值135万元，销售收入360万元，税利22万元，全员劳动生产率为3.9万元/人，人均收入为5562元/人。开发了沼气炉具产品，拓展了农村市场；充分发挥地域优势和冲压技术优势，为柳州支柱产业——五菱汽车厂配套加工随车工具，已签订来年合同5万套。该厂于年底改制为股份合作制企业。

市钢丝制品厂属集体所有制企业，主要产品有机织网、斜方产品网、刺铁丝、金属输送带、钢板网、防盗门、机加工等。1997年，职工64人，离退休42人，具有专业职称人数14人，固定资产原值712万元，净值409万元，工业总产值226万元，增加值21万元，销售收入227万元。

【皮革及革制品工业】 柳州皮革及革制品工业主要由市皮革企业集团公司及下属企业组成。1997年，皮革公司有下属工厂5家，制革厂、皮鞋厂、皮件厂3家系国有企业，第二皮鞋厂、工业皮件厂2家系集体企业。2个三产公司，劳动服务公司、供销经营公司；2个专业市场，龙城综合市场、胜利综合市场。年末固定资产原值5088万元，净值4391万元，职工763人，技术人员79人，退休314人。完成工业总产值1300万元，工业增加值350万元，比上年同期增长78%；实现销售收入900万元，亏损总额－60万元，比市政府下达的减亏任务减亏15万元。

（赵甫荣　覃序芬　韦柳盛）

电力工业

【概况】 柳州供电局是国有大型一档企业，隶属于广西电力工业局，担负着柳州市和柳州地区、河池地

区14个县(市)的供电任务。1997年末,柳州供电局职工人数1461人,拥有固定资产原值145475.22万元,净值120153.14万元;管辖变电站28座,其中500千伏变电站两座,220千伏变电站三座,110千伏变电站二十一座,35千伏变电站两座;500千伏线路312.799公里,220千伏线路623.22公里,110千伏线路753.994公里,35千伏线路148.442公里;主变压器56台,总容量414.18万千伏安;公用配电变压器331台,合计容量11.55万千伏安;电网最高负荷724兆瓦(1997年12月12日)。

1997年完成供电量46.84亿千瓦时,比上年增长1.02%;售电量44.94亿千瓦时,比上年增长1.32%;售电收入(不含税)7.26亿元;线损率为4.06%,供电可靠率为99.709%,电压合格率为93.3%,均全面完成广西电力局下达的年度计划,达到或超过国家电力公司达标企业标准。

自治区供电局领导视察柳州供电工作　兰海仁摄

【电力建设】 1997年,柳州供电局继续加紧进行柳州城市电网改造一期工程的建设和改造工作,截止12月30日,相继有110千伏三中变电站、110千伏鹿山变电站及野岭至河西110千伏输电线路、东环路10千伏配电线路改造、八一变负荷转移等工程竣工投产。金秀县龙庆送变电工程、柳州郊区月山220千伏变电站、磨东至杨柳兀接月山变电站220千伏线路、月山至亭山110千伏双回线路、月山至象州110千伏线路等工程施工安装、调试即将结束,预计在1998年4月前可竣工投运,至此,被自治区列为重点工程的柳州城市电网改造一期工程已基本完成。此外,八一变电站的升压改造、新风变电站的防洪改造工程正在紧张施工中。这些工程的建成投产,调整了110千伏网络电压结构,10千伏系统网络重新进行负荷分配,为提高柳州电网的供电能力和运行的可靠性提供了有力的保证。

【企业管理】、柳州供电局坚持安全文明生产达标工作不停步,以"巩固达标成果,创建一流企业"为全局工作的主线,全面加强企业的各项管理工作。

安全生产　1997年,通过健全安全管理制度、落实安全责任制、加大奖惩力度、落实"两措"计划、加强安全教育、严重监督检查等一系列的措施,保证安全生产。柳州供电局投入了大量的人力物力,克服了制造厂家产品质量问题造成的沙塘500千伏变电站几乎所有的500千伏CT介损严重超标的不利局面,精心监测和维护,保证了安全生产。全年发生考核事故6次,比广西电力局下达的控制指标13次少发生7次,电网设备故障率也比上年下降,全年取得了两个百日长周期记录,基本上实现了年度安全生产目标。

全面质量管理　一年来,进一步开展QC小组活动,全局所有班组都成立了QC小组,年底共有96个QC成果发表,1997年,被中国水电质协授予"QC小组活动优秀企业"称号;在9月质量活动月中,认真开展《质量振兴纲要》的宣传贯彻工作,使《质量振兴纲要》深入人心。

科技管理　1997年,进一步完善电网负荷监控系统;调度自动化系统通过实用化达标验收;大力推进计算机应用技术,在财务、劳动人事、生产技术、用电营业等方面广泛运用计算机,正抓紧建设全局的信息管理系统(MIS)。

【电价】 根据自治区人民政府办公厅《关于我区电网执行新目录电价和1997年新电还本付息加价的批复的通知》规定,柳州供电局自1997年5月1日起执行新电价,具体见《广西区电网及柳州市1997年销售电价表》。

【电力供需趋于缓和】 长期以来,一直困扰柳州地、市供用电紧张的矛盾,在1997年得以缓和,并首次出现电力市场供大于求的局面。年末,柳州供电局完成供电量46.84亿千瓦时,仅比上年增长1.02%;完成售电量44.94亿千瓦时,仅比上年增长1.32%。1997年,柳州电力市场供需矛盾趋于缓和,甚至出现相对供大于求的现象。主要原因如下:1.电源建设项目多,主电网容量由181万千瓦增加到334万千瓦,天生桥二级水电站、岩滩水电站、柳州电厂扩建机组相继投产,岩

广西区电网及柳州市1997年销售电价表

（1997年5月1日执行）

电价分类			计算电价单位	电价编号	区电网新的目录电价	城市附加费	区新电还本付息加价（丰水）	区新电还本付息加价（枯水）	区电力电力基金	市燃机附加电费	市城网集资费	丰水期电价合计（5—10月）	枯水期电价合计1—4,11—12
居民生活用电	不满1千伏		元/千瓦时	01	0.300	0.0300	0.062	0.190	0.044		0.030	0.46600	0.59400
	1千伏及以上		、、	02	0.295	0.0295	0.063	0.189	0.044		0.030	0.46150	0.58750
非居民照明电价	不满1千伏		、、	03	0.318	0.0318	0.059	0.193	0.044		0.030	0.48280	0.61680
	1千伏及以上		、、	04	0.310	0.0310	0.061	0.191	0.044		0.030	0.47600	0.60600
营业性照明电价	不满1千伏		、、	05	0.318	0.0318	0.369	0.611	0.044		0.030	0.79280	1.03480
	1千伏及以上		、、	06	0.310	0.0310	0.370	0.610	0.044		0.030	0.78500	1.02500
非工业、普通工业电价	不满1千伏		元/千瓦时	07	0.221	0.01105	0.142	0.270	0.044	0.040	0.030	0.48805	0.61605
				08	0.221	0.01105	0.053＊	0.149＊	0.044	0.040	0.030	0.39905	0.49505
	1千伏至10千伏		元/千瓦时	09	0.216	0.0108	0.143	0.269	0.044	0.040	0.030	0.48380	0.60980
				10	0.216	0.0108	0.053＊	0.149＊	0.044	0.040	0.030	0.39380	0.48980
	35千伏及以下		元/千瓦时	11	0.209	0.01045	0.144	0.268	0.044	0.040	0.030	0.47745	0.60145
				12	0.209	0.01045	0.054＊	0.148＊	0.044	0.040	0.030	0.38745	0.48145
	110千伏及以上		元/千瓦时	13									
				14									
农村生活电价	不满1千伏		元/千瓦时	15	0.300		0.01	0.01	0.044		0.030	0.38400	0.38400
	1千伏及以上		、、	16	0.295		0.01	0.01	0.044		0.030	0.37900	0.37900
贫困县农业排灌电价	不满1千伏		元/千瓦时	17	0.102		0.045	0.045				0.14700	0.14700
	1千伏至10千伏		、、	18	0.100		0.045	0.045				0.14500	0.14500
	35千伏及以下		、、	19	0.097		0.045	0.045				0.14200	0.14200
农业生产电价	不满1千伏		元/千瓦时	20	0.174		0.045	0.045	0.044	0.040	0.030	0.33300	0.33300
	1千伏至10千伏		、、	21	0.169		0.045	0.045	0.044	0.040	0.030	0.32800	0.32800
	35千伏及以下		、、	22	0.161		0.045	0.045	0.044	0.040	0.030	0.32000	0.32000
	110千伏及以上		、、	23	0.161		0.045	0.045	0.044	0.040	0.018	0.30800	0.30800
大工业电价	基本电价	变压器容量	元/千伏安/		10.00	0.50						10.50000	10.50000
		最大需量	元/千瓦/月		15.00	0.75						15.75000	15.75000
	电度电价	1千伏至10千伏	元/千瓦时	24	0.164	0.0082	0.150	0.262	0.044	0.040	0.030	0.43620	0.54820
				25	0.164	0.0082	0.061＊	0.141＊	0.044	0.040	0.030	0.34720	0.42720
				26	0.164	0.0082	0.053△	0.053△	0.044	0.040	0.030	0.33920	0.33920
		35千伏及以下	元/千瓦时	27	0.156	0.0078	0.152	0.260	0.044	0.040	0.030	0.42980	0.53780
				28	0.156	0.0078	0.062＊	0.140＊	0.044	0.040	0.030	0.33980	0.41780
				29	0.156	0.0078	0.053△	0.053△	0.044	0.040	0.030	0.33080	0.33080
		110千伏及以上	元/千瓦时	30	0.146	0.0073	0.153	0.259	0.044	0.040	0.018	0.40830	0.51430
				31	0.146	0.0073	0.064＊	0.138＊	0.044	0.040	0.018	0.31930	0.39330
				32	0.146	0.0073	0.053△	0.053△	0.044	0.040	0.018	0.30830	0.30830
	优待电度电价	电石 1千伏至10千伏	元/千瓦时	33	0.144	0.0072	0.064＊	0.138＊	0.044	0.040	0.030	0.32920	0.40320
		电石 35千伏及以下	元/千瓦时	34	0.136	0.0068	0.065＊	0.137＊	0.044	0.040	0.030	0.32180	0.39380
		电石 110千伏及以上	元/千瓦时	35	0.126	0.0063	0.067＊	0.135＊	0.044	0.040	0.018	0.30130	0.36930
		电炉铁合金电解烧碱、合成氨、电炉钙镁磷肥、电炉黄磷 1千伏至10千伏	元/千瓦时	36	0.154	0.0077	0.063＊	0.139＊	0.044	0.040	0.030	0.33870	0.41470
				37	0.154	0.0077	0.053△	0.053△	0.044	0.040	0.030	0.32870	0.32870
		35千伏及以下	元/千瓦时	38	0.146	0.0073	0.064＊	0.138＊	0.044	0.040	0.030	0.33130	0.40530
				39	0.146	0.0073	0.053△	0.053△	0.044	0.040	0.030	0.32030	0.32030
		110千伏及以上	元/千瓦时	40	0.136	0.0068	0.065＊	0.137＊	0.044	0.040	0.018	0.30980	0.38180
				41	0.136	0.0068	0.053△	0.053△	0.044	0.040	0.018	0.29780	0.29780

说明：1. 趸售转供损失电量（限量）免摊新电还本付息加价。
2. 农民生活用电加价标准为0.01元/千瓦时。区直煤矿煤炭生产用电加价标准为0.021元/千瓦时。
3. 有△号的新电还本付息加价适用于：化肥、农药、农膜生产用电。
4. 有＊号的新电还本付息加价适用于：电解烧碱、电炉黄磷、电石、电炉铁合金生产用电、军工产品生产用电和军事动力用电。
5. 农业排灌用电均执行"贫困县农业排灌电价"标准。
6. 保留的优待电量电价仅指1980年6月30日以前投产的工厂，其生产表列产品用电的目录电价。

滩至沙塘、沙塘至来宾两回500千伏超高压输电线路接入柳州，为柳州电网提供了充足的电源；2.柳州城市电网改造一期工程基本完成，相继新建、扩建了箭盘、河北、亭山、马鞍、基隆、三中、鹿山等七座110千伏变电站，配套改造了110千伏及10千伏配电网络，从而解决了过去因城市电网网架设施落后，各电压等级输、变电设施比例失调，主电网有电送不进柳州的"卡脖子"现象；3.由于企业内部产业结构调整，各工业用户用电量减少，新装、增容的用户也减少，用电需求增长缓慢。 (陈冬云)

【柳州市计划用电】 1997年，自治区三电办分配柳州市计划用电的最高负荷39万千瓦，年均计划高峰指标为37.06万千瓦，最低高峰指标为31.5万千瓦，年平均计划指标负荷为30.69万千瓦。12家区戴帽企业，年均计划高峰负荷指标占全市的56.59%；而市面上(含两县一郊及柳铁)仅占全市的43.41%。区分配市全年计划电量指标268824万千瓦时，占全区计划指标的16.9%，比去年下降0.72%，而区三电办全年计划分配电量比去年增长3.5%；月计划电量最多为24273万千瓦时，最少为19190万千瓦时，月均为22402万千瓦时；12家区戴帽企业年计划指标电量占全市的56.69%，比去年增长0.44%。

供电概况　1997年，峰谷差大，负荷率偏低，但供电状况是最好的一年，缓解了柳州市长期供电紧张的状况，全市年拉闸限电1292条次，限电时间2573小时，限电量294万千瓦时、分别比上年下降77.14%、78.43%、90.25%，且拉闸限电主要由八一变电源进线故障所造成，否则拉闸限电更少。即使是七月份的洪水期间，全市减几万千瓦的负荷，也没有造成拉闸限电现象。全网出现了暂时的供大于求的现象。

城市电网改造　完成了柳州市三中路电缆管道的施工后，一月份三中变电站两台3.15万千伏安主变投运，10千伏的供电线路也陆续投运，担负八一、白沙变的部分负荷、缓解八一变主变及进线过载的问题，减少为此引起的拉闸限电。9月份，鹿山变建成两台3.15万千伏安的主变试运成功，并投入运行，10千伏的供电线路也逐步投运。为解决新风变电站地势低，易受洪水浸淹，影响火车站到柳江桥这一商业地段的正常供电问题，从4月份开始，分别把其负荷转移到马鞍变、基隆变、河西变等；同时，为解决八一变进线电压等级低、主变容量小等，保证市中心地带的正常供电，从10月份起，逐步把其负荷分别转移至三中变、白沙变、马鞍变、河北变。为改造前做好准备工作，柳州市的第三主变电站——月山变，正进行内部安装调式，外部架设相关进出线路工作。城网改造进展顺利，成绩显著，全年完成投资0.7亿元。

实际用电概况　全市实际用电最高负荷为49.50万千瓦，最高负荷年均46.99万千瓦，年平均负荷为35.74万千瓦；全区售电量比上年增长8.32%，市全年实用电量288627万千瓦时，比上年增长0.99%，占区电网售电量的16.66%，占柳网电量的63.27%，比上年下降一个百分点，全市工业用电229135.6万千瓦时，占市总用电的79.39%，比上年下降2.69%，生活用电53413.8万千瓦时，占市年用电的18.51%，比上年增长2.97%，农排农加用电4369万千瓦时，占市用电的1.51%，线损1683.4万千瓦时，占市用电的0.58%。

主要用电分流及经济效果　自治区12家戴帽企业用网电137738万千瓦时，占市总用电的47.72%，比计划指标电量少10.87%，比上年用电量下降4.61%；市面上用电占市的52.28%，超过区分配计划电量的35.07%，比上年增长6.7%，柳江、柳城两县用电15518.5万千瓦时，占市用电量的5.38%，比上年下降5.31%，铁路用电8649.35万千瓦时，占市用电的3%，全市主要工业行业用电情况及经济效果见下表所示。

做好宏观调控及服务　柳州市面上的实用电量比区分配计划仍缺35%以上，为此，继续争取得每月来煤加工3万千瓦的用电负荷，全年完成来煤加工电量21940万千瓦时，企业自发电16316万千瓦时，燃机发电量1207万千瓦时，糯米滩水电站发电3367万千瓦时，为满足经济发展，作出了贡献。到了枯水期，鼓励适销对路的产品多用电、用好电，11、12月份的用电量超过上年同期部分的电量不执行枯水期15%的上浮价，本市有柳微等17家企业获此优惠政策。一年来，从自治区政府争取到优惠电价的电量13125万千瓦时，折款1050万元分给棉纺行业的部分主要企业。为102户近2万千伏安办理了优惠增容手续。在产业结构、产品结构调整过程中，企业拖欠电费的问题越来越突出，有的高达几千万元，为此，协调解决企业拖欠电费或被罚款及封电问题，已成为三电工作的新任务，也应成为新的探索研究对象。

节约用电　属部下达定额考核

柳州市主要行业用电及经济效果

行　业	总电量万千瓦时	占市总电(%)	动力总万千瓦时	占市动力%	度电产值元	万元耗电千瓦时	度电税利元	变电利润元
全市	304943		245451		8.41	1189	0.693	0.085
冶金	80222	21.31	75616	30.81	2.62	3820	0.298	0.048
化药	53270	17.47	52314	21.31	1.368	7309	0.081	−0.002
矿建	22997	7.51	21277	8.67	1.787	5595	0.282	0.061
机电	17443	5.72	14602	5.95	43.79	228	1.327	−0.053
纺织	13737	4.51	12960	5.28	7.063	1416	0.303	0.003
轻工	15773	5.17	14401	5.87	13.74	728	4.446	0.736

(注：各电量中未含各糖厂自发自用电量)市万元工业产值耗电量比上年下降4.27%，每千瓦时电量创工业产值比上年增长4.47%。

的14个产品电耗中，有6个产品电耗超定额共970万千瓦时，有8个产品电耗比定额节约共4429万千瓦时，部考核的产品电耗比上年节约2290万千瓦时，自治区下达定额考核的19个产品中，仅一个产品电耗超定额共923万千瓦时，另18个产品电耗比定额节约12473万千瓦时，市下达定额考核的42个主要产品电耗中，有14个超定额共2324万千瓦时，有28个产品电耗比定额共节约12759万千瓦时。产品单耗节约成绩大，但全市的节约潜力更大，如电炉炼钢，好的每吨成品耗电年均500多千瓦时，差的达年均近900千瓦时，若按现全年量，每个企业的电炉炼钢都达到好的水平，年节电2000万千瓦时，同时峰谷差增长，负荷单降低，因此，仍需通过实施节约能源，提高全民节约意识，加强管理，加大投入，增强科研，逐步提高能源的利用率。

(廖忠友)

饲料工业

【概况】 1997年，柳州市饲料工业饲料厂17家，其中，全民企业6家，全民与个体合营2家，个体经营9家。时产5吨以上配合饲料加工企业12家，时产1－5吨配合饲料加工企业5家。拥有仓容4.884万平方米，职工912人，获专业技术职称的330人。年末双班生产能力达75.4万吨。年末固定资产原值7252.82万元，净值6819.37万元。全市饲料工业总产值3.1636亿元(90价)，利润总额777.71万元，分别比上年增52.9%和319.86%(96年遭受洪灾)。全市饲料产品有猪、鸡、鸭、鱼、奶牛、特禽等系列61个品种，比上年增加3个。生产饲料24.19万吨，比上年增23.76%。饲料厂的产品质量稳定。柳州市饲料工业协会与柳州市技术监督局质检所分别于上半年和下半年两次对全市17家饲料厂的猪、禽、鱼等41个产品进行质量行业抽检，合格率稳定在100%，高出自治区同期平均合格率20个百分点。

【学先进，找差距，迎头赶上】 为了学习外地饲料厂家和养殖企业成功的生产经营管理经验，柳州市饲料工业协会和柳州市家禽协会联合派出由18位企业负责人、科技人员、经管人员组成的外出学习考察团于4月21日赴南宁和玉林，考察团在南宁先后到中瑞合资大昌公司(生产饲料添加剂企业)、南宁正大饲料厂、南宁市饲料、畜禽种苗、兽药专业市场广西饲料十强的华桂饲料厂；在玉林市到了玉林石南镇广东温氏家禽有限公司。通过现场参观，经验介绍，互通信息，增进了解，加强了友谊，比出了差距，增强了紧迫感。

外出考察学习回来后，市饲料行业即开展了以科学管理为根本，以质量为中心，以农村市场为依托的比、学、赶、超竞赛活动。以柳新饲料厂、柳州大北农饲料厂、柳面饲料厂、瑞丰饲料厂、展望饲料厂等为首的各饲料厂家，加强企业管理，提高员工素质，千方百计筹集经费，投入资金和技术把生产线按高标准进行改造，从而既使产量大幅度提高，又保证了产品的质量稳定；根据市场需求调整产品结构并降价让利，同时做好售前，售后的服务工作，由此抢占了区内外饲料产品主要市场，扩大了占有率。经过一年的努力，全市饲料工业终于获得了总产值、总产量分别比上年增长52.9%和23.76%的好回报。柳新饲料厂被评为1997年柳州市社会主义经济建设先进单位，柳州市1997年“经济效益杯”“银杯”奖。该厂生产的永丰牌302小猪料、311乳猪料、308猪精料为柳州市唯一获得1997年中国饲料工业协会一、二批推荐产品殊荣。柳州大北农饲料有限公司的大北农系列饲料在参加97年全国新产品新技术交易会上荣获金奖。柳州展望饲料有限公司被自治区人民政府授予“八桂明星企业”的光荣称号。

【参加交易会，树立好形象】 1997年，首届广西畜牧业暨饲料工业交易会于9月7—9日在桂林召开。柳州市饲料协会组织了17个饲料厂家共50多代表赴交易会参观。柳州大北农饲料有限公司、柳州展望饲料有限公司分别选送近20多种优质产品参展，还运用照片、图案、实物、声光色等形式展示了柳州企业的风貌。吸引了不少与会代表，并高度盛赞两饲料公司坚持发展民族工业，振兴民族经济的宗旨和柳州市政府对饲料工业给予的宽松环境。广西人民广播电台、桂林电视台、《广西畜牧报》等记者分别采访并给予了报导。

(刘学义)

民政企业

【概况】 1997年，柳州市共有福利企业54家(不含两县)，其中新办8家。市民政工业公司本着“抓大放小、由点到面、稳步发展”的指导思想，加强领导班子建设，用好政策，强化管理，全年完成工业总产值1.06亿元，占自治区福利企业总产值的35%，名列全区前矛。鱼峰福利粉磨厂被评为全国优秀福利企业。但全市有17家福利企业亏损，亏损面32.7%。

【产值、税利】 1997年，全市54家福利企业中，直属民政工业公司的13家，大厂办的32家，城区办的9家，全年共完成工业总产值1.06亿元，销售收入1.01亿元，税利200万元。其中直属福利企业完成工业产值2365万元，销售收入2082万元，税利54万元；商业完成销售额3868万元，税利2.7万元。

【企业管理】 1997年，对直属5个福利企业的领导班子进行考核整顿，调整了其中2个，加强了党风廉政建设，财务管理严格实行核算制度，培训了财会人员120多人(次)，提高了管理水平；将事业费、企业扶持基金以及其他经费划归财务科统一管理，统一审批，集中使用，不搞帐外帐，不搞小金库，如期完成清产核资工作。对企业进行了4次安全大检查，查出并整改隐患27处。完成了全市54家福利企业年检换证和办理了退税手续。

(民政局编写组)

交通·邮电

综述

【发展概况】 1997年，柳州市交通事业持续、快速、健康发展；邮电通信事业抓住机遇开创新局面；航空事业坚持以抓管理保安全、促效益实现区局下达的各项指标。市区铁路运输完成货物发送量463.06万吨、完成旅客发送量425.82万人。公路运输完成货物发送量2817万吨，货物周转量8.975亿吨公里；旅客发送量完成2477万人、周转量完成16.05亿人公里。水路运输货运量133.5万吨。航空运输旅客吞吐量8.087万人，货邮行发送量515.3吨。邮电通信完成业务总量5.36亿元，报刊发行2959.51万份，收发函件1437.37万份。市话年末14.14万部，无线寻呼用户17.65万户，移动电话达3.43万部。

【基础设施建设】 1997年，柳州市交通基础设施总投资7176万元。柳石路改扩建一期工程被评为区级优良工程。全年两县一郊修建公路完成投资800万元，完成改建柳江、柳城县、乡油路三条共34.8公里，竣工验收民建公路7条共39.5公里，解决八个行政村通公路。柳州公路主枢纽指挥中心大楼提前封顶，莲花城、白沙客运站兴建计划已通过评估立项。南柳高速公路柳州段的征地、拆迁工作顺利完成。开通柳州至南宁、桂林、玉林、金城江直达豪华大巴车。

邮电通信建设继续加快、能力明显增强。全年完成固定资产投资2.58亿元。新增程控电话总容量6.2万门，建成SI**1240**15000线长途交换局；完成251市话分局程控设备扩容；完成185个配区沿街皮线，整治美化龙城环境；完成73个乡镇1265皮长公里的光缆敷设工程；164个乡镇已开通光缆或数字微波；新增移动电话数字基站24个、模拟基站13个、数字信道432个、模拟信道224个；完成无线寻呼系统3个频点扩容；建成开通280兆高速无线寻呼系统；完成计算机互联网工程，开通中国计算机互联网柳州节点；完成全区移动电话计费联网及立即计费工程；完成话费语音查询及传真查询系统，“大哥大”、BP机综合业务管理系统，用户欠费自动开停机系统；完成114查号及112自动测试系统工程；柳州通信指挥中心完成主楼32层；市局和12个县局邮政营业实现电算化；新开通柳州至桂林夜班快速邮路、柳州至柳城的邮路延至罗城；柳南、鱼峰营业厅装修改造完工。

【管理与改革】 1997年，柳州交通、邮电企业加大改革步伐，积极推进两个根本转变，探索建立股份制，对人员、资产实行重组、盘活资金存量，企业保持了稳定、健康的发展。柳州市华力集团公司实行一系列经营策略，确定企业自转自救方针，通过举办不同层次管理人员学习班，对120多人进行学习考试，同时建立全公司员工培训档案，从而加强和改进基础管理和生产现场管理。年内集团公司与美国ARRE(雅利)公司，共同投资382万美元，成立柳州克雷拉减振器公司。柳州市二运公司扬长避短，对部分下属公司实行资产、债务、人员重组，加强经营管理，人员合理分流，培育新的经济增长点，公司取得良好的经济和社会效益。柳州市航运总公司实行内部关、停、并、转，搞股份合作，盘活内部存量资产，减员增效、下岗分流，甩掉了连年来亏损大户的“帽子”。柳州汽车运输总公司从建立现代企业制度着手，立足管理、着眼企业改革。(1)深入学习邯钢经验，狠抓财务、成本管理，增收节支。(2)转机建制、优化结构，实行内部兼并，适应市场，抓住机遇大力发展豪华直达快巴业，提高经济效益，被评为“市经济效益先进单位”。柳州市联运总公司加大管理力度，扩展新产品适应市场，各项经济指标比上年有大幅度增长，被誉为“市经济效益先进单位”。

邮电通信企业改革取得新进展，管理工作进一步加强。(1)对市、县局机构进行全面精兵调整；(2)实行邮电专业管理，完善六大业务承包办法，加强网络管理和设备维护管理，在全区率先实行邮区中心局信函分拣方案；(3)进一步深化劳动、人事制度改革，成立了全区邮电第一家劳动服务中心，继续完善推行线路维护分区承包责任制。在推进邮电改革的同时，企业加强内部管理，加强对通信建设投资、物质材料、工程资金统一规划、统一运作的管理及严格的审计。年内，审计市话线路工程87项，审核金额为5092.9万元，核减施工单位高估冒算、不合理收费金额1371.2万元，核减率为27.1%。

柳州民航加强宏观管理，提高综合效益，加快航站建设步伐。(1)通过与各单位签订经营承包责任书，明确责任目标，强化成本意识，节约开支；(2)加强财务管理一支笔的功能；(3)争开新航线，增加航站收入；(4)争取航空公司的优惠政策、扩大收入来源。通过以上努力工作，全站总收入达268万元，主营成本、管理费用比计划指标节约10.5%，通信、水、电、油消耗68.9万元，比去年下降24.72%。

【履行行业管理】 1997年，柳州运输市场、通信市场规范有秩。公路管理部门认真抓好春运组织工作，使春运做到安全、畅通、有序；积极引导货运服务站扩展业务，增强共同发展能力，强化源头管理；积极开展创建文明客运站活动，推行客运“三优”“三化”目标管理，加大运输

柳州市客运公司出租车分公司与万事达出租车公司联合举行出租车“满意在你心中”优质服务宣誓活动　　覃国钧　摄

市场稽查力度，调整出租车的起步价格，加强对出租车及市内中巴车的管理，并加强对执法人员教育培训，深入开展治理公路“三乱”工作，有力维护全市运输市场的正常秩序，保证市内道路畅通。

邮电管理部门认真履行通信行业管理职能，加强对通信市场的管理。定期对经营放开业务单位的经营活动进行检查，对低于成本价销售 BP 机，严重扰乱市场秩序的进行批评教育，查处了一家非法邮票销售点，取消了 18 家不符合标准的信封生产企业。

水路运营部门完成了营运船舶及民用船厂的 1997 年年审工作和港口普查，加强水运市场的监控使之有秩畅通。

【精神文明建设】 1997 年，柳州市交通、邮电通信、民航企业，坚持“两手抓、两手都要硬”的方针，加强社会主义精神文明建设，加强领导班子建设和职工队伍的思想政治工作。交通系统积极开展“双学”工作和“三严四自”工程第三阶段的工作，效果明显并取得较大突破。年内，系统内市联运、汽运等 8 个单位获市级文明称号，市交通学校获自治区级文明称号，与此同时还开展创建文明行业和文明示范“窗口”活动。

邮电通信系统举办十五大学习班 14 期，参培人员 670 人(次)。通过组织实施“三严四自”工程，加强机关作风建设，增强了为人民服务意识，为群众多办实事，并制定下发了《改进机关工作作风暂行规定》。柳州市邮电局在连续 11 年保持市级文明单位的基础上，1997 年获自治区文明单位光荣称号。

民航站以班子建设为龙头，加强政治思想工作，抓创建文明工作，进一步改善全站整体服务环境，提高服务水平，增加效益，年内旅客满意率为 95.39%。

【安全生产】 1997 年，柳州市交通、邮电通信、民航等企业对安全生产工作，突出抓预防、全力以赴抓落实，确保安全目标的实现。交通系统认真贯彻“安全第一、预防为主”的方针，落实安全生产责任制，推行安全目标管理，组织开展“安全生产周”和“反三违月”、“防事故保安全”等活动，1997 年全系统发生的行车交通事故起数、伤数、亡数、直接经济损失数分别为上年的 59%、50%、107%和 78%；按百万车公里计算的责任事故率、责任受伤率、责任死亡率及直接经济损失率基本控制在年度安全计划指标内，船舶交通事故发生起数和损失数分别比上年下降 67%和 100%；生产事故 3 起，无火灾事故。

邮电通信企业注重安全生产管理，强化安全意识，全年实现无通信、生产、交通事故、无人身伤亡和火灾责任事故，是历年来最好的一年。民航层层签订安全目标责任书，开展机场治安联防活动，新机场开航三年来无安全事故，没有发生因机场管理原因造成飞机复飞事故。

(吕福生)

公路运输

【概况】 1997 年，柳州市有营运载货汽车 7230 辆，2.89 万载货吨位；营运载客汽车 715 辆，1.85 万客位；开通客运班线 150 条，其中跨省 39 条，跨地市 87 条，跨县 11 条，县内 13 条，日发班次 1389 班次。全年完成公路货运量 2817 万吨、货运周转量 8.98 亿吨公里；客运量 2477 万人，客运周转量 16.06 亿人公里；分别比上年增长 2.62%、7.28%、7.84%和 2.74%。检查车辆 4.11 万辆次，查处违章车辆 3422 辆次。

(刘建严)

【春运工作】 1997 年春运期间，柳州市交通局对参运车辆进行严格安全技术审核，组织参运驾驶员进行业务和安全技术培训；实行持证上岗；根据春运期旅客流量、流向进行运力协调；在春运高峰期深入各客运站进行现场指导，并与水运、铁路等部门密切联系，实行水、公、铁联运，有序的疏运旅客。柳州市交通运输部门日均投放运力 643 辆，总座位 1.77 万座，日均发班 1186 次。

【实现运力宏观调控目标】 1997 年，柳州市公路运输管理处在自治区统一规划格局内，坚持“先申请，后审批，再购车”的原则，以有效利用资源和保护合法经营为导向，对运力增长宏观调控额度管理，全市除运输企业适当增加少量高档豪华车卧铺客车外，社会营运车辆拥有量保持在上年总量水平，实现运力结构合理，服务高质量，社会效益好的管理目标。

【开展创建文明客运站活动】 1997年，柳州市交通局组织有关人员对所有客运服务站进行重新登记，全面普查，按部颁汽车客运站建设和等级划分标准进行重新核定和检查验收。同时，在各客运站全面推行"三优"、"三化"目标管理。柳州汽车客运总站连续5年获交通部授予"文明客运站"称号。

【货运行业管理】 1997年，柳州市公路运输管理处支持和引导社会车辆组建联营车队发展专项运输。全年核准23户符合条件的业户从事商品汽车运输工作，核办368名商品汽车发送驾驶员上岗证；指导货运服务站转变经营观念，扩展服务项目，增强自身发展能力。全区货运服务站审验评比中，柳州市货运服务站以良好的经济效益和服务质量，获全区第二名。

【出租车行业管理】 1997年，柳州市公路运输管理处，制定出租车新的经营价格。为解决出租车专用停车点少、停车难等问题，规范和培育出租车市场，方便乘客就近乘车，柳州市交通局经多次实地考察并与市有关部门蹉商，完成柳州市出租车"候客站"、"招手即停站"的规划方案。

【桂柳高速公路快速客运开通】 1997年5月1日，随着桂柳高速公路开通，柳州市与桂林方向对开的快速客车启动。柳州市以站、车硬件高起点，服务质量高标准，客运管理高水平为原则组建了"运兴"、"集联"两大快速客运公司。年底，投入桂柳高速公路快速客运已有12辆豪华型大客车，日均发班36班次，日均运送1180人次。

（汤智宝）

水运港口、码头

【概况】 1997年，柳州市拥有船舶753艘，5.98万载重吨，6384客位，动力2.58万千瓦。其中，港澳航线船舶24艘，7725载重吨，年出口运输能力10万吨以上。水路运输共完成客运量120.4万人，客运周转量3085万人公里，货运量133.5万吨，货运周转量3.41亿吨公里，各项指标分别为上年的106.55%、63.56%、101.91%和75.81%。1953年开始营运的柳州至广州航线班期客轮运输因设备陈旧等原因于1997年7月9日停航。

【客运生产】 柳州航运总公司的省际客运船舶已于1997年7月份停航，上半年仅完成客运量4千人，客运周转量205万人公里；市内短途圩横渡船舶完成客运量120万人次，3600万人公里；全市客运量完成120.4万人，比上年增加6.55%，客运周转量下降36.44%。

【货运生产】 1997年，柳州市省际航线完成货运量25.7万吨，为上年的51%，其中：柳州航运总公司完成14.2万吨，为上年的54.62%；其它运输企业和船舶完成11.5万吨，为上年的46%；港澳航线完成货运量7.8万吨，比上年减少8.2%，其中：柳州航运总公司完成6.9万吨，为上年的106.15%；其余各公司的运输生产都比上年减少了50%；市内沙石运输完成100万吨，比上年增加20万吨。总的完成货运量与上年持平，货运周转量下降24%。

【港口生产】 1997年，柳州港完成吞吐量138.26万吨，其中：出口31.91万吨，进口106.35万吨。主要有：钢材12.1万吨、水泥9.4万吨、矿物性建筑材料100万吨、化工及有色金属7.6万吨。全年完成集装箱1211个TEU，比去年下降了10%，其中：40尺箱466个，20尺箱279个。

【班期客轮停航】 1997年7月9日，经营了几十年的柳州至广州航线的班期客轮停航。

【第二次全国港口普查】 根据交通部和国家统计局的统一布置，第二次全国港口普查工作于1997年12月进行，普查的标准时间是1997年12月31日。截至1997年12月31日止，柳州港共有各类码头23个。其中：货运码头10个，有柳州水泥厂码头、黄村码头、南车渡码头、窑埠码头、白沙码头、河东码头、鹧鸪江码头、柳江造纸厂码头、鸡喇码头和里雍码头；客运码头一个，柳州港客运码头；河沙专用码头12个。全港营业性货运码头长度为772米，泊位26个，最大靠泊能力为1000吨；年综合通过能力为176万吨、60万人次；最大起重能力为柳州鹧鸪江码头的40吨吊机。

【乡镇船舶安全管理】 1997年，柳州市交通局认真做好乡镇运输船舶安全管理的各项工作，保障乡镇船舶的安全航行和人民群众的生命财产安全。年内，全市没有发生沉船死人事故。柳江、柳城县连续10年没有发生乡镇船舶沉船死人事故，柳州市交通局被自治区人民政府评为"十年乡镇船舶安全管理先进集体"。主要做了以下几项工作：(1)抓好水路春运安全，严格查处违章行为。(2)在全航区开展防抗雷雨大风工作。(3)加强乡镇船舶管理员的培训。(4)加强现场监督检查，不留死角。

（刘石生）

民用航空

【概述】 1997年，中国民用航空柳州站有正式职工149人，航站下辖13个科室。年末完成旅客吞吐量80870人次，比上年下降28.81%；货邮行吞吐量515.3吨，比上年下降42.43%；主营收入268.26万元，比上年下降33.82%；支出930万元，比上年增长19.1%；亏损640万元。8月11日恢复了柳州——北海航线，由海南省航空公司美多—23型飞机执行飞行任务。12月25日柳州—梧州航线开通，由南方航空公司珠海直升机公司塞纳斯飞机执行飞行任务。广州航线仍保持一周7班，深圳航线周日1班，于3月23日停航。为改善民航的通讯环境，民航柳州站于1997年7月成立民航柳州寻呼台，于8月8日开始试运行。

【完成五项责任目标】 1997年初，民航柳州站与民航广西区局签订五大责任书，即《安全责任书》、《经营承包责任书》、《社会治安综合治理责任书》、《党风廉政建设责任书》、《纠风工作责任书》。年内，通过抓管理制度、责任落实以突出安全保障；通过抓综合效益，增收节支以控制经营成本；通过抓机场秩序，点面教育以确保综治工作；通过抓班子建设，廉洁自律以预防腐败现象；通过抓职业道德、服务质量以带动行业风气。全年，保障飞行1006架次，航站放行正常率100%，地面行车2.34万公里，安检查出各种违禁物品141件，确保飞行、地面、空防三大安全。党风廉政建设、纠风工作均荣获民航广西区局先进单位。

【创建精品样板服务】 精品服务是民航为加强社会主义精神文明而推出的一项优质服务。1997年，民航柳州站成立创建精品服务办公室，以加强这项工作。目标是1998年7月份，达到文明机场和文明售票处标准：安检、运输值机"一米黄线"服务、运输"三送"（送茶、送报、送毛巾）服务、销售中心"24小时值班问讯"服务、送票服务、送货上门服务等，均得到社会的认可。为改善服务硬件设施，柳州航站投入20余万元资金对飞鹅路售票处重新进行装修，改变售票环境，通过开展各种形式的创建工作，进一步改善民航柳州站的整体服务环境，提高服务水平。年内，旅客满意率为95.39%，比标准要求的85%多出了10.39个百分点，运输服务收到旅客表扬信6封，实施贵宾服务39人次，无人陪伴儿童服务35人次、伤残服务6人次，销售中心送票上门服务859张，送货上门服务219件，好人好事10余件，拾金不昧8000元人民币。

（谢玉玲）

邮电通信

【概况】 1997年，柳州市邮电局下设城中、鱼峰、柳北、柳南4个邮电分局，共辖57个邮政、电信营业处、邮电支局、邮电所和邮政代办所，邮政储蓄点10处，邮储代收电话费网点12处，集邮门市部4处，信箱筒240个，邮路总长1786公里，长话业务电路6638路，公共电话亭点3889处。完成251市话分局程控电话扩容2万门，程控电话总容量达到20.4万门；完成了185个配区的全面整治与沿街整治和数字移动电话交换局第三期和模拟移动电话第五期扩容，新增移动电话基站37个，信道656个；完成无线寻呼20万容量扩容工程；建成S124015000线长途交换局；完成计算机互联网工程，开通中国计算机互联网柳州节点；建成用户欠费自动开停机系统；完成话费语言查询及传真查询系统、大哥大、BP机综合业务管理系统及电信营业"受理一台清"系统的开发；完成114查号系统及112自动测试系统工程；新开通柳州至桂林夜班高速邮路；将柳州至柳城的邮路延伸至罗城；"绿卡工程"完成6个网点联网；柳州通信指挥中心工程已完成主楼32层完成无线寻呼20万容量扩容工程。全年完成固定资产投资2.58亿元。该局在连续11年保持市级文明单位的基础上，4月份又跨入自治区文明单位的行列。

邮电业务量 年内，市话放号3.3万部，移动电话放号1.4万部，无线寻呼放号5.3万部，互联网用户425户。全年完成邮电业务总量3.89亿元，比上年同期增长34.08%，增幅高于全国、全区邮电平均增长水平和全市经济发展速度

民航柳州机场航班时刻表
（1997.1——1997.12）

航线	航班号	机型	班次	班期	航站	离站	到站	航站	备注
广州—柳州	CZ3305	A320	7	1、2、3、4、5、6、7	广州	1905	2010	柳州	
柳州—广州	CZ3306	A320	7	1、2、3 4、5、6、7	柳州	2050	2205	广州	
深圳—柳州	CZ3961	B737	1	7	深圳	0830	0930	柳州	3.23停航
柳州—深圳	CZ3962	B737	1	7	柳州	1010	1110	深圳	3.23停航
北海—柳州	CHH839	美多—23	7	1、2、3 4、5、6、7	北海	1000	1100	柳州	固定加班
柳州—北海	CHH840	美多—23	7	1、2、3 4、5、6、7	柳州	1200	1300	北海	固定加班
梧州—柳州	CSH109	塞纳斯	3	1、3、5	梧州	0930	1040	柳州	固定加班
柳州—梧州	CSH110	塞纳斯	3	1、3、5	柳州	1050	1150	梧州	固定加班

的“三高”目标。

经济效益 业务收入3.62亿元，比上年增长40.03%，增幅高于全国、全区邮电平均增长水平。全员劳动生产率达27.53万元/人，居全区地市局之首，获得市委和市政府颁发的“增加值亿元企业”、“税利5000万元企业”和“利润1000万元企业”奖牌。

【开通计算机互联网】 1997年，中国公用计算机互联网广西区网的第二出口柳州节点，于1997年5月12日开通投入运行。中国公用计算机互联网与世界计算机互联网相联，具有传输速度最快、信息量最多、覆盖面最广、接入最灵活等特点。该网路开通后，能为柳州市计算机用户提供电子邮件、文件传送、远程登陆、网络新闻和多媒体信息查询等服务。该工程自1997年1月开始安装设备和调测，开通后至年底，入网用户已达487户。

【168信息台实现全国联网】 1997年11月18日柳州市邮电局168信息台实现全国联网。信息内容比原来增加一倍多，涉及社会经济、文化及生活等方面。传播无时空限制，用户只需拨长途区号＋168统一编码，即可获取全国各地的有关信息。

【户线改造一期工程提前完工】 1997年国庆节前夕，邮电户线改造一期工程提前一个月完工。市邮电局自4月份起，引入外省9个工程队300余人，对市内电话线路进行整治，并将中心市区、商业区、住宅中心和党政军机关的电话线路和市区15条主要街道列为第一期工程。河南、河北片的主要街道及沿街居民区乱拉乱扯的电话线，已赶在国庆节前整治完毕，换上整齐的新电缆和接线盒。

【市话容量突破20万门】 1997年8月份，251市话分局2万门程控电话扩容开通，柳州市程控电话总容量达到20.4万门，这是继南宁之后，全区第二个程控电话总容量突破20万门的城市。

【桂柳自办汽车夜班快速邮路开通】 1997年9月18日，开通桂林至柳州快速邮路。这是广西邮政运输第一条自办汽车夜班快速邮路。该邮路全长200公里，邮车运行3小时，逐日往返。夜班邮车途经桂林两江机场，与机场航空邮件转运站直接交换特快专递邮件和邮政快件。柳州市邮电局经转的两种邮件部分进出口全程时限缩短1至2天。

【黄帽子邮政快递信箱启用】 1997年9月26日，柳州市邮电局首批邮政黄帽子快递信箱正式启用，加快市内互寄信函的寄递速度。黄帽子信箱主要设置在市委、三中路、北站、广场路、汽车总站、西江邮电支局和城中、柳南、鱼峰邮电分局。市民互寄市内信函只要在当日的19时以前，将平信投入黄帽子信箱，邮电局便可对收寄的函件进行分拣处理，次日上午投送收件人。

【社会主义劳动竞赛结硕果】 1997年柳州市邮电局被评为“广西合理化建议工作先进集体”和“全区邮电系统劳动竞赛先进单位”。年内，除抓好全区性邮电综合服务等8项竞赛外，还分段开展“迎回归，比贡献，实现双过半”的业务促销竞赛和“大战80天，全面完成和超额完成区局下达各项指标”等，有力地促进了全局通信生产任务的完成。

【邮电服务网点居全区之首】 1997年，柳州市邮电局积极利用社会力量，发展邮电代办网点，全市有邮电营业服务网点57处，服务半径和服务网点均居全区各大城市之首。新增的各处邮电代办所对外服务时间平均在12小时以上，代办人员不分双休日和节假日都提供服

1997年柳州市邮电局业务量增减情况

项目	单位	1997年	比上年增减%
函件	万件	1437.37	－1.14
包件	万件	11.76	－34.52
汇票	万张	46.30	－4.10
收储余额	万元	22446.57	5.49
报纸累计	万份	2643.41	－22.94
杂志累计	万份	316.09	0.23
电报	万份	11.85	－89.37
用户电报	次	1897	－92.20
传真	份	31717	19.43
长途电话	万次	3721.85	20.19
数据通信	千字段	189785	5.41
市内电话用户数	户	141379	23.79
其中：住宅电话用户数	户	109780	25.65
移动电话用户数	户	34329	42.41
BP机用户数	户	176539	30.91
公用电话部数	部	3889	15.81
计算机互联网用户	户	487	80.49

图为市邮电局工程技术人员正在安装15000线长途交换设备
袁先保　摄

务，大大方便群众使用邮电业务。

【推出文明服务示范窗口】 1997年4月1日，柳州市邮电局在全区邮电系统率先向社会推出4个"文明服务示范窗口"。市委副书记于开金、副市长覃鸿泉为首批获文明示范窗口的五一路综合营业厅、五一路电信营业厅、无线科126寻呼台、发投公司城中投递部授了金匾。以上4个"窗口"单位都作出了关于"邮电资费、服务时限、服务纪律"的社会承诺，并将长期坚持兑现。

【全市行风评议邮电名列榜首】 1997年，柳州邮电部门围绕实现"邮电服务年"，在"树邮电新风，创优质服务"活动中，采取了各种有效措施：整治营业窗口，改善服务和环境；切实认真解决服务热点、难点问题；积极推进计算机管理，简化业务流程和手续，增加服务网点；修改和完善服务承诺制，并推出文明服务示范窗口；开展优质服务流动红旗竞赛和评选星级营业员活动等，使服务工作有了明显改善，年初提出的"邮电服务年"13项目标基本实现，社会对邮电服务的满意度进一步提高。在邮电部开展的邮电服务质量用户考评中，该局综合满意度名列全区第一。区行风办与柳州市纠风领导小组联合开展行风评议试点工作，该局又名列榜首，综合得分97分。

【林金泉副部长来柳视察】 4月初，邮电部副部长林金泉在自治区邮电管理局局长欧长贤的陪同下，来柳州市邮电局视察。林副部长充分肯定柳州邮电通信发展的成绩，还提出四个方面的希望和要求：一、要认真总结快速发展的经验，增强发展的紧迫感、危机感、责任感和光荣感；二、加快通信发展，适应业务发展和市场变化；三、搞好服务。服务承诺要规范统一，规范到邮电部制订的标准；四、要提高职工素质，重点是对职工进行新业务、新技术的培训。 （李宁肇）

无线电管理

【概况】 1997年，柳州市拥有无线电台站设备和移动通信用户已达24万，其中移动通信用户（含BP）为22万余个（不含两县）。按全市人口85万计，平均每3.5人拥有一只移动通信器材。空中每天至少有2000个无线电信道在工作。每个工作日的每秒钟空中信息传输量约8000万次数。由于存在一些发射设备技术质量差，谐波成份或天馈线耦合阻抗反射大，电波频率传输路径受阻（被吸收或反射），超大功率强幅射和非法电台违规工作以及气象等因素，出现了一些信号频率之间产生交调、互调、串扰，甚至使部分电台瘫痪的现象，影响和危害了用户的正常通信业务。1997年先后派出116人次，为水电防汛、公安、消防和交通等部门维修设备共136部。

【查处违规电台】 1997年，柳州市无委办对无线电监测网络系统软件进行了修改和补充，使网络功能臻于完善。同时，还完成了全部硬件的准备工作，为实现全区联网做好充分准备。年内，共监测查处了17个违法电台和干扰台，为水电防汛、森林防火、消防通信、公安110报警业务和体育赛事等用户排除了干扰。

【无线电台站管理】 1997年，柳州加强对无线电台站的管理。一是严厉查处非法设置使用电台等问题。二是对无线电寻呼台进行了专项检查。通过"两查"，查处了个别单位和个人私设电台的问题，整顿了市场上擅自销售无线电发射设备的现象。检查测试了市内各家寻呼台设备的技术参数，对擅自抢占三高（高山、高楼、高塔）以及设备技术指标差的寻呼台进行了整改。

【无线电网建设】 1997年，柳州市蜂窝移动通信网已经设置了1000信道（包括模拟、数字两个移动电话网络），共拥有30000余用户量；无线电寻呼业务开通了15个发射信道共拥有20余万用户量；广播、电视拥有8个台站系统设备，总发射功率突破了1万W；全市有卫星地面站、微波终端和接力站18座，共占有话路1000余信道。利用微波接力办法，解决了偏僻乡村的电话通信难题。交通运输、厂矿企业、公安保卫、森林防火、水电防汛等部门，都利用无线电对讲机进行指挥调度。

（柳州市无线电管理处）

农　业

综　述

【农业承包合同管理】 1997年，柳州市进一步深化农村和农业企业改革，加强农业承包合同的管理，对县级农业承包合同管委会领导成员作了充实调整，明确了管委会主任由县(区)长担任，分管副书记、副县(区)长担任副主任，进一步建立健全机构，配足人员，严格管理，全市建有各级农业承包合同管理机构359个，已挂牌的办公室(小组)196个，配备专业或兼职人员674人；年内签订返包合同14.5万份(户)，返包耕地6.5万公顷，分别占应签合同和返包耕地面积的92%和89.1%；完善各种合同17.2万份，新签转包"四荒"开发和工副业养殖合同3.34万份；办理鉴证合同11.4万份，兑现合同15.4万份，金额2812万元，分别占合同总数和合同总额的86%和76%；收取土地承包费237万元，收回"四田"237.3公顷，集体重新发包收入18.5万元，进一步明确发包方与承包方的责权关系。

【农民负担的监督管理】 1997年，柳州市严格实行农民负担款的结算、监督、专项审计和集体资金统一管理等四项制度。年内先后对全市37个乡镇全面进行农民负担的预决算和专项审计的同时，还填发农民负担监督卡4万多份；4月和12月，市农民负担监督管理办公室会同有关部门进行两次执法检查，共抽查15个乡镇11个村委和11个乡村中、小学，取消17项不合理的收费项目，纠正不合理的集资项目，共为农民减少负担418.8万元。全市农民负担的村提留乡统筹全年总额为2654万元，年人均负担30.86元，占上年人均纯收入1.59%，低于国务院不准超过5%的规定。

【强化农村合作基金会建设】 至年底，全市已建立融资组织138个，其中县级联合会2个，乡镇基金会11个，村级基金会11个，共聚集资金3878万元，年内累计融资达4320万元，所融资的资金绝大部分用于农业和乡村企业生产。

【农村经济的规范化服务体系建立】 1997年，柳州市农办抽查889户1000多个项目的统计记帐指标进行汇总、分析和核实。加强统计和财务管理，建立健全产供销一条龙服务体系，农经系统建立乡村服务组织1223个，代购农药350公斤，化肥7405吨，苗木8.5万株，代销农产品总额2074.5万元，提供生产技术75项，销售信息117条；为加速蔬菜副食品的流通，柳江县自发建有500多户900多人的农民运销队。

【科教兴农】 1997年，柳州市农业生产坚持科教兴农的战略方针，大力推广各项先进实用技术，为保证科技兴农的实施，各级农技推广部门非常重视科教普及工作。仅种养业就举办各种类型培训班1404期，受训人数达20.44万人次，印发技术资料35.79万份。《柳州江河网箱养鱼技术推广》等16个科技项目分别荣获区、市科技进步奖，另有8个水果样品荣获自治区优质果品和优良单株不同名次称号。

粮食生产 推广以中迟熟组合为主的高产优质杂交稻组合6.47万公顷，占杂交稻实种面积93%；推广以掖单系列为主的杂交玉米8880公顷，占杂交玉米面积80%；完成肥床旱育稀植移栽面积3.29万公顷(早稻2.12万公顷，晚稻1.17万公顷)，为计划面积108.5%，工厂化育秧857公顷，验收结果，单位面积产量比传统的半水育秧移栽平均增产14.6%；全市示范推广抛秧栽培技术2240公顷(早稻826.7公顷，晚稻1413.3公顷)，平均每公顷产量5340.3公斤，比手播的增产8.19%。

旱粮增产工程 1997年全市实施《大面积甘蔗套种大豆》旱粮增产工程6823.3公顷，总产达647.8万公斤，为提高复种指数，缓解蔗粮争地矛盾新辟有效途径。

杂交玉米推广应用 1997年实施《十万亩掖单系列杂交玉米推广应用》面积6800公顷，平均每公顷产量3315公斤，比面上单产增产19.85%，使当年玉米实种面积比上年减少1.32%的情况下，玉米总产仍比上年增产4.57%。

植保减灾保产工程 1997年实施"植保减灾保产工程"项目，发布《病虫情报》73期，准确率97.36%，防治面积25.19万公顷，占农作物病虫草鼠害发生面积92.55%，防效率89.54%，挽回粮食损失7.6万公斤；测土施肥技术1.6万公顷，化肥深施3.37万公顷，验收结果比对照区分别增产8.3%和6.4%。

畜牧水产养殖 全市共组织实施《商品牛羊养殖技术开发》、《名特优水产品养殖技术开发》等6个科技项目，结合生产实施，组织有关专家深入浅出编撰印发《养山羊》、《养奶牛》、《鱼类良种养殖技术》、《母猪养殖问答》等8种科普丛书6.1万册，柳城县实施《国家级秸秆养牛示范县》一项，年内已建成1400个氨化池，4个示范场，13个示范村共2712个示范户，养牛1.42万头，当年出栏1.02万头；柳江县重点实施《560工程》项目，全县掀起养殖热潮；同时强化畜禽防疫工作，年内全市畜禽免疫率分别达96.3%和72.1%，死亡率分别为1.8%和12.9%，两率均达市区指标要求。

蔬菜生产 坚持以项目为龙

头，在组织实施《冬闲田蔬菜开发》、《无公害蔬菜综合技术大面积开发》和《万亩甜竹笋高产高效综合技术开发》等项目中，先后引种新品种20个，引用高效低毒新农药品种24个，推广使用生物农药30吨，遮网栽培2.25万平方米。

【粮食总产再创新纪录】 1997年，柳州市粮食生产获得大面积丰收。全市粮食总产达42.01万吨，比上年增长5.5%，比丰收的1995年增产3.1%，第二次突破40万吨大关。在柳州市粮食生产史上，继1983年，1992年，1993年和1995年之后第五次刷丰收纪录。

【畜牧水产业增幅较大】 1997年，柳州市全年生猪出栏64.48万头，年末存栏53.27万头，分别比上年(下同)增长14.45%和11.77%；山羊出栏4.89万只，存栏11.01万只，分别增长79.78%和21.87%；牛出栏4.71万头，存栏28.02万头，分别增长28.69%和8.65%；家禽出栏1116.11万羽，存栏421.15万羽，分别增长25.49%和3.32%；全市牛奶产量1218吨，增长3.1%。年末水产品产量达1.52万吨，增长28.81%。

【"菜篮子"物丰价稳】 1997年，柳州市蔬菜副食品市场持续产销两旺。全市肉类总产量7.09万吨，增长24.82%；蔬菜实种面积6867公顷，总产量40万吨，分别增长5.5%和8.7%；蔬菜实种面积6867公顷，总产量40万吨，分别增长5.5%和8.7%；市内蔬菜供应量12.75万吨，为年计划的102%，增长10%，实现自给有余；全年外销蔬菜达8.5万吨，比上年增长1.5倍。由于蔬菜丰收，畜牧水产业增幅较大，货源丰盛，花色品种多且上市均衡，全年物价始终保持平稳水平。年内蔬菜副食品类零售价格指数低于物控目标8.2～12.6个百分点。

【经济作物稳中有升】 1997年，柳州市农业部门在调整产业结构中，把发展经济作物生产当作农民增收的重要途径之一，在耕地面积不增加的情况下，全市经济作物实种面积6.45万公顷，占全年农作物总播种面积的31.57%，其中糖蔗生产持续发展，全市实种面积3.88万公顷，产量269.91万吨，分别增长8.1%和16.8%；油料作物(含花生、芝麻和油菜籽)实种1.6万公顷，比上年少种0.17万公顷，仍获2.38万吨基本持平的总产量，平均每公顷增产138公斤，增长10.22%；其他经济作物也有不同程度增长，其中水果总产5.73万吨，烟叶3876吨，黄红麻149吨，茶叶1310吨，分别增长24.84%，1.95倍，27.35%和2.18%。

【实现增产增收】 1997年柳州市农村经济持续健康发展，农民增收。全市农林牧渔业总产值(90不变价)15.54亿元，增长14.18%，其中农业(不含乡镇企业)产值10.63亿元，林业产值0.34亿元，牧业产值3.94亿元，渔业产值0.64亿元，分别增长12.01%，9.68%，18.32%和31.25%；农民年人均纯收入(当年价)2470元，比上年增收473元，增长23.69%。

【国有农场健康发展】 1997年，柳州市属11个国有农林渔业农场，在以提高经济效益为中心的深化企业改革中，坚持以市场为导向，调整产品结构，挖掘生产潜力，取得可喜成绩。

饲料生产　市禽工商实业公司与北京大北农科技有限公司合作，对下属的原河西饲料厂进行技术改造和股份制改造，在农口企业系统率先推行股份制试点，成立股份制的大北农饲料股份有限公司，引进先进的饲料生产技术，实行健全的经营管理制度，有效地推动生产的发展，全年饲料产量4.2万多吨，仍出现供不应求的局面；全公司年营业总收入在农口企业率先超亿元，实现利税300多万元。

牛奶生产　羊角山和鹧鸪江两个市属牛奶场，通过挖潜、管理等改革，年内牛奶产量逐月增加，全年牛奶产量达930吨，增长16.25%；市乳品厂又推出袋装卫生鲜奶，产品投放市场后一直深受青睐。

水产业　市水产良种养殖总场，积极引进水产新品种，生产经营出现新的突破，目前正加快以美国大口胭脂鱼、七星鱼为主的名优水产品繁殖基地建设。

养猪业　市畜牧站种猪场，顺应市场需求，扩大生产规模，全年出栏各类生猪2624头，推广良种猪精液2.3万头份，分别增长40.5%和82.5%，实现销售收入180多万元。

园艺柑桔场　所辖大桥、洛维、红星、鹧鸪江四个园艺场和沙塘柑桔场等五个市属国有农场的农工商联合公司系统，充分发挥各自资源优势，改变经营模式，坚持"稳定搞活第一产业，重组第二产业，加快发展第二产业"的工作方针，1997年生产水果152万公斤，上市蔬菜1024万公斤，分别增长7.6%和3%；生猪出栏5130头，比上年增长9.1%。家禽上市126万羽，与上年持平，鲜鱼上市197.6万公斤，比上年增长9.8%，全年完成工业总产值2665万元，增长3.2%，并成功地举办桃花节、柑香节和柚子节等各项观光农业活动，带动第三产业的加速发展。

【林业工作】 飞播点播植树造林　1997年，柳州市林业完成飞播和人工点播1.35万公顷，造林补植0.58公顷，分别为计划面积的108.5%和96%；参加义务植树人数55.11万人次，共植树339.69万株，成活率达90%。继郊区之后，柳江、柳城两县顺利通过自治区的绿化达标验收：柳江县和柳城县的林业用地绿化率分别为87.13%和95.77%；城乡居民点"四旁"绿化率分别为96.98%和97.6%；两县森林覆盖率分别为26.59%和22%；主要公路宜林路段绿化率分别为96.64%和98.3%；铁路宜林路段绿化率分别为97.26%和99.6%；主要河流宜林河段绿化率分别为96.54%和97.3%。

森林"三防"　1997年，森林防火工作，全市发生一般森林火灾1起，火警16起，过火面积67.9公顷，受害森林面积1.7公顷，烧毁幼树4.16万株。与上年相比，一般火灾下降96.1%，火警下降97.3%。

受害森林面积下降99.7%,各项指标均在控制指标之内,荣获自治区防火优胜一等奖。

森林病虫害防治和检疫工作 全市发生松毛虫566.7公顷,分别占森林和松林面积的0.58%和0.84%,低于区林业厅下达3.5%和6%的控制指标;全年实际防治面积403.2公顷,防效率71.2%,高于区厅不低于70%的要求;全市森林病虫害成灾面积51.8公顷,成灾率0.05%,低于区厅0.7%的要求;同时还进行苗木产地检疫7.8公顷共783.92万株,产地检疫率达100%;全年共签发林木种子、木材、竹材和板料等各项运输检疫证书3067份,检疫面达98%以上。

森林资源保护 全年实际采伐木材1.98万立方米,没有突破上级下达2.4万立方米的指标;并对木材市场和运输严格实施管理,年内发生林政案件198起,均依法查处,没收木材510.1立方米,竹席574张,罚款1.91万元,为国家挽回经济损失17.54万元;查处捕杀、收购、走私、贩运野生动物案件14起,依法没收穿山甲38只,鹰类30只,猩类9只,龟类13只,白天鹅5只,大雁14只,鹭类10只,蛇、蛙类646.5公斤。林业案件291起,已查破290起,处理涉案人员271人次,其中逮捕6人,治安拘留22人,其他处罚243人,没收木材及其制品一批,挽回损失78.88万元。继续搞好农村的省能节柴建设,年内建沼气池292座,推广"三窑四坊"改燃节柴435处,推广省柴灶和石油液化气1.08万户,举办相应技术培训班5期,培训208人次。

【乡镇企业开拓进取】 1997年,柳州市乡镇企业1.47万个,其中乡村集体企业1156家,分别比上年增长2.4倍和1.4倍。年内实施改革的集体企业达550家,比上年增加381家,其中推行股份合作制形式的有253家,实现股份合作资本金额达1.21亿元,分别比上年增加200家和0.65亿元;实行承包经营的有175家,开展租赁经营的有98家,建立18家有限责任公司和2个企业集团。全年营业总收入70.71亿元(其中集体企业37.62亿元),完成企业总产值55.74亿元,分别比上年增长45.38%和31.69%;企业增加值15.74亿元(其中乡村工业增加值9.02亿元)比上年增长55.67%;利润总额2.82亿元,实交各种税金1.64亿元,分别比上年增长64.44%和32.4%。乡办工业产值(90价)2.4亿元,乡办工业增加值(现价)6.87亿元,分别比上年增长12.15%和24.06%;乡镇企业从业人数达9.93万人,全年支付职工工资额3.75亿元。

【贫困乡镇脱贫】 柳江县的土博、穿山和柳城县的古砦、太平等4个乡属贫困乡镇,人口近17万,约占全市总人口10%。1997年,加大扶贫力度,全年建成乡村公路8条共73.2公里,完成人畜饮水工程40处,解决1.55万人和1.1万头牲畜的饮水困难以及11个村委29个自然屯共0.42万人的生活、生产用电问题。年内,全市968公顷的开发扶贫生产项目顺利实施,4个贫困乡镇年人均有粮和纯收入均有较大的增加。其中柳江县的土博和穿山镇,全乡(镇)年人均有粮超过400公斤,年人均纯收入分别为1983元和2584元;柳城县的古砦乡和太平镇年人均有粮分别为650公斤和556公斤,年人均纯收入分别达2272元和2190元,实现从贫困到脱贫的跨越。按有关标准衡量,年内有1.35万人(柳江县0.85万人,柳城县0.45万人)相继脱贫,全市贫困总人口由上年1.8万人下降到当年的0.45万人,实现自治区要求1997年基本消除贫困现象的目标,顺利通过市级验收,至此,柳州市再无贫困乡镇。

【水电、农机、农资协作服务】 1997年,柳州市水电部门仅以水库除险加固工程为重点的农田水利基本建设投资827.5万元;所施工的22处除险加固工程,有18处业已完成;完成渠道防渗48.5公里,渠道清淤1528公里,修复各种机电水泵4253台(套),灌溉状况得以充实和改善。农机部门完成农机生产经济服务总值达2.5亿元,其中农机总作业值完成2.1亿元,为计划100.5%;完成机犁机耙5.7万公顷,机械半机械脱粒4.6万公顷,分别为计划面积的102.8%和102.5%。农资供销部门,全年总购进农业生产资料5.31亿元,销售5.38亿元,分别增长9.13%和5.16%;购进化肥41.79万吨,销售40.63万吨,分别增长26.02%和18.89%,其中氮肥购进20.52万吨,销售20.96万吨,分别增长13.54%和22.71%;磷肥购进9.48万吨,销售8.38万吨,分别增长68.61%和22.66%;钾化肥购进8.72万吨,销售8.21万吨,分别增长5.58%和6.08%;复合肥购进3.07万吨,销售3.08万吨,分别比上年下降10.85%和增长9.85%。

(黄晋豪　李　健)

粮食作物种植业

【概况】 1997年,柳州市粮食生产获得大丰收,粮食总产量第4次创最高纪录。粮食总产达到42.01万吨,比上年增5.5%;油料总产2.38万吨,比上年减0.28%。粮食作物播种面积10.25万公顷,占农作物总播种面积的50.18%,比上年减2.23%。其中:柳江县粮食播种面积5.29万公顷,比上年减2.55%,产量21.08万吨,增长2.19%;柳城县粮食播种面积4.23万公顷,比上年减2.29%,产量17.68万吨,增长7.08%;市辖区粮食播种面积7278公顷,增长0.58%,产量3.25万吨,增长21.01%。全市稻谷播种面积6.98万公顷,总产量36.1万吨,增5.43%。玉米种植面积1.11万公顷,总产量3.08万吨,增10.50%;大豆种植面积1.24万公顷,总产量1.71万吨,增长10.49%;红薯种植面积8615公顷,总产量1.07万吨;木薯种植面积3740公顷,总产量1.36万吨。市、县(郊)种子部门,生产、调剂供应杂交稻种106.1万公斤。全市杂交稻种植面积6.31万公顷,占水稻种植面积的90.29%,总产量33.71万吨,占稻谷总产量的

93.39%。首次引进“两系”杂交稻新品种2000亩，大部分获得成功，表现出明显的优质高产性状，具较好的推广前景。推广以掖单系列为主的杂交玉米8554公顷，其中，掖单组合6800公顷，桂项等系列、杂交组合玉米1754公顷，占玉米种植面积的76.88%，总产量2.45万吨，占玉米总产量的79.63%。

【稻谷生产】 1997年，柳州市以双季稻生产为主，全市稻谷播种面积6.98万公顷，比上年减0.43%，总产量36.10万吨，比上年增加1.86万吨，增长5.43%。其中早稻面积3.72万公顷，产量22.83万吨，单产每公顷6136公斤；晚稻面积3.26万公顷，产量13.26万吨，单产每公顷4065公斤。柳江县、柳城县和市辖区的年稻谷产量分别为17.89万吨、15.52万吨、2.68万吨。全市种植业总产值20.73亿元(现价)，粮食总产值6.67亿元(现价)，谷物总产值为5.88亿元(现价)，占种植业总产值的28.38%。

【玉米生产】 1997年，柳州市玉米生产仍获得较好收成。玉米播种面积1.11万公顷，比上年减少0.05万公顷，少4.31%；单产每公顷2766公斤，比上年增369公斤，增长15.39%，总产3.08万吨，比上年增加0.3万吨，增长10.79%。春玉米播种面积占全年玉米播种面积的87.55%，产量占全年总产的92.97%。其中，柳江县玉米播种面积5951公顷，比上年减少503公顷，少7.79%，总产1.55万吨，比上年增长5.44%，单产每公顷2604公斤，比上年增加326公斤；柳城县玉米播种面积4228公顷，与上年基本持平，总产1.26万吨，比上年增长10.53%，单产每公顷2973公斤，比上年增加277公斤；市辖区播种面积948公顷，与上年持平，总产2704吨，比上年增加918吨，单产每公顷2855公斤，比上年增加971公斤。全市杂交玉米推广面积占玉米种植面积的76.88%，杂交玉米种植面积为8554公顷，每公顷产量为2864公斤。

【大豆生产】 1997年，柳州市大豆种植面积1.24万公顷，比上年减少5.34%，总产量1.71万吨，比上年增加0.16万吨，增长10.32%，单产每公顷1380公斤。其中，柳江县、柳城县、市辖区的大豆种植面积分别为8202公顷、3484公顷、718公顷，比上年分别减少6.14%、3.38%、7.71%；总产量分别为1.06万吨、0.51万吨、0.14万吨。年内实施《大面积甘蔗套种大豆增产综合技术开发》项目，实施面积6826.7公顷，超额完成任务的2.35%，套种的大豆平均每公顷949.5公斤，品种以“桂早一号”、“早春一号”为主。该项目的实施，不仅保证了甘蔗种植面积，又增加了粮播面积，提高复种指数，缓解粮糖争地的矛盾。

【杂交稻制种基地建设】 1997年，柳州市已初步形成“种子公司+基地+农户”的产业化模式。在生产上，采用统一供种、统一育秧，分户插植，分户管理，统一去杂去劣，统一赶花粉，分户收割，统一收购等统分结合的方式，技术上大力推广应用“旱育”和“抛秧”，提高制种单产和供种能力，全市实施杂交制种362公顷，生产国标二级杂交稻良种110.1万公斤。

【水稻肥床旱育稀植及抛秧技术】 1997年，水稻肥床旱育稀植及抛秧技术培训人数16.5万人次，全市85%的种稻农户得到培训，累计完成肥床旱育稀植插大田面积3.29万公顷，其中：早稻2.11万公顷，晚稻1.17万公顷。产旱育稀植栽培较半水育秧亩增加35.37公斤，增长9.5%；示范推广抛秧栽培技术2240公顷，其中：早稻826.7公顷，晚稻1413.3公顷，据测产抛秧比手插每公顷增产稻谷427.3公斤。

【晚稻赶早稻工程】 1997年，继续实施晚稻赶早稻工程，全年完成1.27万公顷。项目区晚稻平均每公顷5089.2公斤，比项目实施前三年晚稻平均每公顷增产848.0公斤。

【十万亩掖单系列杂交玉米推广应用】 1997年，掖单系列杂交玉米推广应用实施6800公顷，年均每公顷3315公斤，比对照品种每公顷增加780公斤，增长30.77%，柳州市年内在玉米种植面积比上年减少1.32%的情况下，总产仍增4.57%。

【粮食作物高新技术万亩示范开发区】 1997年，在柳江县成团镇、三都镇和柳城县沙埔镇实施粮食作物高新技术万亩示范，全面推广旱育稀植、工厂化育秧、抛秧、测土施肥和病虫害综防等先进技术，实行统一规划、统一措施、连片种植、模式栽培，对面上的水稻生产起到示范作用。

【双季稻高产竞赛】 年内，在全市组织开展双季稻高产竞赛，有10户农民在技术人员指导下参加竞赛，经专家进行验收，有3户农民的3块5.2亩达到并超过了两造水稻年亩产1200公斤的产量指标。荣获第一名的农户1.5亩稻田年亩产1277.6公斤。

【农作物病虫草鼠害的测报和防治指导】 年内，共发布《病虫情报》73期1.5万份，情报覆盖率100%，总体测报准确率97.36%。全市水稻、玉米等主要农作物病虫草鼠害发生面积27.22万公顷次，指导防治面积25.19万公顷次，占发生面积的92.55%。其中水稻主要病虫发生面积15.08万公顷次，占种植面积的240.9%，防治面积15.02万公顷次，占发生面积的95.1%，总体防效为89.54%，同时，做了美洲斑潜蝇的监测和指导防治工作。

【推广测土施肥和化肥深施技术】 年内，测土施肥面积达1.61万公顷，测土施肥项目年平均每公顷比对照增910.5公斤，增产8.3%；推广化肥深施3.37万公顷，深施比对照每公顷增产719.4公斤，增6.4%。

【冬种绿肥和中低产田改良】 年内，冬季绿肥种植1.36万公顷，其中专用绿肥7233公顷，油菜6367

公顷。中低产田改良面积7466.7公顷，改良区比对照区平均每公顷增加719.0公斤，增长6.4%。

【农业法制宣传月和种子农药市场管理】 1997年，农业法制宣传和种子农药市场管理利用电视、广播、报纸新闻媒体和版报、咨询、发放资料、宣传车等手段广泛宣传。印发资料4.4万份，出版报121期，出动宣传车125次，咨询4.15万人(次)。按照《种子管理条例》、《农药管理条例》对市区80多户种子、农药等农资经营户和生产厂家进行检查。

【农业技术培训】 1997年，全市各级农技部门继续采用多层次、多形式宣传普及科学技术，科教兴粮，提高农民素质。重点抓"绿色证书"工程的实施，广泛开展适用技术的培训，搞好学历教育，为农村培养专业人才。投入技术培训资金62.35万元，印发技术资料34.56万份，举办水稻肥床旱育稀植、病虫害防治、水稻、蔬菜栽培等各类培训班994期，培训人数20.01万人次，出动宣传车384台次，播放农技录像307场，观看人数3.1万人次，出墙报版报153版，张贴标语9092条，使新技术普及到千家万户。

年内，柳州市的"绿色证书"工程全面展开，开办农学、畜牧水产、农机、林业、果树、蔬菜、烤烟等7个专业，设置12个产业岗位，开办绿证培训班40个，培训学员2156人。1997年区农广校柳州市分校招生75人，在校生达709人。

【柳江县农业技术推广】 1997年，柳江县推广旱育稀植与抛秧技术25.68万亩，较上年增加2.95万亩，占水稻种植面积的50.65%；推广种植杂交水稻43.10万亩，占玉米种植面积的83.23%；引进新组合试制106.5亩，推广高产制种技术2745亩，总产杂交稻种子5850吨；推广以桂早1号、早春1号、柳豆1号为主的大豆优良品种及配套技术6.34万亩；推广水稻病虫综合防治技术40万亩。继续大办百、千、万亩水稻高产示范样板，共办万亩样板片3个，千亩样板片13个，百亩样板片100个，总面积6.63万亩。年内推广种植专用绿肥8.47万亩，推广水稻测土配方施肥技术28.36万亩，推广水稻节水灌溉技术31.76万亩，占水稻种植面积的63.43%，推广化肥深施18.91万亩。进行水稻高产竞赛，评出获奖项目19项，印发技术资料16.73万份；举办各类培训班750期，培训人员15.6万人(次)。

【柳城县农业技术推广】 1997年，柳城县农业部门认真组织实施1997～1998年粮食自给工程项目，完成马山、龙头乡供种站、县种子检验室、县农业三站供种、咨询服务用房、秧盘厂的选址、规划和设计工作。项目建设加强了基础设施建设，改善粮食生产条件，提高粮食综合生产能力，有利于实现粮食生产的可持续发展。年内，全县推广应用水稻肥床旱育稀植栽培20.55万亩，其中早稻11.55万亩，晚稻9万亩；推广应用水稻抛秧栽培2.68万亩，其中早稻1.03万亩，晚稻1.65万亩，该项技术平均比对照亩增加23公斤，增长10.7%。全年杂交稻推广44.83万亩，占水稻种植面积的96.15%，主要组合为金优系列、优I系列等优质杂交稻；杂交玉米6.03万亩，占玉米总面积82.1%；"桂早一号"等大豆良种种植5.07万亩，占大豆面积的81%。杂交水稻制种3010亩，总产种子40.03万公斤。全年水稻病虫害发生面积106.85万亩次，占种植面积的263.1%，防治面积96.95万亩次，占发生面积的90.7%。实施《两系杂交试种、示范》项目，引进"培杂特青"、"培两优288"。两系组合种植2120亩，早稻比对照汕优63、汕优桂99平均亩增产16.8%。与同等条件下的"三系"当家组合比较米质更优，且有较明显的增产优势。大面积推广应用油菜规范化高产栽培技术，以"花培H166"、"花培H165"、"中油821"等高产优质品种和育苗移栽为主。冲脉乡高产示范片，平均亩产量达110公斤。全年技术培训7.3万人次，印发资料10.4万份。

【市郊区农业技术推广】 1997年，郊区农技推广部门大力推广旱育稀植栽培技术，面积达2066.7公顷，其中早稻1400公顷，晚稻666.7公顷，据测算，该项技术可增产稻谷135.8万公斤。全年推广种植杂交稻4467公顷，占水稻种植面积的89.61%；杂交玉米种植面积568公顷，占玉米种植面积的59.98%。推广应用测报规范技术，综合防治水稻病虫害1.20万公顷(次)，占发生面积的94.7%。蔬菜病虫害防治面积1.17公顷(次)，农田灭鼠3346.7公顷，综合灭鼠效果87.58%。同时，以项目为龙头，样板为中心，引导和推动面上生产。年内，实施《晚稻赶早稻综合增产工程》800公顷，平均亩产比前三年平均亩产增产28公斤，《水稻旱育稀植高产栽培》，实施2066.7公顷，《两系杂交水稻引进试验、示范》，引进三个品种培S/275、培杂山青、培S/桂97，品种单产分别为424.8公斤、456.7公斤、415.5公斤。年内，郊区各级农技人员深入农业生产第一线，普及农科知识，加大科技兴农力度，举办各类技术培训班162期，受训人数7200人(次)，印发各种技术资料1.54万份，接受咨询1.98万人次。

(吴有根)

经济作物种植业

蔬 菜 生 产

【新一轮"菜篮子"工程工作卓有成效】 1997年，柳州市"菜篮子"工程工作取得了第12个蔬菜丰收年和第11年春、秋淡季不淡的好成绩。蔬菜副食品上市数量充足，品种多、质量好，供应均衡，价格平稳，是多年来柳州市"菜篮子"产品产、供、销形式最好的一年。1997年蔬菜生产基地复种面积10.33万亩，完成年计划108.7%，比上年增长5.95%；社会蔬菜总产量42.08万吨，完成年计划105.2%；市内蔬菜总产量12.87万吨，同比增长

6.7%;外销蔬菜8.5万吨,比上年增长150%。全系统销售总额为1.06亿元,完成年计划104.3%,比上年增长13.3%,向国家缴纳税金169.80万元。

【农副产品直销市场】 1997年元旦、春节、国庆等重大节日蔬菜供应丰富、完成计划的103%,比去年增长12.7%;社会上市生猪9789头,比去年增长13.72%,其中:专业基地元旦、春节生猪计划上市6000头,实际上市6117头,完成计划102%;上市活鸡计划25万只,实际上市34.27万只,完成计划137%;其它副食品如菜牛、活鲜鱼、干鲜海产品均完成或超额完成供应计划。豆制品公司生产12.75万公斤豆腐泡,完成计划106.3%,约占市场总量三分之二,并承担5500名下岗职工豆腐泡的发放任务,获自治区节日供应评比一等奖。蔬菜副食品管理局在东环蔬菜批发市场成功地举办了第二届春节农副产品直销市场。设有固定摊位115个,临时摊位40个,直销产品有蔬菜、肉类、禽蛋、鱼虾、豆制品等12大类350多个品种,深受群众欢迎,获得广西区贸易厅授予的元旦、春节供应工作二等奖。

【依靠科技进步,发展蔬菜生产】 1997年,柳州市蔬菜副食品管理局坚持为农民提供科技服务。一是坚持以项目为龙头,组织实施《冬闲田蔬菜开发》、《柳州市无公害蔬菜综合技术大面积推广》、《万亩甜竹笋高产高效综合技术开发》等项目;二是加强科技培训。采取多种形式、多层次举办《无公害蔬菜生产技术》、《甜竹笋高产栽培》培训班38期,集中培训郊、县的乡村干部及部分示范户农民提高其种菜的技术技能;三是组织郊、县及柳州市蔬菜技术推广站的科技人员,编写《柳州市无公害蔬菜生产技术规程》,印成小册子3000本,分发到郊县农民手中;四是组织县郊蔬菜科技人员下乡下村上技术课70次,培训人数达4200人次。分发技术资料5000多份,现场接待技术咨询1.7万人次;五是引进蔬菜新品种20个,引进推广生物农药、高效低毒化学新农药新品种24个,推广使用生物农药30吨,推广蔬菜良种15吨,遮阳网2.25万平方米,为发展无公害蔬菜创造良好的条件,其中《甜竹笋配套技术试验示范》项目获柳州市科技进步二等奖;六是加强管理。柳州市现有310个副食品生产基地,有80多块牌匾和证书发放到各村和专业户。领牌的副食品基地挂牌亮证生产和经营,享受“菜篮子”工程优惠政策。

(韦小莲)

【甜竹笋开发上新规模】 甜竹笋属丛生竹类的笋用竹种,柳州市主要发展吊丝球竹、大头竹(麻竹)等优良竹种。竹笋于夏、秋上市,作为无公害蔬菜供应市场颇受欢迎,竹材可作造纸原料等用途。“甜竹笋配套新技术实验示范”项目获市政府1997年度科技进步二等奖。由蔬菜副食品管理局承担的“万亩甜竹笋高效综合技术开发”项目,由一郊两县协作实施,在原有基础上扩大开发面积,至1997年总开发面积2.10万亩,主要分布于沙塘、洛埠、太阳村、石碑坪、沙浦、大浦、凤山、洛满、进德、里雍等乡镇及市属红星、洛维园艺场。由于实施综合技术措施,增加了科技含量,提高了生产效益,实现两年生竹亩产鲜笋(下同)244.2公斤,三年竹618公斤,四年产竹1343公斤,五年竹1661公斤,同时四龄以上竹林每亩可砍取竹材500—900公斤,产竹枝苗500—700苗。97年度全市甜竹笋鲜笋总产量达865.4万公斤,除满足本地市场供应外,尚有批量用于笋品加工或运销外地。 (彭少达)

甘蔗生产

【概况】 1997年,柳州市甘蔗播种面积3.90万公顷,总产量271.66万吨,每公顷产量69.59吨。其中,糖料甘蔗种植面积3.88万公顷,比上年增加2900公顷,增长8.08%。糖料甘蔗总产量269.91万吨,比上年增产38.83万吨,增长16.80%。糖料甘蔗每公顷产量69.55吨,比上年增加5.11吨。柳州市凤山糖业(集团)有限公司正式挂牌成立。

1997年,柳州市两县一郊加强种植甘蔗良种、蔗地深耕深松、配方施肥等科学技术得到普及。甘蔗良种出现供不应求的局面。柳城县采取优惠政策,对机耕深度到达40厘米以上的,每亩补贴30元给蔗农,25厘米以上的补贴20元,深耕加悬耕、开行,每亩补贴40元,在全县大力推广蔗地深耕深松技术。使用科学技术种蔗,甘蔗产量提高。

【除草剂现场示范会】 1997年,5月27日和5月28日,市糖办在捷利康中国有限公司协助下,分别在柳城县和柳江县召开使用除草剂“克无踪”现场示范会。捷利康中国有限公司农药部派员讲授技术课。两县蔗区各乡(镇)都有代表参加会议。通过观看幻灯片和喷药现场,与会者加深对除草剂作用的认识。

(李怀干)

水果生产

【概况】 1997年,柳州市水果产量创历史最高水平。水果总产量(含区属国有农场,下同)5.73万吨,比上年增加1.14万吨,增长24.8%。水果总面积1.13万公顷,比上年增长1%。其中:柳江县水果面积5521.4公顷,比上年增长0.5%;水果产量1.19万吨,比上年增长6.8%。柳城县水果面积3332.7公顷,比上年增长7.5%;水果产量2.73万吨,比上年增长27.7%。郊区(含市属其他单位)水果面积2485公顷,比上年减少6%,水果产量1.81万吨,比上年增长35.4%。

【柑桔销售价格大幅下跌】 1997年,柳州市柑桔销售价格大幅下跌。跌幅最大的是中熟温州蜜柑,果园批发价每公斤0.50元左右,与上年销价低100%以上。“卖果难,价格低”,其原因:一是品种结构不合理,采收期过于集中。柑桔品种,中、晚熟温州蜜柑面积、产量占70%左右,且成熟期都在11、12月,与湖南等省的成熟期相差无几，造成温州蜜柑成为“大路货”，柳州“卖果难”。而柑桔类的其他品种，如橙类、柚类等卖价并不低。二是产品质量差。果品酸味重，果肉粗造，色泽不光亮。三是购买力下降。四是产品供应量大。1997 年水果产量比上年增产，社会供应量明显增加。五是生产社会化服务体系不健全，销售渠道不畅。

（韦日机）

其他经济作物生产

【油料生产】 1997 年，柳州市油料作物主要是春花生和冬季油菜，种植面积 1.60 万公顷，比上年减少 10.62%；总产量为 2.38 万吨，比上年减少 0.4%，单产每公顷 1488 公斤，比上年增 10.22%。其中，花生种植面积 1.07 万公顷，比上年增长 0.94%；产量 1.93 万吨，比上年增长 4.89%；单产每公顷 1800 公斤，比上年增长 2.97%。芝麻面积 824 公顷，比上年减 81 公顷；总产 572 吨，比上年增加 77 吨；单产每公顷 694 公斤，比上年增加 147 公斤。全年油菜籽种植面积 4494 公顷，比上年下降 27.98%。产量 4004 吨，单产每公顷 891 公斤。油菜当家品种为花培 H166、花培 H165、中油 821 等品种，基本实现良种化。年内，农技部门进行大面积推广应用油菜规范化高产栽培技术，推广高产优质品种和育苗移栽技术，使油菜单产有新的突破。柳城县冲脉乡万亩高产示范片，平均每公顷产量达 1650 公斤。继续推广花生规范化栽培和使用翻秋良种，如中花 117、粤油 551 等。

（吴有根）

【烟叶生产】 1997 年，甲天下烟草（集团）公司的烟叶生产基地主要分布在三江、柳城、鹿寨、武宣、柳江县等地。该公司把烟叶基地当作企业的“第一生产车间”，把烤烟生产的优惠政策宣传到千家万户，聘请具有丰富实践经验的烟叶专家进行技术指导和技术培训，分派技术人员到各基地县和重点乡镇蹲点指导，发放技术资料。筹集烟叶生产启动资金，投入基地生产和试范田试验，烟叶的生产得到较快的发展。年内，该公司计划种植烟叶面积 11 万亩，实际种植面积为 11.5 万亩，计划收购烟叶 18 万担，实际收购烟叶 18.5 万担，超额完成自治区烟草专卖局下达的烟叶生产收购任务。

（刘 鸿）

畜牧水产业

【概况】 1997 年，柳州市畜牧水产业生产增长幅度大，全市畜牧水产业总产值 4.57 亿元（90 年不变价），比上年增长 19.95%，畜牧水产品价格大部分稳中有落。

【畜牧业生产】 1997 年，全市畜牧业总产值 3.94 亿元（90 年不变价），比上年增长 18.32%。肉类总产量 7.09 万吨，比上年增长 24.82%。在肉类总产量中，猪肉 5.03 万吨，占 70.94%；牛肉 0.46 万吨，占 6.49%；羊肉 0.07 万吨，占 0.99%；禽肉 1.53 万吨，占 21.58%。

生猪生产　全市生猪存栏 53.27 万头，出栏 67.48 万头，比上年增长 11.75%和 19.77%。不少优质肉猪、仔猪流向广东、海南等地。

牛羊生产　1997 年，通过大力发动和示范推广，群众发展牛羊生产的积极性很高，尽管牛羊产品价格有所回落，但生产仍大幅增长。牛羊存栏数为 28.02 万头和 11.01 万只，比上年增长 8.65%和 27.87%，出栏数为 4.72 万头和 4.89 万只，比上年增长 28.96%和 79.78%。

家禽生产　1997 年，家禽市场价格大幅下降，特别是年底香港发现“禽流感”疫情，国内出口香港受阻，造成大量的广东鸡倒流向广西，柳州市的家禽业受到冲击，家禽饲养业普遍出现严重亏损，很多饲养场和专业户多数被迫空栏观望或转行，年末存栏数减少，全市仅 421.15 万只，比上年增长 3.32%。但家禽生产增长幅度较大，全市出栏家禽 1116.11 万只，比上年增长 25.49%。

牛奶生产　1997 年，市羊角山牛奶场和鹧鸪江牛奶场牛奶生产创历史最高水平，达 948 吨，比上年增长 18%。但柳铁牛奶场灾后就被迫停产，沙塘走马畜牧研究所牛奶生产锐减，全年产量不足 100 吨，因此全市鲜牛奶供应相当紧缺，出现市民排“长龙”购买鲜牛奶的现象。全市牛奶产量 1218 吨，比上年增长 2.10%。市畜牧部门和奶业企业努力组织和实施奶业发展规划，逐步缓解“吃奶难”问题。

【水产业生产】 1997 年，全市养殖面积 6158 公顷，比上年增长 15.02%，淡水产品总产量 1.52 万吨，增长 29.18%。其中：池塘养殖面积 2721 公顷，产量 8059 吨，分别比上年增长 27.33%和 10.87%，单产 2962 公斤，比上年下降 9.89%。水库、湖泊养殖 3417 公顷，产量 2596 吨。河沟养殖 12 公顷，产量 19 吨。网箱、庭院水池养殖 8 公顷，产量 4202 吨。水产业总产值 0.63 亿元（90 年不变价），比上年增长 31.25%。三月份柳江县成团、进德两乡受暴雨袭击，冲走网箱 172 个 4950 平方米，损失成鱼、鱼种 271.5 吨，损失额 300 多万元。

【畜禽疫病防治】 1997 年，畜禽疫病防治成效明显。

畜禽防病　各级兽医部门深入农村和市郊养殖单位，搞好春秋防疫。全市饲养生猪 110.09 万头，免疫注射 103.73 万头，免疫率 96.3%，死亡率控制在 1.8%；家禽饲养量 1297.82 万只，免疫注射 935.33 万只，免疫率 72.06%，死亡率控制在 12.91%。猪禽两率均达到区、市下达的指标。

牲畜五号病防治　1997 年，柳州市牲畜五号病防治指挥部和各级畜牧部门通过召开会议、印发资料、电视讲话等进行广泛的防五宣传。坚持以免疫为主、综合防治的方针，加大免疫力度，各大养殖单位的免疫率达到 100%。在春季五号病高发期间，五号病发生率为 7 年来最低的一年。四月初沙塘园艺场从外调入种猪引发了五号病，市防五办和市兽医部门直接参与处理，强化免疫、严格消毒和严密封锁等措施，并扑杀猪733头，很快控制了疫情，保住该场近3000头猪，减少了损失。得到自治区防五部门的奖励。

【畜禽检疫和兽医卫生监督】 1997年，市区共检疫家禽56.34万头，比上年增长3.89%，家禽167.23万羽，减少3.56%；检出病害肉52.64吨，检查市场1336个次，处理违章违法案件114件，处理病害肉6.9吨，罚款1.63万元，无害化处理病肉42.71吨。年内，以提高检疫质量为重点，加强屠场兽医卫生监督，对市区8个定点屠场进行两次统一检查评比，对屠场和市场检疫员进行两次检疫操作检查评比。深入县郊举办检疫员培训班，开展宣传学习《自治区家畜家禽防疫条例》和《动物防疫法》。

【渔政监督管理】 1997年，渔政管理做了以下工作：一是扼制了柳江河段电炸鱼的违法行为。出动47次共236人次，对柳江河段上起露塘、下至鸡喇进行巡查，查处电鱼船132艘次，没收电机5台，罚款4万多元。二是同有关部门配合，宣传水生野生动物保护法规，对市场和一些饭店进行执法检查。三是进行江河捕捞等证件的发放工作。四是协同有关部门对柳江河道进行治理，重新划定和布局柳江河上的养鱼网箱。

【科技推广取得新进展】 1997年，市畜牧水产局继续组织实施《柳州市商品牛羊养殖技术开发》和《柳州市名特优水产品养殖开发》等6个科技项目。商品牛羊项目，柳江、柳城两县参试户养牛1.25万户、养羊3877户；出栏牛4.46万头、羊4.79万只，分别完成任务的135.1%和184.3%；产肉量、新增产值等其他各项指标均超额完成任务。名优水产品项目有养月鳢1387户6.45万平方米，养胡子鲶177户1.42万平方米，养鳖5户5253平方米。市畜牧水产部门编印《养山羊》、《养奶牛》、《鱼类良种养殖技术》(上、下册)、《母猪养殖技术问答》等科普教材8种，6.1万册，举办畜牧水产技术培训班242期，参训人员1.03万人次，发放各种资料1.03万份(册)。元月份市畜牧水产局组织有关专家到两县的10个乡(镇)举办10期养羊学习班，深受农民欢迎。4月份在市农干校举办的一期名优水产品养殖技术培训班，参训人员达110人。11月份市畜牧水产局会同市总工会举办两期养殖学习班，受到其他行业360多名下岗职工欢迎。柳江县委县政府协调安排2000万元贷款用于组织实施《560工程》项目，县直机关和各乡镇全部参与这一发展畜牧水产业的热潮，生产比上年大幅度增长，该县年肉猪出栏25.75万头，比上年增长31.34%；羊出栏3.44万只，增长126.6%；家禽出栏472.63万只，增长69.47%。柳城县组织实施的《国家级秸杆养牛示范县》项目，通过建示范场、示范村，推广秸杆氨化等适用技术，出栏肉牛2.41万头，比上年增长59.75%。

【企事业单位经济】 1997年初市畜牧水产企事业单位通过深化改革，以市场为导向，加强内部管理，开发新产品，开拓市场，取得了好成绩。

市禽工商实业公司 市禽工商实业公司与北京大北农科技有限责任公司合作，对原河西饲料厂进行技术改造和股份制改制，引入国内先进的饲料生产技术有效的管理制度，1997年进入达产期，产品供不应求，饲料产销量达4.08万吨，营业收入超亿元，实现利税300多万元；该公司饲料厂通过扩股募集资金，于12月初完成了第二条饲料生产线的建设。

市羊角山和鹧鸪江两个牛奶场和市乳品厂 柳州市奶业的三个骨干企业，通过加强饲养管理，提高单产，两奶场的年产奶量由上年的800吨，提高到1997年的948吨，创历史最高水平，市乳品厂加大冰淇淋、酸牛奶的生产，实现扭亏为盈。12月1日该厂同两个奶场联合生产经营袋装纯鲜牛奶，产品面市后，供不应求，为市民吃上"卫生奶"作出了贡献。

市水产良种养殖总场 该场兴建了以美国大口胭脂鱼、七星鱼为主的名优水产品繁殖基地。

市畜牧站种猪场 1997年加快基础设施建设，扩大生产，出栏各类猪2624头，比上年增长40.47%，推广良种猪精2.3万头份，增长82.54%，销售收入180多万元，比上年增长16.88%。

农 场

【概况】 1997年，柳州市农工商联合公司有大桥园艺场、洛维园艺场、红星园艺场、鹧鸪江园艺场、柑桔场等5个国有农场，一个果树研究所，土地总面积4834.87公顷，其中耕地1044.44公顷，总人口8627人，职工3187人。年内，生产水果160.2万公斤，比上年增长13.4%；生猪出栏4.97万头，比上年增长5.7%；鲜鱼上市199.8万公斤，比上年增长34.3%；家禽出栏118.76万只，比上年减少5.4%；鲜蛋上市35.3万公斤，比上年增长27.8%；蔬菜上市1149.3万公斤，比上年增长15.63%。工农业总产值1.39亿元，比上年增长14.9%，其中农业总产值1.13亿元，比上年增长18.9%，工业总产值2645万元，比上年增长2.44%。农业增加值2224万元，比上年增长2倍；工业增加值506万元，比上年减少20.8%。全年销售收入3946万元，比上年减少21.6%，上交税金59.51万元，比上年减少28.8%，全年亏损2484万元(其中处理1996年洪灾损失1966.5万元)，经营性亏损517.5万元，与去年同期对比减亏325.5万元。

【调整水果品种结构】 1997年，市农工商联合公司继续调整水果的品种结构，配合观光农业的开发，以名优特杂果为主，新种果树37.67公顷，8.7万株，有大果枇杷、柿子、芒果、佛手、新世纪番石榴、琯溪蜜柚等15个品种。鹧鸪江园艺场开垦经济价值低的山林，种上甜茶6.67

公顷,3万株,收获干甜茶叶300公斤。年内大桥园艺场培育米石榴苗木1.69万株,果树所培育无核黄皮、南丰蜜桔、脐橙等6个品种的苗木1.27万株。

【双层经营管理体制】 1997年,市农工商联合公司,加强企业经营管理,继续稳定和完善以家庭农场为主的大农场套小农场,统分结合的双层经营管理体制,进一步推进农场经济体制的改革,制定《关于贯彻落实十五大精神和柳州市委的部署,加快农场系统改革与发展新步伐的实施意见》、《关于对一九九七年完成各项生产经济指标作出贡献的场级领导奖励的决定》、《关于对市属园艺场做出突出贡献的科技人员给予奖励的暂行办法》、《关于严格控制通讯费用开支的暂行规定》等文件指导工作。减员增效、转岗分流、各场精简机构,减少50%的非生产人员充实到生产第一线,加大非国有经济比重,全面放开农业生产,实行承包、租赁、定额上交,两费自理(生产费、生活费自理)的大包干形式,减少农场投资费用,缓解资金严重困难的矛盾,把职工的劳动报酬与劳动成果紧密的联系在一起,增强职工主人翁责任感。洛维园艺场1647亩甘蔗地全部承包后,每年场部可收回费用37万元,承包职工也增加了收入。重视岗位培训工作,引导科技人员将专业知识结合实际运用到生产工作中去,在市农干校举办两期财会基础工作规范化培训班,参加人员101人次,举办一期统计基础培训班,参加人员60人次。大桥园艺场举办7期的水产、畜禽、果品等专业技术培训班,参加培训人数达350人次。鹧鸪江园艺场先后组织中层领导及有关人员到农垦场参观学习5次,请先进单位的领导到场介绍经验,使职工转变观念,解放思想,很快制定了山林承包方案,并组织实施。

【绿化美化观光农业区】 1997年,市农工商联合公司完善观光农业旅游区的重点是绿化、美化观光农业区,新种马尼拉草坪7.5万平方米,其中大桥园艺场7万平方米,洛维园艺场0.5万平方米;新种榕树1338株,其中大桥园艺场108株,洛维园艺场1230株。大桥园艺场新种茶花1105株,三角花5478株,新培育建造茶花园和三角花园。新种切花月季1.6万株,其中洛维园艺场1万株,果树所0.6万株。洛维园艺场新种马蹄莲5000球,晚香玉5000丛、切花菊8000株;盆栽花卉6000盆,其中一串红、菊花、五色梅、月季花等20个种类41个品种5000盆,袖珍椰子、红宝石、蔓绿绒、变叶木等7个种类20个品种的荫生花卉1000盆。果树所和洛维园艺场培育花卉绿化苗木6.65万株,品种有茶花、九里香、三角花、一品红等。逐步完善观光农业区的绿化、美化。

【外宾观光农业区】 1997年4月8日,乍得恩贾梅纳市阿里·哈隆市长率领政府代表团一行三人防问柳州市,到大桥园艺场观光农业区参观;11月25日,日本熊本县农业考察团一行五人应自治区邀请到我区进行农业考察。考察团一行考察了大桥园艺场、洛维园艺场以副食品生产基地为依托的观光农业区,得到了好评。年内,洛维园艺场、大桥园艺场都举办桃花节,增加了农场收入。

【观光农业水果生产区】 1997年,大桥园艺场、鹧鸪江园艺场及时改变销售方式,把果园变为市场,利用秋季是城市居民秋游的大好时光,开放温州柑果园,让旅客购票入园,采摘品尝果子,分享丰收的喜悦,既解决温州柑卖难的问题,又提高了销售价格。由平均每公斤0.6元提高1.2元,减少了果子采摘、运输、贮藏过程中的损失,提高了农场的经济效益。

【股份制改造】 *屠宰场股份制改造* 1997年,大桥园艺场在原屠宰场实行股份制改造试点。于1997年10月引进场外业主资金,合股经营改造大桥园艺场屠宰场,产生了显著效益。

引进改造资金近60万元,改造完善屠宰场生产设备。扩大屠宰场地400平方米,混凝土硬化场地及道路近1500平方米。扩大猪栏14间250平方米。扩大牛的屠宰场地400平方米。改造后的屠宰场,由日宰量不到100头上升到400多头,并打破过去下午不宰杀的习惯,每天下午杀猪近100头,新鲜猪肉直接面市。带动几百人的就业大军,增加国家税收,提高农场的经济效益。每天凌晨1—2时起至7时,就有几百人涌进屠宰场。送生猪、牛的车子约60部,送边猪到各农贸市场摊位的约60多部,屠夫、服务后勤人员200多人。

【畜产品有限责任公司成立】 1997年市农工商联合公司,围绕主导产业和主导产品,优化组合各种生产要素,实行产供销,内外贸等链环构成的一条龙经营,形成以市场带龙头,龙头带基地多种经济成份并存的运行机制,组建产业化专业性公司,提高农业生产的规模效益。决定在农场系统内的猪场组建由分散经营到生产、加工、销售一条龙经营的股份制专业性公司,发挥生猪饲养的规模效益。经市农办批准,同意组建柳州市畜产品有限责任公司。在自愿参加的基础上,以大桥园艺场、洛维园艺场、红星园艺场、柑桔场等四个场的猪场作为股份组建成以生猪制种、饲养、销售及饲料加工为一体的专业性股份合作制企业。市国资局对四个园艺场的猪场评估,共有存栏肉猪8274头,种猪1384头,房屋建筑面积5.4万平方米,其中猪舍75栋,3.7万平方米,总资产为1155万元(大桥园艺场744.5万元,洛维园艺场90.5万元、红星园艺场265.7万元,柑桔场54.1万元),其中固定资产851万元(大桥园艺场545万元,洛维园艺场90.5万元,红星园艺场176万元,柑桔场38.9万元)作为四个场的股份加入到畜产品有限责任公司。顺利组建了畜产品有限责任公司,10月份挂牌营运,经过三个月经营,共销售生猪4751头,销售收入376.6万元,获纯利19.24万元。

【房地产开发】 1997年,市农工商联合公司充分利用农场土地资源优势,进行农业综合开发,抓住国家对住房制度改革的机遇,利用富余土地进行房地产开发。经有关部门同意,柳州市农工商房地产开发公司首期开发出售宅基地19.5公顷,其中大桥园艺场柳石路旁的“桥园小居”宅基地13.4公顷,红星园艺场柳长路旁的“松泉小区”宅基地6.1公顷。该公司先后投资92万元,进行“三通一平”,制定并优惠办法即代办《土地证》、《建筑开工证》、代办农转非户口2—4人,一次性付清房款,优惠5%,并赠送一套煤气灶器具,购买的宅基地,可转让、出租、抵押,也可用于其他经营活动,合法权益受国家法律保护。1997年共出售19块宅基地,1549平方米,收入58万元。

职工新村　1997年,大桥园艺场实施“重建家园”工程,及时改革农场的住房制度,统一规划职工住宅新村。根据国家房改政策及《柳州市人民政府关于大桥园艺场干部职工建私房有关问题的通知》规定,结合农场的实际情况,制定农场职工建住宅的有关规定。经批准,规划定点在大桥、都乐、红园、南环小区等四个职工新村,统一规划、布局,按照城镇居民生活区的标准,建成规范化的职工新村,缓解职工住房困难,解决职工多占乱盖的不规范问题。

【引进推广新技术新品种】　台湾白玉苦瓜　1997年,大桥园艺场与市乡镇企业局、台湾高雄文教基金会共同合作引进开发台湾白玉苦瓜,在大桥园艺场种植9.4公顷,白玉苦瓜适应柳州的生长环境,生长良好,最高亩产达3226.2公斤,单瓜最大重1.25公斤,引种成功,为柳州市的蔬菜增加一个新品种。

台糖16号甘蔗　大桥园艺场实施“种子工程”,从柳城县甘蔗研究中心引进高产品种台糖16号甘蔗种21吨,种植3.6公顷,作为种子繁殖,为1998年推广种植66.67公顷高产甘蔗做好种子的准备工作。

美国布朗李　市鹧鸪江园艺场1997年8月从浙江金华引进美国布朗李,改良现有品种,在桃形李上高接换种2.67公顷,2400株,成活率90%以上,引种成功。

【广西优质果品】　1997年,市洛维园艺场选送的沙田柚单株和沙田柚,鹧鸪江园艺场选送的大红柑、甜橙,参加广西优质果品评比会,洛维园艺场的沙田柚单株被评为优良单株第一名,“圣林”牌沙田柚评为第二名,鹧鸪江园艺场的大红柑评为第一名,甜橙评为第三名,都评上广西的优质果品。

【获柳州市农口首家进出口经营权】　1997年,市农工商联合公司以市场为导向,利用市属农场水果、生猪、羽绒、香料等出口创汇的优势,大力发展自营出口商品基地。该公司获中华人民共和国对外贸易经济合作部批准同意经营进出口业务,可出口本企业自产的果蔬、畜禽类产品,羽绒、淀粉、天然香料;进口本企业生产、科研所需的原辅材料,机械设备,仪器仪表及零配件。

【农场系统首家规范化农贸市场建成开业】　市大桥园艺场配合柳石路扩建工程综合治理城市的环境卫生,整治马路市场,经市有关部门批准同意,将柳石路旁原简易的农贸市场进行改造扩建。投资150多万元,由原占地1500平方米,扩大到占地4000多平方米,建筑面积3100多平方米,其中室内面积900平方米,大棚面积2200平方米,市场西北两面沿两条路边建一层钢混结构,外贴白色瓷砖的门面47间,市场中间为镀锌钢架盖铁皮大棚,内设摊位245个。

大桥农贸市场于12月8日建成开业,投入使用,成为柳州市农副产品直销市场之一,改善市容市貌及市场管理的经营环境,成为市农工商公司系统首家标准化,规范化的新型农贸市场。　(汤菊香)

林　业

【概况】　1997年,柳州市采取了对一些绿化水平较差的山头地块飞机播种补植和人工点播的造林方法,年内共完成飞播与人工点播马尾松1.35万公顷,占计划任务1.27万公顷的108.5%。完成人工植树造林补植5082.7公顷,占计划任务6017.7公顷的95.8%。全年全市参加义务植树人数55.11万人,义务植树尽责率达66.9%,植树339.69万株,成活率达90%。

柳州大桥园艺场新引进的台湾白玉苦瓜　侯中源　摄

年内,经自治区绿化达标检查组核查,柳江、柳城县均达到绿化达标标准,顺利通过验收。验收结果为:柳江县林业用地绿化率为87.1%,其中经济果木林占林业用地的比例为10.5%;城乡居民点“四旁”绿化率为97%;全县森林覆盖率为26.6%;主要公路宜林路段绿化率为96.6%,铁路宜林路段绿化率为97.3%,主要河流宜林河段绿化率为96.5%。柳城县林业用地绿化率为95.8%,主要道路绿化率为98.7%(其中公路绿化率为98.3%,铁路绿化率为99.6%),主要河流绿化率为97.3%,城乡居民点“四旁”绿化率为97.6%,全县森林覆盖率为22%。

1997年,柳州市生产木材2.53万立方米,篙竹383.3万根,小杂竹

471吨。生产油桐籽239吨，油茶籽1975吨，松脂2447吨，笋干1372吨，板栗69吨，茶叶1265吨，龙眼499吨，荔枝8吨，柚子403吨，柿子5918吨。培育苗木290万株。

年内，森林火灾各项指标均在控制之内，被自治区森林防火指挥部评为森林防火目标管理一等奖。森林病虫害防治和森林植物检疫工作继续取得好成绩，森林病虫害防治和森林植物检疫等各项指标，均达到与区林业厅签订的责任状要求。林政资源保护继续加强宣传工作，组织林政执法人员参加自治区级、市级培训46人次，举办林业专业法培训班8期，培训人员共513人次，发放普法学习资料、图普1250份(册)。全年发生各类林政、森林案件489起，林政、林业公安执法人员组织查处488起，查处率为99.8%，逮捕6人，治安拘留22人，没收各类木材1595立方米、木线条8.5万米、竹席574床；查处非法贩卖野生动物案件14起，依法没收、放生穿山甲等各种野生动物119只，蛇类等646公斤。为国家挽回经济损失96.4万元。

1997年，示范生态村建设工作，加大对柳城县大埔镇的中回村、柳江县里雍乡的基田村、郊区沙塘镇的郭村等三个生态村建设的力度。全年柳州市共建沼气池804座(其中生态村95座)；推广省柴灶6525户；推广“三窑四坊”改燃节柴93处；举办省柴灶、沼气池技术培训班5期，培训人员208人次。

(潘济华)

【国营林场】 1997年，柳州市有6个国有林场，在职干部职工677人，其中干部、技术人员77人。经营土地总面积8003公顷，其中林业用地面积7554公顷。林业用地中，有林地6015公顷，蔬林地77公顷，未成林地787公顷，灌木林地457公顷，苗圃地20公顷，无林地198公顷，国有林场森林复盖率为80.9%。全市国有林场活立木蓄积量为54.29万立方米。

年内，全市国有林场木材年产量1.6万立方米，工农业总产值1649万元，全年总收入1118万元。营造林木213公顷。其中经济果木林83公顷。幼林抚育883公顷，抚育间伐面积40公顷。由于各场成立有森林消防专业队或半专业队，年度内各场均无森林火灾火警发生。

经济承包责任制 1997年，柳州市苗圃林场率先在全市国有林场中实行经济承包责任制，取得较好经济效益，总收入393万元，人均收入4.8万元。首次扭亏为盈，实现利润2.9万元。实行经济承包后，职工收入达到6261元，突破自治区林业厅下达的领导责任目标人均纯收入6000元的指标，在年度国有林场“双文明”建设中，柳州市苗圃林场被评为自治区林业厅国有林场“双文明”建设先进单位。

职工自营经济 1997年，柳州市林业局组织各场场长、书记、财务人员、工程技术人员30人到自治区林业厅直属派阳山林场考察、培训学习一个星期，回场后，各场都不同形式地开展职工自营经济工作。全市国有林场在职职工共677人，总户数391户，年内职工参加自营经济的人数达430人，占职工总数的63.5%，参加户数达271户，占总户数的69.3%。超过自治区下达的40%以上的责任目标。1997年职工自营经济收入92.8万元，纯收入59.3万元，年人均纯收入达1380元。职工经济收入初见效益。

(蒋湘宁)

【森林防火】 1997年，柳州市全面落实森林防火工作行政首长负责制，市、县(郊区)、乡(镇)、场、村层层签订森林防火责任状，领导成员交纳风险抵押金。首次把城区森林防火纳入市森林防火指挥部责任范围，增补了市园林局领导为市指挥部成员。9月19日的指挥部成员(扩大)会，讨论通过《柳州市关于进一步加强森林防火工作的决定》。该决定对森林防火的组织机构及性质和人员编制、资金投入、基础设施建设、森林消防队建设和奖惩等问题作了明确的规定。

森林防火宣传 柳州市委宣传部和市森林防指挥部4月2日首次联合召开森林防火宣传会议，开展“森林防火宣传周”活动。指挥长梁裕宁副市长发表了森林防火工作电视讲话，柳州人民广播电台、电视台和报刊都进行了为期一周的森林防火宣传。

4月9日至11日，市政协副主席盛大新、梁溪、梅煊参加市政协经科委视察组，对市两县一郊的森林防火工作进行视察；5月21日至22日柳州市政协常委会，通过向柳州市政府提交的关于加强该市森林防火工程的建议案。

消防基础设施及专业队建设 全年全市投入森林防火资金114.85万元，其中市级投资22.4万元，两县投资28万元，乡(镇)级投资64.45万元，各地加强森林防火基础设施建设，到年底柳州市有防火林带172.6公里，防火线308.5公里，了望台17座，对讲机中转台4座、对讲机348部、风力灭火机195台、二号工具2078把，运输卡车3辆，指挥车18辆，宣传车3辆，基本达到自治区规定的要求。1997年，全市有县级森林消防专业队3个共83人，其中柳江县1个28人，柳城县2个55人，国有林场森林消防专业队2个。全市各乡(镇)和其余国有林场均成立半专业的森林消防队。8月份，自治区专业森林消防队评比时，柳江县专业队获合格一类队，柳城县获合格二类队。

森林火灾 1997年，柳州市仅发生一般森林火灾1起，受害森林面积1.7公顷，烧毁幼树4.16万株，损失折款1.87万元，森林受害率为0.024‰，与上年相比，一般火灾下降96.1%，受害森林面积下降99.7%。

(黎继才)

【森林病虫害防治】 1997年，柳州市发生森林病虫害566.7公顷，占森林面积(含新造林面积)0.58%，均为马尾松毛虫害。累计预防和除治森林病虫害作业面积2463.9公顷，实际防治面积(不含重复防治、预防面积)为403.2公顷，防治率为71.2%；设置森林病虫情调查、观测点53个，监测覆盖林地面积9.51万公顷，监测覆盖率为98%；森林病虫害严重成灾面积为51.8公顷，严重成灾率为

0.05%；进行苗木产地检疫783.92万株，检疫率为100%；完成调运检疫，林木种子31公斤，木材3.5万立方米，竹材7.9万根，胶合板4.6万张，木衣架79万只。木材调运检疫率为97.8%。全年签发区内外森林植疫检疫合格证3067份。

1997年，柳州市将柳江县和郊区列为自治区"九五"期间马尾松毛虫综合治理技术推广县。两县(区)综防推广涉及林地面积6.91万公顷。其中马尾松林4.23万公顷。经综合治理后的马尾松林区，要求马尾松毛虫严重成灾率控制在0.5%以内。为保证此项目顺利实施和任务完成，10月份，柳州市林业局和柳江县林业局分别举办了两期"马尾松毛虫综合治理"技术培训班，受训人员80多人，使项目实施队伍的技术得到保证。此项目年内先后完成"项目领导小组组建"、"项目实施方案编制"、"马尾松毛虫发生类型划分"，300公顷马尾松毛虫常灾区松纯林改造、开展封山育林和保护天敌4.73万公顷等工作。

年内，柳州市林业局分别与区林业厅、郊区、柳江、柳城县林业局签订了"九五"期间森林病虫害防治目标管理责任状。

全市投入森林病虫害预测预报、防治、森林植物检疫等费用21.16万元；施用生物农药白僵菌粉7吨，敌杀死粉剂和仿生农药灭幼脲13.1吨。

(潘济华)

【林业科研、技术推广】 1997年夏秋两季，柳州市林木组培研究中心从金秀县引进罗汉松百年古树425棵，进行高海拔(海拔为1750—1900米)移冠到低海拔(海拔为102米)制作罗汉松盆景试验。试验做法是：将古树老枝顶条群切干，用ABT生根粉稀释液处理切口(促进切口发出不定根)，上盆后用生长激素喷淋枝条，长叶前要保持枝条湿润(促进枝条腋芽长叶长新枝)。上盆株数共计350株，成活率为75%，年长新枝长度为5厘米。此外，该组培中心将一盆培育的罗汉松盆景，参加"第三届全国盆景石玩大奖赛"展出获二等奖。

年内，该林木组培中心引进巴西良种高产木茹苗进行组织培养的繁殖试验。巴西良种高产木茹单株产茹量为15—17公斤，比本地木茹单株产茹量2—3公斤增产4—6倍。组培繁殖试验结果是，培养皿内的木茹器官已经进行组织分化，发根长叶，形成完整的植株，即组培试验获得成功。

花卉是一项很有发展前景的产业。年内，柳州市林木组培研究中心的科技人员进行花卉市场的考察，筛选出发展潜力很大的几个阳性花卉品种，如蝴蝶兰、彩色马蹄莲、观叶菠萝等；荫生花卉品种如绿巨人、切花香石竹(德国荷兰种)、红宝石、巴西铁、筒凤梨、龟背竹等进行组培栽植。花卉的生产规模，由小型生产逐步过渡到上规模的花卉生产。

车桑子种子培植试验 1997年，柳州市林业技术推广站和林木种苗站，将从云南省开远市引进萌蘖力强的纸浆材和薪炭材树种车桑子种子16公斤，在市辖的两县一郊内营造试验林8块，面积累计为13公顷。车桑子试验林在柳州的表现情况来看，点播造林宜在3月前后进行，种子发芽阶段为20—25天，月均高生长为11.4厘米，粗生长为0.13厘米，移栽苗月均高生长为10.7厘米，粗生长为0.13厘米。试验表明，车桑子造林方法宜采用种子点播造林法，造林地的选择以土质疏松含水量高的微酸性或微碱性阳坡地段为宜，幼林地的管护要坚持实行封山育林，不让闲人牲畜入内踩踏破坏幼树；如果在林地内间作农作物，则林木长势旺盛，可以促进林份提早郁闭成林。

年内，市林业局先后派出18名工程技术人员送科技上山下乡，全年共计226人(次)，培训各类技术人员764人(次)，印发科技资料919份。传授的技术内容主要有：飞播导航技术、飞播造林规划的制订、采收相思树种的方法、食用笋竹抚育技术、竹苗病虫害的防治、龙眼、柚子、枇杷的田间管理及丰产技术、松毛虫情调查及防治、绿化达标的自检方法、生态农村沼气施工技术、森林火灾扑救技术等10余种农村群众急需求学的技术，广受群众欢迎。

(陈锦波)

【农村能源建设】 1997年，自治区财政下达给柳州市农村能源建设经费12万元，市财政下达支农资金5万元用于农村能源建设。10月份柳州市财政追加农村能源经费40万元，柳江、柳城两县各拿20万元配套资金，完成新建沼气池800座。年内全市共组织举办沼气、省柴灶技术培训班8期，共培训农民技术员723人次。完成推广沼气池804座，完成推广省柴灶6525户，推广"四窑四坊"改燃节柴93处。全市推广沼气池、省柴灶等节能技术年节柴量约为7500吨。年内，柳州市政府组织市计委、市财政局、市卫生局、市林业局、市扶贫办等有关部门对新建的800座沼气池进行验收，获得通过。

(覃日成)

乡镇企业

【概况】 1997年，全市乡镇企业1.34万家，从业人员9.38万人，固定资产原值20.13亿元，全年完成营业收入70.75亿元，比上年增长45.38%；增加值15.74亿元，比上年增长55.67%；乡镇企业总产值55.74亿元，比上年增长31.69%；乡办工业产值27.02亿元，比上年增长13.64%；实现税利总额4.26亿元，比上年增长52.84%。其他各项经济指标完成较好：百元营业收入创实交税金2.31元，排全区各地市第二名；人均创营业收入7.55万元、创增加值1.68万元、创税利4544元和实交税金1745元；百元固定资产创营业收入352元、创增加值78.23元、创税利21.17元。全市乡镇企业总产值占农村社会总产值的66.56%，比上年增加6个百分点。乡镇企业从业人员占全市农村总劳动力的13.43%，比上年增加5个百分点。安排县郊富余劳动力就业人数7.44万人，比上年增加4.9万人。全年支付职工工资4.82

亿元，比上年增加1.2倍。县郊农民人均纯收入中的21.51%来自乡镇企业，比上年增加9个百分点。全市乡村集体企业亏损273家，占全市乡村集体企业总数的31.13%，亏损金额5670万元，与去年相比，亏损企业减少52家，减幅为16%，减亏金额906万元，减亏幅度达13.78%。全市还有198个行政村（街）没有兴办村办企业，比上年减少13个。但是，总的形势是乡村集体企业各项主要经济指标完成较好，经济效益开始好转，实力有所增强。全市乡镇企业用于支农、补农和农村各项事业资金477万元，其中，集体企业353万元，私有企业124万元。柳州市人民政府获自治区1997年发展乡镇企业先进市，柳州市乡镇企业管理局获自治区1997年先进乡镇企业管理部门称号。

【县郊乡镇企业保持高速发展势头】 1997年，全市两县一郊乡镇企业收入同超10亿元，各项经济指标再创新高。营业收入：市郊区35.72亿元，柳江县20.52亿元，柳城县14.51亿元，比上年分别增长15.09%、84.70%和122.48%；增加值：市郊区6.45亿元，柳江县5.79亿元，柳城县3.50亿元，比上年分别增长21.53%、74.94%和134.39%；乡办工业产值：市郊区12.25亿元，柳江县7.48亿元，柳城县7.28亿元，比上年分别增长1.07%、28.75%和24.69%；实现税利：市郊区2.26亿元，柳江县1.15亿元，柳城县0.85亿元，比上年分别增长11.10%、233.36%和108.20%；固定资产原值：市郊区11.59亿元，柳江县5.52亿元，柳城县3.03亿元，比上年分别增长62.19%、28.30%和94.20%；乡镇企业总产值占当地农村社会总产值比重：市郊区87.41%，柳江县56.49%，柳城县54.03%，比上年分别增长2个、8.6个和16.4个百分点；乡镇企业从业人员占农村劳动力总数的比重：市郊区35.96%，柳江县14.48%，柳城县9.28%，分别比上年增长—2.7个、8.4个、2.9个百分点；安排农村富余劳动力就业人数：市郊区2.10万人，柳江县3.39万人，柳城县3.03万人，分别比上年增长42.88%、279.14%和202.52%；全年支付职工工资：市郊区1.61亿元，柳江县1.63亿元，柳城县1.58亿元，比上年分别增长21.49%、267.13%和273.46%。农民人均纯收入中来自乡镇企业部分比重：市郊区58.69%，柳江县15.27%，柳城县17.54%，分别比上年增加1.9个、10个和11个百分点；乡镇企业用于支农、建农和发展农村各项事业资金：市郊区13万元，柳江县123万元，柳城县341万元，特别值得一提的，私有企业的支农、建农资金支出占全市乡镇企业总数的26%，其中，柳江县为21.81%，柳城县为4.19%。

【乡村集体企业经济效益趋好】 1997年，全市乡村集体企业877家，从业人员5.43万人，全年完成营业收入37.62亿元，增加值9.02亿元，实现税利1.39亿元，固定资产原值16.02亿元，分别占全市乡镇企业同类指标总数的53.18%、57.30%、32.64%和79.58%。与去年相比，全市乡村集体企业增加7.61%，从业人员增加42.16%，营业收入增长22.68%，增加值增长40.88%，实现税利增长61.15%，固定资产原值增长50%。在实现税利中，全市乡村集体企业实交税金0.82亿元，比去年增长2.81%；净利润0.57亿元，比去年增长812.38%。全市两县一郊乡村集体企业发展很不平衡，其中，市郊区集体企业452家，从业人员2.09万人，比去年减少62家，从业人员减少1914人，全年完成营业收入18.82亿元，增加值3.87亿元，实交税金0.43亿元，净利润0.09亿元，固定资产原值10.39亿元，分别比去年增长3.15%、27.02%、—14.56%、463.28%和63.53%；柳江县乡村集体企业178家，从业人员1.43万人，比去年增加76家，从业人员增加7537人，全年完成营业收入9.78亿元，增加值2.83亿元，实交税金0.17亿元，净利润0.17亿元，固定资产原值3.38亿元，比去年分别增长42.56%、36.25%、34.3%、330.41%和15.4%；柳城县乡村集体企业247家，从业人员1.9万人，比去年增加48家，从业人员增加1.05万人，全年完成营业收入9.03亿元，增加值2.32亿元，实交税金0.22亿元，净利润0.3亿元，固定资产原值2.25亿元，分别比去年增长62.19%、81.49%、30.99%、87.89%和61.05%。全市乡村集体企业的经济效益开始好转，实力增强，全年投入支农、建农和农村各项事业的资金高达353万元，其中，市郊区13万元，柳江县19万元，柳城县321万元，为当地农村的各项建设事业做出了贡献。

【深入进行企业改革】 1997年，柳州市制定《柳州市中小企业股份合作制改组暂行办法》，把乡镇企业深化改革的工作纳入全市的统一部署，分类指导，定期汇报，责任到人的规范管理中。年内，全市乡镇企业完成80家乡村集体所有制企业改为股份合作制企业。到1997年底，全市乡镇企业有443家集体企业进行改革、改制、改组，占全市乡村集体企业总数的50.51%，比上年增加274家，增幅1.62倍。在这批企业中，市郊区有184家，占郊区乡村集体企业总数的40.71%，比上年增加107家，增幅1.39倍；柳江县有168家，占柳江县乡村集体总数的94.38%，比上年增加92家，增幅1.21倍；柳城县有91家，占本县乡村集体企业总数的36.84%，比上年增加75家，增幅4.69倍。企业改革、改制、改组的主要做法：一是广泛宣传、认真学习、提高认识深化企业改革，推动股份合作制的重要意义，它是调动企业职工积极性，挖掘现有企业潜力，增强市场竞争能力的有力举措，是当前乡镇企业最大的经济增长点之一；二是健全机构，加强领导，柳州市乡镇企业管理局成立柳州市乡镇企业改革领导小组，两县一郊乡镇企业管理局成立相应的机构，落实具体人员抓好这项工作。三是深入基层，调查研究，制定切实可行的企业改革意见和实施方案，柳州市乡镇企业管理局下发了《关于加快乡镇企业改革步伐的通知》，使全市乡镇企业改革工作沿着有计划、有步骤、积极稳妥地向深层次方向健康发展；四是抓好改革企业的规范化运作，及时组织企业进行清产核资、资产评估、产权界定等工作，成立柳州市乡镇企业资产评估事务所专司此职，使改革企业建立起规范化的新机制。但是，两县一郊乡镇企业改革的发展不平衡，速度、深度不一，其成效差距较大；改革企业的规范化运作滞后，阻碍了企业的发展。

【乡镇企业科技进步工作有成效】 1997 年，全市乡镇企业继续组织实施“十百千万”星火工程，完成一批市场前景好，产品质量过硬、科技含量高的冶金、机械、汽车配件、食品等行业方面的新项目（产品），全市乡镇企业全年完成和开发新产品、技改项目 20 项，新增投资 0.75 亿元，这些项目的建成投产，成为乡镇企业经济的新增长点。全市现有乡镇企业科技型企业（集团）21 家，完成营业收入 4.68 亿元，总产值 4.53 亿元，实现税利 0.13 亿元，分别比上年下降 11.22%、下降 8.69%和增长 44.27%；实现人均创营业收入 11.75 万元、创产值 11.38 万元、创税利 3254 元。

【乡镇企业管理机构改革】 1997 年，乡镇企业管理机构的改革工作，明确稳定全市乡（镇）以上各级乡镇企业管理机构，并实行定编制、定人员和定经费来源的三定方案，把各级乡镇企业管理机构纳入政府序列的正规化管理体制。全市现有乡（镇）以上各级乡镇企业管理机构 41 个，其中，行政性质的 4 个，事业性质的 37 个；核定编制人员 164 人，其中，行政编制 74 人，事业编制 90 人；实际在册人数 275 人，其中，行政 86 人，事业 77 人，其他的 115 人。通过“三定”工作，全市乡镇企业系统解决 89 人的编制问题，其中 90%以上是乡（镇）企业办公室的编制，同时根据机构改革要求，划清管理职能，健全各项管理制度，全市乡镇企业管理机构特别是乡（镇）企业办公室力量得到进一步加强。

（黄其明）

1997 年柳州市乡镇企业基本情况

项目		一产	二产		三产				总计
		农业企业	工业企业	施工企业	交通运输企业	商品流通企业	旅游饮食服务企业	其他企业	
企业个数（个）	合计	46	2528	73	2751	5116	2816	59	13389
	集体企业	46	702	15	7	95	10	2	877
	构成（%）	0.34	5.24	0.11	0.05	0.71	0.08	0.02	6.55
	私有企业	—	1826	58	2744	5021	2806	57	12512
	构成（%）	—	13.64	0.43	20.49	37.50	20.96	0.43	93.45
企业人数（人）	合计	11402	46158	2784	8724	13671	10501	537	93777
	集体企业	11402	36926	1434	1412	2285	648	143	54250
	构成（%）	12.16	39.38	1.53	1.50	2.44	0.69	0.15	57.85
	私有企业	—	9232	1350	7312	11386	9853	394	39527
	构成（%）	—	9.84	1.44	7.80	12.14	10.51	0.42	42.15
营业收入（万元）	合计	28917	314470	15489	89840	215158	38804	4830	707508
	集体企业	28917	248984	8656	9735	78526	1169	239	376226
	构成（%）	4.09	35.19	1.22	1.38	11.10	0.17	0.03	53.18
	私有企业	—	65486	6833	80105	136632	37635	4591	331282
	构成（%）	—	9.26	0.96	11.32	19.31	5.32	0.65	46.82
总产值（万元）	合计	27553	348758	16977	86454	77643	—	—	557385
	集体企业	27553	282181	9737	9598	15735	—	—	344804
	构成（%）	4.94	50.63	1.75	1.72	2.82	—	—	61.86
	私有企业	—	66577	7240	76856	61908	—	—	212581
	构成（%）	—	11.94	1.30	13.79	11.11	—	—	38.14
增加值（万元）	合计	6931	92211	3939	21109	24866	7640	738	157434
	集体企业	6931	73888	2093	2242	4408	536	107	90205
	构成（%）	4.41	46.93	1.33	1.42	2.80	0.34	0.07	57.30
	私有企业	—	18323	1846	18867	20458	7104	631	67229
	构成（%）	—	11.64	1.17	11.98	13.00	4.51	0.40	42.70

农业机械化

【概况】 1997年,柳州市农机局全年农机生产经营服务总值2.89亿元,比上年增长12.08%;其中,农业机械总作业值2.51亿元,比上年增长16.96%;农机经营服务总额0.17亿元,比上年减少22.5%;农业供应销售总额0.21亿元,比上年减少1.4%;由于企业内部严格控制非生产性开支,降低费用,减亏0.58万元。

农业机械拥有量持续增长 1997年,全市农业机械原值1.8亿元,比上年增长17.6%;农业机械总动力39.18%万千瓦,比上年增长6%;农用拖拉机8642台,比上年增长8.2%;其中,大中型拖拉机692台,比上年增长3.9%;小型拖拉机7950台,比上年增长9.17%;农业动力机1.53万台,比上年增长0.24%;农田排灌机械6446台、5.33万千瓦,分别比上年增长2.31%和1.73%;农副产品畜牧机械5.50万千瓦,农用载重汽车1209辆、11.25万千瓦,分别与上年持平和增长1.5%;农用运输车596辆、1.89万千瓦,分别比上年增长32.4%和27.8%;大中型拖拉机机引农具928台,比上年增长6.4%;配套比为1∶1.34,小型拖拉机机引配套农具3404台,配套比为1∶0.95。

农机作业水平提高 1997年,农机部门积极推行农机作业目标管理责任合同制,市、县、乡机手层层签订农机作业责任状,明确农机作业任务及双方责任。认真组织各种形式的农机作业服务队(组)把分散经营的农机组织起来,为无机户服务。春耕、双抢期间,组织农机人员2193人次深入生产第一线,抢修农机具6968台次,投入农业生产拖拉机6151台,占拥有量87%,实际下田作业拖拉机2789台,占拥有量40%,全市机耕面积3.52万公顷,比上年增长0.28%;占现有耕地面积34.4%,机犁机耙面积6.38万公顷,比上年增长5%;机械植保面积1406公顷,动力机脱粒面积1.12公顷,比上年增长12%;人力机脱粒面积5.86万公顷,比上年增长55.02%;机械半机械脱粒面积占水稻种植面积98%,农机运输作业量1.54亿吨公里,农机排灌面积0.65万公顷。

【农机推广】 1997年,柳州市农机部门在柳江县六道村和柳城县沙埔镇各建一个水稻工厂化育秧基地,年内推广工厂化育秧面积1.3万亩,7月经市科委组织专家验收,平均亩产稻谷513.4公斤,比常规育秧增产65.4公斤。9月18日,农业部农机化司、自治区农机化管理局领导考察柳州市工厂化育秧情况,对柳州市工厂化育秧推广模式给充分肯定。12月16～17日,农业部农机推广总站站长来柳州市考察工厂化育秧情况,四川、湖北、北海、南宁等省市农机局组织有关人员,也先后来柳参观考察。水稻工厂化育秧试验示范项目于1997年12月31日,通过市科委组织的科技成果鉴定。

市农机局从兴安县引进两台小型水稻化肥深施机具,在柳江县成团乡进行100亩水田机械化肥深施,并将该机具作了部分改进,把犁耕机械化肥深施改为耙耕化肥深施,既达到化肥深施的技术要求,又适合郊、县广大农民的耕作习惯。年内推广水稻机械、半机械化肥深施面积1.02万公顷,有效的提高化肥利用率,取得增产、节本增效的良好效果。市农机局与柳城县农机局在柳城沙埔镇联合举办水稻生产机械化现场演示会,表演机具有水田耕作机械、水稻抛秧机、化肥深施机、水稻收割机、机动打谷机等12种机型,市、县、乡、村的有关领导、农机人员和农民等500多人观看演示。

推广先进农机现场演示　　柳江县农机局供稿

【推广淡水养殖机械化技术】 1997年,市农机推广站继续推广淡水养殖机械化技术,推广鱼塘增氧机62台,新增装机容量178千瓦,新增示范面积478亩。柳城县农机局参与县推广良种良法栽培技术,实行蔗糖价挂钩的产业化生产"150111工程",建立"糖厂+农机服务中心+农户"的产、销服务体系,该局购置大型拖拉机4台,与乡镇农户合资购置上海50拖拉机20台,县农机服务中心负责与各乡镇蔗农签订种植合同,乡镇农机站组织机耕服务队开赴蔗区,实行统一管理,统一调配,统一收费,全年甘蔗深耕深松面积3147公顷。

【送教下乡】 1997年,市、县农机学校因生源减少,市农机学校及时采取措施,率先下浮培训费用50%,柳城、柳江县农机校在各乡镇农机站设报名点,深入乡村办学,全年培训各类农机技术人员1672人。其中,中拖驾驶员246人,小拖驾驶员397人,汽车驾驶员941人,其他技术人员88人,年培训收入192万元。5月份起,全市开展"送教下乡、千万机手培训活动",市、县农机局成立“送教下乡”领导小组，与农机站密切配合，深入乡、村、屯，组织机手学习道路安全行驶知识，田间作业安全操作知识、机械化肥深施、地膜覆盖、节水灌溉等技术，年内送教下乡培训机手36期，培训人数4239人。

【农机安全监理】 1997年，柳州市农机安全监理工作围绕“抓住一条主线、强化二个力度、抓好三个建设”的工作思路，狠抓《广西农机安全监督管理办法》的宣传贯彻。8月21日，以市政府名义召开宣传贯彻《办法》的会议，梁裕宁副市长参加会议并讲话。还利用广播、宣传车、横幅标语、墙报等形式进行广泛宣传。使《办法》深入人心。同时开展农机安全生产大检查，消除事故隐患，一年来无重大死亡事故发生，完成拖拉机年检4197台，完成任务的100.5%，其中，市郊年检拖拉机1085台，完成任务的100.7%，柳江县年检拖拉机1399台，完成任务的100.5%，柳城县年检拖拉机1710台，完成任务的100.2%，拖拉机驾驶员年审4176人，完成任务的100%。

【农机维修行业管理】 1997年，市、县农机部门从4月中旬开始，分别对所管辖的农机维修网点进行清理整顿，农机管理部门成立农机修理工考核领导小组，对维修点、修理工进行审定、考核，工商管理部门核发执照。年内，全市审定农机维修点93个，考核修理工人114人。

（市农机局编写组）

农业区划

【农业资源经济信息动态监测】

水稻与糖料蔗调查 1997年3月，柳州市农业区划办为全面地了解水稻与糖料蔗生产的投入产出情况，以及影响其投入产出的制约因素，利用公里网点以柳城县为单位，进行《1996年柳城县水稻与糖料蔗投入产出调查》，对400多户耕地样点农户的水稻、糖料蔗的生产投入、产出进行详细登记。调查结果：水稻的投入产出调查409户耕地样点农户，其中，早稻种植面积1878.2亩，产量734.35吨，按每吨售价1200元计算，产值88.12万元。从播种至收获共投入70.66万元，平均每亩投入376.23元，占产值的80.19%，投入产出比为1：1.25，净产出率为24.7%；晚稻种植面积1318.4亩，产量427.14吨，产值51.26万元，投入47.42万元，平均每亩投入359.74元，占产值的92.53%，投入产出比为1：1.08，净产出率为8.07%；糖料蔗调查403户的耕地样点的农户种植面积3220亩，产量1.5万吨，按每吨进厂原料蔗售价247元计算，产值370.35万元，投入198.31万元，平均每亩投入615.88元，占产值的53.55%，投入产出比为1：1.87，净产出率为86.75%。

耕地资源动态变化，园地现状变化调查 1997年11月进行耕地资源动态变化、园地现状变化情况调查。此项调查共监测两县一郊1038个耕地样点的监测户，涉及36个乡（镇）298个村。调查的结果：1997年增加耕地面积为2.46万亩，其中开荒1.9万亩，废地利用0.12万亩，其它增加0.44万亩；减少耕地面积为1.5万亩。减少原因：一是农村结构调整用地；二是灾害毁地；三是国家建设、集体建设用地；四是私人建房用地，私人建房用地占1997年土地减少面积的0.08%。

【完成农业资源区划课题调研】

农业主导产业布局 根据全国农业资源区划办的要求和自治区农业区划办的部署，1997年，市农业区划办开展柳州市农业主导产业布局及产业化开发和建设方案的编制工作。柳江、柳城两县政府成立了项目课题组，由县区划办和农口各局抽调一名技术人员组成。从1997年5月起下到各乡镇进行外业调查，听取乡（镇）领导对当前、今后农业主导产业（产品）的发展意见，在充分了解县（郊）农业资源和农业产业化现状的基础上，根据选择和布局农业主导产业的五项原则，结合县（郊）的实际情况，经市、县（郊）有关领导、专家的认真讨论，确定全市及两县一郊的农业主导产业，柳江县确定的主导产业：蔗糖、水果、蔬菜、猪禽、渔业。柳城县的主导产业：粮食、蔗糖、水果、养殖的猪、牛、渔业。市郊区的农业主导产业：甜竹笋、蔗糖、水果、蔬菜、渔业。在两县一郊调查的基础上，《柳州市农业主导产业布局与产业化开发建设方案》于1997的12月底完成，市农业主导产业：蔗糖、水果、养殖业的猪、牛、渔业。柳州市农业主导产业布局与产业化开发建设方案制定农业主导产业的发展规划及生产目标：提出实现农业产业化的对策及建议。1997年11月市科委组织专家分别对柳城、柳江县《农业主导产业布局及产业化开发建设方案》课题进行鉴定验收，获得专家们的好评，其中《柳城县农业主导产业布局及产业化开发建设方案》是全区同类研究项目中属领先水平。

农业名特优品种资源名录 《柳州市农业名特优品种资源名录》。柳州市农业名特优品种资源名录是在完成上报自治区农业名特优品种资源的基础上进行的，在全市农口单位全面收集名、特、优品种资源，编成《柳州市农业名特优品种资源名录》，经专家们的初评，选出了粮油类21个、蔬菜类73个、水果类18个、畜牧禽类19个、水产类12个、蔗糖类6个、林业类6个等158个名特优品种及其照片。

【农业区划科技成果应用及获奖情况】 农业综合开发是党中央、国务院为振兴我国农业而采取的一项战略措施。为加强农业资源开发的计划性，提高开发决策的科学性及经济效益，市农业区划办编制的《柳州市农业区域开发总体规划》及《柳州市农业高新技术现状及对策研究》两个课题，经应用后，得到农口有关单位的好评，其中《柳州市农业区域开发总体规划》获1997年柳州市科技进步四等奖、柳州市农业科技成果三等奖，《柳州市农业高新技术现状及对策研究》获柳州市农业科技成果二等奖。

（余锦伟）

建设·环保

综 述

【基础设施状况】 1997年，柳州市全市总面积5283平方公里，市区面积651平方公里，建成区83.93平方公里。总人口175.3万人，市区人口87.54万人。全市拥有城市道路569公里、面积496.28万平方米，人均拥有道路面积6.48平方米(按非农业人口76.6万人计)。全市拥有城市桥梁48座，其中跨越柳江公路桥6座、铁路桥1座、立交桥2座。排水管道429.71公里，排水管道密度5.12公里/平方公里。供水管道长1196公里，全年供水量4.21亿立方米，供水能力149.10万立方米/日(市水厂供水能力67万立方米/日)，市区用水普及率100%。累计燃气用户17.31万户，其中管道煤气3.867万户，液化石油气13.45万户，用气人口58.51万人，气化率达76.38%。全市拥有公共汽车运营线路网164公里，营运车辆493标准台，每万人拥有公共交通车辆6.44标台。公厕150座，粪便无害化处理率达100%。建成区园林绿地面积2741公顷，绿化覆盖率33.69%，人均公共绿地面积6.56平方米。全年建筑竣工面积78万平方米，人均居住面积7.9平方米。

【基建工程建设】 1997年，柳州市基建特点是“工程项目大，竣工项目多，建筑施工任务不饱和”。全年完成建筑施工产值9.5亿元，竣工建筑面积78万平方米，分别比上年减少18%、30%。建筑业坚持以资质管理为核心，实行建筑、安装、装饰装璜企业安全资格认证和建设项目经理注册制；认真执行《广西壮族自治区招投标管理条例》，加强对招投标工作的指导和监督，通过发布招投标信息，全年邀请招投标项目46项、16.5万平方米，比上年增长16%；抓好工程质量管理，建立第一个创无质量通病住宅工程试点小区(汽运公司6栋住宅)，继续推行建设监理制度，年内新开监理工程占全年新开工项目的34.6%；加大专项治理力度，开展建设工程项目执法监察，查处违章工程项目27项，处罚金额5.2万元。组织建设系统开展第七次“安全生产周”活动，对施工企业、市政公用事业的生产、交通、防火安全责任制的落实进行检查，减少安全、质量事故的发生。全年建筑工程质量合格率100%、优良率22.6%，建筑施工安全达标率100%、达优率79%，安全、生产事故控制在市政府下达指标内，比上年下降25%，无房屋倒塌事故和重大安全事故，是建设系统历史上发生生产死亡事故最少的一年，在全国建筑施工安全大检查中获建设部肯定。

【重点工程建设】 1997年柳州市重点工程22项，其中工业技改4项、公建和商业建设7项，城市基础设施建设11项。工作中加强协调服务，注意抓好两个环节，一抓资金落实，二认真执行招投标管理。年内东风商场、汽车交易市场、飞鹅市场改造(一期)落成开业，柳西水厂扩建、鹿山变电站、月山变电站、柳工5立方米轮式装载机车间建成投产，鱼峰商城、银都大厦局部即将竣工，防洪工程、邮电通信指挥中心以及柳江造纸厂等一批工业技改项目进度加快，重点工程全年完成投资3.2亿元，竣工建筑面积11.5万平方米。

【办理城市基础设施实事】 1997年，柳州市政府为民办理10件实事，其中由市建设局承办或协办的有6件，至年底，进展情况：(1)防洪堤开工的河西堤完成堤段主体1838米，崩冲泵站已完工，三中堤护岸完成80%、堤防完成30%，白沙堤二桥至回龙冲堤防及三桥西泵站已开工建设；(2)莲花排水干渠完成主渠道1277米，打通隧洞900多米，完成投资2100万元，计划明年5月底建成莲花泵站；(3)市区二氧化硫排放量削减1万吨的任务超额完成；(4)50套解困房竣工交付使用，100套教师公寓完成定点；(5)东环路拓宽改造二期工程、燎原路拓宽改造(百岩山段)完工交付使用；建成柳长路柳钢段的道路、排水工程；(6)三期煤气工程项目可行性报告获国家计委批复，准备进行初步设计的审查，前期工作完成柳钢焦炉气柜和蟠龙混合气柜的定点。

【市政、公用事业建设】 1997年，市政基础设施建设围绕“拓宽、改造、填平补齐、光亮美化”目标，集中有限资金，完成龙城路文明示范街的建设，五一路的整治，对三中路、跃进路、柳石路、城站路等14条道路车行道、人行道实施修补填平，修整江滨河堤，完善柳邕路、西江路城市出入口人行道建设和绿化美化，对北雀路、中山路、红锋路、鹧鸪江路等7条道路旁渠进行清理疏通、井盖更补。全年完成道路维修面积13.2万平方米，人行道维修7.1万平方米，疏通排水管道12.7万米，清理沙井4322个，全年完成市政设施维护产值2002.96万元。完成十街两桥一广场的光亮工程，全年新装各类款式路灯2425盏，城市路灯灯亮率保持在98%以上。公用事业开展优质服务，确保车通、水通、气通，城市公交全年完成营运里程2220.6万公里，运量1.36亿人次、营运收入7500万元。分别比上年增长13%、-2.3%、15.4%。城市供水完成售水量1.2亿立方米，销售收入5641.7万元，水质综合合格率、管网水压合格率均达国家二级企业标准。城市供气新发展液化石油气8000户，全年销售液化气

5254.5 吨、销售管道煤气 1020.3 万立方米。累计全市用气人口 58.51 万人。加强过桥收费管理,全年完成过桥费总收入 3059 万元。

【第七届建筑工程质量"龙城杯"竞赛】 "龙城杯"是柳州市建设工程(产品)施工质量的市级荣誉奖。1997 年度由市建设局、市建筑业联合会组织开展的第七届建筑工程质量"龙城杯"竞赛评比出:

一、公共建筑、工业建筑系列金杯奖 1 名,柳州市华侨大厦工程(广西建工集团第五建筑工程有限责任公司施工);银杯奖 2 名,广西工学院图书馆工程(柳州市建筑工程总公司施工)、柳州市特种汽车调试车间工程(中国有色金属第十一冶金建设公司施工);铜杯奖 3 名,柳州市体育中心体育场工程(广西建工集团第五建筑工程有限责任公司施工)、柳州市党校图书馆工程(柳州市建筑工程总公司施工)、柳州市纺织工业学校教学楼工程(柳州市第三建筑工程公司施工)。

二、住宅工程系列金杯奖 1 名,广西电力检修公司 15#住宅楼工程(柳州市供电建筑工程公司施工);银杯奖 1 名,柳州市特种汽车厂 10#住宅楼工程(柳州市建筑工程总公司施工);铜杯奖 3 名,柳州市旧城改造拆迁安置住宅 4#楼工程(柳州市联建工程公司施工)、柳州市粮油厂职工住宅 A 栋工程(柳州市建科建筑工程公司)、广西电力检修公司 13#住宅工程(广西建工集团第三建筑工程有限责任公司施工);鼓励奖 3 名,广西电力检修公司 13#住宅工程(广西建工集团第三建筑工程有限责任公司施工)、广西电力检修公司 23#住宅工程(柳州市第二建筑工程公司施工)、柳州市二轻建司 2#住宅楼工程(柳州市二轻建筑工程公司施工)。

【市政公用事业单位开展文明优质服务】 1997 年,柳州市建设系统市政公用事业单位在开展社会服务承诺制的基础上,结合全市"讲文明、树新风"活动,重点抓城市公交、供水、燃气、市政维护、路灯等文明示范窗口的规范服务,公交公司开展"我服务、你监督"的社会"三承诺"和遵守文明服务"八项准则"创文明车号、做先进司机活动。自来水公司向社会公开供水服务承诺七项标准,设置供水服务专用热线电话,加强对供水管网巡漏测漏和维修队伍的管理。煤气公司重点抓好占压煤气管道违章建筑物和安全隐患的查处工作,共查处整改违章建筑占压煤气管道 46 处,为方便用户,简化液化气开户手续,降低送气服务收费标准。市政维护实行巡查制,重点巡视"二点一线"及 24 条主要街道,出现路面破损的,三天内修复,其他道路五天内修复,城市路灯实行严格管理,精心施工,加强路灯维护,明确修复时限,保证城市路灯灯亮率达 98%以上。为加强对建设工作的督促与落实,建设局实行领导巡查制,对市政设施建设和维护、公用事业的运转和行业的社会服务承诺进行定期巡查,确保一方高效运转。 (罗 宁)

勘察设计

【概况】 1997 年,在柳州市范围内(含柳江、柳城县)共有勘察设计单位 47 个,其中甲级 7 个、乙级 8 个(含临时 1 个)、丙级 17 个、丁级 15 个。年末全市勘察设计单位在册职工约有 2888 人,其中工程技术人员占 65.79%,在工程技术人员中高级建筑师 11 人、高级工程师 303 人、建筑师 30 人、工程师 728 人、助理建筑师 34 人、助理工程师 631 人、技术员 163 人。

【建筑勘察、设计】 1997 年,柳州市工程设计方面,完成施工图设计 833 项、投资 12.63 亿元、建筑面积 100.26 万平方米,设计费收入 1698.17 万元。完成城市测量和工程测量面积 108.32 标准平方公里、工程地质勘察进尺 74238 标准米、水文地质进尺 3237 标准米。全年勘察测量费收入 2167.32 万元。

【小城镇商住建筑方案竞赛】 在全区小城镇商住建筑方案设计竞赛活动中,柳州市设计单位参赛项目获三等奖 1 项、佳作奖 1 项、建筑单项奖 2 项、规划单项奖 1 项,具体获奖项目如下:

(1)柳州市建筑设计科研院设计的《鹿寨县雒容镇洛江小区》获三等奖、柳州市规划设计研究院设计的《武鸣县伊岭小区》获佳作奖。

(2)柳州市建筑设计科研院设计的《鹿寨县雒容镇洛江小区》和《北流市民乐镇民乐园区》均获建筑单项奖。

(3)柳州市建筑设计科研院设计的《武鸣县伊岭小区》获规划单项奖。

【注册建筑师执业】 1997 年 1 月 1 日起,自治区民用建筑工程三级(含三级)以上的项目及国家、自治区的重点工程项目,均实行注册建筑师签字制度。到 1997 年底,本市有一级注册建筑师 10 人,二级注册建筑师 66 人。

(高晓萍)

建筑施工

【建筑施工企业】 1997 年柳州市施工企业 91 家,就业人数 9.02 万人。其中中央部属、区属企业 5 家,就业人数 1.93 万人。外来施工队伍 69 家,就业人数 9565 人;其中:广西区外在柳州市的施工队伍 30 家,就业人数 2619 人。资质等级如下:一级企业 12 家,二级企业 24 家,三级企业 27 家,四级企业 6 家。

【工程建设监理】 1997 年柳州市从事监理工作的监理公司共有 17 家,监理人员 400 人;其中:柳州市 11 家监理公司,资质等级如下:甲级 1 家、乙级 5 家、丙级 5 家;柳州铁路局监理公司 1 家;自治区在柳州市的监理公司 4 家:甲级 1 家、乙级 3 家;自治区外在柳州市的监理公司 1 家(甲级)。1997 年监理的工程项目 301 个,面积 149.45 万平方米,监理的工程项目中竣工工程 80 个,竣工面积 25.3 万平方米。

(姚 良)

城市规划和建设

【城市规划编制】 1997年，柳州市规划局完成了《龙怀水库风景区总体规划》，规划面积约1123公顷；完成《柳州市新华书店布点规划》、《柳州市城雕布点规划》两项专项规划；完成香兰片、秦拱片、静兰片、旧机场片四项分区规划，规划面积约1930.3公顷；完成的控制性详细规划有：河西四桥头片控制性详细规划，磨滩片、上游片控制性详细规划，广雅南片控制性详细规划，弯塘路东片控制性详细规划，规划面积约365.58公顷；完成柳州市高等职业技术学校规划、柳州市奇石城规划等修建性详细规划50多项，规划面积约100公顷。市规划设计院与市园林局联合编制的《柳州市江滨公园南岸二期工程规划》荣获1997年度自治区城市详细规划优秀设计一等奖。

【城市规划管理】 1997年，完成五菱汽车有限公司、潭中高架桥、粮食储备仓库、垃圾填埋场、商品房建设等工程项目规划定点293项，核拨用地面积626.45万平方米；审批管线工程159项，总长度13.1万米；审报公房报建429项，建筑面积117.06万平方米；审批私房报建1174项，建筑面积15.7万平方米；查处违章建筑3042起，建筑面积34.3万平方米；发出行政处罚决定书2011份，建筑面积22.4万平方米；申请法院强制执行32户，建筑面积4367.48平方米；自行拆除113户，建筑面积3940.87平方米；改罚款补证446户，建筑面积15.9万平方米；应诉、复议案件23起，处理纠纷及来信来访585人件(次)。

（段　强）

【城市公共交通】 1997年，柳州市公共交通总公司首次扭亏为盈。1997年4月底止，该公司全面实现各线路(市区线、郊区线)无人售票作业，驾监一体化。为加大运力，缓解乘车难问题，购进31辆新型无人售票车，新开由莲花站至火车站的16路、由胜利站至火车站的24路两条线路，利用电脑报站器规范服务。安全行车和文明服务相结合，开展“深化服务，扩大社会监督”活动，公开监督电话：2860834。一年来受乘客来信、来访、来电及新闻媒介表扬2060封(次)，全年未发生责任死亡事故。

经物价管理部门批准，从4月1日起，公共汽车票价由0.60元调整为0.80元；在柳州市的市区主要干道，划定公交车专用车道，提高公共汽车运营效率，使全民提倡的“公交优先”在龙城变为现实。年内在册运营车辆364辆，达468个标准台，线路总长246.56公里。全年运营收入7509万元，为计划的103.38%，比上年增长18.23%；行驶里程2220.61万公里，为计划的106.35%，比上年增长13.02%；百公里收入338.16元，比上年增长4.61%；运客量13591.41万人次，为计划的106.24%，比上年减少2.25%；完好车率97.43%，工作车率95.27%；行车责任事故间隔里程111.03万公里；全员劳动生产率2.94万元。质量、能耗、效益三大系列指标继续保持国家二级企业水平。

门面出租、广告收入、对外承修、物资销售、公交酒店等多种经营收益成为总公司新的经济增长点，经营额448.28万元，比上年增长4.18%，为公交的发展增添活力。

（郭柳红）

【城市供水】 柳州市自来水公司1997年完成供水量1.3亿立方米，售水量1.2亿立方米。完成销售收入5980.22万元，工业增加值2759.86万元。公司1997年资产总值3.86亿元，国有资产增值率为1.01%。水质综合合格率为99.98%，超过国家饮用水卫生标准和国家二级企业标准，达公司历史最高水平。供水水质和服务质量、能源消耗、社会和经济效益三大考核指标均超国家二级企业标准。

狠抓优质服务，开展社会服务承诺活动。推出文明示范窗口3个，7条服务承诺，6条兑现措施，做到办事程序公开，制度上墙，挂牌上岗。强化24小时供水服务热线电话，简化用户用水报装手续，实行报装一条龙服务，全年新增用户4560户，完成直径100毫米以上管道安装14.445公里。加强文明施工，及时修理，1996年管网抢修及时率达100%，管网维修及时率达99.4%，走访用户253户。实行对爆漏的表前管不论产权先维修的新举措，避免了扯皮现象，维护了用户的利益。对全市的小用户由原来每月抄表收费一次，改为每两个月抄表收费一次，方便了用户。

自治区、柳州市重点工程——柳西水厂30万立方米/日扩建工程竣工投产。该工程分二期进行，一期工程于1992年开始实施，设计规模为10万立方米/日；二期工程于1995年开始实施，设计规模为20万立方米/日，包括配水管网和加压站等配套设施。总投资为2.84亿元人民币，其中利用英国政府贷款529万英磅(折人民币7216万元)，贷款总额的35%为赠款，其余65%为出口信贷，还贷期七年。该工程于1996年被列为自治区重点工程，于1997年10月28日一次试水成功，1997年12月18日正式竣工投产。建成的柳西水厂采用了现代较为先进的净水工艺，其主要机械、电气设备、自动控制系统及相关技术均从英国引进。整个水厂的控制由六个就地控制站(LOS)与分别独立的可编控制器(PLC)组成。中心控制室通过数据高速公路(DH＋网络)与六个就地控制站连接，全部采用计算机和闭路电视系统等自动化管理模式。柳西水厂具有抗击类似“7·19”特大洪灾的能力。柳西水厂的建成满足了为柳州市工业发展和群众生活用水需要。

（龙　琳）

【城市燃气】 1997年，柳州市煤气公司固定资产原值7839万元，净值6272万元。全年完成工业产值862万元(90年不变价为576万元)，完成工业增加值732万元。焦炉煤气供气总量为1020万立方米，比上年增长2.1%，每月户均用气量30立方米，12月份起每立方米焦炉煤气售价调整为1.10元。液化石油气销售量为5254吨，比上年增长32.7%；新增液化气用户8000户，比上年增长28%；15千克瓶液化气售价为50元。

管道煤气　1997年，柳州市共有管道煤气供气单位4个，除柳州市煤气公司外，柳州钢铁集团公司、柳州化肥厂、西江造船厂的管道煤气以供应本单位职工用户为主。管道煤气供气总量为1920万立方米。柳州市煤气公司对5.4万立方米煤气柜进行了防腐维护，在广雅路铺设低压煤气管道760米，在东环路铺设中压煤气管道430米。柳州市民用煤气第三期工程可行性研究报告于1997年11月经国家计委批复同意，该工程的国外贷款1380万美元亦经中日两国政府签约生效。

液化石油气　柳州市共有液化石油气储配站14个，液化石油气供应点92个。柳州市煤气公司液化气储配站储气能力为1400立方米，拥有铁路运输槽车15台，总容积为924立方米。由柳州市煤气公司等自治区内8家燃气公司联营的北海铁山港进口液化气储配站，储配能力为5500立方米，实行租赁经营，供气范围由区内扩大到区外。1995年以来，柳州市煤气公司先后在广雅路、北站路、东台路、旧飞机场等居民区，建成4个小区液化气管道供气站，共供气694户。年内，柳州市煤气公司液化气钢瓶检验维修站为用户检修钢瓶1.6万只，比上年增长6.7%。为增加销售，柳州市煤气公司1997年在大桥园艺场、西江路、柳太路建立了3个液化石油气供应点，液化气价格实行随行就市，使液化气销售量有了较大增长。

优质服务　1997年，柳州市煤气公司实行了以“安全供气，优质服务”为宗旨的社会服务承诺。承诺的主要内容有：(一)、管道煤气计划内停气提前24小时通知用户；(二)、及时答复安装管道煤气和管道煤气热水器的申请；(三)、抄表员按时上门抄表准确到位，不以气谋私；(四)、抢险人员24小时值班，接到煤气事故报警后以最快速度到达现场处理；(五)、供应液化气不分节假日天天开门营业，气量气质符合国家规范要求；(六)、实行液化气开户、灶具销售及安装、售气、送气“一条龙”服务，严格按标准收费。同时，设置了煤气事故报警电话“2822119”，服务承诺监督电话“2822294”，受理煤气事故报警及用户投诉。该公司全年进行管道煤气故障抢险维修30余次，上门为用户处理故障3000余次，为用户送气上门1.4万余瓶。

燃气行业管理　1997年，柳州市燃气管理处对上年度燃气企业资质审查中发现的问题，进行检查督促整改，取缔8家无证经营液化气供气点。燃气监察中队共处理纠正违章现象和安全隐患110起，保证安全供气。

（李建中　刘天华）

【市政工程】　柳州市政工程总公司属国家一级企业，有合同制职工1580人，各类专业技术人员268人，中高级职称人员65人，固定资产5116万元，生产施工机械设备410台(套)，总公司辖12个生产施工单位，23个服务、管理职能部门。企业主要经营业务：城市道路、公路、桥涵、机场、堤坝、楼房建筑、大型土石方工程设计与施工，并生产营销水泥，各种规格压力管和排水管，各种预制构件。拥有年产30万立方米的大型采石场。1997年，总公司完成总产值1.08亿元，创总公司完成产值历史之最。其中施工产值6293.98万元，建材工业产值2851.48万元，第三产业完成1403.87万元，实现税利192.81万元。完成工程项目25项。

百岩山路改造　南接燎原路，北到东环路，路经百岩山，开辟西面石山建路，路长686米，设计路面宽50米。砼路面2.24万平方米，沥青路面1000平方米，排水管道长1240米，道路与排水投资款538.69万元，1997年1月5日开工，同年12月8日竣工。竣工验收评定为优良工程。

南柳高速公路　市政工程总公司经招投标中标承担20－2与12－1标段路基工程与阳和立交桥一座，施工工程量为672.36万元。各单项工程经竣工验收均达优良工程。

防洪工程　莲花干渠施工段，长1277米，干渠设计排泻内涝流量48.8立方米/小时，工程预算造价778万元。1996年10月25日开工，1997年9月30日竣工。东环排水干渠，长1190米，投资346万元，1997年2月25日开工，同年12月31日竣工通水。柳江防洪堤，市政工程总公司承担施工的三中段一、二、三级堤1511米，完成砌体2.3万立方米。河西堤长405米，砌体1500立方米。白沙一级堤长151米，砌体1675立方米。

建材工业　投资450万元，建成年产6万立方米的砼予拌站。生产普硅水泥2.48万吨，水泥压力管42.9公里，排水管23.52公里，生产各种构件1.07万立方米，各种规格石料28.1万立方米，预拌砼9037立方米，沥青砼700立方米。各种产品产销两旺。

（罗昌科）

【市政基础设施维护和管理】　1997年，柳州市市政设施维护管理处共完成市政基础设施维护33项，计产值1185万元。其中正常维护14项，专项维护19项。正常维护道路13.13万平方米，疏通下水道12.69万米，清淘砂井4322个。

该处集中力量，对柳州市20条主干渠进行清淤和维护，共清理干渠4.1万米，清出干渠内油桶、塑料桶、编织袋等杂物2.8万立方米，工期两个月，总投资263.6万元。经过疏通后的干渠经受几次大暴雨考验，功能基本正常发挥，柳州市内涝问题明显缓解。

该处结合柳州市配套出台的有关政策，严格破路占道管理。共查处违反市政设施管理规定案件319起；对全市38个马路市场的地段，占道面积重新进行界定和实测实量；配合市城管办对市容进行四次系统性的综合治理，整治期间共查处违章占道经营摊点370个，拆除乱搭乱盖占道摊棚66处，强拆24条主干道上擅自设置的上车台阶，清运各类垃圾100吨。

专项维修柳江桥　1997年3月4日，市政维护管理处派员参加市建委组织的专家桥检小组，对柳江大桥进行全面检查,并进行维修。期间主要维修吊干185根,人行桥加固185处,处理裂缝35条,更换伸缩缝型钢18条,铣刨桥面9016平方米,人工挖凿沥青桥面414平方米,铺筑黑石9380平方米、沥青面层9380平方米,总投资160万元。

改造龙城示范街 市政维护管理处于1997年8月至9月28日按照示范街标准对龙城路进行改造,新改造的龙城路全部安装花岗石共2097米,人行道2.01万平方米全部换铺彩色道板,总投资419万元。

新建柳长路、大同巷排水工程 柳长路排水工程于1996年7月开工,1997年5月竣工,全长950米,总投资168万元;大同巷排水工程1997年4月动工,同年8月竣工,全长490米,总投资140万元。以上排水工程均由市政维护管理处承建。

东环路第二期拓宽改造工程按期竣工 东环路第二期道路、排水改造工程于1996年11月动工,1997年11月按期竣工,拓宽改造路段由4车道改为8车道,全长4.76公里,总投资3980万元。该工程由市政维护管理处和市政总公司共同承建。 (高淑英)

【城市路灯】 1997年,柳州市路灯建设有较大发展,全年新装路灯2425盏,完成路灯建设投资706.5万元,工程验收合格率达100%。其中,8月至10月份,按市政府部署,实施"光亮工程",完成飞鹅路、飞鹅二路、驾鹤路、鱼峰路、龙城路、中心广场、五一路、解放北路、广场路、红峰路、文惠路、文惠桥等路灯新建和改造工程,并新建鱼峰天桥、八一路口三基高杆灯,改造文惠路口、三中路口两基高杆灯,新装和改造其他路灯269基,共计1591盏,自行设计和加工灯型16种,经过改造后的道路照明亮度比原来提高两至四倍。此外,加大路灯维护管理,对灯杆、灯架进行刷漆保养,对一些陈旧的路灯设施进行更换,全年维修路灯7831盏次,完成路灯维护费180万元,全市路灯灯亮率达98%。

(覃丽萍)

【城市园林绿化】 1997年,柳州市园林局下属15个事业单位,其中有6个为自收自支单位,其余为差额补贴单位。有正式职工1223人。市拨园林绿化建设维护费1026万元,其中绿化生产、园林建设和维护费766万元。年内各售票公园游人量548.01万人次,园林系统业务总收入为2598万元。城市园林绿地面积2.47万公顷;绿地率为32.66%;建成区绿化覆盖率33.69%;人均占有公共绿地面积6.59平方米。经自治区"广西园林城市评选小组"检查评比,柳州市于1998年3月荣获首批"广西园林城市"称号。

全民义务植树 1997年,柳州市有692个单位,出动35.03万人次、4511车次参加城镇全民义务植树劳动,种植各种植物127.43万株,铺植草坪15.13万平方米,分别完成年计划的105.5%和162.59%,成活率达90%以上。其中,园林部门所辖的绿地种植81.12万株,铺植草坪3.66万平方米,分别完成年计划的124.76%和114.31%。年内全市共评出义务植树先进单位57个,表扬61个单位,全民义务植树先进个人279名。全市共评出"花园式单位"52个,"绿化美化先进单位"63个。

街道、石山绿化 1997年完成柳石公路、东环路全长13.9公里改建道路的行道树及绿化带种植任务,新增道路绿地面积4.2公顷;对龙城路、友谊路等绿化带及花坛更新改造;确定以西环路、潭中西路、东环路、屏山大道、飞鹅路等10条为绿化养护管理示范路;配合自治区"南珠杯"竞赛检查评比活动,对东环路、柳邕路、飞鹅路、三中路等12条道路园林设施进行维修,共刷白行道树1万多株,维修绿化护栏1700多米,油漆绿化护栏9698米。组织全市43个单位,出动2万余人次完成柳堤全长2750平方米的清淤工作,清除淤泥2.3万余立方米,重新铺草坪2.4万平方米,使受灾后的柳堤绿化面貌得到恢复。石山绿化继续实行承包制。全市石山绿化共种植乔、灌木27.03万株,完成年计划的123.3%。补植、新植石山绿化25座,面积121.33公顷。重点抓好驾鹤山、灯台山、蜡烛山、抬轿山、马鹿山、元宝山、贤乐山等的绿化种植。

苗木、花卉生产及花展 1997年园林系统共培育苗木285.43万株,面积69.2公顷。其中,新育苗200.65万株,面积20.8公顷。1997年园林部门共培育盆花64.76万盆,用于摆展52.85万盆。"七一、迎回归"活动中,举办全市性大型花展,7月1日至10日,在市中心广场、江滨公园(南岸)设两个展区和沿街两线(即由火车南站至柳州军分区,鱼峰转盘至西江宾馆),以及各公园内共展出盆花48万盆(袋),参展单位200余个,设置大小造型约100组。花展评出的优秀造型一等奖5名,二等奖12名,三等奖17名;优秀栽培质量一等奖4名,二等奖11名,三等奖16名;优秀组织奖一等奖2名,二等奖3名,三等奖2名。同时,还在箭盘山奇石园举办了市插花艺术展,参展作者48名,共展出作品108件,评出一等奖1名,二等奖8名,三等奖10名。

园林执法 园林监察处理绿化违章案件3052起,批评教育4881人次,依法追回树木补偿费和占地费13.21万元;全市共削减绿地面积9328.49平方米,其中正常办理征用园林绿地7143.88平方米,违章削减绿地面积2184.61平方米。

创建国家园林城市 1997年8月5日,市委、市政府成立柳州市创建"国家园林城市"指挥部,印发柳州市创建国家园林城市工作方案。其奋斗目标是在1999年基本达到国家园林城市标准,力争2000年以前获得国家园林城市称号。为确保创建国家园林城市的各项指标达标,市委、市政府于11月13日下发柳政办(1997)146号文,发出关于在全市开展"人人种一棵树,植一平方米草"的活动的通知,提出用两年时间在全市各类宜绿空地进行绿化,所需苗木经费原则上由各单位、各城区自行解决。为此,园林局进行基本情况调查,制定实施方案等基础性工作。

石玩市场 1997年,柳州市奇石市场已有售石铺面250余间(含

马鞍山内人防洞 100 多间),地摊200多处,每周除星期一外,奇石爱好者便云集市场,还有不少是国外石商,他们在这里进行石玩交易、品赏和信息交流。现市场已形成产、销、赏、评的大气候,但是市场尚未规范,亦缺乏提供零售者摆卖的可遮阳避雨的棚式市场。

(贯玉英　姚更生)

【环境卫生】 1997年环卫经费拨款1833.612万元,其中正常经费1273.714万元,环卫设施维护费投入6.82万元,基本建设投资553.078万元。环卫职工2251人,其中:国营正式职工1108人、临时工848人、四城区环卫工人295人,清扫面积290万平方米/日,环卫处负责清扫面积230万平方米,日清运垃圾600吨,年清运生产垃圾22.4万吨,筛选垃圾1.4万吨,垃圾无害化处理率达100%,水车冲街68.2万平方米,垃圾中转站17座,中转垃圾量180吨/日,管理公厕150座,清运粪便90吨/日,业务考核分均96.5分。公厕卫生达到"五无四净"标准,城市道路清扫保洁达"六无五净"标准。

环卫设施建设　完成欧阳岭垃圾场扩容的前期准备工作,铺设临时简易道路4条,面积1890平方米,造价33万元。完成立冲沟垃圾场959亩征地,工程初步设计以及引进外资工程的前期工作。

新制卫生箱10个,改制多功能箱10个,大修维修多功能箱共53个,维修垃圾箱137个、果皮箱10个。并配合市文明示范街的建设,在龙城路设置颇具特色的不锈钢果皮箱62个。车辆139辆,三保28台、二保212台次、外修151台次,至移交各城区管理止,车辆合格率90%,设备合格率80%,行程103万公里。

市领导慰问环卫工人　1997年2月4日下午,市领导在供水大厦召开慰问环卫工人迎春座谈会,市四大班子领导参加座谈会,并发给环卫职工40万元的慰问金。

2月7日市委刘知炳书记、市长赵玉林率团第一站来到环卫处,给市环卫职工代表、市劳模、龙城"十佳"美容师拜年。市领导的重视与关怀,环卫工人受到鞭策和鼓舞,纷纷表示,加倍努力工作,为柳州市创建国家级卫生城市作出贡献。

企业化管理　环卫处在机关积极引进市场竞争机制,加强内部建设,实行企业化管理,1997年2月精减28人;6月撤销幼儿园,15名职工全部分流到基层单位安排工作。3月份组建环卫机械修理厂,10月份组建建筑垃圾运输车队,物业管理公司、物资供应公司。编印50多万字的"环境卫生工作规范"文件汇编。

环卫体制改革　1997年8月21日—23日举行移交仪式,市环卫处向四城区移交职工1522人,机动车84辆,公厕150座、垃圾中转站17座、办公场地5处、宿舍区8处,以及果皮箱、消防栓等环卫设施。较好地完成移交工作。

环卫处职能由原来具体的环境卫生清扫保洁、垃圾清运、公厕管理、粪便的清掏清运等转变为:指导、监督、检查、协调、服务宏观管理职能。

由于全市环卫管理体制变化,环卫处固定资产总值3367万元,拨下四城区减少2709万元,其中:柳北环卫所584万元,城中区环卫所507万元,鱼峰所855万元,柳南所763万元,卫生设施类调减124万元,其中:城中所13万元,柳北所31万元,鱼峰所36万元,柳南所44万元。

职工福利待遇　1997年10月1日开始,对工龄满30年,其中从事环卫工作满25年(女职工满20年)的职工,退休时退休费计发比例提高5%;对工龄满30年以上,从事环卫工作满30年(女职工满25年)的职工,退休时退休费比例提高10%。环境卫生津贴标准由现行的每人每天0.6元、0.7元、0.8元分别提高到2元、3元、4元。

环卫工人节　1997年10月26日为广西首届环卫工人节,柳州市政府召开庆祝大会,800多环卫工人参加大会。市委书记刘知炳、市长宋继东等市领导出席了大会。市长宋继东在会上讲了话。

10月28日晚,市环卫处和市歌舞团在市艺术馆联合演出了"美的心灵"文艺庆祝晚会。

(覃秀华)

村镇规划、建设和管理

【村镇规划】 1997年柳州市完成小城镇规划修编3个,分别是柳城县古砦乡龙美集镇、太平镇、沙埔镇上雷开发区。规划修编单位是柳城县建设局规划设计室。

【村镇建设】 重点是完善1996年"7·19"洪灾后水毁农房重建收尾工作。建成钢筋混凝土供水贮水池3个容积为100立方米,供水水塔3座容积为30立方米,完成泵房6座,完成打深水机井3口,铺设安装灾民新村自来水管道长1000多米,建好10蹲位公厕1座。

小城镇基础设施建设。1997年柳州乡镇通过各种渠道筹集资金300多万元投入基础设施建设,主要是完善小城镇的市场、道路、排水设施等。如古砦乡在开发龙美集镇中投入基础设施建设资金达150万元,建好农贸市场一个,面积为2000平方米,已投入使用。在建主排水干渠长300米断面为2米×2米。新建道路垫好路基4800平方米。另外沙埔镇、沙塘镇、太阳村镇、穿山镇等均投一定数量的资金搞城镇基础设施建设。

村镇房屋建设。1997年柳州市村镇居民建房有7600户,占总户数的3.68%,竣工面积106万平方米。完成公共建筑面积122万平方米,生产建筑面积1.13万平方米。

【村镇管理】 1997年11月,经自治区民政厅批准,柳江县里高乡、洛满乡、成团乡完成撤乡建镇任务,正式成为镇政府建制,至此,柳州市的建制镇总数达18个,占全市乡(镇)总数的49%。

柳州市两县一郊选送10人参加自治区建设厅举办的为期6个月的村镇建设业务培训班学习培训。

(吴斌扬)

水利和地方电力建设

【概况】 柳州市水利水电行业共有机关、企事业单位79个(含两县一郊),1997年末职工总数993人。

水利工程　1997年末,柳州市有水库及各类蓄水工程683处,总库容3.51亿立方米,有效库容2.39亿立方米。其中:水库145座,总库容3.30亿立方米,有效库容2.23亿立方米。水库中,中型水库7座,总库容1.50亿立方米,有效库容1.01亿立方米;小(一)型水库43座,总库容1.35亿立方米,有效库容9194.4万立方米;小(二)型水库95座,总库容4549.9万立方米,有效库容2974万立方米。塘坝、水井、水柜538处,总库容2106.1万立方米,有效库容1642.5万立方米。另有机电排灌工程2361处,2460台,2.84万千瓦;水轮泵站118座,174台。全市水利工程供水量4.90亿立方米。其中,蓄水工程1.79亿立方米,引水工程1.95亿立方米,机电排灌工程1.09亿立方米。分别供给:(1)农业用水4.88亿立方米;(2)城乡生活用水207万立方米。解决人畜饮水困难6735人、3092头牲畜。

电力工程　1997年,柳州市水电系统有发配电设备14处、33台,装机容量3.73万千瓦。其中:水电11处,21台,1.45万千瓦;火电3处,12台,2.28万千瓦。另有在建电站(即大埔水电站)1处,设计装机容量9万千瓦。

基本建设　1997年,柳州市水利水电基本建设完成投资1.62亿元。总投资中:(一)投入农田水利部分1160.89万元。(二)防洪堤基建部分1.44亿元。其中国家预算内投资8000万元,自筹投资5054万元,水利建设基金1367万元。全年完成基本建设实物工程量:土方282万立方米、浆砌石17万立方米,混凝土4.9万立方米;耗用钢材1157吨,水泥2.73万吨,木材777立方米,完成劳动工日778.8万个。

灌溉效益及发电量　1997年,柳州市有效灌溉面积42.40千公顷。其中水田37.35千公顷,水浇地5.05千公顷。旱涝保收34.48千公顷,其中水田30.89千公顷,水浇地3.59千公顷。全市节水灌溉面积9.29千公顷。水利系统电力工业全年发电量1.12亿千瓦时,其中水力发电量7196万千瓦时,火力发电量4035万千瓦时。

水利冬修　1997年,柳州市农村水利冬修完成投资422.98万元,其中:各级政府投资231.12万元;群众投资159.26万元。完成工程量:土石方170.63万立方米;浆砌石4.12万立方米;砼0.33万方,渠道清淤1528公里,渠道防渗48.5公里。维修更新斗闸门186座,维修渠系附属建筑物14座,维修机泵273台/1591千瓦、电泵272台/3939千瓦、水轮泵41台。加固处理病险水库18座。恢复灌溉面积0.07万亩,改善灌溉面积11.05万亩。新增除涝面积0.02万亩。

农村用电　1997年,柳州市有农村用电设备7.58万千瓦,其中农业排灌及生产1.10万千瓦。全年农村用电量4373万千瓦时,其中农业排灌及生产1472万千瓦时。

【柳州市河道管理委员会成立】 为加强柳州市河道管理,保障防洪排涝安全,防治水污染,市人民政府决定成立柳州市河道管理委员会,统一协调河道范围内各职能部门的管理工作。副市长梁裕宁任主任;副主任由副市长黄家仁、市政府副秘书长崔放明、市建委主任莫廷龙、市水电局局长孔庆友组成。管委会下设办公室,由市水政办、公安局水上派出所、市航务管理处、柳州港务监督处、柳州航道管理处、市畜牧水产局渔政站、市矿产办等单位抽派人联合办公。

【防洪工程建设】 柳州市防洪工程包括防洪堤、护岸、排洪闸、排涝泵站、防洪抢险道路、堤防绿化美化等。防洪工程分五个片区(河西、河北、白沙、窑埠、鸡喇),各片区能独立发挥作用,建成一片,保护一片。堤段全长16.62公里,排洪闸、排涝泵站40座,总抽排流量为每秒202.2立方米,可抵御五十年一遇洪水和抽排二十年一遇内涝洪水。1997年防洪工程加速建设,至12月底止,五片防洪区已动工四片。动工堤防5104米,排洪渠道2616米,排涝泵站七座(装机容量1.03万千瓦)。其中河西堤1838米堤体完工;航监泵站、崩冲泵站建成,装机容量430千瓦的机组安装运行成功,两座交通闸安装完毕,从四桥上游到泵冲泵站形成封闭,可发挥防洪排涝效果。完成投资1.44亿元,完成土石方106.17万立方米,浆砌石11.41万立方米,混凝土4.77万立方米。

【龙城市民捐资修建防洪堤】 1997年,柳州市防洪工程牵动着龙城市民的心,到12月底止,全市各单位、团体、各界人士及海外侨胞共为柳州防洪堤工程建设捐款721万元。

【柳江七大桥安装防洪探照灯】 为加强防洪抢险设施建设,柳州市投资130万元,在柳州7座跨江大桥上安装14组、128盏、共128千瓦的防洪探照灯。6月下旬通过验收,设计照明亮度完全符合防洪工作需要。

【莲花干渠贯通排水】 柳州市鸡喇堤莲花排水干渠,全长2299米,其中隧洞工程1296米,已于1997年主汛期前贯通排水。该排涝设施的建设,可使往日一遇暴雨就积水的莲花城、商校、工艺美术学校等区域免遭内涝之灾。

【柳州市河道管理实施办法】 柳州市人民政府以柳政发(1997)36号印发《柳州市河道管理实施办法》。该办法划定本市行政区域内的河道管理范围;对河道的整治、保护、水资源综合利用等作出管理规定,并明确市、县水利电力局为各自行政区域内的河道主管机关。

【竹鹅溪泵站动工】 竹鹅溪汇流面积72.8平方公里,其防洪治涝工程是柳州市防洪工程的主要建设项目之一。竹鹅溪泵站是广西最大的排涝泵站，该泵站占地面积1.72万平方米，装机容量7200千瓦，抽排流量为每秒86立方米。总投资4680.17万元。1997年10月31日，竹鹅溪防洪治涝工程进入围堰截流的最后时刻，人称柳州小浪底的竹鹅溪龙口水流湍急，被担负截流任务的十一冶建公司职工组成的水中人墙驯服，截流成功。溪上游来水改道而行，确保竹鹅溪排涝泵站11月3日如期动工。

【柳州市水政监察队成立】 该部门是柳州市水行政主管部门实施水行政执法的专职队伍。主要职责和任务是依照《中华人民共和国水法》、《中华人民共和国水土保持法》、《中华人民共和国防洪法》及《水行政处罚实施办法》，对全市管理范围内的水资源、河道堤防、水土保持、水工程、水文和防汛管理等进行监察，依法征收水行政性费用。

【水库大坝白蚁防治工作】 1997年4月制定《柳州市2005年前无蚁害堤坝建设规划》，市、县水电局及水库工程有关人员已建立一支堤坝白蚁防治三级联防队伍，自防自治，扎扎实实的按照水利部颁发的“找、标、杀、找、标、灌，找、杀(防)”(三环节八程序)堤坝白蚁防治新技术和标准要求，做到建一处，成一处，巩固一处。两县一郊共有22处中小型水库达到无蚁害建设标准，提前一年完成水电厅下达20处的计划任务。1997年12月11日，《全区水库大坝白蚁防治工作汇报、研讨会》在柳江县召开，与会领导、专家及各地、市代表对柳州市水库大坝白蚁防治工作给予高度评价。

【龙怀水库银鱼移殖成功】 银鱼是我国名贵水产品之一，肉嫩味美，营养丰富，国内市场和出口创汇前景广阔。适宜水库养殖，柳州市龙怀水库于1996年引种，1997年11月17日捕捞发现银鱼。该科研项目《水库移殖太湖新银鱼试验》97年度通过自治区科委鉴定。

(吴秋成　彭紫萍)

测　绘

【完成的主要测绘项目】 1997年，柳州市勘察测绘研究院共完成测绘产值200万元，比上年增长5.2%，其中指令性测绘任务产值127万元。完成主要测绘项目有：全市1：500地形图全面修测76平方公里；全市地下供水管网探测286.22公里；柳州市高架桥、友谊桥(路)勘察测量。

【测绘管理】 柳州市勘察测绘，1997年全面完成各项承包指标，人均每年上交院4.5万元。97年开展测绘产品质量普查工作，结合档案升级管理抓了测绘档案标准化工作。经上级检查，质量良好，顺利通过了甲级测绘资格的审查年检；并授予铜牌。档案管理经区、市验收获国家二级标准。

【测绘科技活动】 1997年，柳州市勘察测绘院又组织计算机室和绘图室人员到区测绘局进行数字化作业培训。计算机室增加586微机4台。用本院设备和示范软件进行了扫描图的矢量化采集练习。

(陈其远)

房地产业

【开发企业】 1997年，柳州市审批新成立房地产公司11家，年末全市共有房地产开发公司122家，职工人数1961人。按性质分：国有企业33家，集体企业28家，股份制企业8家，有限责任制企业31家，合资企业16家，外商独资企业6家。按区域分：柳州市内企业74家，外地在柳的企业25家，中外合资企业17家，外资企业6家。按企业资质等级分：一级公司1家，二级公司2家，三级公司23家，四级公司75家，项目公司21家。有46家房地产开发公司实施商品房建设，3家房地产开发公司建设代建房、拆迁安置房。

【商品房建设】 1997年，柳州市实施商品房建设项目69个，施工面积78.04万平方米，其中住宅施工面积51.93万平方米，占总施工面积66.5%，代建房、拆迁房建筑面积2万平方米。新开工商品房建设面积13.3万平方米，竣工商品房建筑面积27.45万平方米，其中住宅2305套。完成土地开发和商品房建设投资2亿元，其中建安工作量1.74亿元。有5家房地产开发公司建设的5个项目因缺乏资金，或销售不畅等原因停工。

【商品房销(预)售】 柳州市1997年办理预售商品房许可证21个，批准预售商品房面积22.11万平方米，比上年增长40.65%，实际销售商品房13.1万平方米，销售金额1.9亿元，分别比上年下降57%、67%，预售商品房面积4.9万平方米，预售金额0.76亿元，分别比上年下降4%、6%，全年销(预)售收入2.37亿元。空置商品房面积17.97万平方米，其中住宅1914套。另外市政府支持房地产开发，将5万平方米，450套商品房作为高架桥、防洪堤等两项工作的拆迁安置房。

【外商外地投资】 1997年有14家外商、外地房地产开发公司在柳州市实施商品房建设，施工面积21.84万平方米，占总施工面积的30%，鹿山花苑三期、白云三村二期、桂中花苑峨嵋区二期、泰华大厦、中鼎城市花苑、抱石小筑、康达花苑、青帝花苑一期、大南市场、蝴蝶园三期、屏山花苑、国美新村等相继竣工，京港小区、银兴商业城、银龙大厦、蝴蝶园、抱石小筑、宝城花苑、晶远花苑、福柳新都、广雅小苑等已成规模。

【旧城改造】 1997年，实施拆迁工程82项，完成拆迁工程57项，批准拆迁面积30.53万平方米，需动迁2758户，全年完成拆迁房屋22.88万平方米，拆迁2095户；安置被拆迁户1454户，使用安置房

1495套，面积12.16万平方米，总计安置补偿费2.7亿元。其中房地产开发拆迁项目有30个，占全年拆迁工程的36.6%；批准拆迁面积12.38万平方米，占全市批准拆迁面积的40.44%，完成拆迁面积9.79万平方米，占全市完成拆迁面积的42.8%。龙都花苑二期、华丰湾商品房、斜阳商住楼、文惠综合楼、中龙商厦二期、鱼峰山商城二期、丰华商品房、壶城大厦配套工程、飞亚商住楼等旧城改造项目已拆迁完毕，具备了建设条件；斜阳综合楼、飞鹅市场C区、荣兴大厦、黄金湾商厦、罗池综合楼、福东综合楼、文惠综合楼、飞亚商住楼、国泰大厦等旧城改造项目正在实施拆迁。

【住宅小区建设】 1997年建设或续建的住宅小区34个，施工面积46.6万平方米，占全年施工面积的60%，柳州市胜利小区、白云小区、河堤住宅区、鹿山花苑、桂中花苑、红光小区、河西小区、雅儒花苑、蝴蝶园、龙晶花苑、新江小区、宏都新村、中鼎城市花苑、新园小区、京港小区、福柳新都、晶远花园、依山花园、新翔小区、北雀花园、银兴商城、京都花园、抱石小筑、青帝花苑、屏山花苑、广雅小苑、城市中山花苑等已形成小区居住条件，有居民入住，随着小区房屋建设的形成，配套设施也逐步跟上。景江苑、盛庭苑、柳新花苑、银晖花苑、泰石苑等动工建设。其中胜利小区占地26.15公顷，竣工房屋面积28万平方米，住宅93栋，住房共4200套，公共建筑21栋，2万平方米，小区居民2.2万人。

（黄华英）

房产管理

【机构改革】 1997年，柳州市房产管理局深化机构改革，转变职能，理顺关系，内设职能科室由8个精简为6个，党务机构保留党委办公室，增设纪检监察室，行政编制人员由原40名精简为33名，代表政府行使的房产管理职能由直管公房管理向房产行业的社会化管理转变。年内，圆满完成各项经济指标和工作任务，荣获1997年自治区房地产行业先进单位。

【直管公房管理】 1997年，房租收入1490万元，创历史最好水平。5个房管所第一次全部实现当年无欠租。完成房屋维修工作量800多万元，完成直管公房大修94栋，中、小修7063项。房改出售公房614套，建筑面积3.57万平方米，收回售房款1664.22万元。自筹资金建成50套“解困房”并交付使用。

【物业管理】 1997年，物业管理向拓宽服务范围，提高服务质量发展。局属房管所各物业管理公司先后在鑫泰小区兴建绿化带、车库，代收水电费，设立邮政代办所；在屏山小区修砌花圃12座，种植花木280株，改善小区生活环境。为完善物业管理法规，草拟《柳州市物业管理暂行办法》报市人民政府审定。

【房产交易】 1997年，柳州市房产交易所根据业务发展需要设立商品房管理科、抵押评估科、测绘科等科室；成立柳州市房产交易中介中心，把文惠大厦二楼改造装修为交易场地。房产交易所年办理房屋交易2162宗，交易房屋面积18.26万平方米，成交额2.7亿元；办理房屋租赁监证4163件；办理房屋抵押监证440件，抵押金额11.15亿元；为委托单位和个人评估房地产445宗，估价总额10.87亿元，为市财政代收契税744万元。

【产权产籍管理】 1997年，核发房屋产权证7050件(其中公产发证432栋，私产发证1026户，房改私产发证5592套)。

【房屋安全技术鉴定】 为各单位及私房业主进行房屋安全技术鉴定547栋(其中司法性鉴定和房屋安全可靠性鉴定15栋)，建筑面积29.35万平方米。

【江滨公园三期拆迁】 1997年，柳州市房产管理局自筹资金3300多万元，克服时间紧、任务重、资金缺等困难，完成了江滨公园三期拆迁任务，拆除驾鹤路76号——272号(双号)共121个门牌，拆迁房屋建筑面积1.33万平方米，动迁安置住户215户659人，完成“柳州外滩”建设。

（覃倩倩）

住房制度改革

【概况】 1997年，柳州市住房制度改革力度进一步加大，一是职工住房公积金制度进一步完善，全市共有27万名职工参加了公积金储蓄，共缴存住房公积金6233万元；二是公有住房的租金改革继续推进，加速了公房租金向成本租金过渡的进程，全市标准住宅的公有住房租金由上年的1.6元/平方米，调整到2.17元/平方米，使职工家庭平均租金支出占家庭工资收入的比重由上年的7.8%上升到9.3%；三是进一步促进了公有住房的出售，全市按房改政策共出售公有住房98万平方米，收回资金3.75亿元；四是住房资金管理制度化、规范化，1997年，共归集公积金、售房款、个人集资建房款、住房租赁保证金、租金等各项住房资金6.09亿元，其中用于单位建房4.3亿元，新建住房21万平方米，投入经济实用房建设1090万元，建房8栋290套，2.4万平方米，职工居民的住房条件进一步改善。

【推进住房向全产权过渡】 1997年，继续做好职工已购部分产权住房向全产权住房过渡工作，一是加强宣传，主要是在柳州晚报开辟《家荣话房改》专栏，集中一段时间，不间断地宣传补全产权的规定和操作方法，解答职工关心的问题，二是房改、房产、国有资产等部门互相配合协调一致，简化审批程序，加快工作进度。年末，共有90%已购部份产权住房的职工补购了住房全产权。

【房改培训中心大楼竣工】 柳州市房改培训中心大楼位于柳州市中山东路11号，1997年10月1日竣工。大楼共8层，总建筑面积3611平方米，内设办公室、会议室、电教室、房改业务培训室等共38间。市住房制度改革领导小组办公室及其所属的市住房资金管理中心和市经济实用住房发展中心于1997年12月8日搬入大楼办公。

土地管理

【概况】 1997年，柳州市土地管理局完成土地登记发证1645宗，办理土地变更登记手续881宗，土地抵押登记手续281宗；办理郊区各乡、镇宅基地登记发证405宗；建立土地登记卡1.20万宗，对全市土地号进行了重新编制；办理单位受让土地手续58宗，出让土地总面积113公顷；收取土地出让费630.96万元；调处土地纠纷22件，办结18件，立案查处土地违法案件3件；评估土地460宗，面积917.61万平方米，相应土地资产值约40亿元；1997年收取土地使用费235.5万元，对外提供土地档案服务，接待查阅档案2934人次、1.65万卷次。南柳公路、柳石路、防洪堤、欧阳岭垃圾填埋场等市重点建设项目均按期用地，部分国有企业在改制工作中，土地资产得到了妥善处置。土地在市场的流转逐步规范。由于中央11号文件规定“冻结非农业建设项目占用耕地一年”，因此，1997年度全市办理新征建设用地手续6宗，面积4.54万平方米，划拨土地24宗，征地量比往年有较大减少。

【非农业建设用地清查】 1997年，柳州市土地管理局开展非农业建设用地清查工作，包括国家非农业建设项目、城镇居民、乡镇集体企业、农村个人建房和各类开发区的用地进行清查。查是否符合规划、手续是否合法、利用是否充分、有无土地违法交易行为等。清查工作采取用地者自查自纠和工作人员实地核实相结合的办法进行。

共清查用地总数量4.03万宗，面积3893.37公顷，其中，经合法手续批准的用地3.19万宗，占清查总数的79.19%，未批先用的8267宗，占总数的20.51%，非法批地和买卖土地的122宗，占3%。经自治区政府组织检查验收组验收，以1467分优秀成绩通过验收。

【耕地保护、开发】 1997年，市土地局在耕地保护、开发工作上取得了一定进展，主要是：一是指导、协助柳城、柳江县及郊区完成县、乡两级土地利用总体规划编制工作；二是修改、补充、完善了郊区9个乡镇“基本农田保护区分布图”及有关规定；三是完成了“郊区农用土地定级估价”工作中的资料收集、整理、计算及土壤分析化验工作；四是配合市有关单位完成了五个区域的蔬菜基地的开发验收工作，即东泉镇下雷塘基地(459亩)、凤山镇江门江口基地(379亩)、沙塘镇三合基地(342亩)、红星园艺场松泉基地(365亩)、进德镇基地(308亩)。

【清整土地市场】 1997年，市土地局对土地市场进行清理整顿，全市约有6800宗土地属清整对象。市土地局河南、河北地政管理所对擅自出租、转让、抵押划拨土地使用权，改变土地用途的单位或私人用地者开展收取土地受益金工作，累计收取约250万元上缴市财政。

【机构建设】 1997年，柳州市编委核定市土地管理局“三定”方案，确定市土地管理局是市人民政府主管全市土地、城乡地政统一管理的职能部门，内设6个职能科(室)，即办公室、土地规划利用科、地籍管理科、法规宣教科、土地监察科、计划财务科，行政机关核定编制数24名。为进一步强化土地管理，8月，市土地管理局撤销原郊区土地管理所，成立柳州市土地管理局郊区分局，郊区分局作为市土地管理局的派出机构，承担郊区土地管理业务，从10月8日起，在屏山大道333—2号挂牌办公。

(周　龙)

环境保护

【概况】 1997年，柳州市逐步健全环境综合决策机制，把环境保护列入年度和国民经济发展计划并加以实施，继续以控制二氧化硫和酸雨污染为工作重点，全面推行环保目标责任制，依法强化监督管理，积极开展环境污染综合治理、酸雨治理，使柳州市的环境污染基本控制在八十年代末期的水平，柳江河饮用水保护河段继续保持国家地面水环境二类水质标准；大气环境质量有明显的好转，全年削减二氧化硫1.08万吨，大气二氧化硫年日平均浓度值由上年0.194毫克/立方米下降到0.124毫克/平方米，降水PH值4.97，酸雨频率65.1%，氮氧化物、大气总悬浮颗粒物均符合国家大气环境质量二级标准；城市声学环境质量有所改善，其中交通噪声由上年的75.0分贝下降到68.5分贝，已达到国家排放标准，城市噪声由上年的69.5分贝下降到63分贝。

【环境污染防治】 1997年，柳州市工业废水处理率93.5%，工业废水达标率70.3%，工业废气处理率95.6%，工业固体废物综合利用率67.9%，“三废”处理率均高于全国平均水平。完成建设项目审批92项，总投资18.12亿元，其中环保投资1555万元，占总投资0.86%，建设项目环境影响报告书(表)编报率100%，“三同时”执行率96.4%，完成污染治理项目33项，总投资227.8万元，新增废水处理能力1961.5吨/日，废气处理能力3.41亿标立方米/年，废渣处理能力3.60万吨/年。年内限期治理项目20项，限期整改项目16项，由环保局长与单位法人签责任状，如期完成者奖，延期者罚，已奖单位9家，已罚单位2家。

全面贯彻柳州市人民政府《关于加强用煤污染物排放监督管理的通告》，严格控制用煤含流量，禁止使用高硫煤，在用沸腾炉煤含硫不得高于3.5%，其它工业用煤含硫不得高于2.5%，民用和饮食服务行业用煤含硫不得高于1%，新办的饮食服务行业只能使用清洁燃料。在贯彻执行《通告》过程中，对29家型煤加工点和78家企业用煤含硫情况定期或不定期检查112次，对不执行《通告》的单位，限期治理，通报曝光。

继续推行环保目标责任制，成立柳州市环境保护目标责任制领导小组，市政府和43个单位法人代表（包括两县、五城区、六委局和30家企业）签订了责任书，把污染物排放总量控制、污染源治理、交纳排污费等各项指标层层分解到各部门、各单位。

在全市范围内严格执行污染物排放总量控制，禁止在没有容量的地方扩、改及新增二氧化硫排放的项目，在市中心区内一律禁止上燃料锅炉、所有炉、窑、灶只准用清洁燃料，并对57个单位的122个污染源发放二氧化硫排放许可证，对全市电镀行业水污染物发放排污许可证32家。

强化城市环境噪声和饮食油烟污染管理。对建设施工噪声严重的施工队伍进行严抓严管，除收超标排污费外，另规定在一定时间施工，不允许超标严重的施工在夜间进行。加强饮食油烟污染管理工作，对新办的饮食服务行业进行环保项目审批，禁止用煤。

【环境监督管理】 为加强行业的监督管理工作，从1997年8月1日起，市环保局副局长以上领导，从每周星期一至星期五晚上10至12时轮流值班，实行晚上行业巡查制度，对本市夜间施工的建筑噪声、娱乐噪声及各排污单位的偷排现象进行监督巡查，处理夜间发生的污染事故。

继续严格执行国务院[1996]31号文对15类小型企业取缔、关停工作，坚决抵制已取缔、关停企业死灰复燃情况的发生，并严格把关不允许再建15类小企业。

严禁境外污染和“洋垃圾”远嫁市区，严把项目审批关，堵住两家“洋垃圾”进柳州。

全面征收排污费，1997年内，新征收9家单位的排污费，全市共征收超标排污费1800万元，其中二氧化硫排污费387.55万元。调处各类环境污染事故、纠纷14起，污染损失赔偿金额10.59万元。办理各项人大、政协有关环境问题的提案、议案14件，处理群众来信反映的环境问题73件，接待人民群众来访212人次。对拒绝排污申报、拒绝缴纳排污费、不办环保审批手续擅自上建设项目和停止环保设施或环保设施已坏“带病”生产的违法行为实施行政处罚10家，罚款金额8.09万元。如：“引起市民关注的11月21日柳州电厂的“黑雪”污染事故，依据环保法给予柳州电厂罚款3万元的处罚。

【日元贷款项目】 柳州市日元贷款项目已签约的四个子项目是：柳州市民用煤气第三期工程、柳州市立冲沟垃圾卫生填埋场工程、柳州化肥厂硝酸尾气NO_x治理工程、柳州钢铁集团公司焦炉煤气脱硫综合利用工程。1997年12月12日，柳州市财政局作为有关部门指定的柳州市日元贷款项目已签约的四个子项目的借款人，与中国进出口银行签署了CXVIII—P92号贷款协议的转贷协议。随后，柳州市财政局为这四个子项目单位，即市煤气公司、市环卫处、柳化、柳钢签署再转贷协议。由此这四个子项目进入实施阶段。

柳州锌品股份有限公司环境治理搬迁工程，于5月10日至20日在柳州与日本海外经济协力基金东京总部官员签署了备忘录。9月12日中日两国政府签署此项目的贷款协议，贷款额为36.7亿日元。至此，柳州日元贷款项目已签约为59.7亿日元。

【环境监测与科研】 1997年，完成环境质量监测、污染源监督性监测、为八项环境管理制度服务性监测、污染事故及污染纠纷处理等项任务，获监测数据1.5万多个。参加自治区环保局主持的监测项目分析人员持证上岗考核10人、28项次，全部一次性通过，获合格证书。市环保监测站被评为全区环保系统先进集体，获全区环境监测报告评比三等奖。市环保科研所15人参加国家环保局环境影响评价专业技术人员持证上岗培训，全部获合格证书，完成柳州微型汽车厂年产15万辆（即新增10万辆）微型汽车技改项目和柳州锌品股份有限公司环境治理搬迁项目等8个环境影响评价。在区内外推广使用DF系列电镀废水处理剂66.6吨。（覃国琴 白志中）

可发挥防洪排涝效果的河西堤段　　赖柳生摄

国内贸易

综述

【发展概况】 1997年，流通行业广大干部职工，以邓小平理论为指导，认真学习贯彻党的十五大精神，坚持两个文明一起抓，深化流通体制改革，加快第三产业的发展，取得了一定的成效。全市第三产业增加值62.52亿元，比上年增长18.25%，占国内生产总值比重38.2%。

流通行业全年商品总购进41.1亿元，比上年下降11%，其中贸易、供销、粮食、烟草、物资、蔬菜系统分别比上年－23.9%、4.4%、－21.4%、28.4%、－15.2%、－59.7%；商品总销售44.9亿元，比上年下降5.9%，其中贸易、供销、粮食、烟草、物资、蔬菜系统分别比上年－16.6%、1.4%、－18.5%、31.8%、－10.5%、－20.8%；商品零售11.58亿元，比上年下降12.2%，其中贸易、粮食、烟草、蔬菜系统分别比上年－10%、－57.2%、－51.6%、－63.3%；实现税利841.9万元，比上年增长13.6%，其中贸易、烟草、蔬菜系统分别比上年－54.1%、－53.1%、－54.4%，供销系统亏损275万元，物资系统亏损1791万元，粮食系统亏损800万元。全年城乡集贸市场成交额为52亿元，比上年增长7.7%，其中市区集贸市场成交额为46亿元，比上年增长7%；全社会消费品零售总额61.36亿元，比上年增长17.89%。

年末，柳州市流通行业(含贸易、供销、粮食、烟草、物资、蔬菜系统)有62家企业，其中国有企业51家、集体企业11家；在职职工2.28万人，离退休7927人；营业网点680个，比上年减少109人；营业面积44.32万平方米，比上年增加3.2万平方米；仓容面积51.51万平方米。全市个体工商户3.65万户，其中市区2.07万户，与上年持平。从业人员4.24万人，其中市区2.54万人，比上年增长9%。

全市城乡集市贸易市场173个，比上年增加32个，其中市区集市贸易市场115个，比上年增加33个；全市市场面积152.53万平方米，比上年增加23.9%，其中市区市场面积118.7万平方米，比上年增长30.9%，两县一郊市场面积33.83万平方米；按市场经营商品分类，综合集贸市场22个，工业品专业市场42个，农副产品专业批发市场3个，生产资料市场21个，农贸市场82个，生产要素市场3个。

【流通企业改革】 1997年，根据市委、市政府关于“抓大扶强”、“放小搞活”的有关规定，流通行业一是抓好大中型商业企业的资产重建，筹建大企业集团，如组建了柳州市五金交电化工集团有限公司，由市五金交电化工总公司和柳州五金交电化工股份有限公司组成，于1997年3月28日正式挂牌成立；二是做好柳州市食品公司兼并市水产公司的准备工作；三是在抓好市中百集团股份公司和市中糖股份有限公司两个现代企业制度试点的基础上，确定了市百货股份公司和市工贸大厦股份公司为第二批试点单位，并拟定具体实施方案；四是对部分公司实行股份改制工作，如贸易系统的方便食品厂、食品贸易公司、商业机械厂、商业建筑装璜公司，粮食系统的冷冻总厂、粮油食品厂，均实施股份合作制改革；五是对小型企业根据不同情况实行抽资租赁、风险抵押承包、连锁经营等形式进行“放小搞活”改革，如供销系统有77个

1997年柳州市流通行业主要商品销售情况

品种	单位	1997年	97年比上年±%
粮食	吨	109486	－23.8
食用油	吨	6254.2	－0.7
蔬菜	吨	128660	11.9
鲜蛋	百公斤	336	－16
卷烟	箱	311605	2.4
酒	百升	16654	－40
棉布	百米	7138	－23.9
呢绒	百米	448	－52.8
自行车	辆	99485	－53.7
彩色电视机	部	37376	26.2
录像机	部	375	－42.6
电风扇	台	43969	－53
洗衣机	台	29332	－12.9
电冰箱	台	21337	－12.7
汽车	辆	4264	7.08
钢材	吨	33115	－19.14
水泥	吨	2178	－77.69
煤炭	吨	112619	－35.74
化肥	吨	406281	18.89
农药	吨	2242	9.85

零售店实行抽本经营承包，全年共收承包金 403 万元，减少工资等费用开支 400 多万元，企业收回流动资金 477 万元，减少资金投入 800 万元，职工收入有了较大的增长，有效地扭转了零售部门经营不善、长期亏损的局面。

【商业网点建设】 1997 年，市流通办与市计委等有关部门共同评审，下达商业网点设施改造项目 36 项，总投资计划 1.33 亿元，累计完成投资 1.07 亿元，完成计划总投资的 79.7%。商业网点建设重点是抓好东风商城、鱼峰商城、银都大世界等项目的建设。东风商城于国庆节前开张营业，鱼峰商城一期工程 7.5 万平方米的主楼已装修完毕；银都大世界的主楼和裙楼的土建工程已完工，进入了紧张的装修阶段。

【流通报社终结情况】 市《流通报》于 1997 年 10 月被注销登记。为妥善处理该报社的终结事务，市政府决定：(1)成立《流通报》终结处理工作领导小组。(2)由市审计局对流通报社进行事业单位终结审计。(3)流通报社所有债权由领导小组办公室负责审核追回，交市财政。(4)制定人员分流方案。(5)鉴于流通报社的困难现状，同意报纸出最后一版后即停刊。 （韦新民）

国有商业

【概况】 1997 年，柳州市国有商业系统共辖企业 17 个，经营网点 299 个，面积 36.16 万平方米；仓容面积 14.6 万平方米，其中超万平方米零售网点 5 个；职工总人数 1.62 万人(含临时工 3000 人)。全年完成商业营销总额 19 亿元，比上年下降 16.2%；商业增加值 2.23 亿元，比上年下降 9.3%；税金 4745 万元，比上年增 62.1%，商办工业增加值 2430 万元，比上年增 13.2%，工业利税 430.4 万元。

【转机换制取得新的进展】 (1)“抓大扶强，放小搞活”有新的突破。一是由五金站和五交化总公司组成的五交化集团公司于 3 月 28 日正式挂牌成立。东风商场在集团挂牌后于 9 月 27 日得以开业，开始产生效益。二是食品总公司兼并水产公司。三是在继续抓好中百集团和中糖公司两个现代企业制度试点基础上，确定百货股份公司和工贸大厦为第二批试点单位。进行 4 家小企业的改造，其中方便食品厂、食贸公司、商建公司已完成改制工作；商机厂基本完成资产评估，一些先期进行股改的小企业已逐步走上良性发展的正轨。如二饮食品公司改制后 1997 年利润比上年增 157.56%，二服增长 7.07%。五是对各大公司的下属小企业(工业品年销额 1000 万元以下，营业收入 100 万元以下的商品零售企业和饮食服务企业)分别采取股份合作制改造、抽资租赁、风险抵押承包、连锁经营、出售等五种形式进行放小改革。(2)企业经营管理、分配制度改革创出新的路子。食品总公司对经营亏损的鸡场实行“四自一包”(自由组合、自筹资金、自主经营、自负盈亏、包定额上缴)改革，鸡场由亏变盈，解决了公司富余员工的出路问题；医药总公司大力推行职工工资与经济效益挂钩的内部分配制度，体现了效率优先、兼顾公平的原则，极大调动了职工的积极性。服务总公司在理发业中实行计件工资制，对几个大酒楼实行租赁承包，以及百货、工贸等公司实施销售含量工资、柜组承包等改革措施，取得一定成效。(3)减员增效、增资减债、资产重组初见成效。系统各企业通过内退、停薪留职、自谋职业、解除临时工劳动合同等方式促进人员分流。全年系统下岗分流职工 740 人，减债 1.47 亿元。五交化集团共调整腾空 2 万多平方米的仓容，分别以出租、改造、经营等形式增加收入，并将龙城大厦以资抵债形式降低负债率。饮食公司将美达食品厂与麦乳精厂合并，避免重复投资，提高资产利用率，合并后仅在月饼产销中就取得实现利润 60 多万元的佳绩。

【抓管理取得新的成效】 1997 年，柳州市贸易系统狠抓管理工作。(1)落实扭亏增盈目标。一是实行模拟市场核算到班组，及时调整不合理的经营布局，淘汰无效益占用营业面积的柜组；二是实行资金的定额管理，资金使用实行“总经理一支笔”审批制；三是费用管理实行定额包干制；四是制定新的医药费管理办法；五是实行质量承包制，在进货渠道、审批程序、购货合同和检验标准上制订严格的规定。(2)购、销、存及费用管理进一步加强。医药总公司在进货管理上取得较成功的经验：一是坚持统购分销、归口采购，形成批量购进的规模效益；二是坚持购进计划会审制和购销合同分级审批制；三是坚持新品种开发审批制度和销售追踪调查工作，避免重复经营导致占压资金和仓容情况发生，该司仅以 1400 万元的资金做活全年 1.3 亿元的生意。服务总公司狠抓双增双节，提倡自已动手节约费用。一年来，全司各种设备安装、修理、保养费用节约 20 多万元。食品总公司通过加强内部银行管理，统筹安排资金，全年节约财务费用 30 多万元。全系统严格限制各种非经营性的开支，旅差费、业务接待费、交通费、通讯费比上年减少。各企业年内着重抓了有问题商品的处理工作，年末全系统库存比上年减少 8622 万元。各公司还加强清欠工作。中糖公司建立对各种返利、回扣建账和上交处理的制度，并制订应收款与承包兑现挂钩的制度，促进承包人催收欠款的积极性。(3)发展多种经营，扩大业务，开发新的经济增长点。系统各企业在加强内部管理、控制费用的同时，采取各种方式，发展多种经营，开发新的经济增长点：一是盘活资产，变“死”为“活”，发挥存量资产的效益。食品总公司利用五里卡闲置资产开设招待所，对柳北市场进行改造出租，一年增加收入 20 多万元；五交化集团调整库房结构，腾出空房改造、出租，年增加收入 200 多万元；南疆宾馆以资产与港商合资开办桑拿中心，为公司开拓了新的利润增长点。二是在搞好主营业务的同时，开发新业务。服务总公司利用酒楼的辐射作用，在中秋节推出延安酒楼系列月饼，仅此一项就增加几十万元的收入。三是开拓农村市场,在市外设立联销商场。中百、五交化分别在岑溪、百色、宜州、合浦、玉林等地开设连锁店。四是调整经营结构,实施特色经营策略。中糖公司主动与厂家联系,开设五粮液专卖店,使公司的五粮液系列酒销量占广西第一;百货五星商厦通过调整商场经营结构,实行特色经营,销售明显上升,仅1—11月,家电商场增长66.32%,服装增长53.29%。

【搞活经营,巩固市场阵地】 1997年,贸易系统企业增强竞争意识,巩固和发展自己的市场。食品总公司针对个体大力抢占生猪屠宰市场的情况,果断采取措施规范管理,加强服务,减免费用,提高猪皮购价,重新赢回老客户,争取新客户,公司生猪市场占有率为81%以上。中百公司利用自身优势,瞄准个体批发市场,参与白云、柳邕、飞鹅等个体市场的竞争。医药总公司投入大量资金改造大店,扩展连锁小店,努力拓展市场阵地。百货总公司以品牌效应、规模经营为特点在市场竞争中独树一帜,公司加入了全国重点大商场统计信息监督网络,促进经营思路的拓展及新产品的开发。五星商厦增加2000多个商品品种,名优品牌占85%以上,以名牌家电、服装、皮具、儿童用品等为代表的特色商品在市民中形成了良好的口碑,促进了销售。工贸大厦围绕节日开展一系列的促销活动,仅"六一"节两天销售童装和玩具8万元,文化用品增销两倍;南疆饭店由总经理带队外出共揽会议、旅游团体42个,并与20多个单位建立长期友好合作关系;东风商城赶在国庆节前开业,组织3.5万多种商品供应市场,开业头两个月,为公司增加销售2000多万元。

【文明服务活动】 1997年,柳州市贸易系统开展各种形式的"四优一学"文明优质服务、文明窗口示范活动,推出十项服务承诺措施。各企业推出"五心八满意"、"星级服务十满意"、"二十一条龙服务承诺"、"88项服务"、"争最佳创名牌十项服务措施"等服务承诺以及开展啄木鸟服务监督活动,促进行业树新风活动的开展。全年,系统评为辖区、市、自治区级文明单位分别为101个、28个和6个;评为全区"双信"先进单位6个;全国"清柜台"先进单位1个;技能之星1个及职业道德"双十佳"先进单位1个。此外,系统由于狠抓安全管理制度的监督整改落实,全年没有发生重大责任事故和重大火灾。年内,贸易系统先后选送211名企业干部分别到北京中新企业干部管理学院、广西商专和广西商校进行"工商管理"培训班学习;选送14名营业员到自治区参加高级营业员培训班学习。下半年,在全系统推行"服务艺术、技能创新"活动,9个单位推出34个服务艺术、技能项目。组织开展多种"业务技术竞赛"活动,参赛总人数达4977人。在"柳州市流通行业第二届职工岗位技术技能竞赛"中,系统20名选手获优秀选手奖,1名选手获"状元"称号,3个单位获一等奖。南疆宾馆、春柳酒家、柳州宾馆各有一款名菜在全区烹调技术评选活动中评为"广西大众化优秀菜肴"。柳州宾馆、饮食公司各有两款分别评为"广西大众化优良菜点"、"广西大众化优秀风味小吃"品种,显示该系统职工技术、技能水平有了新的进步。

(王　翔)

物资流通

【概况】 1997年,柳州市物资系统完成物资购进总额3.65亿元,完成销售总额3.85亿元,分别下降18%和16%。其中:市机电总公司实现销售1.08亿元,市生产资料服务公司完成6709万元,市有色金属公司完成5825万元,市物资贸易中心完成5823万元,市燃料总公司完成4224万元。销售汽车4264辆,销售钢材3.312万吨,销售煤炭1.13万吨,销售水泥2178吨,全年亏损1719万元。

【物资体制改革】 1997年,市物资局转制为市场物资集团有限责任公司,授权经营物资系统的国有资产,确保国有资产增值保值。集团公司承担授权子公司的有限责任,子公司独立经营,独立核算,承担有限的法人责任。市物资局成立体改领导小组,初步确定12个公司的体改方案。集团公司对所授权的国有资产进行重组、开发、盘活资产,依托金融,通过联营、合股、租赁、兼并、重组等形式,把土地、房屋、设备等充分利用,因地制宜,开发立体种养业、房地产业、服务业等,按照"三个有利于"的原则,放开搞活,完成经营机制的转变。对搞股份合作制的公司,让职工参股;职工人数较多的公司,做好人员合理分流,减少和制止国有资产的流失;对经营管理不善,已经资不抵债的公司,做好职工提前退休、调离、下岗等工作。同时把业务骨干抽出来重新组成脱壳企业,通过集资,交风险金等办法筹集资金开展经营活动,使脱壳企业经营运转正常。为盘活资产,市物资系统着重抓宾馆、仓库等设施的完工和配套工程。6月28日,京都宾馆建成开业。该宾馆引进世界假日集团的酒店管理方式,聘请香港新思达酒店管理公司人员进行管理。月营业额达250万元,成为仅次于柳州宾馆的对外开放宾馆。市物资局仓库,经过修葺、改建,变成集仓储、门面,购销等多种经营,已略有盈利。市金属回收管理公司河北站,经过扩建,兴建了机电闲置设备和旧汽车交易市场、废旧金属收购门市部(出租给个体户)及招待所,集商贸、交易、运输、服务、吃住于一体的多功能的综合性市场。

【加强企业管理】 1997年6月,市物资系统成立内部银行,有利于资金的筹集、计划、控制、调配、分析和考核工作,搞好内部企业的各项结算监督工作,依法合理调集和使用各项资金,努力实现资金的高速运转,提高资金使用效率,增加集团整体效益。年内,为企业担保647万元,融资138万元,每月可调资金400万元,做成生意3000余万元;市机电设备总公司减少部分汽车,实行统一调度使用,汽油统一发票,杜绝公车私用现象;制订《医疗费管理制度》等，对费用的开支有规定、有定额、有考核、有控制，管理费用比上年减少11万元，下降5.5%；市物资贸易中心采取有效措施避免失误现象，制止资金流失，费用水平2%，比上年下降0.68%；市燃料总公司，除了对本市用户划片包干到业务员外，还专门成立业务部开展对外销售，在玉林、广东等地建立稳定的用户，在湖南、徐州等地拓展销售，全年销往外地的煤炭已占总销售额的三分之一。

【搞活经营机制】 1997年，市物资系统做好各类物资的购销工作。一是抓好代理制，采取多种形式与生产企业建立代购代销、联购联销和代理制业务。市机电设备总公司与生产厂建立一级代理的有3家，建立二级代理的有5家。在广东海丰、潮州、中山，江苏苏州，湖南长沙，浙江义乌等建立销售网点。市物资贸易中心在闽、粤、云、浙、鄂等地建立销售网点推销本市生产的微型汽车415辆，东风汽车125辆；二是拓宽经营渠道。市物资供销公司在新圩贮木场建了150多平方米的百头养猪场，存栏肉猪40头，小母猪20头，大母猪4头，计划在一、两年内要达到存栏猪3000头的目标。市外贸物资公司下水14个网箱，养鱼4万余尾。市物资贸易中心借用市白露乡12多亩的闲置房屋养鸡8800余只。三是搞多种经营。市燃料总公司的多种经营颇具特色，跃进加油站既增加了93#无铅汽油供应，又把柴油价低于市面0.1元/升供应市内各饭店与食堂，使经济效益逐月增加。液化气站、房地产开发和国有民营煤店等也相应采取灵活的措施，增强了竞争能力，多种经营的收入达2350万元。

【精神文明建设】 1997年，市物资系统举办各类培训班6期，参加人数1050人次，对职工进行经济法规、争先创优、转换经营机制、职业道德等教育；开展以提高经济效益为目标的"文明服务杯"竞赛和提高职业道德为目的的"岗位职业道德竞赛"；市物资系统连续10年保持市级文明单位，市机电设备总公司连续7年保持"重合同守信用"的称号。

【推出租赁制】 1997年，市最大的乡镇企业——市西龙钢厂生产钢锭6777.73吨，生产钢材6023.36吨，分别比上年下降67%，亏损405万元，比上年增加57%。市物资集团有限责任公司把该企业固定资产租赁承包给私营业主曾氏兄弟，年承包金220万元，期限5年，11月进行资产与人员移交。在曾氏兄弟的组织经营下，企业停产数月后又重新全面恢复生产，顺利地进行企业生产经营机制的转换。转制之后，企业亏损将有大幅改观，年亏损额将从400余万元减少到200万元左右。

（刘能界、赵国炎）

供销合作商业

【概况】 1997年，柳州市供销合作社系统继续深入贯彻落实中央和自治区《关于深化供销合作社改革》的两个"决定"精神，以服务"三农"为中心，以改革为动力，强化制度建设，狠抓内部管理，促进各项工作目标的全面完成。全系统实现商品销售总额6.54亿元，比去年增长1.49%，其中：农业生产资料销售5.38亿元，比上年增长5.16%；实现利润－528.08万元，比上年减亏1399.04万元。其中：市直属企业利润－300.74万元，比上年减亏1479.69万元。市物资回收公司继续保持效益持续稳定增长的好势头，市农资公司、果品公司、土产公司、果品储藏公司、第二日杂公司等5个单位实现了扭亏为盈。

【农业生产资料供应】 1997年，柳州市各级农资部门和基层社紧密围绕柳州市农业丰收计划，积极做好农业生产资料的组织供应工作，坚持"保质、保量、稳价、让利"的原则，全年购进化肥41.79万吨、农药2127吨，分别比上年增长26.02%和－10.86%；销售化肥40.63万吨、农药2242吨、农膜78吨，分别比上年增长18.89%、9.85%和62.5%。一是增设农资供应网点，在两县一郊乡、村增设农资销售供应站153个，全系统农资供应站达368个，基本实现农民购肥不出村。农忙时节，想方设法解决农户购肥款紧缺的困难。采取倒打白条的方式，给3600户农家赊销化肥、农药3400吨，价值460多万元。二是完善"庄稼医院"、村级综合服务站网络建设，已达42家，配备庄稼医生、农技术人员253人，为农民进行庄稼防病治病，测土配方施肥，推广新农技服务等。

【农副产品收购】 1997年，柳州市供销系统农副产品收购总值1981万元，比上年下降28.92%，其中：棉花99.4吨，茶叶91.4吨、桐油115吨、苹果3031吨、梨709吨、红瓜子410.8吨、木茹淀粉3748.8吨、木茹干片1250吨，烟叶1.25万担。农副产品收购不景气的原因主要有：①市场竞争激烈，税赋过重，利润薄。②经营部门历史包袱重，客户拖欠货款，资金短缺。③农副产品欠收，品种货缺价扬；丰收品种货足，价跌过剩饱和。④销路不畅，市场经营风险大。

【农业综合开发】 1997年，柳州市供销各基层社坚持以"农"为本，抓住主业，发展副业，多种经营，大力开发农田、荒山、水域，发展种养业。全系统共投入资金520多万元，开发水库鱼塘230亩，养鱼15万尾、鳖1000多只、肉蛋鸭2万只；办中小型养猪场3个，养母猪230头、肉猪350头；开发荒山荒地630亩，种下桃、李、龙眼果树，甜竹笋等6000多株；扶持建设商品生产基地9个，种下烤烟、甘蔗、木薯、红瓜子等经济作物1385亩。种养殖业的发展每年新增利润120万元，逐步走上富农兴社的路子。

【放小搞活改革】 1997年，结合供销社企业规模小、网点散、包袱重、资金缺的实际情况，在试点取得经验的基础上，在全系统各零售网点全面推行"四定六自一包"的"抽本经营"承包责任制，市属单位有77个零售门店实行抽本经营承包，参加职工 805 人;全年收承包金 403 万元,减少工资等费用开支 400 多万元,企业收回流动资金 477 万元,减少资金投入 800 多万元,职工收入有较大增长,有效地扭转零售部门经营不善,长期亏损的局面。

【市场网点建设】 1997 年,市供销系统投资 880 多万元,兴建和扩建大中型市场、商行 3 个,总面积达 1.45 万平方米。其中:土产公司扩建红庙布行 2000 平方米,柳江县供销社新建综合商厦——江华商行面积 2500 平方米;回收公司与柳北区联合兴建本市首家旧货交易市场,面积 1 万平方米。

【人事制度改革】 1997 年,柳州市供销社改革干部任免制度,实行领导干部聘任制。机关中层干部率先进行"双聘",9 名正副科长通过自鉴、公开施政演讲、组织考核、群众评议、领导集体研究决定等严格程序后而受聘,文化程度均是大专以上,平均年龄 37 岁。另外,市供销社机关精简分流科室人员 7 名,下岗 2 名,实现了机关精简高效。同时,健全领导班子考核制度,加强基层领导班子建设,提拔公司级正、副职主任(经理)5 名,免去不称职领导 6 人。此外,进一步抓好年轻干部的培养选拔工作,有 5 名 40 岁以下优秀年轻干部被提拔担任公司一级领导职务,所属三类以上企业领导班子实现 40 岁以下年轻领导干部占班子成员的 50%。

【安全统筹工作】 1997 年,柳州市实行供销社与保险公司联合统保,供销系统 10 个单位参加了统保,并与市社签订安全统筹管理目标责任书,做到谁主管,谁负责。共统保财产 8458 万元,其中:固定资产 3920 万元,占固定资产原值的 51.3%,比去年增长 37.3%;统保库存商品 4495 万元,占流动资产的 23.9%,比去年增长 18.5%;共收安统费 25.3 万元,比去年增加 17.4 万元;财产损失赔偿 6291 元。

【职工教育】 1997 年,柳州市供销系统成立了职工教育培训中心,配备 2 名专职管理人员。全年举办各种业务技能、专业理论等岗位培训班 14 期、培训职工 1048 人次。其中:举办的庄稼医生培训班、种养知识培训班深受农民群众的欢迎。

(宋军军)

饮食业

【概况】 1997 年,柳州市社会办饮食店、摊 3500 个,从业人员约 1.6 万人。国有饮食业在职职工 782 人,下属有 15 个独立核算单位,其中饮食营业网点 5 个,比上年减少 1 个;商办厂 2 家(4 月份合并为 1 家),旅社 3 家,商场 3 家,租赁商场 3 家。柳州市饮食总公司全年营业收入 3233 万元,比上年下降 18.2%;实现利润 231.4 万元。除商品贸易和商办工业没完成任务外,餐饮业和旅社业、租赁业均完成任务。

【餐饮业】 1997 年,柳州市餐饮业出现下滑势头。年内,国有餐饮业营业收入 1427 万元,比上年减少 7.15%。尽管如此,国有饮食业餐饮业仍把建立健全"服务(产品)质量"为核心的企业规章制度作为中心工作来抓,各酒家利用已有的场地、设备及技术力量,推出经济套餐和小炒例牌菜,发动厨师挖掘创新菜肴,坚持"名菜名点"经营特色,以质取胜,还做好"每周一菜"供应工作。各酒家联合举办"清明家宴"、"团圆家宴"和"夏季菜肴"展销活动,鼓励厨师对业务精益求精,创造出应时应季,适合大众口味的菜肴。服务方面,不断增加服务项目,创新服务特色。在价格上,以量足实惠为主,适合工薪阶层消费。发动员工努力促销。

【商办工厂】 国有饮食业的下属美达食品饮料厂和麦乳精厂,1997 年 4 月份合并,成立美达食品饮料实业有限公司。利用原美达食品饮料厂的产品、品牌、促销手段及管理方法,利用麦乳精厂的供销网络、场地,综合两厂已打开销路的产品,带动新产品的开发。两厂合并后,及时腾出位于市中心的粉厂地盘,为综合开发粉厂原址抢占先机,赢得时间及主动权。两厂合并后的第一仗是月饼大战的硬仗,在半个月内共生产销售月饼 10 万公斤,实现利润 60 多万元。

【厨师培训】 1997 年,柳州市饮食总公司根据部队需要,结合自身特点和实际能力,为驻柳某集团军培训 4 期 250 名等级厨师。他们发挥烹饪学会的作用,对培训部队等级厨师计划作了详细的安排。8 月份,派出人员到贵港某师开门办学,服务上门,方便和满足部队战士学烹饪技术的愿望。10 月下旬,又针对老兵即将退伍的特点,开办为期一个月的速成班,让老兵在退伍前拿到厨师证。

【柳州名菜,小吃】 鹧鸪丁——飞禽鹧鸪性味甘、湿,具有利五脏、益心力,补虚强身之功效。柳江下游有段江面,江边水草丰富,两岸崇山峻岭,树木繁茂,适合野禽繁殖,鹧鸪特别多,故这段地带取名为鹧鸪江。柳州的厨师们根据鹧鸪的这一特性,研制出桃仁鹧鸪丁,腰果鹧鸪丁等佳菜肴。

·香麻手撕鸡——其味鲜美,余香扑鼻,肉质嫩滑,是春、夏、秋季的佐酒佳品。这道特色菜是春柳酒家在一次厨师技术比赛中,一位厨师巧制而成的。后经不断改进,香麻手撕鸡成为春柳酒家最受欢迎的一道菜肴。

·马打滚——这是个有趣的怪名小吃,据说为融安人发明,继而成为融安特产之一,后来在柳州的大街小巷出现。该品种用糯米粉,豆粉、芝麻、黄糖粉制成,状如汤圆,食用时在黄豆粉中滚几滚即可,热而嫩滑,香味可口。

(莫建斌)

服务业

【概况】 1997 年,柳州市全社会服务业网点达到 3400 个,网点数略有增加。新增的网点主要是旅馆业、理发业和照相业居多。随着高层居民楼的出现，专业性的搬家公司也应运而生。服务业受市场滑坡的影响，经营效果下降，一些小型服务网点在市场竞争中步履艰难。市服务总公司以延安大酒店为龙头，老企业为支柱，在市场竞争中努力拼搏，克服了市场萧条、生意滑坡的困难，坚持抓好主营经营、强化企业内部管理和不断开拓新的经营领域。全司 1997 年各项经济指标仍然达到了预定的目标。年末固定资产净值为 8206 万元，比上一年增加 2178 万元；年内营业总收入 8694 万元，比上年增长 18.85%。

【旅馆业】 1997 年，柳州市旅馆业网点 323 家，比上年增加 38 家，床位总数 2.2 万张，其中：国有网点 93 家，集体 105 家，个体 123 家，独资、股份制各 1 家。年末获得“三星级”的饭店有：柳州饭店；“二星级”的饭店为柳州宾馆。获准接待境外人员的涉外饭店有 16 家，其中市区 14 家，柳城县、柳江县各 1 家。旅馆业受市场因素的影响，客源短缺；各旅馆相继推出各种争取客源的举措，房价一降再降，全市旅馆业平均床位周转率仅为 47%。床位过剩日趋严重。旅馆业经营效益下滑。市服务总公司的旅馆业已按照自治区旅游饭店的标准执行分等定级。延安大酒店按照“三星级”饭店的标准服务，年内收入 2100 万元，实现利润 700 万元，获得较高的投资回报。

【照相业】 1997 年，柳州市的照相业在竞争中继续发展，尤其以合资性质的比较大型的网点增加较多，港台式的婚纱照相迎合了青年人，因而抢占了部分的市场份额，已形成国有、合资、个体三家竞争的局面。专业性的婚纱艺术照相馆，推出时代感强的婚纱照、自然风光的艺术照，具有较强的吸引力，竞争势头强劲。年内，市区内彩色扩印机保有量达到 35 台(套)，彩色扩印相的需求总量仅是彩扩机生产能力的 50%。国有照相业充分发挥技术优势，引进大型冲印技术设备，制作大型彩色照，并凭借着知名度高和地利的因素，在市场中仍然占了较大的份额。个体照相业网点多，经营灵活，价格以市场调节为主，个体照相业在竞争中发展。

【理发业】 1997 年，柳州市市区的理发业网点 269 家，其中：国有 9 家，集体 19 家，个体 238 家，独资 2 家，合资 1 家。国有理发业网点，从业人员在逐年减少，但国有理发在继承和发扬传统理发技艺方面仍然起到主导的作用，国有理发员的基本功扎实，全套工艺完整，整体意识较强，但创新观念较为淡薄。个体发廊的创新意识较强，一些新潮发型大多数出自个体发廊，但在剃须、修容等传统项目被淡化。从理发市场需求看，年轻人讲求美容美发的整体效果，赶新潮的倾向较强，中老年人则以实实在在的理发修容为主。由于发廊发展超越了市场的需求总量，一些发廊生意清淡，相继出现理发以月票的形式出现，一般的发廊月票 20 元，较高水平的发廊月票是 40 元。

柳州市迎宾馆经过全面装修后于 1997 年 9 月重新对外营业。图为该宾馆大堂景观　　赖柳生　摄

【开展多种经营】 柳州市服务总公司在强化管理促进效益的提高，立足于抓好旅馆业、照相业、餐饮业、理发业的同时，拓宽经营业务，开展多种经营，所属的摄影器材公司、食糖公司、金河公司、服达公司、延安商城以及各饭店的经营部，利用网点多，辐射面广的优势，采取全体员工共同促进销售的措施，把促销任务落实到班组和个人，制定了促销奖励的办法。从旅馆客房、接持会议、酒席介绍、婚妙照相以及商品销售等都列入促销范围。实践证明，在市场不景气的情况下，采取全员促销是取得好效益的成功做法。年内，全司商品销售收入 4089.7 万元，比上年增长 11.9%。（韦惠明）

粮油商业

【概况】 1997 年，柳州市粮食局下属有粮油供应公司、粮油储运贸易公司、粮油仓储工贸公司、饲料公司、柳晶面粉公司、飞鹅实业开发公司(飞鹅市场)、油脂厂、柳新饲料厂、粮油厂、粮油食品厂、冷冻总厂，年末职工总数 2293 人。实现粮油饲料工业产值 1.95 亿元(按 1990 年价计算)，比上年增加 51 万元，增长 0.26%；实现工业增加值 2785 万元，比上年增加 2009 万元，增长 258.23%。完成商品销售额 4.81 亿元，比上年增加 3990 万元，增长 9.05%，其中：商业企业销售收入 9369 万元，比上年增加 97 万元，增幅 1.05%；粮油饲料工业企业销售收入 3.87 亿元，比上年增加 3893 万元，增长 11.8%。补贴后全局亏损总额 1361 万元，比上年减亏 1278 万元，减幅 48.43%，其中：商业企业亏损 794 万元，比上年减亏 1087 万元，减幅 57.78%；粮油饲料工业企业亏损 721 万元，比上年减亏 229 万元，减幅 24.1%；其他企业(市场)利润 154 万元，比上年减

少133万元，减幅46.34%。商业企业商品流通费用4904万元，比上年增加1132万元，增幅30.01%。粮油购销：调入粮食1.47亿公斤，比上年减少1419万公斤，下降8.8%；销售粮食1.18亿公斤，比上年减少2695万公斤，下降18.6%。购进油脂722.6万公斤，比上年增加6.2万公斤，增长0.9%；销售油脂651.8万公斤，比上年增加23.9万公斤，增长3.8%。

【完成粮食定购】 1997年，自治区分配柳州市粮食定购任务1890万公斤（贸易粮），其中：市郊30万公斤，柳江县1060万公斤，柳城县800万公斤。为保证粮食定购任务的完成，粮食部门抓紧腾并仓、修仓、租赁社会闲置的仓库，扩大储藏能力。柳州市维修仓容1.62亿公斤，投入修仓费用515.54万元（其中市区企业自筹100.54万元），租赁仓容2960万公斤，租金全部自筹解决，有效地缓解了市区和两县仓容紧缺的局面，被评为全自治区修租仓工作先进单位，受到自治区粮食局表彰。全年入库2151万公斤（贸易粮），完成任务113.8%，比上年多入库188万公斤，其中郊区入库47万公斤，完成156.7%，比上年多入库21万公斤；柳江县入库1296万公斤，完成122.3%；柳城县入库808万公斤，完成101%。所有入库粮食的质量均比往年好。

【扭亏增盈】 1997年，柳州市粮食部门加大扭亏增盈力度，从加强管理中要效益，实现补贴后全局亏损总额1361万元，比上年减亏1278万元，具体做法：(1)建立控亏目标责任制。年初，由粮食局与企业领导班子签订控亏目标承包合同，合同实行百分制考核办法，量化指标，通过制定利润、费用率、资产负债率、业务活动费、应收帐款周转率、存货周转率、经营损失等7个方面的指标，年终进行考核，依分数衡量企业业绩并实施奖惩；(2)下岗分流、减员增效。一年来，全局清退临时工34人，分流人员96人，停薪留职254人，轮岗12人，内退96人；(3)加强成本核算。柳新饲料厂打破大宗原料大量库存的习惯做法，改为定质定量购进原料，保持合理库存，该厂1—5月仓库租金节约21万元，原料库存损耗下降12.7%，银行利息节约66.5万元，生产用煤节约开支3.39万元，机物消耗节约9.3万元；油脂厂对生产车间实行定额承包，仅榨油这一工序，残油由原来的5.5%降到4.5%，提高了出油率，煤耗由每吨料80公斤下降到60公斤，电耗由每吨料36度降到31度，甩掉了连续两年亏损的帽子，盈利52万元；(4)建立制度，严格控制各项费用支出。粮食局制定下发《关于加强财务管理若干规定》、《关于重新修订职工医疗费标准及使用管理的规定》、《关于加强对停薪留职人员管理的规定》和《关于制止奢侈浪费行为的具体措施》，使各项费用开支有章可循，有效地压缩了各项费用支出。

【调整机构】 1997年，柳州市粮食局进一步深化改革，增强企业活力。一是制订企业改革方案，把市冷冻总厂、粮油食品厂作为股份合作制改革试点企业。二是撤销粮食局内部结算中心，改由所属企业直接向银行存贷款，加大企业存贷款的约束力；三是撤销粮油食品工业公司，将该公司所辖企业改为局直属企业，减少管理环节，精简管理人员，粮油仓储工贸公司撤销柳南、鱼峰粮所，分别把所属粮店合并到马鞍、五里卡粮库，以库带店，大店带小店，效益好的店带效益差的店，以粮库为核算单位，实行统购分销，统一销售价格，避免多头进货，减少资金占用，在销售上也避免因互相降价争市场而造成的内耗。粮油供应公司对粮店实地以集体承包为主，试行抽本经营，允许个人承包、租赁承包、职工出店经营等，这种灵活的经营承包方式，取得良好的经营效果。

【粮油普查】 1997年，柳州市开展粮油普查，在各粮库自查的基础上，组织了春秋两季粮油安全普查，边查边改，保证各项制度落实到实处。自治区粮食局春季粮油安全普查组于4月15日至23日到柳州市进行检查，抽查黄村、五里卡、马鞍和两县的粮库。检查结果，柳州市各级储备粮做到"帐、物"相符，"专人、专帐、专仓"管理和"品种、数量、质量、等级"落实，均符合"一符四无"、"三专"、"四落实"的要求。由于柳州市各级粮食部门对储粮工作重视，基础工作扎实，制度健全、落实，并注重改善储粮条件，提高科技含量，特别是注意加强保化队伍建设，采取多种形式进行业务培训，提高保化人员素质，使储粮工作迈上新台阶，荣获自治区级"一符四无"粮仓先进单位。

【农村生活安排】 1997年，春节过后，市粮食局即派出人员到柳江、柳城和郊区粮食部门组成工作组，配合当地民政、乡政府、村委会进行摸底调查，并按政策规定，在春耕生产前及时发放粮证，供应粮食。全市两县一郊农村安排缺粮户1700户，7200人，供应原粮76.4万公斤，其中：五保户、特困户及烈、军属700户，2700人，原粮16.1万公斤；水库移民1000户，4500人，原粮60.3万公斤，保证了农村缺粮户都有粮食吃。

【军粮供应】 1997年，柳州市粮食局把做好军队粮食供应工作当作拥军的一项重要内容来抓，每逢重大节日来临之际，都由局领导带领军供业务人员走访驻柳部队，召开座谈会，征求意见，改革供应办法，改善服务态度。元月1日起实行新的军粮供应体制。粮食部门与部队签订协议书，积极组织各种优质粮油品种供应部队。全年供应部队粮食183.6万公斤，食油6万公斤，面粉、面条46.6万公斤。柳州市粮食局荣获自治区粮食局军供工作唯一的一个一等奖。

【搞活经营】 1997年，柳州市粮食局所属企业能根据市场变化，把握机遇，扩大销售，一是推行平价经营，全局已有19个平价小超市自选粮店，平价店以经营本地优质米为主，外地高档米为辅，兼顾中、低档米，向小包装优质粮油商品系列化方向发展，集粮油经营、糖、烟、酒、酱、盐、醋、茶、小食品、饮料、日用百货为一体，实行开架经营，以方便、便宜、品种多、质量好赢得消费者，同时也增加职工的收入；二是扩大销售，市油脂厂重新调整和增加经营网点，现已拥有7个门市部、2个经营部和40多家经销点，月销油脂由年初60多吨上升到200多吨，该厂还开发出高级调合烹调油，菜籽、大豆色拉油等适销对路的食油，并推出小包装系列产品；柳新饲料厂及时调整营销策略，分市场区域采取灵活的营销办法，产品月销量从7000多吨增加到1.1万多吨；三是发展多种经营，供应公司改变单一经营粮油的传统方式，与红菱食品厂合作，在沙塘粮店建立柳州市天然食品有限公司，投产半年生产保鲜竹笋65吨，产值71.5万元，产品远销区内外，前景看好。仓储工贸公司文笔、谷埠、南站粮店利用原有的仓库改造成招待所，增加了收入；文笔粮店将原有仓库改造成9间客房共18个床位的招待所，月上交利润由1200元上升到3000元，职工月收入也由200多元上升到700多元。

（梁惠强　陆干川）

副食品业

【概况】 1997年，柳州市副食品上市数量充足，品种多、质量好，供应均衡，价格平稳，是副食品产、供、销形势最好的一年。

年末生猪出栏67.48万头，比上年增长19.77%；肉类总产量7.09万吨，比上年增长24.72%；禽出栏1116.11万只，比上年增长25.49%；鲜鱼1.52万吨，比上年增长29.18%；水果5.70万吨，比上年增长24.24%。

【副食品管理】 1997年，柳州市加强副食品生产基地的管理工作，把初步掌握的310个副食品基地编制成册，列入专业基地规范化管理，并制作了副食品生产基地牌匾和证书发放到村和专业户。第一批共发放了80多块牌匾和证书。要求领牌、证的副食品生产基地挂牌亮证生产和经营。

【节日副食品供应】 1997年，柳州市元旦、春节、国庆等重大节日副食品供应丰富。社会上市生猪9789头，比上年增长13.72%，其中：专业基地生猪计划上市6000头，实际上市6117头，完成计划102%；上市活鸡计划25万只，实际上市34.27万只，完成计划137%；其它副食品如菜牛、活鲜鱼、干鲜海产品均完成或超额完成供应计划。豆制品公司生产12.75万公斤豆腐泡，完成计划106.3%，约占市场总量三分之二，为丰富市场供应，平抑副食品价格作出了贡献，在全自治区节日供应评比中获一等奖。

【柳江县加快副食品产业化进程】 1997年，柳州市蔬菜副食品管理局在柳江县探索“公司＋农户”的贸工农养猪一体化经营新路子。从加强综合服务入手，把生产、加工、流通紧密联系起来，实行一条龙服务，取得了明显的效果。年底，柳江县龙头企业县食品公司有瘦肉型母猪152头，种公猪3头。在“龙头企业”的带动下，涌现了一批养殖专业村和专业户，该县进德乡沙子村公所饲养母猪87头、白见屯饲养72头、小罗屯饲养46头、江中村饲养115头，以上农户共饲养母猪320头。全年种猪苗突破1万头。

（韦小莲）

盐　业

【概况】 1997年，广西盐业公司柳州分公司着力于经营体制改革，改变单一批发点的经营方式，增加食盐的批发网点。将储备仓库改为经营仓库，在柳石路租赁市二轻局的闲置仓库330平方米，设立河南批发部。年内总购进为3.49万吨，销售实绩为3.65万吨，完成年计划100.13%，年末库存为1.27万吨，比上年下降7.48%，实现利润200万元；年费用率为35.13%，比上年降低3.84%。出色完成各项经济指标，被广西区盐务管理局授予1997年度目标管理优胜单位。并获消防安全先进单位等称号。经理罗南甫获区轻工业总会授予1995—1997年度“广西轻工先进工作者”荣誉称号，罗南甫经理、李守华书记获广西盐业公司授予1997年度先进经理、书记称号。

【盐业市场管理】 1997年，柳州盐业分公司与鹿寨、来宾两个支公司进一步宣传、贯彻《食盐专营办法》，采取积极稳妥的措施，保证专营办法的有效实施。主要做法是：(1)加强盐政执法队伍的自身建设，规范盐政执法，提高执法人员依法行政的能力，组织执法人员参加各种培训班学习。(2)充分利用多种宣传媒体和灵活多样的形式，扩大食盐专营办法的对外宣传。(3)在巩固完善国家关于食盐批发许可证和运输准运证制度的基础上，切实加强对食盐零售环节的检查和管理。(4)8月2日新出台举报私盐的奖励办法，凡举报私盐，经查属实，每吨奖励50元。(5)加大对私盐查处力度，和桂林等单位联手查处私盐，一年处理违章盐4起178吨。

【食盐和碘与小包装】 1997年6月，柳州分公司设立碘盐质量化验室，化验室装修完毕，所需主要仪器设备全部落实，化验人员经过区技术监督局的培训，经考核取得合格证后持证上岗。严格按规定对碘盐质量进行检测，严把碘盐购销质量“四关”，即调入关，加工关，分装关和供应关。每进一批食盐在入库前，都要取样作全项分析化验。对库存碘盐每月也进行两次抽样检测碘含量。凡检测不合格的碘盐不准出库销售，要进行补碘合格后再进入市场。为使补碘均匀和保碘，新购置加碘机两台。普遍实行小包装加工，全年加工小包装盐2.81万吨。对小包装盐加贴全国统一防为伪碘盐标志，从而提高碘盐供应水平。年内，全国碘盐质量统检柳州销区送检样品合格率为100%。

（廖义珍）

对外经济贸易·旅游

对外经贸综述

【对外经济贸易发展】 1997年，柳州市以改善投资环境，放宽投资领域，改革外贸体制为突破口，进一步扩大对外开放，提高对外开放水平，大力引进资金、技术和人才、振兴经济，真抓实干。10月21日，市长宋继东在与外商企业代表座谈上，提出了本市改善投资环境的九项制度：行政行为免费制、政府服务一站制、业务审批限时制、收费项目目录制、收费方式一票制、对外商企业的检查评比报批制、政策政令督办制、外商待遇平等制、外商产品使用优先制。11月12日，市委、市政府召开全市对外开放工作会议，出台《关于改善投资软环境进一步扩大对外开放的决定》、《关于鼓励外商投资的若干规定》和《柳州市利用外资奖励办法》三个政策性文件。继续培植新的出口增长点，市对外贸易经济合作局与海关、商检、税务、银行等部门通力合作，创出新局面。经国家对外经济贸易合作部批准，柳州钢铁(集团)有限公司、广西磷酸盐化工厂、柳州两面针股份有限公司、柳州市床单厂、柳州市第二空气压缩机厂、柳州市发动机厂、柳州市电子管厂、柳州市第二棉纺织厂、柳州市第三棉纺织厂、柳州市农工商联合公司和柳州华锡集团有限公司取得自营进出口权，使柳州市的自营进出口企业增加到28家。柳州市全年利用外资为历史最好水平，达5508.12万美元，比上年增长22.18%；外贸出口提前一个月完成创汇计划，外贸进出口总额2.71亿美元，比上年增加2800万美元，增长11.52%，实现外贸出口持续平稳增长的的势头。柳州市出口创汇三大特点：一是自营出口迈大步。全年自营出口创汇9540.68万美元，比上年增长34.31%，柳州市18家自营出口企业，出口创汇100万美元以上有14家，涌现了柳州水泥厂、龙城化工总厂、有色冶炼厂、综合冶炼厂等4家出口创汇1000万美元以上自营出口大户。二是加工贸易和“三资”企业出口稳步增长。年内，柳州市对外加工贸易出口总值达6844.92万美元，占全市进出口总值的28.6%，其中来料加工装配出口总值3119.78万美元，比上年增长129.40%，完成自治区下达计划的142%，合同总额、实际出口总值，均列全区各地市之首，柳州市被自治区外经贸厅表彰为全区来料加工出口第一名。“三资”企业出口2553.86万美元，比上年增长6.46%，柳州钢铁有限公司被自治区外经贸厅表彰为全区出口800万美元以上的外商投资企业。三是一批机电产品打进国际市场，柳州市机电行业不少企业在调整产品结构、发展外向型经济过程中已初见成效，柳产电度表、装载机、注塑机、工业锅炉、卷扬机等产品，有的连年畅销国外。

【对外贸易持续增长】 1997年，柳州市进出口总额2.71亿美元，比上年增加2702.83万美元，增长11.52%。其中出口总额2.16亿美元，比上年增加2173.96万美元，增长11.19%；进口总额5475.09万美元，比上年增加528.90万美元，增长10.69%。全年出口创汇2.16亿美元，除外贸企业和补偿贸易出口创汇有所下降外，外贸出口总的趋于增长势头。其中：外贸企业出口创汇3898.02万美元，比上年下降24.65%；补偿贸易出口创汇1465万美元，完成年计划104.64%，比上年下降6.14%；自营出口生产企业出口创汇9540.68万美元，完成年计划的116.21%，比上年增长34.31%；“三资”企业出口创汇2553.89万美元，完成年计划102.16%，比上年增长6.46%；来料加工出口创汇3119.78万美元，完成年计划的183.51%，比上年增长111.3%。

【利用外资取得了新的突破】 1997年，柳州市外商直接投资项目相对减少，新批“三资”项目15个，累计总投资1.04亿美元，注册资本8296.53万美元，合同外资额6483.22万美元，与上年相比，项目数下降42%，总投资额、注册资本、合同外资额分别上升了44%、

1997年12月26日，柳州市开放办公室对外商在本市投资企业实行“一站式”审批服务。图为审批服务现场　　市外经贸易局供稿

120%和 28.60%。实际利用外资 5508.12 万美元,比上年上升 22.18%。在引导外资投向基础设施项目进行成功尝试。其中:“三资”企业部分实际利用外资 4449.47 万美元;外国政府贷款和商业贷款 898 万美元,补偿贸易 107.05 万美元;来料加工 53.6 万美元。

进出口贸易

【粮油土产类】 1997 年,柳州市粮油食品和土产畜产品出口下降幅度较大,全年出口总值 9.23 万美元,仅占全市正常贸易出口总值 0.05%,比上年下降 78.63%。下降主要原因,往年出口比较大综的商品,桐油、松香、蘑菇、白糖没有出口,木材及制品也大量减少。主要出口商品:饲料 2.62 万美元,香调料及香料油 6100 美元,木材 5.99 万美元。出口台湾、越南、马来西亚。

【纺织服装类】 1997 年,柳州市纺织服装针棉毛织品产品出口继续下降,出口总值 1167.26 万美元,占全市出口总值 6.32%,比上年下降 10.26%。产品出口:香港、台湾、越南、新加坡、波兰、巴拿马、巴西。

【轻工工艺类】 1997 年,柳州市出口轻工业品和工艺产品有所回升,出口总值 1407.2 万美元,占全市出口总值 7.62%,比增 21.26%。出口:香港、越南、韩国、日本、埃及、阿联酋、巴西、西班牙、瑞典、比利时、德国、南非、几内亚(比绍)、突尼斯、约旦。

【五金矿产有色金属类】 1997 年,五金矿产有色金属产品仍然是柳州市地方外贸出口额比较 大宗商品,出口总值 1.16 亿美元,占柳州市外贸出口总额 63.07%,比上年增长 19.12%。出口:香港、澳门、台湾、越南、文莱、印尼、泰国、新加坡、马来西亚、菲律宾、韩国、日本、俄罗斯联邦、奥地利、瑞士、英国、荷兰、比利时、土耳其、意大利、德国、以色列、阿根廷、加拿大、美国、澳大利亚。

【化工医药类】 1997 年,柳州市化工医药保健产品持续增长,出口总值 2052.44 万美元,占全市出口总值 15.44%,比上年增长 89.43%。出口:香港、澳门、台湾、澳大利亚、美国、阿根廷、西班牙、英国、荷兰、比利时、意大利、德国、埃及、以色列、阿联酋、约旦、伊朗、印度、孟加拉国、巴基斯坦、印尼、文莱、新加坡、马来西亚、泰国、菲律宾、越南、韩国、日本。

【机电产品类】 1997 年,柳州市机械电子产品出口比上年略有下降,全年出口总值 1385.61 万美元,占全市出口总值 7.50%,比上年下降 19.38%。主要出口:香港、越南、柬埔寨、菲律宾、泰国、马来西亚、新加坡、日本、印尼、巴基斯坦、印度、尼泊尔、伊朗、阿联酋、卡塔尔、意大利、智利、阿根廷、巴布几内亚、美国。

【其他类】 1997 年,柳州市通过其他渠道出口商品总值 2582.3 万美元,完成年计划 131.75%,比上年减少 21.01%。

【对外贸易运输】 1997 年,柳州外运公司货物储存总量比上年有所增长,但货运量继续回落,进出口货物运输总量为 8116.1 吨,比上年下降 21.66%。其中:进口货量 316.51 吨,比上年下降 68.6%;出口货量 7799.59 吨,比上年下降 16.6%;空运货量 1.5 万公斤,比去年增长 32%;快件量 2089 票,比上年增长 1.6%;业务总收入 474.89 万元,比上年增长 11.9%;实现利润 20.04 万元,比上年下降 1.80%;货运储存总量 589.21 万吨,比上年增长 9.22%;铁路专线进出量 2347 车皮 14.08 万吨,分别比上年增长 3.25%和 3.25%。

【港澳轮船外贸运输】 1997 年,柳州市港澳轮船公司对外运输,新增 300 吨船一只,完成进出口货物总运量 6.06 万吨,比上年增长 52.41%。其中:出口货运 5.34 万吨,比上年增长 97.47%;进口货运 7279 吨,比上年减少 40.79%;货运周转量 6069 万吨公里,比上年增长 52.41%。其中:出口 5341 万吨公里,比上年增长 85.93%,进口 729 万吨公里,比上年减少 40.78%。

国际经济技术合作

【引进外资】 1997 年,柳州市实际利用外资 5508.12 万美元,比上年增长 22.18%。其中:(1)“三资”企业利用外资 4449.47 万美元。(2)补偿贸易利用外资 107.05 万美元。(3)外国政府贷款、商业贷款 898 万美元。(4)来料加工利用外资 53.60 万美元。香港中海公司投资 4.20 亿元参与柳州市城建合作经营“六桥一路”已到位资金 2500 万美元,柳钢商业贷款 316 万美元、柳州鱼峰石膏建材公司 281.59 万美元、柳州采埃孚机械公司 800.61 万美元、柳州五星保龄球娱乐公司 216 万美元、柳州实力机械公司 162.5 万美元、柳州兴发动力机械公司 150 万美元、柳州都丽华制袜公司 82 万美元、柳州利满制针公司 48.8 万美元、柳州国机实业公司 45 万美元、柳州欧维姆建筑机械公司 63 万美元、柳州祥龙桑拿健身娱乐中心 33.6 万美元、柳州日上纺织公司 10.7 万美元、柳州富鑫化公司 10.27 万美元、柳州市原乡餐饮公司 12 万美元、柳州林森工艺品公司 7 万美元、柳州大盛淀粉制品公司 6 万美元。截至 97 年底,柳州市实际利用外资 3.23 亿美元。其中:(1)“三资”企业部分实际利用外资 1.97 亿美元;(2)外国政府贷款及商业贷款 4722.47 万美元;(3)补偿贸易 7523.05 万美元;(4)加工装配 416.62 万美元。

【引进新技术】 1997 年,柳州市有关企业引进国外一批先进技术及生产、产品零配件。柳工机械股份有限公司从日本引进挖掘机配件 2 批 26.58 万美元,装载机配件 1 批 41.8 万美元,气压测试仪 1 件 500 美元,多路换向阀 2 套 3000 美元,从美国引进卡特发动机3台3.9万美元，从德国引进工装设备4台4300美元，变速箱体1个1400美元，装载机配件3批295.1万美元，从新加坡引进装载机风扇700万美元，从瑞士引进光普仪1套6.7万美元；凯斯柳工机械有限公司从美国引进挖掘装载机配件12批110.13万美元，滑移装载机4台5.42万美元，机铲装载机2台6.2万美元；柳州富达机械有限公司从芬兰引进螺杆机机头14台4.01万美元，从意大利引进阀门、阀类、滚刀、制冷电器元件、配件24.83万美元，从香港引进电机维修配件1个100美元；柳州市仪表厂从泰国引进荧光灯管2.53万支1.6万美元；柳州水泥厂从香港引进生产用钻杆、运输皮带、零配件一批14.92万美元；柳江造纸厂从日本引进合成纤维干网3套4万美元；柳州钢铁集团有限公司从美国引进智能变送器5台5000美元；柳州机械股份有限公司从日本引进装载机配件1批24万美元；采埃孚机械有限公司从瑞典引进专用卡盘2套2.5万美元，从德国引进清洗机、内齿圈、支撑轴1批2.22万美元；柳州市冷柜厂从香港、美国引进压缩机3万台、汽车空调样品2台共108.03万美元；柳州微型汽车厂从美国、法国、英国分别引进变压器、传感器、油漆喷涂线配件1批5100美元；环宇压缩机有限公司从新加坡引进液压油缸1批2300美元；柳州开元企业集团从台湾引进注塑机配件106套34.64万美元；柳州索 罗小型动力机厂从德国引进油锯、风力机及配件1批3.19万美元；永发棉纺针织有限公司从意大利引进电器元件接头、螺钉1批18.12万美元；商汇工业器贸易公司从德国引进滚轧线设备配件1批30.01万美元；广夏装饰材料有限公司从意大利引进压机横梁1台6400美元；利达柳州化工有限公司从香港引进电器元件1批2300美元；柳新汽车冲压有限公司从台湾引进活塞杆1根500美元；柳州市对外经济贸易公司从香港引进无线讯呼机5000只17.5万美元，对讲机3000只18万美元，电梯部件2批1.78万美元，复印机500台67.9万美元，银幕5个700美元，汽车刹车片1批12万美元，纺织机配件16.10万美元，从德国引进电梯部件3批103.46万美元，从日本引进纺织机配件1批1.62万美元；柳州市进出口贸易公司从德国引进压缩机2万台160万美元。

【“三资”企业】 1997年，柳州市共批准“三资”企业15家，总投资1.04亿美元，注册资金8296.53万美元，合同外资额6483.22万美元。项目总数比上年下降42%，总投资额、注册资本、合同外资额分别比上年上升44%、120%和28.6%。其中：合资企业6家、投资总额1187.23万美元，合同外资额339.72万美元，占合同总外资额5.24%；合作企业4家，投资总额9058.30万美元，合同外资额6013.70万美元，占合同总外资额92.76%；独资企业5家，投资总额156.80万美元，合同外资额129万美元，占合同总外资额2%。按行业性质划分，生产性项目8家，为柳州市外商投资的主要行业，占项目总数的53.30%，其余是基础设施项目3家，其他第三产业4家。投资总额在500万美元以上的项目有4家，它们是：柳州米兰友谊大桥有限公司2998万美元；柳州中海路桥投资有限公司2994万美元；柳州中海基建投资有限公司2994万美元；柳州青上化工有限公司700万美元。“三资”企业截至1997年12月底共364家，总投资10亿美元，注册资本6.1亿美元，外资额5.27亿美元。到柳州市投资来自19个国家或地区，它们是：香港、台湾、芬兰、美国、马来西亚、日本、新加坡、澳门、伯利兹、加拿大、泰国、新西兰、博茨瓦纳、法国、德国、意大利、越南、英国、澳大利亚。其中：柳州市“三资”投资外方主要来自香港6家、台湾4家、英国3家、美国2家。按“三资”企业性质划分，合资262家，占72%；合作33家，占9%；独资69家，占19%。按行业性质划分，生产性项目276家，占75.80%；房地产、基建项目28家，占7.69%；其他第三产业60家、占16.48%；“三资”企业中：正常生产经营125家，正在投资建设的79家，非生产性25家，未开工经营的33家，曾经开业投产现处停业状态的56家，已注销的企业71家。具有出口创汇能力的“三资”企业共51家，累计出口创汇1.13亿美元。新增出口创汇企业2家：柳州富鑫化工有限公司、柳州跃亚化工有限公司。1997年，全市“三资”企业出口创汇2553.89万美元，比上年增长6.5%；出口创汇超过100万美元的“三资”企业有6家：柳州钢铁（集团）有限公司1453.47万美元，柳州华德塑胶机电有限公司182.09万美元，柳州成达仪器仪表有限公司178.12万美元，柳州金声电子有限公司171.91万美元，柳州东方鞋业有限公司163.29万美元，柳州富鑫化工有限公司128.03万美元。

【对外加工装配业务】 1997年，柳州市共签订加工贸易合同108个。其中来料加工合同78个，合同总值6047.91万美元，比上年增长129.79%；实际来料1589.78万美元，完成加工出口总值3119.78万美元，比上年增长1.11倍；工缴费收入832.67万美元，比上年增长1.29倍；进料加工合同30个。

对外经贸促进工作

【概况】 1997年，柳州市人民政府4次组团分别参加’97广西（深圳）国际经济技术合作交流会，’97中国广西（汉城）贸易展览会，俄罗斯澳罗涅日州国际展览会，’97桂林广西经贸洽谈暨商品展销会，共签订合同16个，金额共计8518.2万美元。通过一系列的经贸促进工作，广交朋友，相互交流，建立了自营出口贸易的渠道。

【商品出展】 1997年4月17日至18日，柳州市以代市长宋继东为团长，由开放办、外经贸局、经贸委、计委、建委、海关、对台办、政协等部门组成的代表团，参加在深圳举行的’97广西（深圳）国际经济技术合作交流会，会上共签约了6个项目，合同总金额为5644.1万美元，外方出资额1979.52万美元；8月18日至22日，组团参加'97中国广西(汉城)贸易展览会，会上，柳州建筑机械厂与韩国道路会社下属公司签订建桥效应力、材料、设备合同，合同金额800万美元；6月23日至25日，柳州市以市人大副主任罗连鉴为团长一行26人赴俄罗斯澳罗涅日州参加国际展览会，会上除了拜会老客户外还结识了不少新客户；柳州市床单厂与澳罗涅日州邮电局公司签订了5万美元床上用品合同，市木器厂与澳罗涅日州洽谈合资兴办高档家俱厂协议，市食品厂与澳罗涅日州农场签约合资生产方便面的洽谈，市外贸粮油食品公司与俄方签约在当地办合作公司，通过合作公司直接把柳州产品销往俄罗斯寻找一条捷径。对口洽谈，进一步加深相互之间的了解，为更好的合作打下基础；10月30日至11月2日，组团参加'97桂林广西经贸洽谈暨商品展销会，会上与外商共签约8个项目，总投资为2069.1万美元，外资额480.3万美元，其中合同总投资额为1009.1万美元，合同外资额为266.7万美元。

【出国访问】 1997年，柳州市共审批出国(境)团组65批/次。其中：审批一年内多次往返护照签证团组11批/次，出访人数达260人。出访任务包括业务洽谈，售后服务、商务活动、设备验收、技术培训、市场考察等。出访28个国家或地区：亚洲有越南、日本、韩国、泰国、马来西亚、新加坡、印度尼西来、菲律宾、卡塔尔、香港；欧洲有德国、比利时、俄罗斯、挪威、荷兰、法国、意大利、英国、瑞士、丹麦；北美洲有美国、加拿大；南美洲有巴西；非洲有肯尼亚、埃及、突尼斯、加纳和大洋洲的澳大利亚等。

(俸耀先)

旅　　游

【概况】 1997年，柳州市旅游局接待入境旅游者1.47万人次，比上年增长5.8%；国内旅游组团总人数达9781人次，接待总人数达2.26万人次，分别比上年增长54.7%和35.1%。旅游总收入达1.49亿元，比上年增长29.6%；利润总额为－712万元。

【旅游行业管理】 1997年，柳州市旅游局积极配合开展'97中国旅游年，加强行业管理，规范旅游市场，提高服务质量，维护旅游者权益。

旅行社管理 4月，配合区旅游局进行二类旅行社业务年检，并开展对全市三类社的审计年检，对其中一家经营状况不佳，管理比较混乱的旅行社作出了限期整改的处分；完成对旅行社的类别调整。

旅游涉外星级饭店(宾馆)管理 (1)1997年6月至7月，对全市旅游涉外、星级饭店进行年度复检，保证其应有的服务水准。(2)加强对旅游涉外和星级饭店的评定工作。市旅游局派人到饭店(宾馆)指导工作，全年有天龙大酒店、延安大酒店、中山大厦、泽丰大酒店评为旅游涉外饭店；6月底，柳州宾馆经市旅游涉外星级饭店评定小组评定后荣获二星级。

旅游市场规范管理 (1)6月，市旅游局会同市公安局、市工商局进行一次全市饭店检查，查处违规经营的饭店和非法经营旅游的代办点，维护了柳州市旅游市场秩序；(2)加强行业内的法规宣传，杜绝超范围经营行为，加强社会各界对旅游业守法经营的监督。

旅游服务质量监督 1997年3月，组织全市旅游企业开展3·15旅游者权益保护宣传活动，宣传旅游业的新法规；强化旅游服务质量管理监督，市旅游局经常抽查旅行社宾客意见表，定期对旅游涉外饭店、星级饭店进行明查暗访，全面了解旅游各个环节的服务质量，并把调查结果及时向有关单位反馈，保证柳州市旅游业良好的服务质量和声誉。

【旅游市场促销】 1997年，市旅游局采取了以下市场促销措施：(1)春节期间，利用各种宣传媒介，进行宣传报道全年的旅游活动计划和旅游信息，并在游人相对集中的喷泉广场、大龙潭公园景区悬挂彩球标语，营造旅游氛围。在各种报刊上刊登介绍柳州旅游业发展情况文章20多篇。(2)5月，市旅游局在金秀县组织百人登山活动，促进群众参与旅游意识，宣传柳州秀美的旅游风光。(3)市旅游局邀请柳州各新闻单位的记者考察柳州民族风情旅游资源；还与北京电视台、中央四台、《广西旅游报》、《南国早报》等记者合作，进行旅游资源普查，宣传柳州市的旅游线路。(4)与柳州市新闻摄影协会共同举办柳州首届民俗摄影展，展出作品300多幅，唤发公众对旅游的欲望。(5)组织参加'96香港国际旅游交易会，在国际市场上展示柳州旅游资源；10月，组织全市旅行社参加在大连举办的'97国内旅游交易会，为98年的观光农业旅游、城乡游打下良好的基础。(6)组织各社的外联促销人员，对旅游线路进行实地考察，改进线路编排，对服务质量、服务设施、导游水平等方面存在的问题进行整改，对各景点的服务要求、价格制定等进行了标准化规定，并形成几条柳州市的精品线路。

【旅游规划与建设】 1997年，柳州市旅游规划与建设抓了以下工作：(1)先后到柳城、柳江及郊区进行旅游资源考察，并编写了《关于广西柳州市穿山旅游区的开发项目建议书》，上报自治区旅游局规划处、市计委社会发展科、市环保局等单位。(2)参加柳州三门江国家森林公园规划评审会，并与农委系统就共同推销观光农业进行探讨。(3)抓住桂柳高速公路通车时机，加强区域合作。柳州市与桂林地、市旅游局联手推出大桂林旅游区的促销活动，成立大桂林旅游区资源普查领导小组，普查两地所有景点和接待场所，对两地的旅游开发和资源建设进行了逐项分类，两地联合促销，共同寻找开发合作伙伴。(4)及时、精细、准确地完成旅游统计工作，为上级及时掌握旅游发展提供信息资料，并获自治区旅游局表彰。 (曾宪忠)

财政·金融

财　　政

【收入概况】 1997年，柳州市共组织财政收入15.57亿元，为年度预算的105.16%，增长19.19%。其中：属于中央财政的“两税”收入9.9亿元（增值税6.92亿元，消费税2.98亿元），为年度预算104.67%，比上年增长11.87%；属柳州市地方的财政收入5.67亿元，为年度预算的106.03%，增长41.3%。

地方财政收入主要项目：工商税收入完成4.87亿元，为年度预算的106.26%，比上年增长44.12%；农业税收入完成1070万元，为年度预算的157.35%，比上年增长15.80%；企业所得税收入6051万元，为年度预算的75.64%，比上年下降6.43%；国有企业计划亏损补贴2531万元，为年度预算的168.73%，比上年下降21.28%；企业所得税退税1123万元，为年度预算的74.87%，比上年下降35.27%；罚没收入、行政性收费收入4557万元，为年度预算的227.85%，比上年增长16.25%。

在属于地方财政的工商税收入中，增值税占47.37%，营业税占17.17%；城市维护建设税占16.17%，个人所得税占9.27%，房产税占4.12%，固定资产投资方向调节税占1.92%，城镇土地使用税占1.17%，印花税占0.79%，屠宰税占0.49%，外商投资企业和外国企业所得税占0.25%，资源税占0.24%。

农业四税收入中，农业税99万元，占9.25%；农林特产税223万元，占20.84%；耕地占用税34万元，占3.18%，契税714万元，占66.73%。企业所得税收入中，工业企业所得税3385万元，占54.82%；建筑工程企业所得税75万元，占1.21%；商业企业所得税为－43万元，外贸企业所得税7万元，占0.11%，文教企业所得税21万元，占0.34%；旅游企业所得税23万元，占0.37%；房地产开发企业所得税132万元，占2.14%；集体企业所得税961万元，占15.56%；私营企业所得税3万元，占0.05%；地方股份制企业所得税1467万元，占23.76%；外商投资企业和外国企业所得税124万元，占2.01%；其他企业所得税5万元，占0.08%。国有企业亏损补贴中，补贴给工业企业498万元，占19.68%；补贴给农牧企业150万元，占5.93%；补贴给粮食企业1600万元，占63.22%；补贴给城市公用企业80万元，占3.16%；补贴给其他企业180万元，占7.11%。企业所得税退税中，工业企业退税891万元，占79.34%，其中机械工业844万元，医药工业47万元；商业企业退税11万元，占0.98%；外贸企业退税37万元，占3.29%；旅游企业退税9万元，占0.8%；房地产开发企业退税132万元，占11.75%；股份制企业退税31万元，占2.76%；其他企业退税12万元，占1.07%。

年内，上级补助收入5.95亿元，其中税收退还补助收入5.07亿元，各种一次性专项补助收入9541万元，各项结算补助收入218万元。全年社会保障基金收入2.18亿元；调入预算外资金补充预算1.16亿元。

【支出概况】 1997年，柳州市财政预算支出6.64亿元，为年度预算的96.67%，比增15.82%。其中：基本建设支出2.27亿元，为年度预算的100%，比上年增长1.38倍，占支出总额的4.02%，主要用于公检法和行政、卫生等部门的办公设施、住宅楼等；企业挖潜改造资金支出1205万元，为年度预算的79.96%，比上年增长1.68倍，占支出总额的1.82%，主要用于困难企业贷款贴息500万元，用于企业技术创新基金300万元；简易建筑费支出38万元，为年度预算的35.19%，比上年下降5%，占支出总额的0.06%；科技三项费用支出990万元，为年度预算的49.87%，比上年增长39.44%，占支出总额的1.49%，主要用于新产品的试制开发687万元，科研所建设经费250万元；支援农村生产支出3154万元，为年度预算的99.81%，比上年增长96.88%，占支出总额的4.75%，主要支出项目是副食品发展基金800万元，“两县”农业生产500万元，乡镇企业周转金300万元；农林水等部门事业费支出5817万元，为年度预算的99.79%，比上年增长4.21%，占支出总额的8.76%，主要是中央补贴给柳州市的防洪堤建设专项5000万元，连上年的补贴一起共1亿元已全部到位；工商部门事业费支出513万元，为年度预算的95.71%，按可比口径比上年增长5.99%，占支出总额的0.77%；城市维护费支出7398万元，为年度预算的99.62%，比上年增长17.09%，占支出总额的11.15%，其中除防洪保安费1181万元外，其余全为城市公用设施投资；文教事业费支出8862万元，为年度预算的99.93%，比上年增长13.25%，占全部支出总额的13.35%，分款项看为教育事业费支出6724万元，文化事业费支出783万元，文物事业费支出100万元，党政群干部训练事业费支出189万元，体育事业费345万元，广播电视事业费支出350万元，计划生育事业费支出232万元；科学事业费支出421万元，为年度预算的97.91%，比上年增长40.8%，占支出总额的0.63%，其中自然科学支出348万元，社会科学支出45万元，科协事业支出28万元；其他部门事业费支出2801万元，为年度预算的99.89%，比上年增长24.32%,占支出总额的4.22%;抚恤和社会福利救济费支出1415万元,为年度预算的94.4%,比上年同期增长21.88%,占支出总额的2.13%;行政管理费支出1.09亿元,为年度预算的99.43%,比上年下降0.16%,按可比口径比上年增长10.16%,占支出总额的16.45%;公检法支出5319万元,为年度预算的99.85%,按可比口径比上年增长4.73%,占支出总额的8.01%;政策性价格补贴支出2050万元,为年度预算的80.32%,比上年增长10.2%,占支出总额的3.09%,主要用于平抑食品蔬菜价格和建立副食品风险基金;支援不发达地区支出400万元,为年度预算的100%,全部用于柳州地区的扶贫攻坚项目,三江、融水、金秀和忻城县各100万元,其他支出6629万元,为年度预算的99.47%,比上年增长7.65%,占支出总额的9.99%,主要支出项目是目标奖和有关奖励2884万元,地方外事费1128万元;卫生经费支出4541万元,为年度预算的97.28%,比上年增长55.99%,占支出总额的6.84%,其中公费医疗支出2849万元,比上年增长129.39%,主要是归还历年欠拨款;行政事业单位离退休经费1103万元,为年度预算的99.73%,占支出总额的1.66%。

在各项支出中,人员经费(包括全部工资福利性支出)占30.79%,公务费占10.88%,设备购置费占5.28%,修缮费3.78%,业务费占18.06%,其他费用占31.13%。

1997年,上解自治区财政支出61382万元,其中体制上解5.39亿元,递增上解2153万元,专项结算上解5332万元;年终滚存结余为1.68亿元,赤字比上年减少34万元。

【预算外收支】 1997年,柳州市的预算外收入为6.908亿元,其中行政事业单位的预算外收入为4.20亿元,占60.81%;社会保障基金2.56亿元,占36.99%;地方财政部门的预算外收入1520万元,占2.2%。在行政事业单位的预算外收入中,行政事业性收费32193万元,占76.64%;基金和附加收入7898万元,占18.8%;主管部门集中的收入554万元,占1.32%;其他收入1359万元,占3.23%。预算外支出为6.41亿元,占收入总额的94.23%。其中:行政事业支出2.67亿元,占41.62%;基本建设支出4784万元,占7.46%;各种专项支出6715万元,占10.48%;社会保障基金支出2.32亿元,占36.25%;其他支出2684万元,占4.19%。

【收入变化情况】 1997年,柳州市地方收入比上年增长41.3%,其主要原因是上年柳州市遇特大水灾,当年财政减收2.6亿元,因此说增长的不可比因素较大,是在低基数的基础上的增收,仅上划中央的“两税”就增长1亿多元。在总收入中,中央“两税”增长幅度大,但增量的大头上划中央,市财政可支配的财力增加不多。企业所得税收入完成情况较差的主要原因是企业欠缴所得税增加,年末企业欠交所得税3165万元,比年初增长19.5%;还有企业经济效益不好,是所得税收下降的主要原因,财政可集中财力在减少。同时,还有企业的兼并、破产、资产重组、改制过程中享受优惠政策,也是造成企业所得税短收的主要原因。第三产业是柳州市地方财政收入的主要来源,但第三产业提供的税收增长偏低,年内营业税入库8354万元。

【支出增减变动】 1997年,柳州市财政的各项行政事业支出均有所增长,主要原因是财政收入超额完成预算,使支出的增长有可靠的保证。在安排财政盘子的时候,市政府坚持量入为出的原则,把保工资、保吃饭、保政府正常运转放在首位,优先保证行政事业单位工资及正常经费的拨款。在保障正常支出的前提下,柳州市从总量上增加了文教、科技的投入,文化教育经费增长13.25%,卫生经费增长55.99%,科学事业费增长40.8%。支援农业生产支出是增长最多的一类支出,主要是发展副食品生产。年内,柳州市召开多次档次高、规模大的会议,因而在各项费用开支中的会议费增支较大;为表彰、鼓励先进,政府对有关部门的奖励费用比往年也有较大增长,仅奖金一项就开支2884万元。城市维护支出比上年增加2400万元。随着罚没收入的增长,行政执法单位的办案费也有很大的增支。由于财政资金使用效益较低,也是造成支出增长尤其是行政事业费增长过快的主要原因,尽管市政府先后出台了会议费、电话费、车辆维修费等管理办法,对行政事业单位经费核定也实行了“零基预算”办法,但由于控制不严,监督乏力,而且经费追加预算多认审批,使财政资金浪费现象比较严重,行政事业费的增长过快,压缩不到正常水平。随着“三定”方案的确定,财政供养人口并没有减少,相反还比上年增加1945人,预算内的人员经费高达2.26亿元,占各项事业费支出的30.78%。财政支出范围宽,支出结构不合理,支出追加未按规定程序办理,财政管理跟不上,也是造成支出效益偏低的原因。

【防洪保安费征收】 1997年,柳州市防洪保安费的征收计划为5500万元,其中随税附征4150万元,预算外资金部份增收230万元,个人征收部份1120万元。年内,实际征收入库3327万元,仅为预算的60.49%。计划完不成的主要原因是:随税附征的防洪保安费,实际上并没有与税同时征缴入库,造成不同步,实际欠款数额大;在柳州的中央属、自治区属企业,在思想认识上还存在问题,对征收防洪保安费有抵触情绪,以种种借口搪塞;柳州市的大中型企业,经济效益不好,资金紧张,欠税情况严重,欠交防洪保安费比欠税的比例还大。

【农业税收征管】 1997年,柳州市农业各税的征收任务为680万元,其中农业税50万元,农林特产税130万元,耕地占用税50万元,契税450万元。年度执行结果为农业税99万元,比预算多49万元,为年度预算的200%;农林特产税223万元,比预算多93万元,为年度预算的179.23%;耕地占用税34万元;契税714万元,比预算多264万元,为年度预算的158.67%。其中比上年增收较大的主要是契税,增长的原因是商品房出售的状况有所好转,办房契的人增多。

在农业"四税"征管方面,主要抓了以下几项工作:培训农税征管人员。年内举办农业税征解、农业税专管人员的培训班两期,参加人员95人。抓紧催缴历年农税尾欠工作,当年催收入库公粮尾欠20多万元。及时消毁过期税票。消毁的过期税票25万份,各县、郊政府自行印制的零星小额市场税票亦在消毁之列。财政与土地管理,房产管理部门密切配合,积极抓好耕地占用税、契税的征管工作,促使收入有增长。

【推行"零基预算"】 1997年,柳州市对行政事业单位的年度经费实行"零基预算"编制法进行预算安排,统一支出标准,根据人员编制和各部门业务情况、收入情况进行资金分配,力争做到公开、公平分配财政资金,消除各部门之间的分配苦乐不均现象。这样做,可以避免单位预算只能增加不能减少的弊病,充分发挥财政和单位两方面的积极性,提高财政资金的有效使用率。

【医疗保障制度改革】 1997年,柳州市财政推行新的公费医疗管理办法,建立计算机管理中心,对医疗单位实行计算机管理,规范医疗市场收费,费用与患者个人挂钩。从运行的情况看,这一改革是成功的,取得一定的效果。一是提高管理手段。使用计算机管理后,每月均能及时、准确地统计出各项医疗费用,为了解、掌握医疗费用的结构动态提供了准确的依据。二是规范医疗行为。进行计算机管理全面联网后,各医疗点只能输入检治项目,药品名称,价格由计算机自动计价,并准确告知是公费还是自费,划清了公私费用界限。三是医疗费用浪费现象得到遏制。使用计算机管理以后,杜绝利用简易门诊开自费药品、滋补品等行为。四是享受人员增加费用意识。特殊检查、治疗的现象明显减少,小病大养的住院现象也得到控制。

在改革公费医疗管理的同时,柳州市财政在资金上大力扶持农村合作医疗,改革完善农村卫生医疗环境,对农村的卫生事业投入增加,1997年比上年增长33.95%,并积极配合卫生部门做好农村合作医疗工作,建成一个医疗单位,财政就适当补助一定的经费。

【清理预算外资金】 1997年7月份开始,对全市清理检查预算外资金的重点抽查全面铺开,从财政、审计、物价、监察、银行等部门抽调96名业务骨干,组成20个重点检查小组,对公安、工商、民政等97个单位进行检查。共查出违纪金额3322万元,其中应缴财政预算未缴305万元,应纳入财政专户管理而未纳的3017万元。

【税收财务物价大检查】 1997年10月,柳州市税收财务物价大检查开始,组织568个检查小组,对1.42万个企业、事业单位进行重点检查,查出各种违纪金额6978万元,应入国库金额6503万元,已入国库6149万元,另外收回欠交各种税费3028万元。

【财政监察教导员办事处柳州组】 1997年,财政部驻广西财政监察专员办事处柳州组的工作人员依法行政,依法监督,全面完成各项检查任务。全年各项专项检查共查补收入996万元,征收和监缴非税性专项收入195万元,对一般企业增值税返还剔除不应退付税款185万元,对国税部门提取代扣代征手续款不合政策部份182万元。一年里,柳州组的专项检查主要有以下几个方面:(1)对柳州钢铁集团公司、广西八一铁合金厂、麻石电厂、来宾电厂、柳州电厂、合山电厂和柳州供电局等7家企业的上年度增值税解缴情况进行检查,共查出违纪金额2131万元,应补交增值税362万元,罚款29万元。(2)对柳州市工商局、来宾县工商局、鹿寨县工商局进行专项检查,共查出各种欠缴中央财政的各项收费131万元,欠缴营业税41万元。(3)先后对柳州粮库、柳州市黄村粮库、柳州地区直属粮

1997年地方财政收支表

项目	预算数	决算数	比上年+-%
一、当年收入	53468	56692	41.30
1. 工商税收	45788	48656	44.12
2. 农业四税	680	1070	15.80
3. 企业所得税	8000	6051	-6.43
4. 企业亏损补贴	1500	2531	-21.28
5. 所得税退税	1500	1123	-35.27
6. 罚没和收费	2000	4557	16.25
二、上级补助		59475	5.89
1. 税收返还		50691	
2. 专项补助		9541	
三、调入资金		11625	-28.62
四、上年结余	-16872	-16872	
五、当年支出	68662	66376	15.82
1. 建设性支出		20447	
2. 消费性支出		45929	
六、上解支出		61382	4.70
七、滚存结余		-16838	

库、融安粮库库存情况，中央财政负担的利息，费用补贴拨款情况和使用情况进行检查，通过检查基本掌握专储粮管理情况及存在的主要问题，针对性地提出改进意见。

（苏少坡）

国家税务

【概况】 1997年，柳州市国家税务局机关设置19个科室、市区设置6个征收分局、5个稽查分局、第一税务师代理所、经税周报社及94个基层股所；柳江县局按经济区的划分，设立5个征收分局、1个直属稽查分局；柳城县局设立3个征收分局和1个直属稽查分局，两县农村税所继续保留。根据新的税收征管模式要求，市局在四城区及高新开发区设置鹅山、雀儿山、河北、河南、高新5个办税服务厅，总面积1000多平方米。该局（含两县）干部职工979名、助征员200名，市局干部职工710名，大专以上文化548人（其中本科185人、研究生3人），中专212人，具有高级职称10人，中级职称147人，初级职称553人，中共党员340人，共青团员230人。在基层分局、县局人员中，征管人员占52%，稽查稽核人员占48%。担负全市及柳江、柳城两县2.39万户工商业户的增值税、消费税等主要税种的税收征管，其中国有经济1552户、集体企业6406户、私营企业324户、个体工商户1.5万户、联营33户，股份制422户，三资企业139户。其中增值税一般纳税人4385户，小规模纳税人1.95万户。

年内，鹅山分局办税服务厅获市财贸工会授予的“柳州市流通行业优质服务示范单位”牌匾；河北征收分局、河南征收分局、稽查四分局、柳江县局、河西税务所等单位被授予市级文明单位称号；柳州市国税局获自治区人事厅、区国税局授予自治区国税系统先进单位称号；局党组书记、局长杨立峰同志获自治区国税系统先进工作者称号、柳州市劳动模范称号及五一劳动奖章；雀儿山分局获市财贸系统第六届文明服务杯“金点子奖”，柳州市军警民共建先进集体。

柳州市国税局鹅山分局河西税所狠抓队伍建设，文明促税源、促效益，取得显著的成绩，被国家税务总局评为“全国文明税所”。1997年2月，该所举行了隆重的揭匾仪式　　赖柳生　摄

【收入】 1997年，柳州市国家税务局改变往年旺征突击抓收入的做法，从年初开始抓紧工作，做到以月保季、以季保年，均衡入库。在4月的税收征管改革和第四届“双聘”工作前后，组织两次大规模拦网式税源调查，建立市局、分（县）局两级领导分片包干抓重点税源企业责任制，通过采取各种措施，上半年全局增值税、消费税（以下简称“两税”）入库4.99亿元，比自治区国税局下达的任务数差5个百分点。下半年，该局加强抓收入的领导力量，加大执法力度，对全市68户税源在100万元以上的税源重点企业进行调查。从9月起，全局实行汇报分析例会制度。12月起，全局实行“全员、全天、全部”的“三全”措施，即全体人员抓收入、机关干部组成挂钩小组赴征收一线；全月不放假，双休日照常上班；无论大税小税、新税欠税，要全部收上来。当月实现“两税”入库1.87亿元。

在组织收入的工作中，河北征收分局采取“硬、严、活”三项措施抓清欠，全年清缴陈旧欠税1300多万元；雀儿山征收分局开展“四个一，两带头，四个比”税收收入大会战；鹅山、河南征收分局抓住税源大户，把握主攻方向；高新、涉外征收分局在税收管理上下功夫，柳城县局集中力量攻“稳定、欠税、大户”三关；柳江县局挖潜补缺，多方借力。此外，5个稽查分局大力查补税款，依法治税，全局收入工作正常开展。截至12月31日，全局（含两县）实现工商税收入库14亿元，比上年增长16%，增收1.97亿元。其中，国内“两税”入库13.41亿元，完成年初计划102.4%，超收3137万元，市局、两县局“两税”入库分别为12.32亿元和1.09亿元。

【征管机构调整】 1997年，柳州市国税局在进行第四届干部聘任聘用制的同时，全面调整征管机构和人员。

征管机构调整办法　市局设立河南、河北、鹅山、雀儿山、高新开发区、涉外等6个征收分局，设立5个稽查分局。具体操作办法是：以原二分局组建河南征收分局，以原河北分局组建河北征收分局，以原鹅山分局组建鹅山征收分局，以原雀儿山分局组建雀儿山征收分局，以原高新开发区征收处组建高新开发区征收分局，原涉外分局更名为涉外征收分局，原稽查一分局不变，以原河南分局组建稽查二分局，以原一分局组建稽查三分局，以原郊区分局组建稽查四分局，原稽查二分局组建稽查五分局，撤消票证管理分局，设立发票管理所、户籍管理所，两所为副科级单位隶属征管科。

市局征收分局征管范围的划分　(1)河南征收分局与鹅山征收分局管辖地段划分:以鱼峰路、柳石路为界,以东由河南征收分局管辖,以西由鹅山征收分局管辖。(2)河南征收分局与开发区征收分局管辖地段划分:柳东路与东环路交叉路口为界,以南的东环路段由河南征收分局管辖,以北路段由开发区征收分局管辖。东环路以东(不包括路边门面)的柳东乡地域由河南征收分局管辖。(3)河北征收分局与雀儿山征收分局管辖地段划分:从胜利路以北、北鹊路到壶西桥头以西由雀儿山征收分局管辖。

市局稽查分局管理范围的划分　稽查一分局负责鹅山征收分局管辖范围的稽查,稽查二分局负责河南征收分局管辖范围的稽查,稽查三分局负责河北征收分局管辖范围的稽查,稽查四分局负责雀儿山征收分局管辖范围的稽查,稽查五分局负责开发区征收分局和涉外征收分局的稽查。

分局股所的设置与调整情况　(1)征收分局设置政秘股、业务股、计会征收所、票证管理所、管理一、二、三所。此外,河南征收分局保留白云专业市场税务所,鹅山征收分局保留飞鹅、柳邕两个专业市场税务所及太阳村等远郊税所,雀儿山征收分局保留长塘、沙塘、石碑坪、洛埠等四个远郊税所。(2)稽查分局设置如下股所:综合股、审理执行所(负责案件审理和查补税款追收入库)、稽查一所、二所、三所、四所。

柳江、柳城县局机构设置　柳江县局设拉堡分局、进德分局(下辖高岭征收处)、三都分局(下辖成团、百朋、里高、土博征收处)、洛满分局(下辖福塘、流山、露塘征收处)、新兴分局(下辖里雍、白沙、穿山征收处),另设县局直属稽查分局。柳城县局设大埔分局(下辖洛崖、古砦、龙头征收处)、河东分局(下辖太平、东泉、凤山、社冲征收处)、河南分局(下辖马山、六塘、冲脉征收处),另设县局直属稽查分局。

【第四届干部聘任聘用辞退工作】　1997年,柳州市国税局顺利完成第四届干部聘任聘用(简称"双聘")工作。4月上旬,市局领导带队分赴各分局、柳城、柳江县局,对上届中层干部进行考核,原第三届受聘的基层单位、部门中层干部、股所长进行述职。4月中旬,经局党组研究决定,公布第四届中层干部及股所长名单,全局中层干部及股所长聘任工作完成。4月下旬,全局机构调整和人员"双聘"工作圆满结束。全局参加"双聘"人员1179人,其中干部职工979人,助征员200人。全局有79人高聘为股所长或中层干部,有43人由原来的中层干部、股所长低聘为股所干事一般干部,落聘或待聘人员21人。全局(含两县)被局党组聘任为中层干部的有61人(最大年龄50岁,最小28岁,平均35.8岁。不含工、青、妇、税务代理及经税周报社人员),其中分局37人,机关24人,被聘任为股所长正职的102人,副职120人。柳江县局中层正职干部17人,副职14人,柳城县局中层正职干部13人,副职3人。全局所有受聘干部职工受聘期从1997年4月至2000年。结合第四届"双聘"和征管改革,市国税局对干部进行从地域、岗位、管业的大面积交流,参加交流800多人,交流面占"双聘"人数的78%,所有交流人员全部按规定时间到达新岗位。

【征管】　5月,新的征管机构正常运转后,柳州市国家税务局把征管改革的重心放在税收征管的配套改革上。

建立计算机广域网　6月份购买天津天财计算机公司开发的应用软件。在此基础上,下半年全面开展广域网建设和征管软件的修改工作。11月初首次在鹅山分局试运行,12月1日开始在各征收分局运行,到年底止,整个广域网工程已完成总工程量的98%,完成新征管软件修改工作总工作量的60%,除个别单位外,市内已实现广域联网。

税务五笔　柳城县国税局稽查分局许有科经过潜心钻研,研究出"税务五笔"和"税务检查报告书"自动生成法等微机应用技术,为提高工作效率,拓宽微机在税务方面的应用范围作出一定的贡献。

改革纳税申报制度　根据新征管模式要求和计算机网络特点,该局对纳税制度进行改革。一是在企业中推行"三自纳税"、邮寄申报、上门申报纳税三种形式;二是在个体工商户中推行银税一体化,采取同城通缴、就近申报纳税的形式,既减少税务机关工作量,又方便纳税人。此项工作首先在柳城、柳江两县试点,然后向全市推广。截至12月中旬,市区河北、鹅山、河南三个征收分局已全面实现同城通缴,总户数达8000多户。

推行税务代理工作　6月,柳州市第一税务师事务所挂牌成立。40名从各分(县)局、科室抽调的人员组建事务所及下属13个分所。事务所在柳州市国税局的指导下,制定税务代理办法和代理程序,加强征管与代理的联系和配合。到年底止,代理业务已扩大到税务登记、代理申报、代理记帐等多个领域。

个体私营经济建帐查帐征收工作　柳州市国税局要求所有的小集体企业全部实行建帐查帐征收,个体大户按标准分别建立复式帐和简易帐,实行查帐征收。同时,以分局为单位,举办个体私营经济建帐学习班10多期,参加学习建帐达500多人次,截至12月底已全部培训完毕。

【稽查】　第四届"双聘"后,全局共有478人从事稽查稽核,占基层分(县)局人员的48%。年内,该局稽查部门按照日常稽查、专项稽查和专案稽查的划分,组织稽查检查工作。共检查2456户各类纳税人,查出有问题971户,查补税款2983万元;在专项稽查中,对一般纳税人进行全面清理,查补两税514.72万元;对246户商业企业增值税一般纳税人的专项检查中,共查补税款140多万元;对1.65万户纳税人税收大检查中,查补税款4468.24万元;各稽查分局配合全局收入工作,共查补税款入库5500多万元。

【税法宣传】　1997年,柳州市国税局信息宣传工作以重时效、抓重点、上精品为目标,全方位、多渠道向各级新闻媒介和信息媒体投稿,宣传报道该局两个文明建设成果。年内全局共有 291 名税务人员向市级以上新闻单位投稿，被国家级新闻媒介采用稿件 76 篇(件)、自治区级 264 篇(件)、市级 788 篇(件)。其中,《中国税务报》采用 49 篇、总局信息 11 篇、区局信息 66 篇、《广西日报》15 篇、广西电台 79 条、广西电视台 5 条、《柳州日报》、《柳州晚报》228 篇、柳州有线电视台、柳州电视台、柳州电台共采用 264 条。该局获 1997 年度全区国税系统信息工作先进集体，宣传信息报道工作在全区国税系统办公室考核中以 291 分的成绩，获全区第一。

【税官艺术团】 1997 年创建的以国税稽查五分局干部职工为主体组建的柳州市税官艺术团，获得多项荣誉：4 月，全区国税系统文艺汇演获一等奖；5 月，在全国税务系统第二届文艺调演中，以舞蹈《心中的丰碑》获 33 个最高奖项——“文艺调演纪念牌”之一。6 月，在全市“金美杯”迎香港回归歌咏大赛中获一等奖。9 月，该团参加“平果铝”杯第三届广西职工艺术比赛中，获特等奖及一、二、三等组织奖、最佳演员奖等 6 个奖项。10 月，该团参加第三届“龙城金秋”文艺汇演中，舞蹈《血祭一八四零》获一等奖。11 月 27 日，该团以广西税官艺术团的身份，承担在北海召开的“全国税务年会”的接待和文艺晚会演出任务。12 月 17 日，该团代表广西国税系统，参加在北京举办的全国税务系统调演，表演的微型音乐剧《兰兰的生日》获得成功，19 日在全国女部长联谊会的汇报演出结束后，演员们受到中央政治局候补委员、外经贸部部长吴仪和国家总局党组书记、副书记项怀诚的接见和赞扬。

（纪晓梅）

地方税务

【概况】 1997 年，柳州市地方税务局下辖 5 个征收分局、6 个稽查分局、两个县局，有税务股所 121 个，干部职工 603 人，助征员 262 人，担负着全市及两县 3.5 万余户工商业户的地方税税收征管，其中营业税纳税户 2.9 万户。年内，该局被自治区纠风办和柳州市纠风办评为“行业风气评议试点先进单位”；在争先创优过程中，该局直属征收分局被授予“全国税务系统先进集体”称号，柳南征收分局柳南征管所被授予全国城镇“巾帼文明示范岗”称号；该局局长罗树生家庭被授予全国首届“五好文明家庭”称号。

【税收收入】 1997 年，柳州市地方税务局(含柳江及柳城两县局)累计组织地方税各项税收收入 4.91 亿元，其中：地方工商税收收入 3.77 亿元，完成年度计划的 102%，比上年增收 5110 万元，增长 16%；地方国有(含股份制)企业，所得税收入 8522 万元，完成年度计划的 88%，比上年减收 507 万元，下降 6%；教育费附加收入 1905 万元，比上年减收 365 万元，下降 16%；防洪保安费收入 963 万元，完成年度计划的 113%。地方两税合计收入 4.62 亿元，完成年度计划的 99%，比上年同期增收 4602 万元，增长 11%。

1997 年，该局工商税收收入取得较好成绩的原因：(1)加强组织收入工作。年初把税收计划按季按月层层分解落实到基层股所和个人，并采取组织收入与经费挂钩的办法，实施激励机制；同时，大量的人力、物力向基层单位倾斜，保证组织收入工作的顺利开展。(2)进行税收征管改革试点，强化税收征管，提高征管效率。八月份，该局进行以“集中征收、重点稽查”为格局的征管改革，狠抓纳税申报率，始终保持在 95%以上。(3)进一步完善和推广代扣代缴制度。广泛宣传和动员社会各阶层协税护税，签订代扣代缴协议，明确代扣代缴的责任和义务，对重点代扣代缴单位和个人进行检查，以查促收，有效地防止税款的流失。全年个人所得税收入达 5276 万元，完成年度计划的 155%，比上年增收 2729 万元，增长 107%；房产税收入 2177 万元。(4)加大税务稽查力度。1 至 11 月，累计查出应补地方各税 3478 万元，已入库 2945 万元。第四季度开展的“三大检查”税务稽查成效显著，查补地方各税近 3000 万元。(5)桂柳高速公路、六桥一路营业税的征收，对组织收入工作起到了一定的促进作用。

【税收征管改革】 1997 年，柳州市地税局于年初制定了《柳州市地方税务局税收征管改革方案》，自治区地税局把该局列为全区综合征管改革试点单位之一，批复该局的征管改革方案，征管改革主要包括：1. 调整和建立适应新的征管需要的、

1997 年柳州市国税局税收入库情况表

金额：千元

	合计		柳州市		柳城县		柳江县	
	入库税额	+−%	入库税额	+−%	入库税额	+−%	入库税额	+−%
总计	1413328	13	1300470	13	59081	9	53777	16
工商税收	1399075	16	1287378	17	58476	9	53221	16
1. 中央级	1137249	21	1052627	21	44168	8	40454	19
2. 地方级	261825	0.46	234751	−1	14308	14	12766	5
其中：地区级	1387	−5	1387	−5				
市县级	260438	0.49	233364	−0.48	14308	14	12776	5

结构合理的征管职能机构。(1)市局机关机构新增设法规宣传科、事业编制的机关后勤服务中心、税务检查室；原设置的计算机管理中心改为事业编制，原设置的票证管理分局撤销，在征管科下设置发票管理所，纳税人户籍管理所。(2)分局征管机构的设置及职责。原来按行政区和经济性质设置的9个分局，按照集中征收的原则，改为按经济区和经济性质设置的5个征管分局；即直属、柳北、柳南、涉外、高新分局。稽查分局由原设置的2个增设到6个。即直属、柳南、鱼峰、柳北、城中、郊区稽查分局。2. 建立纳税人自行申报纳税制度。为分清征纳双方的权利、义务和法律责任，根据柳州市的实际情况，纳税人自行申报纳税采取六种方式：一是纳税人直接向税务机关纳税申报；二是实行"三自"申报纳税；三是电子申报或电话传真电报纳税；四是委托中介机构代理申报纳税；五是对实行"双定"征收的个体工商户实行磁卡或"信用磁卡"申报纳税，对使用"信用卡"申报的纳税人，可以全城通存通缴；六是对无证临时经营者，凭纳税人口头或书面申报或税务机关核定税额，由纳税人到税务机关申报纳税或税务人员到现场征税。3. 完善办税服务大厅建设，优化纳税人服务。柳北、柳南征收分局在中心地带新建四个服务功能齐全的中心办税服务大厅，其他征管分局在原有的办税大厅内完善和增设服务功能。4. 建立以计算机网络为依托的管理监控体系。该局改革方向是建立和使用计算机网络系统和软件，在市局计算机中心建立中心主机数据库，市局服务器通过广域网络自动与各征管、稽查、各职能科室联网，形成市局——大厅——远程征收所三级网络管理系统，随时掌握了解监控征管情况，指导工作。5. 实行税务代理制度。撤销原来的税务咨询事务所，成立第一、第二税务师事务所，为全市税务代理中介机构，按照《税务代理暂行办法》规定开展税务代理业务。6. 建立人机相结合选案的稽查体系。7. 建立社会协税护税管理体系。8. 对个体、私营经济业户试行建帐建制，实行查帐征收管理。9. 对部分行业实行"发票加双定计税"征收。10. 加强对地方重点税源管理和监控。11. 进一步完善税务、银行一体化服务体系。12. 加强个人所得税的征收管理。

【所得税申报检查】 1997年，柳州市地方税务局开展企业所得税申报检查工作，全市纳税企业4269户全部按要求申报纳税，纳税申报率达100%，实际上缴企业所得税1.09亿元。在重点检查阶段，查补净增所得税1581万元，查补其它各税936万元。

【个人所得税管理】 1997年，柳州市地税局开展个体工商业户、个体行医户的定额定率调查，将现行征管现状，定额定率及随征情况上报区局；对全市所有扣缴义务人重新换发证书并配合发放个人所得税扣缴义务人须知，明确扣缴义务人责任，指导扣缴义务人做好代扣代缴工作。与代扣代缴单位重新签订协议2169户，发放《个人所得税扣缴义务人须知》3800份。

【减免税管理】 1997年，柳州市地税局为了把国家的减免税政策落到实处，在办理减免税的审核工作过程中，主要采取以下措施：(1)与市劳动部门紧密配合，按财政部、国家税务总局要求，对全市300多家劳服企业进行年检，审核认定100多家企业符合劳服企业规定。(2)与市教委工业公司对全市300多个校办企业进行调查、审核，对已具备学校自筹、自己管理、实现盈利后用于弥补教学经费不足的70多家校办企业，给予享受国家的减免税优惠政策。(3)深入民政福利企业，认真核实安置残疾人员比例情况，实行减免。

【强化学历教育与技能培训】 (1)学历教育向高层次、高水平方向发展。该局与扬州大学税务学院联办了三个税务专业本科班，与国税局联合成立了扬州大学税务学院柳州函授站。全局选送157人参加学习。下发《柳州地税局学历教育管理补充规定》对报读研究生作出明确规定。(2)技能培训及业务考试讲求实效。该局人教部门积极与业务科室联系，坚持上好业务大课，同时，举办"青年岗位能手"大赛，全局参赛面达80%；190人参加新税制及税务检查两项笔试。

(黎规友)

审　计

【概况】 1997年，柳州市审计工作狠抓审计规范化建设，提高审计质量，强化审计监督，严格审计执法。全年完成审计项目86项，占年计划的126.5%，查出违纪金额2.81亿元，其中应上缴财政2363万元。

【财政审计】 1997年，柳州市审

一九九七年柳州市地方税务局工商税收入库统计表　　金额单位：万元

预算级次	合计入库税收	柳州市入库税收	柳城县入库税收	柳江县入库税收
工商税收合计	37698	33879	1667	2152
自治区级	7617	7151	253	213
地区级	290	290		
市县级	29791	26438	1414	1939

计局完成上年本级财政预算执行情况审计。采取从预算资金的帐户入手延伸审计的工作方法，审计财政部门的帐户 99 个，查出违纪金额 1.47 亿元，主要问题有：(1)预算支出调整 6572 万元未按规定程序办理；(2)预算列支未兑现。年终将应列支的 6327.8 万元转入“暂存”；(3)部分财政资金尚未纳入预算。如规费收入、交通罚款、土地出让金等，共计 1035 万元；(4)应列作预算收入的 800.6 万元作预算外或预算内暂存挂帐，年终调入资金平衡预算；(5)专项资金拨付、使用及管理存在一定问题。如支农资金，欠拨数额较大，预算 1995.03 万元，实际拨款 744.18 万元。下拨到单位又有被挤占的情况，部分项目回收款未纳入财政管理；(6)税收征管不严，偷漏税严重，地税局在“三查”中，共查补各种税款 3901 万元，占当年入库税的 17.58%；税局对一些应当入库的税收采取办理缓征的办法，随意调节税收；(7)财政周转金发放的借款逾期率过高。民资局逾期借款 3.11 亿元，逾期率 86.5%。此外，应收取的资金占用费欠缴 1.24 亿元。

【工商企业审计】 1997 年，完成工商企业审计 36 项，查出违纪金额 8000 多万元；查出小金库 10 个，金额 231.16 万元；查出偷骗税 211.12 万元；移送司法机关处理 1 项。查出一些带倾向性的问题：(1)企业经济违纪有上升的趋势。(2)私设小金库严重。(3)偷骗税严重。(4)采取各种办法，隐瞒、截留利润。(5)有的企业还不同程度存在虚盈实亏、乱挤占成本、往来帐不清、物资管理混乱等问题。

【行政事业审计】 1997 年，完成行政事业审计 30 项，主要审计医疗系统财务收支、水毁水利资金、计生专项经费、住房基金、保险及退休金的征收和使用情况、普教经费等，查出违纪金额 3696 万元。

在医疗系统财务收支审计中，查出的主要问题：(1)隐瞒收入 750 万元，主要是回扣费、简易门诊收入、疫苗收入不入帐等；(2)乱发奖金 142.6 万元，主要是多提业余提成发奖金，没有奖励基金，却红字发放；(3)挤占成本 427 万元，主要把支付土地费、春节补贴、修购费挤占成本；(4)医疗欠费严重，公费医疗部门全年应付未付全市医疗单位 4173 万元；(5)公费医疗预算未兑现。全年预算公费医疗费 2300 万元，实拨 1167.8 万元，欠拨近一半。

在普教经费审计中，查出违纪金额 475 万元，发现柳州市中小学普遍存在漏税、乱收费现象，并及时向市领导汇报、引起市人大的重视，要求市教委认真整改。市教委根据市领导的要求，认真采纳了审计意见和建议，在全市实行治理乱收费目标管理责任制度，对乱收费单位的负责人直接责任人实行党纪政纪处分，市有关新闻单位进行专门报道。

【外资企业审计】 1997 年，完成外资企业审计 10 项，其中世行贷款审计项目 6 项，外国政府贷款项目 3 项，合资企业调查 1 项。审计人员从“审、帮、促”出发，帮助单位按世行财会管理办法，设置会计科目，正确收集项目支出的费用，同时，对项目单位已开支的费用未及时向世行提款报帐，国内配套资金的落实等问题，审计均提出建议，促进管好用好外资。

【投资审计】 1997 年，完成投资审计 5 项。投资审计重点由财务收支审计转到基建项目审计。抽审 3 项竣工决算项目，核减项目结算造价 105.54 万元，在审计防洪工程建设资金中，发现有多头管理问题，防洪工程进度缓慢，只完成 1995 年至 1996 年投资计划 1277 万元的 28.52%。

【审计特派员制度】 年内，审计特派员制度进一步开展，进驻单位 33 个。商贸系统审计特派员根据局有关特派员工作的规定，结合实际制订《商贸科审计特派员工作内容、要求及分管企业情况手册》，操作规范，及时发现并纠正企业违纪金额 2227.56 万元。

【审计队伍】 1997 年，柳州市审计队伍建设着重抓了如下工作：(1)抓好政治理论学习。坚持政治学习制度，做到制度化、经常化、规范化。(2)加强业务学习和培训。在全局和各科室分别学习和讨论审计署编发的 38 个规范性文件，规范审计行为，细化审计程序。(3)狠抓廉政建设。主要抓廉政制度的落实和监督，制订《审计组廉政责任的若干规定》，对被审计单位进行审计回访，检查审计人员在审计期间廉政勤政情况。(4)实行干部分流和交流。根据市政府要求，完成定岗、定员、定职工作，编制由 100 人减少到 90 人，科室由 10 个增加到 11 个，内部也实行了部分人员的交流。(5)完善内部管理机制。制订局审计工作考核、考勤制度，草拟《审计业务质量控制办法》、《审计报告的复核办法》、《审计业务工作过错责任追究制度》、《审计组长责任管理办法》，使局内部管理工作有章可循。审计科研、信息宣传工作。1997 年，市审计局积极开展审计科研活动，选送 5 篇科研文章参加全区审计研讨会，其中 1 篇获三等奖、4 篇获佳作奖，完成《柳州市志·审计志》的编撰，编辑出版《审计情况》19 期，有 8 条信息被区、市有关部门采用，信息《我市企业税外负担沉重应引起重视》得到市领导批示。

【内部审计和社会审计】 1997 年，柳州市审计局加强对内部审计和社会审计的指导、监督。制订《关于对内审工作指导管理的办法》，组织行业内审会议，举办内审培训班，开展全市内审基本情况调查，对市属 15 个重点内审机构进行业务指导，促进内审工作的发展。全市 65 个内审机构，完成审计项目 1250 个；查出并纠正违纪金额 1082 万元，向司法机关移送案件 7 件，查出损失浪费金额 850 万元，提出审计建议并被采用 580 条；促进增收节支 1065 万元。社会审计方面，按注册会计师行业的要求，对两个审计师事务所进行了清理整顿，建立和健全了目标管理制度和质量管理制度，在编人员实行定任务，定质量，促进审计业务的发展，两个审计师事务所完成委托审计查证事项 401

项，验资1688项，审计质量有了提高，受到了委托人好评。

（陈定奎）

国有资产管理

【概况】 1997年，柳州市国有资产管理工作围绕深化国有企业改革的中心工作，努力探索建立权责明确、政企分开、政资分离的国有资产管理、监督和运营体系，进一步深化国有资产基础管理工作和清产核资工作，积极参与优化资本结构城市综合改革试点工作，为全面推进国有企业深化改革，提高国有资产运行质量和运营效益做了大量基础工作。一是配合优化资本结构城市综合改革试点，积极参与“抓大放小”工作。协助有关部门完成市钢圈厂、标准件厂、链条厂、航运公司、日用化工厂、造漆厂、铸造厂、五金公司和五交化公司等20多户企业的股份制改造，兼并和组建企业集团的资产清理及资金核实工作，为企业深化改革创造条件。二是积极推进国有企业深化改革，促进国有资产优化重组。先后参与完成柳州五菱汽车有限责任公司、两面针集团等18户优势企业对柳机等20多户困难企业的兼并，盘活存量资产5亿多元。三是贯彻落实《国有企业财产监督管理条例》，加强对企业国有资产经营状况的监督，完成1996年度全市169户国有独资企业资产保值增值指标考核工作，对其资产经营状况，盈利和亏损成因进行分析研究，掌握国有资产运行质量和运营效益可靠信息，为市领导决策国有企业深化改革工作，促进企业向“三改一加强”要效益提供了参考依据。

【国有资产统计】 1997年列入国有资产统计年报的市属企业共364户(其中市本级270户)，拥有资产总额265.8亿元(市本级256.35亿元)，国有资产总额94.67亿元(市本级90.75亿元)，负债166.8亿元(市本级161.08亿元)，资产负债率71.93%(剔除土地资产)。行政事业单位585户，总资产32.8亿元，负债11.45亿元，国有资产总额21.35亿元。1996年度全市有141户企业盈利，实现利润3.37亿元，223户企业亏损，累计亏损6.86亿元，盈亏相抵后净亏3.48亿元。

【国有资产产权登记】 1997年对企业和行政事业单位进行产权登记。一是对462户占用国有资产的企业进行产权登记，登记的资产总额280.94亿元，负债174.84亿元，净资产106.09亿元，国有资产总额104.84亿元。总资产报酬率为1.13%，资本收益率－7.41%，净资产收益率—3.87%，长期投资收益率1.81%，资产负债率为62.2%(含土地资产)，流动比率99%。二是对551户行政事业单位进行产权登记，登记的资产总额32.91亿元，国有资产总额21.60亿元，占资产总额的65.63%。其中固定资产15.74亿元，占国有资产总额的72.87%。负债总额11.31亿元，负债率为34.37%。

【非经营性国有资产转经营性资产管理】 1997年，在深化国有资产管理工作中，加强非经营性资产转经营性资产的管理(以下简称“非转经”)，重点对行政事业单位“非转经”资产的产权管理，首次在全市行政事业单位中进行“非转经”资产调查摸底。经调查统计市本级“非转经”资产占用户数共148户，“非转经”资产总额达3719万元，平均按3%的比例征收占用费，每年可征收110万元。在做好充分调查研究和宣传动员工作的基础上，市国资部门与财政部门联合制定了征收“非转经”资产占用费的办法措施，认真落实国家国有资产产权收益和“非转经”占用费征收管理办法，累计征收行政事业单位“非转经”资产占用费77万元上缴财政国库。

【城镇集体企业单位清产核资工作】 1997年，在全市范围开展城镇集体企业、单位清产核资工作，主要取得三方面成果：一是摸清了全市城镇集体企业总体情况，共有城镇集体企业9023户，其中属郊区和城区政府名义兴办，名为集体实为个体的企业7002户，其他部门、企业办的“集体企业”540户。剔除7542户名不符实的集体企业，全市实有城镇集体企业1481户。在1481户集体企业中，按照财政部有关文件进行审核确认后，实际应参加清产核资的集体企业为554户，其中金融企业54户、事业单位3户，非金融企业497户。二是掌握城镇集体企业资产分布和经营情况。全市实际参加城镇集体企业清产核资的非金融企业456户，流动资产清查数为22.49亿元，核实数为21.17亿元，待处理流动资产净损失清查数为1.55亿元，长期投资清查数与核实数为1.57亿元，固定资产清查数为10.71亿元，核实数为11.39亿元，待处理固定资产净损失清查数为1586万元，无形资产清查数与核实数为830万元，递延资产及其他资产清查数与核实数为9021万元，递延税款借项清查数与核实数为17.1万元，负债清查数为27.76亿元，核实数为27.87亿元。所有者权益清查数为8亿元，核实数为7.25亿元。资产总额清查数35.76亿元，核实数为35.11亿元。三是界定了产权，进一步明晰了企业产权关系。

【国有资产管理体制改革】 1997年，柳州市国有资产管理体制改革，加大国有资产授权经营工作力度，深化国有资产管理体制改革。首先，为完善柳工集团公司的授权经营工作，指导该公司制定完成了《国有资产授权经营实施方案》，进一步规范国有资产授权经营工作。其次，按照架构新的国有资产管理体制实行三层次管理体系完善国有资产管理的要求，积极探索建立适应社会主义市场经济体制的新的国有资产管理和运营体系，拟制《柳州市国有资产管理暂行规定》并经市委、市政府批准实施。三是制定出台《柳州市企业国有资产经营责任制试行办法》、《柳州市国有产权代表报告制度(试行)》、《柳州市国有资产运营机构管理暂行办法》、《柳州市国有企业财务总监管理暂行办法》。这一系列国有资产管理体制改革配套政策性文件的出台，标志着我市国有资产管理所有者——出资者——经营者三层次管理体制已初具雏形。

【资产评估】 1997年,共完成资产评估项目205项,评估业务范围涉及股份制改造、中外合资、破产清理、抵押贷款、产权转让、联营、兼并及司法等多方面。评估帐面原值40.12亿元,帐面净值29.91亿元,重量价值45.61亿元,评估值43.82亿元。

金　融

综　述

【金融运行态势平稳】 1997年,柳州市金融系统贯彻执行适度从紧的货币政策,切实整顿金融秩序,防范和化解金融风险,确保金融业的安全稳健运营,信贷结构调整适应全市经济结构调整需要,全市金融秩序稳定,运行平稳,存贷款稳定增长,各项金融改革稳步推进。金融运行的总体情况表现为:企业存款增长,但多次出现波动;储蓄存款持续增长;各项贷款增长适度,银行信贷投入基本适应经济发展需要;春节前货币投放较大,全年货币回笼虽缓慢,但年末各行均完成现金计划。年末,全市金融机构各项存款余额179.79亿元,比上年末增加21.33亿元,增长13.46%;各项贷款余额142.16亿元,比上年增加13.38亿元,增长10.39%;现金累计收入488.57亿元,比上年增加85.37亿元,增长21.17%;现金累计支出472.12亿元,比上年增加88.43亿元,增长23.05%;收支轧差,现金净回笼16.46亿元,比上年少回笼3.07亿元。全年各商业银行的资金备付率保持在人民银行规定的比例范围内,整体资金充足,支付正常。

【存款保持增长】 1997年,柳州市企业存款和居民储蓄存款均保持了一定的增长速度,对贷款的同步增长发挥了积极的作用。(1)企业存款总体表现增长,但受微观经济运行效益不佳,货款回笼缓慢的影响,出现较大的起伏,稳定性较差。年末,企业存款余额为61.57亿元,比上年末增加7.88亿元,增长14.68%,较上年的增长速度慢3.04个百分点,其存量和增量分别占各项存款存量和增量的34.25%和36.94%。同时,企业存款的内部构成出现较大的变化,集体企业存款、其他企业存款和单位定期存款成为企业存款增量的主要组成部分,而作为企业存款重要组成部分的工业存款余额97年末比上年末下降1.89%;建筑企业存款余额比上年末下降28.28%。企业存款的不稳定性表现在各月份企业存款时增时减,波动起伏较大,全年有5个月企业存款比上月减少,只有7个月表现为比上月增加,企业存款稳定性相对较弱,直接影响信贷资金的有效运用。(2)居民储蓄存款保持增长势头,但增势减弱。年末居民储蓄存款余额112.08亿元,比上年末增加13.72亿元,增长13.95%,比上年少增4.67亿元,其中定期储蓄存款余额76.41亿元,比上年末增加7.96亿元,其增量占全部储蓄存款增加额的比重由上年同期的73.51%,下降为58.01%,下降了15.5个百分点,储蓄存款增长减慢的原因:一是城镇居民人均可支配收入增幅减低,全市城市住户1997年人均可支配收入比上年增长3.43%,比上年的增长率低3.9个百分点;二是受国家近两年连续三次下调存贷款利率及取消保值储蓄贴补的滞后因素影响,定期存款到期转存率下降;三是加强大额现金支付管理,查处储蓄中部分公款私存的资金,挤出储蓄存款的“水份”;四是股票、债券等资本市场的发展分流部分储源,全市几家证券公司当年增加的保证金余额即达3853万元;全年柳州市地发行的凭证式和记帐式国债达4.03亿元,比上年增长11.8倍;五是房改和企业改组改制集资入股分流了储蓄,仅统计柳州市23家转制为股份合作制的企业1997年募股到位股金即达1734万元。

【贷款均衡增长】 1997年末,全市金融机构各项贷款余额为142.16亿元,比上年末增加13.38亿元,增长10.39%,比上年同期少增1.34亿元。从贷款增量构成看,各项贷款中短期贷款比上年末增加9.67亿元,增长9.66%,占新增贷款的72.28%。其中工业贷款增加6.88亿元,商业贷款中的粮食企业贷款增加1.4亿元,农业贷款增加1.01亿元,其他短期贷款增加1.25亿元。中长期贷款增加0.75亿元,增长3.14%,占整个新增贷款的5.57%。其中基建贷款增加2.49亿元,比上年同期多增2.7亿元;技术改造贷款减少1.51亿元,比上年同期多减少2.58亿元。此外,包括票据贴现、特种贷款等在内的其他类贷款增加2.99亿元,比上年同期多增加2.23亿元。新增贷款的主要投向:一是继续支持市糖业的生产、收购和储备。96/97榨季,全市金融机构1—4月份累计对糖厂新增流动资金贷款1.14亿元;97/98榨季开始后,11、12月份又新增发放了糖厂流动资金贷款4540万元,确保糖料蔗收购所需资金。二是加强统一调度,优化贷款投向,支持产品有市场、有效益、还款付息有保证的企业和重点企业的生产发展。年内,对柳州市的柳微、柳钢、柳工、华锡集团等4家实行主办银行制度的企业新增流动资金贷款3.07亿元,各家银行在企业信用等级评定基础上,对一大批优良企业通过新增贷款规模和贷款存量调整,优先安排企业合理资金需要。三是支持商品流转,全力保证粮食收购、调销及储备的资金需求。全年累计发放国家粮食专项储备贷款3.19亿元,当年新增0.76亿元;累计发放粮食收购贷款2.45亿元;发放粮食调销贷款1.42亿元,其中新增0.54亿元。四是华锡集团总部从河池转到柳州,其存款、贷款也转到柳州,其中基建贷款2.6亿多元转入,使当年柳州市基建贷款出现增长。五是增加支农投入。农业贷款和乡镇企业贷款共增加1.31亿元,占新增贷款的9.79%,基本保证柳州市农林牧渔业的稳定增长,促进乡镇企业的发展。七是加大对企业货款结算中票据的使用量,通过贴现方式鼓励企业大量使用商业汇票，减少现金交易量，人民银行对商业银行贴现票据进行再贴现金全年达3亿元，大大加快企业结算资金周转速度。八是大力支持柳州市优化资本结构，整体推进经济结构调整的步伐，全市金融机构共为各类被兼并企业停息免息2912.7万元，为破产企业核销呆帐坏帐贷款2.66亿元，企业通过减员增效获贷款免息1080.10万元。

【现金回笼速度减缓】 1997年，柳州市金融受微观经济运行效益不佳的影响，现金投放量大，回笼速度慢，全年银行现金总收入488.57亿元，比上年增85.37亿元，增长21.17%；现金总支出472.12亿元，比上年增88.43亿元，增长23.05%；现金收支相抵，全年净回笼16.46亿元，比上年少回笼3.07亿元。年初至春节前，柳州市货币投放量猛增，元月份净投放现金5.59亿元，比上年多投放0.96亿元。节后几个月现金回笼也出现阶段性波动起伏，全年现金回笼减缓，一是农村信用社现金回笼减少，全年农村信用社净回笼现金0.19亿元，比上年少回笼0.98亿元；二是储蓄渠道继续净投放，全年储蓄存款净支出现金7.66亿元，比上年少投3.88亿元；三是集团消费居高不下，全年行政管理费支出现金21.42亿元，比上年多支出4.08亿元；四是工资性支出继续增加，年内工资性支出36.35亿元，比上年增加3.99亿元。

（赵权伟）

人民银行

【概况】 1997年，人民银行柳州分行以国务院提出的“金融风险防范活动年”为契机，围绕金融体制改革目标和柳州经济发展战略这条主线，一手抓金融风险防范，一手抓行业精神文明建设，全辖金融宏观调控取得明显成效，有力地促进地方经济建设。年末，人民银行柳州分行在柳州市的3个机构（含柳江、柳城县）有员工310人，存款余额为35.22亿元，比去年增2.32亿元，其中，财政性存款和专业银行划来财政性存款余额为9635万元，减3734万元；金融机构存款余额为11.96亿元，减7700万元；金融机构缴存准备金为22.29亿元，增3.46亿元。各项贷款余额为1.46亿元，比年初减少2.81亿元。年内，人民银行主要抓以下工作：(1)是密切监测两大计划执行情况，合理运用货币政策工具灵活调控货币供应量。全年银行现金累计收入488.51亿元，累计支出472.12亿元，现金净回笼16.46亿元；累计对商业银行发放头寸调剂贷款18亿元，对商业银行办理再贴现3.22亿元，融通资金34.44亿元，信贷总量控制在规模之内，金融机构资金备付充足。(2)抓结算秩序的监督管理。年末累计核发基本存款户开户许可证1.61万户，贷款证397本；坚持对各行进行结算质量考核制度，发挥人民银行柜面监督作用和结算举报中心作用，全辖无压单压票行为，票据清算系统运转良好，票据抵用率为58.42%。(3)加大金融业务监管和稽核力度。全年完成稽核项目35个，稽核金融机构106个，涉及金额110.76亿元，查出违规问题571项，违规金额5.26亿元，各类罚没款133万元，兑付国债本金1382万元。(4)狠抓“三防一保”工作。全辖安全保卫自防、联防、人防、技防等预警机制不断健全，年内无盗窃、抢劫、诈骗、金融资产风险等大要案件发生。(5)积极领导金融系统开展创建青年文明号活动。全系统获全国、全区青年文明号各种先进称号居全区同行之最，其中，人民银行柳州分行业务部获全国青年文明号先进殊荣。

（沈　媛）

【证券市场管理】 1997年，人民银行柳州分行本着“监管寓于服务之中”的指导思想，在加强监管的同时，注意做好对其服务工作。(1)支持证券机构拓展业务范围。初审上报柳州市信托投资公司证券交易营业部增办股票交易业务并获人民银行广西区分行批准。截至12月底止，柳州市5家证券交易营业部均开通了深沪股票交易代理业务，全市拥有股民7万余人，实现股票交易147.6亿元，较上年增长24%。根据上级要求，撤销9家证券代办点，债券柜台全年实现交易1600万元，较上年下降60%。(2)支持证券机构搬迁营业场所，改善股民投资环境。(3)做好企业短期融资券的发行兑付工作。年内，将该项工作重点放在防范和化解债券兑付风险上。在上级行未下达债券指标前，着重做好债券兑付督促工作，债券到期全部由企业自筹资金按期兑付。并继续执行“严把关，严审批”制度，全年批准发行短期融资债券900万元。

（周　娓　周丽芬）

【金融机构管理】 1997年，按照“进一步加强金融监管，切实防范和化解金融风险，切实整顿金融秩序”这一总体要求，逐步建立以当地法人金融机构为重点的金融机构监管体系。1.加强非现场监管，完善银行金融机构报表专收制度。2.在业务的监管上，初步建立以商业银行内部控制和外部制约的运行机制。3.在机构的管理上，积极推进金融体制改革，构建适应社会主义市场经济发展需要的新型金融机构体系。对未纳入城市合作银行管理的人民银行县支行组建的城市信用社开展规范管理和脱钩工作。批准新设银行金融机构9个，其中支行1个，办事处2个，分理处6个。以安全为基础，以效益为原则，优化机构布局，审批搬迁52个，更名27个。经人民银行总行审批，中国建设银行柳州分行与中国建设银行柳州铁道分行正式合并，中国建设银行柳州铁道分行降格为中国建设银行柳州铁道支行。对商业银行的信用卡部、房地产信贷部、国际业务部进行整顿清理和改建，柳州市共改建8个“三部”为办事处，其中工行2个，农行3家，建行3个。清理商业银行联办、代办储蓄所48个，要求其逐步改建成自办所。加强对金融机构法定代表人（主要负责人）的管理，全年审批187个金融机构高级管理人员和基层营业网点主要负责人的任职资格。年末，柳州市共有金融机构 556 家，从业人员 8013 人，初步形成以国有商业银行为主体、多种金融机构并存的金融机构网络。

（梁海胜）

【保险市场管理】 1997 年，人民银行柳州分行紧紧围绕着“深化保险体制改革，稳步发展保险机构，加快保险制度建设，整顿保险市场秩序，切实防化保险风险，以促进保险业健康发展。”这一指导思想，切实加强保险市场监管：1. 全面清理整顿保险市场。一是成立由主管行业担任组长的“保险市场全面整顿领导小组”，为全面清理整顿柳州保险市场打下基础；二是撤销一家越权批设的保险机构，清查擅自开办保险兼业代理机构 20 家；三是彻底清查保险公司自行制定的保险条款，并把以前审批的有悖于《保险法》规定的 7 个地方性保险条款予以废止；四是整顿规范保险行为：在开展以机动车辆保险和航空人身意外伤害保险为重点检查的基础上，对保险公司其他保险行为进行全面整顿，及时制止两起非法开办保险代理业务行为，严厉查处四起违规违章行为，并就检查发现的代理手续费、异地出单等违规行为限期整改；五是清理保险资产，摸清底数，督促保险公司提出降低不良资产的措施。97 年底，中保财险柳州分公司、中保寿险柳州分公司、太保柳州分公司分别完成贷款清收率的 16.8%、13.92%、21%；六是整顿财务纪律，定期召开保险联席会议，帮助解决保险公司经营中存在的问题；七是加强对保险业的一系列非现场报表、资料的收集、分析、汇总监测监管，97 年底，柳州市（含柳江、柳城）共有 17 个保险机构，全年保费收入 30830 万元，赔（给）付金额 9786 万元，储金收入 9615 万元，实现利润 1717 万元。2. 严把保险机构市场准入和退出关。批准新设办事处 3 家、保险代理机构 20 家，审批机构搬迁 3 家、升格支公司 6 家、撤销保险代理机构 6 家；并审批 29 个保险机构主要负责人的任职资格，建立保险机构主要负责人档案。3. 规范保险代理人行为。6 月份、12 月份两次组织柳州辖内全国保险代理人资格考试，参考人员 1333 人，其中 448 人获得《保险代理人资格证书》。

（邓春华）

【外汇管理】 1997 年，外汇局柳州分局紧紧围绕“防范和化解外汇金融风险”宗旨，严格防范资本项目外汇混入经常项目结售汇和付汇，加强经常项目和资本项目外汇收支的区分工作，积极实施直接投资、汇兑的直接申报工作，确保国际收支统计申报工作的正常开展；加强金融机构外汇业务监管，搞好外汇检查，规范外汇金融市场，维护外汇金融秩序，保一方平安。全辖年进出口总额 3.28 亿美元，其中出口额为 2.56 亿美元，进口额 0.72 亿美元；实际利用外资 2.64 亿美元，年累计 5.64 亿美元；年外债余额为 8780 万美元。年内一是开展直接投资企业直接投资统计申报和汇兑业务申报。97 年全辖间接申报率达 100%，直接申报率达 94%。二是允许部分有进出口经营权的外经贸公司及生产型的中资企业开立外汇帐户保留一定限额的外汇收入；全辖共有 4 家中资企业开立外汇结算帐户，允许保留的外汇限额为 1626.75 万美元。三是加强进出口核销工作。狠抓进口付汇核销，拟定了“对外付汇进口单位名录”，全年名录公布 90 家企业。加大清理出口逾期末核销力度，全面实行复核制，努力提高收汇率、核销率。截止 1997 年底，银行付汇额为 2618 万美元，企业报审比例 78%；出口收汇核销发单 2909 份，核销金额 1.9 亿美元。四是与柳州市七部门完成对 118 家外商投资企业的联合年检和换证工作；完成外商投资企业外汇帐户申报与遗留问题的清理工作，共撤销半封闭帐户，清理企业空户、睡眠户 32 户。五是加强金融机构外汇业务监管。对工商银行、农业银行、建设银行柳州分行代理代办外汇业务进行清理，组织完成转自营的考核审批工作；对 1996 年金融机构外汇业务检查中发现的 248 笔违规业务进行处理，共收缴罚没款人民币 29.6 万元。

（童洪斌）

【农村信用社管理】 1997 年，柳州市农村信用社与农业银行脱离行政隶属关系，走上自我管理、自主经营轨道。在全辖范围内开展以按合作制原则规范农村信用社和防范化解金融风险为中心内容的农村金融体制改革工作，加强对农村信用社全面监管。(1)首次组织地、市农村信用社会计出纳技术比赛，提高信用社职工队伍的业务素质。(2)会计达标升级工作，经考核验收，确认 48 个单位为会计三级工作单位，推荐 12 个会计二级工作单位，一个一级单位。(3)开展按合作制原则规范农村信用社工作，年内，全辖完成规范信用社 124 个，经清股扩股后，总计股金额 649.31 万元。(4)为防范和化解可能出现的各种金融风险，首先在组织上加强管理，人民银行柳州分行成立农村金融管理科，配备一名副行长分管农村信用社工作，各县（市）支行也成立农村金融管理股，配备专管副行长和专职监管人员。其次，对农村信用社进行风险监测，对列入六类风险社范围的信用社，根据实际情况制订出防范和化解风险的具体方案和措施，建立风险档案，随时掌握风险社状况。年末，柳州地市农村信用社有 294 个社，其中，农村信用联社 13 个，独立核算信用社 180 个，分社 91 个，储蓄所 10 个，职工总人数为 2227 人，各项存款余额 21.14 亿元，比上年增加 3.41 亿元，增长 19.2%；各项贷款余额 14.24 亿元，比上年增加 1.56 亿元，增长 12.31%，其中农业贷款 5.21 亿元，占各项贷款的 36.61%，乡镇企业贷款 3.66 亿元，占 25.68%。

（刘远明）

工 商 银 行

【概况】 1997 年末，工商银行柳州分行共有职工 2313 人，下辖 12 个县（市）支行、办事处，9 个城郊行办，14 个集镇办事处，36 个分理处，90 个储蓄所；总资产达 111 亿元，各项存款余额 76.46 亿元，比年初增加 8.65 亿元，存款增量市场占比全辖、市区分别为 40.95%、45.8%，均排位第一；各项贷款余额 67.99 亿元，控制在区分行核定的贷款规模之内，三项贷款比年初下降4.66个百分点，贷款质量明显提高；全年累计发放贷款64亿元；超额24.8%完成上级下达的利润任务。营业网点电子化覆盖率95.3%；全年无重大经济案件发生。荣获区人民政府颁发的“全区思想政治工作先进单位”，获柳州市1997年度先进单位、经济效益金杯奖，柳州市发展第三产业先进单位，柳州市计划生育先进单位。

【信贷资金筹措】 1997年，工行柳州分行下大力气抓信贷资金筹措工作。一是以储蓄所等级管理和储蓄员级别管理为突破口，促进储蓄网点上规模、上档次、上效益。在区分行考核办法的基础上，制定《工商银行柳州分行储蓄所等级管理暂行办法》，本着“加强管理，拉开档次，提高服务，鼓励增存”的原则，搭起等级储蓄所二次分配和员工三次分配的框架，把存款工作、内部管理、服务工作与等级储蓄所的评定、考核有机结合起来。二是开展“百日双增”活动，发挥整体功能增加存款。开展“百日增存增效”活动，强化上下之间、部门之间的信息沟通，通过结对子、抓信息、抓重点，形成全方位、多层次的稳存增存格局。三是中间业务和新兴业务有了长足发展。通过提高金融服务水平，取得行政处罚款、交通罚款、桂柳高速公路处罚款的独家代理权；房地产信贷业务年末存款余额7.84亿元，比上年增长2200万元，全面完成上级行下达的工作目标；牡丹信用卡业务年末累计发卡量达5.34万张，完成发卡任务的107%，交易额达18.73亿元，存款余额4124万元，特约商户376户，ATM17台。四是开展优质文明服务活动。制定和推行“文明优质服务管理细则”，成立“优质文明服务监督委员会”，聘请20名社会监督员定期检查考核，抓员工培训，参训率达90%以上。四季度，组织1000多名员工听济南工行文明服务报告团的报告，开展解北所与工行北京分行王府井所、营业部与济南市分行中区支行、工人村所与白求恩所、鱼峰二所与张思德所、龙城所与雷锋所结对子活动；1997年柳州分行共有10个单位被授予97年度各级“青年文明号”称号；解北储蓄所和龙城路储蓄所荣获“全国工行文明示范所”；龙城办事处被自治区精神文明建设委员会确定为广西精神文明建设示范窗口。

【机构、人事、财务三项改革】 (1)机构改革。年内，撤并、迁址、升格网点13个，顺利把金秀县支行的县城业务全部移交农行管理；对亏损县支行的内部机构进行严格核定，精简为34个，比95年减少25个，减幅为43.4%，妥善分流人员129人。(2)人事制度改革。作为自治区工行劳动合同制的试点单位，柳州分行采取“以点代面”方式，选择铁路支行、龙城办事处两个具有代表性的行办作为试点，成立劳动合同制工作领导小组，制定实施方案，按宣传发动、学习讨论、签订合同、总结等四个阶段进行，于7月7日首次在两个试点行办草签了247人的无固定期限合同以及99人的有固定期限合同，为劳动合同制全面推广奠定了基础。同时，柳州分行加快人才开发和培养，经过精心挑选，确定了“百千万”、“四三三”人才133名，提拔、启用了12名人才担任各级领导职务。(3)财务管理体制改革。一是加大收息工作和利润工作力度，设立“完成收息任务和利润任务单项奖”，以激发广大员工的积极性，对城市行办考核收息率，对县支行考核利润计划，并与收入挂钩，对行办的行长、经理实行交纳风险抵押金，年末，柳州分行收息率比上年提高0.36个百分点。二是加强对县支行费用管理，制定实施《县支行费用报帐制暂行办法》、《亏损县支行费用报帐制管理办法》和《其他应收款和储蓄代办费管理办法》等财务管理办法，统一全辖财务行为，有效加强对县支行各项费用支出的监控，使全行成本科目管理上了一个新台阶。三是发挥会计核算的基础作用和主体作用。设立财务总监，由总会计师兼任，对维护制度、计划的严肃性，正确指导合理吸收存款、提高资金使用效益方面发挥较好作用。会计“三统一”、“四集中”工作取得良好进展，5月份顺利完成全国联行、分辖联行的对帐改革工作，实现了对帐数据自动生存和自动对帐，结束全国联行和分辖联行手工对帐的历史，大大减轻劳动强度，提高联行工作效率。

【优化信贷结构】 (1)强化信贷资金集中经营和统一调度，严格把握新增贷款投向。一季度，柳州分行按照全国工行统一的信用等级标准对800户工商企业的经济实力、经营效益、资产结构、信用程度、付息状况进行严格的评估筛选，确定60户有市场、有效益、有质量、有信誉、有存款的“五有”企业，作为资金倾斜支持对象。对国家经贸委确定的柳钢、柳微、柳工和华锡集团4户企业实行资金保障承诺，年末新增贷款3.07亿元，对柳铁、柳化、工贸等12户行业地位优越或经济效益好的企业，作为资金倾斜的重点监督户，增加贷款8364万元，对银企合作好、信用等级在3B以上的31户基本客户适度支持；全年新增贷款基本无逾期，贷款收息率达100%；(2)切实降低三项贷款比重。从年初起，柳州分行就把压缩三项贷款作为工作重点，按行、办进行指标分解落实，制定转化措施，实行“一把手”负责制，责任分工到人，按月进行考核、评比。将工作重点放在信用等级3B以上、资产负债率75%以下的企业，对困难企业采取一户一策的办法进行转化清收；凡信用等级在2B以下、经济效益差、贷款质量低、无经济增长潜力的小企业进行有选择、有重点、有步骤的清理。年末，共清理小户121户，金额1118万元。(3)加强金融债权管理。柳州分行积极参与国有企业兼并破产、资产重组、职工再就业工程的运作，注意引导合理兼并，规范破产，对“假破产”真逃债的错误行为给予坚决抵制；对改制企业积极办理落实有关债权债务手续，并适当采取减、免、停息优惠政策，帮助企业减轻包袱，轻装上阵；对濒临破产的困难企业采取以物抵贷、抵贷返租等措施，使企业重现生机；对破产或解散企业，认真清理债权，尽量减少损失，同时做好申报核销工作。

【防范和化解资产风险】 (1)健全信贷工作责任制度。通过推行《信贷等级管理办法》、《信贷工作报告制度》、《信贷首办人制度管理办法》等,增强信贷风险防范的力度、广度和深度。(2)认真执行审贷分离程序,实行统一规范的报批手续,加强合同管理,强调贷款的合法合规性。进一步发挥审贷委员会的作用,按月召开资金调度会,提高贷款决策水平。(3)以《商业银行法》等法规为依据,在全区工行系统率先推出"风险预警管理办法",加强对企业信贷风险的预测和防范。(4)加强对固定资产贷款的管理,优先保证续建项目建设资金的需要,遵循固定资产贷款管理权限的规定,认真抓好项目评估和项目专户管理,全年累计发放固定资产贷款9902万元。(5)强化对糖厂贷款的管理和监督。实行驻厂信贷员制度,建立"三个台帐、四个专户"的资金管理制度。96/97榨季共发放榨季周转贷款6540万元,没有发生挤占挪用和打白条现象。

(单武城 石 红)

农业银行

【各项存款稳步增长】 1997年末,柳州农业银行各项存款比年初增长18.2%,完成年度增长计划的107.25%。存款新增总量在全区农行系统中排名第一。主要措施:一是实施"名牌战略",年内在市区创造两个亿元储蓄所;二是拓宽业务领域,发挥金穗信用卡、金穗储蓄卡优势,大力拓展代收代付等中间业务;三是推行目标管理,抓整体发展;四是狠抓文明优质服务,以"窗口"形象稳定与发展客户群体;五是开展立体宣传,树立行业形象。

【积极推进集约化经营】 1997年,柳州农业银行较好地完成年度各项经营考核指标;贷款结构的调整与增量的投入,资产质量、经营效益与社会效益齐头并进。全年对市区及"两县一郊"的农业、重点企业发放贷款12亿元,对全市经济发展作出有益的贡献。

【努力营造商业化经营新环境】 1997年,柳州农行从强化内控管理入手,在营造商业化经营环境上狠下功夫。一是抓盘活不良信贷资产,努力防范与化解金融风险;二是坚持依法经营,自觉规范金融行为;三是严格计划管理,保持资金的平稳营运;四是严格财务管理,抓好增收节支;五是抓好稽核审计和执法监察,加大防范经营风险的力度;六是突出抓经济案件的防范与查处。

【精神文明建设】 1997年,柳州农业银行按照《柳州市文明单位管理办法》目标,结合行业特点,突出服务领域和行业形象,精神文明建设取得新成果。年内,该行获全国农行系统"四讲一服务先进单位",全区农行系统"精神文明建设示范单位"、"企业文明建设典型单位"等荣誉。

【党风廉政建设】 1997年,柳州农行全年节约会议、差旅、庆典活动、网点装修等费用140多万元,对原公款配置的通讯、交通等工具全部拍卖处理,有效解决群众关注的热点问题,进一步促进党风行风的根本好转。

(柳州农行编写组)

建设银行

【概况】 1997年6月17日,原建设银行柳州分行和建设银行柳州铁道分行正式合并。年末,全行在册员工1856人,各项存款余额达46.93亿元,比年初增长13.4%;贷款余额26.45亿元,增长11.9%;超额完成全年利润任务。获柳州市1997年度先进单位,第三产业先进单位。

【推进人事机构改革】 1997年,建设银行柳州分行按集约化经营管理的要求,积极稳妥推行人事机构改革。(1)实行干部岗位交流,中层干部的考核聘任制度。全行中层干部交流达30%左右;撤销科室1个,合并科室7个。(2)调整机构网点、明确隶属关系。(3)精简机关人员,充实基层力量。从分行机关和办事处机关压缩人员39人,调整充实到一线。

【信贷资金筹措工作】 1997年,柳州分行继续推进CIS战略,存款保持较快的增长势头。一般性存款余额43.43亿元,增3.23亿元。其中:企业性存款余额15.04亿元,增1058万元。储蓄存款余额28.39亿元,增3.13亿元;抓内部管理,全年两次检查网点的管理工作;抓新储种的推广,经人民银行柳州分行批准,柳州分行推出"定额定期整存整取有奖有息储蓄"、"有奖旅游储蓄"、"零整有奖储蓄"等三个新储种。全年吸储1.23亿元;实施"双大"战略,柳州分行牢固树立为大行业、大项目服务的思想,并加大对企业上门收款的代收力度。

【资产保全】 一是领导重视,组织健全。柳州分行及下辖各支行、办也相应成立收贷收息领导小组;二是集中力量,重点突破。全行对收贷收息工作给予人力、物力、财力上的支持,将市内信贷员集中、再从机关科室抽调10人,组成4个收贷收息小组,负责贷款企业的收贷收息工作。三是明确任务,责任到人。对收贷收息老大难户进行排队分工,从分行行长到每一位信贷员,人人有任务,做到责任到人。四是成立"保全科"。对于存在风险的资产积极采取措施进行保全,对于已属呆帐的贷款则充分利用国家政策进行核销。保全工作主要是全面展开办理抵押贷款手续,对每笔不良贷款都逐一提出具体的保全对策。核销工作是对贷款进行一次全面清理,分破产、将破产、呆帐等8种情况,界定无效和低效资产,并按轻重缓急排队做好呆帐核销计划表。1997年完成上报核销呆坏帐贷款71笔。贷款本息合计6426.23万元。截止12月底,收回固定资产贷款6959万元,完成区分行任务的101%;收息1.77亿元,完成任务的91.6%。

【以利润为中心开展工作】 柳州分行提出以利润为中心的工作思路,通过加强财务管理,严格控制费用支出,广开收入渠道,全行的经营效益好转，1997 年实现利润 1932 万元，超额完成区分行下达的任务。(1)改革财务管理手段，建立实际利润为核心的科学指标考核体系，强化财务约束。(2)实施五大改革，实施大信贷管理、大会计管理、大金库管理、大预算管理、车辆集中修理。(3)严格控制费用开支，坚持一支笔审批制度，并制定《电话管理办法》、将住宅电话全部出售给个人，电话费包干使用；同时在车辆、办公用品使用方面进行严格的控制，并取消机关职工的中餐补贴；对基层行、办实行预拨费用制，做到经常性项目的开支按标准定额，临时性开支按程度、权限报批。

【中介业务稳步发展】 信用卡业务：年末储蓄卡发卡量 7.52 万张，存款余额 3613.5 万元，交易额 85.84 亿元，信用卡发卡量 7523 张，存款余额 448 万元，交易额 4021.1 万元。拥有特约商户 259 户，受理网户 101 个，ATM14 台。房地产信贷：年末存款余额 3.3 亿元，增 6994 万元，完成区分行下达的增存任务的 240.8%，发放贷款 820 万元，全年累计收回贷款 1889 万元。预结算审价咨询业务：全年完成编审工程预、结算及咨询总量达 6.24 亿元。代编工程预结算及标底 10.18 万元，代理法院委托鉴定工程造价纠纷 24 份，价值 1922.94 万元。 （黄向军 汪尚国）

中国银行

【概 况】 1997 年末，中国银行柳州分行职工总数 503 人，内设 18 个职能科室，下辖 40 个营业网点，其中：县支行 3 个，办事处 6 个，分理处 9 个，储蓄所 22 个。本外币资产折合人民币 35.70 亿元，比上年增长 6.76%。人民币存款 10.66 亿元，增长 2.3%；贷款 11.24 亿元，增长 3.8%。外汇存款 4426 万美元，增长 5.6%；贷款 1.58 亿美元，增长 3.6%。全年本外币实现利润折合人民币 604 万元，各项经济指标综合评比名列广西中行系统第一名。

【全面提高职工素质】 1997 年，柳州中行组织全体职工积极开展以“爱行敬业、勤政俭朴、信誉至上、服务为本”为主题的职业道德教育活动并狠抓岗前培训、专业培训和技能培训。在年度全国中行系统业务技术能手测评中，柳州中行达标 278 人，获能手 111 人次，达标率和能手比率均居广西中行系统前列；有一名职工代表中国银行总行参加全国金融系统青年岗位技能运动会，在机器点钞中获得第三名。

【大力实施科技兴行】 1997 年，柳州中行大力实施科技兴行，电子化建设取得突破性进展，彻底改变原来电子化应用水平落后的面貌。(1)实现 ATM 柜员机联网，信用卡帐务处理的时效性和安全性迅速提高；(2)完成营业网点电脑硬件的升级换代和小型机后台相关软件的开发，全行电子化网点覆盖率达 100%，9 月顺利开通通存通兑业务；(3)安装建设三级网络，推广应用 E—MAIL 和远程数据传送，初步实现管理信息资源共享；(4)首次开通使用 SWIFT 系统，可直接与世界上 2400 多家银行开展国际结算业务，往来户比上年增加近 10 倍。

【加强资产风险防范】 1997 年，柳州中行切实规范信贷操作，全面防范金融风险。一是全面实施审贷分离，完善抵押登记手续。全年完成合法抵押登记手续 54 笔，涉及金额人民币 5.38 亿元、外汇 2332 万美元；二是强化贷后经营管理，通过收贷收息率、货款回笼率、存贷比等指标对贷款企业逐一监控和跟踪管理，防止信贷资产流失；三是积极介入企业优化资本结构和债务重组工作，主动参加债权人联席会议，采取有效措施进行资产保全。一方面利用企业兼并和减员增效，依法收回三笔呆滞贷款，折合人民币 340 万元；另一方面对依法破产的企业，及时上报呆坏帐核销材料共计 8 笔，涉及金额 4600 余万元。

【积极支持地方经济发展】 1997 年，柳州中行多渠道筹集资金，全年累计发放流动资金贷款人民币 10.54 亿元，外汇 4751 万美元，签发银行承兑汇票 3.71 亿元，支持柳州水泥厂、柳州微型汽车厂等 52 家国有大中型工业企业的生产发展。同时，为支持地方支柱产业的技术改造，增强企业发展后劲，全年累计向柳州两面针集团、柳州微型汽车厂的 4 个技改项目的设备引进发放 1556 万美元的外汇贷款。

【巩固国际贸易结算主渠道地位】 1997 年，柳州中行调整国际贸易结算工作的重点和业务发展方向，通过硬件升级开通 SWIFT 系统和试行抵押授信等融资方式争取客户，扩大进出口业务。全年办理国际贸易项下进出口融资 1648 万美元，出口收汇 1.24 亿美元，进口付汇 2427 万美元。

【完善内部管理制度】 1997 年，柳州中行积极采取有效措施完善内部管理，稳步提高整体经营管理水平和经济效益。一是进一步完善信贷计划管理办法，加强资产负债经营监控。在人民币贷款规模的分配上突出“三性”(安全性、流动性和效益性)，实行动态“四挂钩”(与存款增量、上存资金增量、贷款质量和经济效益挂钩)；二是加强费用管理，严格财务支出，实行总量控制、区别对待、合理使用；三是强化稽核监督职能，全年对所辖各部门完成稽核项目 10 个，检查业务 10 万余笔，提出整改意见 23 条；四是加强“三防一保”工作，确保资金安全。先后新增或改造 6 套柜员制电视监控、25 套入侵报警系统，并与“110”报警中心联网。同时制订《印章保管和使用规定》、《凭证管理暂行办法》、《电脑开发项目管理办法》、《电视监控系统管理规定》等 19 个内部管理规定。一个技防与人防相结合的安全防范体系初步形成。 （代义刚）

交通银行

【概 况】 1997 年末，交通银行柳州分行职工总数 405 人，内设 17 个职能科室，下辖 40 个营业机构，包括1个支行、2个营业部、4个办事处、6个分理处、16个储蓄所和12个储蓄专柜。全行资产总规模达24.37亿元,比增12.01%。人民币各项存款达14.6亿元,比上年增长16.5%,完成总分行下达增长计划的104.45%;其中:储蓄存款余额为5.31亿元,比增24.97%,各项外汇存款余额为333万美元。各项贷款余额8.01亿元,比上年增长14.86%,控制在上级下达的各项贷款规模内。全年累计发放贷款11.94亿元;各项外汇贷款余额为218万美元,累计发放贷款510万美元;办理各项国际结算业务486笔,金额4697万美元;现金回笼25.09亿元,总投放21.07亿元,净回笼4.02亿元,完成人民银行下达现金回笼计划的108.15%;各项业务收入为1.22亿元,总支出9126万元,实现利润3057万元。

【精神文明建设】 1997年,交通银行出台《交通银行柳州分行社会主义精神文明建设"九五"规划》,以创"青年文明号"活动,创建"文明机关"活动为突破口,深入开展"四讲一服务"活动,提倡爱岗敬业、无私奉献精神。同时,还推出"规范'窗口'服务,树立行业新风"措施,制定了《服务公约》,推行文明用语,要求统一着装,挂牌上岗;专门成立"精神文明宣传小组",开辟《交行精神文明园地》刊物,由于措施有力,交行精神文明建设取得重大成效,在96—97年度中,鹅山七所获自治区级"青年文明号"称号,第一营业部、西江办事处、柳北储蓄所获市级"青年文明号"称号。通过抓中心学习组的学习,努力造就一支政治过硬队伍;在业务素质上,通过一系列业务培训,加强岗位练兵,组织各种技能比赛活动,带动了全行业务水平的提高,交行柳钢办事处秦桂艳同志还荣获全国"青年岗位能手"称号。

【优化信贷资产结构,化解金融风险】 为配合市政府制定的《柳州市"九五"期工业支柱企业及重点产品发展纲要》的实施,加快柳州市产业结构和产品结构调整步伐。自97年初以来,交通银行柳州分行信贷部门人员积极做好市场调查工作,结合企业信用评级,调整信贷投向,重点支持柳州市冶金行业扭亏增盈工作,还支持汽车、制糖、电力、棉纺等支柱产业的生产,其中,向总行申请专项贷款1976万元。同时,强化清收和转化不良资产的力度。将清收工作形成逐月计划,落实到人,定期检查。通过区别对待、一户一策、一户多策等措施,努力压缩不良贷款,全年总共压缩C级企业5户,转化风险贷款累计金额1730万元;收回不良贷款8445.8万元,有问题贷款率降到6.96%;实现利润3057万元,创建行10年来最好水平。

【各项业务健康发展】 1997年,现金回笼计划完成较好,全年累计收入现金25.09亿元,付出现金21.07亿元,净回笼现金4.02亿元,完成现金回笼计划的108.15%。外汇业务稳步发展。年末各项外汇存款余额333万美元,完成存款增长任务的170%,外汇贷款余额为218万美元,办理国际结算业务486笔,金额4697万美元,完成计划任务的129.04%。信用卡业务迅速发展。全年信用卡业务部又增发了使用对象广泛、更具安全性的太平洋借记卡,发卡1.62万张,信用卡存款余额达939万元,完成计划增长任务的683.7%,发卡量在全国交行系统中名列12位。电脑中心完成全市储蓄通存通兑工作,财会部强化全行基础管理;保卫处加强了三防一保工作;监察、稽核等工作进一步加强,促进各项业务健康发展。

(陈琦海)

农业发展银行

【概　况】 1997年1月30日,中国农业发展银行柳州分行成立,主要业务范围是:办理粮棉油储备、收购、调销贷款,办理扶贫、农业综合开发贷款,办理开户企业的存款和人民银行批准的其他业务。该行辖柳江、鹿寨、三江、融水、来宾、武宣、金秀等县支行及分行营业部、忻城信贷组。年末,贷款总额达21.68亿元,人均贷款逾千万元。

【信贷管理】 一是组织人员清理、核对、接收农业银行代理的业务,开展自营运作。3月下旬至6月下旬,组织7个工作组,两次对即将划转的信贷资产进行全面的清理、核对,清理、核对信贷资产15.46亿元,其中接收信贷资产13.46亿元,代理业务2亿元。二是建立信贷管理体制,保证业务顺利开展。制定《中国农业发展银行柳州分行信贷管理若干规定》,要求贷款必须依法管理、规范管理,逐步推行信贷资产风险管理,落实贷款岗位责任制,实行贷款管理"岗位制约"办法。三是做好粮食收购资金的测定工作,保证粮食收购资金的足额到位。共安排粮食收购资金1.95亿元。四是抓好扶贫、开发贷款的发放。扶贫、开发贷款余额达2.31亿元,支持87个项目。在贷款发放中,该行确立了三种管理模式:公司+基地+农户;村+基地+农户;直接放贷农户。由于扶贫工作有成效,年内有13万人脱贫。五是抓好代理业务的衔接。该行同柳城、融安、象州、合山、忻城五县(市)农村信用联社签订代理协议,从7月1日起这5个县(市)代理业务移交给联社代理。此外,接收人民银行专项贷款2.13亿元。

【逐步完善内部管理】 1997年,农业发展银行柳州分行把建章立制工作作为一项重要基础工作来抓。先后建立和健全信贷管理、财务管理、人事管理、劳动管理、行政管理、文秘管理、保卫管理、廉政建设、思想工作等方面45个规章制度。"三防一保"工作是内部管理的重要内容,该行及时成立"三防一保"领导小组,强化对此项工作的领导;同时,及时抓好安全防范基础设施建设,从硬件和软件上确保全行的安全营运。

(苏建东)

信托投资公司

【概况】 1997年,柳州市信托投资公司有正式职工60人。年末资产总额2.53亿元，负债总额2.06亿元，所有者权益4680万元，各项贷款及投资余额1.15亿元，各项存款余额9856万元，实现利润47.89万元。(1)融通资金支持地方企业。全年累计发放贷款810万元，支持柳州市冷柜厂、柳州市第三棉纺织厂、柳州市食品总厂等企业的新品开发和经济发展所需的部分资金。(2)继续代理发行企业债券，为企业直接融资提供服务，为市华力电器厂、地区农资公司代理发行短期融资券800万元，一定程度地缓解了这些企业流动资金的紧张状况。(3)拓展新业务，开办证券交易代理买卖业务。1997年下半年，柳信证券交易部办理股东开户3853人，存款余额1098万元，累计成交金额7.5亿元，实现利润74万元。(4)积极推荐投资项目，引进资金建设银龙大厦。该项目计划总投资6000万元，年内实际投资2000万元。

【存贷款情况】 截止97年末，信托存款余额7054万元，委托存款余额2801万元；信托贷款余额6593万元，委托贷款余额2960万元，委托投资余额200万元，短期投资余额1187万元，长期投资余额517万元。（余 地）

保险公司

中保财产保险有限公司柳州分公司

【概况】 1997年，中保财产保险有限公司柳州分公司在柳州地市设有18个分支机构，一个代理经纪业务管理科，近百个保险代理网点。开办企事业单位财产保险、家庭财产保险、机动车辆保险、船舶保险、货物运输保险、建筑安装工程保险、公众责任保险、产品质量保险、雇主责任保险、出口信用保险、种植业、养殖业保险等100多个险种，保险服务已渗透到柳州地市经济生活的各个领域，承担财产风险责任280亿元。公司坚持“以人为本，效益为先，笃守信誉，稳健经营”十六字经营方针。一方面加大人事、用工、分配“三项制度”改革；另一方面调整业务结构和经营策略，培育新的业务增长点，开展文明优质承诺服务。1997年全司保费收入同比增长6.1个百分点，有效储金余额完成年计划107.2%，同比增长42.4%，处理各种保险赔案1.07万件，赔款支出近亿元，在全区11个二级分公司中，各项指标均名列前茅。

【加大量化管理】 年初，公司结合柳州地市的经济发展状况，提出了1997年工作的指导思想和计划目标，即在上年实际完成保费收入的基础上增长11.4%，储金余额比上半年增长81.8%。为实现这一目标，公司在全系统内推行《1997年经营目标责任制管理办法》、《1997年财产险业务管理若干规定》、《运工险管理若干规定》、《聘任(用)制的暂行规定》等13个办法和规定。总经理按规定继续与18个经营单位签订了责任状，明确指令性指标、指导性指标和监测性指标，突出了利润、费用率、利润费用率、保费收入和赔付率及监测性指标的考核力度。18个基层经营单位将分公司下达的指标分解到各科室，任务到人，一级抓一级，加强对新增保费、计划进度进行考核，把完成任务，经济效益的好坏与职工的利益挂钩，奖勤罚懒。公司领导分片包干，狠抓量化管理指标的落实，深入基层指导工作，及时通报各单位每月完成量化指标情况，帮助落后单位在自身工作方法上找原因，研究对策，为基层解决实际问题，做到非常时期进行特殊处理。促进全司业务稳步发展。

【新险开发】 1997年，公司加大对新险开发、加强管理工作。(1)各基层经营单位认真做好专人管理、协调、论证工作，为公司领导提供新险开发的决策依据。(2)新开办建安工程险、金融综合险、产品质量、责任险、娱乐场所、个体工商险、机动车辆自燃险、货物掉落责任险等一批新险种，满足广大保户的保险要求。(3)建立保险代理人管理机构，招聘、培训保险代理人队伍，加强代理工作的经营管理，进一步开拓财产保险市场。

【防灾防损，保障经营】 年初制定全公司的防洪大灾预案，做到早预防、早安排，有备无患，并在各基层经营单位建立了防洪抢险大灾预案和体系。公司加强与气象、水文部门的密切联系，与地市消防、交通安全等部门组成联合防火检查小组，两次对全市重点防火单位进行全面检查，下发12份事故隐患整改通知

图为中保财产保险公司柳州分公司总经理冯柳洋(左三)与日本客商洽谈保险业务　　谢向群　摄

书,37份限期整改通知书,6份停业整改通知书。并通过"11.9"消防、保险宣传周,深入、广泛宣传防火灭火知识。

【内部改革】 公司在全司范围内实施劳动合同,实行聘任(用)制。按照"年龄服从本领,文凭服从水平,资历服从能力,动机服从业绩"原则,公司机关科室和县支公司、办事处(部)副职以上领导实行公平竞争上岗,定机构、定编制、定职责、规范行为,按政绩确定续聘或解聘。在编的一般干部实行聘用,实行一级聘一级,一级对一级负责;并按责任轻重、能力高低、贡献大小、工资繁简适当拉开分配档次,从而极大地调动员工工作积极性,促进业务发展和各项工作的开展。 (廖 艳)

中保人寿保险有限公司柳州分公司

【概况】 1997年,中保人寿保险有限公司柳州分公司设总经理室,下设办公室、综合科、计财科、意外险业务科、寿险业务科。分公司辖17个基层业务单位,在柳州市区有柳北、鱼峰两个支公司、分公司营业部、营销部(辖两个分部)。在柳州地区10个县(市),均有支公司或营业部,其中三江、金秀两县的业务机构,于4月份开始,按中保人寿广西区分公司、中保财产广西区分公司、人民银行广西区分行的文件通知,进行产、寿险机构分设,机构分设工作由中保财产柳州分公司和中保人寿柳州分公司派出联合工作小组负责实施,至8月中旬,分设工作完毕,金秀县完全实现了财产、人寿保险独立经营,对外挂牌营业。三江县由于寿险业务规模仍达不到人民银行总行新的保险市场监管规定所要求的条件,只是实行内部分业(即原中国人民保险公司三江县支公司内进行财产、人寿保险分业),对外事务仍由三江县支公司代理。年末,分公司在册员工169人,大专以上文化程度占44.97%,高、中级专业技术职称的员工占21.89%,中共党员占员工总数的28.4%。

【保险业务】 1997年,中保人寿柳州分公司保费总收入1.64亿元,完成上级公司下达年计划任务的136.5%,同比增长67.7%。其中:意外险、健康险保费收入2671.3万元,占全部保费收入的16.3%,完成年计划任务的110%;长期直销业务保费收入1.04亿元,占全部保费收入的63.6%,完成年计划任务的130.5%;长期营销业务保费收入3276.6万元,占全部保费收入的19.9%,完成年计划任务的201.4%。全公司赔款累计1128.6万元,给付7602.3万元,短期赔付率为47.6%,当年退保率为8.2%。年内,公司加大对分业时遗留的逾期贷款的清收力度,采取多种形式的催收办法,成功地收回逾期贷款141万元,超出上级公司核定年内清收指标1.92个百分点。

【意外险、健康险业务】 1997年,意外险和健康险保费总收入2671.3万元,同比增长19.5%。在短期业务中,学生平安保险及附加住院医疗保险仍是主要险种,保费收入1737.9万元(柳州市444.3万元),占短期业务保费收入的65%,参加该项保险的学生总人数是134.96万人(柳州市24.81万人)。保费收入同比增长41.3%。学生险当年赔款累计808.6万元(柳州市是262.4万元),赔付率是46.5%(柳州市59.1%)。除学生保险外,各种意外保险也占了相当的份量,保费收入728.8万元(柳州市336.6万元)。公司除了加大发展短期业务力度外,还适时地调整险种结构,注重经济效益,年内推出的险种计有:个体工商户人身平安保险、驾驶员安康保险、储户人身意外保险等13个。短期业务赔付率47.6%。

【寿险业务】 1997年,中保人寿柳州分公司寿险业务保费收入(不含营销业务)1.04亿元(柳州市6206万元),完成年计划的130.5%,同比增长42.6%,参加寿险有效人数71.32万人(柳州市32.76万人)。在寿险业务各险种中,普通寿险所占比例仍是大头,有效人数59.72万人(柳州市32.55万人),保费收入9419.5万元(柳州市5743.8万元)。普通寿险中,按保费收入规模大小,依次为:福寿安康险、人身安康险、简易人身险、独生子女两全险、子女教育婚嫁险。年内,寿险业务的给付金额为7807.9万元,退保金累计851.9万元。

【个人营销险业务】 1997年,中保人寿柳州分公司的个人营销业务保费总收入3276.6万元(柳州市2050.8万元),完成年计划的207.4%。参加个人营销业务各种保险的有效人数3.72万人(其中柳州市2.25万人)。当年开办的个人营销业务各种保险计有:少年儿童幸福综合保险、分期增额给付长寿保险、88鸿利保险、99鸿福保险、66鸿运保险、重大疾病定期保险、重大疾病终身保险、鸿寿养老保险以及各种附加、特约意外保险和健康保险。在诸多险种中,以99鸿福保险的投保人数为最多,有效人数2.14万人,保费收入2128.7万元。其次是少年儿童幸福综合保险,有效人数6086人,保费收入444.4万元。

年内,中保人寿柳州分公司在册的营销员498人,其中柳州市275人。营销员中大部份是待业青年及下岗职工,也有辞去原单位公职参加营销工作的人员,数量不多,营销员在经过公司进行严格的培训后,参加人民银行组织的保险代理人资格考试,取得合格证后上岗开展业务。

【精神文明建设】 1997年,公司的基层单位全部参加了金融系统的创建"青年文明号"活动,在年度评比中,有3个单位获得县级"青年文明号"称号,有2个单位获得区级"青年文明号"称号,占参加单位的45%,获得区级"青年文明号"称号的单位数占全区中保人寿保险系统获该项荣誉单位的2/3,占柳州金融系统年内新评出的区级称号单位的1/4。两个基层支公司被选为全区和柳州中保人寿保险系统"文明优质服务窗口示范单位"。 (江畅)

柳州市和美国辛辛那提市缔结友好城市10周年

1988年5月5日，柳州市和美国辛辛那提缔结了友好城市关系。1998年，是两市结好周年，市外事办公室和市对外友好协会于6 21日举办报告会和图片展览等庆祝活动。

十年来，双方在各自城市政府的关心支下，开展了两市官方和民间的友好交流与合，互派了各种交流团组共25个，116人次，中柳州市组派了政府代表团和经济、文化、育、卫生、新闻等代表团到辛辛那提进行友访问和考察、交流活动，举办了柳、辛两市学生书画作品展览，开展两市中小学生的互和教育交流活动；选派我市中学老师和外办译人员到辛市培训，邀请辛市教授和小学老来柳举办托福技巧讲座和暑假英语培训班；织柳州少数民族服装服饰到辛市展览；安排市画家到辛市参加该市家居庭院艺术品展览和举办画展活动；此外，还组派了我市歌舞员和打油茶人员到辛市访问演出，这些交流目，富有成效和实质性，深受两市人民的欢。由于在开展教育交流方面有特色，在1994和1995年分别荣获美国国际姐妹城市协会发的“教育发展奖”和“特殊贡献奖”。

友城交流促进了我市和辛市的相互了解友谊，对我市发展外向型经济创造条件和机，起到积极的作用。

1998年6月21日宋继东市长会见应邀来访的美国辛辛那提市副市长明尼特·库帕女士一行

市外办主任黄润健接受辛辛那提市赠给的友城十周年纪念牌

图为辛辛那提市副市长库帕女士（左一）在友好城市十周年报告会上发表讲话

增强竞争意识，迎接新的挑战 当好广西工业化进程的主力军

中共柳州市委书记 蒋纯基

1998年初，随自治区赴粤考察团到广东学习，感受最深的一点，就是广东人勇于开拓、敢为人先、永不满足的精神状态和强烈的竞争意识。相比之下，柳州人的拼劲、闯劲、韧劲还有一定差距，小富即安、盲目乐观的思想还比较严重。

在这个方面，我们曾有深刻的教训：八十年代，一批令柳州人曾经引以为自豪的家电产品如电风扇、洗衣机、抽油烟机、电冰箱；轻纺产品如自行车、缝纫机、塑料地板、印染布；还有高新技术的电子产品等等，当初可以说是较早走进了市场，在全国同行业中各领风骚。然而，曾几何时，这些产品在激烈的市场竞争中，逐渐淡出市场，不知所终。这次，在广东看到这些产业蓬勃发展，不禁感慨万分，这其中固然有客观的因素，但主观上的因素更发人深省。我们学广东，就要学广东人搞改革开放的拼劲、闯劲和韧劲，知难而进，重点突破，坚定不移地把柳州的经济搞上去。

自治区党委提出：“以加快工业化进程为重点，实现结构优化的突破，更是提高广西经济质量和现代化水平的关键。”柳州是广西的主要工业基地，最大的优势在工业，经济工作的重点当然也在工业。区党委关于“加快工业化进程”的战略决策，使柳州工业优势的作用、地位显得更加重要、更为突出。柳州工业能不能搞得更快一些、更好一些，是全市经济能否持续快速健康发展的关键，也是柳州能否当好广西工业化进程主力军的关键。因此，我们一定要抓住这个历史机遇，增强竞争意识，迎接新的挑战，充分发挥工业基础较好、实力较强的优势，突出工业这个重点，以点带面，全面提高我市经济整体素质、经济增长总量和总体经济效益，当仁不让地担当起广西工业化进程主力军重任，为广西的发展作出应有的贡献。当前，结合学广东，要重点搞好以下工作：

一、切实把解放思想、转变观念的要求落到实处。一切以“三个有利于”为标准，坚持发展是硬道理，勇于实践，敢于开拓，积极探索公有制经济多种实现形式，大力发展非公有制经济；树立适应社会主义市场经济需要的新观念，增强市场意识、大局意识、服务意识、竞争意识和创新意识，把思

想统一到党中央和自治区党委有关精神和决策上来；坚持实践的观点，群众的观点，讲真话，做实事，一切从实际出发，敢想敢做，不怕冒风险，不怕受挫折。要通过思想的大解放，改进工作作风，提高工作效率，努力创造一个有利于改革开放和社会主义市场经济发展的氛围，形成一个好的投资环境。要通过思想的大解放，把全市各族人民的积极性、创造性充分调动起来，把心思和精力都集中在工作上，在全市范围内形成一种坚韧不拔、奋发有为的良好精神状态。

二、加快工业结构调整步伐。坚持以市场为导向，依靠科技进步，改善工业经济增长质量，提高结构优化效益、规模经济效益和科技进步效益。要继续抓住柳州作为全国首批优化资本结构试点城市和国家技术创新试点城市的机遇，抓住几个对工业发展影响至深、综合性强的关键性问题，并把它作为全市经济工作的重点，从整体上推进结构调整，重振工业雄风。一是以抓大放小促改组，调整企业结构。今年要继续围绕支柱产业、龙头企业、名牌产品、技术优势，加大培植企业集团的力度，在抓好原有企业集团规范发展的同时，重点抓好有色、糖业、建材等集团的组建工作，加速低成本扩张，集聚资本，壮大规模，提高市场占有率和经济效益。中小企业要采取多种形式放开搞活，力争今年基本完成全市中小企业改制。二是以技术改造促升级，优化产业结构。继续以高新技术和先进技术改造传统产业，培植壮大汽车、机械、冶金、日化、造纸和印刷五大支柱产业，并大力发展生物工程、机电一体化、新型材料等新兴产业，努力办好高新技术产业开发区，培育新的经济增长点，推动产业向高技术、高市场占有率、高附加值、高创汇、低消耗、低污染的方向发展。三是以技术创新促开发，加快产品结构调整。坚持以市场为导向，依靠科技进步，重点抓好企业的技术创新工作，促进产品的更新换代。对市场占有率高或市场开发前景好的产品进行重点扶持，推出一批名牌产品。现有的两面针、金嗓子、工程机械、汽车等名牌和拳头产品要进一步扩大市场份额，保持旺盛的生命力。对目前档次不高但有广阔市场需求的产品，加强技术改造和产品更新换代，不断提高质量和档次，向名牌发展。对一些初露端倪、很有发展潜力的新产品，如天成金芝养生液、铟靶材、涡卷压缩机等要集中力量重点扶持、引导，使其迅速发展，成为新的经济增长点。四是加大所有制结构调整力度，有步骤地将国有资产从支柱产业以外的行业和一般竞争性行业中退出。对国有企业进行股份制和股份合作制改造，大力发展非公有制经济，使其成为新的经济增长点。五是深化企业内部改革和整顿，全面提高企业素质和经济效益。切实加强企业领导班子建设，逐步建立和健全决策、执行和监督体系，提高管理水平，充分调动职工群众参与管理和监督的积极性，把全心全意依靠工人阶级落到实处。进一步完善企业管理的各项基础工作，开拓市场，提高市场占有率，推进技术创新，以新技术、新产品开创新的经济增长点。继续抓好学邯钢、创三好、增效益活动。把以三项制度改革为中心的企业内部改革和以提高产品质量为中心的企业整顿，深入地开展下去。

三、按照增强城市功能的要求，以工业为依托，带动农业和第三产业的发展。要通过工业的带动，积极推动农业向“两高一优”发展和乡镇企业的“第二次创业”，走一条符合柳州实际的农业产业化道路。根据工业城市特点和大西南交通枢纽的区位优势，第三产业要大力促进商品流通、旅游、金融、交通运输、邮电通讯、房地产和生活服务等行业的发展，尤其要在建设和培育工业品市场、生产资料市场和生产要素市场上做文章，努力发展成为新的经济增长点。

四、要以整治和完善投资环境为突破口，进一步提高对外开放水平。要进一步优化投资环境，努力营造对外开放的良好氛围。要提高全社会开放意识，着力在优质服务上下功夫，建立健全集中办事机构和统一收费制度，规范各项收费，坚决制止“三乱”，简化办事程序，强化法律服务，维护外商合法权益，努力营造优质高效的服务环境、开明开放的思想环境、优惠守信的政策环境、方便舒适的生活环境和安全有序的治安环境，增强柳州对外商的吸引力。在合理合法的前提下，要舍得让投资者赚钱，还要创造条件让投资者赚钱。要加大开放力度，努力形成外资、外贸、外经协调发展的新格局。

此外，要继续建立和完善社会保障体系等配套改革措施，积极实施再就业工程。为实现我市改革与发展的新突破，加快工业化进程创造更为有利的条件。

发挥优势 重点突破 推动我市经济再上新台阶

柳州市市长 宋继东

党的十五大明确提出“高举邓小平理论的伟大旗帜，把建设有中国特色的社会主义全面推向二十一世纪”的伟大战略。自治区也规划出“实施三大战略，实现六大突破”的宏伟蓝图。全面贯彻党的十五大和自治区党委七届四、五次全会精神，柳州市作出了“围绕一个中心点，努力实现五个突破”的总体部署，主要是唱好工业发展的主题歌，打好国有企业改革的攻坚战，做好对外开放和科技进步两篇大文章，以推动柳州市经济持续、快速、健康发展。

为此，我们必须发挥优势，重点突破，并在以下方面的工作上取得实质性进展：

一、巩固现有基础，加快工业发展步伐

柳州市是广西的工业基地，最大的优势在工业。我们要站稳工业这个立足点，唱好工业发展这个主题歌，必须要有新的突破，新的进展。

要以“有所为，有所不为”的思路，打破企业“大而全，小而全”的现状，优化经济结构，促进产业升级。加大经济结构特别是工业经济结构的优化调整力度，包括产业结构、产品结构、企业组织结构、所有制结构等。通过结构调整，改造我市的传统产业，巩固和提高现有的基础；发展新兴产业，培育新的经济增长点；扶持我市的龙头企业，带动全局的发展。

同时顺应知识经济时代的潮流，引导企业向“思考型企业”发展，也就是加强企业的研究开发能力和营销能力，造就具有战略研究、宏观政策研究、市场研究和综合管理能力的复合型的企业家队伍，使企业走在经济变革的前列。

发挥工业优势绝不是要限制其他产业的发展。相反，在抓好工业发展的同时，我们将按“调优”的思路，加快推进农业产业化的进程；按增强城市功能的要求，大力发展第三产业，促进我市产业结构优化、生产布局合理、整体协调发展。

二、深化改革，促进经济充满活力

我们要以现有企业为基础，以工业为中心，以改革为动力，以建立强大的现代工业体系为目标，切实加大力度，大打改革攻坚战。打好国有企业改革的攻坚战，当前最重要的要面向市场，面向未来，抓住难点，按“抓大放小”的原则，通过产权的流动和重组，缩短战线，加强重点，建立现代企业制度，使国有经济的改革取得整体性突破，实现我市国有经济的战略性改组。

“抓大”主要是依托现有的优势企业，利用市场机制的作用，通过资本运作，促使分散的中小企业向大型企业集团、低效劣势企业向高效优势企业流动和集中，实现企业结构的调整，形成一批有竞争力的大型产业群体，发展规模经济。

“放小”主要是以承包租赁、出售拍卖、兼并破产等多种形式“放开搞活”中小型企业。通过改革整顿，使小企业走小而精、小而专，虽小但效率高之路。

我们要在深化国有企业改革，积极推进建立现代企业制度的同时，加快配套改革，重点是加快政府职能的转变，推进社会保障制度、分配制度和实施再就业工程等方面工作的配套改革，推动社会发展，促进社会稳定。

三、借力发展，扩大对外开放

从柳州的现状看，光靠自身的力量而封闭式地发展，难有大的作为，我们必须“借力突围、借力发展”，实施外向型牵动战略，加快对外开放。

在坚持外经、外贸、外资三位一体的大经贸战略的基本点上，利用区位等优势拓宽思路，抓住国家优惠贷款向中西部倾斜和沿海地区产业向中西部转移的有利时机，广辟引资渠道，打破常规，大胆以资源引项目，以产权引资金，以存量引增量，提高利用外资的总量和质量，加快发展外向型经济。

实现“开放富柳”，振兴柳州经济，我们要继续大力加强城市基础设施建设，改善投资环境，实行“双优”政策，即“优质服务、优惠政策”，“以款取胜”，让在柳工作和生活的外商投资企业的朋友们“投资放心，工作安心，生活舒心，玩得开心，赚有信心”。

四、实施大市场战略，重振“桂中商埠”雄风

我们要充分利用好柳州市作为一个工业中心城市和大西南交通枢纽的区位优势，大力培育和发展几个区域性乃至全国性的大市场，吸引各地商贾云集柳州，重塑柳州“桂中商埠”的新形象。

我们要树立大市场、大流通观念，把开拓市场特别是大市场放在特别重要的位置，作为经济增长的出发点和落脚点，大力发展大市场、大流通、大商业。

市场建设要分层次“大小并举，齐头奋进”。一方面要结合柳州特点，搞大规划、实施大集团战略，建立几个在全区和全国有影响力、有吸引力、有辐射力、有竞争力的大市场。如工业品批发市场、生产资料市场、旅游产品市场等。另一方面，要对量大面广的小市场予以扶持，使小市场“小而精、小而专”，作为大市场的补充和服务。大、小市场活起来之时，就是柳州经济大发展之日。

在建设市场的同时，要尽快发展和完善产权交易市场、劳动力市场、技术市场、房地产市场等生产要素市场，以推进企业改革和调整结构、发展高新技术、增强竞争能力。

做好上述工作是一项复杂的系统工程，需要各方面的密切配合，互相协作，协调一致才能顺利完成。因此，我们还要在以下三个方面实现改革与发展的新突破。

一是解放思想，实事求是，实现思想观念的新突破。要实实在在地高举邓小平理论的伟大旗帜，从根本上排除姓“资”、姓“社”坐而论道的“左”的干扰，清除教条主义和形式主义，以经济建设为中心，全面坚持“三个有利于”的标准，坚持“发展才是硬道理”，以寻求公有制经济多种实现形式、推进非公有制经济的发展、扩大对外开放、企业内部改革、政绩评价等方面进一步解放思想，实事求是；我们各级领导干部和有关部门都要加强对经济的研究、对政策的研究，增强领导现代化经济建设的能力，真正用经济手段领导和管理经济，使我们的工作有的放矢，抓住重点。

二是推进科技进步，加快技术创新，实现科学技术与经济结合的新突破。建立科技创新投入体系，实施质量振兴计划和名牌战略；积极引进国内外先进科技成果，加速高新技术产业化进程；实施科技人才市内合理流动管理和人才资源的优化配置；实施“双百人才工程”，以优惠的政策引进高科技人才和国外专家；建立“产学研”相结合的发展基金，加速科学知识、科技成果转化为现实生产力的步伐，真正体现“科学技术是第一生产力”的促进作用，迎接知识经济大潮，使经济建设完全进入持续、快速、健康发展良性循环的轨道。

三是加强干部队伍建设，整顿机关作风。重点是解决思想观念、思维方式、工作方式、工作作风、精神状态和机关职能转变。通过改变工作作风，形成爱岗敬业、服务大局、勤政廉洁、创先争优的风气，保持坚韧不拔、奋发向上的良好精神状态；通过理顺政府与企业的关系，明确政府的职能，合理划分政府权限，提高政府的行政管理水平，为我市经济腾飞提供更好更优的服务。

改革开放以来，柳州市的经济和社会发展取得了令人注目的成就。我们要继续奋斗，在新的历史条件下，在跨世纪发展的机遇和挑战中，全面贯彻十五大和自治区党委七届四、五次全会精神，率领全市人民创造性地开展工作，以更加辉煌的成绩，让柳州市人民自豪地跨进二十一世纪！

贯彻党的十五大精神，努力实现柳州市住房制度改革的新突破

柳州市住房制度改革领导小组办公室

1988年4月9日，柳州市人民政府批准成立柳州市住房制度改革领导小组办公室至今，已十年。十年来，在市委、市人民政府领导下，在房改工作人员的共同努力下，认真贯彻国务院、自治区关于住房制度改革的方针政策，使柳州市的住房制度改革取得了巨大成功。现在，我们正按照党的十五大提出的目标和任务，继续解放思想、积极探索、开拓进取，努力实现住房制度改革的新突破，构建一个适应社会主义市场经济体制的新的住房制度。

市长宋继东参加座谈会并发表讲话

国务院派出安居工程检查组来柳视察

柳州市房改十年回顾

过去的十年，柳州市住房制度改革经历了准备、起步和深化发展三个阶段。1988—1992年为准备阶段，房改办调查了十多万组数据，进行测算，拟订方案，计算模拟运转。1992—1994年为起步阶段，提租发补贴、配房交保证金、公积金储蓄、集资合作建房、出售公有住房、建立住房基金等六项内容同步施行，实现了顺利起步，取得了初步成功。1995年以后，认真贯彻《国务院关于深化城镇住房制度改革的决定》，完善房改政策，加大改革力度，丰富改革内容，促进了房改的深化发展，并取得明显成效，具体表现在：

——建立职工住房公积金制度，为职工解决住房开辟了稳定的资金来源。到1997年底全市职工住房公积金开户1431个，参加公积金人数达273508人，占应参加人数的97.97%，累计缴存公积金26607.88万元，占全区公积金缴存额的22.87%。

——公有住房租金改革力度逐年加大，促进了公有住房出售，提高住房商品化程度。房改以来，柳州市公有住房租金以平均每年20%的增幅向成本租金靠拢。1997年每平方米公房租金达2.17元，职工家庭的房租支出占家庭收入的比重由改革前的不足1%，提高到9.3%，住房使用的低租金，高补贴在很大程度上得到了改变。租房不如买房在职工思想中逐渐形成。起步阶段，全市共有7万多户职工按标准价购买了部份产权住房，占住公房总数的31%，1995年以后，取消了标准价，实行成本价售房，同时，鼓励购买了部份产权住房的职工补购全产权住房。1997年底，全市近10万户职工购买公有住房578万平方米，其中90%购买了住房全产权，全市公有住房自有率达45%。出售公有住房回收资金19.83亿元，住房的投入产出开始步入良性循环轨道。

——住房资金管理制度化、规范化，加快了住房建设。1993年初，柳州市成立市住房资金管理中心，加强对全市住房资金的归集和管理，到1997年资金管理中心共归集售房款、公积金、集资建房款、租金、租赁保证金等各类住房资金26.59亿元，并在工商、建设、农业等专业银行的配合支持下，设专户进行管理。在资金的使用上，按照专款专用的原则，严格审批。房改以来，资金管理中心共给申请购建房的单位回拨资金17.26亿元，新购、建住房31243套，211万平方米，职工住房条件得到明显改善。据1996年全市住房情况普查统计，全市人均住房使用面积从改革前的10平方米，提高到1995年的14.11平方米，住房成套率达76%。

——安居工程建设形成规模，加快解决居民住房步伐。1994年以来，柳州市利用住房资金和国家安居工程贷款共近2亿元，积极实施国家安居工程，在银山和河西两个安居工程小区建经济实用住房2170套，16.05万平方米，以成本价直接向中低收入且住房困难的居民出售。目前银山和河西两小区已分别入住1080户和920户，销售率达92%。同时完善了小区内的市政设施和生活设施，成立住宅小区物业管理公司，加强了小区管理，既美化了小区，又方便了住户。

十年的房改实践，我们的体会：一是市委、市政府重视，改革的决心大，信心足。二是通过多种形式，加强房改的宣传，使各单位和广大职工都理解和自觉参与房改。三是与房改有关的各部门对房改工作都能做到同唱一台房改戏，为推动柳州市住房制度改革出力。四是柳州市的房改一开始，就把大中型国有企业作为房改的骨干力量，这个定位是完全对头的。五是我们重视对房改工作的调整和研究，尽可能依据翔实的数据制定柳州市房改政策和房改发展计划。

今后一段时间的房改设想

1998年，是全面贯彻党的十五大精神的一年，也是到本世纪末初步建立社会主义市场经济体制，并以新的姿态迈向21世纪最关键的一年。朱镕基总理在九届全国人大一次会议记者招待会上，将本届中央政府要解决的问题归纳为“一个确保，三个到位，五项改革”，其中房改列为五项改革的第三项。我们必须深刻领会朱总理讲话的精神实质，要就住房制度如何适应社会主义市场经济的要求，深化改革这一核心问

实用住房潭西小区

题，进一步解放思想，理清思路，勇于探索，大胆实践，努力实现柳州市住房制度改革的新突破。

1、坚持住房公积金制度，建立稳定的个人住房基金。一是逐步提高住房公积金的缴存比例，在目前按工资5%缴存的基础上，逐年提高，到2000年达工资的10%以上；二是随着企业制度改革的不断深化，企业必将形成所有制成份的多元化，建立住房公积金的范围也应逐步扩大，到下个世纪初，不管什么经济成份的企业，都应为职工建立住房公积金，为个人自我解决住房，走住房社会化道路奠定坚实的经济基础。三是要建立和完善公积金的现代化查询系统，接受社会监督。

2、不断推进公有住房租金改革，加速实现公有住房租金向成本租金直至商品租金过渡。一是要根据住房的等级和其所处的地域，合理确定租金标准，并逐步提高，到2000年，全市公有住房租金力争达到以成本租金计租，使承租住房的职工家庭平均房租支出达到占职工家庭工资收入的15%以上。到下个世纪初，公有住房实现以商品租金计租。二是坚持新房新政策新制度，避免新建住房再陷入旧的体制。

3、加大公有住房的出售步伐，提高住房自有率。凡符合规定出售的公有住房都应向职工个人出售。出售价格逐步向市场价格过渡。同时取消各种补贴和优惠，使住房真正成为商品，由个人根据自身的能力进行消费。通过出售公有住房，到2000年，公有住房的自有率达70%以上。

4、结合建立现代企业制度，把住房的开发建设、分配、管理、服务等社会职能从企业中分离出去，加快实现住房的社会化。1998年要在一些有条件的企业，结合企业经营机制转换，进行住房开发建设、分配、管理和维修服务等社会职能与企业经营相分离的试点，在此基础上总结推广，再用3-5年时间，初步改变企业单一投资建房和封闭式管理住房的局面，建立起以物业管理为主要内容的适应市场经济发展要求的社会化、专业化住房管理体制。

5、逐步将住房的实物分配转为货币工资分配，加速住房商品化进程。从1998年开始，首先在市直机关、事业单位中实行住房货币分配，并停止单位建房或买房，将财政原用于住房建设的资金，按照职工的职务定额按月计发住房补贴，然后由职工根据自己的能力自行到住房市场解决住房。到2000年全市所有单位都要停止实物福利分房，实行住房货币分配。

实用住房银山小区

6、鼓励职工购买的房改房上市交易，搞活房地产市场。一是从1998年开始，取消公有住房出售后再交易的时间限制，

银山小区

允许全产权房改房上市出售、出租、交换、抵押、典当和赠与；二是对房改房首次进入市场实行税费减免；三是简化房改房上市交易的办理程序。通过鼓励房改房上市交易推动本市房地产市场的发展。

7、加强房改干部队伍建设。房改工作涉及建筑、金融、财政、房地产等多学科多方面的知识领域，房改干部既要掌握涉及房改各方面的理论知识，又要具备熟练操作住房新体制和房改政策的能力，这就要求加强干部培训，不断提高房改队伍的素质。

▼市房改培训中心、市房改办公室、市房改住房资金管理中心、市经济实用住房发展中心办公大楼

抓龙头，选定位，服务经济建设

柳州市人事局局长　冷永景

局长　冷永景

党的十四大以后，经济体制由计划经济向市场经济转轨，促进人事人才工作从过去的计划调配型向市场服务型转变。近年来，市人事局坚持以市场为载体，以服务为手段，抓龙头，选定位，拓宽服务领域，加大服务力度，促使人才与经济工作接轨，加速了柳州经济的发展。

一、抓住“龙头”，培育市场，开创服务新局面

近年来，人事局紧紧抓住人才市场这一“龙头”，紧扣预测和规划环节，以引进高新技术人才为重点，广泛进行人才资源调查和分析研究，加快人才市场的建设步伐，在盘活人才资源的配置上唱好“四部曲”：

1、开拓市场，引进紧缺人才。人事局坚持人事人才工作为企业生产服务、以科技扶贫的方向，加大人才引进力度，通过多种渠道引进我市急需的专业人才和大学毕业生，为巩固国家重点和支柱产业，发展高、新技术产业，扶持乡镇集体和民营企业招聘积聚人才。1993年以来，共引进各类专业人才23000多人，逐步实现人才引进工作“三转变”：(1)由低素质型向高素质型转变。1994年以来共引进博士、硕士研究生69名，高工167名，专科以上学历毕业生7000余人。(2)由单纯的人才引进向人才和智力的综合型引进转变。以新项目、新产品、新技术为发展方向，推动人才引进和高新技术、高附加值项目引进，不断增加我市新的经济增长点。(3)由过去重引进，不重管理向既注意向外引进，又注重对内搞活的规范化管理转变。

2、观念创新，盘活闲置人才。为了盘活闲置人才，人事局专门在电视台开辟人才市场专题节目，为闲散待业的科技人才提供求职信息，并定期召开集市性的人才就业洽谈会，为闲置人才再就业当好“红娘”。1997年，尽管有不少企业大量裁员，但仍有503家企业通过人才市场推荐洽谈，为4803名技术人才实现了再就业。

3、重奖鼓励，吸纳高尖人才。市人事局把引进高尖人才作为人才与经济结合的突破口，采取重奖鼓励，吸纳高尖人才。一是制订优惠政策，鼓励高尖人才来柳州建功立业。1993年以来，市委、市政府先后三次出台政策，着重在住房、安家费、项目提成和有突出贡献给予重奖方面，制订优惠政策，使外地69名博士、硕士生自愿来柳州工作。二是生活上关心。凡高级工程师来柳工作，都安排三室一厅的住房，凡自带项目来柳工作的高科技人才，除给予一万元的安家费外，还可从企业收益中提取奖励。近年来，市政府每年都拨款一百多万元用于重奖科技人才。

4、完善机制，挖掘经营管理人才。近年来，为了营造聚才环境，发挥人才作用，针对工业城市的特点，把引进人才的焦点瞄准具有较高科技知识和企业家才能的经营管理人才上来。1997年，市人事局与市委组织部联合成立了柳州市经营管理人才市场。一是经营管理人才市场每月定期开放，二是建立测评机构，三是组织专门培训，四是建立经营管理人才库，这样，既可发现大批经营管理人才，又解决了国有企业领导班子人员交替更新问题，还可为合营、民营、私营企业推荐充实经营管理人才。

二、选准定位，科学调配，拓宽服务新路子

毕业生分配是人才资源配置工作的“重头戏”，从1993年起，根据柳州市的实际情况，把引进人才的重点，定位在对高层次毕业生人才的引进上。五年来，共引进硕士研究生68人，接收安排大专以上学历的毕业生6648人。在提高服务经济建设的水平上走好“三步棋”：

领导班子在研究工作

1、理顺思路，搭好架子。根据近年来毕业生分配紧缺专业生源不足，长线专业供大于求和不少企业生产任务不足，大批职工下岗的情况，市人事局在调查研究的基础上，草拟了《柳州市大中专毕业生分配暂行规定》，经市政府批转发文，作为毕业生分配工作的规范性文件，为毕业生就业安置工作走向制度化、规范化逐步适应市场经济发展打好框架。

2、转变观念，拓宽路子。在毕业生分配工作中，市人事局积极引导毕业生到县、郊乡镇企业和一些发展较稳定的民营企业就业，拓宽毕业生安置的路子。据统计，1997年大中专毕业生已分到非国有单位工作的有750多名，占分配总数的30%。

3、培育市场，放开步子。市人事局对建立和培育毕业生就业市场进行了初步探索。通过就业市场，为毕业生自主择业提供了更大的空间和更多的机会。对一些暂时还未落实单位或请求继续自找单位的毕业生，按政策规定，将其介绍到人才市场统一管理，落实单位后，由人才市场按规定程序办理派遣手续。1997年已有55名大中专毕业生在人才市场办理了挂靠手续。1993年以来，有1542名不包分配的大中专毕业生，通过人才市场推荐，落实了接收单位。

三、拓宽视野，人才扶贫，开拓服务新领域

市人事局发挥人事工作接触面广，信息资源丰富，政策覆盖面大的特点和优势，坚持服务方向，进一步拓展人事工作为经济工作服务新领域。

1、“借脑子”，引进智力攻克生产难题。市人事局根据市属企业近年来引进国外技术设备多，但专门技术人才缺乏，许多先进设备的技术潜能未能充分挖掘，设备老化，企业不能自自行修复更新等矛盾，努力引进国外智力，直接为企业生产服务。对企业生产中遇到的技术难题一一列出项目，在国内无法解决的，向自治区引进办和国家外专局申报，从国外引进技术专家帮助解决。近两年来，共完成引进项目17项、来柳工作的外国专家31人，并得到国家外专局专项资助款34.88万元。1995年9月，市搪瓷厂从荷兰引进自控重油烧成炉，一年后出现了自动控制燃烧室负压、炉内局部炉体过热，烧架铁屑质量污染瓷面等技术难题，市人事局引进办与国家外专局联系，引进荷兰专家波斯特先生，到厂向技术人员进行技术指导，对生产技术作了改进解决了难题，提高了产品的质量，每天还可节约燃油170Kg，该项目年产量2000吨，创产值3000万元，利税300余万元。经济效益明显。

2、“送梯子”，倡导人才扶贫。1997年，市人事局科干科组织开展科技、图书、医疗“三下乡”活动，把农业科技书籍和资料送到柳江、柳城两县乡村，组织农业技术专家60多人次开展农技咨询，向农民宣传科技脱贫，先后组织了八位农业专家到两县办“乡镇农技人员培训班”，传授种植和养殖方面的技术，并对晚稻稻飞虱的防治及时给予指导，保证粮食丰收。通过组织专家下乡指导，科干科与县农业管理部门建立了良好关系，在他们的支持协助下，在两县推广“旱育稀植秧”和抛秧技术，收获期可提前10天。作为科技扶贫项目，在柳城县推广具有生长期短、抗虫害能力强、产量高等特点的“二系”水稻新品种，1998年将达到二万多亩。

3、“开口子”，重奖鼓励促转化。市人事局为在“两高一优”（高产高效、优质）农业开发和工业新技术、新产品开发方面，取得突出成果的科技人员43人，申报市政府给予重奖，奖励兑现总金额达102万元，极大地调动广大科技人员在生产第一线充分发挥自己的聪明才智，促进科技成果的转化，推动柳州的经济发展。

冷永景局长与部队领导交谈转业干部安置问题

局领导到柳州工程机械厂了解情况

人才交流市场

审计监督要服务于宏观调控

柳州市审计局局长　周铁兹

原国家审计署审计长吕培俭（前排右八）来柳考察合影留念

在发展社会主义市场经济条件下，在实现两个根本性转变过程中，在转变政府工作职能中，无疑必须要加强宏观调控。审计监督既是宏观调控体系的重要组成部门，又是为宏观调控服务的重要手段，因此，审计必须要从依法治国、治事的高度，从发展社会主义市场经济，加强宏观调控，促进党风廉政建设的需要等方面，充分认识审计在宏观调控中的作用。那么在新的形势下，怎样运用审计手段，为政府宏观调控服务呢？从工作实践中体会到，必须要围绕以下几个方面来做好审计工作。

奖状

柳州市审计局

荣获全区审计系统

先进集体。

广西壮族自治区审计署
广西壮族自治区人事厅
广西壮族自治区财贸工会
一九九〇年三月[illegible]日

一、围绕社会主义法制建设，进一步营造良好的审计工作氛围。审计监督制度是社会主义法制建设不可缺少的组成部分。社会主义市场经济体制的建立和完善，必须要有完备的法制来规范和保障，需要加强和改善包括审计在内的行政执法和执法监督。要真正做到依法审计，首先要求各级党委、政府高度重视审计工作，同时，还需要社会各界广泛理解和支持，需要审计单位的参与，需要被审计单位的配合，只有通过上上下下，方方面面都来理解审计、支持和关心审计，审计部门自身注意处理好、协调好与各方面的关系，这样，才能使审计工作有良好的外部执法环境和条件，才能在社会主义法制建设中发挥应有的作用。强化审计工作是法律所规定的，这要有个明确共识；而审计机关和审计工作人员对自身工作更应尽职尽责，坚持依法独立，客观公正，实事求是的审计原则。

二、围绕党委、政府经济工作中心，进一步强化审计工作。党的基本路线已确定以经济建设为中心，审计工作必须紧紧围绕党委、政府这个中心来开展工作，要自觉地服从和服务于这个大局。审计工作要找准工作大局与审计监督的结合点，审计工

国家审计署副审计长刘鹤章（右二）来柳检查工作

周铁盆局长（右三）参加《审计法》宣传

作才能有作为，才能有地位，才能有生命力。柳州是一个发展中的城市，所以更应该凝心聚力求发展，努力促进两个根本性转变。柳州又是广西的工业重镇，市委、市政府已确定我市工业生产为经济发展的主导，必须要做好新形势下的企业审计工作，要为国有企业走出困境和深化改革服务，为建立现代企业制度服务，以促进深化改革，加强内部管理，防止国有资产流失，通过审计监督保证经济运行健康发展。

三、围绕社会关注的热点、难点问题，进一步加大审计执法力度。社会关注的热点、难点问题，往往是经济生活中矛盾多、难度大、敏感度高、比较复杂的问题。由于审计部门地位超脱，独立性、公正性、客观性强，反映出的问题，都是通过审计查证得出的第一手资料与信息。政府可以充分运用审计资料与信息，有针对性地研究和处理这些热点和难点问题。财政问题是社会最为关注的问题，我市开展的本级财政预算执行和其他财政收支的审计，在肯定成绩基础上，揭示了问题，搞清楚了一些财政关系，这对政府加强对财政的领导和管理，对人大加强对政府预算执行情况的监督，都起了积极作用。我市基础财源在企业，我们在企业审计中，注意揭示了企业盈亏不实，家底不清，资产流失等带有普遍性、倾向性的问题，提出了企业管理中薄弱点，使能在成绩和进步发展中看到存在问题，为政府及有关部门在进行深化企业改革中提供了依据。因此，加强审计监督，正确揭示矛盾，对改进工作，促进社会发展，保持社会稳定，都起到了积极作用。

四、围绕跨世纪奋斗目标，进一步加强审计队伍建设。随着形势的发展，实现跨世纪奋斗目标，更需要培养一批跨世纪人才。当前，党委、政府对审计工作的要求越来越高，期望值也高，同时，事物是在矛盾中发展，审计监督对象的经济动作规则也在不断发生变化，审计工作要不断总结经验，不断研究新问题和不断探索新路子，我们一定要有战略眼光，强化发展意识和人才观点，来加强审计队伍建设，要营造出一种讲学习、讲政治、讲正气的氛围，全面提高审计队伍的政治业务素质，把我市审计工作提高到一个新的水平，为我市两个文明建设做出新的贡献。

深化价格改革，为促进经济结构调整创造良好环境

柳州市物价局局长　陆群英

“保持经济总量平衡，抑制通货膨胀，促进重大经济结构优化，实现经济稳步增长。”这是江总书记在党的十五大报告中深刻总结我国改革开放以来，扩大市场调节作用，实行宏观经济调控经验，提出在今后一个时期内健全宏观调控体系的重要任务。面对新时期任务，我们物价部门怎样才能摆正位置，找好工作的结合点为柳州市的结构调整，促进经济增长服务。我认为主要抓好以下四个方面的工作：

局长　陆群英

一、认清形势，明确物价工作的指导思想和工作目标

近年来，我市与全区、全国形势一样，宏观调控工作取得了显著成效，物价上涨幅度逐年回落，经济发展已呈现高增长，低通胀的良好运行态势。1997年，我市完成国内生产总值166.5亿元，比上年增长16.4%，去年我市社会商品零售物价指数较上年累计平均降0.5%，居民消费价格指数累计平均升幅o.3%，均低于全区、全国平均升幅水平。虽然我市经济速度得到发展，物价涨幅得到有效的控制，但经济发展与先进地区相比差距较大，企业经营困难，所有制形成单一，国有企业亏损面大，下岗待业职工增多，加上虽然物价涨幅降下来，而企业要求调高价格的呼声却越来越高，同时结构性的矛盾，市场价格秩序较乱的现象仍存在，稳定物价的物质基础并不牢固，这对经济发展和物价稳定都带来不利因素，必须引起我们的高度重视。我们既要看到成绩，更要看到宏观调控和经济发展的深层次问题和不利因素，从而 增强责任感和紧迫感，切实把物价工作的出发点和落脚点转移到调整和优化经济结构上来，尽快适应社会主义市场经济发展的要求，努力实现改革和发展的新突破，经济建设上缩小与先进地区的差距。进一步明确，新时期物价工作的指导思想，高举邓小平理论伟大旗帜，以党的十五大精神为指导，把抑制通货膨胀，促进经济结构优化作为物价工作的首要任务，抓住机遇，深化价格改革，加强价格调控管理和理顺价格关系，为实现“两个转变”保持经济稳步增长，创造良好的经济环境。

1998年我市物价工作目标是：学习、宣传、贯彻《中华人民共和国价格法》，建立以市场形成价格为主的价格新机制，进一步完善价格调控体系，保证市场物价稳定，实现市场优化结构，为加快经济体制改革和增长方式创造良好的环境。

二、加强价格调控，防止通货膨胀，创造经济结构优化的宏观经济环境

保持经济总量的基本平衡，抑制通货膨胀，这是促进经济结构优化的前提。因此经济过热，总量失衡，导致通货膨胀加剧会使得一些低效企业、长线行业以及劣质产品有了生存发展的机会。在这种情况下，企业宁可在生产的低水平上追求涨价效益，而不愿花大力气去提高产品质量，降低生产成本，转换经营机制。更不可能优化产品结构，促进科技进步，企业缺乏活力发展的后劲。另一方面，由于通货膨胀的预期心理和市场的不确定，将会导致丧失生产投机的增加，分配不公加剧，地区差距扩大，从而影响社会的稳定和国民经济持续快速健康发展。为此，要促进经济结构优化，保持经济稳定增长，必须加强宏观调控工作。一是大力支持粮食、副食品、“菜篮子”生产和流通，增加有效供给，保证总供给与总需求平衡，满足人民群众消费需要。二是主动协助政府合理确定我市价格总水平的调控目标，努力完成1998年社会商品零售价格上涨幅度控制在3%以内，居民消费价格上涨幅度控制在5%左右的调控任务。三是改进和完善物价调控目标责任制，形成物价工作合力，切实把物价工作抓好抓出成效来。四是建立完善价格调节

局领导办公会

局领导到市场检查物价

公共汽车票价调整听证会

基金制度，多渠道征集价格调节基金，不断增强政府调控市场物价的能力，从而保证调整经济结构顺利进行并取得预期效果。

三、健全价格机制，增强企业活力，奠定经济结构优化的微观基础

经济结构合理化问题，本质上是优化资源配置问题，而市场配置资源，调整结构的过程也是市场形成价格并发挥调节作用的过程。要促进经济结构调整，优化资源配置，就必须健全和完善价格机制。首先，我们要进一步放开价格，除具有垄断性、保护性、强制性和公益福利性，如水电、石油、公交、票价等极少数商品由政府定价外，凡是竞争性的商品和服务都应打破垄断，放开价格，使企业增强活力，在竞争中优化服务。二要改进政府定价办法，对重要商品价格实行动态管理，制定价格决策听证制度，提高政府定价科学性。同时坚持“择优扶强”的原则，在定调价中，不管公有制的实现形式如何，也不论是个体私营企业，对于运用新科技成果和加强内部管理，降低成本，提高产品质量而取得效益的，价格上给予支持鼓励。对因技术改造滞后，内部管理不善而造成亏损的，不应作为定调价的理由，和按实际成本定价。而对地方传统产品，主要是用价格手段，促进企业不断增加产品科技含量，走集约经营道路，为企业创造公平竞争环境。三要帮助国有企业建立和完善内部成本管理和价格管理制度，掌握定调价策略，实现企业利润目标，为搞活国有企业服务。四要为企业提供价格信息、决策咨询、价格评估服务，以利于企业按需生产，优化结构，以适应资源约束和不断变化的市场需要。五要规范价格秩序，加大物价监督检查和清费治乱的力度。对乱收费、乱加价的行为，一经查实，严肃处理，绝不手软。此外，建议政府尽快公布取消第二、第三批收费项目，配合自治区物价部门公布我市行政事业性收费项目，依法治价，减轻企业、农民负担，积极营造良好的投资环境。六要培养资本、劳动力、信息、技术和房地产市场，尽快完善生产要素价格形成机制，使价格的变动对促进资源从利润低的企业、行业流向利润高的企业、行业，使产品结构能够灵敏地同市场需求适应，经济结构不断趋于优化发展。

四、认真学习，解放思想，不断增强促进经济结构优化的服务意识

解放思想，转变观念是增强服务意识，促进经济结构优化的前提和保证。为此，我们要认真组织物价干部，特别是领导干部认真学习，深刻领会邓小平理论和十五大精神，学习贯彻《价格法》，深入开展“两个转变”和“促进经济结构调整”的大讨论，通过学习，解放思想，实事求是，破除各种封闭保守的思想观念，增强改革意识和市场经济意识，树立物价工作服务于经济结构调整的思想。敢于提出服务的新思路、新方案、新主意、新办法。勇于探索和不断总结工作经验和新路子，坚持以经济建设为中心，坚持按照邓小平同志三个有利于的标准来衡量我们的工作，切实把物价工作的重点转移到促进调整和优化经济结构上来，并具体落实好本单位、本部门工作的实施方案，创造性地开展工作，努力完成物价工作的新任务，为实现柳州市的改革开放和经济发展新突破作出努力。

宣传贯彻《价格法》

加强管理 促进无线电信息产业的发展

柳州市无线电管理处主任　覃兆栋

1997年，柳州市的无线电管理工作，遵照国家制定的“加强管理，保护资源，保障安全，健康发展”的方针，以“为首脑机关、国防建设和经济建设”三个服务为指导思想，狠抓管理工作的基础建设，加强了无线电监测系统设施的配置和软件开发应用，使管理工作走上了科学、规范的轨道，促进了各项管理工作目标的全面完成。

柳州市无线电管理处领导班子在研究工作

做好重点部门无线电通信的保障业务

柳州市现有无线电台站设备和移动通信用户已达24万，其中移动通信用户（含BP）为22万余个（不含两县）。按全市人口85万计，平均每3.5人拥有一只移动通信器材。这意味着我市空中每天至少有2000个无线电信道在工作。按现行的无线电通信传输平均速率计，每个工作日的每秒钟我市空中信息传输量约8000万次数。由于存在一些发射设备技术质量差，谐波成份或天馈线耦合阻抗反射大，电波频率传输路径受阻（被吸收或反射），超大功率强幅射和非法电台违规工作以及气象等因素，出现一些信号频率之间产生交调、互调、串扰，甚至使部分电台瘫痪的现象，影响和危害用户正常通信业务，给管理部门提出了做好重点保障的课题。对党政军首脑机关，社会公益事业，如广播电台、电视台、邮电移动通信台站以及公安、交通、水电防汛、林业防火、城市消防和各个寻呼台，都属于重点保障之列。保障措施：一是对这些部门设置的台站频率通过微机和电子地图进行直观地循环监测，如发现受到干扰或阻断，迅速协助设台单位查明原因，排除干扰或故障。二是派出工程技术人员做好年检和维修工作，测试这些台站设备性能参数有无不正常变化，经过调试使之技术性能达标。三是对技术力量较弱的单位，安排技术人员定期巡回检测维修设备。1997年，先后4次派出116人次，为水电防汛、公安、消防和交通等部门维修设备共136部。

无线电监测接收塔

监测空中信号　查处违规电台

柳州市无线电监测网络是由主站和辅站形成覆盖全市范围的系统设施。该系统网络是由无线电全频接收机、频谱分析仪、测向定位仪、电脑数据处理终端和通信联络等诸设备配套，分设于主站和遥控辅站。电脑终端还接了电子地图，可以进行快速作业。高级工程技术人员负责技术管理和监测执勤。每个工作日，实施监测全市的无线电发射频率信道。1997年对系统软件进行了修改和补充，使网络功能臻于完善。同时，还完成了全部硬件的准备工作，为实现全区联网做好充分准备。年内，共监测查处了17个违法电台和干扰台，为水电防汛、森林防火、消防通信、公安110报警业务和体育赛事等用户排除了干扰。

无线电监测接收设备

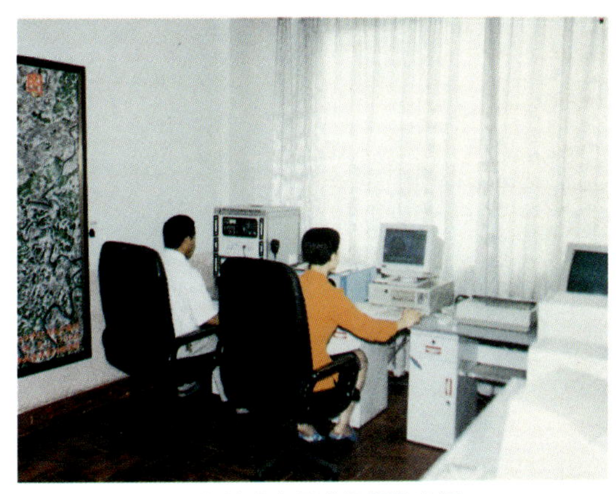
工程技术人员进行频谱分析

开展“两查” 使台站管理健康发展

1997年，根据自治区无委的工作部署，柳州市开展了“两查”工作。一是严厉查处非法设置使用电台等问题。二是对无线电寻呼台进行了专项检查。通过“两查”，查处了个别单位和个人私设电台的问题，整顿了市场上擅自销售无线电发射设备的现象。检查测试了市内各家寻呼台设备的技术参数，对擅自抢占三高（高山、高楼、高塔）以及设备技术指标差的寻呼台进行整改。

加强管理 加速我市无线电信息高速公路建设

自从1986年柳州市无线电管理机构从军队移交到市政府，行使对国家频谱资源的管理职能以来，资源得到科学的开发利用，无线电信息产业迅速崛起。蜂窝移动通信网已经设置了1000信道共拥有30000余用户量；无线电寻呼业务开通了15个发射信道共拥有20余万用户量；广播、电视10年前仅有4套系统设备，总发射功率不到100W，目前已拥有8个台站系统设备，总发射功率突破了10000W；全市有卫星地面站、微波终端和接力站18座，共占有话路1000余信道。特别可喜的是，柳江县邮电局利用微波接力办法，解决偏僻乡村的电话通信难题。交通运输、厂矿企业、公安保卫、森林防火、水电防汛等部门，都利用无线电对讲机进行指挥调度。经济的飞跃带动无线电信息产业的兴起，无线电信息产业为经济腾飞和社会文明提供极为重要的保障。我市在1988年的8·31，1994年的6·17和1996年的7·19三次特大抗洪抢险斗争中，利用广播电台、电视台、无线电寻呼台和各式各样的无线电通信工具，保证了全市抗洪斗争的组织领导，宣传报导和指挥调度，取得有史以来向特大灾害进行抗争的胜利。从战争角度看，现代战争必然是电子信息的战争，谁拥有先进的电子信息技术和设备，谁就能赢得战争。现今发达国家无不在精心设计和建设自己的无线电信息高速公路。

要发展，靠的是科学地开发利用无线电频谱资源；靠的是加强对已开发并利用的频率信道的管理，即无线电管理。十年来，柳州市无线电管理取得显著的成就，一是市政府各级领导重视，每年都对此项工作给予指导和扶持，具体帮助业务部门做好方方面面的协调工作。二是在管理实践中，锻炼了一支具有较高素质的无线电管理队伍。三是建设并逐步完善了管理机构的基础设施，完成我市无线电监测系统网络建设。四是改革开放以来，全社会对无线电频谱的应用和管理有了一定的认识。在“九·五”计划中，柳州市将投入一定的资金，加速完善无线电管理的技术系统设施建设；在行使无线电管理职能工作中，要紧紧依靠宣传部门，加强对无线电管理法规宣传，加强对有关职能部门做好管理和服务工作的宣传；要大力加强无线电管理队伍的建设，培养一批热爱事业的现代管理科技人才；要严格按照无线电台站设置的审批程序和技术条件，使台站管理规范化；要紧紧依靠市政府，加强同公安、安全、邮电、质检和工商等有关部门的业务联系，争取这些部门同我们一道，以《中华人民共和国无线电管理条例》为准绳，加强执法力度，使无线电管理事业沿着法制轨道健康地向前发展。

建设中的无线电监测接收塔

加大统计执法力度
开创统计法制建设新局面

柳州市统计局局长　周树民

近几年来，在市委、市人大、市政府和自治区统计局的领导和支持下，我们坚决贯彻“一靠科技，二靠法制”的统计战略方针，以提高统计数据质量为核心，一手抓全民普法，一手抓统计执法，坚定不移地走依法治统计之路，认真贯彻实施《统计法》和《广西壮族自治区统计监督检查条例》，推动了全市统计执法工作的全面开展，统计法制工作上了一个新台阶。主要表现在以下几个方面：

局长　周树民

第一，统计普法效果显著，依法统计逐渐成为人们的自觉行动。

过去也有法，但由于宣传不够，社会上对《统计法》知之甚少，尤其是在统计执法方面几乎是空白，因此人们普遍认为《统计法》是“软法”，只学不用。统计工作有法不依的情况比较严重。针对这一现状，我们重点抓了统计法制宣传教育工作，特别是1995年以来，我们结合宣传新出台的《广西壮族自治区统计监督检查条例》，广泛开展统计普法宣传教育工作，使各级领导和广大统计人员逐渐认识到贯彻执行《统计法》的重要性，自觉地依法统计。在最近开展的几项大型普查和各项统计调查工作中，全市一万多个单位，大多数都能客观地、真实地上报统计数据，统计工作的质量有了很大提高。

第二，统计执法检查工作基本形成制度，查处统计违法行为成为日常统计工作的重要组成部分。

几年来，我市统计工作最大的变化，就是统计法制在日常统计工作中占有很大的比重，统计执法检查工作成为推进统计业务开展的动力。可以说，在一段比较长的时间里，我们工作的重点是统计法制建设。对内，专业科的统计业务工作，以是否规范、是否符合法定程序为目标和准则，形成依法统计的内部机制；对外，统计局的工作任务，是整顿基层单位的统计工作秩序，创造良好的依法统计的外部环境。在实际工作中，我们十分注意处理好集中检查与分散检查、突击性检查与经常性检查的关系，把统计执法工作寓于日常统计业务中，天天抓，月月抓。使统计违法行为得到及时、适当地处理，使统计执法检查工作制度化、经常化。

第三，统计基础工作得到加强，统计报表的时效性、准确性大大提高。

通过学法、普法、执法和建立、完善一系列统计工作规章制度，各级统计调查单位贯彻执行《统计法》的自觉性提高了，统计基础工作也逐步规范化。目前，全市绝大多数企业单位，统计台帐、原始记录都比较完善。过去一直影响基层统计工作质量的老大难问题，如会计核算、业务核算与统计核算不协调等问题，得到了妥善解决。不仅报表报送及时了，而且差错率降低，准确性提高了。

总结几年来我市统计法制工作实践，我们深深感到普法之难、执法之难。同时也从这千难万难之中体验到胜利的乐趣。我们有如下几点体会。

一、彻底转变旧观念，重塑统计新形象。

要真正走上“依法办统计，依法治统计，依法兴统计”的轨道，观念的转变很重要。长期以来，我们已经习惯于“求”数据、“追”数据这种旧体制下的工作方法。现在，要来一个翻天覆地的变化，彻底改变统计的形象，确实需要下很大的决心和做大量的工作。为了提高认识，转变观念，柳州市统计局组织全局职工进行了学习和讨论。大家统一了思想，坚定了信心。从而为开创统计法制新局面提供了思想认识前提。

二、多层次、全方位开展统计普法宣传教育，增强全民的统计法制意识。

我们抓住宣传贯彻修改后的《统计法》这一契机，围绕保证统计数据质量这个核心，加大了统计法规宣传的力度，努力营造良好的统计执法大环境。首先，抓面上的宣传，使全社会对《统计法》有所认识，有所了解。全市先后两次召开宣传贯彻统计法规工作会议。市领导结合我市统计工作的实际，提出了如何宣传贯彻《统计法》具体意见。在全市开展《统计法》宣传月活动中，各部门、各单位根据全市会议的要求，结合开展基本单位普查和农业普查以及布置年报工作，组织动员和学习。据统计，全市逐级召开宣传动员大会52次，参加人员达4700人次，悬挂横幅45条，张贴标语和立标语牌1200条（块），发放宣传资料近万份，利用电视、广播、报纸等新闻媒体宣传、发布统计新闻60余次（条），

统计局先进科室

统计局获市直机关广播体操比赛第一名

收到了较好的社会效果。

其次，重点抓各级领导干部和统计人员的学习培训，增强依法统计的自觉性和主动性。我们将统计法规知识培训与统计业务工作布置结合起来，对具体负责统计资料报送的统计人员进行面对面的宣传和培训。在有各级领导和统计人员参加的普查和专项调查以及统计年报会议上，我们派专人宣讲统计法规，有针对性地讲清统计违法者应承担的法律后果和法律责任。在对法人单位普查人员进行培训时，专门安排一天时间学习讨论《统计法》、《统计监督检查条例》和《柳州市统计管理暂行办法》。我们累计培训各级干部和专职、兼职统计人员6500人次。

三、建立健全统计工作规章制度，强化统计法制基础建设。

要保证统计执法检查工作顺利开展，必须从制度上健全，从基础工作抓起。这是我们一条十分重要的体会。我们结合本地实际，制定了一整套统计工作规章制度和有关文件，并且在实践中逐步加以完善。使统计执法工作不仅有法可依，而且有章可循。在统计法制机构建设方面，加强了力量。我们局增设了统计稽查科，利于统计执法检查工作的开展。在建立和完善统计工作中，建立了三项基本制度：即统计管理登记制度、统计人员岗位证书制度和统计报表报送考核双签收制度。

为了规范全市统计调查对象的管理，我们采取的措施一是完善统计管理登记制度。我们统一部署了全市机关、企事业单位和个体工商户的全面年审、换证、发证工作。由于步调一致，方法对头，仅用3个月的时间，就全部完成了发证工作。二是加强对统计人员的管理，提高统计人员素质。在原有统计上岗证的基础上，开展了颁发全区统一印制的《统计岗位证书》工作。对部分不具备直接发证条件的统计人员进行了业务培训。三是理顺统计部门与调查对象的关系，明确职责。我们在基层单位全面实施“统计报表报送考核双签收”制度。该制度全面记载了统计产品从基层统计单位开始，到综合统计部门之间，每一级受报单位的经办人、审核负责人、领导人以及接受的时间等，实行这一制度，规范了统计报表报送程序，增强了统计部门和基层单位领导以及广大统计人员的工作责任心和使命感。它为严格执法提供了有力的证据，为保证统计资料的准确性、及时性创造条件。四是我们起草了《柳州市统计管理暂行办法》，经市政府常务会议讨论通过，印发全市各部门、各单位执行。从而，进一步明确了调查者与被调查者之间的权利和责任，将统计人员持证上岗、统计报表报送双签收以及统计信息自动化建设等工作列为重要内容，成为实施统计法规的配套措施。

四、市领导高度重视、大力支持。

统计执法的核心是提高统计数据质量，而提高统计数据质量的关键又在于各级党政领导的重视、支持。几年来，我们坚持“以法为纲，全面发展”的方针，从统计执法入手，以统计法制建设为重点，全面整顿统计工作秩序，推动了统计改革全方位展开，彻底摆脱了统计局过去那种“只见其数，不见其名”的被动局面，统计的地位和声誉逐步提高。由于我们主动为党政领导提供优质服务，不仅进行全面、准确的事后统计，而且有计划、有步骤地进行事前预测，统计工作进而得到各级领导的高度重视和全力支持。我们为保证统计数据质量，在开展的统计执法检查工作中，得到市委、市政府主要领导亲自过问、亲自协调处理。这就大大增强了我们统计执法的信心和勇气，壮大了统计部门的执法声威。市委书记在市委常务扩大会议上明确表示，坚决支持统计部门依法办事，坚决抵制说情者。市长宋继东多次到统计局现场办公，亲自打电话敦促被处罚的违法单位认错服罚，采取措施改进工作。对个别企业领导违法受罚不认错，反而上门闹事的进行了依法处理，震慑了统计违法者，为统计部门撑了腰。两年来，除全区统一开展的统计执法大检查外，我们还组织5次重点执法检查，抽查单位达300多家，查询有统计违法行为的单位103家，其中立案查处85家，处罚68家，通过经常性的统计执法活动，统计工作受到社会各界的关注，统计数据和统计工作的质量基本得到了保证。

柳州市统计工作表彰暨统计执法大检查动员大会

拓宽海外联谊，促进柳州经济发展

柳州市人民政府侨务办公室主任　吴金福

泰国九属会馆首长访问团来柳州访问，市委书记刘知炳（前排中）同各位来宾合影留念

柳州市侨务办公室是市人民政府的一个职能部门，是全市归侨、侨眷和港澳同胞亲属的家，是海外华侨、华人了解柳州，促进柳州与海外在科技、经贸、文化、体育等各个领域合作与交流的桥梁。

柳州市是广西重要的侨乡之一。她拥有来自马来西亚、印度尼西亚、越南、泰国等25个国家和地区的归国华侨和侨眷约4万人。在海外，柳州乡亲约有10万人，分布在48个国家和地区。多年来，在党和政府的关怀下，归侨、侨眷和港澳同胞亲属为全市日新月异的发展添砖加瓦。海外的乡亲也十分关心在柳州的亲人和柳州市的建设，常常组织回来探亲、观光，洽谈和投资。

柳州市侨务办公室依据国家、自治区和市政府的有关政策和规定，热情为侨服务。过去，开展了复查平反冤假错案，落实回收安置工作，档案清查处理，落实党的知识分子政策，使许多归侨、侨眷和港澳同胞在政治上，思想上卸下了包袱，在学习、生活和工作上得到了适当照顾。如今，市侨办全体同仁，正以全心全意为侨服务的精神面貌，努力开拓为侨服务的渠道，为侨安居乐业而工作。并热忱欢迎市内外、海内

世界广西同乡联谊会第八界代表大会在马来西亚召开。副市长朱润娟（左二），市侨办主任吴金福（左一）赴会祝贺，并与广西乡贤合影留念

外的归侨、侨眷、港澳同胞亲属和华侨、华人、港澳同胞来信来访。市侨办将积极为侨服务，为侨排忧解难，并依法维护侨的合法权益和正当权益。

柳州市侨务办公室积极参与世界广西乡亲的有关联谊活动，还积极组团出访美国、泰国、马来西亚、新加坡、香港等国家和地区侨团、侨社，拜会乡亲乡贤侨领，结识了众多海外知名人士。目前与美国、英国、泰国、马来西亚、新加坡、香港等8个国家和地区的25个侨团侨社保持着密切的联系和信息往来。80年代中期以来，市侨办共接待来自海外的工商、探亲、考察侨团近50批约520人。在这些活动中，市侨办注重做好联络乡情，增进了解，扩大宣传柳州的工作。并为柳州利用外资，开展国际合作与交流而积极穿针引线。使柳州市的人文景观、旅游资源和投资环境在海外华侨、华人中的知名度不断得到提高。1997年底，柳州市有“三资”企业364家，而由华侨、华人、港澳台同胞投资开办的超过80%。柳州市侨务办公室将继续致力于与全市各部门、单位和海外华侨、华人、港澳同胞携手合作，努力开创为柳州经济建设服务的新局面。

1997年11月18日，副市长朱润娟、市侨办主任吴金福到柳城华侨农场了解情况

柳州市侨界举办“侨谊杯”足球赛。图为市侨办、侨联领导与柳州华侨化纤纺织厂运动员合影

造就一支高素质的税干队伍

党组书记、局长　杨立峰

近年来，柳州市国税局围绕贯彻落实总局提出的“两个转移”的指导方针，结合实际情况，坚持“五个一”的工作思路，造就了一支高素质的税干队伍，促进了“两个转移”的深入开展。

一、统一一个认识——实现“两个转移”，必须造就一支高素质的税干队伍

前几年，我们曾经下功夫抓了人才的培养，但按照“两个转移”对我们提出的新要求，干部队伍素质还有一定的差距。一是国地税机构分设，国税局现有人才数量难以适应两个转移的要求；二是税收工作需要建立集中征收、重点稽查的新征管格局，干部队伍素质难以适应“两个转移”的要求；三是税制改革后，干部队伍服务质量难以适应新形势的需要。因而，从1995年春以来，我们始终把人才的培养列入议事日程，坚持把抓人的素质的提高作为落实两个转移的突破口，形成从文化到业务两步走的育才法和建立梯形文化结构的人才培养观，设计了“人才大厦”培养计划，并采取切实有效措施全面付诸实施。

二、形成一股合力——造就高素质的税 干队伍，各级骨干必须成为称职的组织者和领头雁

中层干部和股所长是实现“两个转移”的中坚力量，也是我们造就“人才大厦”的重要支柱。因此，我们抓人才培养计划的实施首先从中层干部和股所长抓起，把这支骨干抓学习的紧迫感和积极性调动起来，形成一股强大的合力。*一是把“三能”作为考评各级骨干的重要标准，激发他们抓学习成才的紧迫感。*我们对中层干部的考评，把能写、能说、能做这“三能”列为考评干部骨干的重要标准。每季度、每半年的综合考评和每届“双聘”任用干部，都规定中层干部和股所长写出述职报告、登台演讲，再由群众评议、考核组最后打分，增加了干部的饥渴感。*二是把文化结构作为“双聘”制的重要条件，增加干部骨干“不学就落聘”的危机感。*我们规定：到1997年凡五十岁以下的干部都 要达到大专以上的文化水平，否则不予聘用，从制度上促成了“不学习不行”的危机感。*三是提供便利条件，调动干部骨干抓学习成才的积极性。*在教学上我们从武汉大学等高校请来专家教授给各级骨干讲授领导艺术、心理学和税收专业课。在经费上，规定谁学完某个学历层次课程，并获得毕业证书，就给谁报销全部学费和资料费。在各级骨干的带动下，全体税务干部学文化、强素质的氛围日渐浓厚。

三、开拓一个途径——造就高素质的税干队伍，必须立足岗位，博采众长

立足岗位，摔打队伍，广开门路培养人才，这是我们抓人的素质提高的一个途径。近三年来，我们致力于广开门路，让大家博采众长。*一是从提高文化素质入手，组织全员读大学。*几年来，我们拨出专门经费100多万元，与中南财大等4所大专院校联合开办8个大专班，委托武汉大学代培43名行政管理本科生，委托有关院校代培8名研究生，参加学习的人员占全局干部职工总数50%以上。1996年又拨出120.4万元专款普及本科，参加学习人员占总人数的30%。*二是以培训中心为依托，组织全员岗位业务培训。*我们成立了市局、分局两级培训中心，并以此为依托，分别对干部进行短期业务培训。与此同时，我们还围绕培养征管能手、稽查能手、促产能手这个目标，开展技术练

促进税收工作“两个转移”

柳州市国家税务局党组书记、局长　杨立峰

兵、模拟查帐，召开业务交流会，举办税法知识竞赛等形式，促使业务培训向纵深方向发展，涌现出一批征管能手和稽查能手。1996年，有2人获全国征管能手称号，4人获省级征管能手称号。*三是根据征管改革的要求，组织全员学微机*。为了加速计算机应用于税收征管的步伐，我们从社会上引进10多名微机专业人员，组织市局计算机中心，专门负责全局微机培训和软件开发应用工作。制订了计算机培训计划，从1996年开始，用三年时间，每年以三分之一的比例抓好落实。自1996年以来，已举办初、中级微机学习班10多期，全局已有35%的干部职工通过了培训考试。*四是着眼于培养税干队伍高度的组织纪律性，组织全员军事训练*。随着工作环境和办公条件的改善，干部队伍中出现了怕苦怕累，享乐主义随之抬头。我们对症下药，采取军训和学武形式，选择六、七两个月，分期、分批把干部职工拉到军营、警营，在艰苦环境下搞全封闭训练，严格训练干部职工的意志和纪律性。通过组织全员军事训练，进一步磨炼了干部的意志，增强队伍的组织纪律观念。

柳州市国家税务局党组成员：党组书记、局长杨立峰（中）、副局长陈绍明（右二）、周元卫（右一）、庞荣胜（左二）、黄秀珍

四、坚持一个原则——造就高素质的税干队伍，必须实行动态管理

自柳州市国税局成立至今，我们坚持把竞争意识引入人才培养当中，把危机感压在每个人身上，使动态管理在人才培养中成了必不可少的重要一环。*一是实行聘任聘用制，打破用人终身制*。这几年，我局对股所长以上干部实行聘任；对一般干部实行聘用，一聘三年。1997年4月，我局已完成了四届“双聘”。每届的“双聘”都比前一届有所深化和完善，已从过去单一的聘任聘用，深化到岗位轮换再到辞退。仅第四届双聘就有11名干部落聘。“双聘”制促进了人才的脱颖而出，增强了危机感和紧迫感，给干部队伍带来了生机和活力。*二是实行岗位轮换制，培养“多面手”*。为了使干部克服因熟人熟事环境所产生的惰性，激励干部不断学习，我们从第二届“双聘”开始，一直坚持了干部岗位轮换制。每届换岗人数都在50%以上。实行岗位轮换，促进了干部的全面成长和成熟。*三是实行人才引进，注入新的活力*。我们重点从外部聘用一些精明能干、思维敏捷、有较强专业水平的计算机、宣传写作人才，并大胆破格提拔使用，这一举措对全局上下产生了很大地震动。干部职工呈现出奋发向上、力争上游的局面。

五、把握一条主线——造就高素质的税干队伍，必须注重弘扬敬业的主旋律

几年来，我们以敬业奉献为主题，教育税干树立奉献精神。*一是建立“三个保证系统”，使主旋律常唱不衰*。我们确定思想政治工作由党支部书记亲自抓、分管局长侧重抓、股所长直接抓，做到多方位、多角度开展敬业奉献的主旋律教育，从组织上有了保证。其次，制度保证。建立健全思想政治工作管理制度，做到定期检查、考核，使思想教育走上规范化、制度化的轨道；三是宣传信息保证。即建立各级宣传信息网络，及时反馈干部的思想动态，以便有针对性地开展工作。这三个保证系统的建立，保证我们培养干部敬业奉献精神的教育持之以恒、落到实处。*二是树立和宣扬敬业奉献典型，激励全体干部敬业奉献*。我们在组织学习孔繁森、袁庭钰、王振举等全国有影响的先进典型事迹的同时，还注意宣扬本单位涌现的敬业奉献的先进典型。近年来，我局先后宣扬了蔡文愿到艰苦岗位上创业，成为柳州市“十大杰出青年”的典型事迹；孙太昌烈士舍身护税，甘把热血献税收的感人事迹和全国税务系统文明单位河西税务所争先创优的先进典型。通过树立这些先进典型和开展对他们宣传学习，有效的激发了干部队伍立足本职岗位成才。*三是开展以敬业奉献为主题的系列教育活动，培养全体干部的奉献精神*。我局运用多种健康有益的活动载体；开展了以“三热爱一树立”为核心的敬业奉献教育，曾多次组织税干到合山煤矿和矿工们一起下井挖煤，亲身体验矿工们艰苦创业的过程。还组织了11批677名税干到监狱（劳改农场）开展反面典型教育活动，让犯人们现身说法。这些活动的开展，增强了干部的奉献精神。

由于我们坚持“五个一”的工作方法，带出了一支高素质的干部队伍，1997年，柳州市国税局克服种种不利因素，较好地完成了全年税收任务。

努力求得各方支持帮助 再造二轻集体经济辉煌

柳州市二轻城镇集体工业联合社主任　赵甫荣

建国以来，柳州市二轻集体经济在组织职工生产自救、发展工业生产，满足人民生活需要，增加地方财政收入，安置社会待业人员等方面，作出了很大贡献，曾有“工业摇篮”、“半壁江山”之称。然而，我们的二轻集体经济长期来受计划经济的影响很深，使得一些集体企业在机制、班子、产品、队伍等各方面与市场经济发展很不适应，近年来，资金紧缺、生产经营困难、亏损企业增多、亏损额扩大，真有些“无可奈何花落去”之感。

江泽民同志在党的十五大报告中指出：“要支持、鼓励和帮助城乡各种形式集体经济的发展，这对发挥公有制经济的主体作用意义重大。”如何扶持好集体经济，这是篇大文章，除了我们的主观努力外，非常需要得到上级领导部门和有关方面的支持，才能把这篇大文章写好，达到再造二轻集体经济辉煌之目的。

一、正确认识集体经济的地位和作用

党的十五大在所有制理论方面的重大突破之一，就是明确指出集体所有制是公有制经济的重要组成部分。集体经济在国民经济发展中有广阔的天地，其作用不是其他所有制形式可以替代的。一是集体经济可以成为城市型工业和非垄断性行业发展的主要形式。党的十五大提出，要对我国经济结构进行战略性调查，国有经济将从一些领域退出，腾出来的空间，可以而且应当主要由集体经济去发展。这是因为，集体经济既适应于传统的劳动密集型产业，又适应于现代化大工业的生产。集体经济还特别适合于无污染、劳动密集、高附加值的城市型工业发展，走可持续发展经济之路，如家用电器、五金制品、工艺美术、木器家具、服装、食品等。二是集体经济是中小型企业改革的主要模式，集体所有制的股份合作制，以其产权清晰、权责明确、政企分开、管理科学的现代企业制度特点，正成为广大中小企业改革的主要模式。以劳动者劳动联合与资本联合有机结合的股份制企业，较好地形成了“五个机制”和实现了”五个加强“，充满勃勃生机。

二、集中精力，打好改革攻坚战

改革必须提高思想认识，而思想认识的不断提高是理解、参与、支持改革的关键。我们要认真学习贯彻十五大精神，进一步提高思想认识，首先在三个方面要有所突破。其一要吃透国情、市情、行情。我们的最大国情是社会主义初级阶段，生产力水平还比较低。我们的市情是少数民族自治区中的工业城市，原有的交通枢纽等优势已不存在。我们行业情况是大中型企业少，绝大多数小企业都是在手工业合作社，作坊的基础上发展起来的，技术装备落后。因此，要正视现实，思想要更解放。其二是在敢闯、敢冒、敢试上有所突破。用”三敢“精神去冲击对待改革中的“看”、“等”、“靠”思想。只要我们充分发挥干部群众的积极性，支持“三敢”精神为动力，就不愁改不下去，更不愁发展不起来。其三要在改革方法上有所突破。也就是说，在实现形式上，可以是多样化的，要从实际出发，不搞一刀切，也不搞一种模式。

主任赵甫荣(右一）在都乐集团参加新产品鉴定会上讲话

股份合作制是主要形式，但不是唯一形式，还可以实行破产、租赁、承包、兼并和联合等多种形式的改革，关键是要实现企业经营机制的转换和健全法人治理机构。二是要使环境进一步宽松，改革特别需要一种健康的氛围，那就是宽松的环境。我们要加强对改革的宣传工作，积极宣传改革的新思路、新举措、新经验、新成就，让二轻系统的广大干部职工都关心和支持改革。同时要大胆地支持和保护改革者，只要不是为自己谋私利，允许有失误也允许纠正，允许犯错误也允许改正错误。对于阻碍或消极对待改革的厂长（经理），也要采取相应的措施，不改就换位子。一句话，减少一切干扰，不给企业添麻烦，全力保证打好企业改革的攻坚战。

三、理顺各方关系，更好地为集体经济服务

由于长期受计划经济影响，集体经济一直被看作为“二国营”，对集体经济的扶持相对较少，原有的政策很多又无法落实，特别是流动资金紧缺，常常使一些产品适销，质量上乘、技术先进的企业达不到生产能力。如柳州塑机总厂生产的各类注塑机无论质量上、自动化程度上均在全国同行业中处于领先水平，由于流动资金不够，96年损失合同3000多万元，97年又损失5000万元，98年一季度又损失合同600多万元，如果能解决流动资金500万元，年增加销售收入约3000万元；若增加流动资金800万元，年可增加销售收入7000万元以上，而利润率可从2.7%增加到6%以上，年可增加出口创汇350万美元，企业产品从在全国排位第五，上升到第二、第三位。又如市钢丝制品厂，靠产品的上乘质量和优质服务，生产了高速公路的配套设施－－公路拦护网，继南柳高速公路与该厂签订600万元的要货合同，湘、云等省交通厅公路管理局也来电来人签订供货合同约1100万元。该厂有生产能力，但企业仅有120万元流动资金无法满足生产需要，如能解决200万元资金，不但可安排60人就业，还可实现利润215万元。可见，流动资金短缺这个主要矛盾给集体企业的正常生产经营制约确实大，然而，我国还处于社会主义初级阶段，国家还有困难，不可能给予集体企业太多的投入，这我们理解。今后，除求得金融部门给予大力支持外，要在自筹资金上动脑筋，想办法狠下功夫，把筹措资金作为结构调整的保障，使投融资主体多元化；筹资手段市场化，更多地利用资产、资本市场；资金来源多样化，更多地吸纳社会资金；间接、直接融资规模化，更快地做大盘子。对确有发展前途的项目集中力量加以扶持。同时不断增加间接利用外资的比重；加快存量资产通过拍卖、股改等多种形式，促使公有资产变现，使之成为新的资金来源。要用活用好资金，使资金发挥更好的作用，以提高经济效益。

另一方面，要按照集体经济特点来办集体企业。首先，在资产上要明晰产权。集体资产属于一定集体范围内的劳动者所有，应该体现劳动结合与资本结合的合作经济基本原则。其次，要提倡集体企业之间“我为人人，人人为我”的互助合作精神，引导集体经济上规模、上水平、上台阶。集体经济特别适合社会主义初级阶段，但同时多数集体企业也存在经济规模小，抗风险力量弱的特点。我们发展集体经济、办好集体企业，更要提倡互助合作，艰苦创业的精神，要引导大量中小集体企业一业为主，办出特色，走“小而联”“专而合”的道路，为柳州市工业经济的发展作出最大贡献。

如将二轻集体经济比作一棵老树，除了系统内广大干部职工继续辛勤耕耘外，非常需要上上下下方方面面给予充足的阳光和雨露，使其能枝繁叶茂健康成长焕发青春，这是我们共同期待的。

赵主任向市委书记刘知炳介绍二轻系统产品

跳出小圈圈　力求大发展

——谈城区经济改革与发展

中共城中区委员会书记　蒋祥柱
城中区人民政府区长　黄民凤

区委书记　蒋祥柱

区长　黄民凤

城中区地处柳州市中心。近年来，区委、区政府认真贯彻市委提出“城区经济以发展第三产业为主”的精神，充分发挥地域优势，扬长避短，大力发展第三产业，区委、区政府确定的“三产富区”已初见成效，促进了我区各项社会事业的发展。先后获得“全国残疾人工作先进区”、“全国民政工作先进区”、“自治区普及九年义务教育和扫除青壮年文盲先进区”、“自治区全民健身活动先进区”、“自治区法制宣传教育先进区”、“自治区人口与计划生育工作达标先进单位”、“自治区拥军优属模范区”和“自治区双文明单位”等荣誉称号。随着改革的深入，城区的经济建设已面临新的机遇和挑战。我们认为，只有进一步解放思想，更新观念，跳出城区看城区，积极引进资金，敢于上大项目，力求大发展，才能实现城区经济改革和发展的新突破。

全面放开搞活区属企业，实现改革发展新突破

发展经济是城区的重要职能之一。区属企业在城区经济发展中，曾经发挥过重要的作用。但近几年来，由于资金短缺，人才贫乏，管理粗放，亏损增加等原因，发展步履艰难，如果不能妥善处理好这一问题，将影响今后城区的发展，因此，要以十五大精神为指导，以国家“抓大放小”为契机，克服姓“资”姓“社”，姓“公”姓“私”等“左”的思想影响，破除放活企业就是搞私有化、会造成集体资产流失的片面认识，树立放活企业是优化经济结构的必然选择，是实现产权多元化、经济成份多样化重要途径的思想。充分认识放开放活区属企业的根本目的是重在搞活，只要能把企业搞活、能提高经济效益、能照章纳税，什么形式都可以。对资产状况及经营状况好的企业，实行股份制改造，走规模化经营的路子。对经营状况不佳或资不抵债的企业，采取转让或解体重组；对适合分散经营的企业，把它分为若干独立核算、自负盈亏的单位，划 小经营，力求小而精，以小取胜。通过产权制度改革，实现民有民营，把企业交给直接从事生产经营的人，使企业真正走向市场，求发展。

坚持以第三产业为主，走“三产富区”之路

自治区党委副书记杨基常到城中区检查工作

城中区是古今柳州的商业繁华之地，发展第三产业，有着得天独厚的优势。近几年来，城中区委、区政府按照市委、市政府“城区发展经济的重点是第三产业”的思路，克服了资金、场地、人员等诸多困难，采取“退二进三”，充分利用闲置厂房、仓库，引进资金，引进项目，搞活市场，使我区第三产业得到较快的发展，第三产业已成为城区新的经济增长点。因此，必须坚持城区经济以第三产业为主。要从思想观念和思维方式及行动措施上跳出小圈圈，树立“大开放大发展”的新观念，敢于让利，完善招商引资的各项奖励政策，调动各方面的积极性，在管好原有市场、网点的基础上，大胆参与旧城改造，参与大项目的竞争；敢于打破地域观念，向外扩张发展，与外商、外资合作项目发展，与各有关单位和个人合作开发项目发展。引进项目，要积极做好服务工作，对具有一定发展潜力的项目，要大胆地在政策上给予倾斜，重点扶持，使之上档次、上规模、上水平，形成城区“大流通”、“大三产”的新格局。

大力发展社区服务业，大胆走产业化的道路

社区服务业作为社会保障体系和社会服务化体系中的一个重要行业，已开始逐步被人们所认识。近年来，城中区在发展社区服务业方面做了大量工作，去年，被自治区推荐为“全国社区服务示范区”。随着改革开放的不断深入，下岗职工的增加，社区服务业在解决下岗职工再就业，做好社区服务，维护社会稳定等方面发挥了重要的作用。发展社区服务业已成为今后城区工作的一项重要任务之一。因此，我们要始终坚持把社区服务业作为经济体制和社会管理体制改革的添加剂、维护社会稳定的减震器、城市社会保障体系的加速器、精神文明建设的助推器的高度来认识；把社区服务业纳入第三产业发展和经济建设规划中，作为城区社会发展与进步的重要组成部分，实行社会化管理，既注重社会效益，又注重经济效益。充分发挥区、街、居三级社区服务网络作用，大胆地在综合信息、家电维修、家政、医疗卫生、就业培训、商品配送、资源管理等信息服务方面大做文章，面向老年人、残疾人、优抚对象、生活困难居民等特殊社会群体，为他们提供社会保障服务；面向社区全体居民，为他们提供便民系列服务；面向辖区企事业单位，为它们提供后勤生活服务。发展社区服务业，要妥善处理好发展社区服务与加强城市管理的关系，树立全局观念，统筹安排，规范管理，使社区服务和城市管理工作同步发展，齐头并进。

三月学雷锋活动

区党政领导深入企业调查研究

抓班子，带队伍，重管理，创新路，推动城区两个文明建设协调发展

中共鱼峰区委书记　刘知湘
鱼　峰　区　区　长　梁　兵

区委书记　刘知湘

区长　梁兵

鱼峰区班子自1993年10月上任以来，在历届班子艰苦创业打下的基础上，坚持以经济建设为中心，坚持两手抓，两手都要硬的方针，把两个文明建设作为统一的奋斗目标，做到了规划、投入、建设三同步，两个文明建设健康、协调发展，各项事业不断迈上新台阶。

1993年至1997年，鱼峰区工业总产值、销售收入、利税分别按年平均93.1%、83.3%、69.1%的速度增长，与1993年比，1997年工业总产值由7010万元增长到7.2亿元，增长了9倍，销售收入由8278万元增长到6.6亿元，增长近8倍，税利由865万元增长到6303万元，增长6.3倍；第三产业营业收入由3802万元增长到17.8亿元，增长了16倍，税利由123万元增长到11.6亿元，增长了130倍，实现了超常规发展，提前两年完成了区委五届一次全会确定的五年奋斗目标。

1994年以来，鱼峰区先后荣获柳州市“产值超亿元城区”、“精神文明建设先进单位”、“社会主义现代化建设先进单位”、“计划生育先进单位”、“6.17”、“7.19”抗洪救灾先进单位和自治区“双拥模范区”、拥军优属先进单位、计划生育工作先进单位、“二五普法先进单位”等荣誉称号。特别是1995年，荣获自治区“双文明建设先进单位”和“社会治安综合治理模范城区”称号，是全广西城区中率先获殊荣的城区，1996年、1997年再度荣获这两项荣誉，保持了三连冠。

回顾几年来的工作，我们在抓城区两个文明建设的实践中作了一些探索，走出了一条加快城区发展之路。

一、抓班子，带队伍，严管理，为城区两个文明建设造就高素质的干部队伍

搞好城区两个文明建设的关键，在于有一个好的领导班子，有一支思想统一、作风过硬的干部队伍。几年来，我们始终把班子建设和干部队伍建设作为推动城区建设不断发展的首要任务来抓。通过抓理论学习促思想解放，更新观念；抓干部管理，促转变作风，提高素质，使解放思想与提高干部队伍素质，成为推动全局、搞活全局的启动器和加油站。1、以民主集中制为原则，促班子思想政治建设。几年来，我们坚持把讲政治、规范工作程序、实行民主集中制作为班子建设的重点，抓实抓到位。坚持组织每月一次区委中心组学习，明确学习内容，指定专人发言，联系实际谈思想，提问题，提措施，统一思想认识；根据《中国共产党地方委员会工作条例》明确全委会、常委会、书记办公会的职责范围、议事规则和议事程序，并坚持按规定办事；在重大问题和重要决策上，党政班子领导注重互通情况，征求人大、政协意见，广开言路，民主议事，集体决策，不搞个人说了算；在干部选拔使用上，坚持“三公四严”，即：公心、公平、公正，严格程序、严格条件、严格考核、严肃纪律；在日常工作中，要求各级领导干部运用民主集中制原则和方法处理各种关系和问题，做到尊重群众，相信群众，依靠群众。从而，统一了各班子思想，实现了党的政治领导，增强了干群团结，推动了各项工作的协调发展。2、以政治理论学习为先导，促思想观念转变。用邓小平理论武装党员干部思想，必须从领导抓起，联系思想实际抓观念转变，这是我们在抓理论学习中形成的共识。我们以抓好各级领导干部政治学习为重点，有计划、有步骤、有针对性地组织各级领导干部学习政治理论。组织广大党员干部开展了“六破六立”的系列专题讨论，即：破除束缚城区经济发展的僵化做法，树立改革开放、市场经济的新意识；破除姓“资”姓“社”的思想定势，树立“三个有利于”为标准的新思维；破除因循守旧，不思进取的陈旧观念，树立实事求是，敢闯、敢试、敢干的新思想；破除无所作为的小农经济意识，树立干大事业、上大台阶的创新精神；破除官僚主义作风，树立深入实际调查研究，为基层服务，为经济建设服务的思想作风；破除本位主义、个人主义的狭隘观念，树立全区“一盘棋”的新观念。从而，更新观念，解放思想，全心全意致力于鱼峰区的改革与发展。3、以“三严四自”为切入口，促干部队伍整体素质提高。1994年以来，我们坚持分阶段组织实施“三严四自”工程，根据干部队伍现状和思想实际，进行多种形式的思想教育，多次组织领导干部、中层干部和一般工作人员分别进行阶段性整风，自上而下地进行“三查”、“两摆”、“三整顿”。即：查思想、查党性、查言行；摆存在问题、摆不良表现；整顿机关作风、整顿工作纪律、整顿会议风气。通过实施“三严四自”工程和整顿机关作风，建立健全一整套涉及干部管理、党风廉政建设、车辆管理、公务接待、办事程序、办文办会等方面的管理制度和办法共30多项，使严格要求，严格管理，严格监督更加具体化，并坚持按章办事，用制度管事管人。形成了一级抓一级，一级管一级的规范化管理机制，提高了工作效率和干部队伍的整体素质。

二、把握机遇，大胆创新，走有城区特色的经济发展道路。

鱼峰区过去的经济结构是小、少、散，无论是二产还是三产，基础均较薄弱。我们认真分析鱼峰区的发展优势和劣势，明确一个发展观点，即：不错过发展机遇，不放过有利条件，不甘心落于人后，能上就要快上，能快就不要慢，看准了的就大胆去干、大胆去创。在实践中，我们不失时机的抓住有利城区发展的机遇，大胆创新，不断拓宽工作思

1995年至1997年，鱼峰区连续三年荣获自治区"社会治安综合治理优秀城区"称号。图为市委副书记杨鸿泉代表市委、市政府给鱼峰区授匾

近几年来，鱼峰区两个文明建设取得丰硕成果，1995年至1997年连续三年荣获自治区"双文明建设先进单位"称号。图为首次获此荣誉的揭匾仪式。柳州市四套班子领导宋继东、于开金、徐步基、章崇任参加了揭匾仪式

路，加快经济发展。1、**以城区实际为立足点，审时度势，明确工作思路**。几年来，我们立足鱼峰区的实际，适时制定和调整方略，明确发展方向，不断推出新的工作思路和举措：1994年，推出四套班子齐抓共管两个文明建设的新举措；1995年，针对城区经济基础薄弱，发展后劲不足的实际，提出大力发展合作企业，开辟新的经济增长点，走多元化发展道路的工作思路，当年，合作企业在鱼峰区经济中的比重明显加大，成为鱼峰区在四城区中率先突破产值亿元大关的主力军；1996年，我们提出学赶先进，以经济效益为第一考核指标，以重点项目为龙头，全面发展的工作思路，使全区上下形成了以经济建设为中心，人人关心经济工作、主动参与经济建设的新局面；1997年，根据十四届五中全会精神，提出深化改革，抓住重点，集中力量发展规模经济和效益经济，全面推进两个转变的工作思路；党的十五大召开后，又及时提出贯彻十五大精神，在思想认识、管理体制、企业转机建制、培育新的经济增长点上实现"四个新突破"的思路。新的工作思路激发了各方面的工作活力，有力地促进了全区经济的大发展。2、**以市场经济为导向，集中力量发展规模经济和效益经济**。围绕"市场经济"、"两个转变"这条主线，我们把主要精力放在抓大放小、上重点项目，求新的发展上。**一是组建企业集团公司，向规模经济发展。二是坚持"抓大放小"突出重点。三是改组亏损企业，实现破产重组。四是放权让利，大力发展街道经济**。1997年，街道工业产值占全区工业总产值的43.8%，第三产业营业额占全区营业总额的29.4%。3、**以发展第三产业为重点，加大投入，全面发展**。我们以房屋开发、网点市场、社区服务为重点，充分利用辖区商业优势和部分企业"退二进三"的有利条件，兴办商业网点，加大投入，开发三产重点项目。

鱼峰区坚持扎实有效地开展"双拥共建"活动。图为该区干部群众与辖区驻军指战员在军警民绿化示范点植花种草

鱼峰区以第三产业为重点，大力发展商业、房地产业和社区服务业，并向专业化市场发展。图为鱼峰区与辖区企业兴办的大型市场—柳州市水产品综合市场开业时的场景

三、坚持一把手抓两手，让城区在精神文明建设中展现时代风采

一个城区的发展，必须是物质文明和精神文明的共同发展。我们在以经济建设为中心的同时，坚持把精神文明建设摆到更加突出的地位，纳入经济和社会发展规划，统一布置，统一实施，同时检查，一起落实。**一是以人为本，把两手抓，两手硬的结合点放在培育四有新人上**。几年来，我们认真实施"理论武装工程"，坚持用科学的理论武装人，认真实施"333教育工程"，即：坚持在辖区市民中进行"三个主义"、"三德"、"三观"教育，使市民不断增强文明意识，改善人际关系，树立团结友爱、平等互助、见义勇为的社会主义新风尚，形成共同的理想和精神支柱。现辖区已建立文明市民学校150所，爱国主义教育基地8个，每年市民接受教育面均在95%以上。**二是以创建文明城区为主要形式，不断深化精神文明建设**。我们坚持面向基层，面向群众，在提高文明城区水平和市民文明素质上下功夫。坚持组织开展创建文明单位、文明小区、文明楼院、文明窗口单位以及"五好文明家庭"、"文明标兵户"、"十佳文明市民"、行风民主评议、公共服务社会承诺制等活动。多次举行万人参加的"创建文明城市，争做文明市民"、"远离毒品，向毒品宣战"、"讲文明、树新风、治脏乱"等签名活动；坚持发动辖区党政军民参与整治辖区市容市貌，清理卫生死角，处理违章违纪行为。1997年，辖区已创建的自治区级、柳州市级、鱼峰区级文明单位有173个、爱国卫生先进单位有112个。**三是以确保辖区社会稳定为重点，全面加强社会治安综合治理**。几年来，我们坚持把社会治安综合治理作为精神文明建设的一项重要任务来抓，在辖区推行社会治安综合治理领导责任制，建立联防机构，对辖区主干道和复杂公共场所进行重点监控和整治，加大流动人口的管理力度，及时调解处理各种民间纠纷，重视街道青少年教育，深入开展各类专项斗争和禁毒工作，积极预防和打击各种犯罪活动。坚持在辖区开展"四创"（创安全文明街道、安全文明小区、安全文明楼院、安全文明学校）活动，有效地维护了辖区社会治安的稳定，使我区连续三年保持自治区社会治安综合治理模范城区称号；鱼峰公安分局荣获全国城市优秀公安分局称号；鱼峰区法院获全国最高人民法院记一等功。

与此同时，我们还不断强化民政、双拥共建、计划生育等方面的基础管理工作，建立工作网络，完善工作机制，狠抓各项工作的落实。结合鱼峰区特点，创造性开展科技、教育、文化、体育、卫生等工作，均取得丰硕的成果，有效的促进了鱼峰区两个文明建设的大发展。

在世纪之交，鱼峰区将以矫健的步伐，满怀信心迈向21世纪，继续谱写新的篇章。我们坚信，在市委、市政府的正确领导下，鱼峰区的两个文明建设一定会日新月异，再创辉煌。

教育要走可持续发展之路

柳州市教育学院院长　乔善龙

院长　乔善龙

在人类即将进入21世纪的历史转折关头，选择并建构一种怎样的生存方式和发展模式，是决定整个人类在21世纪历史际遇的重大课题。1993年，中国政府为落实联合国决议，制定了《中国21世纪议程》，指出："走可持续发展之路，是中国在未来和下世纪发展的自身需要和必然选择。"从可持续发展的角度研究教育的改革与发展，可以从以下两方面进行探索：其一是教育如何为经济与社会的可持续发展服务的问题。这主要体现在教育的发展战略与培养目标、教学内容上。其二是教育自身的可持续发展问题。在推进人类可持续发展的伟大事业中，教育的使命具有空前的决定性意义。而只有教育本身得以可持续发展时，教育才能强有力地承担起推动社会的可持续发展的使命。从我国教育的现状看，可持续发展应该是教育改革与发展中的一个十分关键、不可回避的核心问题。而对于教育可持续发展这一新的命题，从国内社科文献资料看，至今论者不多。以下笔者试就教育可持续发展需要处理好的若干问题作一些探讨。

一、关于发展与速度问题

新中国建立以来，我国教育事业有了很大的发展，初步建立了层次完整、学科门类齐全的社会主义教育体系，为国家建设和社会发展做出了贡献。但从总体上看，教育事业的发展仍然不能完全适应国际经济、科技、社会发展和国内社会主义现代化建设的需要，特别是与社会主义市场经济体制的建立不相适应。因此，坚持教育优先发展的战略，仍然是我们长期不能动摇的基本国策。但是，我们必须清楚的认识到，教育的发展并不是盲目追求单纯的速度，而应把教育的发展与社会其他发展因素看成是统一的、互为条件和相互作用的整体。教育的发展对整个社会的发展有极大的推动作用，而社会其他因素的发展对教育的发展也有极大的制约作用。以当前的情况看，教育优先发展的战略地位并未落实，个中原因固然很多，而经济条件的限制也是一个客观的原因。教育不发展，满足不了社会发展的需要，但如果盲目地发展，不考虑自身的条件，欲速则不达，教书育人需要师资、教室、仪器设备等软、硬件，条件不具备，仅有良好的发展愿望是不行的。因此，我们所追求的发展，不应是单纯的增长，而是在发展中兼顾多种条件的适度的协调发展，也即是可持续的发展。

二、关于发展与环境问题

教书育人需要良好的环境，包括学校的基础设施建设是否完善，卫生状况是否良好，师生的精神风貌是否文明等，一个物质和精神都文明的环境，是育好人才的重要条件，也是教育可持续发展的重要保障。具体来讲，学校的环境由三个部分构成：一是自然生态环境，包括学校的校园规划、绿化美化、清洁卫生等；二是人文生态环境，包括学校的学术气氛、人际关系、校园文化等；三是社区关系，学校的供水、供电、供气、邮电、交通等状况是否良好，都与社区关系极大。以往各学校对自然生态环境和人文生态环境比较重视，而对建立良好的社区关系认识不足，经常陷入与社区的矛盾和冲突之中，为此消耗了大量的精力，浪费了宝贵的资源，给事业的发展造成了很大的损失。学校必须从可持续发展的高度，下大力气改善内部和外部的各种环境，为教育的发展创造一个和谐的环境条件。

三、关于发展与质量问题

21世纪将是世界各国，尤其是经济发达国家间的科技竞争、经济竞争、综合国力竞争更加激烈的世纪，但这些竞争归根到底是教育的竞争、人才的竞争。学校是以培养人才为目的的，而要培养高素质的人才，就必须有高水平的教学质量作保障。质量是学校的生命，办学质量不高，学校的信誉就会丧失，教育的可持续发展也就成了一句空话。从当前的情况看，要培养出面向21世纪的高素质人才，就必须改革传统的人才培养模

1992年10月20-23日全国部分地市教育学院科研成果汇报会在柳州教育学院召开

日本国立熊本大学副教授仲田阳一博士应邀到该院进行讲学和访问。图为仲田阳一与学院领导及部分教师座谈

式，尽快实现由“应试教育”向“素质教育”的转轨。从未来新世纪的特点考虑，由于科学技术发展迅速，学科间不断的融合与渗透，开拓出许多新的领域，出现了许多新的突破，这就对人才的素质提出了更高的要求。现代化的人才要求具有生理的、心理的、思想的、文化的综合素质，同时还应具备包括自学能力、开拓创新能力、组织、协调、协作能力、信息处理能力、社交与表达能力、适应和应变能力、理论联系实际的能力等内在的综合能力。因此，就必须使过去那种以知识传授为主的教育模式转变为素质培养的教育模式，树立融素质教育与业务培养为一体，融知识传授与能力培养为一体，融教学与科研为一体的思想。在体制改革上，需加速学科的交叉渗透，拓宽专业口径，减少必修课，增加综合知识类选修课，使教学内容和方法做到“新、宽、精、活”，这样才能培养出具有综合素质的创造型人才。

四、关于发展与资源、效益问题

资源是一个广泛的概念，除人、财、物是资源之外，信息和社会联系也是一种资源。不同的资源可以互相转化，从一种资源变成另一种资源。

从教育资源的角度看，人和资金是最重要的资源。人的资源主要就是教职工队伍的状况问题。从我国的情况看，到本世纪末，具有高级以上职称的宝贵人力资源大部分都将退出工作一线，高级知识分子队伍的青黄不接已是不容争辩的事实。因此，摆在我们面前的紧迫问题，一是如何尽快提高中青年教师队伍的整体素质，使他们能担当起教育发展的跨世纪重任；二是如何通过进一步深化教育内部体制的改革，引进人才竞争机制，调动现有师资队伍的积极性，使一大批优秀中青年人才能脱颖而出。在办学资金上，一方面，政府必须加大对办学经费主渠道的投入，以确保学校有正常的经费来源；另一方面，学校还可借鉴国外的经验，通过加强与社会的联系，设立教育基金会等机构，通过这些机构来取之于社会、用之于社会，使学校在政府的拨款以外获取更多的办学资金或物质支持。

但是，无论怎样增加对教育的投入，办学的资源总是有限的。因此，在资源的开发和利用上要立足于可持续发展，学校的规划、发展要有长远的考虑，今天的发展不要成为明天的障碍。同时，要强化效益的观念，要使有限的资源投入产生尽可能大的成效，特别是在人、财、物上要树立成本意识，要有核算指标，既要降低成本、减轻负担，又要多做实事。过去我们在办学问题上，往往只强调社会效益而忽视了经济效益，这对于我们今天在社会主义市场经济条件下教育运行机制的建立是不利的。当然，办学所讲的效益，应当是社会效益与经济效益的统一，教育改革既要适应社会主义市场经济体制建立的客观实际，又要遵循教育自身的发展规律。如果片面强调办学的经济效益，把学校推向市场，学生就是商品等，也是不符合教育发展的内在规律的。当前在“创收”、“收费”等问题上，如何既满足缓解学校经费困难的需要，以弥补政府主渠道办学经费投入的不足，又不致于学校因过度注重“创收”等经济效益问题而降低教学与科研的质量而损害学校持续发展的能力，这是值得我们认真探讨的。

五、关于发展与管理体制的改革问题

教育管理体制是关于教育事业的机构设置、隶属关系和职责、权益划分的体系和制度的总称。它与社会经济、政治、科技、文化等都有着密切关系。在过去很长一段时间，我国的教育管理体制是为了适应当时高度集中的计划经济体制而建立起来的。随着社会主义市场经济体制的建立，原有的教育管理体制的弊端已明显暴露出来。当前，部分学校和专业重复设置，教育资源配置和学校结构布局不够合理，办学效益不高等问题，已严重阻碍了整个教育的持续发展。因此，着眼于教育的“三个面向”，即面向世界、面向未来、面向现代化，通过学科调整（新设和重组），中央与地方共建共管学校，学校间实行多种形式的联合办学以及有条件的学校实行合并等方式，增强学校办学的自主性，形成办学的新格局，从而从总体上提高教育质量和办学效益，已成为我国教育走向21世纪必须解决的重大课题。

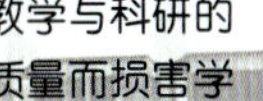

教学大楼

柳州市政协副主席、民革广西区委副主委、民革柳州市委主委　梁溪

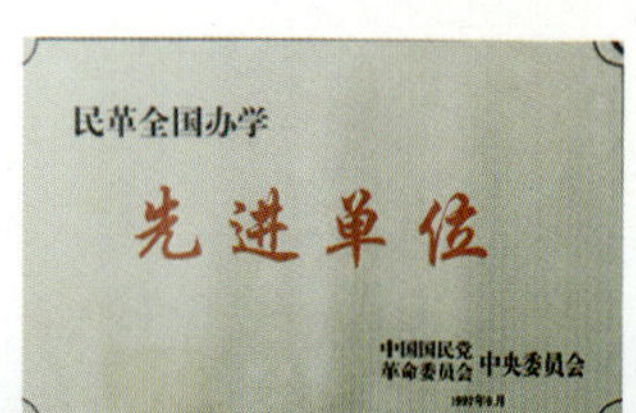

奋进务实的柳州民革

中国国民党革命委员会（简称民革）由原中国国民党民主派和其他爱国民主人士所创建，是具有政治联盟特点的、致力于建设有中国特色社会主义和祖国统一事业的政党。

柳州民革始建于1953年，至今已换届九次。历任主委黎达愚、谢凤年、梁溪，现任主委梁溪。1997年年底实有党员196人，其中有三胞关系的党员90人，联系三胞人士430余人。

党的十一届三中全会以后，柳州民革致力于发挥参政议政、为祖国统一和为社会服务的作用。自1990年至1997年向人大、政协提出议案、提案、建议、论文、调查报告共115份。

近几年中，先后赴台湾探亲的民革党员广泛的与台、港同胞接触，加强与亲友的联谊，促进了两岸交往。市委会及主要领导成员还接待来访三胞200余人次，其中有不少中上层人士。

为贯彻执行 国家教委关于社会力量办学的方针，柳州民革1983年和1993年先后创办了中山职校和中山学校。15年来中山职校已毕（结）业140多个班，毕（结）业生近6千余人。1996年民革市委会又自筹资金在东环路征地十余亩，建成教学楼5千平方米，学生宿舍楼及附属建筑近6千平方正在规划建设。两校可容纳学生1750人。目前在校20个班，学生近900人，全部是全日制学历教育，也是柳州市目前社会力量办学唯一拥有自有校园的、新型的住读学校。

民革党员李进、李天健、沈庆龄、甘发锌、章崇廉、秦大鹏等20余人担任企业经理、厂长，为发展龙城经济出谋献策，取得了较为显著的成就。

在十五大精神的鼓舞下，柳州民革党员，决心高举邓小平理论伟大旗帜，努力加强自身建设，为振兴中华、统一祖国而努力奋斗。

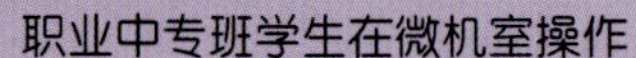
职业中专班学生在微机室操作

新建的中山教学楼

在庆祝民革成立五十周年大会上，参加大会的市领导有：中共柳州市委副书记、市人大主任杨鸿泉（右二）、市政协主席徐步基（右四）、市人大副主任罗寿振（右一）、市政府副市长朱润娟（右五）。梁溪同志（右三）主持大会并讲话

中国民主促进会柳州市委员会

民进柳州市委主任委员
广西自治区优秀教师
柳州市科技拔尖人才

林焕新

中国民主促进会柳州市委员会创建于1956年，历经七届委员会，迄今已有42年的历史。现有348名会员，其中具有高中级职称的236人。

民进柳州市委员会积极履行参政党的职责，与中国共产党真诚合作，曾荣获全国智力扶贫先进集体、自治区各民主党派工商联为社会主义服务先进集体、自治区政协“四个一”（为经济建设献一个良策，提供一条重要信息，举荐一个人才，引进一个生产项目）活动先进集体、自治区妇联“亿万爱心献春蕾活动”先进集体、柳州市各界人士为四化服务暨学习潘恩良先进事迹先进集体、柳州市民族团结先进集体、柳州市“七。一九”抗洪救灾先进集体、柳州市妇联“亿万爱心献春蕾”活动先进集体等荣誉称号。

市委会主办的柳州市民进学校成立于1984年。14年来，共培养各类专业的大、中专和高中生6000多人，在教育部门历次的教学评估中得到好评。

民进柳州市委委员
柳州市柳北区化工厂厂长

龙双喜

民进柳州市委常委
全国教育系统劳动模范
香港柏宁顿（中国）教育基金会
第三届“孺子牛金球奖”荣誉奖获得者

方家直

民进学校学生在学习电脑操作

民进柳州市委领导到灾区调查和慰问

全体会员捐资开办的三江县
同乐苗族乡苗族女童班

址：柳州市解放南路84号市政协大楼8楼 邮编：545001 电话：2826930

中国民主建国会柳州市委员会，成立于1959年7月28日，现有会员277人。中国民主建国会是主要由经济界人士组成的、具有政治联盟特点的、致力于社会主义事业的政党。是与中国共产党通力合作的参政党。

1997年3月11--19日召开第七次会员代表大会，选举产生了民建柳州市第七届委员会，主委梅煊、副主委郑朝锴、钟良碧，秘书长梁醒能。从组织上完成了领导集体跨世纪新老合作交替的任务。

多年来，民建柳州市委员会努力学习邓小平理论，加强自身建设，坚持“一个中心，两个基本点”的基本路线，坚持和完善中国共产党领导的多党合作和政治协商、民主监督制度，发挥参政议政党的职能作用，以开拓、务实、进取的精神，做了大量卓有成效的工作。

最近5年来，向中共广西区委、市委、区、市人民政府提交了近百份议案、提案、意见和建议，得到区、市党政领导重视和采纳。开展经济科技咨询服务和培训工作，建联工商专业培训学校，为柳州市培养了一批专业人才，1994年获得柳州市社会力量办学先进集体称号。

第七次会员代表大会代表合影

中国民主建国会柳州市委员会

中国致公党柳州市委员会

中国致公党柳州市组织是1957年建立的，1984年成立市委会。主要以归侨，侨眷中的中上层人士为主体组成的、具有政治联盟特点的、致力于建设有中国特色社会主义的政党。有致公党员201人，支部8个。1996年12月13日召开第四届党员代表大会，选举产生了新一届领导班子，主委何庆荣，副主委刘汉玉、吴彤峰、秘书长吴谦祺。

致公党柳州市委会认真履行参政党职责，组织和推动党员学习邓小平理论和国家的方针政策。市委会成立以来，撰写政协提案192件，其中《打击坑农犯罪分子》、《在建立现代企业制度中健全监督机制》、《在企事业单位改革、转制中对归侨职工的工作安排问题》等等提案，受到市政府以及有关部门的重视并采纳。从1991年以来在市政协全体委员大会上发言7次。市致公党员担任历届各级人大代表24人，各级政协委员84人，其中各1人先后当选市政协副主席、市人大副主任。

致公党柳州市委会重视海外联络和参与社会办学。接待来柳州市探亲、观光和贸易的“三胞”共500多人。举办英、日语等培训班共150多期，结业学员6000多人。1991年为弱智儿童开办致公特教学校，受到政府和社会各界的关心重视，199[illegible]年被国务院授予“残疾人之家”，现有1200平方米五层教学楼一栋，教职工21人，学生101人。

经济管理

劳动工资管理

【概况】 1997年，柳州市劳动工作紧紧围绕经济结构调整和国有企业，充分发挥《劳动法》改革、发展、稳定中的作用，继续深化劳动制度改革，劳动事业得到全面发展。解困工作逐步走上法制化、日常化、规范化的轨道，全面实施再就业工程，再就业率达60.18%；劳动就业服务得到加强，城镇登记失业率控制在2.9%以下；运用劳动争议仲裁和劳动监察两种法律手段，切实维护用人单位和劳动者的合法权 益及劳动力市场秩序；企业工资宏观调控和监督服务工作进一步加强；做好职业技能开发工作，劳动者素质得到一定程度的提高；认真履行劳动安全卫生监察及锅炉、压力容器安全监察职能，生产伤亡事故得到有效控制；强化劳动法律法规的宣传工作，进一步增加工作透明度。

【解困工作】 1997年，柳州市成立解困工作领导小组，柳州市劳动局建立解困工作信息月报制度，柳州市经贸委建立停产半停产和困难企业统计制度，柳州市总工会建立困难企业和困难职工档案两个制度，初步实现对困难企业、困难职工和离退休人员的动态管理。全年，筹集解困资金698万元，落实多项解困政策。元旦、春节共发放解困资金272.8万元，“三家抬”工资性贷款347.3万元，帮扶救助困难企业417户，困难职工和离退休人员1.93万人。

【就业服务】 1997年，柳州市积极开展职业介绍，进一步完善劳务信息网络，加强信息收集，挖掘就业岗位，利用现有设施举办劳动力交流洽谈会，现场办理招工审批手续。年内，柳州市职业介绍服务中心共举办12次劳动力交流洽谈会，先后有300个用人单位进场设点招聘人员，6651名求职者登记求职，其中5127人达成意向，为企业办理招工手续2865人。继续推行外来劳动力办证制度，出台《柳州市外来(出)劳动力流动就业管理暂行办法》，新办和年审就业证1.47万本，柳州市外来流动人口管理逐步形成“管理法制化、服务系统化、流动有序化”的局面。春节，动员60%以上的民工留在企业过年，顺利完成春运组织民工有序流动的任务。年内，安置各类人员就业1.72万人，劳务输出1673人，城镇登记失业率控制在2.9%以下。做好计划和调配工作：一是严格按柳州市职工调动有关政策规定，办理职工工作调动手续；二是积极为企业排忧解难，从两县一郊等就业难点招工991名，解决招工单位艰苦岗位劳动力不足的问题，落实、办理“五七”职工子女顶招3人；三是做好复退军人安置与驻柳部队随军家属安置工作，完成211名复退军人的安置。四是加强对柳州市劳服企业管理，全年劳服企业完成生产经营劳务总额5.6亿元，实现税利5020万元，从业人员2.1万人。

年内，柳州市实有失业、下岗职工1.5万人(其中：失业职工4788人，下岗职工1.02万人)。柳州市劳动局与其他相关部门共同协作，通过企业内部安置、行业调剂安置、职业介绍服务、劳服企业安置、鼓励自谋职业等5个渠道，抓好就业统筹、就业服务、政策持持三个基本环节，全面实施再就业工程。年内，安置失业职工1890人，下岗职工7145人。

【社会保险】 1997年，柳州市养老保险金、失业保险金、工伤保险金收缴率分别为74%、75.81%、81%，养老保险金和失业保险金收支首次出现赤字。柳州市劳动局进一步加强社会保险工作，保证全市经济改革的深入进行。(1)维护社会稳定，发挥社会保险基金作用。主动为破产企业中符合条件人员办理提前退休手续，重点给予纺织行业和情况特殊的破产企业政策支持，为这些企业办理提前5年或10年退休手续3202人。(2)完善社会保险体系。柳州市劳动局会同柳州市卫生局，进一步开展测算和调查研究，先后向市委、市政府提出《柳州市企业职工保险暂行规定》、《柳州市企业职工大病医疗保险办法》草案。(3)进一步巩固和完善退管服务工作。审批新增退休人员2507人；按规定审批特殊工种提前退休人员928名；做好职工因工因病或非因工负伤的伤残等级鉴定工作，依据鉴定结果，批准660人按因病丧失劳动能力办理退休、退职手续。(4)认真执行《工伤保险暂行办法》。对58起工伤事故中伤亡的60人进行鉴定及赔付，支付医药费、一次性伤残补偿金、一次性抚恤费等共60.5万元。(5)加强职工个人缴纳失业保险费手册的年审工作。年审手册180个单位、4万本，使企业职工的失业保险参保意识得到提高，扩大失业保险基金的筹集渠道。(6)促进失业、下岗职工再就业。为失业、下岗职工提供就业指导咨询服务，失业保险与就业训练、职业介绍紧密结合，为失业、下岗职工免费举办转业培训班，积极向用工单位推荐失业职工。

【劳动关系协调】 1997年，柳州市按照及时、公正的原则妥善处理劳动争议案件。全年立案32件，已结案26件，案前调解劳动争议189件，比上年增长25%，完成劳动合同鉴证2.5万份，纠正无效合同900多份。为全市2191户用人单位办理劳动监察年审，清退非法收取的押金5万多元，补办外来人员就业许可证466人，追缴社会保险金552.51万元；采取立案调查与常规检查相结合的手段，纠正违反《劳动法》的行为。年内，受理投诉举报案件70起，深入各种经济组织进行日常巡视，检查950家用人单位，取缔非法劳务中介12个，清退非法劳务中介费7158元，没收1600元，为2524名民工和734名职工追回拖欠的工资、福利待遇158万元。

【工资管理】 1997年，柳州市劳动局完成对市属406户企业1996年“工效挂钩”和“工资总额包干”执行情况的审核结算工作，强化使用《工资总额使用手册》，更换和核发1997年《工资基金管理手册》800本。配合市扭亏增盈办对亏损企业1997年扭亏增盈指标的落实，核定亏损企业减亏挂钩的工资总额基数，有效利用工资杠杆，调动亏损企业的积极性。改进和完善工效挂钩办法，重新核定市属企业工效挂钩基数。按特事特办原则，深入部份企业解决工资问题，稳定职工队伍，促进企业经济发展。较好地完成劳动工资的统计工作，为各级领导决策劳动事业提供准确详实的统计资料。

【职业技能开发】 1997年，柳州市劳动局深入企业开展职业技能鉴定和培训工作，培训企业人员8134人次，核发《技术等级证书》7431人，其中：初级7735人，中级4003人，高级633人。评审技师168人。对全市职业技能鉴定所进行年审，核发《职业技能鉴定许可证》，重新审核考评员资格，换发统一证书，规范考核行为。规范社会办学行为，年审合格换证57本，审批20个教学点。积极开展就业培训，全年就业培训9674人。参加技术考核444人。特别为复退军人、军嫂、残疾人、失业下岗职工及劳教人员开设多项专业班，培训293人。开展各类职业学校毕业生技术等级考核工作，考核工种40个，人数4090人次，核发证书3950人，其中：初级2334人，中级1616人。完成3185人技校招生工作，占全市初中毕业生总数的24%，全国有47所技校在柳州市及两县招生1599人。

【劳动安全监察】 1997年，柳州市劳动安全监察继续以贯彻《劳动法》为主线，加大执法监察力度，落实各级安全生产责任制，推行“三不伤害”自我保护措施，加强危险性较大的行业的事故监控，促进柳州市经济建设的发展。全年柳州市发生生产死亡事故22起，死亡22人，与上年相比分别下降7.84%和8.33%，发生生产重伤事故26起，重伤27人，与去年相比分别下降7.84%、18.2%。加强全市性安全生产检查，查出事故隐患1502条，落实整改1353条。对锅炉和压力容器从设计、制造、安装、使用、检验、修理、改造七个环节实行全方位的监督检查，完成各类锅炉、压力容器检验2.96万台。检验电梯407台，起重机781台，厂内车辆490台。举办厂长、经理、安技干部学习班10期，培训人员530人。举办特种作业人员培训班43期，培训学员1388人，核发复审特种作业人员操作证6500人。

【劳动宣传】 1997年，柳州市劳动局与电视新闻媒体联合举办专题节目，共制作和播出专题片9部，与柳州市工商局联合设点，为失业、下岗职工提供再就业咨询、再就业一条龙服务。设立局领导接待日，每周四由一名局领导和业务科室主管接待群众来访，同时做好日常来信、来访的答复，提供劳动政策咨询服务，平均日接待15人次以上。组织开展纪念《劳动法》实施二周年宣传活动；组织开展第四个《劳动法》宣传周、社会保险宣传日活动。以多种形式举办劳动法律法规知识培训班，培训人数达985人次，为切实贯彻《劳动法》及其他劳动法律法规、实施劳动领域各项改革、做好各项劳动工作起到积极作用，打下良好基础。

（崔宏　谭立　韦颖华）

物价管理

【概况】 1997年，柳州市物价部门以经济建设为中心，把握大局，突出重点，深化价格改革，清费治乱减负；继续强化对居民基本生活必需品和服务价格的监审，加大物价监督检查力度，健全价格调节基金制度，增强政府经济调控能力；开展价格信息、价格监测、赃物估价和各项服务工作；及时解决生产、流通部门价格出现的问题，全市商品零售物价指数和居民消费价格指数涨幅得到有效抑制，较好地完成自治区政府下达的物价控制任务。柳州市获广西区政府颁发的“完成物价控制目标责任制一等奖”，柳州市物价局获国家计委授予“全国物价工作先进集体”。

【价格总水平变动情况】 1997年，柳州市社会商品零售价格指数为99.5%，居民消费价格指数为100.3%，低于自治区政府下达本市6.5%商品零售价格指数和8.5%居民消费价格指数控制目标，是价格改革以来本市物价水平最低的一年。实行调控目标14大类商品零售价格指数和8大类居民消费价格指数中，有食品等7大类指数继续回落，其他类商品价格指数均在年初下达的控制目标内。其主要特点：(1)市场物价运行平稳，物价涨幅逐月回落，经济保持适度增长。年内，全市国内生产总值完成166.5亿元，工业销售收入222.9亿元，工业增加值79.7亿元，实行税利17.67亿元，农业总产值31.1亿元，比上年分别增长16.4%、7.66%、16.42%、73.9%和13.9%。全市商品零售价格总指数和居民消费价格指数全年累计平均比上年分别降0.5%和升0.3%，涨幅比上年回落了5和5.8个百分点。(2)市场主要农副产品供应充足，食品类价格牵动价格总水平过快上涨的“龙头”现象已被遏制，奠定柳州市物价总水平低价位运行的基础。食品类价格指数累计平均降1.9个百分点，比上年回落8.7个百分点，其中，①肉禽蛋市场商品充足，比上年降4.9%。市场平均价格鲜猪肉前(后)腿肉7—7.5元/500克；鲜牛肉7—8元/500克，土项鸡10—11元/500克；鲜鸡蛋3—3.5元/500克；水产品市场价格与上年比降8.6%，是食品类价格中降幅最大的一类，具体为罗非鱼5—6元/500克，鲜活草鱼6—6.5元/500克；②年内，柳州市夏、秋粮又获丰收，市场粮食供应丰富，价格大幅度下降。粮食类价格累计降5.4个百分点，粮食市场均价早苗米0.9—1元/500克，二苗米1.1—1.2元/500克，优质米1.3元/500克，食用花生油5—5.5元/500克；③鲜菜价格稳中有降，与上年比降4.4%。市场均价菜花1—1.2元//500克，青菜0.8—1元/500克，大白菜0.5—0.7元/500克。市场主要食品价格水平基本保持上年底的水平，相当部分食品价格比上年降5—10个百分点，居全区5市中等水平。(3)工业消费品价格继续稳中趋降。在13类工业消费品价格指数中，家用电器类降8.8%，机电产品类降8.2%，首饰类降2.3%，燃料类降2.1%，食品类降1.9%，建筑装潢材料类降1.3%，化妆品类降0.3%。稳中微升的有饮料烟酒类、服装鞋帽类、纺织品类、中西药品类、文化用品类、日用品类，分别涨3.6%、5.6%、2.8%、4.4%、1.6%、3.6%，但基本控制在5%的物价上涨幅度内。书报杂志类由于国家统一调价的影响，升幅较大，为19.8%。(4)居住和服务项目收费涨势得到有效控制。1997年，柳州市加大对公用事业、城市交通、房租、教育和医疗收费等方面的调管力度，市政府强化对重要商品和服务收费项目的宏观管理和监督检查工作，使整个市场物价调控和整顿治理“三乱”工作收到理想效果。年内，柳州市居住和服务项目价格指数上涨10.2%和5.6%，剔除原材料、水电等价格上涨的影响，价格总水平基本保持在上年水平上，严格控制在全年的物价控制目标以内。(5)新涨价影响得到有效的抑制。年内，柳州市相继出台电力、铁路、房租、药品、自来水、管道煤气等重大价格改革措施，农业、能源及交通等基础产业继续得到加强，市场总量供需平衡。据市城调队调查测算，上年物价涨价滞后影响为0.4个百分点。年内，新涨价影响为0.6个百分点。

【价格监审制度】 1997年，柳州市物价局继续贯彻执行国务院、自治区政府“关于加强对居民基本生活必需品和服务价格监审制度”的规定，加强对68种(类)商品和服务价格的监审。主要做法是：

(1)强化市场物价管理。元旦、春节、中秋、国庆节日期间，物价局先后派出100多人次深入各农场、蔬菜、水产、食品公司等副食品生产、经营单位，调查鸡、猪、鱼、蛋、菜等主要副食品生产、供应情况及成本价格情况，及时与有关部门协商、研究，提出节日商品供应限价及补贴的措施意见，得到市政府采纳，确保节日市场物价的平稳。(2)加强对居民基本生产生活必需品和服务价格的监控。一是坚持每周2～3次到各大农贸市场采价，了解市场行情，每周坚持与区内四市互通市场价格行情，及时掌握区内市场价格动态；二是与市粮食等有关部门联系，做好夏粮收购入库及粮食保护价执行情况的监测工作，坚持每周将本市粮食收购进度、保护价执行情况及市场粮价及时汇报自治区物价局，较好地促进柳州市夏粮收购的顺利进行。(3)完善重要商品价格改革措施。先后制定柳州市商品房价格管理实施细则，贯彻落实自治区物价局药品价格管理暂行办法的措施意见和加强柳州市液化石油气价格管理的意见等一系列价格改革措施，促进全市价格改革。(4)理顺不合理价格。制定、调整了供水工程建设费、药品价格、石油液化气价格、小区物业管理收费、管道煤气、公房租金等80多项商品价格，较好地解决企业的困难。(5)规范定调价格行为。邀请市人大、政协、财政、工商、计委、经贸委、工会等单位组成定价决策听证委员会，6月和12月先后两次召开本市管道煤气、自来水价格调整决策听证会，加强社会的监督，缓解经营者与消费者的矛盾，有利于社会的稳定。(6)继续在全市范围内开展饭店、餐饮业价格分等定级工作。与贸易局有关科室一起，深入各饭店、餐饮单位及时评定出三批143家饭店、餐饮业的价格等级，较好地规范了柳州市饭店、餐饮业的价格管理行为。

【市场物价监测】 1997年，柳州市物价局坚持每星期2～3次到各大农贸市场，每月到50个价格监测点对450种商品价格进行采价。年内，根据国家计委、自治区物价局“关于建立健全全国价格系统监测报告制度的通知”精神和自治区物价局价格信息中心布置我市价格信息系统监测的任务内容、范围及形式要求，迅速建立“柳州市价格信息系统监测报告制度”。确定市、县、郊区33个具有代表性大中型工商企业、重要商品交易所、主要农副产品基地、主要农贸市场，粮食经营部门及其他生产经营单位的价格监测报价点，逐步完善对139种产(商)品的价格统计、监测、报告制度。柳州市的33个监测报价点和价格监测报价员及时准确报价和反馈市场价格变化动态，为市政府宏观调控决策服务。

【价格调节基金制度】 1997年，柳州市物价局会同财政局继续开展价格调节基金的征管工作，以增强市政府调控市场物价的经济能力。年内，通过年审和调查协商的办法向效益好的企业和有关行政事业单位征收价格调节基金，主要用于重大节日对关系人民生活必需品的粮食、副食品(如粮、油、肉、鱼、鸡、菜、米粉、豆腐)等重要商品实行限价的亏损补贴和扶持副食品生产补助共260多万元，为平抑市场物价发挥积极作用。

【收费管理】 1997年，柳州市物价局加强对行政事业性收费和经营服务性收费管理。(1)开展对1996年度行政事业性收费年审工作，审查收费单位704个，收费许可证785套，注销《收费许可证》11套，审出有违纪行为3个单位，违纪金额68万元，并按有关规定进行处理。(2)开展专项收费调查，在全市开展对商业网点建设费、人防工程费、出租车税费、铁路运价税费、自行车、摩托车停放保管收费等调查，并将专项调查情况及措施意见上报市人民政府或自治区物价局。(3)加大对经营服务性收费管理的力度，清理、审核客房、车辆停放保管、住宅区物业管理、市内运价等收费项目和收费标准，完善其管理办法。年内，核发公共电话代办认可证1306套。(4)开展治理乱收费减轻企业负担工作。一是做好2083个收费项目的审核上报工作。二是积极做好对本市48家大中型企业税外收费的调查，广泛听取企业反映的收费问题的意见，对自治区制定的合法收费项目和标准提出建议，取销的有8项，降低收费标准的有4项。三是清查出越权设置的收费项目48项，涉及35份文件。对此分别召集各有关收费单位座谈，征求整改意见，提出柳州市自行出台的24项收费项目的意见，报市政府审批，公布取销，从而减轻企业和群众负担金额920.07万元。四是贯彻自治区政府取销的60项税外收费项目及371项行政事业性收费项目。

【价格调查和评估】 1997年，柳州市物价部门每月深入28个农业产品成本调查户、60个工业企业、20个商业企业，调查4个农产品、38个工业品、流通领域14个商品的成本及费用变化情况，建立一套工农业产品成本调查资料，上报自治区物价局和有关部门，为上级部门定调价和管理决策提供依据；柳州市物价局按质按量地完成自治区布置本市成本调查56个品种的任务，荣获年度自治区成本调查先进集体。柳州市物价局全年受理承办公检法等司法机关和行政执法单位的估价业务1065件，涉及评估金额3700万元，评估全部结论，没有一件退回或申请复议。柳州市物价局被评为全区赃物评估先进单位。

【价格监督检查】 1997年，柳州市物价部门采取措施，加大监督检查力度：(1)坚持每月开展一次物价大检查，重点是限价商品和与人民生活密切相关的粮食、副食品价格；(2)继续开展1996年财政、税务、物价大检查工作，成立12个检查组共55人，对120个单位进行重点检查；(3)开展专项价格检查。年内，市物价局组织人员开展对农用生产资料、中小学收费、电价、减轻农民负担、成品油、预算外资金、铁路行业价格、医疗卫生、建设项目等9类价格收费进行了专项检查；共查处价格违法案件905起，查出违法金额919.3万元，退回缴费者512.7万元，没收非法所得52.9万元，罚款12.8万元。(4)继续开展明码标价和物价计量信得过活动。重点是农贸市场、餐饮、娱乐、服务行业。部分行业试行统一标价牌、监督执行等办法；全市明码标价覆盖率已达90%以上，其中国营、集体单位全部明码标价。柳州百货商场等9家单位被授予“广西第四届执行物价计量政策法规先进单位”。

【价格信息和宣传】 1997年，柳州市物价局编发《港台内地经济价格快讯》14期，编发精选“简明信息”35期。上报信息被党政机关采用129条，其中，中央办公厅采用5条，自治区党委办公厅采用5条，自治区政府办公厅采用3条，市委领导批示2条，柳州市委办《广西柳州信息》直报中央办公厅30条，《柳州市信息》报区党委办公厅16条，《柳州信息》采用19条，柳州市政府办《信息快报》采用49条；《广西价格信息》、《柳州日报》、《柳州晚报》、柳州电台、柳州有线电视台上刊播39篇，柳州市物价局荣获《全区价格信息先进集体一等奖》。

（覃政权）

工商行政管理

【概况】 1997年，柳州市工商局共有干部职工531人，其中干部415人，职工116人；设有16个科室、1个后勤服务中心、4个协会、7个分局、3个直属市场管理处；撤销白云市场管理处，组建东门市场管理处，把原设的经济检查大队改为公平交易监督局；7个分局下设21个工商所、7个市场管理处；全局大专以上学历有291人，占全局干部职工人数的54.8%。

年内，该局主要开展“三严四自”工程和“讲文明、树新风”活动，年底，有4个单位、9名个人被评为自治区工商系统先进集体和先进工作者。开展公务员过渡培训，有410名干部取得公务员过渡培训合格证。11月，举办“股所长以上干部十五大精神学习班”，出台《柳州市工商局贯彻落实十五大精神实施意见》。

9月19日，市工商局白云市场因电线老化，产生对地放射火花，引燃易燃物品，酿成特大火灾，造成直接经济损失1946万元，事故责任人白云工商所正副所长被依法逮捕，被市中级法院分别判处有期徒刑三年、两年，缓刑三年，给广大干部职工留下深刻教训。

（蒋初喜）

【企业登记管理】 1997年，市工商局企业登记管理紧紧围绕经济建设中心，充分发挥职能作用，支持、引导各类企业改制、改革、改组，推进现代企业制度的建立，促进柳州的经济发展。全年完成柳建、床单厂、物资等企业的公司制改造，完成食品总厂、二饮、窗纱厂等20多家企业的股份合作制改组。该局利用登记职能集中力量打好企业产权制度改革的攻坚战，突出抓好“抓大扶强”、“放小搞活”登记管理工作以及支持企业以破产兼并为手段优化重组存量资产工作等。坚持急事急办，随到随办的原则，热情为改制企业服务，把法规的原则性和灵活性结合起来。

年内，核准新办企业登记1260户，其中企业法人814户，分支机构446户；按所有制分，全民所有制企业172户，集体所有制企业869户，有限责任公司196户，联营企业5户，股份合作制企业18户。全年共核准变更登记3609户(含改制为股份合作制企业63户)，注销登记480户。该局强化监管，依法吊销了4241户不按规定参加年检的企业营业执照。全市在册的企业1.41万户，注册资金132.63亿元，分别比上年减少35.23%和47.90%。

（韦华广）

【个体经济管理】 1997年，全市注册个体工商户3.56万户，从业人员4.24万人，注册资金3.39亿元，分别比上年增长1.9%、3.6%、

16.7%,实现产值 3.29 亿元,销售总额 2.59 亿元。社会消费品零售额 17.39 亿元,分别比上年增长 31%、22.8%、11.6%。其中:市区个体工商户 2.07 万户,从业人员 2.54 万人,注册资金 2.22 亿元,创造产值 2.1 亿元,销售总额 19.73 亿元,社会消费品零售额 12.83 亿元,分别比上年增长 2.9%、5.1%、25.2%、28.6%、13.7%。个体经济发展有以下特点:①个体经济发展快、规模大,其注册资金比上年增长 25.2%。②行业结构合理,从事第三产业的个体工商户和从业人员分别占总额的 91.2%和 89.5%。

【私营经济管理】 1997 年,全市注册私营企业 1592 户,投资者 3248 人,雇工 1.6 万人,注册资金 7.47 亿元,分别比上年增长 4.5%、5.2%、11.3%、10.7%;实现产值 3.55 亿元,销售总额 3.96 亿元;社会消费品零售额 3.21 亿元,分别比上年增长 36.9%、85.3%、146.9%。其中:市区私营企业 1341 户,投资者 2649 人,雇工 1.17 万人,注册资金 5.77 亿元,分别比上年增长 6.6%、6%、18.2%、54.5%。实现总产值 2.64 亿元,销售总额 3.82 亿元,社会消费品零售额 2.83 亿元,分别增长 60.3%、91.1%、232.4%。私营经济发展有以下特点:①经济实力增长速度快,经济规模扩大,竞争力增强,私营注册资金的增长速度为 10.7%。②行业结构合理,且逐步由生产型向贸易型、科技型产业发展。私营企业第三产业所占比重为 70.8%,新注册的私营有限责任公司从事科技开发的公司有 10 家,贸易型公司有 361 家,制造业公司 10 家。③企业档次提高快。全市新注册有限责任公司有 381 家,比上年提高 12.1%。④从业人员结构档次提高。随着人们择业观念的改变,许多大中专毕业生以及有丰富实践经验的下岗职工加入私营经济队伍,为非公有制经济注入新鲜血液。

(青松)

【城乡集贸市场管理】 1997 年,柳州市城乡集市贸易市场 173 个,其中市区集市贸易市场 115 个,郊区市场 15 个,柳江县市场 23 个,柳城县市场 20 个。全市市场面积 152.53 万平方米。其中市区市场面积 118.7 万平方米,两县一郊市场面积 33.83 万平方米。按市场经营商品分类,综合市场 22 个,工业品专业市场 42 个,农副产品专业批发市场 3 个,生产资料市场 21 个,农贸市场 82 个,生产要素市场 3 个。年内,市工商局强化对市场的规范化管理,各类市场繁荣活跃。年成交额超亿元的市场有飞鹅市场、飞鹅商城、红华市场、红庙市场、柳州农产品批发市场、红卫市场。

市工商局开展创建文明市场活动,提高市场规范化管理水平。一是从整治和完善市场硬件和软件两个方面入手,共投入文明市场建设资金近 300 万元,改造和完善市场硬件设施;二是实行创建文明市场的奖惩办法和市局与分局、分局与股所、股所与市管员、市管员与经营户逐层签订“创建”责任状,“创建”活动扎实开展。经上级有关部门检查验收,有 65 个市场评为县级文明市场,19 个市场评为市级文明市场,11 个市场评为自治区级文明市场,3 个市场被自治区推荐参评国家级文明市场,267 户经营户评为“柳州市和自治区文明市场经营户”,45 人评为“柳州市和自治区文明市场优秀管理人员”。该局注重加强肉类市场的管理。全年,查处私宰注水猪 45 头,捣毁私宰窝点 26 个,没收交有关部门销毁的病害肉类 700 多公斤。

【文化市场管理】 1997 年,市工商局加强对文化市场的监督管理,全年召开行业会议 4 次,下发各种宣传资料和整顿通知 2000 多份,与公安、文化等有关部门联手进行 3 次“扫黄打非”行动,重点对白云、东门和柳邕 3 个市场进行多次整顿,对沿街门面和市场上有经营内容反动、黄色淫秽、封建迷信和盗版等音像制品给予严厉的查处和打击。年内,组织出动检查人员 1524 人次,检查文化娱乐经营点 1832 家次;查扣各种盗版影碟 7860 张,黄色淫秽影碟 214 张;查扣电子游戏机 28 台、电脑主机 12 台、影碟机 15 台、电视机 9 台;查处各种违章行为 1770 起,罚款 14 万余元。全年收取文化市场管理费 143 万元。该局市场管理科被评为自治区“扫黄”先进单位。

(曾肖红)

【生产资料市场管理】 1997 年,市工商局对市区“双生”市场进行监督管理,探索监督“双生”市场管理的新办法,成立专业市场管理所 6 个,进行“双生”市场的监督;生产资料市场管理所,监督管理生产资料

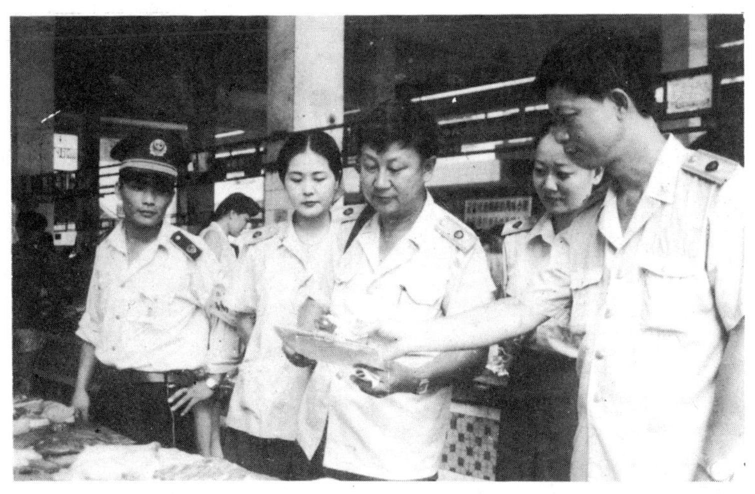

为让市民“菜篮子”拎得更放心,市工商局加强对市场上肉类销售管理。图为工商人员对肉类市场的“三证”检查　　曾肖红　摄

市场13个，生产资料要素所3个，机动车辆交易所3个；对19个“双生”市场进行各类大检查25次，出动人员350人次。查处违章行为25起，收取各种规费360万元。生产资料管理分局管辖的19个“双生”市场，完成销售额7.4亿元，比上年增长15.63%。

（陈锡球）

【集体商业管理】 1997年，柳州市的集体商业有5680户(其中企业法人3880户，分支1800户)，注册资金15.9亿元，分别比上年减少66.21%和12.03%。户数上的减少，主要原因是企业登记主管机关针对不按规定参加年检，形成名存实亡的“空壳”企业，对社会经济生活危害较大的企业，依法予以吊销。仅集体商业就被吊销3464户，占被吊销营业执照企业的60%；另一个原因是受大气候的影响，新开办的集体商业企业较少，只有712户，比上年减少41%。

集体商业企业分布于市区、郊区、柳江县、柳城县，(柳江县292户，柳城县322户)，分别占85.69%、3.5%、5.14%、6.7%；从注册资金看，分别为14.96亿元、4131万元、3070万元、2180万元，分别占全市集体商业企业注册资金总额的94.10%、2.59%、1.93%、1.37%。

（韦华广）

【外商投资企业登记管理】 1997年，柳州市外商投资企业280户，其中中外合资企业189户，中外合作企业27户，外商独资企业64户。投资总额7.98亿美元，注册资本4.98亿美元，外方认缴2.58亿美元。办理分支机构79户，营运资金1.64亿元。

年内，新登记注册的外商投资企业14户，其中，中外合资企业5户，中外合作企业3户，外商独资企业6户。投资总额6689万美元，注册资本6587万美元，外方认缴5351万美元。注销企业10户，新增分支机构28户，新设办事机构3户，营运资金1.03亿元。年内，新登记注册的外商投资企业有以下特点：(1)新增外商投资企业户数减少，规模扩大。外商投资企业发展数下降6.7%，而投资总额、注册资本、外商认缴额分别是去年的4.3、6.1和9.8倍。(2)独资企业发展势头迅猛成为新增外商投资企业的主流。(3)第三产业所占比重上升，第二产业所占比重下降。(4)新增外商投资企业档次提高。投资总额在1000万以上的外商投资企业有2户。新成立的柳州百爱婷生物工程有限公司立足于引进巩固高科技成果，产品达国际水平，填补柳州的空白。生产型企业则将市场定位于海外，以国际市场的供求作为生产指标。市工商局在大力支持外商投资企业发展的同时，加强对外资企业的监督管理工作。年内共注销外商投资企业10户。（吕文荣）

【经济合同管理】 1997年，柳州市办理企业动产抵押物登记659件，登记的抵押物价值61.62亿元，企业在各专业银行取得的贷款金额人民币33.59亿元，美元2502万元。办理各类经济合同鉴证1.32万份，鉴证金额6.95亿元。发放各种经济合同示范文本5360本。检查53家企业的8.15万份合同的签订履行情况。举办《经济合同法》、《担保法》培训班18期，参训人数达730人次。调解合同纠纷案件22起，解决合同争议金额226万元。考核重合同守信用企业126家。为企业发函发电查询对方当事人资信情况121件。通过鉴证、咨询服务、协助查询、调解合同纠纷等手段，为企业避免损失2513万元，挽回经济损失336万元。该局在经济合同管理中，一是深化合同行政指导，增强市场主体自律意识。在全自治区工商行政管理系统首家成立经济合同调解中心，为企业提供宣传咨询、资信调查、指导签约、调解纠纷的全方位服务，得到自治区工商局和国家工商局肯定和表扬。二是加强合同鉴证，为企业经济合同管理提供有效服务，规范全市合同的签订和履行，最大限度地减少合同纠纷和合同欺诈行为，鉴证合同的份数及金额均占全自治区的50%以上。三是讲一步搞好企业动产抵押物的登记管理，把好虚假登记关和重复登记关。

（磨晋林）

【商标管理】 1997年，柳州市工商局查处商标一般违法案件5件，收缴和销除商标标识1.76万件。查处商标假冒侵权案件14件，收缴和销除假冒商标标识29.22万件，罚款金额共35.04万元。全年共为企业办理商标注册、变更、续展等115件，解答有关商标咨询960人次。利用节假日组织25人次上街宣传《商

市工商局加强对上市的酒类、食品等管理，杜绝假货上市。图为鱼峰工商分局负责人会同工商管理人员在白云市场检查酒类

曾肖红　摄

标法》,开展咨询活动。举办商标印制资格培训,年内有 119 人参加培训,学习商标印制管理办法,制定管理措施等,经考核有 109 人获"资格证书"。本年度,共有商标印制企业 73 家,属新发展的 14 家,比上年增长 64.28%。 (陆秀珍)

【广告管理】 1997 年,全市共有广告经营者、广告发布者 174 户,广告从业人员 2227 人,全年广告营业额 2860 万元。3 月,广告管理工作从商标广告管理科分离,单独成立广告管理科。年内,年检广告发布者、广告经营者 106 户;办理户外广告、印刷品广告登记 249 项;监测各类报刊广告 1.65 万条,其中医疗服务广告 3356 条,电视广告 8700 条。在监测过程中纠正、制止有违法违章行为的广告 46 件,依法作出行政处罚案件 8 件,罚没款 7.45 万元。开展对医疗广告和印刷品广告的清理整顿工作,散发宣传品 3000 份,检查 46 家,没收违法印刷品广告 6000 多份,监测医疗广告 5990 条,依法查处违法医疗广告 11 件。

同年 8、9 月份,在全市开展"自强创辉煌"主题公益广告月活动,柳州日报、柳州晚报、柳州电视报、市电视台、市有线电视台、柳州人民广播电台、市美术广告公司、市政广告部等 18 家广告经营单位发布公益广告 1047 条。 (汪令峥)

【打击经济违法行为】 1997 年 4 月 21 日,经济检查大队更名为公平交易监督局,全局共 25 人,下辖办公室、检查一科、检查二科、检查三科,另派 2 人到市检察院驻工商经济检察科协助工作。年内,该局共查处各类经济违法违章案件 110 件,其中不正当竞争案件 8 件,侵犯消费者权益案件 4 件,投机倒把案件 70 件,违反进口商品管理案件 3 件,违反其它法律法规案件 25 件,案件总值 1050 万元。罚没款入库金额 196 万元。罚没物资主要有:冒牌"新大洲"摩托车 28 辆,电线 493 卷,"金利来"衬衣 830 件,"天堂"雨伞 237 把,电蚊香片 564 盒,热水器 53 台,饲料、兽药 245 包,"茅台"、"五粮液"等名酒 821 瓶,食品 1500 公斤,"飘柔"、"海飞丝"、"生态美"等化妆品、洗涤用品 3827 瓶,砂轮 248 片,"盾"牌链条 9572 条,"双箭"铁铲 806 把;劣质数字寻呼机 1456 台(套),柴油 152 吨;走私摩托车 1 辆、旧空调器 119 台、旧冰箱 3 台、白报纸 59 吨、非法拼装汽车 6 辆、进口旧服装 1 万余件;盗版电脑光盘 41 盘,总价值 200 万元。另外为厂家、消费者追回 50 余万元。年内,多次组织全市范围内的市场检查,出动人员 2200 人次,车辆 450 台次,检查经营单位 3500 户,发现有问题单位 700 余户,罚款 2.7 万元,没收违法物资价值 14 万元。 (陈海峰)

【消费者权益日活动】 1997 年是《消费者权 益保护法》实施的第四年。在纪念"3·15"国际消费者权益日活动中,柳州市消费者协会围绕"讲诚信、反欺诈"年主题,会同工商、技术监督、卫生、防疫、商检等部门,在喷泉广场组织假冒伪劣商品展览和名优产品展销,真假名烟名酒、贵重药材、化妆品等商品吸引成千上万的的参观者,为市民散发 5 万份宣传资料和为数千人提供《消费者权益保护法》咨询。

【维护消费者合法权益】 1997 年,市消费者协会受理投诉 933 件,为消费者挽回经济损失 75.61 万元,提供案情经政府部门罚没 2.21 万元,支持消费者向法院起诉 12 起,接待来访、来信、咨询 4190 人次,收到表扬信 32 件。40 家大的经营服务单位建立投诉站,企业投资站全年受理投诉 1446 件,直接为消费者退换货 1.13 万件次,为消费者挽回损失 639.18 万元。

【白云市场火灾】 1997 年 9 月 19 日凌晨 2 点 40 分,市白云市场主楼发生特大火灾。市场三层楼共计门面 265 间,除 3 间门面外,262 间门面及所存的家电、糖酒、饮料、小食品、日用小百货等商品焚为灰烬。据统计,经济损失达 1946 万元,是柳州市建国以来最惨重的一次火灾。据调查,酿成白云市场火灾的主要原因是市场电线老化,产生对地放射火花,引燃易燃物品所致。造成白云市场火灾事故责任人白云市场工商管理所正副所长被依法分别判处有期徒刑三年、两年,缓刑三年。

为尽快修复白云市场,确保 1998 年元旦恢复白云市场经营和维护白云市场经营者利 益,市工商局采取三条紧急措施:(1)灾后一星期内,在该场外搭临时摊棚 250 个,解决受灾业主的经营场所;(2)加班加点、日夜施工,修复白云市场;(3)立即开展对受灾户核损理赔工作,共补偿各受灾业户损失费 1600 万元,同时,对受灾业户实行免租、免税、免管理费两年。 (曾肖红)

统　计

【概况】 1997 年,柳州市统计局紧紧围绕"抓住机遇,深化改革,扩大开放,促进发展,保持稳定"的工作大局,深入开展反腐败斗争和"三严四自"工程,努力创建文明机关,加强思想道德修养和民主法制观念,提高科学文化水平,积极推进各项统计事业改革,开创全市统计系统团结、勤奋、求实、创新、物质文明和精神文明协调发展的良好局面。年内,该局获各种奖励 25 项。其中:国家级一项,自治区级 16 项,地市级 8 项。

【统计改革与业务建设】 1997 年,柳州市统计局提出"站在统计看统计,跳出统计干统计"的新思路,努力完成国家布置的各项统计任务。业务建设按时、按质完成全国基本单位普查和农业普查工作。基本单位普查获 10 项国家级先进集体,17 个国家级先进个人,一个国家级先进组织者,11 个自治区级先进集体,74 个自治区级先进个人;农业普查,基层单位获 1 个国家级先进集体,2 个国家级先进个人,3 个自治区级先进集体,21 个自治区级先进个人。

【统计法制建设】 1997 年,柳州市统计局加强统计法制建设。(1)认真贯彻执行《统计法》和《广西壮族自治区统计监督检查条例》。出台广西第一部地市统计法规——《柳州市统计管理暂行办法》。(2)完善法制机构,加强执法力度,查处一批统计违法案件。年内,新增设稽查科,重点查处统计违法案件。结合全国统计执法大检查工作,立案查询215个单位,结案140个,罚款金额20万元,全部上缴市财政,在查处的140个单位中,有3个单位向区统计局提出行政复议,区统计局依法维持了原处罚决定。6月份,桂林国际电线电缆集团公司柳州经销公司不服本局柳统罚字第101号处罚之决定,向柳北区人民法院提起行政诉讼。经过历时5个月的一审、二审,广西统计史上第一例“民告官”案件终以市统计局胜诉告终。《柳州晚报》等新闻单位给予及时报道,在全社会引起强烈反响。(3)继续完善双签章制度。1997年,柳州市统计局改变了过去等、靠、要、催统计报表的不正常现象,统计报表报送及时率在95%以上。

【统计交流】 1997年10月下旬,首届全国少数民族地区部分城市统计年会在柳召开。来自全国五个少数民族自治区的统计局长及代表参观柳州的部分大中型企业,会议原则通过了“年会”章程,编制“年会”交流资料,选举产生“年会”第一届领导小组成员,周树民局长任组长。

【统计优质服务】 1997年,柳州市统计局开展调查研究和统计分析,加强经济预警预测工作,发挥统计整体功能,搞好优质服务。(1)1997年11月,编辑出版《90’—96’柳州市统计提要》,该书详实记载柳州市90—96年度国民经济发展状况,尤其是八五计划执行情况,全面反映柳州市6年来深化改革、促进发展的辉煌成果。(2)撰写优秀统计分析报告31篇,发挥统计的预警、预测功能,为市领导决策提供第一手材料。

【统计基础工作】 1997年,柳州市统计局机关在职能配置、内设机构和人员编制等方面都有所增强或提高,明确统计职能,增加内设机构和人员编制。10月26日成立了“柳州市统计调查管理中心”,该中心负责对全市一、二、三产业各种经济类型、各种规模的法人单位、产业活动单位和个体经济进行抽样调查,开展与建立现代企业制度和发展市场体系密切相关的快速调查等工作。截止10月底,完成统计局业务资料的立卷归档工作。

(市统计局写作组)

口岸管理

【概况】 1997年,柳州口岸共完成进出口货物运输量26.5万吨,比上年增长25%,其中,进口货物运量17.48万吨,比上年增长9%,出口货物运量9.02万吨,比上年增长76%。

年内,市口岸办公室坚持不定时、就事就地召开有关联检、查验、运输单位领导的会议制度。督促口岸各联检、查验、运输等单位强化职能;借鉴经验、狠抓运量、促口岸建设;完善柳州口岸基础设施建设。

(张四喜)

【海关】 1997年,柳州海关坚持贯彻“促进为主”方针,积极支持地方经济发展。全年共监管进出口货物20.67万吨,比上年增加24.86%,创历史最好成绩;征收关税3659.2万元,超额完成全年税收任务;办理加工贸易备案合同149份,审批减免税1.46亿元。同时,柳州海关坚持“从严治关”方针,继续深入开展创建文明窗口活动,努力加强队伍建设,荣获柳州市第八届“文明服务杯”竞赛优质服务示范先进单位。

(柳州海关)

【港务监督】 1997年,柳州港务监督坚持贯彻落实“安全第一,预防为主”的方针。全年派出监督人员深入现场监督检查船舶1.5万余艘次;纠正违章3282起;检查横水渡口379处;客圩渡船1457艘次;整顿查处一批“三无船舶”;为船舶印制船名牌1550块,乘客定额牌550块。组织船员进行安全宣传教育活动145次,受教育人数8338人。年内进行船舶登记1473艘,注销26艘,变更登记17艘,出动监督艇现场巡逻检查670天次,航行3588小时。向船舶发布气象预报28次。办理船舶进出口签证1.83万艘次,货物182.72万吨,其中航行港澳船舶进港259艘次,进口货物1.19万吨;出港船舶255艘次,出口货物5.54万吨。检验船舶1201艘次,8.4万总吨,8.38万千瓦。审查图纸9套。

年内,柳州港务监督全面完成和超额完成国家对船舶、竹木排筏征收的各项交通规费任务。其中航道养护费完成年计划任务的140%,航运建设基金145.45%,港口建设基金111.52%,港务费140.33%,船舶检验费167.07%。为方便有船单位和船员监督,做到挂牌亮证收费,依法行政。柳州港务监督被自治区人民政府授于“十年乡镇船舶管理先进单位”。全年各项工作目标全面完成,经市政府考核验收连续11年被评为市“文明单位”。

(柳州港务监督)

【卫生检疫】 1997年,柳州卫生检疫局获国家口岸办颁发的“1994—1996年全国结对结片文明单位”称号,被评为自治区口岸系统先进单位,柳州市第八届“文明服务杯”先进单位。

检疫查验 检疫入出境人员1713人。其中,公派出国考察817人,劳务出国58人,出国定居40人,自费出国578人,出国留学29人,入出境交通员工185人,外籍入境人员6人。检疫入境船舶254艘,进口货物9861.85吨,查验出境船舶255艘,出口货物6.03万吨,检疫查验标准集装箱355只,并认真做好检验和签证工作。

疾病监测 开展传染病监测1813人,发现各种疾病334人,其中心电图异常178人,心脏病2人,肝脏血管瘤6人,脂肪肝27人,肝肿大4人,肝下垂2人,肾结石19人,肾囊肿10人,肾积水1人,胆管结石16人，胆囊炎2人，乙肝表面抗原阳性29人，高血压22人，肺结核2人，卵巢囊肿1人，早孕13人，均按有关规定给予相应处理及旅游保健指导。对出境人员进行预防接种1756人，对1713名出境人员进行艾滋病和性病血清学监测，结果均不阴性，涉外婚姻体检318人，有效地防止传染病传入和传出。

卫生监督与卫生处理　消毒处理入境船舶259艘，集装箱290只，除虫63艘次，除鼠37艘次；柳州口岸内河船进行卫生监督处理共213艘次，注册监督进出口外贸企业年审48家，监管外贸船舶21艘，进行货管报验员资格年审60人。

进口食品监督检查　年内，主动与柳州地、市技术监督局组成联合检查组，开展进口预包装食品中文标签和进口食检防伪标志的市场监督检查，在柳州地区各县共检查各类进口预包装食品23种，中文标识合格率为86.9%；在柳州市区检查洋酒706瓶，中文标识合格率为64.3%；监督检验进口食品500吨，进口食品加工设备4批，不符合卫生的饮料、小食品3批，冒牌劣质洋酒10瓶。注册监管进口食品经营单位年审94家，进口食品报验员年审20人。

（柳州卫生检疫局）

【动植物检疫】　1997年，柳州动植物检疫局加强疫情检查，做好船舶货物消毒，防止有害生物传入传出国境。(1)完成进出境货物检疫999批次，货重7002吨，货值3198万元，其中出境货物457批次，货重5706吨，货值2054万元。出境的植物和植物产品有：木材类、竹藤柳草类、油籽和植物油类、瓜果类、药材类。分别输往日本、澳大利亚、瑞典、德国、法国、巴西、比利时、西班牙、荷兰等国家和地区；入境货物542批次，货重1296吨，货值1152万元，入境的植物和植物产品计有木材类1批次，58件，货值1万元。检疫消毒港澳回程船217艘次，检疫消毒进境集装箱110批次，共552个标准箱。(2)召开进口经营动物产品的储藏单位、批发业主会议，学习有关法规，并办理业主注册登记手续和开展检疫监管工作。从6月1日起至11月3日止，共检疫消毒进境动物产品114批次（车），1152吨。(3)柳州石碑坪农场柑桔丰收，通过沈阳国际经济贸易公司经东北出口俄罗斯两批次220吨，应场方申请，货物出口报检前，派出检疫人员深入农场果园做好产地检疫，报检后又派员到装车现场开箱抽检，合格后及时出证放行，使鲜果能及时发运出口。(4)开办报检员培训班一期，培训报检员84人，对有进出口权的单位进行注册登记年审共67个单位。

（黄锡昌）

【进出口商品检验】　1997年，柳州商检局检验进出口商品1823批，总值2.28亿美元。其中检验出口商品1620批，货值1.94亿美元，与上年相比，检验批数增加45.81%，货值金额增加22.96%；检验进口商品158批，货值3316.6万美元，与上年相比，检验批数货值金额下降17.72%、21.24%。经商检检验发现不合格出口商品17批，货值464.3万美元，不合格批数占1.05%，货值占2.39%；检验发现不合格进口商品27批，货值28.5万美元，不合格批数占17.09%，货值占0.86%；对外出证索赔28.5万美元，已全部挽回直接经济损失（包括实物在内），有效地维护国家信誉和贸易关系人的合法权益。全年签发各类商检证书2866份，一般产地证255份，签证金额1124万美元，普惠制证书300份，签证金额3248.17万美元，为柳州出口产品获得减免关税2059.87万元。全年检验出口商品包装639批，各种包装箱、带202.6万件（只）。其中一般商品包装600批、166.38万件（只）；危险货物包装39批、36.22万件（只）；查出不合格包装8批，3500件（只）。

财产评估　受理外商投资财产价值鉴定45批，申报总值1861.78万美元，鉴定总值1697.56万美元，降值金额164.22万美元，平均降值率12%，最高降值率47%。如柳州某合资企业从台湾引进一套精密铸造设备、模具及后加工检测、辅助设备，外商报价332.24万美元，经柳州商检局鉴定其价值为175.87万美元，降值156.37万美元，该公司董事会凭商检鉴定结论将外方在合资企业中的投资比例由原先的49%降到25%，仅此一项就为该合资企业挽回1300多万元人民币经济损失。

评审认证　柳州商检局会同西南评审中心为柳州企业开展咨询服务活动，帮助企业培训骨干和内审员，建立质量保证体系，与6家企业签署认证协议，年内柳州汽车厂、两面针股份有限公司和柳州市防腐材料厂获得ISO9000－90002认证证书。

进口商品的检验和监督管理　查验家电、化妆品类2860台（套、件），货值580万元。抽查中发现，某些必须依法检验的进口商品未经商检检验已直接进入消费品市场，某些实施进口安全质量许可制度的进口商品未加贴CCIB安全标志等。经查验发现有6辆小车为走私“套牌”小汽车，1456台（套）“KK牌”数字式无线电寻呼接收机属不能使用的劣质产品，1.2万件进口旧服装属明令禁止进口的“洋垃圾”。及时配合有关部门依法对这些货物进行处理，堵住这些不合格商品进入消费品市场，维护消费者合法权益。

（蓝瑞灵）

技术监督

【概况】　1997年，柳州市技术监督局坚持“以质量为中心，标准化计量为基础”的工作方针，做好对工商企业和市场的“引导、监督、协调、服务”工作，加大力度打击标识不符、以次充好、掺杂使假、缺斤短两的违法行为，为保护名优产品，净化柳州市场，繁荣柳州经济做出贡献，被评为1997年度自治区技术监督先进单位。

【标准化管理】　1997年，柳州市依法备案企业产品标准213个。首次开展企业产品标准的复审工作，当年有92个企业标准进行复审，其中修订标准61个，作废标准31个。备案食品标签84个，饲料标签20个。推行采用国际标准和国外先进标准，推广ISO－9000标准，全年完成采用国际标准产品打采标标志6个，有5个企业通过GB/T 19000认证，各商业大企业也积极开始ISO－9004,2活动。年底，全市已有12个企业取得质量管理和质量保证体系证书。为满足全市工业生产的需要，全年购买标准资料2730份，接待查询标准资料2100多人次，对外复印标准1821个。针对35°米酒暂无国家标准，企业标准指标参差不齐，为防止酒精勾兑，保护消费者利益，制定了袋装低度米酒的技术指标，作为柳州市(含两县)制定企业标准的依据，有效规范低度袋装米酒质量要求，保证上市米酒的质量。

【计量管理】 1997年，柳州市加强计量监督管理工作，完成对市计量所等12个单位63项计量标准的考核、复查；审批、颁发65项社会公用计量标准证书、63项计量标准考核证书；建立健全了全市量值传递网络；完成对市仪表总厂等5个单位16个计量器具产品《制造计量器具许可证》的复查考核发证；监督和督促衡器厂做好弹簧度盘秤质量不合格的自查整改；完成市第一人民医院等3个单位血压计、压力表内部强检或对外强检的计量授权考核和发证。加大《计量法》和《区计量条例》的宣传贯彻，先后召开10余次座谈会、“宣惯”会，努力保障国家计量单位制的统一和量值准确可靠。计量行政管理部门还积极与市物价局一起，深入开展物价、计量信得过活动，全市有9家商业企业评为自治区级“物价、计量信得过”单位。加强对贸易结算、医疗卫生、安全防护等计量器具和计量活动的监督检查。圆满完成1995～1997三年计量工作计划。

【质量监督】 1997年，柳州市技术监督局坚持以抽查为主的质量监督抽查制度，坚持生产、流通领域一齐抓，努力做到抽查一类产(商)品，提高一类产(商)品质量，规范一方产(商)品市场。年内，监督抽查生产企业503家，抽查产品769批次，合格产品670批次，产品质量监督抽查合格率87%；加大流通领域商品质量监督抽查力度，由18种商品扩大到44种商品的监督抽查，共抽查商业企业992家，抽查商品1339批次，合格682批次，商品质量监督抽查合格率51%。

年初，按照国家技术监督局的统一部署，包括柳州市在内的22个城市开展市场商品质量、计量监督大检查和打假活动。重点抽查与群众生活密切相关的大米、面粉、食油、味精、食醋五种商品的质量，保证节日市场的食品安全，让全市人民灾后过上欢乐年。

【代码与生产许可证】 1997年，柳州市技术监督局加强生产许可证的发放管理工作。办理生产许可证319个，其中新办证83个，换证236个。中秋前，对30家企业发放了月饼生产许可证，确保节日市场月饼的产品质量。7月7日，成立柳州市组织机构统一代码管理中心，促进统一代码管理工作的发展。代码工作审核、赋码、打印、发证一条龙服务。年内，办理组织机构代码3091个，局代码数据库总数达2.02万个。

【深入打“假”】 1997年，柳州市技术监督局，着重打击制售假冒伪劣、掺杂使假的违法行为。3月，端掉一制售伪劣名牌白酒窝点，当场查获假冒名酒1096瓶，其中假冒酒鬼酒40瓶，假冒茅台酒36瓶，假冒五粮液168瓶，假冒剑南春516瓶，价值约15万元。全年查处制售假冒名牌白酒窝点6个。6月破获一制售假冒伪劣桂林、碧浪、白猫、汰渍等品牌的洗衣粉窝点；查获销售假冒电动工具143把。根据群众举报和侦查，对某五交化批发部进行突击检查，现场查获假冒上海“金星”、“飞跃”电视机84台，并立即立案查处，追查货源，共追缴没收假冒“金星”、“飞跃”牌电视机1053台，货值达30多万元。

年内，全市查处各类违法案件370起，其中立案114起，查处假冒伪劣商品货值202万元，罚没物资货值88.8万元。

【技术机构】 1997年，柳州市技术监督系统各技术机构取得新的成绩。市质检所狠抓内部管理，机构工作质量自治区局检查获94分，年内，完成检验产值100.7万元，检验3696批次；抓紧国家局技改项目的实施，投入技改资金70万元，所内硬件建设跃上新台阶，被评为全区97年度先进单位。市计量所完成计量器具检定3.73万台(件)，检定检修收入85.67万元；依法对贸易结算的衡器进行强检，检定各类秤3710件，没收坑人秤210件；加强了制度管理，通过了区局的考核验收。区五金家电站克服站址搬迁、市场疲软、定检任务少的困难，深入20多个市、县，拓宽检测面，完成各类检测680批次，完成检定收入30万元。技术监督技工学校建成启用5000m² 教学大楼，完成秋季招生320人，年内师生660人。

【法规宣传】 柳州市技术监督局与工商、消协、卫生、商检、商业、物价等部门开展“3·15”系列宣传咨询活动；积极参加市普法办组织的“依法治桂”大型宣传活动。采取座谈会、学习班等形式宣传《计量法》、《标准化法》、《产品质量法》三大专业法规，提高全社会质量、计量标准化法制观念。利用《产品质量法》、《标准化法》实施纪念日和ISO成立50周年，召开主管部门、企业代表座谈会，举办《广西计量条例》、ISO－9004、GB/T 1.3等各类学习班7期，有316人次参加。

积极开展执法检查，配合市人大财经委对柳州市贯彻实施《产品质量法》和《广西产品质量条例》的执法检查，写出有分析的报告，圆满地完成任务。年内，成立法规宣教科，有效地配合各专业科室做好三大法规的宣传活动。对内规范办案程序，督促、指导、监督把关，加强队伍建设和“四公开”、“八坚持”、“十不准”的作风建设起到促进作用。维护“科学、公正、廉洁、高效”的行业形象。

(柳州市技术监督局)

科学技术

综述

【科技宣传】 1997年成立市科委科技宣传工作小组，有具体的科技宣传通讯员，制定并组织实施科技宣传工作方案。科技报道的次数有较大幅度增长。市科委与柳州电视台开设“科技与发展”栏目，出版《科技工作简报》25期，其中5期获广西区科委《科技工作情况》转载；《科技兴市决策参考》4期；《科技成果公报》4期；《科技市场信息》11期；《专利工作简报》6期。

【科普工作】 1997年经市委批准建立科普联席会议制度，起草《关于建立我市科普工作联席会议制度报告》，由市委下文批转执行。制定《柳州市“九五”科普工作纲要》。市科委与市委宣传部联合下发《关于加强科普宣传工作的通知》，召开有关宣传部门座谈会，加强科普宣传工作。’97柳州市科技活动周期间，市科委举办科技版报展，有36个单位共展出版报46块，近万人观看了版报展。组织30多个单位605人参加科技下乡活动39次，分别到柳江、柳城、郊区的39个乡镇进行技术咨询、科技示范和技术指导，举办科技专题讲座，共展出科技挂图250多张、1200多幅，发放技术资料2.5万份。

【组团参加’97广西科技活动周】 1997年元月广西科技活动周暨全国新技术新产品交易会，柳州市参展单位48个，展务人员150多人，组织观摩考察和购买技术的人数达500多人。展出的技术及产品近千种。签订协议合同金额达2963.2万元，达成意向100多项、总金额8000多万元；发放各种技术资料3.5万多份，柳州市9项技术和产品获交易会金奖。活动周表彰会上，柳州市96年科技进步奖项目和“优秀科技型企业”受到表彰，柳州市代表团荣获活动周“全区最佳组团奖”称号。

【组织’97柳州市科技活动周】 1997年10月，柳州市科委承办’97柳州市科技活动周暨技术与人才引进洽谈会，举办科技版报展、科技专题讲座、科技下乡、无公害蔬菜现场示范会等活动，召开有关新闻发布会和各种座谈会，先后组织14批33名专家到13家企业进行技术洽谈，加强企业与大专院校、科研院所的合作，促进“产、学、研”结合；市政府与华南理工大学签订长期技术与人才培养合作协议。技术引进洽谈会上，来自51所大学院所数百项科技成果参加展出，参加洽谈人数近4000人次，达成合作协议和意向156项，合作金额达1570万元，效果超过上一届。

【深化科技体制改革】

组建柳州市生产力促进中心 按照国家科委对柳州实施技术创新工程试点工作的要求，柳州市决定对科技情报所、科技开发交流中心和科技培训中心进行调整和重组，强化其科技服务功能，成立集信息发布、技术市场、科技培训为一体的多功能的生产力促进中心，集中优势，重点为柳州市实施技术创新工程和促进中、小型企业发展提供综合性服务。

科技成果管理 为加强对科技成果的管理，市科委重新修订《柳州市科技成果鉴定管理办法》、《柳州市科学技术进步奖励办法》、《柳州市科学技术进步奖励办法实施细则》、《柳州市科学技术进步奖评审委员会章程》和草拟《柳州市人民政府关于促进科技成果转化的决定》，进一步完善科技成果的管理程序，建立科技成果的管理机制。

促进科技成果转化 市科委组织协调和促进市精细化工中试基地在广磷厂建立。经市计委批准，该中试基地已于今年八月份成立并开业。期间，市科委组织成立三柳消泡剂试验协调小组，帮助三柳化工公司消泡剂利用市味精厂进行产品使用效果数据测定，为精细化工中试基地的业务开展提供服务。

引导自动化研究所在开发科研成果的同时面向企业、面向社会。采用自动化技术对企业传统技术进行改造、更新和维修，帮助企业提高技术水平；利用现有设备和技术优势，开展计算机培训工作；元月份组建成立的进口设备维修中心先后派出1100多次工程技术人员到30多家企业进行检测、维修设备50台(套)，研制国产代替产品3个，免费咨询服务120多次。利用数控机床研究所现有高新技术优势，开发新型立式加工中心和微型机床，探索用数控技术改造普通机床的路子。

开展“全国科技工作创先”活动 柳州市科委重新对两县五区科技管理机构进行理顺，解决两县五区科技管理机构不健全的状况，为两县五区开展“创建全国科技工作先进县(城区)”创造条件。柳江、柳城两县均通过国家科委委托广西区科委组织的专家组验收，并下文授予两县为“全国科技工作先进县”。目前，“创建全国科技工作先进城区”工作正在各城区开展，柳南区鱼峰区政府已申请上报参加全国科技工作先进城区的评比。

【贯彻实施科技法规】 配合市人大科教文卫委组织《技术合同法》实施10周年宣传活动，检查柳州市落实《促进科技成果转化法》情况，起草“面向我市经济建设，推进科技成果转化”汇取材料；专利事务所结合柳州市实施技术创新工程，深入企业宣传专利法、知识产权等6次，听众达500多人次，免费咨询专利申请、专利纠纷等知识达600多人次，至11月底止，全市企业申请专利70件，比上年同期增长52%。

【实施技术创新工程】

企业技术创新 1997年3月初，获国家科委批准柳州市为国家科委全国技术创新试点城市。在市技术创新领导小组的领导下，市科委成立相应的办公室，研究布置各方面工作，加速《工业企业建立技术创新机制研究》软课题研究；组织人员考察学习外地经验；修订和完善市技术创新试点实施方案；制定和出台市技术创新示范企业实施办法；审查和选定柳工等8个企业作为首批示范试点企业并进行具体指导；根据项目重点倾斜原则，组织申报一批技术创新计划项目和课题。

CAD技术推广应用工作总结表彰会 表彰柳工等8家企业。以华中理工大学CAD中心为技术依托，确定建机总厂等4家企业为机电行业CAD技术应用推广及软件二次开发试点示范企业。

"产、学、研"结合 柳州市与11家高校院所签订长期科技合作协议，柳州市企业也先后与100多家高校院所建立科技合作关系。

做好农业技术推广、成果应用示范工作 1997年，市科委配合农业部门重点抓粮食增产"五大工程"，筛选一批具有重大增产、增收效果的实用技术在全市推广。如水稻旱育稀植技术，两县一郊推广实施49.26万亩，举办技术培训班1475期，发放资料20.1万份，培训农民13.4万人次，实现亩增产稻谷32.37公斤，亩节支21.3元，超额完成广西区科委下达的承担任务。

加强科技工作管理 机构改革后，柳州市科委成立相应的管理科室，对全市社会发展方面科技项目进行调研，收集社会发展方面科技47项，编写97、98年度社会发展科技项目指南，下达实施今年社会发展科技计划项目。

科技研究与科技开发

【列入国家、区、市各类科技计划项目】 1997年，柳州市共安排和下达科技项目96项，区、市共补助科技经费388.5万元，其中工业项目申报国家、广西科技计划项目29项，已列入计划16项，落实拨款156万元，安排下达市计划项目33项(其中自筹项目30项)，拨款139万元；农业项目申报国家、广西科技项目9项，已有6项列入计划，落实拨款70.5万元，社会发展项目(包括卫生13项)共安排16项(其中自筹10项)，落实拨款8万元；软科学课题3项，落实拨款5万元；科技成果推广应用项目安排2项，落实拨款10万元。

【工业科技】 1997年，柳州市完成新产品开发项目239项，新产品产值48.6亿元。新产品产值率23.5%。

年内，CAD应用工程的推广有新进展。柳工、柳微、塑机厂等8家企业获表彰；制定市CAD应用工程实施方案和机电行业CAD技术服务中心方案；确定建机总厂、柳工、柳微、二空等厂为机电行业或市CAD技术应用推广及软件二次开发示范单位。组织申报国家级重点新产品试制鉴定计划项目7项；申报自治区科技计划项目22项，已列入计划16项，落实拨款156万元；下达市计划项目(自筹部分)7批28项；安排市计划项目(拨款部分)3项，经费139万元；抓好糖业加工降低成本综合技术推广工作。市科委联合市糖办成立糖业项目推广工作组；提出到2000年的推广计划；选择凤山糖厂为柳州市糖业加工降低成本综合技术推广示范企业。

【农业科技】 1997年组织申报国家级科技计划项目2项。列入自治区科技计划项目6项，获得科技拨款70.5万元。全年应完成科技项目26项，实际完成20项，完成率77%。实现产值5.6亿元，税利2458万元，办班培训1818期，培训16.76万人次；获市科技进步奖13项。

市科委与农业部门重点抓粮食增产"五大工程"，即旱育稀植、晚稻赶早稻、旱粮增产、抗灾农业、种子产业化及优良品种的培育、引进、试验、示范，筛选一批具有重大增产、增收效果的实用技术在全市推广。组织实施一批重大科技工程项目，如水稻种子产业化工程、无公害蔬菜生产、商品牛羊养殖、甘蔗良种引进繁育推广、"绿化农业"工程等，并将水稻项目全部安排在成团、三都、沙埔三个粮食作物高新技术示范区。

【软科学研究】 1997年柳州市安排软科学项目5项：柳州市"九五"至2005年农业产业发展战略研究；控制医院感染的方法和措施研究；柳州市土地资源分析研究；柳江县农业主导产业布置与产业化开发建设研究；柳城县农业主导产业布局与产业化开发建设研究。其中有补助经费2项，5.5万元，自筹经费3项，自筹经费30.5万元。

1997年完成并鉴定验收的软科学研究5项：柳州市工业支柱产业战略研究；柳州市奔小康对策研究；柳江县第三产业发展研究；柳江县农业主导产业布局与产业化开发建设研究；柳城县农业主导产业布局与产业开发建设研究。

柳州高新技术产业开发区

【产业建设】 1997年，柳州高新区通过政策引导、技术创新、培育孵化等手段，狠抓产业建设。年内，各项主要经济指标较上年有大幅度增长，完成技工贸总收入9.04亿元，比上年增长294.8%；工业总产值7.15亿元，比上年增长217.8%，销售收入8.35亿元，比上年增长267.8%；工业增加值2.55亿元，比上年增长145.2%。

【理顺管理体制】 1997年高新区在管理体制得到理顺，表现在(1)市人民政府以柳政发(1997)68号文形式印发《柳州高新技术产业开发区劳动人事管理若干规定》；(2)理顺土地管理权限，明确高新区在土地征用、划拨、出让、转让、抵押等方面职责和工作程序，并要妥善解决在土地管理工作中的行政主体关系。(3)高新区经济指标纳入全市城区行业工业经济报表体系、统计工作得到规范。(4)市财政局下发《关于柳州高新技术产业开发区建立一级财政并下达财政管理体制的通知》,进一步明确高新区财政体制。

【招商引资】 1997年出台《柳州高新区招商引资奖励办法》,对引进资金(物资)、项目的引荐人给予奖励,鼓励社会力量为高新区招商。引入竞争机制,奖金与绩效挂钩,搞活招商部门。制定招商引资目标责任制,要求各处局、创业服务中心、建开公司除履行部门职责外,还要完成相应招商引资任务,实行全员招商,此外,通过internet、国家科委电子信箱等手段收集、发布招商信息,1997年,高新区招商引资总额1.27亿元,新增企业63家。

【区域财税】 1996年,柳州高新区始设独立财政,1997年为使财政管理规范化,认真编制高新区1996年财政决算和1997年财政预算,加强审计、审核,确保重点工程建设,严格控制预算内、预算外开支。在税收征管方面,高新区地税分局建立并完善动态户籍管理,实行双线巡查控制度,国税局则加强对重点税源大户的管理和跟踪服务,年内高新区完成国税1160万元,地税300万元,实现财政收入1460万元,其中本级收入590万元。

【建设规划和基本建设】 1997年,柳州高新区委托市城市规划设计院完成柳州高新区1997—2015年规划,确立高新区高起点、高效益、高科技、高文化、高档次的建设规划原则。基本建设方面,重点工程柳州科技工业苑建设到九层,此外,柳州技术市场大楼封顶,鱼峰石膏建材公司生产厂房等大项目动工兴建。年内,高新区还加强基础设施建设,完成1300米地下电缆铺设,建成海关路高新南路至高新一路路段,完成鱼峰石膏建材公司西、北路段路基铺设。

【优惠政策】 柳州高新区管委会、柳州市国家税务局、柳州市地方税务局联合下发柳州高新区财税优惠政策实施办法,并对柳发(1996)33号文优惠政策作相应补充。主要条款有:凡在高新区注册的新办企业,均可减免一至三年所得税。符合产业结构和高新企业除了享受所得税减免优惠外,管委会可根据具体情况按企业当年增值税地方收入入库总额的20%至60%的不同比例给予返还,实行期一至两年。

【支撑服务体系】 高新区重视对支撑服务体系的建设,一是成立了高新区民族资金管理所,积极对外融资,年内该所共拆借资金650万元;二是成立高新区人才交流中心,以加强高新区人才引进和交流;三是成立高新区中级职称评委会,负责高新区工程系列中级职称评定。

【服务承诺兑现制】 1997年,柳州高新区管委会实行“服务承诺兑现制”,面向全社会提供高效、优质服务承诺,要求工作人员严格按照承诺兑现实施细则,对承诺的内容限时予以兑现,承诺不兑现的,实行有奖举报,经核实属实的,对当事人严肃处理直至限期调出高新区。

【火炬计划项目申报和高新技术企业认定】 1997年,高新区申报国家级火炬计划项目2项,即柴油王(GX—103型柴油添加剂)和矿井通风与安全微机辅助管理系统;申报自治区级火炬计划3项,即JYJ型汽车净化节能器、新配方高效电蚊香和汽油王(GX—101型汽车添加剂)。通过认定的高新技术企业4家,它们分别是:高新区创业服务中心、稀宝技贸有限公司、壶东汽车净化器厂、艾迪测控有限责任公司。

(李启发、杨建萍、余乐军)

成果与专利

【科技成果】 1997年,柳州市完成科技成果总数70项,获科技进步奖66项:其中广西进步奖17项(二等奖4项、三等奖13项),柳州市科技进步奖49项(一等奖1项、二等奖9项、三等奖34项、四等奖5项)。

【专利申请和技术应用】 1997年,柳州市申请专利180件,已公告、授权95件,据对已实施52项专利技术的统计,新增产值2.5亿,税利5125.52万元。坚持低收费为企业和个人提供专利文献资料检索服务,检索专利文献涉及168个课题,提供专利文摘3000余条,说明书600余篇;继续免费或低收费为柳州市“企业专利信息网”26个网员单位提供专利信息服务,提供专利文献题录950条,文摘282篇;出版企业专利信息网刊《实用专利信息》4期、500余份,向企业提供专利技术信息400余条;出版《专利信息橱窗》4期,向公众发布专利信息36条;为单位(个人)代办专利申请158余件;为六家企业(个人)担当专利法律顾问,以开展全方位专利事务服务。

附件:

广西1997年度科技进步奖柳州市获奖项目

二等奖

1. 乘龙牌中型载货汽车车架纵梁模具开发
   柳州汽车厂
2. ZL60E(CAT966E)轮式装载机
   柳工机械股份有限公司
3. LZW1010PS微型双排座货车
   柳州微型汽车厂
4. 热轧中厚板在线超声波探伤
   柳州钢铁(集团)公司

三等奖

5. 百万亩柳豆1号示范推广
   柳州地区农科所
   来宾县农业局
   柳江县农业局
   柳城县农业局
   象州县农业局
   忻城县农业局
   鹿寨县农业局
   武宣县农业局
6. 大面积罗氏沼虾高产养殖示范
   广西水产研究所
   广西农垦局科技生产处
   南宁市郊区水产技术推广站

科学技术

梧州市水产技术推广站
柳州市水产技术推广站
玉林地区水产技术推广站
桂林市水产技术推广站

7. 柳州市江河网箱养鱼技术推广
柳州市畜牧水产局
柳州市渔业技术推广站

8. 几种主要影象方法诊断原发性肝癌的临床价值研究
柳州市第一人民医院

9. 柳州市成人糖尿病患病率及其异发症调查
柳州市第一人民医院

10. "天天乐"口服液
柳江制药厂

11. 两面针球型牙刷
柳州桂康日用化学品有限公司

12. 云纹印花工艺的研究
柳州市床单厂

13. ZL50A 轮式装载机
柳工机械股份有限公司

14. YG—94B 型油锯
柳州五菱汽车有限责任公司柳州机械厂

15. 柳钢高风温热风炉
柳州钢铁(集团)公司、武汉冶金建筑研究所

16. 中轧厂连铸坯一火成材轧制技术攻关
柳州钢铁(集团)公司

17. 聚氨酯耐磨橡胶及喷涂工艺的研究应用
河池华锡矿机有限公司、
柳州化锡集团有限金属设计研究院

柳州市 1997 年度
科技进步奖获奖项目
一等奖

1. 推移颅骨瓣减压、术后牵拉复位术临床应用研究
柳州市工人医院

二等奖

2. 柳钢高风温热风炉
广西柳州钢铁(集团)公司
武汉冶金建筑研究所

3. 千里光中草药香皂(新型)
柳州市日用化工厂

4. 柳州市三十万亩冬季农田"双增一稳"工程
柳州市农业局

5. 甜竹笋配套新技术试验示范
柳州市副食品局

6. LJ462Q—1 汽油机
柳州五菱汽车有限责任公司柳州机械厂

7. 乘龙牌中型载货汽车车架纵梁模具开发
柳州汽车厂

8. ZL30E 轮式装载机
柳工机械股份有限公司

9. LZT3102K8 型自卸汽车
柳州特种汽车厂

10. CELL—DYN1700 全自动血液分析仪试剂研制与应用
柳州市工人医院

三等奖 34 项,四等奖 5 项

科技条件与服务

【科技投入】 1997 年,柳州市财政拨款科技三项经费 900 万元,其中科研建设费 250 万元,新产品开发经费 597 万元,其它经费 53 万元。

【科研机构】 1997 年底,全市独立科研机构 11 个、行业技术开发机构 1 个、县属科研机构 3 个、企业技术开发机构 111 个。市属独立科研机构走科工贸结合之路,推动科研所面向经济建设主战场。企业技术开发机构积极走"产、学、研"相结合的道路,根据市场变化,开发出适销对路的新产品,成为柳州市技术创新和新产品开发的主要力量。

【科技情报】 *科技检索查新获自治区授权* 经过积极争取和多方努力,市科技情报所获得自治区级科技检索查新的授权,通过召开新闻发布会,在新闻媒介广为宣传。进一步规范检索查新、咨询服务、代译服务等主要工作的业务程序,重新修定有关规章制度。到 11 月底止,已接待检索单位 100 多家、检索项目 200 多项,截止年底完成查新项目 40 项。

抓好情报信息服务工作 1997 年,出版《柳州科技》4 期、《科技信息》18 期,其中企业科技信息服务网网刊 3 期,设有"科技信息"、"科技要闻"、"信息荟萃"、"专家论坛"等 10 多个栏目。为市委办信息科撰写《关于重视我市环保产业的开发和规划的建议》、《应重视科技水平查新——科技立项、科技成果鉴定的重要依据》、《到企业去开展情报信息工作》等稿件,为领导机关决策服务。

开展科技信息服务网工作 积极开展企业科技信息服务网的工作,为网员单位提供科技信息服务,目前网员已达 22 家。

完成科技资料二次加工 500 多项,重新筹建音像室,录制农业科技录相节目 20 多个,为科技下乡提供信息和资料的准备。

科 技 外 事

【友好往来】 1997 年,柳州市完成引进国外智力项目 2 项,来柳工作的外国专家技术人员 3 人;派出国外培训、学习、考察项目 3 项,派出人员 4 人。

【引进国外智力项目】 1997 年,柳州市延长日本协力队员市桥未帆在机关幼儿园工作的时间,到 7 月份才圆满结束返回日本。通过日本协力队员的工作,对提高机幼教师的教学水平和幼教质量有很大帮助,同时无偿得到日方提供的一批教学运动设备和资料。

【派出项目】 1997 年派出人员主要有:派出市建筑总公司张余畴等 2 人赴美国参加由区对外科技交流中心组织的"建筑技术与房地产经营管理培训";派出工人医院主任医师龙志云参加在韩国召开的"'97 国际中西医优秀成果交流研讨会"进行学术交流;派出机关幼儿园园长粟玉赴日本进行"幼儿教育"技术进修十个月。

【国际科技交流项目】 1997 年,柳州市实施的对外科技交流项目主要有:组织申报聘请日本专家和日本协力队员项目,已组织农科所、果树研究所、华力集团、人民医院等单位申报了 7 个项目;组织部分企业

申报“技术和产品出口”项目,已组织22个单位、50种产品和技术联系出口渠道;申报联合国和平组织国际和平基金会“和平建设赞助款”项目,已与市环保局研究以“柳州市酸雨和环境污染综合治理工程”上报区科委,争取国家科委立项实施。

（廖建清　李超）

科学技术协会

【向科技铁人王启民学习】 1997年,柳州市科协号召全市科技人员向科技铁人王启民学习。召开“学科技铁人,迎香港回归”座谈会,举办“学科技铁人,建科技强市”板报比赛。市科协与市委组织部合作向社会展示柳州市国家有突出贡献中青年专家、享受政府特殊津贴专家、自治区优秀专家、自治区有突出贡献科技人员、市专业技术拔尖人才、优秀青年科技人才180幅照片。同时,组织科技人员演讲报告团,分三个片到柳工、柳化、柳汽向全市科技人员进行演讲。参加报告会的科技人员达2800多人。

【广泛开展学术交流活动】 1997年,柳州市各级科协和学会、协会、研究会开展学术活动约300次,参加人员近2万人次。其中医学会邀请区内外专家、教授24人来柳讲学21场次,听课人数约4390人次。环境科学学会举办“为了地球上的生命”为主题的纪念“六五”世界环境日的板报比赛,上街开展咨询活动。通信学会结合世界电信日举办电信业务演示活动,展示具有世界先进水平的中国计算机互连网系统及全球通数字大哥大,普及电信科学知识。机械工程学会恢复活动,选举新领导机构,大力发展会员。水利学会出版论文集,组织5批会员30人次到外地进行业务考察。畜牧兽医学会、奶协组织科技人员下到乡村,指导农民发展养殖业。蔬菜学会组织会员推广蔬菜新品种及种植新技术。

【千厂千会协作行动】 1997年,已有医学会与广西金嗓子制药厂,农学会与柳州化肥厂,化工学会与东化,纺织学会与棉纺厂,劳保学会与自来水公司,广西金属学会扎钢委员会与柳钢,机械工程学会与高压电器厂、柳汽、柳二空,计算机学会与柳机等建立厂会协作关系,分别签定合同。

【制订科普实施方案】 1997年是广西科普年。柳州市科协参加制订《柳州市“九五”科普工作纲要》,送交市委、市政府审定,会同市农村工作办公室、市精神文明建设委员会分别制订《柳州市郊县农村科普工作实施方案》和《柳州市城市社区科普工作实施方案》经市科协常委会审议通过,已在郊县农村和城区街道实施。市科协会同市委宣传部、市科委制订发布《关于加强柳州市科普宣传工作的意见》。

【科技、卫生、文化三下乡】 市科协与有关部门联合组织三次大规模科技、卫生、文化“三下乡”活动,深入到柳江福塘、柳城沙埔、太平等乡镇开展声势浩大的科普宣传。

各级科协组织“三下乡”活动16次,专家参加人数400人次,发放科技资料1.56万份,书籍4582本,提供农业技术咨询服务5000多人次,为村民义诊治病500多人次,发放免费药品价值约4000元,展出科技挂图100多张,实用技术图片600多幅,放科技电影、录相50场,观众达2万多人次。

【农村科普】 两县一郊科协积极开展科学普及、科技宣传、科技培训工作。全年举办各类农技培训班170多期,培训人员达8600多人次;放电影25场,科技录像30多场,观众达7000多人次。新建科普示范基地2个。市科协科普部、郊区科协、柳江县科协、柳城县科协、柳城县水电学会荣获1996—1997年度全区农村科普工作先进集体称号,市科协副主席杨奔被评为全区农村科普工作优秀组织者,黄振南(市科协)、李遥路(郊区科协)、廖渌然(柳城县科协)被评为自治区农村科普工作先进工作者。柳州市科协与市教委等有关部门紧密合作,举办全市青少年“飞向北京”航空模型比赛,参加的学生达1.48万人次,从中挑选出10名参加全国第三届“飞向北京”青少年航空模型比赛,市科协荣获集体组织奖及个人组织奖。

【青少年科普】 1997年开展以“生态、环境与可持续发展珍惜生命之水”为主题的青少年科技传播行动,并将其内容纳入'97全市青少年科技夏令营之中,市区有58所中小学举办青少年科技夏令营,参加的中小学生多达2.4万多人,印发资料2000多册。两年一次的全国青少年生物百项竞赛在中小学生中得以正常开展,通过市级评委选出8件优秀作品参加自治区第四届青少年生物百项竞赛,柳州市获优秀项目奖5件,优秀活动奖2名,优秀组织奖1名。其中三项被广西推荐参加8月在青海省西宁市举办的全国青少年生物百项竞赛,获全国项目二等奖一项,优秀活动奖二项。

【柳州科技报】 坚持正确舆论导向,努力提高报纸质量,宣传科技人员事迹、科协工作,为学术交流和科普提供阵地,推动科协工作的开展,全年出版17期,印发5.2万份。

【十月科普大行动】 柳州市科协举办科普讲座21场,参加人数1664人次。企业大力开展“讲理想、比贡献”、“厂会协作”、“厂村结对帮扶”等活动。10对“厂会协作”单位开展协作活动12次。鱼峰区举办以“加强辖区科技宣传,提高市民科技意识,促进辖区科学技术与经济发展紧密结合”为主题的科技活动周。组织科技上街、科技下厂、科技进校等活动。在街道举办医疗保健与“身边科学”为主的知识讲座,使科普活动走进家庭。在学校请专家向学生传播科普知识,启发他们的科学创造能力。在企业,科普专家向干部和工人普及环保知识,讲解可持续发展战略、科技发展的新动态。

【厂村结对子协作】 柳州市东风化工厂科协、市有色冶炼厂科协与柳城太平长岭村结成对子，并为该村新建图书室，协助有关部门修建村级公路，筹建碾米厂，并以该村的仙女屯为中心，开展农村科普活动。柳江县土博乡是扶贫重点，以科技扶贫的形式，引进北京延庆农化厂的“保粮食丰”、“蔬菜宝”产品，免费提供给农民使用，还提供资金奖励在科技兴农中表现突出的农民。

【爱科学月活动】 列入柳州市十月科普大行动范围。各学校开展活动做到“三明确”(意义、目标、要求)和“三落实”(组织机构、活动内容、活动时间)，开展形式多样的活动。市科协企业工作部、鱼峰区科协、柳南区科协、郊区长塘乡科协、市东风化工厂科协、市有色冶炼厂科协荣获’97广西十月科普大行动先进集体称号，彭永雄、陆楚先被评为广西十月科普大行动先进工作者。

(杨奔　王安有)

气象事业

【概况】 1997年柳州气象台被市文明委列为“文明窗口”单位。台站基本达到整洁、绿化、优美的环境标准。职工队伍和基本业务质量稳定，关键性和重大天气预报服务效益显著，县局、站业务质量全面达到和超过区气象局的目标要求。高炮人工增雨效果显著，市、县气象局均获区人降办先进单位奖，柳江县局获区气象局重大天气预报服务先进单位奖。并连续数年保持县文明单位称号；市气象局连年获市农业工作先进单位称号、计划生育先进单位。

【气象业务】 柳州市气象部门，1997年继续推行以事业结构调整为重点的各项改革，围绕“项目、效益、机制”这个中心，从事基本业务人员精干、高效，以目标管理为运行机制，基本业务稳定，并得到加强。68人按规定参加中国气象局科教司举办的计算机知识普及培训，全部获合格证书。气象测报出站错情率0.6‰，87%的测报员达标，其中9人全年消灭错情，占测报人员的60%。柳城县气象局测报全年消灭错情，测报质量为柳州地、市气象部门第一名，4人获区气象局气象业务工作质量优秀证书，其中柳城县局2人均获双百无错情，柳州农气站2人获三个连续百班无错情。天气预报业务：两县气象局在一般降雨、汛期暴雨、春播期低温阴雨和秋季寒露风中期预报等项目的10项指标考核中，全部超过区气象局目标要求，重大天气过程预报准确，服务主动及时。柳江县局两预报员均达全区县级优秀预报员标准。市气象台充分利用微机网络收集气象信息，不失时机地为基层局、站提供指导预报产品和信息，春播期长期天气预报准确，为全市早稻减少烂秧作出了贡献。重要天气过程、重大节日、庆典活动天气预报准确，但天气预报项目达标率低，质量有待进一步提高。全市农业气象预报、情报服务平均质量达到区气象局目标要求，夏粮产量预报准确。柳州农气站农业气象观测全年消灭错情，3人达到优秀农气员标准。各项基本业务综合考核，两县局和农气总分比目标要求高34—131个百分点，气象台和柳州地面站分别低10和18个百分点。

【气象服务】 1997年，柳州市气象部门继续加强气象服务，特别是决策服务，进一步开拓服务领域，努力提高服务的社会经济效益。做到思想不麻痹，精力不转移，工作不松劲。(1)春播气象服务：高度重视柳州严重洪灾后的第一个春播春种气象预报。早准备、早研讨，及时发布早稻旱育稀植和常规播种期天气预报，同时配合针对性强的农业气象预报、情报服务，提出适播期、适栽期意见。准确发布烂秧天气中期预报，为各级政府生产决策提供依据，避免盲目播种。全市早稻基本无烂秧，提前10—15天完成春播任务。柳江县局印发各种预报资料985份，充分利用电台广播气象信息，林业部门利用有利天气造林30万株，服务效益50多万元，春播预报服务质量获柳州地、市县局第一名。(2)汛期气象服务：实行行政首长负责制。各单位服务领导小组严格执行服务方案、岗位职责，有序服务。汛期雨量、洪涝趋势预报准确，7月上旬柳州市最高洪水位81.7米，天气预报准确，柳州市防洪主动，安全度汛。柳江下游的象州、武宣、梧州、广东省部分气象台站得到市气象台的准确雨情、汛情，争得防汛服务主动权。柳城县局发送预报资料1620份，向政府汇报121次，受到政府领导和群众好评。(3)秋季气象服务：第一次寒露风9月19日出现，气象部门提前2天发布预报，印发、广播防御寒露风专题材料。寒露风虽然开始早、降温强度大为历史罕见，但气象服务为各级政府和生产部门决策提供可靠依据，使损失大大减少。柳江县政府认为：“由于预报准确、及时，防御措施提前到位，使全县还处于抽穗扬花的20多万亩晚稻受害降低到20%，减少损失800多万元。”

【科技服务】 1997年，柳州市气象部门加强公益性气象科技服务，尤其是农业服务。市局成立“柳州市腾云信息广告科技开发中心”，开展防雷、气球广告、电视天气预报及其它气象科技专项服务。切实做好春耕春种、夏收夏种和寒露风等农业产前、产中、产后系列化气象科技服务。以农业气象旬和月情报预报，农业气象专题分析、气候评价、农作物产量预报、灾害调查报告等多种形式，给各级政府领导和有关部门提供适时气象科技服务和针对性强的生产建议。自制电视天气预报节目送市、县电视台播出。投入’97广西科普活动年，气象台、站均向社会开放，开展多层次的科普宣传，柳州气象学会被区科协评为“十月科普大行动”先进集体。推广气象科技兴农扶贫实用技术6项，其中柳江县局指导一养鱼专业户科学养鱼，22万尾畏寒鱼苗安全越冬，避过洪水灾害，年收入13万元。柳城县局进一步推广果子狸人工饲养繁殖技术。气象科技服务为农业趋利避害，抗灾夺丰收作出积极贡献，市气象局又一次被市政府授予“农业工作先进单位”。

【地方气象事业】 1997年市、县政府投入资金40万元支持地方气象事业发展。以"三个一点"方式多方筹集资金，按"九五"计划有步骤地建设。年内建成三类住宅楼2889平方米，平整土地1000多平方米，修建水泥路600多平方米、排水暗沟百余米，院内种花草树木，装修办公室及微机房，购置微机3台及两套电视制作设备，完成投资200万元。市、县气象局面貌焕然一新，基本达到整洁、优美、绿化的要求。9210工程市级VSAT小站的安装及入网调试有计划进行，小站话音接收系统投入业务运行。防灾减灾天气预警系统正常运转，并在重大灾害性天气服务中继续发挥作用，柳江县局获区气象局重大天气预报服务先进单位奖。中国气象局颜宏副局长10月到柳州检查工作，对柳州气象事业发展取得成绩表示满意。

【高炮人工增雨】 1996年秋冬连旱，97年春雨不足，水库蓄水量不能满足春耕用水，市、县气象局建议进行春季高炮人工降雨，得到市、县政府采纳和有关部门大力支持。两县局组织6门高炮30人3月15、16日进点，20天内，抓住有利时机适时作业18次，作业区及受影响区平均降雨78—146毫米，增雨率41—44%。柳江县200万亩土地受益，水库增加蓄水576万立方米；柳城县30万亩农作物受益，折算节约抗旱经费138多万元，高炮人工增雨及时缓解春插用水不足，使春插任务提前10—15天超额完成，市人降办评为全区人工降雨先进单位二等奖，市、县气象局3人被评为先进个人。

（高克普）

水文事业

【概况】 1997年各级政府加强对水文工作的领导和对水文事业发展的支持。5月份，由水利部副部长张春园、建设部副部长赵宝江等组成的国家防汛总指挥部防汛检查组视察了柳州市的水文报汛设施，帮助落实建设资金的筹措渠道。水利部副部长周文智7月份到广西视察抗洪抢险工作时明确指示，在广西要把柳州等三个水文站建成全国一流的水文站，建设资金由水利部、自治区和地方政府分担。自治区人民政府组织联合调查组，于7月下旬至柳州市和柳江上游水文站，就水文行业现状进行调查。制定《关于加强水文工作的通知》，从政策上支持水文事业的建设与发展。

柳州洪水预警预报系统，建设工作已启动。麻石水电厂以上流域的自动测报站点，已全部开通。涌尾、古宜两水文站自记水位台已重建，具有自动遥测和远距离传输水位雨量实时信息的功能。柳州水文水资源分局设置广西第一个水情卫星通讯地面站，具有太阳能电源，利用卫星通讯，市区降雨量信息自动存储入固态存储器芯片并通过卫星自动向国家防汛总指挥部传输。增置比较先进的桥上测流车、电波流速仪、压力水位计等仪器设备。水环境监测工作，全年进行8个取样点24项的监测分析工作，按月向各级水行政部门发布水质通报。在市水政办公室的支持下，落实两县一郊的《实施责任河段的水质监测》工作。

（黄志平）

【水文测验】 1997年柳州水文站开展的观测项目与历年没有变动。

97年属平水年份。市区降水165天，年降水量1446.2毫米，与多年平均值接近。洪水不大，出现过三次达到高洪水位76米以上的洪峰，分布在6月7～13日；7月3～12日；8月9～14日。其中7月份洪峰水位81.19米，是当年最高水位，其相应的流量为13600m^3/s。除三次较大洪峰外，年内还发生过6次小的洪水过程。年平均流量为1340m^3/s，年径流量424.1亿立方米，比多年平均值大7.0%。

全年流量测验41次；施测悬移质输沙率15次；单位水样含沙量测验214次，年最大单位水样含沙量为0.7kg/m^3，最小单位水样含沙量是0.003kg/m^3。各种测验项目的测点时空分布合理，较好地控制了水位及泥沙的变化过程，峰谷、峰腰、峰顶均布有适当测点。

柳州上游的几个向本市提供水文预报情报的主要站点由于受1996年"7·19"大洪水的袭击，观测设备毁坏严重。年内这些站用人工观读水尺测量水位，做到枯水期每天观测2～4次，中洪水时每三个小时观测一次。较大洪水时每个小时甚至每隔6分钟观测一次水位。严格按国家《水位观测标准(GBJ138—90)》进行观测，资料质量完全满足设计部门及防汛部门的要求。1997年底分局筹措了大约30万元资金，在涌尾站及古宜站各建成一座标准较高的水位台，能抗击100年一遇的洪水。为今后的测洪工作提供可靠保障。

年内，站网布局有较大变动，长安站下移到融水，长安站仅保留高水流量测验任务。融水站更名为"融江水文勘测中心"。目前人员及测船等重要设备已经搬迁到位，各项业务技术工作开始运转。

【资料整编分析】 1997年度的资料整编，由各水文站派人到分局录入和上机试算得出整编成果，带回各站校核。大多数站的错情不超过万分之4.0。再经过分局进行表面检查、特征值检查以及上下游对照等合理性检查之后，错情率控制在万分之0.5以下，达到部颁《规范》划定的优秀等级。

1997年底分局新添置一台奔腾Ⅱ计算机，用于水文特征值统计工作，如"多年平均流量"、"多年平均水位"的计算等。年内，还做了"水位·流量关系单值化"分析工作。柳州水位流量年与年之间摆动很大。"单值化"的目标就是弄清这些变化规律，建立起稳定水位流量关系曲线，这项分析工作目前尚未完全成功。已经对1988年"8·31"、1994年"6·17"以及1996年"7.19"等几年大洪水进行分析，初步建立计算公式和参数，有待于采用更多年份的资料参与验证。

（江京沅）

【水文情报、预报】 1997年柳州市水文情报预报工作是收集柳州以上各雨情、水情报汛站点的水文情报，向国家防汛总指挥部、珠江水利委员会、广西区防汛抗旱指挥部报告雨情、水情，向柳州下游的玉林、梧州、肇庆、广州等地有关部门通报雨情、水情。年内，柳州市及其上游地区降水量不多，洪水不大，柳城年降水量1284.1毫米，柳州年降水量1446.2毫米，均比多年平均值偏少。年最大洪水发生在7月上旬，柳城县实测年最高水位为89.42米，比防洪警戒水位低1.58米，柳州市实测年最高水位为81.19米，比防洪警戒水位低0.31米。在洪水发生之前及洪水期间，水文部门多次发布了逐时水位预报、洪峰水位预报及实时水情公告，及时、准确地提供可靠的洪水数据。

（覃义珍）

【水环境监测】 1997年水环境监测以常规监测为主，元月份柳江河支流的水文站断面监测发现有较严重的水污染现象，其中反映有机污染的“三氧”和反映有毒物质污染的“五毒”均有不同程度的超标，个别项目甚至严重超标。监测中心立即将污染情况通报有关水行政和技术主管部门，并与有关部门作了进一步的调查。造成这次水质污染的原因主要是季节性生产的工厂废水大量排放和枯水期河流径流量的减少，但柳江干流柳州市区河段没有受到明显的影响。年内市区河段的水质按国家地面水环境质量标准GB3838—88评价，以Ⅲ—Ⅳ类水居多。超过国家地面水环境质量Ⅲ类标准的物质在枯水期主要有挥发酚，在丰水期则还有大肠杆菌、氨氮等。

（庞　熙）

防震减灾

【概况】 1997年柳州市的防震减灾工作，坚持“以城镇管理为中心，以监测预报为基础，以震害预防为重点，全面履行防震减灾工作四个环节（地震监测预报、地震灾害预防、地震应急、震后救灾与重建）的行政管理职能和社会管理职能”，走以“预防为主，防御与救助相结合”建设有中国特色的社会主义防震减灾道路，为柳州市经济建设和社会稳定服务。其做法：

一、召开会议，总结布置防震减灾工作。1997年3月18日，柳州市防震工作办公室召开“两县五区”分管防震减灾工作副县（区）长会议。通报全国、全区和柳州市地震形势；传达广西壮族自治区1997年度防震减灾工作的部署，总结布置柳州市防震减灾工作。

二、进一步建立健全柳州市防震减灾工作体系，加强对防震减灾工作的领导。1997年6月18日，柳州市人民政府办公室下发柳政办（1997）72号文件，调整充实柳州市防震减灾工作领导小组。柳州市各一、二类企业、集团公司和市直机关各有关部门，也根据这一要求，及时调整充实各级防震减灾工作领导小组，并进行职责分工，指定兼管防震减灾工作的职能部门。不成立防震减灾工作领导小组的单位，也指定分管该项工作的领导和兼管职能部门。

三是健全柳州市防震减灾工作机构，加强对柳州市防震减灾工作的管理。柳州市防震减灾工作机构因种种原因，机构、职能、编制、级别一直没理顺。根据桂编（1997）42号文精神，柳州市地震办公室更名为柳州市防震工作办公室，机构级别定为相当县（处）级。根据柳编机字（1997）84号文精神，市防震工作办公室事业编制8名，其中：主任1名，副主任1名，科长3名，职能9条，内设机构3个（行政秘书科、科技监测科、震害防御科）。

【防震减灾法规建设】 柳州市人民政府重新修订颁布实施《柳州市破坏性地震应急预案》。各县（区）政府、各有关部门，也根据这一要求，重新修订颁布实施本级政府、本单位和本部门的《破坏性地震应急预案》。修订后的《破坏性地震应急预案》更具有可行性和操作性。对推进柳州市实现十年防震减灾目标，使国家管理地震应急工作有法可依，有章可循。

【地震监测】 在地震监测和地震预报科学发展水平还难以准确地预报每一次破坏性地震发生的情况下，中国大陆地区正处在本世纪以来第五个地震活跃大震连发的高潮时段，必须坚持走“预防为主，防御与救助相结合”的防震减灾道路。1997年柳州市地震监测工作，坚持以地震监测为基础，专、群结合，努力提高预报水平。柳州市防震工作办公室在1997年地震监测工作中，利用已老化了的设备，依靠地震科技人员的努力，克服停电、干扰、气候恶劣；仪器故障等困难，年内共监测记录到远近发生大、小地震226次，最大震级MS:7.5级（主要震例详见附表）。其中，以柳州市为中心半径150公里防范区城内共记录到85次（10公里以内24次，最大震级ML:1.8级，50公里以内36次，最大震级ML:2.9级，100公里以内9次，最大震级ML3.0级，150公里以内16次，最大震级ML:2.8级）。均地震按规定都分别进行了速报、日报和月报。

【防震减灾宣传培训】 1997年结合柳州市防震减灾实际做了以下工作：

一、制作发放地震知识录像带，向各单位共提供228盒次的地震、防震知识录像带，向有关人员宣传地震防震知识。

二、召开“柳州市破坏性地震应急预案”新闻发布会。邀请《柳州日报》社记者参加。并在《柳州日报》扩大宣传，产生了很好的社会效益。

三、是收集整理《地震知识讲座》材料11篇，约1.5万字。撰写《勿忘7.28唐山大地震，做好防震减灾工作》、《难以忘怀的7.28》（纪念唐山地震21周年），在《柳州日报》分期发表，然后汇编成册，发给柳州市各中、小学校，供各学校作为地震知识教育课的教学参考教材。

四、是培训防震减灾工作业务骨干。1997年4月9日至18日在湖南省地震局长沙培训中心，举办“两县五区”防震减灾工作业务骨干培训班。

（池正洪、郭金华）

1997 年主要震例表

日期	发震时间 时 分 秒	震中位置	经度 纬度 (λ φ)	震级 ML	MS
1997年1月9日	23—34—27.7	柳州台附近	109 30 24 19	0.6	
1997年1月18日	05—44—08.4	广东省罗定县	111 54 22 31	3.5	
1997年1月19日	01—13—38.0	台湾宜兰东北	121 48 24 48		5.2
1997年1月21日	09—48	新疆阿图什	77 24 39 36		6.3
1997年1月25日	10—38—47.3	云南景洪	106 06 21 54		5.1
1997年1月27日	23—24—18.6	巴马县那桃乡	107 41 24 03	2.7	
1997年2月4日	03—35—58.8	云南省富宁县	105 03 23 43		3.8
1997年2月21日	15—29—03.7	忻城县城关镇	109 30 24 33	2.6	
1997年2月28日	05—08	巴基斯坦中部	68 18 30 00		7.3
1997年3月24日	01—57—24.1	巴马县东山乡	107 38 24 10	3.6	
1997年2月26日	09—12—34.7	云南省广南县	105 03 23 52		3.9
1997年4月22日	19—43—53.4	越南安明	105 10 23 06	4.0	
1997年5月10日	15—57	伊朗东北	59 00 33 42		7.5
1997年5月16日	18—56—42.3	广东省廉江县	110 02 21 36	2.6	
1997年5月21日	09—20—37.1	广东省阳山县	112 40 24 19	3.1	
1997年5月29日	11—55—57.2	来宾县七洞乡	109 17 24 00	1.9	
1997年6月16日	13—45—46.8	广东省阳春县	111 39 22 42	4.0	
1997年6月25日	20—34—57.9	河池市九圩乡	107 47 24 29	2.4	
1997年7月5日	02—37—32.0	台湾台东海中	124 24 22 42		5.1
1997年7月8日	10—53—47.6	大化县板岭乡	108 07 24 13	2.3	
1997年7月18日	10—02—12.7	忻城县城关镇	108 53 23 55	2.7	
1997年7月20日	10—54—48.9	广西岩滩水库	107 26 24 06	3.1	
1997年7月21日	15—00—50.9	柳江县进德乡	109 26 24 10	2.7	
1997年7月28日	02—31	南黄海	122 12 33 42		5.1
1997年7月29日	08—56—28.1	忻城县红渡镇	108 53 23 53	3.2	
1997年8月11日	18—02—50.3	西林县那佐乡	105 26 24 05	3.5	
1997年8月21日	20—52—12.8	环江县下南乡	108 08 24 51	2.7	
1997年9月27日	20—43—36.8	阳朔县金宝乡	110 27 24 47	2.4	
1997年10月18日	01—35	新疆伽师	77 00 39 36		5.5
1997年10月21日	11—15—05.9	宾阳县和吉乡	109 09 23 14	2.2	
1997年10月31日	23—15—01.6	柳州附近	109 30 24 19	1.7	
1997年11月8日	18—02	西藏那曲附近	87 18 35 12		7.5
1997年11月23日	11—05—47.6	贵港市木棹乡	109 18 23 18	2.5	
1997年11月30日	04—26—50.1	广东省怀集县	112 39 21 21	3.7	
1997年11月30日	23—47—39.0	上林县二里镇	108 52 23 30	3.2	
1997年12月17日	00—41—42.3	东兰县大同乡	107 30 24 20	2.3	
1997年12月29日	05—07—12.4	北部湾	109 22 20 25	4.2	
1997年12月31日	16—38—10.6	灵山县武利镇	109 11 22 09	3.3	

社 会 科 学

综 述

【概况】 1997年，柳州市社科联抓住本市改革开放与经济建设的热点、难点和疑点，倡导理论联系实际，顺利完成12项社科研究课题；与广西社科联合办《广西社会科学》杂志；配合各高校培训一批高层次科研人才，获得“全国先进函授站”荣誉称号；开展有影响国内外学术交流活动5次，接待日本、俄罗斯和越南等社科工作者来柳考察与交流活动。评出市社科优秀成果253项，其中一等奖21项，二等奖64项，三等奖108项，青年奖6项。整顿6家空壳学会。

【学会活动】

摄影学会　1997年2月10—12日，摄影学会在喷泉广场举行市摄影学会成立十周年暨第十届摄影艺术作品展。展出会员作品共208幅，会议推选伍蔚繁为会长，王文伟为常务副会长，唐哲典为秘书长。

图书馆学会　4月1日，图书馆学会举行’96年会暨业务知识竞赛表彰会，参赛会员有205人。汽车厂情报中心陈洁等9人获奖，广西林校图书馆等9个单位获组织奖。

广播电视学会、广播新闻工作者协会　4月3日，广播电视“两会”召开第三届理事会第三次会议。会议修改了“两会”章程，选举产生“两会”第四届理事会，市广播电视局局长吴丹任广播电视“两会”会长。

楹联学会　至1997年5月，楹联学会已培养楹联学员累计1800余人。出版《楹联学刊》36期，会员出版的楹联著作(专著)10多部，在全国楹联界引人注目。

经济学会、企业家协会　6月29日，两会联合主办召开“全国首次可持续发展经济研讨会”。来自全国各地专家，教授和学者70位参加了研讨会。会议主题是围绕全球迈向21世纪经济可持续发展面临困境及对策，探讨市场经济条件下企业转轨改制的问题。

金融学会　金融学会紧紧围绕金融工作重心，结合本地区实际，10月18日在北海区人民银行干部培训中心举行年会暨“防范、化解金融风险”研讨会。研讨会共收到应征论文105篇，评出一等奖3篇、二等奖7篇、三等奖9篇、鼓励奖15篇。

社科活动

【社科团体秘书长联席会】 1997年3月24日，柳州市社科联举行社科团体秘书长联席会。会议明确年内主攻方向，重点做好“关于加快我市国有企业改革步伐的调查与对策”等12个课题的研究，并向获广西第五届优秀社科成果的张亚南等6位学者颁奖。7月25日，召开社科团体秘书长联席会。会上作清理整顿社科团体的决定，重新明确社科联团体成员的登记工作，强调重点课题研究。会议表彰了金融学会、档案学会、集邮协会等20家工作成绩突出的先进学会。

【交流与合作】 1997年柳州市社科联组织全国性学术交流和国际性学术交流活动5次，接待日本、越南、俄罗斯社科学者16人。

4月18日，市社科联世界语协会负责人参加在广东中山召开的《全国世界语文化旅游网络研讨会》，会上交流汉世语对照的《柳州旅游指南》工具书。

9月29日，市楹联学会负责人应邀出席在广东召开的“中国楹联艺术研讨会”，12月16至21日，出席在澳门举行的“中华楹联国际研讨会”。探讨中华楹联普及与提高等内容，会议主题是立足现代，面向国际，迎接未来。

6月16日，武汉大学哲学院博士导师张巨清教授来柳讲学，就科学技术哲学前沿研究等问题举行专题讲座。

8月23日，华中理工大学李振文教授为柳州市宣传工作者和社科理论工作者作《当前精神文明中几个热点问题的社会心理学分析》学术报告。

【人才培训】 柳州市社科联配合武汉大学、杭州大学、华中理工大学、华中师范大学在柳开展研究生、本科、专科层次学历培训。

年内，经社科培训中心办理合格毕业学员有：通过论文答辩，取得武汉大学经济学硕士学位及毕业证书32人；取得广西师范大学中国语言文学专业研究生课程进修班结业证42人；其它有关本科生200人(其中政治经济专业131人，党政干部管理专业69人)、专科生500人(其中政治经济专业210人，行政管理专业200人，财务会计专业90人)。新招收杭州大学金融专业二个班89人，华中师范大学在职硕士课程班68人。

【研究成果】 1997年成立柳州市社科优秀成果评奖委员会。组织完成柳州市第三次社会科学优秀成果评奖工作。专集部分，评出一等奖《柳宗元研究文集》、《青年心理保健与成才》、《银苑文萃》、《趣诗妙对奇观》等5项，二等奖《社会治安综合治理漫谈》等12项，三等奖《特殊学校教育读本》等4项，荣誉奖3项；论文部分，评出一等奖《柳州石器时代遗址探讨》等18项、二等奖《论我国金融创新》等49项，三等奖《反腐纠风与用人》等105项、荣誉奖8项、青年奖6项、佳作奖44项。

(韦柳革)

地方史志编纂

·中共柳州党史资料征集和研究·

【召开全市党史工作会议】 1997年4月18日下午，柳州市委在市政府9楼会议室召开全市党史工作暨纪念市委党史机构成立15周年会议。会议主题是传达贯彻全国、全区党史工作会议精神，进一步落实《柳州市1996～2000年党史工作规划》；总结市委党史机构成立15年来的工作，表彰先进。出席会议的有全市党史工作专(兼)职干部近200人。会上有5个党史工作先进集体和22名先进个人受到表彰。

【《丝路征尘》召开首发式】 1997年9月9日，市委党史研究室为《丝路征尘》及其《续集》的出版发行举行首发式。《丝路征尘》一书是由原中南军大广西分校进疆工作老同志与市委党史研究室合编的革命回忆录，主要反映47年前800多名八桂子弟，响应党的号召，投笔从戎，在柳州参军后奔赴祖国西北边陲新疆，为保卫边疆，建设边疆的战斗历程。全书52万字，共分为西进序曲、保卫边疆、建设边疆、征途抒怀、民族团结、缅怀战友、诗词选7个部分。市委书记刘知炳为该书写了序言。

【党史科研成果喜获丰收】 在1997年全区第四次党史资料征研优秀成果评奖活动中，柳州市委党史研究室送评的9项党史成果全部获奖。其中，《社会主义时期中共柳州市党史大事记》获一等奖，《柳江大潮》获二等奖，《柳江剿匪》和论文《浅谈邓小平同志史学思想的特色》获三等奖，还有5篇论文获佳作奖。获奖项数在全区地市县党史部门中名列第一。

【征集《中国共产党在广西》画册照片】 为纪念广西壮族自治区成立40周年，区党委办公厅、组织部、宣传部、党史研究室向全区各地市布置征集《中国共产党在广西》(续集)大型画册的照片、图片资料的任务。市委研究决定，由市委牵头，市委党史研究室具体负责，市委组织部、宣传部、档案局等部门配合，在全市开展此项工作。共征集到社会主义时期的照片近800幅，各种画册、图片集、厂志等20多册。经过筛选，上报自治区156幅，较好地完成自治区下达的征集任务。

【中央党史研究室胡丹到柳视察】 1997年11月20～21日，中共中央党史研究室胡丹在原自治区党史研究室主任郎敏路、副主任莫正荣的陪同下，到柳州检查指导党史工作。在柳期间，胡丹与市委党史研究室全体干部进行座谈，听取工作汇报，对市委党史研究室的工作给予肯定。市委副书记于开金、秘书长何军会见胡丹同志，并就加强社会主义时期的党史工作交换意见。

(宋　华)

·地方志编纂·

【概况】 1997年柳州市地方志编纂工作取得新的成绩。《柳州市志》工业方面的12个分志，已有5个分志写出初稿；分别召开自治区、市级评审会；召开市级评稿会，评审23个分志；《广西市县概况·柳州卷》完成了初稿。同时，完成《当代柳州》文字、图片的初稿及评稿；加强总纂工作；征得民国版《柳江县志》；出版《鱼峰区志》、《柳南区志》。柳州市地方志协会评为柳州市社科联先进学术团体。

【召开自治区、市级评审会】 1997年，市政府先后主持召开自治区、市级评稿会，对《柳州市志》第三卷农业志、商业志、外经贸志、粮食志、供销合作志和第四卷的陆路交通志、水路交通志、铁路交通志、口岸志、民航志进行评审。对《柳州市志》第四卷金融志、邮电志、工商管理志、物价志、计划管理志、审计志、经济体制改革志和第四、五卷的公安志、检察志、审判志、劳动人事志、外事志、民政志、中共柳州地方组织志、人民代表大会志、政府志、人民政协志、群众团体志、民主党派柳州地方组织志、中国国民党柳州地方组织志及第七卷的民俗志共398万字进行评审。自治区地方志编纂委员会、柳州市委、市政府领导及各分志编纂人员近200人参加。

【志稿总纂】 为提高志稿总纂质量，市志办安排主要力量，聘请柳州市有名望的专家、学者参加总纂班子。先后对《柳州市志》建筑志、市政公用事业志、旅游志、土地志、科技志、体育志、报刊志、广播电视志、卫生志、教育志等分志进行总纂。注意把好志书的政治、史实、体例和文风关，力求做到观点正确、史料翔实、体例严谨科学、文风统一。

【征得民国《柳江县志》】 1997年5月，散失数十年的民国《柳江县志》在柳州露面，在中共柳州市委、市政府领导关注下，柳州市志办几经周折，终将征得。《柳州县志》(后改《柳江县志》)是1935年曾任马平县知事的朱奇元等纂修。

该书分2册，30余万字。为小32开铅印大样。该书的发现，填补民国时期柳州无志书的空白，为柳州编史修志、校核史实提供佐证。

小资料：

《当代广西柳州市》出版 《当代广西柳州市》分正文和附录两部分。正文部分，以柳州经济建设为中心，涉及社会各项事业的发展，全面、系统地介绍柳州市解放至1995年各个历史时期的社会变革和发展、成功和失误、经验和教训。后附解放以来至1995年柳州经济、社会发展情况统计表和柳州市大事记(1949年11月—1995年)。这是首部系统介绍当代柳州市的史书。全书共九章40万字，图文并茂。

(廖六田)

教　育

综　述

【概况】 1997年，柳州市有普通中学127所，其中教育部门办（含郊县）86所，厂场办35所，民办6所，教职员工7072人，专任教师5321人，在校学生9.6万人。有小学497所，教育部门办（含郊县）389所，厂场办53所，民办55所，教职员工9287人，专任教师8176人，在校学生21.94万人。幼儿园175所，教育部门办（含郊县）7所，厂场办140所，民办28所，教职员工1798人，专任教师1008人，在校学生3.65万人。特教学校4所，政府部门办1所，社会力量办3所，培智班45个，教职工67人，专任教师47人，在校学生388人。中等职业技术学校41所，政府办8所，企业办6所，大中专技校办19所，社会力量办8所，教职工1753人，专任教师1367人，在校学生1.3062万人。普通中专12所，教职工2386人，专任教师952人，在校学生1.7678万人。社会力量办学167所，在校学生2.9946万人，学历教育106所，在校学生2.436万人。非学历教育61所，在校学生5585人。学历教育中，小学84所，在校学生2.0016万人，中学13所，在校学生1461人，职业学校9所，在校学生1514人。

【制定八项教育改革措施】 1997年，柳州市教委加强领导班子学习，并组织系统干部职工开展学习贯彻十五大精神报告会，就如何加快柳州市教育改革与发展步伐进行讨论，还结合实际，制定“柳州市教育现代化发展战略”，启动实施“教育管理现代化”、“教育手段现代化”、“教育资源优化配置”、“加强薄弱学校建设”、“教育系统队伍建设”、“全面提高教育质量”、“加强德育工作”、“农村‘三教’统筹”等八大工程。树立教育先行的思想，以教育发展先于社会、经济发展为出发点，为改革开放和经济建设服务。同时组织校长、书记和老师学习讨论，开拓视野，明确目标，既树立危机感和紧迫感，又增强信心和敬业精神。

【治理“三乱”】 1997年，柳州市教委积极开展“三严四自”工程，召开建章立制经验交流会，加强干部职工思想教育，成立教委治理“三乱”工作领导小组，制定教委《1997年治理“三乱”工程实施方案》，与市属71所中小学签订1997年治理乱收费工作目标管理责任书。配合和协助市治理“三乱”办、纠风办、财政、物价、收费等部门到学校及教委二层机构进行重点抽查，对少数乱收费的学校和责任人进行查处，帮助学校建立和健全各种收费制度，完善监督、制约机制，坚决制止乱收费现象。

【教育电视台】 1997年，柳州市教育电视台充分发挥喉舌作用，开辟《柳州校长录》、《龙城园丁》等反映柳州市教育战线精神文明建设的系列片；录播《香港沧桑》、《香港百年》、《话说香港基本法》等系列片；筹资10万元，主办“柳州市职校、中小学生‘日宝来福杯’迎香港回归知识竞赛”系列活动；十五大召开期间，组织专题采访教委领导、学校校长、教师、学生、家长等上百人，报道专题新闻30多条；做好郊区“两基”达标验收工作汇报专题片《为了效区的明天》的撰稿、资料采集、制作等工作；为柳州市物理学会、教科所摄制的8节课堂赛教片，获全国一等奖5节，二等奖1节，获全区一等奖1节，二等奖1节，专题片《金钥匙工程在柳州》获柳州市广电协会一等奖，全国教育电视协会提名奖。

【教育人事】 1997年，柳州市举办小学、幼儿园人事干部培训班，提高人事干部业务素质。审批208名在职教师报考师范类成人高校，审批1996年教育系统50名以工代干教师转干。调查统计两县一郊、市属学校队伍建设（如学历、职称、住房、师资培训）有关情况。接收峻岭厂子弟学校教师59人，协调安排到十六中、白云中学、八中、一、二职校任教，并落实编制、工资，做好峻岭厂小学的更名（更名为潭中路小学）和校领导班子组建。筹备组建壶西小学。完成系统内214名大中专毕业生的分配工作，审批、择优录用270名民办教师。完成中小学幼儿园初级186名、中级341名教师的职称评审工作，做好申报中学高级职称287份材料评审、推荐工作，完成近万名小学教师资格认定。教师节表彰尊师重教先进单位20个，优秀教师293名，慰问住院教师87人。组织“十佳”师德标兵活动、“教师风采”黑板报比赛、文艺晚会及演讲会。

【机关作风建设】 1997年，柳州市教委加大机关作风建设力度，做好科室人员的调整、分流和安排工作，实行中层领导交流使用制度，提拔一批中青年领导，充实到各科室、基层。制定“教委机关服务承诺制”、“教委机关行政会议制度”、“教委机关车辆管理规定”等，争创“文明机关”。通过改革，明确和完善机关各科室职责，加强部门之间的团结协作，勤政、廉政、服务基层、提高工作效率蔚然成风。

【师资培训】 1997年，柳州市制订“教师基本功考核方案和评分标准”，委托柳师对市属小学骨干教师进行简笔画训练，全市93所小学2500名教师进行市级基本功考核，有6所小学获优秀单位；对中学40名地理教师、中小学89名政教主任进行岗位培训，暑假邀请美国辛辛那提市教师给300名中小学英语教师上口语训练课；组织近 40 名教师参加自治区研究生考试，有 18 名教师被广西师大教育系录取。

基础教育

【高考招生】 1997 年，柳州市普通高考报考人数为 4507 人，其中市区 3262 人，柳江县 760 人，柳城县 485 人。报考理科 2976 人，文科 1167 人，外语 216 人，体育 73 人，艺术(文)73 人，艺术(理)2 人。柳州市高考连续第四年夺得全区高考上线率、本科以上录取率第一名。理科上线考生 1538 人，上线率 51.68%，文科上线考生 366 人，上线率 31.36%，外语上线考生 107 人，上线率 49.53%，上本科线以上考生 1512 人，上线率 33.54%，上专科线以上考生 2078 人，上线率 46.10%。共录取新生 2593 人，录取大学本科生 1582 人，其中重点院校 798 人，被重点院校录取的人数、录取比例，均居自治区各地市之首。

【中考招生】 1997 年，柳州市中考人数 2.09 万人(应届生 1.93 万人，历届生 1655 人)，其中市区报考人数为 1.21 万人，柳江 5122 人，柳城 3709 人。报考中专类考生 8107 人，中师类 3728 人，高中(职高)类 9065 人。1997 年招生工作的总思路是实行各块(普高、职高、成人中专)招生人数总量控制，规范考试招生办法、程序，共录取新生 1.03 万人，占市区报考总人数的 85.61%，其中普高录取 4716 人，职高(含职业中专)4238 人，中专 657 人，中师 118 人，成人中专 604 人。报考普通高中仍是考生的热点，许多中学都超计划招生，而报考职业高中的考生则呈下降趋势，相当部分学校完不成招生任务。

【中学教育】 1997 年，柳州市教委进一步加强对中学教育的管理，大力促进素质教育的实施。一是通过视导，加大对薄弱学校的指导，缩短校际之间办学水平的差距，提高中学教育的整体水平；二是继续开展推广普通话教学活动，在自查评估的基础上，对教师普通话水平进行等级评定；三是采取过程评价和终端评价相结合的办法，通过对初中一、二年级质量检查，初中毕业会考质量分析及学籍管理等，全方位、多角度评价学校教育教学，提高教学质量，防止学生留级和流失，使市区学校的巩固率保持在 98%以上；四是探索中学教育的新路子，调整教育结构，加强教学管理，加大教改力度，提高初中教育质量，为普通高中教育打下良好基础。

【示范性学校建设】 1997 年，柳州高中迎来 90 岁华诞，以此为契机，学校加快建设步伐，按全国示范性学校建设标准，各项硬指标全部达标。学校环境优雅，教学设施齐备，电化教学手段普遍进入课堂，藏书 8 万册的图书馆实行微机管理，投资 150 万元新建三间多媒体计算机室。同时加大教育教学改革力度，按照德、智、体全面发展的办学方向，实施素质教育，以科研促教育，全面提高教育质量，该校在高考中，学生上线率、录取率连续四年保持自治区第一，初步建设成为柳州市对外开展教育教学交流活动的窗口学校。

【郊区"普九"通过自治区验收】 柳州市把基础教育作为教育发展的重中之重，加大教育投入，不断改善办学条件，经柳州市人民政府申请，1997 年 11 月 18 日，自治区人民政府组团对郊区"普九"工作进行验收，验收结果，郊区基本普及九年义务教育，成为柳州市继 1995 年四城区"普九"达标后又一个基本普及九年义务教育的县(区)。

【两县"两基"工作】 1997 年，柳江县、柳城县政府多次召开会议，布置和落实"两基"具体工作，做到层层有人负责，项项有人把关，并积极筹措资金，保证认识到位，投入到位，促进"两基"工作顺利实施。柳州市教委对柳江、柳城的"两基"自查进行首期干部和工作人员培训。12 月自治区督察团对柳城的"普六"和扫盲分别进行督察验收。在柳江县穿山乡召开小学"五室"达标现场会上，提出"五室"达标的要求；会同市计委和市政协文教卫体委到柳江县听取"两基"工作情况汇报，针对政府对教育拨款没有实现"三个增长"、农村教育费附加没有足额征收、教师合格率不达标等情况，提出了积极建议。

【小学教育】 1997 年，柳州市教委进一步加强和改进小学管理工作，抓住三个环节不放松，即：学校

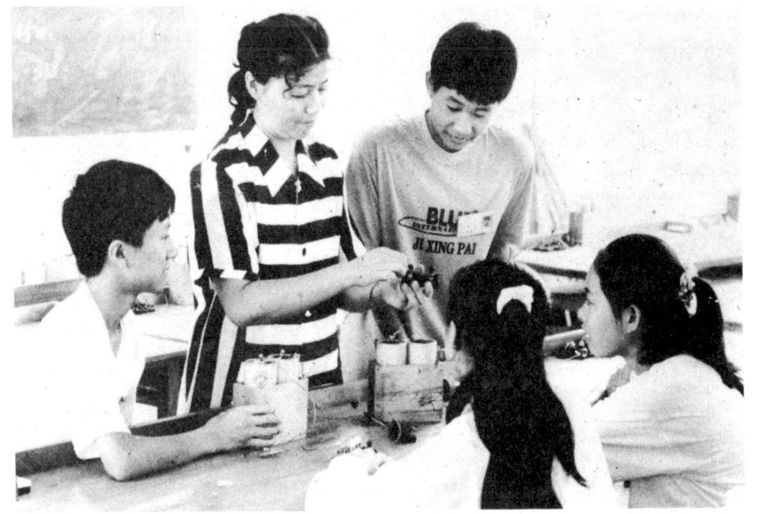

柳州市十二中物理高级教师、市十佳"师德标兵"胡春萍在指导学生做物理实验　　赖柳生　摄

规范管理、贯彻自治区中小学常规管理30条、贯彻国家教委《中小学管理规程》60条。年内，着重抓好景行小学、飞鹅逸夫小学、柳钢一小三个试点学校，在自治区示范学校景行小学召开学校管理工作现场研讨会，实地观摩、交流经验。同时按照国家教委素质教育十项措施要求，推进素质教育。一是通过视导飞鹅二小等5所小学，总结经验，找出薄弱环节，提出改革措施。年终飞鹅二小获柳州市教育系统全面奖，柳钢二小评为柳钢集团公司先进单位，有效促进相对薄弱学校的建设；二是深入调研，制定出《柳州市小学办学水平评价方案》(征求意见稿)，同时在16所小学试行评价，以起到素质教育的导向、激励作用；三是重视活动课的设置，做到教材、时间、教师三落实，保证素质教育在各小学有计划地实施。此外，还在全市95所小学全面开展普及校园普通话工作，在总结4所试点学校经验的基础上，4月在箭盘山小学召开全市普及校园普通话工作大会，年终完成柳州市小学教师市级测评工作，有效提高小学教师的普通话水平和校园普通话的程度。适龄儿童入学及学籍管理制度进一步健全和完善，市区入学率达100%，流失率为零。

【幼儿教育】 1997年，柳州市教委认真贯彻《幼儿园管理条例》和《幼儿园工作规程》，并根据《条例》和《规程》认真制定幼儿园发展规划、园务工作计划等，健全《安全制度》、《消毒制度》、《家园联系制度》，使各项工作有章可循，促进幼儿园管理水平的提高。为交流幼儿教育教学改革经验，举办了幼儿园新教材优质课竞赛，二机幼熊秋莉老师、公园路幼儿园柯静雯老师获市级竞赛一等奖，熊秋利老师代表柳州市参加自治区竞赛，荣获自治区二等奖。

【公园路幼儿园评为自治区示范幼儿园】 1997年，自治区示范幼儿园评估验收组通过现场查看教育教学活动、检查实物、设备和有关资料、访谈教师、家长等方式对公园路幼儿园进行严格检查、评估，经评估验收组综合评议，公园路幼儿园达到自治区级示范幼儿园标准，后经自治区教委确认，并发给自治区示范幼儿园牌匾。公园路幼儿园率先成为柳州市第一所自治区示范幼儿园。

【特殊教育】 1997年，柳州市教委把提高残疾儿童、少年的入学率作为特教的主要任务；把随班就读和特教班作为接收残疾儿童、少年入学的主体形式；把“金钥匙工程”的实施作为特教发展的主要目标；把特教师资(特别是随班就读师资)的培训作为提高特教水平的主要措施。秋季开学，柳州市有11名全盲生进入普通小学随班就读，有8名低视生纳入工程管理范围。年初，柳州市教委召开首届盲童随班就读教育教学研讨会。柳江县进德乡沙文小学覃春花等9位盲教辅导教师的论文分别获一至三等奖。举办弱智教师论文评比，柳钢一小卢静玲等18名教师分别获一至三等奖。盲聋哑学校徐佩兰老师被市少工委评为第三届全市“十佳龙城好园丁”，余宏伟老师被市教育工会评为柳州市“十佳师德标兵”。

【盲教专家视察柳州】 1997年5月，应自治区教委邀请，国际视残教育学会威廉·布鲁海尔先生、美国帕金斯盲校驻亚洲专家柯克·荷顿先生、北京金钥匙视障教育研究中心主任徐伯仑、爱德基金会佘红玉女士等一批国内外著名盲教专家考察柳州市郊区石碑坪、北岸的盲生和低视生随班就读点的情况，对柳州市实施“金钥匙工程”各方面工作取得的成绩感到满意。

【柳州市盲教资源中心成立】 1997年，“柳州市盲教资源中心”在市盲聋哑学校挂牌成立，香港盲人辅导会捐赠价值25万元港币的教学仪器设备。该中心是自治区盲教师资的培训基地。4月份，来自自治区各地的40多名盲教教师在该中心进行了首期岗前培训。

【致柳特教学校】 1997年，总面积1270m^{2}的致柳特教学校教学大楼落成，在建设中得到了社会各界的资助，英国驻华大使馆为学校捐赠价值人民币5.2万元的康复设备。致柳特教学校已发展成为目前自治区规模最大的一所全日制住宿弱智儿童学校。1997年，荣获全国“扶残助残”先进集体和国务院授予的“残疾人之家”光荣称号。

技工教育

【概况】 1997年柳州市共有20所技工学校(国家级重点技工学校2所，区重点技工学校1所)，其中：国务院部属技校5所、区主管厅局办校5所、劳动部门办校1所、企业办校9所。全市技工学校开设汽车修理、维修电工、化工分析、商品经营、铁路运输、计算机应用、机械加工等52个工种专业，教职工总数1521人，其中：高级讲师82人、讲师282人、助讲154人、生产实习指导教师260人。在校生数11911人，与上年相比略有增加；招生数3860人，比上年增加10%；毕业生数4206人，比上年增加24%。

【教学质量】 1997年，全市技校有机械基础、电子电工、汽车技术、生产实习、体育协会等12个教学研究会，定期开展教学研究活动，促进技工学校教学质量的全面提高。继续贯彻技工学校毕业生“双证”考核制度，逐步完善技术等级考核办法，采用先进示范教学手段，提高考核质量。全市技校共有4090人(次)参加40个工种、5个档次的等级考核，人数比上年增加20%，表彰16名优秀技术能手和优秀实习指导教师。全市技校学生操行优良率96%、毕业率98.2%、体育达标率96.5%。柳州铁路司机学校、广西机械高级技工学校顺利通过国家级重点技校复评工作。

【精神文明建设】 1997年，柳州市各技工学校广泛开展“职业道德、社会公德、伦理道德”三德教育活动，树立“才高为师、德高为范的楷模新风，学校面貌焕然一新，进一步形成了讲学习、讲政治、讲正气、讲文明礼貌、敬业爱岗的良好风气。部分学校主动响应党和政府的召开，为失业下岗职工免费开展再就业培训工作，受到社会好评。

【技校改革】 1997年，技工教育坚持以“岗位为目标、学生为主体、教师为主导、能力为本位”的教学原则，优化教学计划，提高实践性的教学比重；深化劳动人事制度改革，优化分配制度，一些学校实行全员劳动合同制，引进竞争机制，基本做到“优秀高聘、称职续聘、不称职不聘”的用人制度，努力建设一支政治合格、品德高尚、作风严明、技能高超的教工队伍。技工学校以市场需求为信号，主动调整工种专业设置，不断扩大招生规模和招生范围，特别是苦、脏、累、险工种趋向异地招生，促进毕业生的双向交流。

【拓宽办学渠道】 1997年，技工学校继续贯彻“定向招生、定向培训、定向分配”的原则，按市场需求办学，利用雄厚的师资力量和较好的办学条件，拓宽办学渠道。市机械工业技校与天津职业技术师范学院联办“机械制造”函授大专班，培养技工学校生产实习指导教师，开设军地两用人才培训班，开展双拥共建活动。柳铁司机学校扩大调整性计划，改变一贯只招公费生的办学形式，招收一定数量的委培生和收费生，在办好技工学校的同时，努力办好中专班，岗位班和特长班等，发挥多层次培训功能。广西机械高级技校进一步适应劳动力市场的需要，扩大办学层次，与工学院联合办学，开办高职大专班和高职助考大专班，创造条件，建立长短结合，功能多样，面向劳动力市场的多种职业教育形式。

（张敏翔）

职业教育

【教育教学科研】 1997年，柳州市职业教育一是狠抓教学质量的提高，组织教科所教研员及职校、普高教师组成编写组，编写《柳州市职业学校文化课（语文、数学、英语）教学基本要求》，进一步规范学校教师的教学行为。对全市4200多名一年级学生进行《语文》、《数学》两门功课统一测试，促进学校对基础课教学的重视；二是做好招生计划和对外宣传工作，今年职校招生实行总量控制，经柳州市教委考察招生学校办学条件及办学水平，筛选同意40所职校开办64个专业，招收4000多生源的招生计划。各职业学校普遍加大宣传力度，利用报刊、电视和上街咨询等形式，介绍职业学校办学情况，扩大学校知名度，直接为考生报考职业学校服务；三是开展赛教课活动，有19所学生的27名中青年教师参加柳州市职业学校理工科优质课比赛，评出一等奖2名；二等奖7名，有力地推动职业学校教师教学业务水平的提高；四是做好毕业生推荐录用工作，有80%以上的毕业生陆续走上工作岗位。

【重点职校建设】 1997年，重点学校建设有新的突破，市政府投资600多万元，市一职校自筹300多万元，完成学校综合楼、广场、校门、绿化等建设项目。投入近100万元更新教学设备，新装备多媒体486机房、电工、经贸模拟操作、汽车教学模拟等7个实习操作室，为学校进一步发展奠定坚实的基础。二职校于6月份完成新校校园的土地征用、民房拆迁工作，校园建设规划已确定，市政府投入资金已部分到位，三通一平工作基本完成，教学楼及附属工程正加紧建设。市二职校还重视专业装备现代化，投入60多万元添置60台586型计算机和购置TOPGT多媒体综合教学网络，投入3万多元，购置一批较为先进的缝纫设备，为服装专业学生的生产性实习和工厂生产提供有利条件。

【职业教育工作会议】 1997年4月10日，柳州市职业教育工作会召开，徐伟崇副市长代表市政府作题为“依法治教，大力发展职业教育，促进柳州市经济迅速腾飞”的报告，总结柳州市近几年职业教育发展取得的成绩和积累的经验，提出今后职业教育发展的目标、任务和具体措施。柳州市人民政府出台《柳州市人民政府贯彻执行〈中华人民共和国职业教育法〉的若干规定》（柳政发[1997]82号）

中专教育

【概况】 1997年，柳州市普通中专共开设64个专业，招收新生5086人，毕业学生2467人。市机械学校、交通学校获自治区“文明单位”称号。柳州市纺织工业中等专业学校经自治区人民政府批准更名为柳州市工业学校，该校多方筹措资金，建成一栋七层4000平方米可容纳840人住宿的高标准学生公寓和一栋1000平方米的教工宿舍楼，学校投资36万元建成了电工电子实验室，还投资13万元建立第二微机室。广西林校加快学校森林公园建设步伐，1997年3月，举办首届桃花节，河南省电视台曾到该校森林公园拍摄电视剧《炎黄二帝》、《人祖伏羲》。

【教育教学改革】 1997年，普通中专学校在教学管理规范化、师资队伍建设等方面采取一系列改革措施，广西林校加大教学规范化管理力度，成立教师教学质量测评小组，通过组织听课、检查教学环节、组织学生测评等考核措施，对教师教学过程、教学质量等教学情况进行评定，为改进教学管理和搞好师资培训提供依据；柳州市机械工业学校积极动员教师提高学历层次，鼓励教师按“双师型”（即是讲师，又是工程师或经济师）方向发展；柳州市交通学校建立健全教学督导制、导师制，规范教学管理，对教学评估及日常教学检查、督促、指导、考核起了重要作用；广西工艺美术学校邀请中央工艺美术学院客座教授胡擎元先生来校举办学术讲座，并成功举办了首届教师作品展，共有22名教师100多幅（件）作品在市博物馆展出。

成人教育

【农村成人教育】 1997年，柳州市各乡镇、街道办事处办有单门独院成人文化技术学校13所。全市37个乡镇均办有成人文化技术学校，校舍建筑总面积2.85万平方米，实验实习基地251亩。共办各种类型学习班3253个(期)，其中扫盲班126个，扫盲提高班64个，实用技术班2244个，证书班33个，其他培训班786个。参加学习人员19.47万人。

【青壮年扫盲】 1997年，柳州市(县)扫除青壮年文盲490人，其中妇女219人，柳城县六塘镇教委办成教专干梁建辉获得全国第二届“中华扫盲奖”。年初，对四城区、两县一郊的扫盲工作做了布置并提出具体指标要求，确保1997年扫盲任务落实。11月18日，自治区人民政府“两基”验收团到柳州市对郊区“扫盲”工作进行验收，郊区基本扫除青壮年文盲，成为全国第四批基本扫除青壮年文盲的县(区)

【成人中专】 1997年，柳州市独立设置的成人中专学校12所，其他非独立设置的成人中专教育机构11个。23个教育机构开办各类学历专业49个，招收新生56个班2104人，在校学生178个班6760人。成人中专自学考试开设2个专业，报考人数98人次。成人中专主要依靠行业办学，教育管理实行自治区和地市教育行政部门两级管理。年内组织专家对17所成人中专教育机构的67个毕业班2701人进行毕业验证前的专业课教学质量抽查和评估，协助自治区教委对部分成人中专进行《道德与法律》课的抽考，成立“广西成人中等专业教育研究会”，加强横向联系，搞活办学机制。1997年成人中专在招生工作中，正式参加与应届初中毕业生的分流，标志着成人中专在基本完成大规模补偿教育后，逐步转向以市场经济和社会发展为导向的实用型教育。柳州市教育系统1996—1997学年度总结表彰大会上，经济干校、广西林业成人中专学校、建筑工程成人中专学校获全面发展奖，市业余中专学校获单项进步奖。

【社会力量办学】 1997年10月1日，国务院颁布的《社会力量办学条例》开始实施，柳州市教委组织社会力量办学机构认真学习、宣传、贯彻《条例》，要求办学单位对照《条例》定期提出方案进行整改。并采取一系列措施规范对社会力量办学的管理，主要是：严格审批制度，完善审批程序；改革和完善社会力量办学年度换证制度；逐步建立健全财务依法管理和检查制度，督促学校将办学积累的一部分资金用于改善办学条件，提高办学水平；严格招生广告审批制度，设专人监督社会力量办学招生广告刊播情况；加强对社会力量办学的支持、扶植、协调和服务工作，针对社会力量办学在税收、物价、治安、土地、财务等方面容易出现的问题，积极妥善协调解决，为社会力量办学健康发展改善外部环境；重视对违反法规的社会力量办学行为进行疏导和查处工作。

【职工教育】 1997年，柳州市企事业单位职工参加各类教育培训10.82万人，其中岗位资格培训1.61万人，技术等级培训1.05万人，适应性培训6.6万人，继续教育7114人，高等教育6110人，中专教育1933人，文化基础教育468人。许多企业注意把教育培训作为科技转化为现实生产力的重要环节，结合生产经营、技术改造等工作，有针对性地开展专项培训，取得较好效果。年内，柳州市首次开展的职工教育培训项目成果评比活动中，柳州微型汽车厂、柳州机械厂、柳州钢铁集团公司、柳州市人民医院等15个单位的19项培训项目分别获得二、三、四等奖。这些培训项目经所在单位财务部门认定，实现(或促进实现)经济效益共达3000多万元。在自治区“八五”期职工教育总结表彰大会上，柳州市有13个单位获得“广西职工教育先进单位”称号，有17人获得“广西职工教育先进个人”称号。

高等教育

【概况】 1997年，柳州市有成人高校6所，区属普通高校1所。为适应市场需求举办各种学历教育，共开设54个专业，招收新生2434人，在校学生达6264人，毕业学生1492人。

【成人高教自学考试】 1997年，柳州市成人高等教育自学考试开设大学专科层次考试25个专业，报名考试人数2万人次，毕业学生1082人。开设大学本科层次8个专业，报名考试1253人次，毕业学生3人。

学校体育卫生艺术工作

【学校体育工作】 1997年，柳州市教委分别对市六中、城站小学等23所中小学落实体育、卫生两个《条例》情况进行检查评估，其中优秀级8所、良好级10所、及格级4所、不及格1所，经自治区教委验收小组对其中10所学校进行复检，10所学校在软、硬件建设方面取得的成绩给予高度评价；采购、调拨92万元体育器材设备到学校，缓解学校因“7·19”特大洪灾而造成的器材设备短缺问题。同时拨给郊区15万元购置体育卫生器材设备，帮助郊区实现“两基”达标，还拨给四中10万元，修建学校田径场；开展体育研讨活动，举办全市中小学娱乐体育教学比赛活动，评出小学一等奖4名、二等奖5名、三等奖6名。组织18名校长、体育教师前往青海西宁市参加全国14城市中小学体育研讨会，景行小学张小玲老师的体育论文和韦建玲老师的体育优质课均评为一等奖；组织中小学各种体育竞赛活动，举办1997年柳州市第六届中学生田径运动会，开展小学生田径、篮球、排球、足球、乒乓球等比赛活动，组织柳州市中学生田径代表参加1997年全区中学生运动会，甲组荣获总分第一名。

【学校卫生工作】 1997年，柳州市教委认真贯彻《全国学生龋齿与牙周病综合防止方案》，制定《柳州市中小学生窝沟封闭防龋工作实施方案》，在柳州市各中小学实施，市属62所中小学2万多名学生实施窝沟封闭并进行复查工作，收到良好效果，进一步提高城市中小学生口腔卫生保健水平；两次组织并实施柳州市“全国牙防组口腔保健大行动”，3.58万名学生参加，免费分发口腔保健用品。两次开展“中国第七个卫生项目——疾病预防项目健康促进子项目”（简称第七项目）前期示范点工作，确定六中和鱼峰山小学为前期示范点学校；组织参加在云南大理市召开的“全国学校健康教育评价技术培训班”、“中国——联合国儿童基金促进贫困县学校健康教育项目培训班”学习，组织安排全市中小学教师进行健康检查，搞好市属学校8万多名中小学生健康体检工作；开展第二届市属中小学眼保健操评比活动，柳高等23所学校获得奖励。

【学校艺术工作】 1997年，柳州市教委与市委宣传部、文化局、团市委共同举办柳州市“健康杯”第四届校园文化艺术节，历时八个多月，进行了集体、个人12个项目的比赛，前后演出30多场，共130多所学校1.2万多名学生参加比赛。组织成立柳州市中小学合唱学会、合唱学会合唱团和教师爱乐女子合唱团，两个合唱团近百名教师利用双休日进行训练，在参加柳州市“迎回归”歌咏大赛中双获一等奖；举办“学校合唱训练及指挥指导教师培训班”和“校园舞蹈创作指导教师培训班”，参加教师130多人。景行小学韦昌敏老师荣获全国“优秀艺术教师”称号。

学校政治教育工作

【爱国主义教育】 1997年，柳州市教委狠抓爱国主义、集体主义、社会主义教育，大力培养广大青少年学生爱国、爱家乡的思想感情。以庆“七·一”迎香港回归为契机，对学生进行爱国主义教育，学校通过课堂教学、演讲比赛、墙报、板报、看录像、升国旗、文艺汇演、知识竞赛、看图片展览等形式，让学生了解香港、熟悉香港，市教委与市委宣传部等五部门联合组织全市中小学，职校迎香港回归知识测试和电视抢答竞赛，共印试卷12万份，最后选出高中7队、初中7队、小学19队参加电视抢答赛决赛，组织全市学生参观“红岩魂”图片展览。

【“五爱”教育和“六百”活动】 1997年，继续开展“五爱”教育和“六百”活动，深化德育工作。通过学校组织收看《话说广西》、《广西人看香港回归》、《从柳州洪水看广西环保》、《广西的工业基地——柳钢》等进行区情市情教育，培养学生从小爱家乡的感情；还组织收看《国旗在我心中》、《一曲难忘》等爱国主义教育影片。组织“爱祖国、爱科学”读书活动，结合“学百名”英雄，开展学雷锋活动，三月份大部分学校组织学生走上街头，维护交通秩序，清洗交通护栏、义务理发、修理单车、家电等，分别到柳州市19个爱国主义教育基地参观学习，各校继续开展“手拉手”、“希望工程”、“烈士墓前话英雄”等活动，柳邕二小组织50多人在双马一带进行爱国卫生宣传，举行“弘扬雷锋精神，美化柳邕路、文笔路”活动，马鞍山小学开展了“我为叔叔落户口，雷锋精神永不走”实践活动。

【日常行为规范教育】 1997年，柳州市教委结合学生日常行为规范，抓好学生的养成教育和礼仪教育，加强校园文化建设，建立起学校、家庭、社会三结合的教育网络。通过坚持升国旗仪式，完善“国旗下的讲话”，全市100%的学校每周举行升国旗仪式。“五四”青年节表彰了一批优秀学生干部和“三好学生”，在广场举行了18岁成人宣誓仪式，“六一”在广场举行庆“六一”升国旗仪式，评选“十佳龙城好儿童”和“龙城好教师”；开展“在家庭做个好孩子，在社会做个好公民”活动，同市交警支队联合开展安全教育活动，组织全市安全知识和板报比赛，11月份同市交警支队、朱葛亮家俱厂在广场举行小黄帽赠送仪式。

’97柳州市健康杯第四届校园文化艺术节于5月份全面铺开，各校均积极组织节目参加比赛。图为逸夫小学在表演《小猫咪咪》

赖柳生 摄

【法制教育】 1997年，柳州市教委积极开展法制教育，提高学生的法制观念。结合"三五"普法，进行法制教育，组织学生参观戒毒所，让学生了解毒品的危害，开展禁毒宣传，提高学生的自我保护意识；组织开展全市中专、职、技校的政治课教师法律赛教课，推动学校法律课的开展；拟写学校禁毒宣传教育计划，并组织实施，收看《中华之剑》等禁毒片，巩固"警校共建"成果，做好青少年的法制教育，实行预防青少年违法犯罪责任制，签订责任书，有效控制青少年违法犯罪。

教育科研

【概况】 1997年，申报立项进行研究的教育科研课题共231项。其中自治区重点课题3项，中学课题67项，小学课题27项，职教课题8项，成果推广课题126项。举办学校管理、教学艺术等各类专题讲座21次，听课教师达1500人次；邀请中科院心理研究所张梅玲教授来柳讲学，听课教师达1000多人次；聘请自治区教科所所长梁全进来柳州市作专题讲座。

【重视科研成果推广】 1997年，继续抓好"教学目标管理"科研成果的研究及推广，在广泛征求学校领导和教师对该项成果推广应用意见的基础上，组织专家审验会，对目标教学实践手册进行详细深入的审查，并加强同全国进行同类实验的各省市的业务交流，提高资料的质量。该项研究在山东淄博召开的"全国目标教学业务委员会"会议上获教育科研成果二等奖，十月份又组织柳州市170多名学校领导、骨干教师赴云南玉溪参加"全国第十二次目标教学研讨会"，选送参评的小学语文、数学、中学数学、物理、化学、生物6科教学录像课，获一等奖五部、二等奖一部；"青少年心理辅导"研究成果目前已在80多所学校、300多个班级有组织、有计划、有领导地推广实施；广西"八五"期教育科研成果发布会上，四项中学科研成果柳州市占三项，"初中学习困难学生教育研究"、"心理健康教育"、"目标教学研究"榜上有名；举办柳州市第五届教育科研成果奖评比，对如期完成实施计划的70项教育科研项目进行认真评审，评出一等奖4项，二等奖16项，三等奖9项，鼓励奖20项。

电教及教学设备

【概况】 1997年，柳州市市属学校电教设备投入193万元，其中财政拨款115万元，自治区电教馆奖配8万元，学校自筹70万元，主要用于装配8所中小学语言学习系统、4所中小学计算机装备、柳州市示范学校建设、电教窗口学校建设和两县一郊"普九"验收电教设备装配。在充实完善两机(收录机、投影机)的基础上，加快柳高、龙中、景行小学、红光二小等示范学校和电教窗口学校电教设备现代化步伐，这些学校电教硬件装备已基本达到部颁Ⅰ类标准，其中柳高三个多媒体教学网为自治区教学第一网，龙中校园网是自治区首创。公园小学、二十一中、五中、龙中、十七中、二十中、壶西小学装配了语言学习系统。

【电教课题实验】 1997年，积极开展电教课题实验，普及推广电化教育，开展电教课题有："小学电教作文指导"、"电化教学促进教学优化"、"动像教学法"、"小学听算训练"等。小学语文"四结合"课题实验和"小学思想品德录像教学"在柳钢三小等四所小学开展，"小学数学动像教学发现法"在景行小学等8所小学顺利进行。积极开展中小学教师电教素质培训及电教论文软件竞赛，开办计算机培训班两期，培训教师60人，举办电教讲座两次共500人参加。举办柳州市中小学电教论文、软件制作评比，参加件数70件，评出一等奖3名、二等奖5名、三等奖12名，并推荐获奖论文、软件参加自治区评比。

【教学设备】 1997年，柳州市教委积极筹措资金，划拨仪器专款，为郊区学校配备教学仪器，配合做好"普九"验收达标。在抓好示范性学校装备建设和城中区实验教学普及县工作基础上，适当倾斜对薄弱学校的实验室建设，加强对学校实验工作的指导，着重抓中小学音乐、美术教学仪器设备装备，教具维修和仪器余缺调配工作，加强管理，提高教学仪器使用效率，加强实验教师队伍建设。

计财基建工作

【教育经费】 1997年，柳州市市区财政性教育经费投入1.43亿元。其中"三税"教育费附加投入1783万元，征收地方教育附加费2229万元，售房款返回付教师公寓用地建筑拆迁安置费510万元，学校勤工俭学收入、预算外收入用于改善办学条件1500万元。以上经费除用于教职工工资和离退休人员离退休金以及学校办公业务经费外，购置学校教学仪器、体育卫生器材、电教设备、课桌椅、图书柜等636万元；用于维修校舍、美化校园658万元；征购胜利小区教师公寓用地48亩720万元，一职校新征用地30.3亩；租用(30年)柳江县成团镇林场林业用地及原有林木石山共9381亩45万元，筹建柳州市素质教育基地。

【基建工作】 1997年，柳州市教委认真贯彻自治区人大颁布的基建工程招投标管理有关文件精神，保证教育系统基建工程100%进行招投标和监理。按时参加各基建项目的方案会审、图纸会审和基础、主体验收、竣工验收等各项工作。年内，基建工程竣工验收交付学校使用共17个，建筑面积5.043万平方米，其中柳州高中综合楼、市一中教师住宅楼、市五中实验楼、市九中综合楼被市质检站评为优良工程。

（罗红、廖小芬、李运生）

文化·卫生·体育

文　化

【概况】 1997年底，柳州市文化局所管辖的单位23个，在职干部、职工1009人。其中干部数598人，中共党员255人，民主党派人士30人。文化结构：大学本科学历64人，大学专科学历196人，中专学历197人。获高级职称209人，中级职称280人，初级职称390人，全系统各级领导干部85人。其中副处级以上干部22人，具有本科学历6人，大专学历10人，获自治区专家称号1人，获市级专业技术拔尖人才称号8人。文化系统现有副处级单位12个，企业单位4个，全系统现有党组织20个。其中党委、总支各1个，支部18个，全市有文化经营单位1100家。其中，舞厅70家，卡拉OK（含酒家附设）70家，电子游戏机室397家，桌球室100家，保龄球馆5家，游乐场108家。

【艺术表演】 1997年，柳州市有专业艺术表演团体4个：歌舞团、桂剧团、彩调剧团、粤剧团。在职干部职工306人。各专业剧团围绕党的中心工作成功举行“迎香港回归”、“庆七·一”等各种文艺晚会，演出的歌舞《东方梦园》、《桂柳之春》及其它节目深受观众欢迎。市彩调剧团配合全市的“三五普法”、“禁毒”工作在全市各企业事业单位演出的专题节目，收到很好的社会效益及经济效益。四个表演团体各完成演出情况如下：市歌舞团演出202场、观众8万人次、收入7.0万元；市桂剧团演出109场、观众274070万人次、收入5.2万元（其中送戏下乡69场、观众158035人次、收入3.0万元）；市彩调剧团演出114场、观众77780人次、收入3.0万元；市粤剧团演出106场、观众20万人次、收入6.6万元。

《商海搭错船》享誉京城 1997年2月份，广西桂花金奖剧目——大型桂剧《商海搭错船》经过反复修改和整理后，于2月12日晋京在中国首都儿童艺术剧院演出，获得成功。国家文化部领导及文艺界专家观看演出之后，一致认为：《商海搭错船》剧是一部清新脱俗、具有较强时代精神的好戏。

广西第三届戏曲青年演员大赛夺丰收 1997年10月，在文化艺术中心举行“市第二届戏曲青年演员选拔赛”，有8名选手分别获最佳演员奖，演员一、二、三等奖及其他奖项。11月份，组队前往南宁参加广西和第二届戏曲青年演员大赛，有3名选手获表演一等奖，4名选手获表演二等奖、有9人获其他各种奖项。柳州市文化局获“组织奖”。其间，本市参赛节目：粤剧《盗杯》、桂剧《叫画》参加汇报演出。成绩名列全区各代表队之首。

创作文艺精品 市艺术研究所注重抓好剧作者深入基层采风，体验生活，召开创作笔会。全年，创作大型剧本6个，创作修改完成小品22个，歌曲40多首，舞蹈一个，编写《’97国庆晚会串词》、《龙城迎春焰火晚会解说词》等，其中：长篇小说《血图》获壮族作家优秀作品奖，歌曲《默默的奉献》、《忘不了你》、《一支难忘的歌》、《山捻子，桃金娘》分别获得“世纪之声”金奖。广西歌曲创作比赛优秀作品奖、创作奖。5月，市歌舞团在文化艺术中心连续推出“红五月”、“金秋”、“新作品”音乐会，创作歌曲《海风》等8首；小品《送香猪》、《麻辣烫》、《心源》，电视小说《天理良心》等作品，分别被广西电视台、《歌曲》等刊物录播、发表。

【群众文化】 1997年，柳州市有群众文化机构77个，职工112人，其中，市级群众艺术馆1个40人；县级文化馆7个35人；乡镇文化站3个37人。全市开展了各项群众文化活动。

“龙城金秋”文艺会演 1997年10月份，“柳州市第二届龙城金秋文艺会演”在艺术馆举行。全市200个单位踊跃参赛，有84名参赛者（单位）分别获演出一、二、三等奖。优秀演员奖及其他奖项。市五菱艺术团的舞蹈《女帅》夺得演出一等奖。

参加广西首届《小康民谣》歌王大赛 1997年10月25日，柳城县62岁的方寿德、38岁的黄亚乔，赴来宾参加广西区党委宣传部举办的“广西首届《小康民谣》歌王大赛”，分别获得“歌王”擂主、副擂主称号，柳州市获组织奖。

残疾人艺术汇演 1997年6月20日，在艺术馆举行“柳州市第四届残疾人艺术汇演”，10个节目参加全区第四届残疾人艺术汇演评比有16人分别获得创作、演出及优秀各类奖次。

开办学历教学 1997年，艺术馆利用自身的设施条件，开办学历教学工作，有艺术类学历教学美术大专班2个、音乐舞蹈职业中专班3个，艺校开展业余培训，开班121个、1443人次，学校注重教学质量，制定一系列实际有效的管理措施，为社会输送有用之材。

年内，全市创作发表、展出各艺术门类作品及论文18件，获国家级奖（含展出发表）3件；获省（区）级奖15件。柳州画院陈惠琪国画、梁应池、江月增的书法作品已入选日本举办的日中书画作品展并获奖，高虹制作的书法作品入选第四届国际妇女书法篆刻和世界华人书画展。

文物博物 1997年，柳州市级博物馆2个，文物商店1个，文物管理办公室1个，县级文管所2个。

市博物馆重视抓好文物的抢救和保护工作，通过合法的途径征集散失在社会上及被有关部门罚没的文物，丰富馆藏文物，对柳候祠外围的残墙断壁进行了抢修，利用基地开展爱国主义教育活动。全年，举办各种展览，如《伟大的中华民族》、《中国古代玉文化展》、《党风廉政挂图展》等，观众达12万人次。

胡志明旧居　1997年11月，市博物馆新发现已故的越南领袖胡志明的演讲记录稿及有关历史资料并进行整理，经考证柳州市鱼峰区柳石路2—1、2—3号，是越南共产党原主席胡志明1943年至1944年在柳州开展革命活动期间居住的地方，在此领导成立越南革命同盟，组织举办越南革命干部训练班，举行记者招待会等一系列活动。是一处具有重要历史价值的革命遗址。经博物馆申报，“胡志明旧居”为广西文物保护单位。

【公共图书】　1997年，柳州市级图书馆1个，县级图书馆2个，乡镇图书馆21个，市图书馆注重藏书建设，全年，新增图书2288种/4843册，其中《四库全书存目丛书》现有593册，藏书量总计50.67万册。接待读者17.3万人次，外借书刊13.2万册，给新读者发证2350本，为尽快实现图书自动化管理，投入大批人力进行馆藏书目数据库录入工作，现完成录入书目数据13.36万条，回溯图书31.26万册，部分子系统基本开通并与广西图书馆进行联网。在实施“知识工程”活动中，开展了“迎春书展”、“彩车游行”、《中华千字歌》首发式，《’97香港回归风云》读书座谈会，“好书益我”读书征文等20多次活动，促成北大出版社与柳江县里高乡、柳城古砦乡建成对子图书馆。另外，开展专题跟踪服务，科技助农活动，接受服务的农民约3100人次，培训基层图书馆人员141人，接待业务咨询122人次。

【电影发行放映】　1997年，柳州市发行放映电影158部，1.6万场次，观众约155万人次，放映收入约379.7万元，发行收入约2152.9万元，实现利润11万元，上缴各种税金23万元，全市发行放映总体效益与上年比下降57%。

1997年，柳州市电影公司为弘扬主旋律，组织影片《离开雷锋的日子》、《国旗在我心中》、《大转折》在全市放映时举办首映式，扮演雷锋演员和雷锋当年战友乔安山出席《离开雷锋的日子》首映式，使该片在全市共放映300场，观众8.3万人次，放映收入16.4万元；《国旗在我心中》共放映114场，观众5.2万人次，放映收入10.6万元；《大转折》放映165场，观众2.3万人次，放映收入16.4万元。《大转折》、《国旗在我心中》两部影片放映收入名列自治区首位。

【公益电影】　为配合精神文明建设活动的开展，把电影院办成爱国主义教育基地，柳州市电影公司组织《拥抱朝阳》、《鸦片战争》、《香港1997》等一批影片在全市放映。其中《鸦片战争》在全市放映161场，观众1.9万人次，放映收入11.9万元；《香港1997》放映141场，观众6.9万人次，放映收入137.543万元。同时，坚持开展全市性的公益场放映活动，根据不同对象有选择性的为全市青少年、中小学生、老年人免费放映影片。全年放映公益电影150多场，近10万人受到爱国主义、革命传统教育。

【文化市场管理】　1997年，柳州市文化市场管理办公室坚持一手抓扫黄、一手抓繁荣，加强文化市场的管理。把经常性检查和突击性检查结合起来，出动检查1138人次、出动检查车次458次；检查场所2665家，处理违章场所407家，暂扣电脑主机114台，电脑板144块。赌博型跑马机板80块，桌球15张，球杆80支，影碟机4台，功放机3台，麦克风6支，没收盗版VCD碟1.59万合，盗版录像带5893合，录音带1907合，淫秽VCD碟132合，罚款1.68万元，停业整顿28家。

【柳州市文化工作会议召开】　1997年11月27日，柳州市文化工作会议在柳州饭店召开，约200名文化系统单位领导、文化界知名人士、特邀各界代表参加。

会议出台“关于加快柳州市文化事业发展的若干决定”，从三个渠道增加对国办文化的投入：(1)市政府每年对文化事业的投入经费不低于当年财政总支出的2%(不含文化设施基建费用)；(2)设立文化发展基金，主要用于实施精品战略，弘扬民族文化，扶持高雅艺术，扶持公益性文化艺术事业。(3)增强名城意识，增加文物事业经费投入”。

（王芝英）

市属文化单位完成任务情况表

单　　位	全年营收任务	全年实际完成任务	完成率
美术广告公司	120万元	218.67万元	182%
红星剧场	50万元	30.68万元	61%
柳北剧场	90万元	64.75万元	72%
复印中心	465万元	368.62万元	79%
总　　计	725万元	682.72万元	94%

文联活动

【概况】　1997年2月18日，柳州市文学艺术界第八次代表大会召开，260名代表出席。大会选举产生68名第八届文联委员，选举产生第八届文联领导班子，柯天国当选主席、张细英、周国强当选专职副主席，年内成立散文学会，发展会员92人，每月定期举行学术交流，组织会员赴融安、红茶沟采风，开展全市性征文比赛，收散文稿510篇，年底评出一等奖2名，二等奖6名，三等奖10名，鼓励奖22名。成立柳州市“文艺辅导中心”，聘请一批品高德重作家、艺术家担任指导老师，辅导文学、音乐、舞蹈、戏剧、曲艺、美术、书法、摄影、电视9大门类专业人员。接待中国作协代表团来柳访问。邀请香港老作家刘文勇座谈《香港的早晨》创作体会。选派4名作家参加新加坡国际书展。出版《文苑》报8期。与贵州人民出版社等联合举办《周游世界》画展。参加自治区第三届振兴广西文艺创作铜鼓奖评比,各协会选送22件文艺作品参评。年底,文联召开作家、学者座谈会,研究撰写25—30万字的《柳州市历史文化大观》。

【各协会活动及成果】

作家协会　1997年4月8日,柳州市作协组织10名作家,到"两面针企业集团公司"、"微型汽车制造厂"、"柳钢"等12家工厂深入生产第一线历时两个月,体验生活,积累素材。确定以此次深入生活的工厂为基地,保持长久联系。青年作家海力洪参加全区8名作家在桂林创作签约活动。1997年作协会员获奖的作品有:海代泉著寓言集《螃蟹为什么横行》获全国第五届少数民族文学创作"骏马奖",作者将1000元奖金全部捐赠希望工程。黄粲兮著长篇小说《血图》、韦俊海著中篇小说集《裸河》获第三届全国壮族文化优秀作品奖。金彦华著长诗《琵琶泉》获第三届广西民间文学优秀成果三等奖。李梦秋著短篇小说《艺痒难熬》获中国作家杂志社、人民日报社"思想道德和文化建设文学创作征文"二等奖。1997年出版作品有:海代泉寓言精选集《老灰狼作报告》、李定余著散文集《牛命厂长传奇》。柳钢作家著《钢城文丛》5本书:《云海缥缈》散文诗集(程玉琛)、《积淀真诚》诗集(高旗燕)、《心中的绿》散文集(龙家泰)、《足迹》报告文学集(黄日德,甘南生)、《雀山》小说集(牛黄)等。李梦秋、李栋根据金彦华长篇小说《广告妃子》改编的20集电视连续剧,正由广西卓艺影视文化发展有限公司筹拍。

音乐家协会　1997年,市文联与市委宣传部联合举办柳州市'金美杯'迎回归、颂中华歌咏大赛。机关、厂矿、学校、部队、农村上万名歌唱爱好者踊跃参赛,最后决出柳州微型汽车厂等8个单位获合唱一等奖,棉纺厂等19个单位获二等奖,龙城中学等14个单位获三等奖;市爱乐女子合唱团等3个单位获组唱一等奖,中医院等6个单位获二等奖,广西林校等3个单位获三等奖。3月,组建柳州市教工合唱团,现有合唱队员130名。推荐蔡教战歌曲出版。组织创作人员下厂矿、学校体验生活3个月,创作30多首校园歌曲,精选20首推荐给市教委,作为各校参加艺术节参赛曲目。香港回归前夕,组织策划市老年"夕阳红"合唱团、市青年通俗音乐学会先后到部队、工厂、企事业单位演出。键盘音乐学会组织历时一个半月钢琴、电子琴比赛。8月,举办音乐会员宁文艳师生钢琴音乐会。

美术家协会　1997年,市美协会员孙超红论文《重视油画教学写生》刊发中国美术报刊。个人画展有"陈墨墨竹展"在深圳展出;"陶禾山水画展"在柳州博物馆展出。王培堃出版新书《小朋友学漫画》、《卡通画技法》(漓江出版社)、《小毛头历险记》(人民美术出版社)、《绿林城堡的女主人》一书插图(明天出版社)、《古代寓言101篇》一书插图(美国辛辛那提出版),《小精灵漫游动物世界》一书获广西第六届桂版优秀图书三等奖和中南地区少儿出版社第三届优秀图书编辑彩环奖,《全彩色世界漫画精品》列为漓江出版社97年度精品图书,论文《浅谈我国卡通连环画的发展》刊发《连环画艺术》,在北京举办"王培堃卡通艺术作品展示及新书研讨会"。1997年,市美协为"中国青年油画展、水彩画展"、"全国体育美展"、"全国第四届水彩画展"、"第12次新人新作展"征集画稿。邀请中国美协书记处常务书记、著名美术史学家、画家雷正民先生举行学术讲座。(附表格三份)

戏剧家协会　1997年,市剧协会员163人。年内组织会员深入基层采风,召开创作笔会,为广西小品赛、剧展作好剧本准备。先后到革命老区、英山、平山、屯秋及市戒毒所参观采访,到桂柳高速公路、金秀瑶族服饰美展参观以及收集傩艺术资料。资助作者到广州观摩'97年中国戏剧节演出,开扩视野。组织《商海搭错船》创作座谈会,小品创作讨论会、剧本讨论会、笔会。年内,会员共创作大戏《唢呐道情》、《飘竹筒》、《南岭轶事》、《梅竹图》等5个;创作和修改小品《深渊》、《留下真情》、《春天的故事》、《电话亭旁》等22个。在"迎七·一庆回归"、"春节文艺晚会"、"桂柳之春文艺晚会"、"东方梦圆"、"电视禁毒晚会"等活动中,积极参予策划、撰稿、创作、演出,均获成功。推荐《歌妹》、《奔日》参加"首届广西戏剧文学奖"评奖,歌剧《歌妹》获三等奖。(吴源信编剧)。推荐《商海搭错船》、《站岗》《缘份》、《盆景》参加'97广西第三届"铜鼓奖"评选。桂剧《商海搭错船》(吴源信编剧),小品《缘份》(符又仁编剧)获铜鼓奖。《商》剧并获'97广西精神文明建设"桂花工程奖"。论文《柳州彩调剧探述》刊发《中华戏曲》(庞绍元著)傩研究论文《广西金秀瑶族师公田园考察综述》刊发《广西民族艺术》(王超、庞绍元、宁文活著),《漫画中国成语故事》由广西接力出版社出版(王超、岫云编著)。

舞蹈家协会　1997年,市舞协会员蒋耀斌编导《满江红》、《血祭1840》,由柳州市税官艺术团参加广西第三届职工艺术节演出,分别获特等奖和一等奖。在"龙城金秋"群众文艺会演中,舞协会员姚慎波编导《绿色·生命·太阳》,由园林局演出获二等奖。蒋耀斌编导《女帅》由五菱艺术团演出获一等奖。《刘三姐情画》由水泥厂艺术团演出获二等奖。黄文林编导《剑之威》由公安局演出获全区公安文艺会演优秀节目奖。朱依娜双人舞《月光光》、《紫荆花》获优秀节目奖。李文良编导五菱艺术团演出《桥》获铜鼓奖。

书法家协会　1997年,市书协经选举换届,发展中青年中较有造诣的书法家及较有成就的老书法家为新会员。年内举办迎春书法展和庆祝香港回归两次大型书法展。组织书法家书写《龙城碑廊》作品;书写大龙潭、双塔山、马鞍山、江滨公园、柳侯公园等名胜景点的碑刻和牌匾。配合市档案局征集优秀书法作品,配合市共青团在广场作书法表演。为柳州、桂林出版风景名胜诗集及书家精品征集稿件。支持柳铁、柳钢、各大中专学校及中小学举办书展、比赛。多次举办书法笔会。部分会员为老年书画大学、中国书画大学柳州分校、各大、中、小学讲授书法课。会员韦昌敏任景行小学书法教师，学生书作多次获奖，并应区教委之聘编写全区小学书法教材后，又应国家教委之邀，系统编写全国小学书法教材，已被采用出版向全国推广。年内，先后有韦立荣、叶中语、黎克伦、秦昭清举办个人书展并义卖，黎克伦向希望工程捐献20万元，秦昭清捐献6万元。柳州电视台把廖平、何开诚、秦昭清等书法拍成电视专题片。

曲艺家协会　1997年6月，举办曲协首届会员联谊会，征集曲艺作品。对曲协“文场研究社”进行整顿。先后协助电视台举办“禁毒晚会”、“司法晚会”、“家家乐晚会”等。组织部分会员到云南文化古城丽江及中甸一带进行民俗考察，扩大视野，增长知识。与云南、湖北、太原等曲艺界进行学术交流。

摄影家协会　1997年，会员赖柳生摄影作品《争雄》在第18届全国摄影艺术展览展出，广西摄协分会主办“南方杯”影赛，王文伟《故乡的桥》获优秀奖。“实力杯”影赛，陆尊富《秋夜》、陈贵生《蛋葡萄》双获优秀奖。“广西民族风情”影赛，梁忠《致富信息到瑶家》获三等奖。广西区’97“八桂群星杯”群众美术、书法、摄影作品展览中，摄协有9名作者参赛；张国强《龙怀垂钓》获银奖；覃岭《夕阳生辉》，刘新凡《秋》，蒙贵宁《劳动交响乐》获铜奖。李海军《思絮》《飘逸》，梁忠《旭日东升》，王卫东《牡丹颂》，梁继恩《牧》，陆尊富《夕阳无限好》，蒙贵宁《笙吹盛世》入选展出。《劳动交响乐》在广西“福利杯”大赛中获三等奖。摄协会员杨春芳自费参加“中国摄影”杂志社“青藏万里行”采风活动，将50幅精选影作放大，于国庆在市喷泉广场举行《西藏印象——杨春芳摄影作品展》。元旦前夕，举办伍蔚繁摄影展。

电视艺术家协会　1997年，市视协机构进行重大改组，选举产生新一届领导班子。刘万生任主席。确定新的工作目标，即：加强联系，发展会员，提高业务，多办实事，以团结协作，乐于奉献为已任，以多出精品，出好精品为目标。年内，围绕党的15大胜利召开和香港回归两件大事开展宣传报道取得良好社会效果。

民间文艺家协会　1997年4月，民协向全市发起征文，年底收到来稿近100篇，遴选45篇，作者50余人，分“人物传说”、“山水传说”两个栏目，合编成《柳州民间故事传说集》定稿，作品共10多万字。鉴于经费问题，出版正筹措之中。

（张细英、李梦秋）

报刊发行

【概况】　1997年，柳州市编入国内统一刊号的正式报刊6种，其中

’97柳州市美术家协会参展作品　表1

作　者	作　品	参展名称
孙超红	《农家》	中国第二届油画静物展
覃启仕	《故居三号》	喜迎香港回归美术作品展
韦雪峰	《山居春早》、	’97广西中国画精品展
蒋友舜	《林歌》	广西首届美术精品展
孙超红	《腾》	广西体育美展
王　培	《相映成趣》	’97广西水彩、粉画展
兰育朝	《逆光》	’97广西水彩、粉画展
叶　芝	《山葡萄》、《海风》	’97广西水彩、粉画展
马德群	《泉》	’97广西水彩、粉画展
李绍渊	《河水清清》、《山泉》	’97广西水彩、粉画展
何长虹	《官门楼》	’97广西水彩、粉画展
林春晖	《林区组画》	’97广西水彩、粉画展
张力绘	《提琴与鼓》	’97广西水彩、粉画展
张良平	《逝去的日子》、《石龙珠》	’97广西水彩、粉画展
黄学慧		
覃周道	《牧笛响了》	’97广西水彩、粉画展
杨章俊	《漓江幽情》	’97广西水彩、粉画展
谢小康	《夜》	’97广西水彩、粉画展
蒋友舜	《乡集》	’97广西水彩、粉画展

’97柳州市美术家协会入编画册作品　表2

作　者	作　品	编入画册
孙超红	《农家》	《中国第二届油画静物展画册》
覃启仕	《故居三号》	《喜迎香港回归美术作品展画册》
叶　芝	《牛》、《静物》	《当代水彩、粉画艺术》
	《牛》、《山葡萄》	《当代中国美术家》光盘
陈惠琪	《岁月》、《清泉》	《当代中国美术家》光盘
侯中鸣	《妈妈的心》、《下棋输了》	《儿童漫画》
韦雪峰	《山居春早》	《广西中国画精品展作品集》
蒋友舜	《林歌》	《广西首届美术精品展作品集》
	《山野》	《中国水彩》
王　茹	《勿忘我》	《艺术与探索》

’97柳州市美术家协会获奖作品　表3

作　者	作　品	获奖名称
覃启仕	《故居三号》	“喜迎香港回归美术作品展”银奖
韦雪峰	《山居春早》	“广西中国画精品展”“和顺”奖

报纸5种:《柳州日报》、《柳州晚报》、《柳州广播电视报》、《柳州侨报》、《柳钢报》;期刊1种:《柳州金融》。全市还有持广西内部报刊证的内部发行报刊54种。全年正式报刊期发数23.8万份,其中报纸23.4万份,期刊0.4万份;报刊总发行量为5440.6万份,其中报纸5435.8万份,期刊4.8万份。报刊发行呈多元格局,邮发、自办发行与零售兼存。柳州日报、柳州晚报日发行量均逾7万份。报刊印刷质量有较大提高,除少数内部报纸仍为铅排印刷外,其它公开发行报刊均实现激光照排胶印,柳州日报周末版及柳州广播电视报等少数报纸实现彩色胶印。报刊结构基本合理,年内《流通报》被自治区新闻出版局注销登记。各报刊均重视采用稿件质量,各报刊采用稿件获奖数量增多。

【报刊舆论引导工作】 1997年,柳州市各报刊结合各自实际,开展卓有功效有舆论引导工作。主要表现在:一是坚持团结、稳定、鼓劲、正确宣传为主的办报(刊)原则,把握正确的舆论宣传方向。市属新闻单位紧密围绕全党和全国工作大局,及时、广泛地宣传党中央和自治区、市党委的会议精神和重要工作部署,通过组织评论文章、系列报道、专题报道、动态报道等方式开展宣传。发表有关文章1043篇。二是突出经济建设宣传。各报刊围绕柳州市提出的1997年度经济工作目标,始终把经济建设改革开放的宣传放在宣传报道的主导地位。年内围绕“贯彻十五大,迈向新世纪”、“一个中心环节,实现五大突破”、“深化国有企业改革,扩大对外开放”、“实施再就业和社会保障工程”、“加快防洪工程建设”等主题,积极运用大量的现场报道、连续报道和有针对性地开辟各种专栏等多种形式,增强舆论宣传的力度。三是配合各个时期宣传思想工作,加强社会宣传。各报刊积极配合全市各个时期宣传思想工作的重点,先后开展“喜庆中国共产党建党76周年”、“喜迎香港回归祖国倒计时”、“讲文明,树新风,治理脏乱差,美化环境”、“禁毒”、“红岩魂”爱国主义教育等大型新闻宣传活动。四是加强对周围先进模范典型的宣传。各报刊在深入宣传本市科技骄子黄是勇、扑火英雄甘运寿、抗洪烈士周德新等先进人物事迹的同时,及时推出国防教育先进集体柳州市郊区民兵应急分队、扶贫先进市科委退休干部吕昌荣等先进典型的学习宣传,弘扬社会正气。

【内部报刊】 1997年,柳州市经自治区新闻出版局批准内部发行的报刊54种,发行报纸234.4万份,期刊17.6万份。比较有影响的内部报刊有:《柳州公安交通报》、《柳州青年报》、《改革与发展》、《风纪瞭望》、《柳州组织工作》、《柳州农村金融》等。发行量最大的内部报纸是《柳州公安交通报》(月刊),期发数2.4万份;发行量最大的内部期刊是《柳州农村金融》(月刊),期发数0.4万份。柳州市内部报刊有以下特点:一是种类较多,遍及工业、农业、建筑、金融、文化、教育、卫生、党政机关等各个行业和部门。二是办报办刊力量较强,在各自范围内形成一定影响。不少内部报刊期发行数都在万份以上,并在各自行业内已成为互通信息、交流经验、指导工作的重要工具和开展宣传思想工作的阵地。

【报刊间协作交流活动】 1997年,柳州市各报刊社加强与自治区内外报刊社之间的联系与往来,通过召开各种经验交流会、协作会、组织互访、异地采访、交流样刊、组织参观学习等各种方式广泛开展协作交流活动。各报刊社先后组织编辑、记者共60多人到北京、上海、湖南、江苏、云南等地学习考察,柳州日报、柳州晚报组织记者进行“柳江千里行”跨省域采访。各报刊社接待宁波、徐州、昆明、曲靖、嘉兴等地报刊社的记者来柳采访。

【开展新闻评选、竞赛活动】 1997年,柳州市各报刊社组织参与国家级和自治区级的新闻评选、竞赛活动,并组织开展各种形式的市级新闻奖评选活动,柳州日报、柳州晚报有32篇(件)新闻作品获国家级新闻奖;有27篇(件)新闻作品获自治区级新闻奖;有33篇(件)新闻作品获柳州好新闻奖。柳州广播电视报有11篇新闻作品在中南区城市广播电视报评选中分获二、三等奖;有3篇新闻作品分获广西广播电视好新闻一、二、三等奖,1个版面评为好版面;有4篇(条)新闻作品、1个版面在柳州好新闻评选活动中获奖。柳州侨报获自治区侨乡报综合评比优秀奖、版面评比第二名。

【队伍建设】 1997年,柳州市各报刊社通过组织政治、业务学习和做好新闻职称评聘等方式来加强各报刊社队伍的自身建设,努力提高新闻工作者的思想、业务素质。各报刊社坚持正常的政治、业务学习制度,采取公开承诺、接受监督的措施,杜绝“有偿新闻”和虚假新闻现象,发挥新闻舆论的正确引导作用。各报刊社还认真做好新闻职称评聘工作。累计至年底,各报刊社有专业高级职称31人,中级职称118人,初级职称85人,具有初级职称以上者占各报刊社总人数的80%以上。

(何贵文)

广播电视

【概况】 1997年,柳州广播电视系统有三台一报(电视台、有线电视台、广播电台、电视报)。柳州人民广播电台每天播音19小时,全年共播出新闻和专题3万篇,其中被中央级新闻单位采用21篇,被少级新闻单位采用102篇。

柳州电视台每周六天播出新闻,全年播出新闻和专题稿3300多篇,其中被中央电视台采用15条,被广西电视台和广西有线台采用170条。各项安全播出指标达到区广播电视厅的技术要求。

柳州市有线电视台播出电视节目19套,其中转播中央和其它省市17个电视台的节目,自办节目2套。全年播出新闻、专题稿4000条,其中上中央电视台15条,上广西电视台和广西有线台170条。1997年柳州市有线电视系统联网达18万户，成为全区市级最大的有线电视网。

柳州广播电视报自办发行，期发行量5.6万份，年发行量300万份。

柳州中波转播台1997年转播中央人民广播电台、广西人民广播电台、广西经济广播电台三套节目，安全播出时间累计1.12万小时，台内停播率为0秒/百小时，各项安全播出技术指标均达到区广播电视厅要求。

柳州微波台在担负着广西电视1台、2台、广西有线电视台的电视讯号接收任务的同时，将柳州各新闻单位的重要电视报道返传给区台。全年正传三套电视节目共计1.75万小时，台内停播率保持0秒/百小时，安全播出技术指标均到区广播电视厅的要求。

【广播电视宣传】 1997年，柳州市广播电视系统坚持正确舆论导向，紧紧围绕全党、全国的工作大局，为促进柳州市的两个文明建设做好宣传报道工作。及时报道全市各界群众深切缅怀邓小平同志的丰功伟绩、继承小平遗志而举行的各种悼念活动。转播中央举办的关于香港回归一系列大型活动、香港政权交接仪式，全方位、多侧面报道柳州市人民对洗雪百年国耻、喜迎香港回归而举办的各项纪念活动。

柳州电台、柳州电视台和柳州市有线电视台围绕柳州市九五计划和2010年奋斗目标组织系列报道。

配合全市“三德”教育、整顿市容市貌、创“两优”、夺“南珠杯”等重大活动，柳州电台开办《学雷锋、树新风》、柳州电视台开办《学决定、建文明》、有线电视台开办《精神文明巡礼》等栏目，从不同角度宣传柳州市精神文明建设的先进典型。

围绕党的十五大盛会，柳州市广播电视系统全面报道十四大以来，柳州市在国企改革、农业、科技文化、党建、城乡人民生活等方面取得的重大成就；着重抓好大会实况转播及动态报道；开辟《贯彻十五大、迈向新世纪》栏目，把十五大的重要精神、市委中心组及各基层单位的学习动态、柳州市“抓大放小”的典型进行深入广泛的宣传，对柳州水泥厂等十几个大中小型企业的改革情况作了多角度、多层次、多侧面的报道。

【文艺节目调整】 1997年，柳州市电台、电视台、有线电视台对文艺节目均进行调整，内容和形式都有了新的变化，增强了节目知识性和趣味性。柳州电视台承担文艺晚会和大型活动的直接和录像工作，特别是《'97新春音乐会》取得较大成功；《市长杯足球赛》在广西电视台播出，中央电视台也播出部分实况；通过卫星直播了在美国举行的拳击赛，成为广西唯一转播《世界顶级拳王大赛》的电视台。“六一”儿童节，有线电视台在市文化艺术中心举办柳州市“六一”少儿歌舞晚会；“八一”建军节举办柳州军民庆祝建军七十周年大型文艺演出《鱼水情深》。此外，有线电视台自拍自导自制的MTV《绿色的向往》在全国'97军旅歌曲MTV大型赛评选中获三等奖，并在中央台播出。

【业务交流】 1997年11月，柳州、桂林两市广播电视局在桂林联合举办两节目主持人暨局台总编室工作交流会。互相交流局台总编室工作的管理模式、重大宣传活动的组织、协调以及抓节目质量的经验。节目主持人则从语言表达、个性、风格等方面进行了切磋。

【一批优秀节目获奖】 '97年广西广播电视作品评比中，柳州市获各种奖项26个，一等奖2个，二等奖8个，三等奖16个。柳州电台消息《82位农民喜获“尚方宝剑”》（作者王卓）、柳州广播电视报的消息《洛埠镇的笋农笑了》（作者桂敏）获一等奖；柳州电台系列报道《扶贫济困献爱心，大家救韦永棒》（作者龚湘鹏、郭冰、周明奕）、专稿《学校设骗局，学生苦无言》（作者王贵芳）、文艺专题《二泉映月，生命的旋律》（作者葛衡石、莫莉）、柳州电视台消息《谁害死了小海豹》（作者苏锦龙、陈岗）、专题《老人与风筝》（作者朱胜威）、柳州市有线电视台消息《我市出现首批导购大嫂》（作者陈永忠、唐明荣）、文艺晚会《鱼水情深》（作者董理、何锦庆、陈波、何继权）、柳州广播电视报评论《“免死金牌”将收回》（作者黄飚）获二等奖。

【队伍建设】 1997年，柳州广电系统举办三期十五大学习班和入党积极分子学习班，810人次参加学习。“七一”前夕，柳州市广播电视系统举行“庆七一·迎回归”文艺晚会，会上表彰三个先进党支部、17名优秀党员和5名优秀党务工作者，各台演出精心排练的文艺节目。局属三台一报选派采编人员到中央台和北京广播学院进修。组织档案、财务学习班。局两会完成了换届选举，组织企业台（站）、两县一郊广电局节目评选活动和全系统职工篮球赛。

【事业建设】 柳州电台逐步更新一批采、编、播设备，改造直播室。柳州电视台购买一部电视转播车，已投入使用。柳州市有线电视台新安装用户1.1万户，新架设主干线5公里，支线15公里，干线改造下地7公里，支线5公里，并更换老化线路30公里，保证更换地段用户的收视效果。此外，用卫星接收广西台、用微波传输柳州台，提高两个台的信号传输质量，解决多年来用户反映较强烈的收视质量差的老大难问题。 （关　玲）

卫　生

【概况】 1997年，柳州市有医疗卫生单位489个（含厂矿企业医疗卫生机构），其中市区401个，柳江县36个、柳城县52个。现有病床7724张，其中市区6664张，柳江县580张，柳城县480张。在职员工1.4万人，其中卫技术人员11316人，（市区9709人、柳江县876人、柳城县731人）。全市医疗卫生单位共完成诊疗605.96万人次，其中门诊130.83万人次，急诊78.35人次，住院12.08万人次，治愈率

70.43%，病死率1.8%，病床使用率66.9%，病床周转率16.6次。全市无甲类传染病发生，13种乙类传染病共发病7203例，除病毒性肝炎、梅毒、百日咳、肺结核四种比上年同期略有上升外，其中痢疾下降41.7%、淋病下降37.8%、猩红热下降42.8%、麻疹下降30.1%、新生儿破伤风下降54.4%；新发现艾滋病病毒携带者(HIV)16例。完成97年度卫生技术职称评定515人获得通过，其中初级187人　中级288人、副高40人(除正高27人送自治区评定外)；对3000名已获得各类卫生职称的人员进行年度考核。组织发动1486人参加公民义务献血，其中无偿献血300名，1200名司机进行了初级卫生救护知识培训，接受香港救世军、荣荣集团捐赠的25万元人民币赈济贫困农村，建成柳江县土博乡卫生院500平方米的门诊楼，邀请美国"地球之友社"专家到本市进行外科和眼科技术指导和交流，调整市红十字会理事成员。在全市25家医疗卫生单位建立公费医疗微机管理网络，推行IC卡，当年节约公费医疗开支770万元。新发展医学会会员153人，开展各项学术活动230场，参加者达1.12万人次，邀请国内外24位专家来柳作专题讲学21场，听课人数4390人次。健全广西医学情报网络体系，发展110个医疗单位进网，组织区(厅)级、市级卫生科技研究课题立项52个，协助市科委组织的科科研成果鉴定15项，有9项获奖。

【医疗卫生改革】　1997年，柳州市委、市政府作出《关于加快卫生改革与发展的决定》，对加快全市职工医疗保险制度、管理体制、卫生服务体系、卫生机构运行机制等方面改革提出具体要求，各类卫生机构要通过改革，引进竞争机制，建立起有责任、有激励、有约速、富有活力的运行机制，改善服务态度，降低服务成本，方便群众就医，不断提高服务质量和工作效率。一是第一人民医院兼并第三人民医院。二是实行机关中层干部交流，调整11个科室的科级领导，加强廉政建设。三是抓行业整顿，树立良好的医德医风规范，在全市六家卫生单位挂牌实行"纠风廉政窗口示范单位"竞赛活动，促进医疗卫生单位改善服务态度，提高医疗质量，经自治区卫生厅组织的抽查评比，患者满意度达95%以上，市第一人民医院、市工人医院、市卫校获得全区"十佳"医疗卫生单位。

【农村卫生】　1997年，柳州市初级卫生保健委员会对柳城、柳江两县农村初保工作进行评审，柳城县为85.74分，柳江县为77.47分。柳城县和郊区已达标，柳江县基本达标。加强对乡村医生的培训工作，采取市政府、县、乡和个人各负担一定的经费，由市卫生学校每年定向招收乡村医生培训班(50名)，为明年开展农村合作医疗输送合格的、农民养得起的、留得住的乡村医生，尽快改善农村的医疗卫生状况，跟上城市发展步伐。加强农村改水、改厕工作，两县一郊改水受益人数累计82.6万人，占农村总人口91.2%，享有卫生厕所人数27.1万人，其中无害化厕所3.12万座。

【医政药政管理】　1997年，对全市医疗机构进行审核、登记、换发卫生部统一制定的《执业许可证》，有2475名在岗护士进行审核、登记注册，组织322人参加全国护士执业考试，合格224人。开展《预防和控制医源性经血传播疾病知识》培训工作，有5190名医务人员参加，派出103名医务人员下乡，开展上街义诊1195人次，捐赠各类药品及器械共计2万余元。查处6起违法案件，组织药品监督员和质检员9人，抽查136家药店，组织100多人次对12家药品生产企业、207家药品经营单位、34家医疗单位进行药品质量检查，查处不合格药品134批(种)。加强对个体及诊室的管理工作，全年对316家个体医诊室进行全面检查，对不合格者限期改正，对33个单位(含厂矿企业及城区)的78个编外门诊的情况进行模底调查，取缔无证游医7人，处罚5700元。对300多名个体医生进行新的医学知识培训。组织个体医生参加各项公益活动，共有510人次参加，组织10个义诊点，义诊5600人次。

【防疫妇幼工作】　1997年，柳州市在10家医疗卫生单位设立艾滋病患者搜索站，加强艾滋病的监测工作，共采集吸毒者及密切接触者血液760份。新发现16例。传染病报告率为99.69%，疫情报告及时率100%，5月份起在全市25家医院恢复肠道门诊。疟疾防治通过自治区消灭疟疾考核组的考核验收。发现各种性病5657例，比上年上升10.94%，发现麻风病人2例(市区、柳城县各1例)；新登记活动性肺结核1843例(市区1428例)，治疗覆盖率100%。检测各类食品2717份，总合格率为85.5%，抽查餐具5267份，合格率85.6%，对违反《食品卫生法》的单位，依法进行行政处罚70户(次)，罚款408万元，销毁各类过期变质食品2370公斤，取缔非法经营14户。查处2家无证生产散装白酒的地下工厂。发生蔬菜中毒(甲胺磷)3起，共99人，全部治愈。对违反《公共场所卫生管理条例》的13户单位，依法进行行政处罚，罚款2150元。卫一7项目基本工作框架已建立并逐步完善，运转正常，并选择15个单位建立干预活动示范点，举办一次"吸烟与健康"演讲比赛。广播电台开办《健康促进之声》栏目，电视台开办《慢性病防治及健康促进》专题节目。妇幼工作在认真抓好贯彻《母婴保护法》的基础上，继续抓"三优工程"成果的巩固工作，积极开展创建爱婴医院的活动，全市13家医院通过自治区级和国家级评审，全部达标。重视妇幼保健院建设，投资100多万元，进行美化、病房、产房的基本建设，完善各项服务设施，通过自治区组织的专家考评组评审，成为自治区第一家获得"二甲"妇幼保健院的称号。为加强妇幼工作的开展，制定《柳州市妇女发展规划纲要》、《柳州市儿童发展规划纲要》。

【爱国卫生】　1997年，柳州市创建国家级卫生城活动全面铺开。灭蝇工作经过自测和自治区验收，获得"国家灭蝇先进城区"称号。《多民族地区农村健康教育的模示研究》

科研项目通过自治区科委组织的专家组考评。新命名市级爱国卫生先进单位33个和14个自治区级爱国卫生先进单位。

档案工作

【概况】 1997年，柳州市档案局馆经市编委批准，一个机构两块牌子，为市委直属事业单位，赋予管理全市档案业务行政职能。内设科室从三科一室增至五科一室，编制从22人增至25人。

柳州市档案部门加强档案法制建设，加强对机关、事业、科研、企业单位及重点工程档案工作的业务指导，完成农业档案工作调查，档案资料征集接收工作有新的发展。

8月11日，经柳北区政府批准，市档案馆被命名为“爱国主义教育基地”。

年内，柳州市档案局召开96年度征集地方报刊、杂志、照片工作总结表彰会，表彰13名先进个人和7个先进集体。局馆获广西区地市档案工作目标管理一等奖。经自治区档案评审小组评审，局馆综合档案室定为广西区地直机关三级档案室。何家丽同志被评为自治区社科先进个人。

【《档案法》宣传】 1997年，柳州市档案部门开展档案宣传周活动、组织各单位订购《档案法》学习资料1000份，挂图150张，利用办培训班、档案升级和“三五”普法教育等形式，宣讲《档案法》20场，听课1000人次。18万人参加“三五”普法考试。全市6000多人参加全国《档案法》知识竞赛，占全区参赛人数的二分之一。年内，在市级、省级、国家级报刊、电视、电台播发文章共35篇，其中，在柳州市两报、电视台、电台播发22篇，《广西档案》刊登11篇，《中国档案报》、《中国档案》杂志刊发照片2幅。

【档案执法检查】 1997年，根据自治区档案局、法制局关于在全区开展《档案法》执法情况检查的通知精神，柳州市档案局在全市开展档案执法监督检查。市档案局会同市法制局、司法局并邀情市人大法制委、教科文卫委重点抽查档案管理尚未定级升级的机关、事业单位和部分虽已定升级但档案工作出现滑坡的企业共87家，经抽查，基本合格单位6家，暂不合格70家，不合格11家。检查组对基本合格的单位给予充分肯定，对暂不合格、不合格单位发生整改通知书，限期整改。

【丰富馆藏档案】 1997年，柳州市档案馆为进一步加强档案接收工作制度化，呈报了《柳州市机关、事业单位向市档案馆移交档案的规定》，经市委办、市府办批转，5月下发全市机关、团体、事业单位执行，有效地推动档案接收工作的开展。8月市档案馆与市文联举行柳州市知名美术家、书法家作品捐赠仪式。34位书画家向市档案馆捐赠42幅作品，征集“神州画怪”陈墨老人的“风、晴、雨、露”竹墨精品五幅及个人自传、画集、信件、照片等。为后人研究柳州市文化历史留下一笔宝贵财富。年内市档案馆还接收桂柳高速公路通车庆典活动、庆香港回归活动等照片档案165张、录像档案3盒。购置《毛泽东点评二十四史》、《毛泽东点评智囊》、《毛泽东点评资治通鉴》各一套作馆藏。

【档案开放利用】 1997年，柳州市档案馆对馆藏13个全宗1509卷档案进行了鉴定，确定1357卷档案向社会开放。接待查档475人次，调阅档案1326卷次。为《柳州党史》、《柳州工业志》等10多种地方志的编写提供大量档案材料，为《柳州日报》、柳州电视台、有线电视台提供邓小平1958年来柳视察照片及资料，为拍摄柳州市历史专题片《史海回眸》提供照片43张。

【档案管理定升级】 1997年，柳州市档案局馆围绕档案工作目标管理开展各项业务建设活动，柳州市、柳江县、柳城县共31家单位达标升级。其中市直机关定级达标12家(1级7家，2级3家，3级2家)，县直机关定级达标5家(均为县直二级)；科技事业单位3家(国二级1家，自治区级2家)；企业档案达标11家(国二级8家，自治区级3家)。

【档案工作调查】 1997年，完成农业档案工作调查，组织两县和郊区档案部门对乡镇档案工作现状作典型调查，通过对一个乡(西安乡)、一个镇(沙埔镇)、一个村(正电村)的调查，掌握了乡镇档案工作现状。加强对重点工程档案工作的指导，先后对防洪堤、柳州邮电通讯指挥中心大楼等工程档案的收集归档工作进行调查了解，做到心中有数。

【在职、学历培训】 1997年，柳州市档案局举办在职档案干部培训班6期，培训学员374名。市档案局与市工业职工大学联合举办“档案管理”专业普转成大专班，经自治区教委批准，招收应届毕业生40名。

【职称评审】 1997年，柳州市档案系列申报副高级职称8人，中级职称58人，初级职称58人。经各级评委评审通过副研究馆员8人，馆员40人，助理馆员20人，管理员22人。

【档案编研工作】 由柳州市政府主办、市档案局承办的《柳州年鉴·97》卷于1997年12月出版发行。《柳州年鉴·97》卷共25个大篇，1242个条目，119.3万字，502个页码，其中彩页98个页码。完成《柳州市档案局馆组织沿革》、《柳州市档案局馆1959—1996年大事记》、《柳州市档案馆基础数据汇集》、《柳州市档案馆利用实例汇编》、《柳州市档案馆全宗介绍》等档案史料的编写。

【档案学会】 1997年，柳州市档案学会组织全市副研究馆员撰写学术论文，共收到论文5篇，组织市内的自治区档案学会会员和档案分会向区档案学术基金会捐款1170元。邀请华中理工大学李振文教授讲学，共有70多名会员参加，出版发行《龙城档案》会刊一期1000册，活跃了学会学术研讨气氛。12月份协助自治区档案学会在柳州召开'97全区档案法制工作研讨会。

【档案微机软件应用及推广】 1997年，柳州市档案局馆开展档案微机管理软件推广应用工作，推广国家档案局推荐的优秀应用软件—"《DARMS》文件档案资料综合管理系统"，市档案局根据各单位微机使用情况，在全市选择了22家单位进行试用，举办操作人员培训班，组织技术人员做好使用服务等，使软件推广工作开展正常。

【柳江县档案工作】 1997年，柳江县档案局按照新标准重新整理了本局1990年以来所形成的档案，本局综合档案室顺利通过柳州市档案评审小组的评审，定为县直机关二级档案室。年内，接收文书档案25卷，县政府拨专款购买了32组铁柜，更换重点库房内所有木柜；对库房内的64组档案柜重新调整；重新排列案卷8505卷；编制全引目录14本，案卷目录25本；理顺档号4个全宗(民政、人事、劳动、档案局)共1513卷；裱糊破损档案58卷；接待利用档案78人次，提供案卷346卷、图纸17张，为处理土地纠纷、明确工龄、编史修志等提供了宝贵的原始资料；经过档案鉴定领导小组及有关单位审定，年底向社会开放10个全宗的622卷档案，目录1.03万条。举办一期档案案卷整理培训班，培训来自各乡镇、县直单位的档案员70名。同时，全县选派7人参加自治区、柳州市档案局举办的业务培训班学习。县档案局先后到21个单位进行业务指导，为这些单位档案室定级工作打下基础；同时，注意加强力量指导在机构改革中22个被撤、并、转体单位档案立卷归档，避免档案材料在机构改革中丢失。

【柳城县档案工作】 1997年，柳城县14个乡镇全部建立了机关综合档案室，有3个乡镇的机关档案室通过了"合格档案室"验收；帮助县农行所辖基层营业所机关档案室完善归档档案，县农行所属13个机关档案室年内全部通过升级达标验收。年底，柳城糖厂、凤山糖厂经区、市档案局认定组的考评，认定为"国家二级企业档案目标管理"单位。11月底，县档案局机关综合档案室通过市级评审组的评审验收，晋升为县直机关二级档案室，并荣获"柳州市1997年档案工作目标管理活动"二等奖。

年内，柳城县档案馆馆藏全宗84个，馆藏档案1.8万卷册，资料4000多册。其中开放档案958卷，目录1561条，编辑了全引目录141本，案卷目录129本，专题目录6本。接收到期档案43卷，整理档案450多卷，抢救裱糊档案84卷，接待来馆查阅档案497人次，提供档案498卷次，是历年接待查阅档案人数和提供利用档案最多的一年。

【城建档案馆】 1997年，市城建档案馆采取提前介入，上门服务等灵活多样的方式，加大城建档案资料的收集力度。全年收集到城市规划、市政建设、公用设施、交通运输、工业民用建筑、环境保护等194个工程项目的竣工档案，整理600多卷工程档案入库。其中比较重要的档案有白莲机场、壶西大桥，柳石干渠，河西排水干渠，旧机场开发区排水工程的竣工档案；潭中高架桥的初步设计，龙屯立交桥初步设计；城区防洪资料(柳州市区主要街道和主要单位高程，历年最高水位及最大流量，"8·31"、"6·17"、"7·19"三次特大洪水涨落过程，防洪护桥方案，城市防洪预案指挥网络)等。

同时，该馆还利用声像设备拍摄了大量城市规划、道桥建设、园林绿化、供水供气、市容市貌的录像资料。编辑制作了"横看成岭侧成峰"、"建堤筑堤缚洪魔"、"龙潭风情"三个城建声像专题片。为城建部门和外系统单位提供了地下管网、隐蔽工程、桥梁结构、土地权属、房屋产权等档案65卷次，产生了较好的社会效益和经济效益。

【土地档案馆】 1997年，柳州市土地档案馆继续坚持档案管理制度化、规范化，年内共收集各类土地档案5060卷(份、张)。其中，文书档案222份，建设用地类档案169卷，地籍管理类档案4132卷，地形图和地籍图537张。收集和拍摄土地管理活动和城建工作照片700多张。按高质量、高档次、高标准要求，整理各类土地档案1573卷，其中，文书档案96卷，建设用地类档案150卷，地籍管理类档案1327卷。接待查档人员3820人次，查阅各类土地档案13891卷次，复印档案资料11710页，复制各类图纸7117幅。

【城市规划档案馆】 1997年，规划档案馆有专兼职档案干部4人。档案库房及微机房面积共155平方米，配有计算机、抽湿机、空调机、吸尘器等设备。至年底，馆藏档案共13大类，3.06万卷。年内，共收集档案资料2795份，其中：龙怀水库规划图、南苑小区规划图共84份；1∶500地形图1230份；公私房规划许可证存根949份；建设征用地资料94份；工程管线资料65份；临时建筑资料50份。接待查档431人次，共调阅档案770卷次。

【柳钢档案馆】 1997年，柳钢档案馆共接收档案3312卷，底图9793张，接待利用档案5120人次，1.29万卷次。复制档案资料1.42万张(页)。

年内，该馆参与了公司IS09001质量认证工作。制定了《质量体系文件归档管理规定》、档案部门、档案馆长、档案管理人员质量职责。定期组织人员下二级厂检查质量体系文件收集、整理、归档情况，发现问题及时解决。为公司通过认证提供了保障。

举办公司专(兼)职档案人员学习班一期，150名专兼职档案人员进行了轮训，培训率达100%。上报的"灵活动用现代化方法运作档案业务"成果获柳州市经委颁发的"柳州市企业管理现代化成果一等奖。"

年终组织2个档案检查组对公司30个档案管理工作进行检查，对档案工作成绩突出的焦化、制氧、650厂、薄板4个单位给予表扬。对3个档案工作不合格单位进行通报批评。

1997年10月6日，国家档案局批准广西柳州钢铁(集团)公司档

案馆登记。（周伍柳）

体育

【概况】 1997年，柳州市体委对机关科室设置进行调整，在原有二室三科基础上，增设纪律监察室和社会体育管理科。下属事业单位有：三所业余体校、篮球训练基地、招待所、体育中心、体育馆、潜水队（含游泳池）。年末，市体委在册职工190人，其中干部128人，工人62人。三所体校共有专职教练员42人，高级职称1人，中级36人，初级5人。

年初，市体委，制定《柳州市体委第三期干部职工聘任制办法和实施方案》，明确聘任原则、条件、要求，聘任范围和期限，聘任期间待遇和管理；聘任工作程序及方法。抽调原则性强、作风正派、办事公道同志参加“聘任工作领导小组”，通过“学习动员、认真总结、民主测验、德能勤绩”四个程序，根据考核情况，提拔12名年富力强、德才兼备中、青年干部担任各部门领导职务，根据工作需要，对中层和一般干部、职工进行调整和交流，被聘任的每个干部职工都有定岗、有目标、有任务，7月顺利完成第三期聘任工作。

柳州市有8名教练员进行岗位培训，83名教练员（含两县及企业兼职教练）参加全区教练员理论考试。

柳州市目前在训的运动员中，有479名运动员已在广西区体委进行注册登记及资格审查，确保他们代表柳州市参加全区九运会资格。

年内，柳州市体委向广西体工大队输送运动员8名；向广西区体校输送运动员14名。

【参加洲际、全国全区比赛奖次】 1997年，柳州市运动员参加洲际、全国、全区比赛34项（次），共获奖牌208枚（金牌83枚、银牌70枚、铜牌55枚），其中洲际比赛金牌1枚；全国比赛金牌2枚、银牌6枚、铜牌6枚。

【贯彻实施“全民健身计划纲要”】 1997年是“全民健身计划纲要”重点实施年。市体委于2月组织、举办了柳北、城中、柳南、鱼峰、市郊五区；柳江、柳城两县及市直属机关为单位的全民健身知识竞赛，各参赛单位在经过自身开展竞赛活动基础上，选拔队伍参加在市电视台演播厅进行的总决赛。竞赛内容包括《体育法》、《全民健身计划纲要》及健身知识等，加深并引导广大群众对全民健身意义了解和认识。此外，市体委于五、六月间，在全市开展全民健身宣传月活动，充分利用广播、黑板报、标语、横幅等宣传方式广泛宣传《体育法》、《全民健身计划纲要》及体育锻炼知识，各城区及厂矿企事业单位均积极参与。

“双百万”（百万人健身跑、百万人做广播体操）活动中，市体委进行积极宣传和组织发动，得到社会各界群众支持和广泛参与，历时四个月，共有240个单位，3万多人参加该项活动，柳州市荣获广西区体委授予的全区“双百万”竞赛活动优秀组织奖。

【群众体育持续发展】 1997年，柳州市群众体育、社会体育都得到较大推动和促进。市体委共举办四期领操员培训班，培训领操员250多人，开展全市普及推广广播操评比活动，提高广大群众参与做操热情。

1997年，全市中、小学推标面达100%，适龄人数达标率92.09%，优秀率14.89%。举办全市中、小学群体竞赛活动14项（次），参加竞赛活动人数8000多人。有28所学校通过实施《学校体育工作条例》检查验收。重新考核命名全区传统体育项目学校8所，市级传统学校9所。年内参加广西全区中学生田径运动会，获甲组团体总分第一名，小学生男子篮球队获全区第二名。全市中学生运动会田径比赛，9人次破8项全市中学生田径记录。

【社区体育】 以各种辅导站、活动点、晨练、晚练组为组织形式的社区体育活动，参与人数愈来愈多，不同年龄群体有各自喜爱的锻炼项目，老年人以气功、太极拳、剑、武术套路、老年迪斯科舞蹈居多，据不完全统计，目前柳州市共有各种辅导站、晨练点等500多个。每天进行锻炼的人数达4万多人。不少中、青年也加入晨练队伍。社区体育的辅导站、晨练点已成为开展全民健身活动重要阵地。

随着人民生活水平改善和提高，体育活动已成为人们的需求，不少经营性体育活动场所进入市场并已为群众接受，网球、乒乓球、羽毛球、保龄球、健美操、体育舞蹈等都成为广大群众喜爱和参与项目，为保护群众参与体育活动积极性和利益，市体委增设社会体育管理科，对社会经营性体育活动进行正确引导和规范管理。

【备战广西九运会】 1997年3月，市体委先后召开“全区八运会柳州市代表团总结表彰大会”和“训练工作座谈会”。全面总结区八运会取得成绩和经验，部署备战广西九运会。客观地分析与南宁的差距，认清形势，增强危机感和紧迫感，找出制约柳州市业余训练发展因素——训练项目布局不合理、缺项过多，优势项目实力有所削弱；训练体制落后、训练器材长期得不到更新和补充；训练及选拔人才环节科技成分含量不高、竞争机制不强，未能形成整体实力与强队抗衡；经费紧缺，不能派队参加全区青少年比赛、缺乏大赛磨砺和经验等。会议听取各业余体校领导、各项目教练组长意见，提出进一步加强业余训练改进意见，制定切实可行措施和训练计划，对备战全区九运会早作准备打下坚实基础。

【办好体育竞赛】 1997年，市体委与有关单位先后承办’97”龙城“市长杯”足球对抗赛（广东宏远俱乐部队——广东健力宝青年队）；中澳足球对抗赛（广东松日队——澳大利亚墨尔本队）；中朝两军足球公开赛。柳州市体委积极争办高水平体育竞赛，丰富柳州人民精神文化生活，受到广大球迷欢迎与好评。对促进柳州市人民参与体育竞赛意识,为两个文明建设服务,起到积极作用。

【开放体育场所,开发体育市场】 市体委在贯彻实施《全民健身计划纲要》中,按照国家体委关于体育场馆要向社会开放指示精神,在保证业余训练正常使用场地设施前提下,充分发挥体育中心、篮球训练基地、体育馆、广雅体育场、游泳池等体育场所和设施功能作用,开办网球、羽毛球、溜旱冰、体育舞蹈、乒乓球、游泳等项目青少年学习班并向社会开放,对群众健身活动提供有偿服务,既为广大群众解决锻炼和健身强体场所,也为进一步发展体育事业筹集部分资金、拓宽体育产业路子。

柳州市业余训练基本情况表

单位	项目	教练员(人)			已岗培(人)	在训运动员(人)	注册运动员(人)	训练经费(万元)		97年成绩	
		高级	中级	初级				市财政	区拨款	金牌(枚)	输送(人)
一体校	田径	1	4	0	5	52	46			8	7
	游泳	0	3	1	1	27	27			3	
	举重	0	1	1	2	5	2			0	1
	足球	0	4	0	4	61	42			0	
	男篮	0	1	0	0	16	14			1	2
	女篮	0	1	0	0	11	14			0	2
	男排	0	1	0	0	20	0			0	
	乒乓球	0	4	0	1	25	25			0	2
	武术	0	2	0	1	16	16			7	2
	小计	1	21	2	14	233	186	57	暂无	19	16
二体校	羽毛球	0	0	1	0	38	17			2	1
	男射箭	0	1	0	1	9	9			5	
	女射箭	0	1	0	0	12	7			1	
	网球	0	1	0	1	10	8			1	
	射击(步)	0	1	0	1	12	11			0	
	射击(手)	0	1	0	1	11	7			1	2
	蹼泳	0	2	0	0	27	15			1	5
	小计	0	7	1	4	119	74	25	暂无	11	8
体操学校	体操	0	5	1	0	51	37			18	11
	技巧	0	2	0	1	18	9			16	5
	艺体	0	1	1	0	16	13			15	4
	小计	0	8	2	1	85	59	60	暂无	49	20
柳江县	篮球						10				
	女手						20				
	田径						14				
	举重						0				
	小计						44				
	总计	1	36	5	19		363	142		79	44

注:1. 金牌数未统计获全国4枚在内。输送含97年12月31日仍在区体工队、区体校长训、短训运动员。

2. 注册运动员未含市厂矿企业运动员在内,但包括柳江县注册运动员。在训运动员柳江县及市厂矿企业未统计在内。

3. 本表据97年12月31日上报的"业余体校情况统计表"统计。

(李兆澄)

社 会 生 活

计 划 生 育

【完成自治区下达的计划生育各项指标】 1997年柳州市计划生育工作坚持“三不变”,落实“三为主”,加快“三结合”步伐,实现“两个转变”,重点抓基层、打基础,计划生育工作整体水平大大提高,圆满完成自治区下达的人口计划和各项工作指标:全市共出生人口14674人,出生率8.47%,占自治区下达指标的52.78%,计划生育率94.45%,比自治区下达的指标提高10.45个百分点,多孩率为0.57%,比上年同期低0.04个百分点,综合节育率为90.89%,比上年同期低0.78个百分点,全市环扎手术基本到位。1997年柳州市计划生育委员会获全区岗位目标管理二等奖。

【计划生育“三为主”】 1997年柳州市计划生育以抓宣传教育为主,避孕节育为主,经常性工作为主的“三为主”工作为重点,下发柳州市计划生育“三为主”工作规划,提出发展目标、任务和指标,将其纳入人口与计生工作目标考核方案,相应成立市、县(区)“三为主”工作领导小组。重点加强基层宣传、服务网络建设,抓县、乡(镇)网络人员配备、房屋、设备、报酬、职责五落实。加强避孕药具的供应和管理工作,对全市计划生育避孕药具实行统一计划、统一管理、统一进货渠道,保证药具的供应和药具质量。开展计生“三为主”工作评比活动,促进“三为主”工作的深入发展。

【计划生育宣传教育】 1997年,柳州市计划生育宣传教育工作,坚持面向基层、面向家庭、面向群众,动员全社会力量开展全民性人口与计划生育宣传教育。利用多种渠道,对育龄群众进行广泛深入地宣传教育;开展科技周活动宣传,组织市彩调团和有关专家到两县一郊宣传演出、咨询和计生《条例》知识抢答,深受群众欢迎;与市委宣传部联合举办柳州市计生好新闻评比活动,推选10篇优秀作品参加自治区评选取得好成绩。组织参加自治区、国家的“恩威杯”知识竞赛,获自治区组织二等奖,1人获国家一等奖,9人获优秀奖,2人分别获自治区一、二等奖,48人获优秀奖。送出10幅作品参加全国幼儿书画展,作品《可爱的家乡》获国际儿童书画评比优秀奖。继续在电视台开设《来自计生的报道》专题,《柳州日报》设《人口与计生大家谈》专栏,广播电台设《人口与计生新闻》栏目,做到计生报纸、杂志、挂图进村,计生政策、少生快富科技知识入户,使计生政策家喻户晓、人人皆知。举办第二次城乡独生子女手拉手活动,43名农村独生子女与城市独生子女结为对子,收到很好的宣传效果和社会效益。

【计划生育技术服务网络建设】 1997年,柳州市加大计划生育技术服务网络建设的力度,抓了三件事,一是制订《柳州市计划生育基层服务网络上等级三年规划》,投入资金6万元,加快基层技术服务网络建设的步伐。目前,市、县(区)、乡(镇)、街办配齐专职管理人员,柳江、柳城两县服务站已达到一级站标准,除郊区外,27个乡(镇)服务所100%有了独立业务用房。有两个乡镇服务所达到一级所标准,18个乡镇服务所达到二级所标准。二是统一制订县、乡、村服务站(所、室)工作职责,进行规范化管理。三是提高各级技术人员的业务水平和管理水平,确保手术和服务质量,认真抓好《许可证》和《合格证》的考核发放工作。经考核验收,两县服务站全部达到标准要求;乡(镇)检查12个服务所,有11个已达到标准要求,36人考试合格。市计生指导所和柳江县服务站已成功为九例失去孩子的夫妇做复通手术。

【计划生育依法管理】 1997年,柳州市强化计生依法行政和依法管理工作。认真贯彻落实《九五期间全区计划生育政策法规工作规范化管理实施办法》,加大依法凭证怀孕生育工作力度,下发《柳州市生育证发放管理暂行规定》,对生育指标发放的程序、原则及要求作了具体规定,全市凭证怀孕、生育工作落到实处。推行计生合同法制化、规范化管理,制订《柳州市计划生育合同法制化规范化管理实施方案》,以市政府名义下文实施,拟定各类计生合同文书八种,由司法公证部门实行合同公证。在管理上逐步走上由单一的行政管理转变为群众民主参与,政府进行服务“承诺”的法制管理轨道。开展计生执法监督、检查、严格依法行政,杜绝计生收费“三乱”现象。

【流动人口计划生育管理】 1997年,柳州市成立流动人口计生管理科,两县五区相应成立管理机构。市人大、政协就本市流动人口计生管理问题专门组织现场视察,专题研究,促进政府对流动人口计生管理。贯彻落实国家八部委《关于进一步做好城市计划生育工作的意见》,市人民政府与公安、工商、劳动、建设、房产等部门签订流动人口计划生育部门职责分工责任书,明确各有关部门的责任指标和奖惩办法,通力合作,发挥各职能部门的作用,对流动人口进行综合治理,收到一定的效果。在实施过程中,市计生委对流动人口计生管理有关部门的配合及履行职责情况进行调查,写出专题调查报告,为政府领导决策提供依据。加强对流入流出人口的计划生育办证验证工作,印发13.2万张流动人口计划生育管理须知,发放《流动人口计划生育证明》催办通知书，流动人口的计划生育管理开始走上正轨。

【计划生育“三结合”】 1997年，柳州市计生“三结合”工作加快了步伐。提出在城区利用“三生”基金实施下岗计生户再就业工程，市计生委下发《城区实施“三生”服务，开展下岗女工计生户千人再就业工程方案》，要求各城区启动部分“三生”资金，以社区服务为依托，采取有偿借用，重点扶持的方式，为下岗女工计生户提供资金支持，择业指导和政策倾斜。年内，全市共安置235名下岗女工计生户重新就业。

两县一郊重点帮扶农村独生子女户、双女结扎户发展生产，脱贫致富的“三结合”工作又有长足发展。“三结合”工作投入资金259万余元，帮扶计生户1326户。通过项目选择，资金支持，技术指导，帮扶户年人均增收600元左右。

【计划生育服务】 1997年，柳州市坚持开展优生优育优教等系列服务，通过新婚夫妇学校、胎教学校、儿童智力早期开发函授学校和各项有益的咨询、健康体检活动，进行计划生育宣传教育和服务。年内，举办新婚夫妇学习班25期，3000多对夫妇参加学习，为1000多对新婚夫妇做最佳怀孕时间测定：举办胎教班28期，1053名孕妇接受优生优育教育；举办儿童早教班2期，153名儿童家长参加学习；给833个婴幼儿做智力测定，请湖北大学儿童智力早期开发中心的教授为市机关、厂矿讲学4场，2000多名儿童家长参加听课。组织市工人医院内、外、儿、妇、五官科专家到两县一郊的边远乡村为村民送医、送药、送温暖，发放科普宣传资料1万份，义诊350多人次，咨询300多人次，免费发放避孕药具250人份。一年来，市计生指导所到基层单位为3200人次进行妇女病普查，下到乡村为独生子女作健康体检470多人次，深受群众称赞。

（贺祖成　赵立华）

妇女·儿童·青年

【“双学双比”竞赛活动】 1997年，柳州市妇联组织19万多名农村妇女参加“双学双比”竞赛活动，妇女参赛面达95%以上。在活动中，抓好有妇女特色的种养加工基地，以基地为纽带，推动妇女进入市场。提高农村妇女素质，办好妇女实用技术、女能手等各种类型的培训班，为农村妇女参与经济建设打下良好基础。年内全市各部门、单位举办各类技术培训班5115期，受训妇女达10万多人（次）；举办农函大班6期328人参加；举办市级女能手培训班1期50人参加；489名妇女获得“农民技术员”称号。结合“巾帼扶贫行动”，开展传、帮、带，有2121户贫困户得到扶持和帮助；开展科技下乡、科普支农活动，发送科普资料1.5万份，挂牌树立科技种养示范户544户。

【年轻妈妈读书活动】 1996年9月至1997年12月，柳州市妇联在全市城乡开展阅读卢勤女士《写给年轻妈妈》一书活动。全市城乡6000多名25岁—40岁的年轻妈妈报名参加读书活动。元月24日，市妇联、市计生委召开“柳州市年轻妈妈读书经验交流会”，8位年轻妈妈“优秀读者”作经验介绍，56位年轻妈妈荣获“优秀读者”称号。2月21日，来自各单位的24名年轻妈妈参加市妇联、市计生委举行“柳州市年轻妈妈读书演讲比赛”，市二职校的田昕、柳钢二小王菁荣获一等奖，市职工大学张翔、市景行小学李桂、市教育电视台廖英姿获二等奖，市地税局赵帆等8名获三等奖，陈萍等11名获优秀奖。市五区两县及工厂、学校均开展了读书经验交流或演讲比赛。2月27日，市“年轻妈妈读书演讲比赛”中获前6名的优秀选手参加了自治区“年轻妈妈读书演讲比赛”，与全区38名选手角逐。结果，柳州市职工大学张翔获一等奖，被推荐参加全国“年轻妈妈演讲比赛”。市二职校田昕、市景行小学李桂、市地税局赵帆获二等奖，市教育电视台廖英姿、柳钢王菁获三等奖。柳州市妇联、市计生委、柳机子弟小学、市弯塘小学获全区年轻妈妈读书活动优秀组织奖。柳州市有60名年轻妈妈获全国读书荣誉奖。市妇联、市计生委获全国读书活动优秀组织奖。随后，市妇联、市计生委还组织优秀年轻妈妈演讲团到柳机、市景行小学等单位为4万多年轻的夫妇进行演讲，广受欢迎。

【“万家爱心献春蕾”助学活动】 1997年2月中旬，柳州市妇联向全市各级妇女组织发出《关于在全市妇女中开展“万家爱心献春蕾”筹资助学活动的通知》，将扶持任务分解到两县五区，强调按要求，按步骤开展形式多样的扶助活动。各级妇联积极响应，以义卖、发动群众捐款捐物等形式将“春蕾”活动引向深入。10月份，各县（区）妇联带着辖区妇女群众的一片爱心，分别到柳江县、柳城县贫困点开展“爱心献春蕾”助学结对活动，将筹集的款物送到儿童手中，使一批失学、特困儿童重返校园。1997年，全市共扶持儿童155名，扶持金额4.5万元，超额完成上级妇联下达的扶持任务。

【柳州市第十三届儿童少年书画比赛】 以“我的祖国，我的家乡，我的学校”为主题的'97柳州市第十三届儿童少年书画比赛暨全国少儿第二届美术书法大赛，于5月底结束，优秀作品于6月1日至7日分别在市群众艺术馆展厅和五一路宣传窗展出。本次书画比赛与往年相比，有两个显著特点：一是今年的比赛已

小资料：

柳州市1997年度“双学双比”竞赛活动种养女能手（10人）

姓名	单位
廖干芬	柳城县西安乡
韦爱荣	柳城县冲脉乡
韦美光	柳城县马山乡
覃秀群	柳城县东泉镇
王冬姣	柳江县进德镇
罗新凤	柳江县拉堡镇
张明卿	柳江县里高乡
农秀兰	柳江县百朋镇
刘汉英	郊区柳东乡
陈芝瑞	郊区石碑坪镇

纳入全国大赛的范畴。全市有98所中小学、幼儿园3180多名儿童少年踊跃报名参赛；二是本次比赛无论是规模、参赛人数还是参赛作品的数量和水平均在历届之冠。收到美术作品1766幅，书法作品838幅。经评比上送优秀作品及初评获奖名单，全都获得全国大赛评审组委会的认定。市教委获全国组织工作先进单位奖，市工程公司学校获全国大赛先进集体奖，有76名美术、书法教师获全国指导工作奖，有998名儿童少年获全国一、二、三等奖。这次比赛是柳州市参加全国正规书画大赛获奖人数最多。

【"六·一"节庆祝活动】 1997年，"六一"国际儿童节柳州市开展了内容丰富多彩，形式隆重热烈的庆祝活动。5月29日上午，市委书记刘知炳带领市四套班子领导及有关部门负责人50多人，分四路到特困企业、县、郊9所学校、幼儿园帮助解决实际问题，给孩子们送去节日的祝贺和价值3万元的礼物。5月28日上午，市委、市政府隆重召开柳州市庆祝"六·一"国际儿童节表彰大会。全市有10名"龙城好园丁"、10名"龙城好儿童"受到市委、市政府的嘉奖。29名儿童少年及工作者分别获龙城好园丁、好儿童提名奖，受到市妇儿工委的表彰奖励。23个"亿万爱心献春蕾"先进集体，35个先进个人受到市妇联、市儿童少年基金会的表彰奖励。次日，表彰大会盛况及第三届"龙城好园丁、好儿童"的先进事迹、照片分别刊登在《柳州日报》一版、二版上。

【宋庆龄基金会广西电子琴培训中心柳州分中心挂牌成立】 1997年元月28日，市妇儿工委在市群众艺术馆举行宋庆龄基金会广西电子琴培训中心柳州分中心成立授匾仪式。该分中心是宋庆龄基金会广西电子琴培训中心在我区设立的第一个分中心。它将成为柳州市儿童少年又一个校外教育基地。自治区妇联主席卢玉娟在成立仪式上作重要讲话，代表广西电子琴培训中心向柳州分中心赠送CTK—550型电子琴13台。市领导徐伟崇出席了成立仪式，代表柳州市接受了"宋庆龄基金会广西电子琴培训中心柳州分中心"牌匾。广西少儿艺术团为柳州分中心的成立演出文艺节目。该分中心成立一年来，采取走出去的办学方法，扩大办学规模，先后在市二机幼、地区保育院、二轻幼儿园等开办电子琴培训班13个，学员174人。其中5人在柳州市1997年校园艺术节比赛中获电子琴比赛一、二、三等奖。1人通过全国电子琴7级考试，5人获三级证书，3人获六级证书，2人获八级证书。

（市妇联写作组）

【第九届青工状元技术大赛】 1997年，柳州市团市委动员220个单位组织厂级、行业级、市级的青工技术比武，涉及工种300多个。其中烹饪、计算机操作系统、车工、焊工、冷作工等5个工程评出青工状元和青年技术能手53名，其中5名状元是李文森、车春艳、毕泽刚、卓闻、邓大志，另有48名获技术能手称号。

【实施"柳州市下岗青工再就业工程"】 1997年，柳州团市委督促企业各级团组织积极做好青工思想稳定工作，开展转变择业观念的教育，成立"市青工再就业培训指导中心"，开办的电脑、股票等培训班，培训下岗职工500多人，协调、帮助170名下岗青工再就业，推出"星火援助行动"，发动农村青年星火带头人和城市下岗青工结对，搞农业综合开发，为下岗青工开辟就业门路等。

【实施"青年文明号"服务卡行动】 以居民生活小区为范围，以"青年文明号服务卡"为纽带，以特殊困难户为重点服务对象，针对人民群众迫切需要解决的房屋维修、家电维修、医疗保健等一些实际困难上门服务。全市有380多个青年文明号集体，通过服务卡上门为民服务860多次。

【创建"全国青年志愿者服务体系"重点城市】 1997年开展全市性青年志愿者行动20多次，共计14万人次参加，开展"三下乡"500多人次，各类便民、为民服务860多次，赠书刊10万册，送文艺节目50余台等，重点建设"九个一"工程，9月柳州市被中国青年志愿者协会、团中央确定为"全国全面推进青年志愿者行动"重点城市，团市委随即制定创建工作方案和具体实施步骤，制定《健全柳州市青年志愿者协会

柳州市女子交警队与五一路北一巷82号的覃秀蓉老人结为"一助一"对子。女交警们将长期为覃老提供生活等方面的服务。

赖柳生 摄

组织网络、职能及设置办法》、《柳州市青年志愿者招募及管理办法》、《柳州市青年志愿者抗洪救灾总队的组建办法》,成立柳州市青年志愿者抗洪救灾总队,对首批青年志愿者抗洪救灾指挥员进行技能培训。

青年志愿者科技扶贫、帮孤助残、保护环境、美化城市做出积极贡献。全市5万青年志愿者利用节假日开展为民服务活动,累计达12.5万人次,开展长期"1+1"帮助结对数2050户,青年学生"三下乡"达1.35万人次。

(团市委写作组)

老龄工作

【老龄工作总结表彰】 1997年是柳州市老龄委成立十周年,中共柳州市委、市人民政府于1997年10月9日召开柳州市老龄工作总结表彰会,授予柳州市委老干局等16个单位为老龄工作先进单位称号,授予柳北区老龄委等18个为老龄工作先进集体,授予樊顺长等70人为老龄工作先进个人。

【成立老年法律顾问处】 1997年7月1日成立"柳州市老年法律顾问处",该处为柳州四维律师事务所的分支机构,受理老年人有关法律咨询、调解、起诉等,柳州市老龄委在办公地点及条件上给予支持。

【举办关心老年健康大会】 1997年5月31日召开柳州市老年人健康大会,会上有关领导及专家介绍了老年社会问题,老年健康、国内外老年保健等内容,近千名老年人听了报告,北海恒威公司还向各位老年人赠送了最新保健品。

【制定柳州市老龄事业近期工作意见】 1997年11月,经柳州市人民政府同意《柳州市老龄事业近期工作意见(1997—2000年)发至全市各单位征求意见,就柳州市老龄事业中存在的困难和问题、今后工作的任务、目标及主要措施作了说明。

(市老龄委写作组)

婚姻家庭

【婚姻登记】 1997年,民政部门加强对婚姻登记工作的管理,制止1起非法从事涉外婚姻介绍活动,2起婚姻登记当事人欺骗性行为;启用婚姻证件新格式,规范填写;坚持婚姻登记员先培训、考核合格后才准上岗的制度,纠正一些婚姻登记机关使用不经培训考核人员的现象。是年,全市办理结婚登记12916对(其中复婚175对、补办174对),离婚登记1092对,申请离婚调解和好430对,涉外婚姻登记104对(其中涉及香港、台湾同胞的69对)。建立婚姻档案340册。

(民政局编写组)

【家庭教育工作】 1997年,柳州市妇联牵头完成《柳州市家庭教育"九·五"计划》编制工作。调整充实柳州市家庭教育指导小组。组员单位由原来的20个增加到28个。4月份,柳州市妇联、市教委联合在全市开展第三届家庭教育论文评选活动,收到基层单位评选推荐的论文54篇。经评审,有19篇论文分别获一、二、三等奖。其中一等奖3篇,二等奖6篇,三等奖10篇。6月底,从获奖论文中选择10篇论文代表柳州市参加自治区妇联、广西家庭教育研究会联合开展的全区第五届家教论文评选活动,有6篇获奖,其中,二等奖1名,三等奖2名,优秀奖3名。5月底,市妇联、市教委、市计生委、市卫生局、市广电局、柳州日报社等6家单位联合举办柳州市优生、优育、优教知识百题竞赛活动,历时两个多月,收到答卷15375份,经摇奖评出:一等奖3名,二等奖5名,三等奖8名,奖励奖100名。市教委政教办、市卫生局妇幼科等27个单位获组织奖。

(市妇联写作组)

城市居民生活

【城市居民家庭构成状况】 1997年,柳州市居民家庭调查户据柳州市城市社会经济调查队抽样调查,由上年的100户增到150户。居民家庭平均人口数为488.10人,平均每户3.25人,比降3.85%,其中有收入者2.24人,无收入者1.01人,比上年分别上升2.75%和下降16.53%。在150户有收入者中,就业人数为271.84人,平均每户1.81人,比降8.59%,平均每一就业者所负担的人口数(负担系数)为1.56人,比降0.05个百分点,就业面为64.21%,比上年上升2.15个百分点,就业人数中有210.08人是国有经济单位职工、有28.09人是城镇集体经济单位职工、有0.25人是其它各种经济类型单位职工、有12.75人是个体经营者、有5.83人是个体被雇者、有11.51人是离退休再就业者、其他就业者有3.33人。离退休平均人数为64.76人。不同收入水平的家庭结构,与上年相比,所占比重变化明显,按平均每人每月可支配收入分组,在200元以下的低收入户6户占4%,与上年持平;收入在200—300元的中下等收入户有22户占14.67%,比降1.33%;在300—500元的中等收入户中有71户,占47.33%,比降9.67%;而500—800元的中上等收入户40户,占26.67%,比升5.67%;800—1000元的高收入户有8户,占5.33%,比升3.33%;收入在1300—1400元的最高收入户有3户,占2%,上年无此收入户。

【城市居民收入增长,生活水平提高】 1997年,柳州市居民收入比上年有不同程度的增长。150户居民家庭中人均现金收入6878.54元,比增802.63元,增长13.21%,扣除物价上涨因素后实际增长12.87%;实际收入人均5476.69元,比增4.45%,扣除物价因素实增4.14%;可支配收入人均5457.11元,比增4.09%,扣除物价因素后实增3.78%。(国家统计局规定以可支配收入取代生活费收入,作为测算居民生活收入水平的一个指标)。与全国城镇居民人均可支配收入5160元相比,高出297.11元,增加5.76%;与全区城镇居民人均可支配收入5110.30元相比，高出346.81元，增加6.79%；与全区城市居民人均可支配收入5670.27元相比，少收入213.16元，减少3.76%。由于全年物价平均上涨幅度比上年大大回落，居民收入增长速度大于物价增幅，居民的生活水平基本上消除物价上涨的影响。

1997年柳州市居民收入呈三大特征：特征之一是占居民收入主体的职工收入增幅下降。1997年国有经济单位和城市集体单位职工收入人均3609.42元，比上年减少593.24元，下降14.12%，其占可支配收入的比重由上年的80.16%降到66.14%，减少14.02个百分点，其中：奖金收入人均849.99元，比降5.57%。特征之二是其他劳动者收入和其它劳动收入大幅度增长。个体经营者的净收益人均199.07元，比上年增长3.56倍，离退休再就业者收入增长92.20%，其它劳动收入增幅达98.89%。特征之三是居民工资外收入呈大幅度增加。居民财产性收入人均273.45元，比增10.18%，其中红利增长1.98倍、其它财产租金收入增长15.03%，而利息随国家银行存贷款利率的下调，下降幅度较大，达39.37%，转移性收入增长1.08倍。包括提取储蓄存款、提取储金会款、借入款、收回借出款、收回储蓄性保险本金、兑售有价证券、购置房屋从银行贷款和其它借贷款等在内的借贷收入人均1401.84元，增幅达68.39%。

【城市居民消费增大，支大于收户减少】 1997年，柳州市居民消费水平随收入的增大，生活质量有所上升。据统计，人均现金支出6749.29元，比上年增加814.83元，增长13.73%，扣除物价上涨因素实际增长13.39%；人均实际支出5423.16元，比增4.76%，扣除物价因素后仍增长4.44%；其中人均消费性支出4732.42元，比上年增加155.39元，增长3.39%，扣除物价上涨因素实增3.09%，其增长幅度低于可支配收入增长幅度0.7个百分点。

从150户家庭收支对比看，有37户出现支出大于收入，所占比重为24.67%，比上年同期下降22.33%，其中，最低收入组有3户、低收入组5户、中等收入组20户、高收入组5户、最高收入组4户，分别占全部调查户的2%、3.3%、13.3%、3.3%、2.7%。支大于收户大部分集中在中、高收入组中，两组占78.38%。

出现支大于收的主要原因：一是一次性大宗支出。随电器市场商品大幅度降价之风，较多家庭消费投入购买大件商品，总体看，150户居民家庭年内购买彩电7台、影碟机12台、家用电脑1台、组合音响2套、冰箱3台、洗衣机5台、空调器7台、摩托车8辆、自行车32辆。在37户支大于收家庭中，有7户购买彩电、3户购买冰箱、1户购买高档乐器，分别占18.92%、8.11%和2.7%；随房改的进一步深入，有部分家庭集资建房，在原有半产权住房的基础上补齐款项购买全产权住房，在支大于收户中有4户家庭购建房，比重为10.81%；购买其它大宗商品的有4户，占10.81%。二是其它类型的支出增大。主要表现是赡养、赠送和亲友搭伙等支出上升，在37户中有12户其它支出过大，占32.43%，其中有2户是亲友搭伙、2户赡养支出、8户赠送支出，分别占支大于收户的5.4%、5.4%和21.62%，在8户赠送支出大户中有6户赠送金额在500-1000元以上，其中有一户高达4800元。1997年柳州市人均赠送支出251.85元，比上年同时增加46.76元，上升22.80%，赠送金额呈上升趋势。

【城市居民食品消费偏向营养化】

1997年，随居民生活水平的逐步提高，生活习惯稍微改变，消费结构也发生质的变化，改变了以往吃、穿、用、住的消费结构，食品消费更偏重营养化。本年度柳州市居民人均食品消费支出2196.72元，比上年减少139.59元，下降5.97%，扣除物价上涨因素实降6.62%，全年食品消费支出占消费性总支出的比重为46.42%，比上年减少4.62个百分点，按恩格尔系数原理测算标准，柳州市居民生活已达到小康水平。从居民购买的主要食品消费量和金额与上年比较，由于今年以粮食、蔬菜、肉禽蛋等价格相对下降，致使其中有5类品种呈上升、有5类呈下降趋势，有2类是消费量上升而金额支出下降。在消费下降的品种中，粮食人均消费量80.7公斤、金额237.02元，比上年分别下降0.62%和10.20%；菜类消费101.3公斤、206.96元，比降10.77%和11.90%；干鲜瓜果类消费43.2公斤、127.87元，比降7.69%和12.29%；酒和饮料类消费53.16元，比降5.44%；在外用餐消费280.01元，比降11.64%。在消费上升的品种中，油脂类人均消费8.8公斤、90.50元，比升2.33%和0.1%；水产类消费11.9公斤、135.76元，比升22.68%和7.13%；烟草类消费66.38元，比升0.3%；糖类消费33.65元，比升6.39%；奶及制品消费25.07元，比升8.67%。而肉禽及制品消费量人均35.7公斤、消费金额725.31元，分别比上年上升2.88%和下降4.52%；蛋类消费量7.1公斤，金额58.04元，分别比升4.41%和比降14.87%。

【城市居民穿着消费呈下降趋势】

1997年，柳州市居民人均衣着支出386.77元，比上年下降22.87%，占消费性支出的比重为8.17%，比上年减少2.97个百分点。在购买衣着费用支出中，购成衣的消费是近几年穿着的主要支出，1997年人均购买各种服装支出243.35元，比上年下降21.09%，其占衣着类总支出的62.92%，比上年增长1.42个百分点，其中购买男士服装支出人均96.79元、女士服装支出124.62元、各式童装支出21.95元，各占购买服装总支出的39.77%、51.21%和9.02%，与上年相比，男士服装支出下降19.36个百分点、女士服装支出下降24.32个百分点、童装支出下降7.38个百分点。衣着消费中，人均购买各种衣着材料支出31.87元，比上年下降42.50%，其占衣着总支出的8.24%，比上年减少2.81

个百分点，其中，购买棉布和棉化纤混纺布占购买各种衣着材料支出的比重由上年的73.82%下降到62.97%，减少10.85个百分点；购买呢绒绸缎支出由7.94%下降到7.84%，减少0.1个百分点；购买毛线支出由15.49%上升到17.38%，增长1.89个百分点；购买其它衣着材料支出由2.75%上升到11.81%，增长9.06个百分点。人均购买各种鞋袜帽及其它支出为97.22元，比降20.73%，其占衣着总支出的25.14%，比增0.68个百分点。人均衣着加工费支出14.33元，比降4.21%，其占衣着总支出的3.70%，比增0.71个百分点。

【城市居民设备用品消费增长快】 1997年，柳州市居民家庭设备用品及服务支出人均为377.18元，比上年增加72.15元，增长23.65%。占消费性总支出的比重由上年的6.66%上升到7.97%，增加1.31个百分点。在测算家庭设备用品及服务支出的六项指标中，有五项消费上升，一项下降，其中：耐用消费品人均支出243.48元，比增25.96%；室内装饰品增长1.98倍；家庭日用杂品增长5.81%；家具材料增长1.89倍；包括保姆、加工维修服务费在内的家庭服务人均支出20.69元，比增62.79%；上升幅度都比较大，仅有床上用品类的支出人均23.90元，比上年下降4.93%。随市场商品的极大丰富，品种的不断更新换代，居民消费水平的逐步提高，在耐用消费品中，家庭设备购置人均支出134.95元，比增21.88%，其中洗衣机增长1.82倍；空调器增长38.35%；电炊具增长28.95%。150户居民家庭期末主要消费品拥有量：毛皮呢大衣305件、毛毯132条、组合家俱121套、摩托车37辆、自行车321辆、洗衣机134台、电风扇421台、电冰箱122台、彩电145台、影碟机29台、录放像机31台、家用电脑2台、组合音响39套、录音机71台、照相机53架、其它中高档乐器5件、微波炉3台、空调器19台、电炊具169个、沐浴热水器97台、抽排油烟机74台、吸尘器1台、健身器材7件。

【城市居民娱乐文教消费排居第三】 1997年，柳州市居民娱乐文教服务支出人均525.31元，比上年减少41.17元，下降7.27%，占消费性支出的比重为11.10%，成为继食品、居住之后的第三大类消费。在其构成中，居民购买娱乐耐用消费品支出人均167.06元，增长85.05%，从具体的消费品种看，彩电购买量较大，尤其是目前流行的25英寸以上超平面直角彩电，百户居民购买量达7台，比上年增加6台，人均消费81.62元，比增3.13倍；影碟机，特别是VCD流行较快，品种较多，与其相配套的组合音响也迅速升温，每百户中，购买影碟机和组合音响分别达8台和1.3套；由于近来电脑价格下降幅度较大，已逐渐被广大市民、工薪阶层所接受，家用电脑开始进入居民家庭，百户购电脑0.67台，人均支出10.24元。调查户中影碟机、电脑购买上年均没有。居民在物质享受得到一定满足后，更注重精神方面的享受，用于文化娱乐的支出增幅较大，比上年增长24.54%，其消费主要加大投向文娱用品和文娱费的支出，分别比增49.57%和58.84%；而随书报杂志价格的上涨，面对高昂的书价，购书报的读者只好放弃或减少购买量，致使书报杂志支出下降30.28%。近年来，有关部门狠抓学校乱收费的现象，使教育费人均支出仅224.43元，比上年减少144.32元，下降幅度达39.14%，其中学杂费支出就比上年下降45.54%；而托幼费和成人教育费支出分别比增95.82%和2.38倍。

【城市居民医疗保健、交通和通讯消费增长】 1997年，随着公费医疗制度改革的进一步深化，以及人们对健康的重视，柳州市居民用于医疗保健的支出人均131.98元，比上年增长89.60%，其中保健用品支出增长55.05%；医药费及补药品费支出比增87.07%；医疗保健服务费支出幅度更大，比增达1.07倍。1997年柳州市居民人均交通和通讯费用支出为361.59元，比上年增加179.83元，增长98.94%，从分项来看，交通和通讯两者呈不同的趋势，交通人均支出比增2.2倍，通讯人均支出比降31.25%。随摩托车和自行车生产量及库存量的大量增加，市场价格大幅度降价，调动居民更新、改变交通工具的积极性，年内百户居民购摩托车6.7辆，比上年净增5.7辆，人均支出213.52元，比增15.05倍；购自行车22.7辆，净增4.7辆，人均支出比增11.86%。虽然通讯总支出比上年有所下降，但邮电部门多次降低安装电话、销售大哥大及BP机的价格，采取各种优惠政策，刺激居民购买欲望，其中居民用于购买通讯工具的支出比上年增长一倍；电讯费支出比增99.14%；邮费支出比增1.08倍。

【城市居民杂项商品和服务消费微增】 1997年，柳州市居民人均用于杂项商品和服务支出170.67元，比增6.17%，其中居民个人消费支出128.95元，比降6.10%；其它商品支出增长2.26%；其它服务支出增长1.7倍。在个人消费中，增幅较大的主要有购买理发美容用品增长2.46倍；理发美容的其他费用增长4.8倍；美容费增长11.7倍；美容化妆品增长0.3%。而下降幅度较大的有居民旅游费用下降22.74%；服务费下降19.48%；个人用品费下降2.36%。

【城市居民非消费性支出继续上升】 1997年，柳州市居民非消费性支出，随国家保险事业的发展和住房商品化步伐的加快，使保险、购房与建房支出进一步增加。人均非消费性支出690.28元，比增15.06%。其中各种非储蓄性保险支出5.43元，比增2.85倍；赠送支出比增22.8%；购房与建房支出回升，人均由上年的177.30元，增到268.83元，增长51.62%；而个人所得税人均由上年的0.76元降至0.50元，下降34.21%；其他各种税金下降30.0%；其他非消费性支出下降40.17%；赡养支出下降17.81%。

（苏庆辉）

城市居民住宅

【城市居民住宅面积增加】 1997年，据柳州市城市社会经济调查队调查资料统计，柳州市150户居民家庭居住面积为6396.20平方米，人均居住面积达13.10平方米，比增0.86平方米，增长7.03%。其中按每百户人均居住面积分：居住在4平方米以下及无房户家庭没有；居住在4-6平方米、6-8平方米、8-10平方米家庭分别有2.7户、12户和10户，分别比上年增长35%、20%和下降37.5%；居住在10-12平方米、12-14平方米的家庭分别有18户和13.3户，比上年下降21.7%和33.5%；而每百户人均居住在14平方米以上的家庭有44户，比上年增长达51.7%，增长幅度最大。按房屋产权分，每百户居住在公房户有22.7户，比上年上升26.1%；住租赁私房户6.7户，比上年上升2.35倍；住自有房或部分产权的自有房有70.6户，比上年下降11.75%。按住宅建筑式样分，每百户居民住在单栋配套楼房有0.7户，比上年下降65%；居住在普通楼房和普通平房及其他的分别有3.3户和4户，分别上升65%和2倍；其余92户居住在单元式配套住宅，比上年减少2户，下降2.13%，其中住一居室的有10户，比增2.3倍、住二居室和三居室分别有66户和15户，比降8.3%和16.7%、住四居室及以上的1户，与上年持平。

【城市居民居住条件进一步改善】 1997年，柳州市居民家庭居住条件的进一步改善，不仅体现在居住面积的扩大，更反映在住宅配套设施的完善上。150户居民家庭平均每户居住室为3.14间，基本上与上年持平；人均拥有辅助面积3.03平方米，比上年增加0.08平方米，增长2.71%。配套设施的完善体现在：按自来水使用情况分，居民独家使用自来水户已占99.33%，仅有1户人家目前仍使用公用自来水；按卫生设备拥有情况分，有3户无卫生设备、3户有厕所无浴室、2户使用公用卫生设备，分别占2%、2%和1.33%，而住宅内有浴室厕所的有142户，占94.6%，比上年下降2.33%；按厨房使用情况分，有148户使用独用厨房，占98.66%，与上年持平，仅有1户无厨房和1户使用公用厨房，各占0.67%；按燃料使用情况分，有29户使用管道煤气、105户使用液化石油气、分别占19.33%和70%，使用燃气的普及率为89.33%，比上年减少6.67个百分点，仍有11户以煤作燃料、5户使用其他燃料，分别占7.33%和3.33%，比增4.33和2.33个百分点；按家庭电话拥有情况分，无电话户78户占52%，比降11%、有电话户72户占48%，比增11%，其中，公费电话15户占10%，比上年减少4个百分点、自费安装电话户56户，占37.33%，比增14.33%，安装营业性公用电话1户，占0.67%，由于许多机关及事业单位执行国家关于取消公费住宅电话的通知精神，致使住宅公费电话减少，自费电话增加；按家庭取暖设备拥有情况分，有5户安装有空调设备，占3.33%。

【城市居民住房消费增加】 1997年，柳州市居民的住宅内部装饰消费随装饰原材料价格的下降而红火起来。据统计，150户居民家庭平均每户用于住房装饰支出为181.30元，比增加8.99元，增长5.22%；户均用于室内装饰品支出47.60元，比增1.87倍，上升幅度较大，其中，纺织装饰品支出24.39元，比增11.64倍、装饰灯具支出13.55元，比增1.56倍、其他装饰品支出9.66元，比增2.99%。同时，随购买全产权房改的进一步实施，拥有自家住房的居民家庭日益增多，致使购房和建房、住房维修消费加大，1997年户均购买和建房支出874.79元，比上年增长45.79%；150户中户均住房支出1147.74元，比增39.36%，其中购买住房建筑材料支出263.82元，比增48.18%，用于住房维修服务支出112.79元，比增2.15倍、随房租逐年的调整提高，房租支出771.13元，比增13.15%。 （苏庆辉）

市场物价

【市场物价运行总态势】 1997年，柳州市市场物价的总水平在1996年低价位水平上继续稳中趋降，是价格体制改革以来，柳州市物价水平最低的一年。据柳州市城市社会经济调查队调查统计，柳州市居民消费价格总指数100.3，商品零售价格总指数99.5，分别比上年同期上升0.3%和下降0.5%，涨幅比上年同期水平回落5.8和5个百分点。与全国平均水平相比，居民消费价格指数涨幅低2.5个百分点，商品零售价格指数涨幅低1.3个百分点；与全区相比，居民消费价格指数涨幅低0.5个百分点，商品零售价格指数涨幅低0.1个百分点。同时大大低于自治区政府下达柳州市7.5%的居民消费价格指数控制目标和5.5%的商品零售价格指数控制目标。

【市场物价指数变动水平】 1997年，据调查资料统计，在编制居民消费价格八大类指数中，有五大类指数上升，比上年减少二大类，有151个品种价格上涨，但上涨幅度较小，上涨品种占总调查数318个代表规格品的47.48%，比上年减少12.58个百分点；有三大类指数下降，99个品种价格下跌，占31.13%，比上年增加7.29个百分点；有68个品种价格与上年持平，占21.39%，比上年增加5.29个百分点。从八大类指数升降情况对总指数的影响程度来看，食品类指数比上年下降2.6%，影响总指数回落1.27个百分点；衣着类指数上升5.2%，影响总指数上升0.54个百分点；家庭设备及用品类指数上升1.0%，影响总指数上升0.11个百分点；医疗保健类指数上升5.0%，影响总指数上升0.13个百分点；居住类指数上升幅度较大，达10.2%，影响总指数上升0.65个百分点；服务项目类指数上升5.6%，影响总指数上升0.50个百分点；交通和通讯工具类、娱乐教育文化用品类指数分别下降4.0%和2.4%，影响总指数分别回落0.15和0.21个百分点。

在构成商品零售价格十四大类指数中，有七大类指数上升，比上年的九类减少了两大类，有七大类指数下降。在297个代表规格商品中，价格上升的有141种，占47.48%，价格保持不变的有51种，占17.17%；价格下降的有105种，占35.35%。其中，食品类价格指数比上年下降1.9个百分点，影响零售价格总指数回落0.65个百分点，1997年食品类价格牵动价格总水平上涨过快的“龙头”现象已被遏制，特别是粮食类价格全年累计降5.4个百分点、肉禽蛋类降4.9个百分点、鲜菜类降4.4个百分点，这几类占居民日常生活分量较大的商品价格的稳中趋降，是奠定柳州市物价总水平在低价位运行的基础；服装鞋帽类指数上升5.6%，中西药品类上升4.4%、书报杂志类上升19.8%、日用品类上升3.6%，分别影响总指数上升0.53、0.22、0.43、0.34个百分点；家用电器类下降8.8%，影响总指数回落1.12个百分点；饮料烟酒类、纺织品类、化妆品类、文化体育用品类、首饰类、燃料类、建筑装潢材料类和机电产品类等八大类商品价格涨幅与降幅相抵后仅共同影响总指数回落0.25个百分点。

【影响物价总水平升降的主要原因】 据分析，形成1997年柳州市物价总体水平升降的主要因素：从总体上看，当前物价水平涨幅的持续回落，在很大程度上是建立在农业连年丰收、农产品价格实际水平持续下降的基础之上，今年柳州市夏、秋粮获丰收，市场粮食供应丰富，主要农副产品供应充足，鲜菜价格稳中有降，“米袋子”、“菜篮子”工程建设的健康发展，成效显著，促使物价总水平的回落。二是1997年柳州市经济不景气，许多国有企业效益不佳，亏损停产企业增多，群众购买力偏低，社会有效需求不足，市场竞争加剧，不少产品供给大于需求，促使市场商品价格的竞相降价抛售，影响商品的价值规律，引起物价总水平的下降。三是柳州市今年相继出台电力、铁路、房租、药品、自来水、管道煤气等一系列重大价格改革项目，直接推动市场部分物价水平的上升。

（苏庆辉）

社会福利

【实施最低生活保障制度】 1997年，城区共有9792户次、26521人次领到最低生活保障救济金（其中城区居民4645户次、10488人次；企业职工5147户次、16033人次），共发救济金113.8万元（其中城区居民领取56.4万元，企业职工领取57.4万元）。农村最低生活保险制度也已建立，确定全市农村共有2263户、5044人需要最低生活保障救济，标准是：柳江、柳城县每人每年500元，郊区每人每年600元。年需救济金80.1万元，1998年1月起施行。农村社会养老保险已积累保险基金656.9万元，投保人数2.16万人。

【社区服务业健康发展】 1997年，全市领到社区服务证书的单位347家。市、城区、街道办事处、居民委员会均建立具有指导性的社区服务中心（站）。全市以城中区社区服务为试点，开展创建社区服务示范城区活动。4月，自治区民政厅组织评审，城中区获全区社区服务示范城区第一名，并向国家民政部申报列为全国社区服务示范城区。同时，强化社区服务业的管理，对100多家老人活动站（室）进行清理整顿，处理有严重问题的10多家。

【福利资金产生社会效益】 1997年，发行销售福利彩票1470万元。1988年至1997年，累计发行销售1.3亿元，共募集福利资金3000余万元，已投入使用2300余万元，兴建和资助兴建社会福利项目138个，其中城市福利事业10个，乡镇福利事业17个，社区服务业37个，支持福利企业11个，救助残疾人、孤老、特教等63个。

柳州市农贸市场农副产品鲜活价廉深受市民欢迎

赖柳生 摄

【残疾人事业全面推进】 1997年,柳州市残疾人康复工作全面开展,完成肢残矫治手术48例,肢残系统康复训练78人,白内障复明手术933例,聋儿听力语言训练32人,智残儿童康复训练44人,特殊人群补用碘油30960人。视残儿童开展“金钥匙工程”教育,有11名盲童进入普通学校随班就读,3名被自治区教委金钥匙工程办公室授予“金钥匙之星”称号。年内安排各类残疾人就业1521人,扶持166名贫困残疾人从事各种生产经营活动,当年脱贫,城区218名、郊县501名残疾人纳入最低生活保障线内,生活得到切实保障。柳州市被列为全国开展精神病防治康复工作试点城市之一,成立以副市长徐伟崇为组长的精神病防治工作领导小组,制定规划,有序开展工作。

【加速兴建农村敬老院】 1997年,柳州市郊县37个乡镇中,已有15个乡镇建立了敬老院,共收养孤寡老人101名,供养标准各乡镇不同,平均每人每月膳食费为60元。正在兴建敬老院的乡镇有10个,建院及老人供养经费以乡镇自行筹集为主,上级政府部门补助为辅。

(民政局编写组)

殡葬改革

【改进服务,接受监督】 1997年,市殡葬管理处将“职工职业道德规范”和各部门“工作职责”公布于众,在《柳州晚报》上刊登为丧家服务的“八项承诺”,全体职工挂牌上岗,接受社会监督。这一举措得到死者亲友的赞许,使殡管处步入柳州市文明窗口之行列。

【完善殡葬设施】 新建1间中型和2间小型遗体告别厅,以适应平均每天10多个告别仪式和守灵的需要。改进丧葬用品销售服务,修建1间具有现代规模的销售服务部,除销售传统的丧葬用品外,还根据人们的现代意识,提供各色各样丧葬用品。原可存放40具尸体的冷藏库已破旧且经常超员,因此,新建1间可容纳45具尸体的冷藏库。修缮骨灰存放大楼,屋面换盖彩色琉璃瓦,外墙四周贴霹雳砖,重新制作骨灰存放架,镶上玻璃镜框,编上序号,整栋大楼焕然一新。为适应丧葬事务中不同层次的消费,购置桑塔纳专用运尸轿车1部。

【殡葬业务】 1997年,殡仪馆火化尸体4610具,业务总收入477万元,利润197万元。城区尸体火化率98%,郊县尸体火化率较低。公墓管理处售出墓位580个,收入400万元。

(民政局编写组)

宗　　教

【引导宗教与社会主义相适应】 1997年,市宗教局依法加强宗教事务管理,把引导宗教与社会主义相适应为工作目标,认真抓好宗教界人士的三德教育、法制教育和爱国主义教育。定期组织各宗教团体负责人和教职人员学习,采取宣讲、辅导、讨论等多种形式,反复学习领会党和国家的宗教政策、法规,还联系实际学习邓小平理论以及江泽民、李瑞环等中央领导的重要讲话。6月、10月先后两次举办“柳州市民族、宗教界人士迎香港回归座谈会”和“柳州市民族宗教界人士学习十五大精神座谈会”。全市6个宗教团体、16个少数民族代表120多人次参加座谈会。近30人次发言。市政协副主席蒋富生、马红、统战部马成凤副部长和宗教局兰祖良局长到会发言。

【爱国主义教育】 柳州市6个寺庙教堂抓住契机、广泛在信教群众中开展爱国主义教育。宗教团体共举办大小座谈会、学习会、迎回归文艺晚会6场次,举办为香港顺利回归祈祷庆典弥撒、拜忏、主麻8场次,参加人数5000人。

3月,市宗教界响应市委倡议、捐赠人民币1.62万元修建柳江防洪堤。其中基督教爱国会主席杨卫国个人捐款1000元,释慈模和尚住院养病中也捐出200元。市天主教捐献5000元,基督教捐献4000元,灵泉寺和西来寺各捐献2000元,伊协捐献2000元。

【确定寺校划分遗留问题方案】 市清真寺和市民族小学于1982年寺校划分后,宗教活动场所窄小,穆斯林群众有意见,连年上访,市人大代表、市政协委员也多次通过议案、提案要求政府妥善解决。市政府广泛听取各主管局、有关部门的意见,年内三次开会征求解决问题的办法,市宗教局等部门根据有关政策法规,写出书面意见呈报市委、市政府。第13次市长办公会确定了解决寺校划分遗留问题的方案。

【市伊协换届选举】 1997年5月5日至6日,柳州市伊斯兰教第三届代表大会召开,经换届筹备小组推荐的56名伊协代表全部到会。经过代表资格审查和审议第二届伊协工作报告、财务报告和章程修改报告后,大会采取无记名投票方式、选举产生第三届伊协委员会。本届委员选出七名,马瑞君连任会长、白先才任副会长。新上任的伊协委员年龄及文化结构较合理,整体素质有所提高。

【梁清辉牧师病逝】 1997年10月7日,自治区基督教协会副会长、市基督教协会会长、市八届政协委员梁清辉牧师因病医治无效去世,享年67岁。梁清辉牧师住院期间,市政协、市委统战部、市宗教局领导多次到医院探望。

【林景森居士当选区佛协副会长】 1997年12月3日至5日,自治区佛教协会在广西桂平西山洗石庵召开“全区佛教第二届代表大会”。市佛教协会常务副会长林景森(女)居士当选为自治区佛教协会副会长。

(李绮霞)

县区概况

柳江县

【概况】 1997年，柳江县辖8镇5乡，127个村委、9个居民委员会，行政区域面积2504平方公里，耕地面积5.16万公顷，粮食作物种植面积5.28万公顷，经济作物面积2.62万公顷，有林面积6.65万公顷(含灌木林)，年末总人口49.56万人，其中农村人口43.66万人，有少数民族人口37.78万人，人口自然增长率4.09‰。粮食总产量21.08万吨，连续三年创下历史最高纪录；蔬菜总产量39.3万吨，进厂原料蔗110万吨，分别比上年增长13.58%、13.7%；实施养殖业“560”工程初见成效，肉类总产量2.78万吨，水产品总产量0.41万吨，分别比上年增长37.78%、28.24%；农民人均纯收入2438元，比上年增长21.29%；财政收入1.21亿元，比上年增长10.8%；小城镇建设获得发展，年内，有3个乡改镇；开展创建文明市场活动；建成县城公共餐具消毒中心；双文明建设取得进一步成效，全县小康生活标准测评达91.53分，获“全国科技工作先进县”称号。

中共县委书记：韦振仕
县　　长：杨伟林
县人大常委会主任：张炳群
县政协主席：韦昭年

【小型企业改制工作】 1997年，柳江县以产权制度改革为核心，以股份合作制为主要形式的小型企业改革在全县展开，该县四家班子成员分别与改制企业挂钩，抽调有经验的机关人员组成16个工作队和2个清产核资小组深入企业协助改制。在改革过程中创造性地解决一些难点问题，如企业债务、养老保险等，较大程度减轻企业的负担和压力，稳定职工情绪，该县小企业改革工作顺利平稳地进行，获自治区、柳州市有关部门的肯定。全县27家国有集体工商企业已改为股份合作制的有23家，占85%。其中国有小型工商企业改制面达100%，二轻集体企业改制面达83.3%；职工出资认股率达98%。

柳江县国民经济主要指标

项目	1997年	比上年增减%
国内生产总值	21.49亿元	12.8
第一产业增加值	7.66亿元	15.9
第二产业增加值	6.33亿元	9.4
其中工业增加值	5.48亿元	11.4
第三产业增加值	7.5亿元	13.8
人均国内生产总值	4366元	12.1
独立核算工业利税总额	7935万元	—10.2
粮食总产量	21.08万吨	2.19
乡镇企业总产值(正表数)	16.43亿元	26.2
固定资产投资完成额	2.5亿元	—2.8
社会消费品零售总额	4.23亿元	10.6
地方财政收入	8016万元	12.8
地方财政支出	1.12亿元	14.5
职工年平均工资	5355元	4.3
农民人均纯收入	2438元	21.2

【实施养殖业“560”工程】 该县把1997年作为养殖年，大力实施养殖业“560”工程，工程实施1年取得显著成效：(1)畜禽水产饲养量大幅度增长，其中生猪、牛、家禽、羊的出栏量分别比上年增长31.3%、11.29%、69.5%和124.8%；肉类总量2.79万吨，鲜鱼总产量0.41万吨，分别比上年增长37.78%和28.24%；将畜禽鱼饲养总量换算成以猪为单位，全县农村人口人均有猪3.17头，同比增加0.76头，为有史以来养猪最多的一年，也是养殖业发展最快的一年。新增一个种鹅场和一个奶牛场，填补该县养殖业的两项空白。(2)经济效益显著。全县农村人口人均养殖业纯收入达385.77元，同比翻了一番。88%的畜禽养殖大户，93.3%的淡水鱼养殖大户和84%的名特优水产养殖大户获盈利。(3)养殖专业户、专业村蓬勃发展，区域化布局初具雏形。年内，养殖大户3685户，比上年增加3倍多。已有七星鱼专业村9个、母猪专业村12个、肉猪专业村7个、山羊专业村8个、禽专业村4个。形成七星鱼，山羊，肉猪，禽、蛋、鱼及种鹅等专业养殖基地。为部分下岗职工和农村剩余劳动力的就业提供了途径。

【评为全国科技工作先进县】 1997年，柳江县通过实施科技兴县战略和开展创建全国科技先进达标县活动，13个乡镇都配备科技副乡镇长；完善各级各类科技推广网络；健全农业技术社会化服务体系，有各类科技服务机构126个，每个行政村都有农技服务队，平均每个行政村聘请3名专职农民技术员；每万人口拥有各类专业人员210人，高于全区平均水平；农村劳动力参加科普培训15.17万人，占劳动力总数的82%；14.1%的青壮年接受乡级以上技术培训，1104人获农民技术员职称；91.2%的职工参加技术培训；取得重要科技成果40项，开发新产品15项，获国家农业部丰收奖2项，获自治区科技进步奖3项，柳州市科技进步奖32项；已建98个农业新科技成果推广示范区和1个星火科技工业开发区；农作物优良品种覆盖率95.5%，农业先进技术覆盖面达86.2%，科技进步对经济增长的平均贡献率达53%。1997年4月该县通过国家科委科技先进工作达标县的验收。

【红壤开发名列自治区前茅】 1997年，柳江县基田混水河小流域红壤开发项目累计完成投资2152万元，完成投资计划的61.4%。已完成道路、桥涵、农房、渔塘改造、稻田改造、苗圃等工程，其余工程也接近完成。已种水果213公顷，完成总目标的68.7%，林竹68公顷，完成总目标的48.2%。果园间种作物180公顷，完成64.29%；养猪4879头，鸡、鸭2.5万羽，分别完成63.17%和7.8倍。该项目经过3年的建设，取得良好的经济效益及社会、生态效益，昔日的荒山变成繁荣的立体农庄，农村经济得到快速发展，水土流失得到有效控制。1997年该项目创造养殖业产值372万元，农民人均纯收入2563元，是开发前的5.7倍，森林覆盖率由原来的34.6%上升到50.5%，上升15.9个百分点。在迎接世界银行的检查中，该项目被自治区项目办评为第一名，该县的红壤开发工作位于自治区先进行列。

【建立城乡最低生活保障制度】 1997年10月，柳江县开展建立城乡居民最低生活保障制度的调查研究工作，12月份制定《柳江县城乡居民最低生活保障救济暂行办法》，确定全县城乡最低生活保障标准为农村500元，城镇900元。即凡属该县户口的农村人口年人均纯收入低于500元、城镇人口年人均纯收入低于900元的家庭，由政府给予最低生活保障救济，救济金由县、乡（镇）两级财政分别负担60%、40%。

位于龙怀水库的柳江县种鹅场，图为良种狮头鹅　　韦定尚摄

【希望工程】 1997年，柳江县“希望工程”获社会各界援建小学款100多万元，动工兴建希望小学10所，其中由香港港南狮子会援建的里雍希望小学，由上海宗教局、建行柳州铁道分行等援建的土博孝中希望小学已竣工投入使用。开展希望工程“1+1”助学行动，该县12个单位的团组织，为50名失学儿童提供扶助。新增结对救助失学儿童156名，其中日本友人为40名失学儿童提供扶助。至今已有2000多名失学儿童获扶助，基本实现“告别失学、责任助学”的目标。抓好已建学校的管理，举办希望小学工程业务培训班，为9所希望小学建立“希望书库”，书库用书分别由斯壮股份有限公司、健力宝集团、香港九龙书屋村等捐赠。

【县城公共餐具消毒中心成立】 1997年11月，该县筹建县城公共餐具消毒中心，在县城推行使用统一消毒餐具。1998年1月1日正式投入使用。

【率先创建文明市场】 1997年，柳江县投资134万元，扩建百朋、穿山市场，新建成团镇大荣市场，改善市场的软硬件设施。16个集贸市场全部获得“爱国卫生先进市场”和“县级文明市场”荣誉称号，其中新城市场、进德市场获自治区级文明市场称号，一举成为自治区创建文明市场第一县。

【乡镇企业实现“二次腾飞”】 1997年，柳江县按照“积极引导、加快试点、不断完善”的方针，对乡镇企业进行大规模的体制改革，有力地推动乡镇企业向新的高度发展，在二次创业中实现腾飞，取得良好的效果。乡镇企业完成总收入20.52亿元，比上年增长84.7%，乡镇办工业增加值完成2.08亿元，同比增长14.06%，实交税金4106万元，同比增长103.06%，实现利润7506万元，同比增长370.89%。乡镇企业改革的主体形式有：(1)就支柱行业组建3个自治区认可的科技型企业集团——柳州汽车(配件)制造企业集团、柳州百通水泥建材企业集团、广西柳州金美集团，形成行业规模和群体优势；(2)对原有企业实行股份制改革，引导新办企业办成股份制企业；(3)对挂靠乡镇企业的近百家私营企业给予分离和正名，真正明确其产权和性质；(4)对小型集体企业实行租赁承包，并逐步向股份制企业过渡；(5)设立和发展村级经济发展有限责任公司，加强乡镇企业与农业的联系，推动农业产业化进程，目前该县已有24家村级公司、12家乡办公司。

【开发区私营企业稳定发展】 1997年底，柳江县工业开发区有企业161家，比上年新增6家，其中私营企业155家，“三资”企业3家，集体企业3家，主要涉及机械、通讯、五金交电、汽车配件、印染、纺织、工艺美术、饮料等行业。私营企业创造的财政收入逐年增多，成为该县新的经济增长点。1997年开发区企业工业产值3.46亿元，比上年增长69.6%，税金入库比上年增长72.5%，工业增加值8100万元，比上年增长236%。出现一个科技含量高的私营企业——达迪通讯仪器厂，98%的工人持有大专以上文凭。

（钟柯俊　覃玉珍）

乡 镇 简 介

【拉堡镇】 拉堡镇总面积9.82平方公里。辖新老街、柳西、柳东、农贸居委会和拉堡村委会。常住人口3.11万人，其中农业人口2385人。

拉堡镇农业以种植水稻为主，由于镇政府实施“菜篮子”工程和“560”工程，优化产业结构，按照稳定粮食生产，大力发展蔬菜生产和畜牧水产品的农业发展和退出第二产业、大力发展第三产业的乡镇企业发展战略，有力推动全镇经济的蓬勃发展。1997年，全镇粮食总产量64.1万公斤，比上年历史最高产量增产0.7万公斤；畜牧水产品、蔬菜大幅度增长，家禽出栏、肉类总产翻番；农业总产值1204万元，比上年增长17.5%；农业增加值958万元，比上年增长13.5%。农民人均纯收入达到2830元，比上年增加566元，提前3年步入小康行列。荣获柳州市委、市政府嘉奖。第三产业迅速发展，乡镇企业及从业人员不断增多，1997年，全镇企业总产值2.61亿元，比上年增长1倍多；总收入4亿元，比上年增长167%；财政总收入1287万元，比上年增加208万元。

1997年，该镇人口与计划生育工作在全县年度考核评比中，成绩名列榜首。精神文明建设被自治区列为全区示范乡镇，拉堡村委会何家村何龙康户被列为示范户。全镇人口自然增长率9.04‰。

（何以碧）

【进德镇】 该镇总面积160平方公里，耕地总面积5487.2公顷，其中水田3530.4公顷。辖进德、槎山、基隆、三千、四连、琼林、泗浪、乐山、江中、白山、沙子、龙新、木罗、思贤、黄岭、塘头16个村民委员会和进德居委会，总人口7.02万人，其中非农业人口2329人。

1997年粮食总产3403万公斤，比上年增长0.18%，常年蔬菜种植面积1.1万亩，全年上市量90.5万公斤，比上年增长4.5%，农民人均纯收入2709元，比上年增长22.3%。实现村村有企业的初级目标，白山、思贤、槎山、木罗4个村委组建了经济综合发展有限责任公司。村办企业营业收入3371.95万元，乡镇企业总收入3.81亿元，比上年增长89.96%；财政总收入1256万元。被自治区授予“乡镇之星”荣誉称号。

全镇现有初级中学4所，在校生3185人，小学17所，在校生11240人。年末人口自然增长率为5.36‰。

（孙梅林）

【成团镇】 该镇总面积133.6平方公里，耕地面积3614公顷，其中水田2599公顷。现辖成团、灵江、甘塘、北弓、里湾、白露、六道、盘石、龙山、同乐、大荣、两合、鲁比13个村委会，总人口5.34万人，其中非农业人口1576人。

1997年粮食总产量3061.58万公斤。在产业结构调整中大力开发冬闲田，发展蔬菜生产，蔬菜初复耕面积2.7万多亩，总产量2643万公斤；鲁比、龙山为葡萄专业村，有500吨葡萄供应市场；出产鲜鱼800多吨，其特产有茨菇，闻名区内外。乡镇企业有水泥厂、造纸厂、花炮厂、选矿厂、建筑涂料厂、大型加油站等。乡镇企业总产值1.013亿元。财政总收入507.57万元，农民人均纯收入2628元。

1997年，该镇被批准为抗日战争时期革命老区。成团敬老院、镇政府综合大楼竣工交付使用。建好柳邕公路旁的渡村口市场，促进境内农副产品流通。加大扶贫攻坚力度，解决地处偏远山区的北弓村屯代、果累两屯群众的用电问题，结束该镇无电村的历史。12月成团乡改为镇建制。

该镇现有初级中学3所，在校学生2444人，小学16所，在校学生9556人。年末人口自然增长率为4‰。

（韦启传）

【百朋镇】 该镇总面积340平方公里，耕地面积7347公顷，其中水田2563公顷。辖百朋、五九、里团、怀洪、官塘、小山、根林、恭桐、琴屯、分龙、鱼龙、尧治、龙泉、镇西、白诺15个村委会，总人口6.33万人，非农业人口3119人。

该镇有湘桂铁路、柳来公路穿境而过，交通极为方便。矿产资源主要有石灰石、硫铁矿等。百朋的七星鱼苗、金柿子畅销区内外，羽绒被远销全国各地及东南亚地区。

该镇农业以种植水稻、糖蔗为主，兼有花生、黄豆、莲藕、生姜、薯类等作物。粮食总产量3149.25万公斤，预计进厂原料蔗达13.5万吨，莲藕总产量340.42万公斤，生姜总产量370.67万公斤。乡镇企业稳中求进，从业人口2037人，年产20万吨的百朋水泥厂已跨入全国中型企业行列。1997年乡镇企业总产值6012.9万元，财政总收入892.6万元，农民人均纯收入2510元。

该镇有初级中学3所，在校学生2764人，中学入学率96.8%；小学19所(含私立小学)，在校学生12095人，小学入学率100%。镇卫生院有较规范的X光室，病床25张。年末人口自然增长率4.2‰。

（曾小寒）

【穿山镇】 该镇总面积447.62平方公里，耕地面积8355.3公顷，其中水旱田2994.2公顷，辖仁安、高平、龙凤、穿山、思荣、板塘、定吉、五道、竹山、木团、林寺、六庙、龙平、根伦14个村委会和穿山居委会，总人口5.26万人。

该镇农业以糖蔗和水稻为支柱产业，兼种玉米、花生、红瓜子、木薯等。1997年，糖蔗总产量21万吨，其中有135户农户产糖蔗百吨以上，糖蔗总产量居全市各乡镇之首。粮食总产量2239.57万公斤，红瓜子产量35.07万公斤，花生产量214.7万公斤，农业总产值7177万元，比上年增长11.6%。乡镇企业主要有汽车配件厂、轧钢厂、预制厂、砖厂、五金厂等，企业总产值2.4亿元，全镇财政收入899.18万元，农民人均纯收入2621元。通过柳州市有关部门的脱贫验收，甩掉“柳州市贫困乡(镇)”的帽子。

1997年，该镇以发展养殖业作为新的经济增长点，在全镇范围内实施“560”工程，年内共贷款340万元投入养殖业，年末生猪出栏2.42万头，肉羊出栏1.14万只，家禽出栏18.91万羽，肉类总产量259.9万公斤，鲜鱼总产量53万公斤，养殖业总产值5036万元，人均养殖业收入389元。

年内该镇通过多种渠道筹集资金330万元在高平村委进行农业综合开发；投入300万元对全镇18所学校的危房进行修建和重建；投资50.1万元修建总长18.5公里的6条乡村公路；硬化街道圩场1.65万平方米；增加镇卫生院的X光和B超设备；解决最后6个无电村的照明问题。年末全镇人口自然增长率为4.3‰。

(曾昭烈)

【三都镇】 该镇总面积103.55平方公里，耕地面积2058.7公顷，其中水田1307.2公顷。辖板江、白见、三都、觉山、里贡、龙兴、工农、博艾8个村委会和1个居委会。总人口3.14万人，其中非农业人口1372人。

三都镇农业以种植水稻、蔬菜为主。兼种甘蔗、玉米、黄豆、红薯等作物。1997年粮食总产量1495万公斤，蔬菜产量118万公斤，糖蔗产量3.1万吨。实施“560”工程初见成效，养殖业迅速发展，肉类总产量达1740吨。农业总产值(90年不变价)3078万元。乡镇企业有炮竹厂、冶炼厂、饲料厂、铸造厂等554家。企业总收入1.02亿元，创税利200.6万元。财政总收入379.2万元，较上年增长4.1%，农民人均纯收入2400元，比上年增长16%。

三都镇现有中学2所，小学11所，师生人数8153人。年内通过多渠道筹资200多万元兴建板江、白见、工农、龙兴4所希望小学教学楼。加强对镇一中、二中、中心小学基础设施建设。筹资近50万元分别用于兴建三都卫生院住院楼和解决板江、龙兴、觉山、工农、博艾5个村委9个自然屯的人畜饮水问题，改善镇里的医疗卫生条件和群众的生产条件。年末人口自然增长率为4.39‰。

(曾碧辉)

【洛满镇】 该镇总面积126.76平方公里，耕地2370.7公顷，其中水田1011.3公顷，辖洛满、古洲、洛河、顶建、露南村委会和洛满居委会，总人口2.16万人，其中非农业人口1525人。

该镇交通方便，柏油公路直通柳州和县城，黔桂、枝柳铁路线横穿境内，境内有柳江河，航运可达柳州、梧州、广州等地。矿产资源主要有石灰石及各种不同颜色的方解石。洛满镇东边的龙潭，泉水清冽，古树参天，为柳江风景名胜之一。

农业以种植水稻和糖蔗为主，1997年粮食总产量1055.8万公斤，糖蔗产量10.2万吨。乡镇企业发展较快，主要有造纸、酿酒等行业。1997年狠抓养殖业，初步形成小规模、大群体的养殖格局。1997年全镇财政收入389.5万元，农民人均纯收入2520元。

该镇现有初级中学2所，小学7所，已普及九年义务教育。传统的文化活动有“山歌会”。1997年10月成功地举办镇第二届体育运动会，参加人数达5000多人。该镇获“全国体育工作先进集体”的光荣称号。11月，经自治区批准撤乡建镇。年末人口自然增长率1.76‰。

(蒙庆勇)

【里高镇】 该镇面积141.7平方公里，耕地面积2212公顷，其中水田931公顷，粮食种植面积1308公顷。辖三合、盘龙、果郎、板六、龙南、里高、保仁、木吉等8个村委会和里高居委会，分为128个村民小组，总人口2.3万人，其中非农业人口914人。

该镇交通便利，各村屯均通汽车。矿产资源主要有大理石、方解石、石灰石、河沙、园林奇石、锰矿和朱砂等，加工成品的大理石、白米石、纯白方解石粉主要销往四川、云南、贵州、柳州等地。该区域形成有较大的畜牧、农副产品集贸批零市场，市场繁荣，1997年被评为县级文明市场。

粮食作物以水稻、玉米、黄豆、红薯为主，1997年粮食总产量1053.7万公斤。经济作物主要有糖蔗、生姜、西红柿、大蒜和水果等，蔗糖产量5.3万吨，生姜产量190.2万公斤，肉类总产0.131万吨。乡镇企业发展迅速，总收入5014.06万元，总产值5060.86万元，上交国家税金124.89万元，实现利润379.71万元；农业总产值8280万元，增加值5573万元；财政收入252.8万元，农民人均纯收入2503元，比上年增长27.7%，人均有粮436公斤。致富能手韦卓仁、陆浩引分别被评为自治区和柳州市劳动模范。

里高镇现有初级中学2所，在校学生1311人，小学10所，在校学生4139人，已普及九年义务教育。该镇与北京大学出版社、柳州市新闻出版局、机要局、拆迁办结对子建成拥有8000多册书籍的图书馆。成立专业电影队到各村屯放映电影48场。全镇8个行政村的基层组织建设经验收已基本达标。年底完成撤乡改镇工作。

(蓝芳著)

【白沙乡】 该乡总面积145.8平方公里。辖王眉、白沙、大田、新安、水山、大电等6个村委会，71个自然屯。总人口1.89万人，其中非农业人口873人。

耕地面积2417.1公顷，其中水田855.7公顷。农作物以水稻为主，兼种花生、黄豆、红瓜子、玉米等。经济作物主要有甘蔗、柚子、柑橙、板栗、柿子、油茶等。全乡有林面积5970.7公顷,林木以杉、松为主。1997年农业总产值5814万元,粮食总产量887.4万公斤,财政总收入130万元,农民人均纯收入1817元,均创历史最高水平。乡镇企业以水上运输、制砖、加工、饮食等行业为主,从业人员380人,企业总收入2385万元。

全乡现有初级中学1所,在校学生915人,小学8所,在校学生2696人,年内经多方捐资建起中心校两栋教学楼,增建一栋中学教学楼。年末人口自然增长率2.61‰。

(吴天来)

【流山乡】 该乡总面积175.59平方公里,耕地面积2067.3公顷,其中水田1049.7公顷,辖流山、流塘、大石、广荣、正兰、新隆、新艾7个村委会,总人口2.2万人,其中非农业人口1284人。

该乡水力资源丰富,现有两座水力发电站,装机总容量600千瓦,丰水期可供全乡用电。交通便利,年内新建的流山至县城的柏油公路通车使用。

该乡农业以种水稻为主,兼种玉米、甘蔗、黄豆、花生、薯类等作物。1997年粮食总产量1051万公斤,糖蔗产量5.2万吨。乡镇企业发展迅速,有流山特色的“小四轮”农用车已投入批量生产,产销区内外,成为该乡的龙头企业。乡镇企业总产值1948万元,财政总收入378万元,农民人均纯收入2308元。

现有中学2所,小学8所,在校中小学生5353人,中小学教师289人。年末人口自然增长率1.27‰。

(韦超权)

【福塘乡】 该乡总面积106.7平方公里,耕地面积1600公顷,其中水田713.3公顷。辖福塘、三加、龙范、高兴、北林、桥木、凤山、凤阳等8个村委会,总人口1.52万人,其中非农业人口604人。

农业以种植水稻、糖蔗为主,兼有玉米、黄豆、花生等作物。1997年粮食总产800.42万公斤。种植糖蔗6067亩,总产量2.8万吨。林场6个,以种杉树、松树为主,有林面积2550公顷。乡镇企业以造纸、草绳加工、矿石开采、木材加工为主,乡镇企业总收入2059万元,总产值1632.3万元,税利178.8万元。财政收入204万元,农民人均纯收入2351元。

该乡青山环绕,风光旖旎的龙怀水库在乡政府西南3.5公里处,现已开发成柳州地区闻名的旅游景点,有桃花、李花、日本樱花、钓鱼、水上游船等旅游项目,内设酒家、商场等。

该乡现有初级中学1所,在校学生742人;小学9所,在校学生2423人,中小学教师202人。年末人口自然增长率为0.92‰。

(覃瑞松)

【里雍乡】 该乡总面积243平方公里。辖立冲、广实、红花、长沙、里雍、基田、龙团、龙江、付龙、红赖10个村委会和里雍居民委员会,101个自然屯、总人口3.05万人,其中非农业人口1285人。

耕地面积4509公顷,其中水旱田1487公顷。农作物以水稻为主,兼种甘蔗、花生、木茹、红瓜子、黄豆、头菜等。1997年粮食总产量1026万公斤,突破历史最高水平。有林面积3062公顷,林木以杉、松为主,经济林种有柚、柑橙、板栗、柿子、油茶等。财政收入327万元,农民人均纯收入2217元。

有2所中学,1503名学生,小学16所,5169名小学生。里雍中心小学得到市、县希望办牵线搭桥,获香港港南狮子会捐资办学,建了一栋四层16间教室的教学楼,中心校更名为港南狮子会里雍希望小学,12月26日举行剪彩仪式。全乡适龄儿童入学率达99.9%。年末人口自然增长率为4.58‰。

(黄占朝)

【土博乡】 该乡总面积416平方公里,耕地面积5253.4公顷,其中水田1791.9公顷,辖土博、长洞、北隆、龙豆、西朗、世界、定山、孝中、五合、梅里、屯兵、中村、琴怀、水源、四案、甘贡16个村委会,总人口4.23万人,其中非农业人口1556人。居住着汉、壮、仫佬、瑶等民族。

粮食作物以水稻、玉米、黄豆、红薯为主,1997年粮食总产量1690万公斤。经济作物主要有糖蔗、烤烟、花生、生姜、大蒜及水果。有林面积8236公顷,林木以杉木、松木为主。乡镇企业主要有造纸、木材加工、采矿等行业,总收入7600万元,财政总收入440万元,农民人均纯收入2003元。

该乡农副土特产品主要有生姜、大蒜、三华李、沙梨等。尤以生姜最为出名,其姜块厚大、产量高、品质优良。加工干姜块远销广东、香港等地,曾出口美国。

该乡有初级中学3所,在校学生1920人,小学17所,在校学生10020人,其中两所希望小学,一所是塔山希望小学,一所是孝中希望小学。小学升初中入学率达98.6%。乡卫生院新建一栋门诊大楼,住院部设有21张床位。年末人口自然增长率为2.58‰。

(沈俊)

柳城县

【概况】 1997年,柳城县辖大埔、凤山、东泉、六塘、沙埔、太平等6个镇,龙头、西安、社冲、寨隆、冲脉、洛崖、古砦、马山等8个乡,120个村民委员会,11个居民委员会。全县行政区域总面积2124平方公里,耕地总面积4.08万公顷,粮食播种(含复种)面积4.23万公顷,经济作物种植面积3.28万公顷,有林面积4.56万公顷。总人口38.20万人,其中农业人口32.58万人,有少数民族20.32万人,人口自然增长率4.53‰,出生率为4.30‰。该县全面实施建设“农业强县”战略,主要农产品获得全面增产,粮食总产量17.68万吨,比上年增长7.08%,为历史最高水平;糖料蔗社会产量140.97万吨,增长16.10%;水果产量2.35万吨,增长10.3%;水产品产量0.37万吨,增长33.1%;肉类总产量2.5万吨,增长18.5%;收购烤烟5.57万担,增加2.4倍;农民人均纯收入2465元,比上年增加

505 元，按可比价格计算，增长 12.60%。全年财政收入 1.23 亿元，比上年下降 8.96%，财政支出 1.43 亿元，比上年增长 8.70%。年末银行存款余额 7 亿元，增长 11.64%，存大于贷 1 亿元。

中共县委书记：陈国智
县　　　长：蔡耀中
县人大常委会主任：何大才
县政协主席：韦美清（女）

【企业改革】 1997 年，柳城县以建立“产权清晰，权责明确，政企分开，管理科学”的现代企业制度为目标，以转换企业经营机制，提高企业经济效益为中心，以“三个有利于”为基本原则，对县属国有企业进行建立现代企业制度试点和股份合作制改组工作。8 月，把柳城糖厂、凤山糖厂及其所属分厂组建为“柳州市凤山糖业（集团）有限公司”；9 月，县委、县政府出台《柳城县国有（集体）小型企业改革意见》及三个配套实施办法，对首批 13 家国有小型企业进行股份合作制改组，年内完成 11 家并进入运作。

【党政机构改革】 1997 年 3 月 28 日至 5 月底，柳城县围绕建立社会主义市场经济体制的目标，依照政企职责分开和精简、统一、效能的原则，以转变政府职能、理顺关系、精兵简政、提高效率为重点，对县、乡党政机构进行改革，这是历年来对党、政机构调整最大的一次。党政机构由原来的 68 个减少到 29 个，其中设置党委工作机构 6 个，县政府工作机构 23 个，并在乡镇统一设置 5 个综合性工作机构。

【实施建设“农业强县”战略】 1997 年，柳城县坚持把农业放在经济工作的首位，把夺取农业丰收、确保农产品有效供给和农民收入持续增长，确保农村稳定作为农村工作的主要任务，全面调动农民生产积极性。1 月，县第十二届人大第六次会议审议通过《柳城县建设农业强县工作纲要》，开始全面实施“农业强县”战略。柳城县建设农业强县的总体要求是按照“巩固提高农业、着力加强农村工业、积极发展第三产业”的总体思路和“集约型农业、资源型工业、服务型第三产业”的构架，坚持“因地制宜、扬长避短、抓住重点、突出特色、集约高效、带动全面”的原则，下大力气抓好种、养、加及基础设施建设，通过大搞农业综合开发，大力发展乡镇企业，推行农业产业化经营，实施科教兴农战略，加强农村社会化服务体系和法制建设等措施，分两步建设农业强县：第一步，到 1998 年实现小康，初步建成农业强县；第二步，到 2005 年从小康走向富裕，建成农业强县。

【启动蔗糖生产“150111”工程】 1997 年，柳城县依靠科技发展蔗糖生产，大力推广糖料蔗良种良法栽培技术。8 月，召开全县推广糖料蔗良种良法栽培技术大会，正式启动糖料蔗生产“150111”工程，全方位调集人力、物力、财力成立强有力的组织实施机构，制定良种良法种植和深耕深松补贴等一系列配套服务政策，建立蔗农、糖厂、财政三位一体的利益机制，力争通过 3 年时间达到“150111”目标（即进厂原料蔗达 150 万吨，糖蔗糖份平均提高 1 度，蔗糖业提供的财政收入达 1.1 亿元）。

【确立“交通年”】 柳城县把 1997 年确立为“交通年”，在全县掀起修路热潮，是历年修建城乡公路和民建路最多的一年，新建改建的公路有“县城至鸡公山出口路改建工程完成工程量 71%；三塘至凤糖 15 公里砂土路改建沥青路 12 月底竣工，总投资 259 万元；西安至走马 7 公里砂土路改建沥青路工程完成工程量 80%，完成投资 110 万元；凤山至穿山 5 公里公路及车渡码头完成工程量 35.7%，完成投资 113.2 万元；洛崖至龙美 17 公里及大埔至洛崖 5 公里砂土路，改建沥青路工程桥涵部分已动工兴建。民建公路已竣工的有 3 条 16 公里，共投资 48 万元，在建的有 12 条 46.3 公里，完成投资 59.4 万元。

【城镇建设】 1997 年，柳城县共投入 135.95 万元改善县城市政公共设施，铺设人行道 6300 平方米，新建排水（污）沟 540 米，修建花圃 860 米，装饰收费公厕一座，并安装和设置一批路灯、果皮箱、大垃圾桶及路标等。乡镇集镇建设方面，完成古砦乡龙美集镇、社冲乡新乡址和沙埔镇上雷集镇新址规划，其中上雷新农贸市场于 12 月 28 日投入使用。

【步入全国科技先进县行列】 1997 年，柳城县以加强科学技术普及、提高劳动者素质和加速科技成果转化为重点，紧紧围绕建设农业强县的重点、难点开展技术攻关和技术服务。共安排科技发展三项科研经费 72 万元，项目 17 项，并引进和推广应用成熟科技成果 18 项，全县科技进步对经济增长的贡献率达 43.5%，科技普及率达 68%。1 月，柳城县以 948.5 分的成绩，通过国家科委验收检查团的检查验收，步入全国科技工作先进县行列。

【实施城乡最低生活保障线制度】 1997 年，柳城县开始实施城乡最低生活保障线制度。12 月，县人民政府制定《柳城县城乡最低生活保障制度暂行办法》，确定最低生活保障线标准为农业户人年 500 元，非农业户人年 900 元，救济资金由县乡（镇）按县负担 60%、乡（镇）负担 40% 的比例分级负担，分别列入本级年度财政支出预算。经审核，共确定 813 户、1145 人为保障对象，为城乡特殊困难人员生活提供最低生活保障。

【推行“绿色证书”工程】 1997 年，柳城县认真实施“绿色证书”工程，努力造就一批高素质的农村劳动者队伍，全县 14 个乡镇都开展培训工作，全年共有 1565 人获得“绿色证书”。还初步形成西安乡七星鱼养殖基地、沙埔镇淮山产业基地等 2 个产业基地和社冲乡良冲龙眼屯，凤山镇旧县水果屯，东泉镇刘家、罗家荔枝屯，大埔镇老都六蔬菜屯，马山乡新村、中和村沼气屯等多个一村一品的自然屯，推动农村经济向规模化、专业化、产业化方向发展。

【农村基层组织建设】 1997年12月，柳城县农村基层组织建设顺利通过自治区验收。柳城县原有一类村15个、二类村50个，后进村56个，60%的村是没有集体经济收入的“空壳村”。柳城县按照“五个好”的目标要求，坚持“重点整顿、全面推进”的原则，采取“抓两头，带中间”的方法，1993—1997年，先后从县乡机关、企事业单位抽调137人组织30个工作组和柳州市派出的17个工作组一道，进驻47个后进村，面上的74个村也全部实行部门包村责任制，对全县121个行政村（含1个街道居委会）开展为期3年的全面整顿建设，取得显著成效。培养入党积极分子958名，发展农民党员530名，发展农村团员1446名；调整村干部366人，其中党支部书记85人，村委会主任85人；投入资金936万元，所有行政村全部建立经济发展项目，已产生效益的项目有253个，年产值达3607万元。全县121个行政村，全部达到合格或基本合格，一类村达112个，占92.6%，二类村9个，占7.4%，56个后进村中上升为一类村的有52个，有4个村进入二类村，消灭后进村，基本实现一类村上水平，二类村上档次，三类村全部改变面貌的目标。

【绿化达标】 1997年，柳城县造、封、管、节四轮驱动，开展造林绿化工作，补植造林200公顷，飞机播种造林433.33公顷，封山育林1000公顷，实现林业用地绿化率95.77%，主要道路绿化率98.7%（其中公路绿化率为98.3%，铁路绿化率99.6%），主要河流绿化率98.3%，城乡居民点“四旁”绿化率97.6%，全县含灌木林的森林覆盖率为22.19%，不含灌木林森林覆盖率为16.99%，6月，顺利通过自治区绿化达标核查验收。7月，又顺利通过自治区县级领导干部任期森林资源消长目标责任状检查组的抽查，各项指标全部合格。

【公安派出所规范建设】 1997年，柳城县把派出所规范化建设作为公安工作的重点来抓，采取有力措施，一是多方筹措资金，确保硬件达标。筹措资金120余万元，用于建设派出所办公住宿用房和完善派出所交通、通讯等办公设施；二是建章立制、强化管理，实行黄牌警告制度，切实改进工作作风，提高办事效率。三是加强学习，搞好培训，提高干警整体素质。年内，申报规范化建设验收的13个派出所通过自治区公安厅的考核验收，全部达标。

【第一次全国农业普查和基本单位普查】 1997年7月，柳城县圆满完成第一次全国农业普查。全县筹集普查经费48.6万元，投入人力2143人，划分普查区138个，普查小区947个，发放农普调查表8万份，对7.2万个农户进行入户登记。各项指标差错率均低于国家规定的标准。同时进行基本单位普查，各有关部门积极配合，紧密协作，全县共有基本单位总数1373个，其中法人单位727个，产业活动单位646个。

【通信事业取得新进展】 1997年，柳城县把通信生产“六大指标”作为发展主线，进一步加快通信建设步伐，不断改善经济发展环境。年内，已完成和开工建设的通信工程有：县城程控电话改制扩容2000门，市话总量达8000门；完成县城移动电话8个信道扩容工程；架设开通柳城华侨农场、糯米滩电厂、伏虎华侨农场光缆传输线路和数字程控电话；架设开通古砦、西安两乡光缆中继线路和数字程控电话；架设开通大埔至洛崖、寨隆至冲脉中继光缆线路，形成河西各乡镇光缆中继迂回通信网络；建成四塘、东泉BP机基站，基本解决境内BP机接收的盲区问题；动工兴建东泉、凤山、沙埔、太平、六塘5个模块局及沙埔、东泉、凤山、太平、四塘、六塘6个移动电话基站。年末，柳城县市话、农话装机用户达6239户，移动电话用户1959户，BP机用户3844户，完成邮电业务总量1311.67万元，比上年增长57.49%。

【非农业建设用地清查工作】 1997年6月至10月，柳城县对1991年1月1日至1997年4月14

柳城县国民经济主要指标

项　　目	1997年	比上年增长%
国内生产总值	16.03亿元	17.50
工业生产总值	15.64亿元	17.90
工业增加值	4.74亿元	18.80
工业销售收入	14.39亿元	18.33
农业总产值	12.87亿元	10.80
粮食总产量	17.68万吨	7.08
乡镇企业总产值	13.71亿元	94.70
固定资产投资完成额	2.69亿元	12.41
社会消费品零售总额	5.19亿元	18.51
财　政　收　入	1.23亿元	−8.96
财　政　支　出	1.43亿元	8.70
职工年平均工资	5886元	7.19
城镇人均生活费收入	4732元	9.70
农民人均纯收入	2465元	12.60

注：一、财政收入和财政支出，1996年分别误填为1.25亿元、1.23亿元，实为：财政收入1.36亿元，财政支出1.32亿元。

二、表内所列各项指标，均按当年价计算，增长数除工业销售收入、乡镇企业总产值、财政收入、财政支出外，均按1990年不变价计算。

日的非农业建设用地进行全面清查。清查工作实行内业查档案、外业实地逐宗核实的方法，把清查内容从图件、资料到现场情况都核对清楚，并按要求逐宗逐户填写有关表格资料。共清查非农业建设用地1.38万宗，总面积348.37公顷，其中国家建设用地137宗，面积169.26公顷；集体建设34宗，面积46.34公顷，个人建房1.37万宗，面积132.77公顷。

【南山屯安装闭路电视】 1997年1月，柳城县设计安装太平镇杨梅村民委南山屯有线电视，2月安装完毕交付使用。该屯闭路电视交流装机容量邻频4套，加上广西电视台、桂中电视台两套开路节目，共6套节目，覆盖全屯90户。

【计划生育纳入法制管理轨道】 1997年，柳城县加大计划生育依法行政、依法管理的力度。一是认真抓好依法凭证生育。二是依法抓好妇检制度的落实，强化孕前管理。三是全面推行计划生育合同法制化规范化管理。全县共签订计划生育合同2.46万份，签订率达90%以上；四是强化计生档案管理。五是做好流动人口计划生育证的发放查验和管理工作。共办理流动人口计划生育证明5122本，查验464本。全年出生人数3561人，没有突破控制指标，计划生育率90.36%，比上年提高4.85个百分点。

【挂钩帮扶贫困户】 1997年，柳城县共筹集资金120万元，投入贫困村屯水、电、路等基础设施建设。制定挂钩帮扶方案，明确规定县直机关副职以上领导干部要对口挂钩帮扶一户贫困户，全县共有63个单位、218名党政领导干部参加挂钩帮扶活动。

【开展房、地价评估工作】 1997年2月，柳城县成立地价评估所。11月，房产、地价评估所合并，成立房地价评估事务所，对本县房屋、地产进行评估，开展房租、地租、房地产收益测算等业务，为收取房地产交易税费提供依据，有效地防止国有资产流失，规范土地、房产交易市场。全年评估房地产40宗，土地面积6.6万平方米，评估地价1630万元，收取评估费2万元。

（曾勇光）

乡 镇 简 介

【大埔镇】 该镇面积112平方公里。辖9个村民委员会和1个居民委员会，共52个自然屯。1997年末全镇总人口4.14万人，其中农业人口1.96万人。现有耕地1715.6公顷，其中水田854.53公顷。粮食种植面积2133.33公顷(含复种)，推广旱育稀植及抛秧646.67公顷，粮食总产量达8704吨，比历史最高产量的1995年增产203.5吨，甘蔗总产量5.32万吨，增长2.8%，农民人均纯收入2641元，增长22.49%。乡镇企业现有商业、饮食、建材、纺织、运输、化工等行业，全镇成立5个村级责任有限公司，乡镇企业营业收入为2.8亿元。

农业总产值3127万元，财政收入为1605.42万元。年末，集资25万元为边远的龙台村修好一条12.7公里的四级公路。镇辖中小学16所，有学生3960人，大埔中学谢光业同学在1997年中考以604分的成绩获全县中考状元。12月29日，大埔镇中回村经国家、自治区、柳州市三级医学专家评审，定为“县、乡、村三级干预健康促进模式”。1997年度出生人数228人，比人口控制数少生179人，计划生育率为93.4%。

镇辖村(居)民委员会名称：正殿、中回、龙台、洛古、靖西、木桐、里明、六休、南村、大埔街。

（刘立坤）

【龙头乡】 位于县城北部，距县城17公里，乡政府所在地——龙头街，自古有“柳北第一埠”的美称。全乡面积120.70平方公里，辖8个村民委员会和1个居民委员会，共64个自然屯，年末总人口2.05万人，其中农业人口1.72万人，以客家话为主要方言。1997年1月，经柳州市人民政府批准，该乡荣定为“解放战争游击根据地”。

1997年，该乡有耕地2155.07公顷，其中水田904.11公顷，有林面积1500公顷。粮食作物以水稻为主，经济作物主要是甘蔗、花生、红瓜子、水果等，是柳城县糖料蔗产量较多的乡(镇)之一。花生油畅销县内外，供不应求。全年粮食总产量8968吨，入厂糖料蔗9.37万吨，乡镇企业营业收入5226万元，农业总产值4302万元，财政收入497万元，农民人均纯收入达2462元。

年内，新建成“佳用希望小学”一所，开通龙头——码头(8公里)的四级公路，现龙头至凉水山林场8公里的沥青路正在兴建之中。

该乡水陆交通便利，融江河穿境而过，已实现村村通公路，发往县城的班车每半小时一趟，发往柳州班车一日三趟(往返)。该乡市场繁荣，小城镇建设在市、县内小有名气。境内有区属伏虎华侨农场，盛产茶叶、柑桔，该场的绿茶远近驰名，畅销区内外。

乡辖村(居)民委员会名称：龙头、田厂、伏虎、旗山、新村、瓦窑、隆水、码头、龙头街。

（曾伟战）

【凤山镇】 全镇总面积122平方公里。属半丘陵地形。现有耕地2267.8公顷，主要农作物有甘蔗、水稻、花生。辖9个村民委和1个居民委，65个自然屯，1997年末人口2.31万人，其中农业人口1.9万人。柳城县日榨量最大的糖厂——凤山糖厂(国家大型二档企业)及在国内乃至东南亚一带均有一定影响的开山寺位于辖区境内。云片糕是该镇历史悠久、享有盛名的土特产。1997年10月，被柳州市人民政府批准为抗日战争时期革命老区。

凤山镇地处融江、柳江、龙江三江交汇处，水资源丰富，水上交通便利。该镇利用优势发展造船、运输和网箱养鱼等加工、运输、种养业。目前全镇共有铁壳运输船146艘，共计6590吨位，网箱481张约1443多平方米。全长500多米的凤山公路大桥以及凤山糖厂至三塘柏油公路均于1997年建成通车，进一步改善该镇的交通环境，促进经济发展。

1997年，该镇农业总产值3718万元，粮食总产量940.6万公斤，农民人均纯收入2522元，镇财政收入610万元，乡镇企业营业总收入1.09亿元，均创历史最好水平。

镇辖村(居)民委员会名称：头塘、二塘、旧县、对河、凤山、南丹、思练、大塘、大湾、凤山街。

(张艺青)

【沙埔镇】 全镇总面积149.5平方公里，辖7个村民委共106个自然屯，年末人口3.42万人。有耕地3241.93公顷，其中水田1852.47公顷，以种植水稻为主，甘蔗、水果、淮山为主要经济作物，乡镇企业较发达。

在农业生产方面，该镇利用土壤肥沃的优势，狠抓水利设施建设和农业新技术的推广应用，大搞农业综合开发。1997年，国家级农业综合开发项目粮食自给工程通过验收并获得好评，千亩甘蔗良种良法基地正在实施建设。同年，该镇完成农业总产值6199万元，粮食总产1.83万吨，甘蔗总产14万吨，淮山总产1.02万吨。在发展乡镇企业方面，则利用交通便利、区位独特、资源丰富的优势，内引外联，充分发挥经济能人的聪明才智，及时上短平快项目，形成石英砂、造纸、化工、铸造、建材、纺织、农产品加工等多种产业并存、稳步发展的局势。1997年，该镇有乡及乡以上企业48家，乡以上工业产值1.52亿元，完成企业营业收入2.01亿元，实现税利1263万元，成为柳城县的重点乡镇。

该镇基础设施较好，市场繁荣。已建成4000千伏的变电站，投资130万元日供水5000吨的自来水厂即将建成，程控电话经扩容增至3000门，移动电话网已开通。有占地面积2.07万平方米、建筑面积1.8万平方米的大型综合批发市场。3500平方米的上雷新集贸市场于1997年12月建成投入使用。

1997年，该镇财政总收入768.7万元，农民人均纯收入2723元，被评为该年度柳州市最佳乡镇之一。

该镇农特产有：淮山、桃子、柿子、沙梨，游览点有：山田桃花村、沙埔河、红马山库区。

镇辖村民委名称：大安、长隆、沙埔、六广、古仁、上雷、碑田。

(廖海林)

【洛崖乡】 距县城仅6公里，境内有融江河经过，是县城通往河西的必经之地，水陆交通十分便利。全乡面积121.4平方公里，其中耕地面积2353.64公顷，辖9个村民委员会和1个居民委员会，共61个自然屯，年末总人口20037人。

该乡是柳城有名的蔬菜产地，一年四季生产各类蔬菜，沿河的底寨、料加屯被列为县蔬菜基地。其牛市场更是远近闻名，圩日上市的牛一般保持在300头左右，多的可达500多头，常有广东、贵州等地的外地客商光临。此外，该乡还有丰富的旅游资源，融江河畔山青水秀、悬崖峭壁、洞趣幽然、景色怡人，当地群众已着手开发。

1997年，该乡实现了绿化达标，粮食总产量达9980吨，比上年增长20.63%，糖料蔗产量达10万吨，比上年增长25.6%，乡财政收入达488万元，农民人均纯收入为2405元。大埔镇至洛崖、洛崖至古砦的柏油路已动工修建，预计1998年可完工。

乡辖村(居)委员会名称：洛崖、中寨、上里、同境、勤俭、吉兆、三塘、田垌、乐寨、洛崖街。

(李建军)

【太平镇】 总面积282平方公里，辖13个村民委员会和1个居民委员会，123个自然屯，年末人口数4.21万人。耕地总面积6069.7公顷，其中水田面积3068.2公顷。

该镇是柳城县农业大镇，1997年被定为自治区粮食自给工程的示范乡镇和柳州市商品粮生产基地。各项经济指标均得到稳步增长。粮食总产量2.33万吨，比上年增长1.98%，甘蔗总产量10.31万吨，比上年增长16.75%，工农业总产值1.68亿元，比上年增长8.96%，财政总收入500万元，农民人均纯收入2180元，计划生育率88.7%。

该镇在改良品种，提高生产效益上狠下功夫，坚持走“因地制宜，靠山吃山，靠水吃水”的路子。形成“水田抓粮、旱地抓蔗、山坡抓林果、河流水库抓养鱼，石山地区抓养羊”的农业发展新格局。

太平镇具有丰富的旅游资源，有融湖光山色为一体的安乐水库，有洞趣幽然的龙寨水岩，有景色怡人的园艺场桃花园等等，都令游人流连忘返，在整个柳州地区极为有名。

镇辖村(居)民委员会名称：长岭、黄宜、近潭、杨梅、板贡、上火、龙兴、西岸、江头、木界、山咀、上油、板料、太平街。

(陈丽达)

【六塘镇】 面积160平方公里。辖7个村民委员会和1个居民委员会，共61个自然屯。1997年末全镇总人口3.06万人，其中农业2.89万人，壮族占90%以上，以壮话为主要方言。

该镇以种养业为主要经济支柱，是柳城县粮食和甘蔗主要产区之一。1997年粮食总产量1.86万吨，甘蔗总产量13.45万吨。境内煤矿、铝土矿、石灰石、花石等矿产资源较为丰富。镇办有糖厂、砖厂等企业。1997年乡镇企业总收入1.45亿元，财政收入588万元，农民人均纯收入2459元。广西磷酸盐化工厂、广西洛东水力发电厂设在境内，(三)岔罗(城)铁路穿境而过。

镇政府驻地马拔汶、堂上汶、千山汶等泉，冬暖夏凉，长年喷涌不停，较为有名。农民用彩霞石生产出的花瓶、烟灰缸、笔筒等工艺品，花纹天然别致，产品畅销区内外。

镇辖村(居)民委名称：中团、三界、拉燕、黄冲、肯社、油兰、六塘、六塘街。

(陶　俊)

【冲脉乡】 面积87平方公里。辖5个村民委员会和1个居民委员会，40个自然屯，年末总人口1.71万人，其中农业人口1.64万人，壮族占95%以上，以壮话为主要方言。

该乡属半丘陵地带，是全县海拔最高的乡镇，境内无河流，蓄水量在40万立方米以上的水库7座,10万立方米以下水库33座,有林面积846.9公顷。耕地面积1666.67公顷,其中水田866.67公顷,全年粮食总产量1011.3万公斤。主要经济作物有甘蔗、烤烟等,1997年种植春烤烟面积666.67公顷,收干烟叶2.5万担。群众科技意识较强,冬季农业综合开发颇具规模。

冲脉乡地处柳城、宜州、罗城三县(市)交界,交通方便,各村屯都通车辆。市场繁荣,是主要的农(副)产品交易地,1997年,该乡农贸市场获柳城县“文明市场”称号。全年农业总产值达3720万元,财政收入356万元,农民人均纯收入2411元。

通讯、供电、供水设施完善。教育、卫生等工作发展较快。

乡辖村(居)民委员会名称:米村、指挥、冲恩、冲脉、大要、冲脉街。

(蔡荣礼)

【社冲乡】 面积125.60平方公里,柳江河贯穿其中,所辖7个村民委员会45个自然屯分布在柳江河上游的两岸(长漕、平村、冲江等三个村委居河北,仓贝、社冲、无忧、洛文等四个村委居河南),年末总人口1.59万人,总耕地面积2291.08公顷。

1997年,乡政府筹资修筑乌峦至平村、洲头至露塘三大队等乡村公路,全乡仅剩洛小、田基、吉龙等三个屯未能实现晴雨天通车,其余自然屯都有乡村四级砂石路沟通。由于该乡注重科教兴农,年内该乡粮食总产量达7571吨,创历史最高纪录;糖蔗总产量14.69万吨,是柳城县糖料蔗产量最高的乡镇之一,财政收入569.2万元,人均上缴税金360.2元。年内开始实施“绿证”工程,农民科学种养观念大增,肉猪、山羊、鱼等养殖业遍布全乡,种植业以冲江村的葡萄、蔬菜种植,良冲的水果种植较出名,在龙头产业糖业的带动下,该乡农民的生活水平提高不少,大部分农户住上楼房。但该乡却是全县唯一不通程控电话的乡,信息闭塞;乡政府的机构未配齐,政府驻地环境很差,基础设施建设滞后,目前,该乡已在本乡洛文村大湖屯规划建新集镇,努力改变困境。

该乡社会秩序良好,农村文化生活空前活跃,有农业业余文艺队五支,重大节日,乡村都组织规模较大的文体活动。

乡辖村民委员会名称:仓贝、社冲、无忧、洛文、冲江、平村、长漕。

(潘新民)

【东泉镇】 距县城36公里。东与鹿寨县接壤,南与柳州市郊毗邻,西与本县沙埔乡交界,北面是太平镇。地处南亚热带,气候温和,雨量充沛,植物茂盛。因镇政府驻地在东泉圩故名东泉镇。全镇总面积195平方公里,全镇总人口4.09万人,其中农业人口3.53万人,非农业人口0.56万人。全镇总户数9293户,其中非农业户数1973户,有壮、汉、苗、瑶、侗民族。以客家话为主要方言。

旅游景点有:文岩寺、飞鹅寺。寺庙依山傍水,秀丽壮观,游人络绎不绝,香火旺盛。

主要交通有:屯秋铁路南北贯穿境内东部,公路西接国道209线柳长路段,南下可达柳州市,东达鹿寨县。全镇村村通公路,晴雨天均可行驶机动车。

全镇现有耕地面积4130.39公顷,其中水稻面积1869.68公顷,畲地面积2260.71公顷。全镇以农业为主,经济作物主要有糖蔗、果蔗、木薯、淮山、水果等,其中东泉果蔗以汁多皮脆而闻名遐尔。森林覆盖面积4800公顷;水库有鹅侣、大华、后屯、六社、保门。其中鹅侣水库最大,库容1080万立方米,灌溉大樟、碑塘、永安、螺田等村民委,灌溉面积333.33公顷,东干渠全长16公里,1997年冬修水利硬化东干渠6.5公里;蟠龙河(俗称东泉河)发源于鹿寨县平山镇拉洞村,流经尖石、高田、螺田、青山5个村民委,全长20公里,与沙埔大帽河汇合流入融江,沿河筑有12座水坝,可灌溉农田266多公顷;有灵鸡山、马安山、白马山等诸多山峰,山上草木繁生,终年常绿。

该镇市场贸易面积(包括开发区)1.6万平方米,全年市场贸易成交额5300万元,全镇工农业总产值1.02亿元,其中农业产值6040万元;财政收入939.35万元,农民人均纯收入2690元。

镇办企业有:化工厂、不干胶印刷厂、炮竹厂、向阳塑料厂、五金修配厂、自来水厂、农械厂、乡镇企业供销服务部、东泉经济综合发展有限责任公司。

学校有:东泉中学、东泉二中、东泉职中、东泉中心小学以及村完小14所、教学点7个。

镇辖村(居)民委员会有:新龙、尖石、洲村、雷塘、莫道、思江、青山、永安、碑塘、大樟、螺田、高田、对河、前屯、东泉街。

(镇办公室供稿)

【寨隆乡】 距县城18公里,距柳州75公里。1997年,全乡总面积82.50平方公里,耕地面积1711公顷,其中水田面积833.33公顷。辖6个村民委员会1个居民委员会,36个自然村,3600户,1.71万人,以壮话为主要方言,有壮、汉、仫佬、瑶、苗、侗等民族,全乡非农业人口1250人。

该乡农业主要以水稻为主,经济作物有糖蔗、烤烟、桑蚕等,乡镇企业有炮竹厂、铁锚厂、热水器厂等轻、手工业。全年粮食总产量7687吨,农业人均产粮480公斤;乡政府投入102万元扶持烤烟、甘蔗生产,产原料蔗9.5万吨,收购烤烟8262担,蚕茧总产1120担;全乡投入32.30万元,修建5条乡村主线公路10公里,面上维修37条120公里,屯间车路72公里,并争取得到交通部门的支持,新修乡政府至更祥屯总长3.6公里的乡村四级公路;投入6600元,重建龙善屯“普陀”水库;投入近100万元建设乡政府办公大楼并于年内交付使用,投入17万元,修建村民委员会和居民委员会办公室;引进国家税务局投入150万元建设红砖厂。全年农业总产值3056万元,乡镇企业营业收入2500万元,地方税收入库28.63万元,国家工商税收250万元,财政收入407万元,农民人均纯收入2419元。

寨隆乡有枝柳铁路通过,乡政

府驻地的寨隆街有火车站，全国新的铁路运行图实施后，寨隆火车站成为怀化至柳州对开直快旅客列车停靠站，成为柳城县境内枝柳线“四站一所”唯一快车停靠站。柳城至广磷、宜州、罗城公路穿过乡境，交通十分便利。

乡辖村(居)民委员会名称：鸡楼、寨隆、更祥、下寨、下尧、独石、寨隆街。

(廖桂壮)

【西安乡】 距柳州市37公里，东南临近桂柳高速公路，西通209国道，地理位置较优越，全乡面积87.4平方公里，辖5个村民委员会和1个居民委员会55个自然屯。年末人口总数1.56万人，其中农业人口1.53万人。耕地面积1617.73公顷，其中水田面积903.8公顷，以种水稻为主，主要经济作物有甘蔗、木薯、辣椒等。以客家话为主要方言。

西安乡是柳城县粮食自给工程示范乡，该乡十分重视粮食生产，不断加大投入。1997年粮食播种面积1973.13公顷，总产量7745吨。乡镇企业以红薯、木薯等农副产品加工为主，特别是红薯果脯加工，在区内外享有盛名。企业营业收入4030万元，工业增加值440万元。甘蔗总产量5.96万吨；财政收入433万元；农民人均纯收入2424元。1997年该乡的各项事业稳步发展，在全县评比名列前茅。

该乡投资140万元修建西安至走马7公里长柏油路，贯通209国道，贯穿3个村委，对该乡经济建设的全面发展起到巨大的促进作用。

乡辖村(居)民委员会名称：走马、中段、西安、凉亭、黄塘、西安街。

(周关进)

【古砦乡】 为柳州市的革命老根据地之一，西北与罗城县交界，北部与融水县相邻，全乡总面积246.5平方公里，辖13个村民委员会167个自然屯，1997年末人口为3.29万人，主要以汉、壮、仫佬三个民族为主。

该乡主要以农业为主，有耕地3074.2公顷，其中水田2210公顷，是柳城县的主要产粮区，素有“柳城米粮仓”之美誉。1997年粮食总产量为1.9万吨，甘蔗种植面积605.73公顷，总产量3.5万吨。乡镇企业营业收入2053万元，农业总产值4210.5万元，财政收入513万元，当年财政盈余129.33万元，农民人均纯收入2272元，4个贫困山区全部实现脱贫。

年内，该乡建成汶炉“公安希望小学”，十五坡“塔山爱民希望小学”，修通龙美至罗垌的村级机耕路，架设龙美至罗垌、大岩垌两条高压输电线路，年初开通光缆传输数字程控电话，全乡实现通电、通路、通话。龙美至洛崖的柏油路项目得到审批并开始修建，龙美小城镇建设也初具规模。

乡辖村民委名称：岭头、泗巷、古砦、大户、十五坡、龙袍、云峰、龙美、汶炉、独山、上富、罗垌、大岩垌。

(韦汉林)

【马山乡】 面积177.40平方公里，乡辖8个村民委员会和1个居民委员会，64个自然屯，1997年末总人口2.25万人。枝柳铁路穿境而过，设有大岭、岸山两个火车站，四塘1个乘降所。

全乡农业以种植水稻、甘蔗为主，现有耕地4000多公顷，其中水田1046.67公顷。1997年全乡农业总产值4430万元，粮食总产量1.11万吨，进厂糖料蔗20.20万吨，居全县14个乡镇之首。托寸屯加工的米粉远近驰名，畅销区内外。

境内煤矿、铁矿、石英砂、石灰石等矿源丰富，乡镇企业稳步发展，1997年企业营业收入7310万元，总产值3217万元，上缴税金196万元。境内有区属四塘农场，县办糯米滩水电厂及铁合金厂。财政收入711.98万元，农民人均纯收入2491元，人均有粮479公斤，社会各项事业健康发展。

(黄雪玉)

鱼峰区

【概况】 1997年，鱼峰区辖天马、荣军、驾鹤、箭盘山、五里亭5个街道办事处，45个居委会，9个家庭委员会，其中新增晶远花苑等13个居委会，2个家属委员会，行政区域总面积25平方公里。1997年常住人口19.41万，流动人口3.5万，总人口22.7万，人口自然增长率7.2‰。全年实现国内生产总值5.7亿元，人均国内生产总值1.4万元，工业增加值2.4亿元，独立核算工业利税总额1825.5万元，第三产业营业总收入18.2亿元，三产增加值3.3亿元，固定资产投资完成额3327万元，社会消费品零售总额3150万元。财政总收入1030万元，总支出950万元。年内获得国家“全民健身宣传周先进单位”；自治区“双文明建设先进单位”、“社会治安综合治理优秀城区”、“97全区经贸系统先进集体”、“97广西十月科普大行动先进集体”；柳州市“社会主义现代化建设先进单位”、“发展第三产业先进单位”、“计划生育工作先进单位”、“全民义务植树先进单位”等光荣称号。

中共区委书记：刘知湘
区　　　长：梁　兵
区人大常委会主任：覃若书
区政协主席：沈孙明

【企业扭亏增盈】 1997年，汽配行业因受汽车市场波动影响和企业历史“包袱”过重，企业效益严重下滑，鱼峰区通过修订完善目标管理责任制，签订扭亏责任状，制定和实施扭亏奖惩办法，明确企业扭亏的目标、任务和要求，把扭亏增盈纳入考核亏损企业领导班子实绩的重要内容，加强扭亏目标责任管理；开展业务培训，举办3期以质量管理、企业改制和技术创新为内容的厂长、经理(书记)培训班6期财会、质量检查、统计“三大员”等管理人员培训班，实行“质量一票否决”制和宏观指导，严格把关，解决企业扭亏工作中的矛盾和问题，区属亏损企业实现全面扭亏，其中汽配二厂、汽配四厂实现增盈，化油器厂、汽配三厂效益明显提高。区属汽配企业由上年净亏199万元到1997年底净增62万元。

【股份合作制改造】 1997年，鱼峰区积极探索股份合作制改造路子，一是抓调查研究，4次组织计经局、流动办、人劳局等6个部门前往广东顺德、山东青岛、辽宁大连等9个沿海城市学习考察集体企业股份合作制改造的经验；二是制定和实施股份合作制改造的工作方案，并就股金分配的比例、标准，资本的安全，退休职工、下岗职工的生活等问题研究和制订相应的对策；三是抓组织机构，建立企业改制工作领导小组和办公室，派出工作指导小组，对企业进行指导；四是抓思想发动，组织企业职工进行现代企业制和市场经济知识以及党的改革政策的学习讨论，对实行股份合作制的利弊和可行性广泛开展宣传教育；五是对企业进行清产核资和存量资产评估，确定汽配三厂、汽配四厂为股份合作制改造试点单位。目前区属企业股份合作制改造工作正有组织有步骤，按预期进度顺利开展。

【第三产业实现新突破】 1997年，三产营业总收入达18.2亿元，突破《鱼峰区国民经济和社会发展“九五”计划和2010年远景目标纲要》规定的到2000年第三产业营业总收入达15亿元的目标。主要措施：一是狠抓重点项目的落实，投入1000万元搞项目建设，其中黄金湾大厦，中龙房地产开发等项目相继拆迁、建成，有的开业营运。驾鹤市场经济效益稳步增长，全年完成营业收入1.9亿元。二是积极扶持各办事处抓第三产业，大力发展街道经济，先后召开5次全区三产企业主、街道办事处主任座谈会和街道经济经验交流会，研究街道经济的新特点、新情况，解决新问题，街道经济全年三产营业总收入达5.3亿元。三是抓好商业网点的建设和管理，发展社区服务业，年内有商业网点15个，社区服务站120个。

【街政建设】 1997年，鱼峰区新开发区和住宅小区发展快、街道办事处管辖范围过宽、基层政权不能适应市场经济发展。该区广泛开展调查研究，召开全区街政工作会议，研究解决街政工作面临的问题，制定《鱼峰区街道办事处工作岗位目标责任制》、《居委会干部人事管理办法》、《居委会办公用房、经费管理暂行规定》、《鱼峰区社区服务业“九五”发展计划》等措施规定：根据《中华人民共和国城市居民委员会组织法》规定，年内在辖区新开发区和住宅小区先后成立晶远花苑等13个居民委员会，2个家属委员会，促进基层政权的落实和市民的自我管理、自我教育、自我提高、自我发展。街道经济得到较快的发展，全年工业总产值3.2亿元，工业增加值1.2亿元，税利6503万元，三产营业收入5.3亿元，利税9362万元，增加值2亿元。

鱼峰区领导深入汽配集团、汽配四厂检查工作，狠抓汽配行业的管理

鱼峰区供稿

【《鱼峰区志》出版发行】 1986年，成立鱼峰区志编纂委员会和区志编纂办公室，历时11年，投入10万元，记载上自汉代下至公元1995年，横跨两千一百年历史的《鱼峰区志》出版发行。该志厚今薄古，重点突出建国后尤其是党的十一届三中全会以来鱼峰区社会、自然、政治、经济、科技、文化、文人景象的发展变化。全书分“建置”、“自然环境”、“人口”、“党派群团”、“政权”、“政法”等18篇74章153节40万字。在编纂过程中，编纂人员广泛收集和整理各方面的资料，先后在本市、南宁、桂林、梧州、武汉、南京、上海、广州等地档案馆、图书馆查阅资料，走访省内外、市内外350多个单位和个人，收集和抄录近300万字资料。全书经过反复修改，几易其稿，于1997年3月定稿付印，10月份举行盛大的发行仪式。这是鱼峰区精神文明建设工程的一项重要成果，是研究鱼峰区自然、社会的历史、现状、发展趋势重要的参考资料。

【禁毒工作】 1997年，鱼峰区配合柳州市在本区进行禁毒工作试点，开展全民性的声势浩大的禁毒斗争。成立由市禁毒委副主任陈谋担任组长的鱼峰区禁毒工作领导小组，组织“向毒品宣战”万人签名誓师大会和盛大游行活动，在市民中广泛开展“不吸毒，不贩毒，不持毒”禁毒法制宣传教育，发放禁毒资料3.4万份，在青少年中实施帮教工程，开展“三帮一”活动，有帮教组织196个995人。辖区有10所中小学校组织开展“热爱生命，远离毒品”“禁毒夏令营”系列活动15次；建立禁毒责任制，落实考评奖罚办法，实行“打、防、管、教”并举，组织“无毒品街道、无毒品单位”检查评比，打击毒品犯罪活动，巩固和发展禁毒成果。全年组织开展集中统一行动120次，召开公捕、公判大会3次，破获贩毒案126起，打掉贩毒团伙1个6人、吸毒窝点3个12人，查获吸毒团伙5个17人，抓获毒品犯罪嫌疑人员831人，强制戒毒652人，判刑20人，缴获海洛因613克，毒资2万余元，赃物折款11万元。

【众鑫大酒店和水产品综合市场开业】 年内，鱼峰区总结和探索辖区国有困难企业盘活资产，综合开发路子，投入600万元，先后与柳州市磁电机厂和重型机械厂合作办起柳州市水产品综合市场和众鑫大酒店，解决200名下岗职工就业问题。其中，水产品综合市场地处柳石路靠近五叉路口的繁华地段，占地面积1.4万平方米，有47个大鱼池，13个大排档，26间门面，16个淡水小鱼池，13个案板摊位，市场管理人员26名，年营业收入5000万元。众鑫大酒店位于西江路号称“广西第一路”的桂柳高速公路出入口，总面积3000平方米，共有6层，客房部有33间60个床位，餐厅可一次性容纳300人同时就餐，舞厅面积200平方米，可容纳100人就坐，集餐饮、住宿、娱乐于一体，年营业收入500万元。

【计算机信息网络全面投入运行】 1997年从科技基金投入40万元，购置15台计算机，建立领导机关内部局域网和机关与办事处远程网相结合，覆盖书记、区长、党办、政办、街道办事处等20个终端机的信息网络。本网络以WIN95、WIN.NT为工作平台，另安装OFFICE办公软件和其他8个功能模块，具有信息容量大，传输速度快，系统功能全，安全性能好，界面直观，操作方便特点。主要领导和部门之间、职能部门之间、机关与办事处之间、办事处之间实现了经济、计划生育、社会治安、行政管理、劳动人事信息资源共享。年内在与国家经济信息中心联网的基础上，加入国际互联网，成为国际上最大信息网INTERNET网上的一个站点。通过INTERNET网可随时查询和下载环球任何一个站点的政治、经济、科技、文化、社会信息。该项目已通过市级科研成果立项。

【创建全国科技工作先进城区活动】 根据国家科委关于创建全国科技工作先进县(区)“四大方面”、六个一票否决”、“50项考核标准”的要求，鱼峰区制定实施《鱼峰区科学技术发展“九五”计划和2010年远景发展纲要》，开展创建全国科技工作先进城区活动；成立由书记、区长担任组长，分管副书记、副区长担任副组长，有党办、政办、经济、科技等10个部门参加的鱼峰区科技“创先”工作领导小组；5次请自治区科委和柳州市科委领导为机关干部讲课，指导“创先”工作；分管副区长2次组织工作组到南宁新城区、永新区、柳城县等地参观学习，做到思想、人员、工作三到位，资金、任务、要求三落实。对照考核指标，1997年辖区国民生产总值36亿元，高于全国8.27个百分点，区属工业总产值三年年均增长44.5%，三产年均增长135.8%，财政收入年均增长10%以上；科技在经济增长中的贡献率三年分别36.8%、38.9%、43.7%，高于全国平均水平；科技三项经费累计投入27万元，其中1997年投入12万元，占财政支出的1.2%；科技基金投入140万元；九年义务教育普及率100%，扫除青壮年文盲率100%；区委、区政府三年来每年专题研究科技工作三次以上；科技部门有独立编制、帐号、办公用房、交通通信工具，各项指标均达到或超过国家科委考核的标准。顺利通过国家科委委托自治区全国科技工作先进县(市、区)评审委员会的评审验收。

【“庆回归”爱国主义教育】 鱼峰区围绕“庆香港回归，雪百年耻辱”主题，广泛开展形式多样内容丰富的爱国主义教育。参加市举办“迎回归大型花展”，把辖区屏山大道、驾鹤路、鱼峰路等15条主干道，江滨公园、鱼峰山公园、龙潭公园、马鞍山公园等旅游景点装扮得花团锦簇。参展单位79个，展出5万盆品种繁多五彩缤纷的花卉。3次请市委党校廖剑鸣教授、市委宣传部领导给干部群众、工人学生介绍“香港百年史”，参观听课6500人次；进行“三观”教育，组织观看《鸦片战争》《较量》《大转折》《香港政权交接仪式》等爱国主义题材影视片。结合庆香港回归举办大型歌咏晚会3场、开展基本国情基本路线教育和国防知识竞赛5次、出宣传简报、黑板报、专题宣传栏36期、演讲比赛2次、印发香港情况资料6000份，组织参观《红岩魂》革命史展览2次，激发干部群众爱国意识和民族自豪感。

【人大工作】 1997年，鱼峰区人大常委会举行常委会会议11次，主任会议19次，听取和审议“一府两院”专题工作汇报7项，审议批准区政府议案2项，作出决定3项，提出

鱼峰区国民经济主要指标

项　　目	1997年	比上年增减%
国内生产总值	5.7亿元	49.35
工业总产值	7.2亿元	30
工业销售收入	6.6亿元	30.2
工业税利	6303万元	50.7
工业增加值	2.4亿元	31.6
第三产业营业收入	18.2亿元	30
第三产业税利	1.6亿元	50
第三产业增加值	3.3亿元	65
独立核算工业利税总额	1825.5万元	—24.8
固定资产投资完成额	3327万元	7.7
财政总收入	1030万元	7.9
财政总支出	950万元	28

(126—8)

鱼峰区创建"全国科技工作先进城区"评审会场

鱼峰区供稿

建议意见50条，任免国家工作人员32名，其中副区长3名（挂职1名）、法院副院长1名，听取和评议国家工作人员述职报告2名，接受区人大常委会委员工作变动辞职1名，补选市人大代表4名，罢免市人大代表1名，组织市、区人大代表活动8次。接待来访人员117人次，受理各种信件42件。围绕法律监督工作，常委会先后对《产品质量法》、《产品质量管理监督条例》、《居委会组织法》、《民事诉讼法》、《归侨侨眷权益保护法》、《婚姻登记条例》、《未成年人保护法》、《计划生育条例》等法律法规的贯彻实施情况进行视察、监督检查，对发现的问题及时提出纠正建议。

【政协参政议政活动】 1997年，鱼峰区政协领导班子坚持"全区一盘棋"思想，围绕中心工作，把履行职责与贯彻执行区委区政府各项工作紧密结合起来，注重在参与中协商、在参与中监督、在参与中履行政协职能，政协主席担任鱼峰区精神文明建设领导小组副组长，对重大问题实行"全程协商"。政协机关在迎接"南珠杯"竞赛和自治区、柳州市创建文明城市复查验收、"讲文明、树新风、治理脏乱差"以及机关机构改革、重点项目的考察论证、创建全国科技先进城区、计划生育考核验收等项工作中，全年参加活动308个工作日。在参加中心工作的同时，积极开展"四个一"活动，荐人才、供信息、献良策、解难题。共献良策284条，提供重要信息58条，解决技术攻关难题86项，举荐各类人才56人。

街道办事处简介

【天马街道办事处】 位于鱼峰区西面，办公地址：太平西街74号，区域面积1.5平方公里，总人口3.6万人，辖鱼峰、屏山一、柳石一、柳石二、驾鹤三、太平中、太平西、龙潭、乐群、光明10个居民委员会。1997年工业总产值5960万元，税利1019万元，工业增加值2140万元；第三产业营业收入1.06亿元，税利总额1836万元，三产增加值3640万元。主要工业产品有铅、锌、锑、锭等。主要街道有屏山大道（西段）、鱼峰路、柳石路、驾鹤路。辖区内有龙潭公园、鱼峰山公园、江宾公园。年内获自治区"社会治安综合治理模范街道办事处"，柳州市东风商城建成开业。

【荣军街道办事处】 位于鱼峰区乐群路。办公地址：乐群路303号，辖屏山三、荣军二、荣军三、荣军四、屏山新村、岩村路、蝴蝶园、荣军五、白云小区一、白云小区二10个居委会。面积2.5平方公里，总人口4.8万人。主要街道有屏山大道（中段）、荣军路、蝴蝶山路、岩村路、乐群路。主要工业有铸造、五金、塑料。1997年工业产值5598万元，税利1220万元，工业增加值1889万元；第三产业营业总收入7050万元，税利1500万元，三产增加值2536万元。主要景点有马鞍山公园、奇石市场等，年内与86432部队联合创建白云文明小区。

【驾鹤街道办事处】 位于市河南马鞍山公园东面，办公地址：屏山大道204号。辖屏山二、荣军一、驾鹤一、驾鹤二、水南、天山、颜家巷、晶远花苑、临江苑9个居委会，面积1.3平方公里，总人口2.9万人。1997年工业产值6558万元，税利1300万元。工业增加值2443万元。主要工业品有汽车配件、机械配件、标准件、石英钟、充电仪器；主要街道有屏山大道、驾鹤路，有驾鹤批发零售市场等商贸市场。春节期间，拿出5000元慰问87458部队官兵。

【五里亭街道办事处】 位于鱼峰区南端。办公地址：柳石路386号。面积6平方公里，辖羊角山、五里桥、依山花苑、龙晶花苑、五里亭、狮山小区6个居民委员会。总人口6万人。主要工业品有机械、水泥、纺织印染、仪表、电扇、化工、建材。1997年工业产值5320万元，税利1275万元，工业增加值2554万元；第三产业营业总收入1.35亿元，税利2351万元，三产增加值5674万元。主要街道有柳石路、燎原路，有白云市场、建材市场、竹木市场。有都乐岩、白莲机场等旅游胜地。年内从五岔路至白莲机场道路扩建工程建成通车；获自治区"社会治安综合治理模范街道办事处"称号。

【箭盘山街道办事处】 位于鱼峰区东面。办公地址：屏山大道北四巷1号。辖屏山四、屏山五、箭盘一、箭盘二、箭盘四、箭盘五、白云、西江、屏山花苑、窑埠10个居委会。面积12.7平方公里，总人口5.3万人。主要街道工业产品有榨糖机。1997年，工业产值6488万元，税利1299万元，增加值2152万元；第三产业营业总收入1.2亿元，税利1183万元，增加值3911万元。主要街道屏山大道（东段）、东环路、西江路、燎原路、白云路、箭盘路。有广西工学院、经济干校、纺校、重工技校、广西区卫校、市卫校、盲聋哑学校等。有柳州市广播电视中心以及柳州市体育中心。有双塔蟠龙公园、贤乐老人公园等。有白云、东环、社湾等农贸市场和商贸市场。年内东环路扩建工程建成通车。

（零霍香）

城中区

【概况】 1997年，城中区辖4个街道办事处，39个居民委员会，行政区域总面积2.28平方公里，总人口7.93万人。（1997年出生391人，死亡340人，年自然增长率为0.71‰）1997年完成工业增加值1.09亿元，销售收入3.28亿元，总产值3.79亿元，税利总额2518万元；第三产业增加值2.89亿元，营业额15.39亿元，税利1.36亿元，财税收入1820万元。年内，城中区获自治区民政工作先进单位、自治区计划生育工作先进单位、全国民政工作先进区称号，自治区推荐该区为全国社区服务示范区，城中区龙城路被中共中央宣传部列为全国创建文明示范街。

中共区委书记：蒋祥柱
区　　　长：黄民凤
区人大常委会主任：何杰藩
区政协主席：丘万兴

【干部参与经济工作奖励政策】 1997年，城中区制定出台《关于鼓励部门积极参与经济工作的奖励办法》、《关于介绍到我区租用闲置场地给予一次性奖励的办法》等政策性文件，鼓励区机关干部参与经济建设，区机关干部职工广开思路、捕捉信息、招商引资，发展第三产业。年底，区委、区政府对积极参与经济工作，并创造了效益的部门和干部给予表彰，获奖部门9个，个人2人，兑现奖金8万多元。

【三产富区初见成效】 1997年，城中区党政领导班子始终按照“三产富区”这一思路，积极发展第三产业。一是利用闲置的旧厂房、新旧办公楼招商引资或租凭。年内，90%的闲置厂房、办公楼层已承租出去。二是向外拓展，探索发展边境贸易，成立驻广西东兴市办事处。三是加强对五角星、莲塘等5个饮食、服装、小百货的市场管理，投资4.8万元修整路面，安装新摊位架，为业主创造良好的经营环境。1997年三产增加值2.89亿元，营业额达15.39亿元，税利1.36亿元，第三产业已成为城中区经济发展的主要增长点。

【清理整顿合作企业】 合作企业是城中区经济发展的一个新的增长点，城中区政府按照“管好、搞活、稳定、发展”的原则，大力发展合作企业，对合作企业出现的一些债权债务及管理上的问题，采取一手抓发展，一手抓整顿。管理办法：一是对合作人实行规范档案管理，了解摸清合作人的资金、承办能力和可靠程度，做到各种资料齐全，情况清楚。二是采取专人管理和联系，为合作企业提供优质服务，解决实际问题。对部分管理差的企业进行清理。1997年，新办合作企业200多个，全区共有合作企业743个。

【创建全国文明示范街】 龙城路是柳州市主要街道，为了把龙城路创建成文明示范街，城中区成立“龙城路创建文明示范街协调领导小组”，制定完善龙城路创建活动工作方案及各项规定，沿街各窗口单位也结合行业特点，制定出相应的创建活动目标和实施方案，重点围绕文明言行、环境卫生、服务质量、交通秩序等四个方面存在的问题，进行逐一解决。沿街的企事业单位、商业部门和个体工商户实行文明经营、礼貌待客，人人争做文明事，争当文明市民。如今，龙城路街道整洁美观，交通秩序井然。1997年3月24日，中共中央宣传部把龙城路列为全国文明示范街后，城中区由此以点带面，在全辖区掀起创文明单位、文明班组、文明经营个体户的热潮。年底评比，全辖区148个单位继续保持文明单位称号，3个单位获自治区级文明单位称号。

【人大法律监督】 1997年，城中区人大常委会履行宪法、法律赋予的职权，抓重点，讲实效，加强对“一府两院”的监督工作。年初，常委会第22次会议提出进一步广开税源、发展经济、节约开支的意见，建议区政府加强预算外资金的管理，提高预算外资金的使用效率。区政府采纳这一建议，制定《城中区预算外资金管理办法》。人大常委会督促区政府加强财政管理，严格控制和审批重要基建项目的开支。并督促审计部门对城中区新建的职工宿舍楼进行审计，查出并核减基建单位通过多计工程量、高套定额和多取费用等款项60多万元。加强执法监督检查，促进“一府两院”依法行政、依法司法。常委会开展对《产品质量法》、《产品质量管理条例》、《统计法》执法大检查，对司法机关执法进行监督检查。

【政协委员活动重实效】 1997年，城中区政协继续开展“六个一”活动，鼓励委员们积极参与“提一条重要建议，提供一条重要信息，引进一个生产项目，解决一个技术攻关难题，举荐一个人才，办一件实事”活动，通过开展这项活动，拓宽委员为城区两个文明建设献计出力，办实事的渠道，丰富委员活动的形式和内容，调动委员参加活动的积极性。一年来，委员们提出重要建议86条，提供重要信息5条，捐助贫困乡学校资金6000元，办好事6件。如：定期给五一路一残疾人送生活补助费；几大节日里给曙光中路5位五保户送去慰问金；扶助太平镇12名失学儿童完成9年教育的在校杂费；看望少管所失足少年，与失足少年的家长建立联系，协同开展帮教活动；组织文艺演出队送戏下乡。

【加强城市管理力度】 1997年，城中区加强城市综合执法管理力度。年初，设置城市管理机构，即城管办和市容管理局。成立市容交通整治指挥部和市容整顿机动队，实行城市管理工作中的领导干部巡查制度和市容卫生联合巡视制度。加强对一、二、三类道路的管理。全年清理沿街各种违章搭盖600多处，拆除广告牌700多块，教育处理各种违章3万多人(次)，新建、维修道路3千多平方米，清理水沟300多米，种植各种花木9千多株，新建花台、花带3条，同时，顺利地完成环境卫生管理所的接管工作，加强城市保洁工作，使城区市容市貌大为改观，灭鼠、灭蟑、灭蝇达标验收合格。年内，城中区开展声势浩大的“讲文明，树新风，治脏乱”活动，组织4次大的清理垃圾行动，清理脏乱点21个，清运垃圾2千多吨。

【社区服务评为广西第一】 1997年初，城中区再次制定完善《社区服务管理办法》和《发展社区服务优惠政策》，成立三级社区服务志愿者协会，辖区166个单位加入志愿者行列，专门为烈军属、孤老残幼服务的志愿服务队伍已扩展到2000人，新增社区服务网点30多个，在1997年自治区社区服务示范区的检查验收中，城中区的各项指标排列广西第一，被列为全国社区服务示范区。

【计生管理工作走向规范化、法制化】 城中区计生工作坚持执行计划生育目标管理责任制，不断改进和完善考评办法，对人口执行情况和贯彻落实“三为主”的质量进行不定期的考核抽查，发现问题及时解决。坚持以宣传教育为主，增强广大市民的计生意识，1997年，共投入宣传经费3万多元，用于印发宣传资料、知识竞赛、挂图展览、录音广播等，广泛宣传计生政策和优生优育知识。坚持依法行政和依法管理，对流动人口实行不定期检查，年内，审验流动人员2万多人，依法征收流动人口费5.5万元，超生款4万元。狠抓一环二扎到位，落实节育补救措施，妇检率达98%，完成四术373例，执行流动人口、用人单位、出租房主的计划生育合同制。全辖区已形成齐抓共管计划生育工作的局面，全面完成市政府下达的人口计划任务，自治区计生委检查，该区各项指标名列广西城区之首，获得自治区计生委奖励。

街道办事处简介

【公园街道办事处】 公园街道办事处辖10条街道13个居民委员会，常住人口40944人，办公地址：柳州市罗池路东一巷54号。中国人民银行柳州分行、柳州地区银行、柳州市第一人民医院、柳侯公园、柳州市文化街、柳州高中、龙城中学均座落于本街道办事处辖内区。

1997年，公园街道办事处完成工业增加值1789.40万元，销售收入5020.01万元，总产值5780.11万元，税利381.04万元；完成三产增加值2155.4万元，营业额1亿多元，税利306.58万元，有合作企业128个。

【城中街道办事处】 城中街道办事处辖9条街道9个居民委员会，常住人口7812人，办公地址：柳州市曙光中路4号。柳州市邮电局、市体委、市文化艺术中心、市工贸大厦、五星商厦、保险公司、龙城路——全国文明示范街均位于本街道办事处辖区内。

1997年，城中街道办事处完成工业增加值1836.66万元，销售收入4556.26万元，总产值5441.51万元，税利346.42万元，完成三产增加值1605.8万元，营业额5793.70万元，税利203.82万元。有合作企业98个。

【中南街道办事处】 中南街道办事处辖12条街1个居民小区13个居民委员会，常住人口20870人。办公地址：柳州市中山西路119号。柳州市合作银行、柳州日报社、市自来水公司、青云菜市、小南路美食城、斜阳路小百货一条街均位于本街道办事处辖区内。

1997年，中南街道办事处完成工业增加值1573.12万元，销售收入4685.08万元，总产值4624.14万元，税利369.35万元；完成三产增加值1766.8万元，营业额6151.40万元，税利619.55万元。有合作企业65个。

【水上街道办事处】 水上街道办事处办公地址：柳州市龙城路西一巷1号。水上区域管辖范围：柳江上游起柳城凤山、下游至象州运江，辖江一、江二、江三、江四村4条街道4个居民委员会，常住人口1028人。

1997年，水上街道办事处完成工业增加值1867.58万元，销售收入5946.5万元，总产值6930万元，税利346.12万元；完成三产增加值4207.6万元，营业额1.72亿元，税利576.5万元。有合作企业82个。

（蒋祥柱　黄民凤　张德荣）

柳南区

【概况】 1997年，柳南区辖柳南、柳石、南站、鹅山、河西5个街道办事处45个居民委员会，行政区域总面积22.7平方公里，总人口21.98万人，流动人口5万人。1997年柳南区工业总产值(90价)5亿元，比上年增长48.4%；税利完成3147万元，比上年增长55.7%；工业增加值累计完成1.4亿元；第三产业营业额完成20.2亿元，比上年增长34.6%，完成税利1.67亿元，比上年增长60.1%，财政收支基本平衡。年内，该区再度荣获自治区“双文明先进区”等称号。

中共区委书记：胡仕权
区　　　　长：郑俊康
区人大常委会主任：林维江
区政协主席：龚明辉

【城区经济建设】 1997年，柳南区从城区经济工作的实际出发，及时调整经济发展策略，坚持“巩固、发展、提高”的方针，发挥区位优势，大力发展第三产业，积极调整产品结构，继续理顺、搞活、发展区属企业，扶持街道企业，全面提高经济运行的整体素质和经济效益，一是把第三产业作为城区经济发展的主战场，把工作重点放在对原有三产项目的管理、发展上，着重挖掘项目潜力和提高经济效益，发展新项目，加快第三产业的发展。根据市场变化发展，及时调整经营品种结构，把荣军路桂中竹木市场培育成木材半成品加工市场，把柳邕竹木市场培育成圆木交易市场，发展河西木材综合市场。为促进辖区专业市场的繁荣服务，进一步加强华丰湾旧城改造和消毒中心的各项工作，促进全区房地产业社区服务业的迅速发展。二是大力发展街道合作企业和非公有制经济，城区工业得到稳步提高。重点抓管理、缩短战线、提高质量、完善责任制、搞好资产优化和重组等几方面的工作。对铁木制品厂、迎宾面条厂、市工程塑料厂等骨干企业实行重点扶持，使其生产上规模、产品上档次、经营上水平，初步形成机电产品、汽车配件、橡胶塑料、纺织、食品、印刷包装等20多个门类较为齐全的工业体系，逐步打破旧的企业生产格局。坚持“退二进三”的路子，对特困企业采取租赁、承包、联营和联办等灵活经营方式减亏解困，多渠道安置下岗职工再就业。1997年，区属企业基本扭亏，下岗职工得到妥善安置，退休职工办理了统筹，生活得到保障。三是街道经济快速增长。加大街道经济发展的力度，制定优惠政策。1997年新办经济实体342个，街道企业发展到1753个，累计安排就业人数1.56万人，其中，年内安置从业人员1700多人，街道经济已成为柳南区第三产业的重要支柱。

【人大工作】 1997年，柳南区人大常委会认真履行宪法和法律赋予的各项职责，召开区人大会议1次，人大常委会会议11次，主任会议16次，依法作出各项决议、决定5项，依法任命政府副区长2名，政府职能部门领导12名，区检察院检察委员会委员2名，检察员2名，审议通过“一府两院”工作报告，对区政府、柳南区人民法院和柳南区人民检察院的的11名任命干部进行述职评议。接待来访人员、来信279件(次)，收到代表建议、批评、意见73件，区政府已全部办理或答复代表。对《中华人民共和国刑法》等9部法律进行执法检查；不断加强人大自身建设，提高机关干部的群体素质和工作水平、较好地发挥地方国家权力机关的作用。

【政协工作】 1997年，柳南区政协充分发挥政治协商、民主监督、参政议政的职能，先后组织委员开展视察、调查活动，对辖区单位精神文明建设、编外医疗点设置、居委会管理功能等进行调研，撰写多篇调查报告，得到市有关部门采纳。年内，召开主席办公会5次，常委会5次，收到委员提案63件及时交由区政府办理，办理率达100%，这些意见、建议和批评有效地推进政府机关民主建设和全区各项事业的发展。

【城市管理和精神文明建设】 1997年，柳南区加强城市管理，以“文明言行、环境卫生、优质服务、交通秩序”为主要内容，把整治市容市貌和脏、乱、差作为突破口，取得显著成绩。一是建立领导干部市容卫生巡查制，增加120名市容监督纠察队员和保洁员，在五个街道办事处成立市容管理中队，对各主干道、繁华路段和窗口地带实行长期监控管理，初步实现市容卫生秩序的长效管理。二是打好清运垃圾战役，以各街道办事处为块块，依靠和发动辖区各单位力量，对红桥路、磨滩路、柳太路、柳邕路等地段突击整治。三是注重办实事，筹集资金重新修建红桥路三区的道路，对柳邕路一区至冷冻厂路段进行整治，筹资安装路灯，有效地改变该路段的治安状况。四是大力开展创建安全文明小区活动，为居民营造良好的生活环境。五是加强环境保护、着重解决施工噪声、粉尘污染等与人民群众生产、生活密切相关的问题，辖区环境污染状况有明显改善。六是认真开展绿化工作，全年种植各种花木1万多株，获市“绿化先进单位”称号。1997年，柳南区新创建区级文明单位21个，文明楼院32栋，市级文明单位10个，推荐申报自治区级文明单位6个，评出精神文明先进个人3.5万多人，文明市民标兵10人。

【社会治安综合治理】 1997年，柳南区深入开展社会治安综合治理，开展“禁毒”和“严打”专项斗争，打防结合，严厉打击各种犯罪活动，扫除黄、赌、毒等社会丑恶现象，为经济和社会的发展创造良好的治安环境。全年重特大案件破案82%；1101名贩、吸毒人员受到处理；打击犯罪团伙104个485人，处理各类违法人员和犯罪嫌疑人2197名，缴获赃款60多万元，各种机动车辆68辆、毒品345.2克。开展“三五”普法教育，组织机关及辖区干部群众学习《中华人民共和国刑法》等法律、法规和干部普法考试。重视群众来信来访工作，坚持区领导信访接待日制度，妥善处理银航路口工程拆迁上访等问题，加强人民调解工作，化解社会不安定因素，保持辖区政治、社会稳定，该区获柳州市“防

柳南区首届国防文艺汇演　　柳南区供稿

止民间纠纷激化”有功集体称号。

【区机关机构改革】 1997年，柳南区对区党政机关进行机构改革，制定方案。党政机关机构从原有26个，减少到21个，从原有机关工作人员141名，定编为136名，交流科级干部24名，提拔科级干部18名。这次机构改革，达到上级要求，为推行公务员制度打好基础。年内，完成了环卫所移交城区管理的接管工作，城市卫生管理进一步加强。

【民政工作】 1997年，柳南区民政工作，一是对社会保障实行动态管理，及时调整保障范围及保障对象，全年发放最低生活保障救济金23万元，共救济144户361人；二是巩固和加强基层政权建设，对13个居委会的干部进行调整，充实新生力量。三是落实优抚政策，全年兑现义务兵统筹优待金17万元。四是重视残疾人事业，帮助残疾人解决实际问题。年内，该区通过国家民政部的普查和考核，继续保持全国民政工作先进城区光荣称号。

【社区文化和体育事业】 1997年，柳南区坚持“双百”方针，开展内容丰富、健康向上的社会文化活动，倡导社会公德、家庭美德、职业道德。举办“迎回归、颂中华”大型文艺会演等一系列活动，在柳州市第二届“龙城金秋”文艺会演中荣获优秀组织奖。企业文化和民间文化开展得有声有色，文明之花、文艺之花处处盛开。在抓文化繁荣的同时，注意抓文化市场的管理，继续开展“扫黄打非”工作，促进文化市场朝健康、繁荣的方向发展。开展全民健身、推广普及第八套广播体操活动，组织4000多人参加柳州市迎回归万人长跑，有1.5万人参加第八套广播体操比赛总决赛，荣获“全国群众体育先进集体”称号。

街道办事处简介

【柳南街道办事处】 1997年，辖11个居民委员会，常住人口4万人。办公地址：柳州市飞鹅路207号。该办事处地处柳州市交通门户，辖区内交通发达，旅宿便利，商贸繁华。辖区内的飞鹅市场、飞鹅商城、红光鞋城等五大专业市场已连成一片，是柳州市专业市场最集中、人流量最大的区域。1997年，该办事处工业总产值完成1.43亿元，销售收入1.36亿元，第三产业销售收入4.3亿元，比上年增长7%，全年新办工商企业104个。1997年获“广西全优街道办事处”称号。

【柳石街道办事处】 1997年，辖15个居民委员会，人口5万人，行政区域5平方公里。办公地址：柳州市文笔路112号。该区北始鱼峰路，南至柳邕路尾，与柳江县交界。辖区内工业、交通、贸易发达。1997年，该办事处工业总产值完成1.18亿元，销售收入1.13亿元，税利完成857.86万元，税利比上年增长66.7%，第三产业营业额完成2.68亿元，税利完成2283.6万元，税利比上年增长35.18%。

【南站街道办事处】 1997年，辖6个居民委员会，人口4.2万人，办公地址：柳州市鹅山路八区8—2号。该办事处95%以上的居民属铁路职工家属，柳州铁路局、火车南站均设在该辖区，交通十分便利。该办事处1997年工业总产值完成5671万元，销售收入5390万元，税利完成266.8万元。第三产业完成营业额1.71亿元，税利完成1945.2万元，税利比上年增长55.5%。

【鹅山街道办事处】 1997年，辖5个居民委员会，常住人口5.2万人，行政区域约2平方公里，办公地址：柳州市革新路三区309号。该办事处90%以上居民属铁路职工家属，铁路部门的大中型企业如机车车辆厂、柳铁机务段等均设在该辖区。1997年，该办事处工业总产值完成4935.7万元，销售收入4638.2万元，税利完成521.6万元，税利比上年增长122.14%；第三产业完成营业额1.24亿元，税利完成948.9万元，税利比上年增长99.7%。

【河西街道办事处】 1997年，辖8个居民委员会，常住人口7万人，行政区域13平方公里，办公地址：柳州市河西路15—10号。柳州市工程机械厂、柳州微型汽车厂、柳州肉联厂、柳州面粉实业总公司、柳州市建材二厂、柳州水泥厂、中国有色金属工业总公司第十一冶金建设公司等大中型企业均设在该辖区，工业基础雄厚，为柳州市工业经济的支柱。1997年，该办事处工业总产值完成7179万元，销售收入6636万元，税利完成410.5万元，税利比上年增长24.2%；第三产业营业额完成1.32亿元，税利完成1027.5万元，税利比上年增长101.8%。

（梁　江　覃家勋）

柳北区

【概况】 柳北区下辖解放、黄村、胜利、雀儿山4个街道办事处和柳钢、长虹2个工厂居民办事处，共有56个居民委员会（新增宏都居民委员会）。驻有党政军机关和企事业单位423个。行政区域总面积48.46平方公里。总人口21.50万余人。1997年，该区党委、政府提出向管理、市场、科技、政策和社区服务五个方面要效益，取得良好效果。全年实现工业销售收入6.02亿元，工业税利4509万元，工业增加值2.3亿元，分别比上年增长20%；18.2%和30%；实现三产营业收入17.4亿元，三产税利1.45亿元，三产增加值3.11亿元，分别比上年增长29.9%、63.29%和70.88%，财政收入提前完成全年计划，全区经济建设持续、快速、健康发展。精神文明建设也取得显著效果。获自治区“双文明先进单位”、“社会治安综合治理优秀城区”、“人口与计划生育目标管理达标先进单位”、“拥军优属先进单位”和“十年无退兵先进单位”称号；同时还获柳州市“三产发展先进城区”、“文明城区”、“双拥模范城区”称号。在自治区讲文明、树新风活动现场经验交流会上作典型经验介绍。

中共区委书记：刘蓁昆
区　　　　长：李伯勤

区人大常委会主任:黄舜德

区政协主席:兰玉海

【加强企业管理】 1997年,柳北区加强企业管理,对企业实行"抓大放小"和进行改革、改组、改造工作。初步完成对区属第二纸制品厂、机械设备公司的股份合作制改造,让企业自主经营、自负盈亏,增强企业活力。组织区属企业开展建立一个好的领导班子、培养一支好的职工队伍、健全一套好的管理制度,生产一个(批)好的产品的"创四好"和"效益杯"竞赛活动;组织开展企业与企业之间、企业内部班组与班组之间的劳动竞赛,努力提高职工业务素质,提高产品的产量、质量,改变企业的落后面貌。

区政府组织有关部门及专家深入企业,开展调查研究,积极帮助和指导企业逐步完善各项基础管理制度,并检查各项制度的执行情况,及时指出存在的问题,限期整改。同时为企业提供信息,为企业牵线搭桥,搞好服务,组织参加各种促销、展销活动;大力开发新产品、新品种,及时调整产品结构,以适应市场需要。1997年区属企业开发新产品6个,新品种29个,产生较好的经济效益。一批小企业经过加强管理,经济效益比上年度也有所提高。

【兴办三产市场】 1997年,柳北区继续发展第三产业,组成市场开发工作组,对原有的专业市场、辖区企业情况、可开发项目及市场、政策、前景等多方面作大量的调查工作,先后与辖区30多个单位联系,经过近200次洽谈并多方论证,在工商、城建、规划等部门的支持下,与柳州市袜厂合作开发锦绣农贸综合市场,占地2000平方米,投资近40万元,有238个摊位,开业后一直保持购销两旺势头。柳北区政府与柳州市物资回收公司合作开发"柳州市旧货交易市场",占地20亩,有门面64间,散摊100余个,开业以来,情况良好。原有柳北钢材大市场、柳北大商场逐步完善,加强管理,做到责、权、利相结合,落实到位,与新开发的两个市场共同发展,不仅为柳北区增加效益,繁荣市场,同时为城区政府与辖区企业合作开发发挥优势,发展第三产业,摸索出一些成功经验,也为解决下岗人员的再就业创造条件。

【广开税源渠道】 1997年,柳北区按照发展第三产业"谁投资,谁所有,谁受益"的政策,制定《柳北区税收超收奖励办法》,对办事处实行核定基数,超收提成的奖励政策,极大地调动各办事处发展经济、多创收的积极性。全区新办各类企业120个,创税利200多万元,各办事处均超额完成全年税收任务。

同时,完善社区服务网络,提高社区服务质量、档次,拓宽服务范围,在辖区内从服务项目、网络分布、群众需要、质量等方面出发,新增信息服务、就业介绍、家庭劳务、老年人托养服务等项目。这些网点的增加,多方面地方便了群众;服务项目的创收,也相应地增加税收来源。1997年全区共新办各种社区服务网点76个,创收232.9万元。

【科技开发创效益】 1997年,柳北区共投入技术改造、新产品开发资金800多万元,支持企业走以提高产品科技含量,提高产品附加值的内涵发展道路,先后与市科委共同完成对区属宏发五金厂新型旅行箱的验收鉴定工作;完成市车架厂的技术改造,增加新的生产流水线,为生产12万台新型微型车架提供保证。市英利化工厂与科研单位合作,开发行星齿轮结构电引机,通过国家级检测和产品鉴定,具有国内领先水平。此外,智能医用电子厂、线束厂、床垫厂、机床工具厂等一批区属企业,经过对老设备的技改和新产品的开发,一批质量好,适销对路的产品投入市场,为企业创造良好的经济效益。

柳北区科委、科协还派专人深入企业进行技术咨询,为企业提供技改资料,帮助和支持企业技改和挖潜。1997年柳北区区属企业技改和新产品开发新增产值4300万元,税利258万元。

【文明创建活动】 1997年,柳北区注重抓好思想教育,开展文明创建活动,制定《柳北区1997年文明城区建设工作意见》,组织开展"讲文明从我做起"大讨论。在辖区各单位、街道制定和宣传文明行为规范、街规民约;广泛进行"不随地吐痰、不乱扔垃圾、不损坏公物、不违反交通规则、不破坏绿化、不在公共场所吸烟、不说粗话脏话、不打人骂人"等"十不"行为规范教育。

10月18日,在区内举行《柳州市市民手册新编》首发式,倡导树立新时代的新形象,发行手册7万册,并通过文明市民学校、座谈会、报告会、演讲比赛等多种形式在辖区内形成声势浩大的宣传。区内文明礼仪学校培训了6000多人。在北站路三角地还开辟学雷锋便民服务一条街,成为柳州市的一条特色街。有186个单位2400多人参加,为群众做好事8987件。同时,在辖区大、中型企业开展"环保好厂长(经理)"活动。发动辖区军(警)民开展大规模环境治理,清除市内及城郊结合部

自治区党委书记曹伯纯(右二)参观柳北区宏发箱包五金厂陈列室

柳北区供稿

卫生死角，坚持联合检查制度、领导巡查制度和领导责任街制度，不定期进行检查，发现问题及时解决。在1997年6次大的市容市貌各种检查评比中，柳北区成绩名列前茅。

【创建安全文明小区】 1997年，柳北区广泛开展群众性的创建安全文明小区活动。制定《创建安全文明小区、街道、楼院实施方案》。首先在住户中进行社会公德、家庭伦理道德、助人为乐、法制观念等教育，开展五好家庭、文明户、文明清洁户、文明楼院评比，举办家庭运动会、文艺晚会等活动。其次在居民小区中实行治安、卫生责任制，发动住户共同维护居住区秩序。辖区内柳州钢铁集团公司、长虹机器制造公司、市棉纺厂、市化纤厂等单位职工住宅区的创建安全文明活动，效果显著。柳北区特在市化纤厂、棉纺厂分别召开“柳北区创建安全文明小区、楼院现场观摩大会”。在会上介绍有关厂的文明创建经验。

柳北区向社会公布辖区2个文明示范小区、4个文明示范单位和16个文明示范“窗口”和20个文明示范户，接受市民监督。

【做好帮教工作】 柳北区层层落实社会治安综合治理责任制，签状率达到100%。连续6年坚持组织辖区帮教团到广西第一劳教所，看望辖区籍的劳教人员，向他们宣传改造政策并送去社会的关怀，鼓励他们安心服法，积极劳动，早日成为新人。并且坚持从治本入手，通过请干警到学校去上法制课，由服刑人员到场现身说法，开展“一帮一”、“二帮一”警校共建活动，使学生受到生动的法制教育，尽量把违法行为消除于未萌之中。同时，组织力量对重点地区进行清查，深入吸毒人员家庭进行规劝、教育工作，签订《对辖区吸毒人员的帮教协议》，对记录在册吸毒人员的监督和帮教。

【双拥共建工作】 1997年，柳北区立足于为辖区驻军部队、军烈属办实事，继续做好双拥共建工作，开展争创双拥“四个最佳”活动（即帮助部队办实事的最佳企事业单位、热心双拥工作的最佳领导、双拥共建最佳对子、双拥工作最佳个人）和“一帮一”活动（即一个效益好的企事业单位帮助一户烈属或一名残废军人）。通过这些活动，在辖区内营造了拥军优属、拥政爱民的良好氛围。辖区单位已为部队培训专业技术人才370人，安置军嫂12人，转业干部25人和退伍军人18人就业，为军烈属解决调整住房7套。

某空军雷达站驻扎在辖区的一座海拔368米的山上，站里的官兵一直饮用不符标准的煤层地下水，且水源严重不足，给官兵生活带来许多不便。柳北区政府多方协调、筹资、捐物合计24万元，在离驻地700多米的山脚下打成水井，安装供水设备，于1997年6月完工，解决了雷达站官兵的饮水问题。柳北区还先后给53061、53064部队、空军雷达站免费提供化肥、甜笋苗和幼羊、雏鸡等，支持部队农副业生产。

1997年柳北区又发展新的军民共建点7个。有军民共建点110个。

【计生管理规范化】 1997年，柳北区计划生育工作开展“三为主”达标活动，切实落实计生工作承包责任制。制定《关于进一步做好柳北区计划生育工作的意见》，按照“抓基层、打基础、抓后进、促平衡、抓管理、上水平”的思路开展工作。举办计生人员岗位培训，共举办培训班两期，培训计生干部250人次，同时建立完善“一册、一卡、一表、十簿”的计生档案，提高计划生育整体水平。

1997年，柳北区出生人口1916人，计划生育率99.84%，综合节育率93.28%，全面完成市下达的年度人口控制和计生各项工作任务。在柳州市计生目标管理考核评比中，获两县五区评比总分第一，被自治区确立为广西计划生育优质服务试点城区。

【人大充分行使职权】 1997年，柳北区人大常委会充分行使宪法和法律赋予的职权，促进两个文明建设。一是行使决定权。柳北区七届人大六次会议批准了区政府提出的经济发展目标。先后四次组织代表对二产、三产工作进行视察。常委会还直接参与经济工作，发动代表牵线搭桥发展经济，选派干部直接参与一些专业市场的开发工作。二是行使监督权。先后对《刑事诉讼法》、《审计法》、《会计法》、《科技进步法》、《产品质量法》、《人民防空法》的执行情况进行检查。对发现的问题，及时交“一府两院”研究解决。全年举行常委会会议10次，审查议题19项，召开主任会议12次，常委会与“一府两院”工作联系会1次，听取专题工作汇报8次，通过以上形式对“一府两院”工作进行全面监督。三是行使人事任免权，常委会任免本级国家机关工作人员42名，其中任命29名，免职13名。6月上旬组织常委会机关干部、区政府中层以上干部、区法院审判员以上的法官、区检察院检察员以上的检察官和办事处、事业单位副职以上干部进行一次法律知识考试。区政府计经局局长、民政局局长、区法院院长、区检察院检察长进行了述职评议。常委会及时纠正了个别单位越权变更常委会任命干部职务的错误。四是做好代表联络工作。代表活动出现“三多”：即列席常委会人数多，参加视察多，小组自行开展活动次数多。常委会表彰4个先进代表小组，31名优秀代表，4名优秀联络员。全年收到信访件45件，接待来访51人次。

【政协开展“四个一”活动】 1997年，柳北区政协在委员中广泛开展“四个一”活动：区政协委员紧紧围绕经济建设中心，深入调查研究，大量掌握第一手材料，为区委、区政府和企事业单位献计献策，提供重要经济信息、举荐人才，帮助解决技术攻关难题。提出各种合理化建议24条，其中有11条已得到采纳，举荐人才8人，帮助解决技术攻关难题2个。为柳北区引进各种合作企业43家。

年内收到委员提案33件，立案30件，均办理完毕，有4件得到承办单位的认可，有8件得到承办单位的采纳。其中“关于严禁送丧人沿街抛撒纸钱”的提案，很快得到市政府的采纳。

街道办事处简介

【解放街道办事处】 1997年，解放街道办事处下辖13个居民委员会，其中2个是企业内设居民委员会。年末总人口5.21万人。位于市中心的八一路。办事处拥有96家集体工商企业，主要工业产品有彩色印刷、皮制品、防盗门、高低压开关板、糕点、饮料等。全年产品销售收入1.12亿元，工业总产值1.23亿元，税利855.15万元。三产营业收1.85亿元，税利1280.6万元，增加值3421万元。

办事处内有八一路、北站路、三中路三条主要干道。

辖区内商业有中百超市、五金商场、三中路百货大楼；金融有柳州建设银行、交通银行、证券交易所；交通运输有人汽公司、火车北站；宾馆有京都宾馆、天龙大厦；文化有柳州图书馆。著名企业广西金嗓子制药厂也在辖内。

【黄村街道办事处】 1997年，辖9个居民委员会。其中1个是企业内设居民委员会。6月5日设立宏都居民委员会。年末总人口4.04万人。位于雅儒路。办事处拥有各类集体工商业100家，主要产品有针织坯布、服装、铸造、电缆、木材加工等。全年销售收入4101万元，工业总产值4637万元，税利349.61万元。三产营业收入2.09亿元，税利1854.9万元，增加值3649.9万元。

辖区内的壶西大桥，是一座造型美观的斜拉大桥，贯通柳州东西两岸。

【胜利街道办事处】 1997年，下辖15个居民委员会，其中8个是企业内设居民委员会。年末总人口4.98万人。位于胜利路附近的胜利小区。办事处有各类工商企业96家。主要工业产品有箱包、床垫、纸箱、印刷、医疗器械、针织品等。全年销售收入1.18亿元，工业总产值1.31亿元，税利712.34万元。三产营业收入1.87亿元，税利1567.7万元，增加值4222.7万元。

办事处辖内有目前广西最大的居民住宅小区——胜利小区。该小区有122栋住宅楼、17栋综合用房、两所小学和一所幼儿园和两面针企业集团公司。

【雀儿山街道办事处】 1997年，下辖16个居民委员会，其中11个是企业内设的居民委员会。年末总人口9.87万人。位于北雀路。办事处有工商企业74家，主要产品有针织品、机加工件、塑料包装、翻砂铸件等。全年销售收入4360万元，工业总产值4690.7万元，税利400.2万元。三产营业收入2.03亿元。税利1399.1万元，增加值3025万元，辖区内的雀儿山公园是柳州市北部的游览胜地。

【柳钢居民办事处】 是柳州钢铁集团公司内设的办事处。下辖8个居委会，以管理本单位家属区为主，配合城区开展中心工作。业务上受柳北区人民政府指导，工资、福利及工作安排均属柳州钢铁集团公司负责。

【长虹居民办事处】 1997年2月21日成立。位于柳州市郊东北方向，离市区28公里。是长虹机器制造公司内设的办事处。下辖2个居民委员会，以管理本单位家属区为主，配合城区开展中心工作。工资、福利及工作安排均属长虹机器制造公司负责。

（李冰洁　盘武明　韦晓萍）

郊　区

【概况】 1997年，柳州市郊区下辖石碑坪、沙塘、太阳村、洛埠4镇和长塘、黄村、白露、西鹅、羊角山、柳东6乡，68个村委会、6个居委会、行政区域总面积535平方公里。耕地总面积8186公顷，粮食播种面积7179公顷，经济作物面积4094公顷，辖区内总人口16.70万人，有壮、仫佬、回、苗、毛南等民族。

1997年，郊区蔬菜上市量12.7万吨，比上年增10%；粮食总产量3.21万吨，比上年增20%；肉类总产量9600吨，比上年增11.6%；生猪出栏7.6万头，比上年增10.3%；家禽出栏321万羽，比上年增13.5%；鱼产量4300吨，比上年增26.3%；糖蔗产量10.89万吨，比上年增30.3%；水果总产量6300吨，比上年增34%；国民生产总值9.07亿元，人均国内生产总值6895元，工业增加值3.87亿元，农业增加值2.83亿元，乡办工业利税总额3989万元，第三产业营业收入20.86亿元，乡镇企业总收入35.72亿元。地方财政收入2045万元，支出2380万元。职工工资总额1753万元，农民人均纯收入2544元。人口出生率10.22‰，人口自然增长率5.41‰，计划生育率97%，多孩率0.46%。教育“两基”达标通过自治区验收团验收基本达标，1997年，该区被自治区党委、政府授予“双文明”建设先进单位、被市委、市政府授予柳州市社会主义建设先进单位，全面完成农业经济指标先进县(区)。

中共区委书记：韦耀武
区　　　　长：张乔林
区人大常委会主任：石化目
区政协主席：陈贵源

【菜篮子工程】 1997年，郊区充分利用近郊的优势，主攻蔬菜副食品生产，调整种植结构，在新品种开发上作文章，积极引进优良新品种西葫芦$F_1$9201，杜豇豆角、绿岭青花菜、紫色菜花、菊花菜、白花菜等新品种试验示范，引种成功，取得明显的经济效益。抓好新品种芦笋的种植和管理，有计划的安排种植韭黄、蘑菇、蕃茄生产。年内，畜牧业生产逐渐向规模化、产业化方向发展。现已形成年养鸭5000只以上的专业户41户，养鸡一万只以上的38户，养猪出栏500头以上的15户，养鱼50亩连片的35户，网箱面积达一万平方米。

【第一个无公害蔬菜基地在三合村建立】 1997年，郊区在沙塘三合村建立一个250亩无公害蔬菜生产基地，基地从管理入手，建立一套管理措施，在使用肥料、药物方面严格把关，年内，提供425吨蔬菜供应市场，经检验，达到无公害蔬菜控制标准，市民吃上放心菜，深受市民欢迎。

【甜竹笋加工厂投产】 1997年，郊区种植甜竹笋已逐步形成规模化生产，年产甜竹3660吨，丰富的甜竹笋原材料，引来了加工厂家。年内，投资120万元，在沙塘镇建立一条年产150吨加工脱水鲜笋的生产线，甜竹笋加工厂家的建立，为逐步建立公司＋基地＋农户的格局打下基础。该产品已销往北京、上海、石家庄、广东等地。

【外销蔬菜有新的突破】 1997年，郊区蔬菜生产在满足柳州市市场供应的同时，注重抓好蔬菜外销工作，有计划地安排调整种植结构，现已形成种植春辣椒、甜竹笋规模化生产，年内外销蔬菜6500吨，比上年增30%；春辣椒外销达392.5吨，甜竹笋外销达1325吨，分别比上年增42.8%、23%，在品种上也由过去的3个增加到7个。

【粮食生产喜获好收成】 1997年，郊区在抓好蔬菜生产的同时，不放松粮食生产，全郊区围绕“三个万”工程，开展各种竞赛活动，完成杂交稻技优、金优1.1万亩，旱育稀植高产栽培技术实施面积3.1万亩，亩产398.1公斤，增产粮食135.8万公斤，晚稻赶早稻工程1.2万亩，增产粮食33.6万公斤

【水果生产已形成规模】 1997年末，郊区形成柑桔、龙眼基地。有柑桔面积6077亩，占郊区水果总面积的19.9%；有龙眼面积5683.4亩，占郊区水果面积的18.6%。年内，引进福建大果枇杷、恭城月柿、桂G86－2白果，优质晚熟龙眼“白露”等名特优新品种509亩。

【农田水利建设】 年内，郊区通过多渠道筹集资金，共投入农田水利建设资金418万元，群众自筹资金145.5万元，完成工程量土方15.52万立方米，石方700立方米，混凝土788立方米，完成劳动积累工78.99万工日，恢复和改善灌溉面积930公顷，解决2378人、1372头牲畜饮水困难，做好39座小(二)型以上水库安全渡汛工作。

初具规模的郊区专业户养鸭场　　郊区供稿

【糖蔗生产迅速发展】 1997年，郊区在发展糖蔗种植方面做了大量工作，继续给太阳村镇糖蔗生产贴息贷款。在扩大种植面积的同时，注重抓好单位产量，引进优良新品种“新台糖16号”，召开现场会进行推广。做好糖蔗生产各项服务工作，加强管护，有效地促进糖蔗生产，糖蔗突破10万吨。

【股份合作制】 1997年，郊区完成45家挂靠企业由乡村集体所有制转为股份合作制，占郊区股份合作制企业总数211家的31%，注册资金达7718万元，个体经济已占郊区企业50%以上。

【技术改造】 1997年郊区为适应生产规模和改进工艺技术，有11家骨干企业进行技术改造，投入技改资金2210万元，比上年增加6%，通过技改，投产后可增加产值8500万元。

【市场建设和小城镇建设】 1997年，郊区完成4个市场建设，柳东竹木批发市场、驾鹤白云综合市场、窑埠农贸市场、洛埠新市场配套工程。完成太阳村镇旧城改造二期工程和沙塘新区二期工程建设，以及河东、窑埠、静兰、社湾新村点的规划批建工作。

【教育“两基”达标】 1997年，郊区把教育摆在优先发展的战略地位，依法实施“两基”工作，做到五个到位，层层签订目标责任制，做到组织落实，措施到位，加大教育经费投入，全年投入“两基”达标经费1379.3万元。全区适龄儿童入学率99.61%，三残儿童、少年入学率84.6%；小学、初中年辍学率分别为0.12%和1.68%；15周岁人口初等教育和17周岁的初级中等教育完成率分别为98%和95.25%；15－45周岁人口中文盲率为0.2%；扫盲巩固 率为100%；小学和初中专任教师合格率分别为99.8%和99%；校长岗位培训合格率100%；小学、初中生人均校舍面积分别为4.50平方米和6.50平方米；教学仪器达三类配备；教育经费实现年年增长，教学质量小学毕业率为99.10%，初中毕业率为96.43%；行为规范合格率100%；犯罪率为零；基层扫盲合格率100%。年内，经自治区“两基”验收团组织验收，各项指标均达到国家基本普及九年义务教育和基本扫除青壮年文盲的标准。

【科技兴郊】 1997年，郊区结合开展“绿色证书”工程，有计划地进行科技下乡活动，把1.5万元农科书籍送到农户手中；放科技电影50场，观众达3.2万人次；印发各种农业科技资料1.8万份；开展科技人员下村包点包项目活动6个，有27名科技人员参加项目实施，有2个项目获柳州市科技项目二、三等奖。

【机构改革】 1997年，郊区按机构改革方案，采取撤销合并、转体等办法，进行党政机构改革。改革以后，郊区党政机构40个，减少到26个，其中区政府机构31个，减少至20个，全郊区总编制180人，减少27人。

【农村基层组织初见成效】 1997年，郊区进一步推动农村基层组织建设。区乡二级组织基层建设工作组12个，抽调机关干部268人，深入68个村，协助当地党政组织，重点抓好村级领导班子培训，举办乡村二级培训班302期，培训4360人次，发展党员163人。把基层组织建设同发展村级集体经济结合起来，加快农民致富奔小康步伐。通过努力，新办村级集体经济组织109个，总投资2776.8万元，村集体经济收入1600万元，为群众办实事办好事204件。

【政府为民办实事】 1997年，郊区政府为民办7件实事，(1)投资45万元解决上桐村人畜饮水工程；(2)拨出25万元建设环江村道路；(3)增拨10万元建设社湾村道路；(4)解决龙卜下漏村用电问题；(5)完成扩建洛埠镇供水工程；(6)增加村干部生活补贴标准；(7)投资37万元完成长畲、江湾、夏家屯新村辅助工程建设。

【社会治安综合治理】 1997年，郊区贯彻“以防为主，调防结合”的方针，扎实开展“三五”普法教育。全年调解民间纠纷902件，调解成功率86.3%。依法从严、从速、从重打击刑事犯罪分子。公安机关破获刑事案件973起，其中重特大案件48起，查处治安案件308起，抓获各类违法犯罪人员1863人，其中逮捕297人，劳动教养63人。参与侦破“3·11”、“5·6”、“8·8”等入室抢劫杀人恶性案件，成功侦破震惊全国的“7·31”特大拐卖儿童案件。

乡 镇 简 介

【石碑坪镇】 位于柳州市北部27公里处。辖古木、留休、下陶、大仙、石碑、石碑坪、新维、大滩、泗角、古城10个村民委员会，1个居委会。全境土地总面积89.78平方公里，耕地面积1663.4公顷，人口17319人，柳长公路贯穿境内南北，柳州至柳城、融水、融安、三江、罗城、贵州省从江县的客、货车由镇驻地经过，柳江航道经境内，交通十分便利。附近有广西较大的长虹机械制造总公司、石碑坪农场等国有大企业。农业生产以粮食、糖蔗为主，种植作物主要有水稻、糖蔗、蔬菜、花生，水果以柑桔、龙眼为主，新南屯的椪柑远销越南、东北各地。养殖业以生猪、家禽、淡水鱼为主。企业主要有砖厂、铸造、机械加工厂16家，主要产品：红砖、复合砖、海泡石、石英砂、铁矿等。1997年，农业总产值6667万元，乡镇企业总产值1.14亿元，实交工商企业税79万元。

【沙塘镇】 位于柳州市北部19公里处，全境土地总面积79.32平方公里，耕地面积1232.8公顷。辖沙塘、垦村、郭村、杨柳、上垌、洛沙、江湾、三合、古灵、龙卜10个村民委员会和沙塘街、沙塘新区2个居委会。耕地面积122.3公顷。总人口13952人。209国道柳长公路贯穿境内南北，市区公共汽车定时往返，柳州至柳城、融水、融安、三江、罗城、贵州省从江县城的客、货车由镇驻地经过，往返次数频繁。水路柳江航道经境内，交通十分便利。广西林校、柳州畜牧学校、柳州地区财贸干校、农经中专、师专、地区农科所、林科所、沙塘园艺场、蚕种场、柳州市柑桔场、杨柳林场、自治区、地、市所属的事业、企业单位设在该镇境内。农业以种水稻、蔬菜为主，是柳州市区蔬菜、副食品基地之一。随着柳州市“退二进三”的构想，沙塘镇已成为柳州市的“卫星城”和蔬菜、副食品专业生产和养殖基地。种植以水稻、蔬菜、糖蔗、油料、花生为主，水果以龙眼、柑橙、柿子、枇杷为主。养殖业以生猪、鸡、鸭、鱼、牛为主。企业主要有传动轴厂、硫酸铝厂、锰品厂、构件厂、农机厂、砖厂、甜竹笋加工厂等。主要产品有：汽车传动轴、低度氧化锌、硫酸铝、红砖、水泥构件制品、甜竹笋、纸箱等。新区建设已初具规模，对发展第三产业提供了便利。1997年农业总产值6777万元，乡镇企业总收入2.22亿元，实交工商企业税247万元。

【长塘乡】 该乡距市区中心约4公里，辖长塘、黄土、香兰、青茅、北岸、西流、鹧鸪江、梳桩8个村民委员会，全乡土地总面积76平方公里，耕地面积889.2公顷，总人口13301人。铁路有京广线贯穿境内，有鹧鸪江火车站。水路有柳江航道经过境内，设有货船直通香港的鹧鸪江货运码头。公路有209国道线柳长公路贯穿该乡境内，交通十分便利，是较为理想的农贸市场、销售农副产品的集散地，为该乡的经济发展提供有利的条件。农业以蔬菜生产为主，是市区最大的蔬菜、副食品生产基地之一，也是郊区水果生产基地。种植以蔬菜、水果、林木为主，养殖以生猪、鸡、鸭、鱼为主。乡镇企业主要有天海复合肥厂、线带厂、砖厂、针织厂、骨粉厂、农机厂、化工厂等厂家。主要产品有化工产品、复合肥、锰矿石、针织品、食品、机加工等。1997年，全乡实现农业总产值4639万元，乡镇企业总收入4.08亿元，实现工商企业税385万元。

【黄村乡】 该乡辖白沙、黄村、雅莲、磨滩、渡口、基隆6个村民委员会。总面积10平方公里，耕地面积129.8公顷，人口4740人，柳长公路、湘桂、湘黔铁路贯穿境内。柳州航运分公司最大的货运码头位于该乡，沿柳江河上能抵融水、融安、三江县城、下达梧州、广州市，交通十分便利。农业以蔬菜，副食品生产为主，是柳州市副食品生产基地之一。养殖以奶牛、生猪、鸡、鸭、鹅、鱼为主，乡镇企业有汽车配件厂、机械铸造厂、油脂厂等185家，产品主要有：汽车部件、机加工、机械、轻纺、食油、化工、建材、电子等。1997年农业总产值3835万元，乡镇企业总收入4.62亿元，实交工商企业税431万元。

【白露乡】 该乡位于柳州市西北部7公里处。辖白露、小村、马厂、园艺4个村民委员会。全乡土地总面积28.51平方公里，耕地总面积345.8公顷，人口4095人。该乡与市区相连，附近有广西最大的钢厂柳州钢铁集团公司、柳化、电厂、冶建、针织运动衣厂和红星园艺场等国有大型企业。交通十分便利，是发展乡镇企业和第三产业的好地方。农业生产主要以蔬菜、副食品、水稻、糖蔗、水果为主。养殖业以生猪、家禽、鱼为主，现利用电厂排放的热水养殖过冬罗非、鲳鱼已成功，形成一定的大规模淡水养鱼基地。乡镇企业有砖厂、食品厂、针织厂、机加工、服装等厂家。主要产品有：米酒、饼干、饮料、红砖、服装等。设有钢材市场，是柳州市销售钢材的集散地之一。1997年，农业总产值2259万元，乡镇企业总收入2.97亿元，实交工商企业税198万元。

【洛埠镇】 位于距市区中心15公里，辖下窑、洛埠2个村民委员会和洛埠街居委会。全镇土地总面积15.52平方公里，耕地面积290.8公顷，人口4451人。交通十分便利。湘桂铁路、柳洛公路从镇驻地经过，柳江河水由西向东经镇旁流过。镇驻地有火车站和码头，有誉为商埠之称。农业生产以种植水稻、蔬菜、糖蔗、花生、木薯、红瓜子、水果、甜竹笋为主。乡镇企业有造纸厂、塑料制品厂、机械加工厂、砖厂等厂家。主要产品有：纸制品、纸浆、塑料配件、冲压件、胶木主件等。柳州市最大的造纸厂家柳江造纸厂设在该镇境内。1997年，全镇农业总产值1211万元，乡镇企业总收入1.13亿元，实交工商企业税116万元。

【柳东乡】 该乡位于柳州市东部，与市区相连。辖窑埠、环江、柳东、静兰、河东、牛车坪6个村民委员会。土地总面积75.58平方公里，耕地总面积859.9公顷，总人口13792人，境内有多处名山：马鹿山、独凳山、灯塔山、高帽岭、蜈蚣岭、补船岭等。位于河东村油榨屯的张翀墓是柳州保存较为完好的明代古墓。沿江的环江沙田柚、龙眼、柳东的芭蕉，牛车坪的三华李、松木等形成自然生态环境经济林，是柳州市旅游业的农业观光点之一。柳州市高新技术开发区位于该乡境内，已逐步形成规模，柳州市广播电视中心、体育运动场设在境内。柳州市最宽敞的公路大道位于该乡旁边。为该乡发展一、二、三产业提供了优越的条件。农业生产主要以蔬菜、花生、糖蔗、水果为主，是郊区水果主要产地之一。该乡已形成千亩龙眼种植基地。乡镇企业主要有牙膏软管厂、金属材料厂、针织厂、化工厂、机械加工厂、砖厂、食品厂等。主要产品有：牙膏软管制品、金属材料、压力容器、锌锭、化工产品、电子整流器、印刷品、针织品、钢瓶等。1997年农业总产值4748万元，乡镇企业总收入7.37亿元，实交工商税763万元。

【羊角山乡】 该乡距市中心5公里，辖新云、帽合、门头、鸡喇、驾鹤、水南、阳和、社湾8个村民委员会和鸡喇1个居委会，总面积74.45平方公里，耕地总面积891.5公倾，总人口12784人。桂柳、南柳高速公路穿境而过，柳州白莲机场公路通过该乡境内，柳州至武宣、梧州、广州等地客、货车贯穿该乡驻地，鸡喇货运码头位于该乡，交通十分便利。该乡境内有多处著名旅游景点，素有自然公园的大龙潭、都乐岩，还有古人类迹址的白莲洞。两个国有农场开发的万亩人工湖、千亩柚林形成自然的农业观光旅游点。农业主要以种植蔬菜、水稻、油料、糖蔗、水果为主，养殖以奶牛、生猪、家禽、鱼为主，是柳州市副食品基地之一。乡镇企业主要产品有：机械加工、塑料制品、橡胶制品、矿石、化工产品、汽车零部件等。该乡拥有固定资产和流动资金上亿元的水南企业集团，企业58家、各种工业产品上百种，具有多种产业结构形式。主要产品有：汽车配件、漆包线、橡胶制品、纸制品、化工产品、五金电子、铸件、电器产品、日用品、针织品、焊接器材、食品等。主要贸易有汽车、汽车配件、农机配件、日用百货、建材、化工、五金产品、机械、服务、租赁、木材等市场，还有房地产开发、饭店、建筑施工、装璜设计等行业。该集团是柳州市具有较强经济实力的农民股份制企业。1997年，全乡农业总产值5675万元，乡镇企业总收入7.76亿元，实交工商企业税913万元。

【西鹅乡】 该乡距市中心7公里。辖西鹅、竹鹅、文笔、长龙、老房、和平、山头7个村民委员会，总面积67.83平方公里，耕地总面积987.2公倾，总人口14799人，全国大型企业柳州工程机械厂，柳州微型汽车厂设在境内。该乡的文笔山海拔419米，为柳州市内第一高山，古有“文笔耸翠”之称，是柳州市古八景之一，该乡山头村的贤良墓是柳州市二级保护文物。农业生产以种植蔬菜、水稻、水果为主，养殖以生猪、家禽、鱼为主，是柳州市蔬菜和副食品生产基地之一和食用菌生产基地之一。乡镇企业主要产品有：工程机械零部件、汽车零部件、机加工产品、铸造件、调压器、橡胶制品、玻璃制品、化工产品、钢材、红砖等。1997年，全乡农业总产值4331万元，乡镇企业总收入3.62亿元，实交工商企业税359万元。

【太阳村镇】 位于柳州市西部17公里处，全镇辖太阳村、百乐、山湾、上等、四合、桐村、新圩等7个村民委员会和1个居委会。柳江河水由北向西流经境内穿过，设有新圩货运码头，湘黔铁路穿境而过，设有新圩货运站和太阳村火车站，交通十分便利。全国大型企业柳州水泥厂在该镇境内，全镇总面积60.85平方公里，耕地面积911公顷，人口9188人，农业生产主要以水稻、蔬菜、花生、糖蔗、玉米、黄豆、水果为主，养殖以山羊、生猪、家禽、鱼为主，该乡水资源丰富，是发展养鱼的最好地方，是郊区主要粮食基地之一。集市贸易繁荣，乡镇企业产品主要有：农机具器、机械加工制品、水泥构件、汽车配件、钢材、红砖等。1997年，实现农业总产值4007万元，乡镇企业总收入8097万元，实交工商企业税177万元。

（李忠霖）

注：两县五区人口数均为市统计局统计数。

人　物

先进人物

1997 年度全国五一劳动奖章获得者

陈彦华，男，汉族，生于 1942 年 8 月，广西融安县人，汉族，中共党员，现任柳州市工人医院检验科主任，中华医学会柳州市分会检验学会主任委员。检验主任技师职称。陈彦华 1964 年毕业于广西检验学校，一直从事临床检验工作，有很高的学术造诣，是柳州市临床检验学科带头人，他成功地研制用于日本、美国等生产的临床检验仪器的多种试剂，填补了全国或自治区的空白，多次获区科技进步三等奖和市科技进步一、二等奖。被评为柳州市专业技术拔尖人才，被评为自治区先进工作者和柳州市劳动模范，1997 年获全国五一劳动奖章。

黄志杰，男，汉族，1956 年 12 月出生，大专文化，现在广西柳工机械股份有限公司销售公司任地区经理。

黄志杰同志 1988 年走上销售工作的岗位，经过努力，使柳工的产品在云南地区打开销路，1995 至 1997 年连续三年保持同行中柳工产品在该地区的销量第一。年内柳工产品在云南的市场占有率达 75%，1997 年黄志杰销售的装载机占柳工整机销售量的 16%。

由于该同志工作成绩突出，1995 至 1997 年连续三年被评为公司销售能手；1993 至 1996 年连续四年被评为柳州市先进供销员；1995 年被评为柳州市先进工作者；1996 年获广西壮族自治区和广西柳州市劳动模范光荣称号；1997 年获全国总工会“五一”劳动奖章。

1997 年度享受国家特殊津贴者：

刘义雄，男，汉族，一九四七年十一月出生，大学文化，中共党员，现任广西柳工机械股份有限公司销售公司副总经理、高级工程师。

刘义雄同志 1982 年元月从广西大学机制专业毕业后，分配到柳工公司设计科从事装载机设计，主持研制的 ZL50C 装载机 1988 年通过部级鉴定，1988 年获柳州市和自治区新产品百花奖、1989 年获北京国际工程机械展览会“造型与外观质量”特等奖、1990 年获柳州市科技进步一等奖、1991 年获自治区科技进步二等奖、1991 年获机电部优质产品称号。

1997 年度荣获“广西区五一劳动奖章”名单(11 名)

刘经文　柳州市市政工程总公司
潘爱群(女)　柳州市第二棉纺织厂
黄祖刚　柳州市邮电局
潘亚敏(女)　柳州工贸大厦股份有限公司
周　泓　柳州微型汽车厂
张国辉　柳州市公安局

1998 年 4 月 30 日，在柳州市 1997 年度先代会上，荣获“广西五一劳动奖章”的同志登台领取荣誉证书　　赖柳生　摄

蔡德宪　柳州日报社
蔡　伟　柳州市地方税务局
周明孝　柳州钢铁(集团)公司转炉厂
颜黔果(女)　柳州第二空压机厂
王少杰　柳州供电局

1997 年度荣获“广西区劳动模范、先进工作者”名单(12 名)

何燕琼(女)　柳州市棉纺厂
韦举忠　柳州市市政设施维护管理处
李树雄　柳城县大埔镇木桐村
张华甫　柳州市郊区沙塘镇郭村
钟水娥(女)　柳州高级中学
谭丽萍(女)　柳州市百货股份有限公司五一商场
张宏仙　柳州钢铁(集团)公司
杨冠淼　广西柳工机械股份有限公司
刘知湘　中共柳州市鱼峰区委会
杨立峰　柳州市国家税务局
王文堂　柳江县拉堡糖厂
江佩珍(女)　广西金嗓子制药厂

柳州市 1997 年度“巾帼建功”十大女杰

1998 年 4 月 30 日，中共柳州市委、柳州市人民政府在文化艺术中心隆重召开 1997 年度先代会，一批先进单位、先进集体、劳动模范、先进生产(工作)者受到大会的表彰。图为大会会场　　赖柳生　摄

(“三八”红旗手标兵)

莫　丹　柳州市公共交通总公司驾驶员
陈锦凤　柳州市个协飞鹅商城个体户
陈苏平　柳州市体委武术教练
余冬秀　柳州汽车有限公司技术部副部长
陈雪琳　柳州市搪瓷厂销售员
李丹云　柳州市城市合作银行党组书记、董事长
程吉虹　柳州钢铁(集团)公司技能处副处长
吴少英　柳州市个协驾鹤分会个体出租司机
白　莉　柳州高中副校长
李　立　柳州市人民医院妇产科副主任医师

烈 士 名 单

叶荣青　(1953.11—1996.7.19)柳城县氮肥厂退休工人，1996 年 12 月 31 日自治区民政厅授予。

钟　越　(1959.5—1996.7.19)柳州铁路分局工会干部，1997 年 3 月 17 日自治区民政厅授予。

王　俊　(1975.10—1996.7.18)柳州铁路局水电段电力工，1997 年 3 月 20 日自治区民政厅授予。

逝 世 人 物

崔绍华　(1917.10—1997.3)汉族，山东省郓城县人，1939 年 5 月参加革命，同年加入中国共产党。历任东汶宁三县抗日联防自卫团教导队教育干事；鲁西黄河支队直属队除奸干事、特派员；冀鲁豫军区后勤部保卫科副科长；冀鲁豫军区第八军分区政治部、二十二旅政治部保卫科科长；十八兵团六十军军法处军法科长。建国后历任最高人民法院审判员；广西医学院附属医院院长；中共河池县委书记处书记；全国农产量调查总队广西分队副队长；柳州市革命委员会生产指挥组副组长；中共柳州市委统战部部长；政协柳州市第五届委员会副主席、政协广西壮族自治区第四届委员会委员。1984 年 12 月离职休养。

叶荣青

钟　越

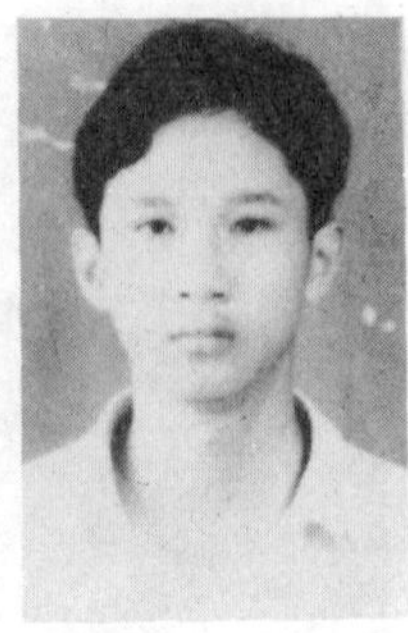

王　俊

崔绍华

1997年柳州市大事记

1月

1日

△全国第一次农业普查登记标准时间，本市两县一郊37个乡镇的3000个普查小区全面开始工作。

3日

△市领导到柳州微型汽车厂，祝贺该厂1996年跃入全国汽车行业排序第七位、微型车行业排序第一位。

7日

△'97全国新技术新产品交易会在南宁开幕。柳州市在为期4天的交易会上，共达成交易额2963.2万元。

8日

△1996年度全市经济工作总结表彰大会在市文化艺术中心召开。大会表彰柳微等23个经济效益先进企业、两面针股份有限公司等3个税利亿元企业、柳州水泥厂等5个税利5000万元企业、柳州电厂等11个税利千万元企业、柳钢等16个利润千万元企业。

9日

△市政府在市委礼堂召开表彰大会，表彰"普九"和"扫盲"工作中成绩突出的先进单位、集体和个人。日前，经国家教委审核认定，市城中、柳北、鱼峰、柳南四个城区已成为普及九年义务教育、扫除青壮年文盲城区。

12日

△国家环保局局长解振华一行9人抵柳，调查了解本市治理酸雨和二氧化硫情况。

13日

△由中共中央候补委员、中华全国总工会副主席、书记处书记李奇生率领的全总送温暖慰问团检查团广西分团一行4人抵柳检查慰问。

13～14日

△民进柳州市第七次代表大会在市政协礼堂召开。会议选举林焕新为主任委员。

15日

△柳州市第三次荣获"全国双拥模范城"称号。

15～17日

△中共柳州市第八届委员会第五次全体(扩大)会议在市委礼堂召开。会上，市委书记刘知炳作了题为《振奋精神，抓住机遇，加快发展，开创我市两个文明建设的新局面》的讲话，会议审议并通过《柳州市社会主义精神文明建设"九五"规划》、《1997年柳州市"优化资本结构"改革试点工作意见》。

16日

△市政府批准划定柳城县龙头乡为解放战争游击根据地。

18日

△江滨公园二期工程建设完工，正式对游人开放。

22日

△北京市政府在市建筑机械总厂举行授予该厂"北京西站主站房钢桁架整体提升技术"科技进步一等奖、授予黄是勇项目个人一等奖授奖仪式。

△香港救世军、香港荣荣集团在市红十字会向两县一郊捐赠15万元港币的药品及医疗器械。

30日

△中国农业发展银行柳州分行成立

2月

21日

△市领导班子学习中心组组织学习《告全党全军全国各族人民书》，沉痛悼念和深切缅怀一代伟人——邓小平。

23日

△邓小平同志画像运抵本市。柳州各界人士纷纷前往新华书店购买。至24日下午，5000张画像已全部售完。

25日

△全市收看邓小平同志追悼大会实况，降半旗志哀。

23～26日

△市第十届人大第三次会议在市委礼堂召开。

3月

3日

△市四套班子领导及市直机关干部职工带头为防洪工程捐款。至7日止，共收到捐款157万多元。

6日

△市政府召集教育、司法等有关部门会议，部署禁毒工作。副市长、市禁毒委员会主任徐伟崇在会上讲话。

△市纪念"三八"国际劳动妇女节暨"五好文明家庭"表彰会在市委礼堂召开。

△国家科委批复同意柳州、泉州两市为技术创新试点城市。

13日

△市委、市政府召开全市经济工作会议。传达贯彻全国、全区经济工作会议、体改工作会议精神，提出今年本市经济工作的目标和任务。

18日

△为期2天的民建柳州市第七次会员代表大会闭幕。大会选举产生民建柳州市第七届委员会，梅煊为主任委员。

20日

△中共中央政治局委员、国务院副总理邹家华在国家计委副主任叶青、自治区党委书记赵富林、区政府主席成克杰的陪同下抵柳视察，参观了柳州五菱汽车有限责任公司。

21日

△柳州市1996年度先代会在市文化艺术中心召开。大会授予48位同志劳动模范称号,表彰196个先进单位、275个先进集体、743名先进生产(工作)者、109个获"经济效益杯"竞赛活动金银铜杯奖和组织奖的单位、321个"经济效益杯"竞赛活动优秀组织者。

25日

△国家机械部副部长邵奇惠一行8人到柳州汽车厂、柳州市汽车发动机厂视察。

28日

△国有独资柳州五金交电化工集团有限公司正式挂牌。该公司是由柳州五交化批发站、市五交化总公司进行资产重组而成。

是月

△中央社会治安综合治理委员会对在1993年～1996年期间成绩突出的全国111个优秀单位进行通报表扬,柳州市榜上有名。

4月

1日

△本市全面推行公费医疗微机管理。8月15日,《柳州市公费医疗管理暂行办法》全面推行,享受公费医疗的人员按不同比例自付医药费,建立费用与个人挂钩的模式。

9日

△市委、市政府在市委礼堂召开1996年度第三产业工作总结表彰会,表彰505个发展"三产"的有功单位和个人。

11日

△柳江、柳城两县获国家科委授予"全国科技工作先进县"称号。

17～18日

△'97广西国际经济技术合作交流会在深圳举行。副市长宋继东率代表团参加交流会,并与外商签订4项外资项目合同。

22日

△"南珠杯"竞赛总结表彰大会在市委礼堂举行。在自治区第一届市容"南珠杯"竞赛检查中,本市荣获优秀城市奖和城市公共交通、燃气、城市规划、城建监察四个单项优胜奖。

23～25日

△第四次全国学法用法、依法治市经验交流会在柳州饭店举行。全国普法办主任、司法部部长肖扬在会上作重要讲话,柳州市等20个城市在会上介绍了经验。

29日

△全市庆祝"五一"国际劳动节暨先进表彰大会在市委礼堂举行。大会表彰了49个模范职工之家、54个先进职工之家、152个模范职工小家、508名优秀工会工作者、628名优秀工会积极分子、75名荣誉工会积极分子。

5月

1日

△全长138.5公里的广西第一条高速公路——桂柳高速公路正式开通。自治区交通厅在桂柳高速公路静兰收费站举行竣工通车庆典。全国人大常委会副委员长程思远、交通部副部长李居昌、自治区党委书记赵富林、区政府主席成克杰等参加庆祝大会。

4日

△全市青年纪念"五四"运动78周年建团75周年暨青年群英会在市委礼堂举行。

5日

△本市"一国两制　百年梦园"'97香港回归祖国展览在市博物馆开展。

△市领导为本市第一个青年志愿者服务基地——市博物馆授匾。

6日

△国家科委副主任韩德乾一行来柳考察高新技术开发区。

6—7日

△国内贸易部副部长应文华来柳考察商贸流通业情况。

14日

△全国人大内务司法委员会顾问、中国侨联法律顾问委员会主任邹瑜一行来柳调查柳州市侨情及归侨侨眷权益保护情况。

19日

△水利部副部长张春园、建设部副部长赵宝江等国家有关部门负责人组成的国家防汛抗旱总指挥部防汛检查组抵柳检查工作。

25～26日

△市十届人大常委会举行第十次会议。会议听取并审议了市政府关于创建全国园林城市工作方案的汇报和关于旅游业发展情况的报告,并通过了《市第十届人大常委会关于同意市人民政府创建"国家园林城市"的决定》;通过决定,接受赵玉林辞去市长职务,任命宋继东为代理市长。

6月

6日

△经自治区政府批复同意,市郊区石碑坪乡正式撤乡建镇。

13～15日

△中共中央政治局委员、国务院副总理吴邦国在柳州进行工作考察。吴副总理一行考察了柳州钢铁(集团)公司、柳江造纸厂、五菱汽车有限责任公司、柳州建筑机械总厂,听取了本市总体情况汇报,并就企业兼并破产、再就业工程以及搞好搞活国有经济等问题作了重要指示。

20日

△第12届世界书展在新加坡世界贸易中心开幕。《柳州年鉴·1996》卷成为柳州唯一入选的书籍参展。

7月

1日

△纪念"七一"庆祝香港回归升国旗仪式、庆回归颂中华鲜花展等庆祝活动在广场举行。

11日

△本市建立领导接待群众来访日制度的第一个接待日,市领导本日共接待32例群众来访。

13日

△市经济发展总公司与香港中国海外发展有限公司在柳州饭店举行合作经营"六桥一路"签约仪式。合约于8月1日起正式生效。

18日

△经国家批准,由原柳州汽车厂改制的东风柳州汽车有限公司正式成立。东风汽车公司董事长、总经

理马跃，柳州市代市长宋继东分别代表双方在协议书上签字。

31日

△为期两天半的市十届人大常委会第十一次会议闭幕。会议通过了《关于批准市政府解决古砦乡革命老区交通问题议案的实施方案的决定》、《关于批准市政府加强新华书店网点建设议案的实施方案的决定》。

△经市政府批准，柳江县成团乡、穿山镇划定为抗日战争时期革命老区；里雍乡、白沙乡划定为解放战争时期游击根据地。

是月

△经市委同意，决定在全区范围内公开选拔2名正处级领导干部，在全市范围内公开选拔10名副处级领导干部。选拔工作历时近4个月，于11月20日结束。在149名竞争者中脱颖而出的10位同志，赢得了9个单位的处级领导干部职位。

△国家民政部、解放军总政治部在北京召开全国双拥先进表彰会。驻柳87458部队、53715部队和柳州微型汽车厂分别被授予拥政爱民、拥军优属先进单位。

8月

1～3日

△自治区党委书记曹伯纯在柳考察指导工作。曹书记到驻柳某集团军看望慰问部队官兵；考察了柳工（集团）等7个企业，与市建机总厂等13个国有大中型企业的领导座谈。

18日

△由全国妇联副主席、书记处书记、全国人大常委会委员王淑贤带队的中央文明委检查组一行5人抵柳，检查贯彻落实党的十四届六中全会精神情况。

9月

11日

△市委大院内的市直机关干部开始挂牌上岗。

19日

△凌晨，白云市场发生火灾，大火烧了约4个小时。这场大火使白云市场一至三楼的商品货物基本化为灰烬。

19日

△市委、市政府在首都钓鱼台国宾馆召开柳州市经济发展'97北京恳谈会，国家经贸委主任王忠禹、自治区党委书记曹伯纯等有关领导、专家学者共200多人参加了会议。

29日

△柳州压缩机总厂和柳州市第二空气压缩机总厂合并组建柳州联压机械集团有限责任公司。

是月

△于1996年1月8日动工的柳石路北段改扩建工程完工。经自治区交通厅评审为优良工程。

10月

1日

△今日起在市区内运行的机动车辆禁鸣喇叭。

14日

△本市建成的位于城市中心、横跨两座名山（鱼峰山、马鞍山）的旅游索道开始载客运行。

16日

△本市选派的44名优秀年轻干部启程到县（区）、乡（镇）挂（任）职两年。

27～28日

△市委八届七次全会在柳州饭店召开。全会的主要任务是进一步学习贯彻党的十五大精神和自治区党委七届四次全会精神，审议市委常委会提出的《关于贯彻落实十五大精神和自治区党委的部署 加快实现改革与发展新突破的实施意见》。

11月

1日

△铁道部在柳召开柳铁管理体制改革广播会议。会上传达了铁道部关于撤销柳州铁路分局的决定，原辖的站段全部上交柳州铁路局管理。

13日

△经机械工业部和区机械厅安评专家组严格评价，柳工成为广西第一家荣获国家级"特级安全企业"的单位。

23日

△内蒙古自治区包头市党政代表团一行12人抵柳考察。25日，包头市副市长云峰与柳州市副市长徐伟崇在《内蒙古自治区包头市、广西壮族自治区柳州市关于缔结友好城市协议书》（草案）上签了字。

27日

△市委、市政府召开全市文化工作会议。

29日

△地矿部寿嘉华副部长一行来柳参加地矿部南方地矿建设集团筹备工作会议。

30日

△为期3天的市十届人大四次会议在市委礼堂开幕，出席大会的代表296人。大会选举产生柳州市出席自治区九届人大的39名代表，补选宋继东为市长。

12月

11日

△驻港部队首次在柳征集的一批新兵启程南下。

15日

△经国务院、中央军委批准立项的空军柳州机场迁建工程胜利完成，举行交接仪式。

18日

△本市利用英国政府贷款建设的首项工程——柳西水厂扩建工程供水投产庆典隆重举行。

19日

△市委、市政府召开全市科技工作会议，贯彻党的十五大和市委八届七次全会《实施意见》精神，表彰柳微等18家"广西优秀科技型企业"和49项获市1997年度科学技术进步奖项目。

24日

△驻柳某集团军隆重集会，纪念集团军部队诞生60周年。

（黄惠兰）

文 件 选 编

柳州市社会主义精神文明建设“九五”规划

（1997年1月17日

市委八届五次全体会议通过）

柳发〔1997〕4号

（1997年元月23日）

“九五”时期，是柳州市深化改革、扩大开放、加快发展、率先实现小康的关键时期，必须继续坚持“两手抓，两手都要硬”的方针，在实现我市经济社会发展战略目标的进程中，切实加强社会主义精神文明建设。根据党的十四届六中全会精神和自治区党委七届二次全会精神，并与《柳州市国民经济和社会发展“九五”计划和2010年远景目标纲要》相衔接，特制定本规划。

一、社会主义精神文明建设的指导思想和奋斗目标

（1）社会主义精神文明是社会主义社会的重要特征，是现代化建设的重要目标和重要保证，是物质文明建设的强大精神动力、思想保证和智力支持。在社会主义现代化建设过程中，必须始终坚持党的“一个中心，两个基本点”的基本路线，坚持以经济建设为中心，坚持“两手抓，两手都要硬”的方针，围绕各个时期党的中心工作，在把物质文明建设搞得更好的同时，切实把精神文明建设提到更加突出的地位。

（2）精神文明建设必须以马克思列宁主义、毛泽东思想和邓小平建设有中国特色社会主义理论为指导，坚持党的基本路线和基本方针，加强思想道德建设，发展科学教育文化事业，以科学的理论武装人，以正确的舆论引导人，以高尚的精神塑造人，以优秀的作品鼓舞人，努力培养有理想、有道德、有文化、有纪律的社会主义公民，提高全市人民的思想道德素质和科学文化素质，团结和动员全市各族人民同心同德，艰苦奋斗，开拓进取，努力开创我市社会主义精神文明建设的新局面。

（3）“九五”期我市精神文明建设的奋斗目标是：在巩固和发展我市多年来精神文明建设已取得成果的基础上，进一步加强思想道德建设，发展教育科学文化，按今后15年精神文明建设目标的要求，逐步做到在全市人民中牢固树立建设有中国特色社会主义的共同理想，坚持党的基本路线不动摇的坚定信念，使全体市民的思想道德素质、科学文化水平、民主法制观念有明显提高，城乡文化生活质量和社会风气、公共秩序、生活环境明显改善，争取在1998年实现国家卫生城市，“九五”期实现全国文明城市的目标，在全市形成两个文明建设协调健康发展的良好局面。

为了实现上述目标，必须认真解决当前精神文明建设中干部群众普遍关心的突出问题。

——坚决遏制党政机关和干部队伍中存在的消极腐败现象，继续深入开展反腐败斗争，加强廉政勤政建设，改善党政机关和领导干部的工作作风，树立密切联系群众，全心全意为人民服务，勤政廉政，高效务实，公道正派，乐于奉献的党风政风，以推动整个社会风气的明显好转。

——坚决纠正损害群众利益的行业不正之风，反对假冒伪劣、欺诈行为，通过开展创建文明行业活动、推广服务承诺制，进行岗位培训等形式，以及综合运用法律、行政、舆论等手段，规范行业行为，坚决清理和制止乱收费、乱罚款、乱摊派，树立爱岗敬业、诚实守信、办事公道、服务群众的行业新风。

——坚决扫除黄赌毒等各种社会丑恶现象，反对封建迷信活动和各种非法宗教活动。集中各方面力量，采取有力行动，坚决遏制和减少这些丑恶现象。坚决打击制造和传播文化垃圾的行为，让大批健康有益、质量上乘的精神产品占领市场，促进文化市场繁荣和健康有序地发展，形成文明、健康、崇尚科学的社会风尚。

——坚决治理整顿社会治安中的突出问题，降低青少年犯罪率，为人民群众提供一个安全的社会环境，维护社会的安定团结。

——坚决治理环境的“脏、乱、差”现象，做到常抓不懈。深入开展创造优美环境、优良秩序、优质服务、优化管理等活动，全面提高市民的文明素质，为人民群众创造一个具有舒适感、方便感和积极向上感的生活环境。

二、加强思想道德建设，努力提高全市人民思想道德水平

（4）坚持用邓小平建设有中国特色社会主义理论武装全党，教育干部和群众。贯彻理论联系实际的原则，抓住解放思想、实事求是这个精髓。围绕实行“两个根本性转变”，认真学习贯彻江泽民总书记和李鹏总理等中央领导同志视察广西和柳州时的重要讲话精神，确保我市改革开放和经济建设的顺利进行。围绕我市改革开放和经济建设等重大课题，深入开展理论专题研究。集中必要的人力、财力进行课题攻关，发挥社会科学团体、党校、各研究机构的作用。建立专题研究责任制，对按规定完成的给予奖励，做到每年推出一批有较高质量的研究成果。采取多种形式加强理论的宣传普及教育。结合实际，编写和制作通俗易懂、深入浅出的学习资料和音像资料。充分利用多种大众传媒，开展生动、形象、活泼的教育普及活动。

(5)各级领导干部特别是县处级领导干部，要按照《柳州市1996—2000年干部教育培训规划》，分层次、抓重点、有计划地组织学习培训。建立健全干部学习档案制度，并作为考核干部的重要依据。各级中心学习组要坚持定期学习制度、检查制度和通报制度。做到一把手亲自抓，领导干部自觉学，中心组成员每年要撰写一篇以上论文或调研报告。

(6)进一步加强爱国主义、集体主义、社会主义教育。全面贯彻实施《爱国主义教育实施纲要》和《广西爱国主义教育实施细则》。把现代化建设的伟大成就和宏伟目标，中国近现代史、中共党史和基本国情、市情，中华民族优秀传统和革命传统，民族团结和祖国统一，国防和国家安全，作为新时期爱国主义教育的主要内容。结合实际、着重实效地开展一系列教育活动。充分运用大众传媒、书刊影视、艺术表演和课堂教学，运用重要纪念日、重大历史事件和重大社会活动，利用升挂国旗、唱国歌、成人宣誓等仪式，大力弘扬爱国主义精神，通过我市对香港回归祖国、党的十五大召开、建国五十周年、自治区成立四十周年等重大活动庆典，进行生动有效的爱国主义、社会主义教育。继续组织广大青少年开展观看爱国主义影视片、读优秀图书、唱优秀歌曲等系列活动，强化爱国主义教育氛围。

进一步加强我市爱国主义教育基地建设，保护好革命文物和历史遗迹。目前，全市已正式命名的市一级19个、县区一级26个爱国主义教育基地要配备专职或兼职教员，做到有专门教材、有教学活动场地、有教育计划、有教育联系制度，把潜在的教育资源变成活生生的教材，充分发挥其良好的社会教育效果。

各级党委、政府和社会各界要高度重视青少年的思想道德教育，特别是当前青少年中出现的犯罪、吸毒问题，充分发挥青年团、少先队的作用，学校、家庭、社会密切配合，社会各方力量共同努力，为他们的健康成长创造良好的环境。“九五”期内，要建好和完善青少年宫和儿童少年活动中心，充分利用我市爱国主义教育基地和历史文化名城景点进行形式多样、内容丰富的教育活动，切实降低青少年犯罪率。

大力弘扬和宣传“团结奉献、开拓进取、争创一流”的“柳州精神”，大力宣传我市各条战线涌现出来的好人好事、先进典型。结合各自工作实际，确定行业规范，使柳州精神深入人心，并化为广大干部群众的实际行动。

(7)继续抓好以社会公德、职业道德、家庭美德为主要内容的教育活动，使“三德”教育由试点逐步向全面推广、向更深层次推进。各单位各部门要结合工作实际，突出重点，认真解决群众普遍关注的问题。党员干部、国家公务员、执法人员特别是各级领导干部要率先垂范、牢固树立公仆意识、服务意识，带头搞好自身的思想道德修养，发挥好表率作用。要注重抓好典型、抓好宣传舆论。强化表彰和约束机制。从1997年开始，在全市党政机关、执法部门普遍开展职业道德教育，各部门都要制定职业道德规范，并公布于众，接受群众监督，1998年开始逐步推行向社会公开服务承诺制度，以此推动机关作风的转变。

窗口服务行业要把职业道德教育向深层次推进，要进一步完善职业道德规范，完善社会服务承诺制度的追踪检查，责任制的落实和考核评比工作。对已经公开实行的社会服务承诺制度要进行督促，对不认真执行承诺制度的，要按责任制予以处罚，并限期改正。同时在实践中不断总结经验教训，对承诺的条款进行修改、补充、完善。进一步采取有效措施，坚决纠正和刹住实际工作中存在的行业不正之风和“三乱”现象。

在广大市民中继续开展社会公德教育，大力提倡文明礼貌，助人为乐，爱护公物，保护环境，遵纪守法，敢于同危害社会公共安全的行为作斗争，坚决反对违法乱纪，愚昧野蛮，损公肥私，损人利己的不道德行为。大力倡导尊老爱幼，男女平等，夫妻和睦，勤俭持家，邻里团结的家庭美德。深入开展“文明市民”、“文明户”、“遵纪守法户”、“双文明户”、“文明示范户”、“好媳妇”、“贤内助”等评比表彰活动。

三、围绕经济建设中心，大力加强思想政治工作

(8)思想政治工作要围绕经济建设这个中心，把群众普遍关心的重点、难点、热点问题作为思想政治工作的突破口和落脚点，增强说服力、吸引力和凝聚力。各级党政一把手亲自抓，广大党员干部、社会各界要共同努力、齐抓共管。采取“结对子”、“建立联系点”等各种行之有效的措施和办法。各级领导干部要建立责任制。不断探索新形势下做好思想政治工作的新途径、新办法。

(9)企业的思想政治工作以深化企业改革，转换机制、建立现代企业制度，充分调动广大职工群众生产积极性、创造性，增强主人翁责任感为主题。从企业实际出发，结合经济工作不断拓展和充实企业思想政治工作内容，逐步探索在社会主义市场经济条件下做好思想政治工作的新思路、新手段、新办法。对困难企业特别是亏损破产企业的职工，既要关心他们的生活，妥善安排好工作出路，维护他们的合法权益，又要通过深入细致的说服教育，引导职工群众识大体、顾大局，树立起与“两个根本性转变”相适应的思想观念，正确看待和处理好各种利益关系，自觉地理解和支持我市关于深化改革，促进发展的一系列改革措施，团结和稳定职工队伍。

农村的思想政治工作以脱贫致富奔小康，建设社会主义新农村为主题，引导广大农民为实现小康目标而奋斗。用通俗易懂、深入浅出的科学理论，引导农民增强市场意识，鼓励农民发展经济，走向市场。当前，重点做好农村的科教普及教育，法制宣传教育以及无神论教育，开展禁赌、禁毒教育，消除愚昧落后，封建迷信等不良风气和习俗，形成科学、文明、健康的生活方式。

学校、街道等各单位、各部门、各行各业要结合实际工作，针对突出问题，采取各种行之有效的措施，加强和改进思想政治工作。

(10)认真开展优良传统教育和形势政策教育。各部门、各单位的传统教育要形成经常性的制度，注意抓住典型事例进行专题教育。经常开展扶贫帮困和对口支援活动。反对婚丧事大操大办，提倡婚事新办、俭办，形成艰苦朴素为荣，奢侈浪费可耻的社会新风。党政机关和各级领导干部要起带头作用，做到厉行节约，反对浪费，严禁讲排场，比阔气，挥霍公款。

形势政策教育坚持以正面教育为主的方针。结合国际国内形势发展变化，配合中央、自治区及我市重大事件、重要改革政策措施的制定出台，结合群众思想实际，有针对性地进行宣传教育。各级领导干部要经常深入工厂、农村、机关和学校作形势报告，进行面对面的思想交流，并作为一项制度长期坚持下去。

(11)开展社会主义民主法制教育。以宪法、基本法和社会主义市场经济有关法律知识为主要内容，广泛开展“三五”普法学习教育。做好承办第四次全国依法治市经验交流会的各项工作。各级领导干部要带头学习，不断提高依法办事，依法管理的水平和能力。各执法部门要加强职业道德教育，做到文明执法。建立健全部门执法责任制，抓好我市社会治安综合治理五年规划的贯彻落实。健全群防群治网络。落实社会治安综合治理责任制，坚持“严打”和专项斗争，依法从重从快，严厉打击严重刑事犯罪活动和严重经济犯罪活动。坚决打击赌博、卖淫、嫖娼、吸毒等社会丑恶现象。依法加强对社会生活各个方面的管理，制裁和打击危害社会的不法行为。运用教育、法制、行政、舆论等手段，促使人们养成良好的行为习惯，约速和制止不文明行为，形成扶正祛邪，扬善惩恶的社会风气，全面推进各项事业的依法治理。

四、推进“科教兴市”战略，提高全民科学文化素质

(12)发展科学技术事业，加强科普工作，在全社会形成尊重知识，尊重人才的良好氛围。到2000年，力争实现科技进步对我市经济增长的贡献率由目前的40%提高到50%。深入开展科学技术的学习宣传，进一步提高全市人民的科技素质。广大党员干部特别是各级领导干部要带头努力学习现代科学技术知识，掌握科学的思维和方法，把握科技发展动态，提高决策水平，增强领导现代经济建设和科技发展的能力。各级各类党校、行政干部院校要把现代科技知识学习列入主要教程。市、县要组建科技宣讲团，加强对干部职工学习科技知识的辅导。按照《柳州市“九五”人才工程规划》，积极实施“人才工程”战略。进一步完善我市科技人才的引进、培养、使用和激励政策，充分发挥科技人才在两个文明建设中的作用。

坚持不懈地开展科普工作，增强科技意识。在幼儿园、中小学教育中增加科普内容，引导青少年从小爱科学、讲科学；在广大农村特别是贫困山区加强文化技术和破除迷信、改变陋习的教育，广泛开展群众喜闻乐见的科普活动。到2000年全市农村90%以上青壮年劳动力至少掌握1—2门致富技术；各行各业都要结合实际开展科普教育，新闻媒介要加大科普宣传力度；充分发挥政协、民主党派、群众团体在科普工作中的作用，使科普工作群众化、社会化、经常化，使群众的生产、生活逐步纳入文明、科学的轨道。进一步加强科普网络和阵地建设，抓好科普队伍建设，发展多种形式的科普服务组织。建立和完善县(区)、乡(镇)科普场所和设施。“九五”期建成一个具有相当规模的市级科技馆。

(13)全面贯彻党的教育方针，进一步落实教育优先发展的战略。进一步深化教育改革。形成校以育人为本，师以敬业为乐，生以成才为志的良好校风和学风。把全市基本普及义务教育和基本扫除青壮年文盲作为工作重点。充分发挥教师在德育教育中的作用。在全面实施《柳州市国民经济和社会发展“九五”计划和2010年远景目标纲要》关于抓好教育工作的基础上，进一步加强学校德育教育，把德育教育贯穿于各门课程教学和各个教学环节之中，采取厂校挂钩、军(警)校挂钩等方式。充分发挥工、青、妇等群众组织的作用，发挥社会各界的作用，齐抓共管，共同做好德育教育工作。

五、积极发展文卫体事业，不断满足人民群众精神文化生活需要

(14)积极发展新闻出版和广播电视事业。充分发挥党报、党刊的主导作用。进一步办好柳州日报、柳州晚报，努力扩大发行量。两报的编、校、印质量居于全区前列。全市城乡图书、音像、报刊发行网建设要有大的发展，大型宾馆、商店和车站等普遍设有图书橱窗和专柜。积极发展广播电视事业，努力提高广播电视节目制作水平，突出思想性、艺术性，抓质量出精品，提供更多内容健康、丰富多彩的精神产品。增加优秀国产节目播出的比重，严格制止格调低下，内容不健康的节目播出。电视自制节目力争达到每天一小时，全市广播电视综合覆盖率分别达到95%和90%以上。力争实现电脑化管理。有线电视加速网络建设，进一步完善电台、电视台的各项设施的配套。多方筹集资金加快广电中心建设。

(15)加强新闻出版业的管理。新闻宣传必须把坚定的政治方向放在首位，坚持团结稳定鼓劲，正面宣传为主的方针，牢牢把握正确的舆论导向。成立柳州市新闻出版局，加强对新闻出版的管理，整顿内部报刊，使之健康有序发展。建立健全审阅、审核制度、评报制度、年审制度，严格禁止有偿新闻，促进我市新闻出版业的进一步发展。

(16)实施精品战略，繁荣文学艺术事业。配合广西力争“全国戏剧强省”计划，力争我市的优秀剧目夺得全国戏剧文华奖和“五个一工程”奖。组织好创作人员深入生活，制定创作规划，创作一批群众喜闻乐见的优秀作品。保持我市作为全区戏剧强市的优势。创造条件自办或引进高档次音乐会、文艺节目在文化艺术中心演出，继续深化剧团体制改革，增强活力，提高质量。争取更多的作品入选“桂花工程”奖。创造条件有计划地主动送戏、送书、送电影到农村、工矿、部队，服务大众、传播文明新风。积极开展对外文化交流，用各种形式宣传柳州。

(17)发展群众文化事业。抓好企业文化这个龙头，带动全市群众文化活动增强活力，上档次、上规模，各项活动继续保持在全区的领先地位;活跃、规范广场文化活动,争取将广场文化建成展示我市精神文明风貌的一个特色窗口,提高我市工业城的文化品位。抓好节日文化、假日文化、社区文化、校园文化、村镇文化建设,丰富城乡人民群众的精神文化生活,办好两年一度的"龙城金秋"群众文艺会演,继续以市群众艺术馆和市工人文化宫为轴心,巩固和发展我市"一宫十二片,四十八点"的职工群众文化阵地;各基层单位要结合本单位、本行业的特点,组织经常性的文化活动。建立多层次、多渠道、多形式的群众文化网络。搞好富有地方特色的民族文化,发扬光大柳州山歌为代表的地方文化。抓好"文化长廊工程"建设,巩固和建立群众文化网络,市群众艺术馆、县、郊区和各城区文化馆、乡镇文化站要做到(馆)站舍活动场地落实,人员编制、经费与活动等落实。继续抓好"知识工程"建设,"九五"期完成图书馆书库的修建,进一步发挥市图书馆、博物馆、白莲洞穴博物馆的功能,建设和巩固乡镇图书馆。坚持长期放映百部爱国主义教育公益电影,继续开辟公益平价电影院。充分发挥现有文化设施的作用,本着实事求是、量力而行的原则,有计划、有重点地兴建新华书店图书音像发行中心,图书教材发行大厦等一批文化活动设施和场所。

(18)加强全国历史文化名城建设,抓好文物保护工作。当前最重要的一是争取把柳侯祠和白莲洞古人类遗址列为全国重点文物保护单位;二是抓好区级、市级49余处文保单位的保护工作,争取在1997年为已公布的市级文保单位竖(挂)牌匾。贯彻落实《柳州市文物保护暂行规定》,完善充实"柳宗元纪念馆",做好将东门城楼改造成文物公园,力争把白莲洞穴科学博物馆建成中国南方古人类研究中心;把大龙潭古人类遗址建成大龙潭陈列馆,做好地志性博物馆、民俗博物馆、汉墓陈列馆的论证和前期准备工作,根据条件逐步解决。加强文物保护工作,保证必要的经费开支。要加强对我市全国历史文化名城的宣传,扩大影响,以取得更好的经济社会效益。

(19)加强文化市场的管理,促进文化市场繁荣、健康、有序的发展。认真贯彻国家有关文化市场管理的政策和规定,建立健全责任制。加大"扫黄打非"力度,严厉打击书报刊、音像、电子出版物中的制黄贩黄活动,严厉打击非法出版、印刷和销售等违法行为,坚持清除娱乐场所赌博、色情等社会丑恶现象。

(20)积极发展医疗卫生事业。初步建立起与我市国民经济和社会发展相适应的医疗预防保健服务,健康保障,与卫生监督执法三位一体的卫生体系。建立以政府负责,部门配合、社会参与、法制保障为基本特征的多层次、多形式、结构布局合理、协调发展的卫生工作体制,积极推进公费、劳保医疗制度改革。1997年做好前期准备工作,力争1998年实现全面改革,逐步扩大农村合作医疗和健康保险覆盖面,全面实施初级卫生保健计划,2000年实现人人享有初级卫生保健的奋斗目标。

全面实施《柳州市创建国家卫生城市实施方案》,加强卫生防疫和妇幼保健,抓好"三优工程"(即优生、优育、优教)基本建设。"九五"期改建儿童医院、妇产医院各一所。建成传染病院和肿瘤医院。开展创建"爱婴医院"活动,力争我市1997年成为全区第一个爱婴市。巩固消灭骨髓灰质炎成果,1997年实现消灭疟疾的目标;实行医疗单位分级管理,力争市属医院达到"三甲"三所,其余达到"二甲"水平。加强农村医疗卫生事业,改善农村医疗卫生条件,农村安全卫生饮用水普及率达到85%。力争80%以上的乡村医生达到中专水平。在全社会普及卫生知识,广泛开展以讲究卫生、预防疫病、自我保健为重点的健康教育。继续深入开展全民爱国卫生运动,力争1998年进入国家卫生城市行列。坚持卫生工作为人民健康服务,为社会主义现代化建设服务的方针,进一步加强医德医风教育,强化服务意识,做到卫生部提出的"以病人为中心,优质服务,树医疗行业新风"医院服务十条要求。杜绝医疗事故的发生。

(21)加强计划生育工作,促进人口与经济社会的协调发展。抓基层打基础,把工作重点放在农村和流动人口管理上,健全基层计生网络,依靠乡(镇)村抓好经常性工作。全面实现计划生育工作宣传教育为主、避孕为主和经常性工作为主的"三为主"方针;普遍开展农村计划生育工作与发展经济、与帮助农民勤劳致富奔小康、与建设文明幸福家庭的"三结合"工作,全市两县一郊计划生育合格户达60%,计划生育合格村达30%以上。积极开展争当优秀计划生育工作者,争创优秀计划生育服务站(所、室)活动。加大计划生育宣传教育力度,宣传品进村入户率达95%以上。引导群众逐渐转变婚育观念,逐步实现群众自觉依法规范自己的婚育行为的良好风尚。继续广泛深入开展优生、优育、优教活动。到2000年,全市人口控制在190万人以内,年均人口自然增长率控制在11‰以下,实现人口与经济社会的协调发展。

(22)发展体育运动。坚持"以开展全民健康活动为基础,实行普及与提高相结合,促进各类体育协调发展"的方针,认真实施《全民健身计划纲要》,开发农村体育,扶持民族体育和残疾人体育。因地制宜地开展小型多样、丰富多采的群众性体育活动,使体育健身逐步成为一种人人享有、人人参与、人人有责的社会性活动。"九五"期间经常参加体育锻炼活动人数占市区总人数的50%以上,推行《国家体育锻炼标准》面达98%以上,在校适龄学生达标率达90%以上。继续抓好我市体育传统强项。创造和改善训练条件,继续完善柳州体育中心各项配套设施和其他种类体育设施,办好各类业余体校,不断提高训练技术水平和运动成绩,争取培养出一批优秀体育人才。

六、加快城市基础设施建设,搞好城市综合管理

(23)围绕增强城市功能,以创建国家级卫生城和全国文明城市为主攻方向,抓好城市基础工程和容貌工程建设,为群众创造整洁、优美、安全、方便、文明的生活环境。到本世纪末,实现城市道路建设内交通成网,外交通成环,人均铺装道路面积8平方米;城市人均居住面积8平方米;城区自来水普及率100%、市区

(含近郊)90%,水质综合合格率99.9%,万人拥有公共汽车7标台;全市用气气化率达80%;城市人均公共绿地9平方米,绿化覆盖率不低于35%;城市环境长效保洁,提高市容街景观瞻效果;环境质量明显好转,全市所有工业污染源排放污染物达到国家规定标准。

(24)坚持城市建设每年为群众办十件实事。突出解决城市交通、住房、公用事业、市容环境等问题。继续改造城市主干道,增加道路铺装面积,使城市道路交通朝着构架立体化、形式多样化、布局合理化、功能全面化的方向发展。集中精力,重点抓好防洪堤的建设,新建莲花排涝沟和河东片排水干渠,完善柳石、荣军、箭盘干渠,兴建柳江市区防洪堤。1997年完成柳西水厂扩建,日供水能力提高到67万立方米。抓紧建设第三期民用煤气工程,扩建栗园液化气站,全市气化率80%。大力发展以公共汽车为主体的城市公共交通,逐年增加公共汽车台辆,建成两个停车场。改善居住条件,抓好安居、康居工程,重点解决中低收入居民住房问题,加快和配套河东、旧机场、白云居住小区的开发建设,有计划实施旧城区的成片改造,九五期末实现人均居住面积8平方米,达到小康标准。

(25)抓好市容环境建设。建设柳江里雍垃圾处理场,日处理能力800吨。扩建欧阳岭垃圾处理场。立项筹建污水处理厂,建成垃圾中转站77座,新建一批一类公厕,增加机械清扫和密封垃圾运输车,道路清扫机械率达20%以上,密封运输达60%以上。垃圾日产日清,无害化处理达到100%,环卫设施完好率达90%以上,全面实行上门收垃圾,九五期末达到98%以上。加强城市环境综合整治,搞好农贸市场的建设和管理,尽快减少和消灭马路市场。大街小巷做到地面整洁卫生、无杂物、无乱摆卖、乱丢乱吐、乱搭盖、乱停放,“门前三包”责任落实面达100%。定期评选“十佳”活动,并对脏乱差严重者给予曝光。

(26)进一步加强交通秩序的整治和管理。计划地控制车辆的增长速度,强化交通安全教育,市民教育面达95%以上,机动车驾驶员安全教育面达100%,落实交通安全责任制,遏制交通事故上升的势头,万车死亡率控制在自治区规定的范围内。加大城市交通设施的投入,建成交通指挥中心,进一步完善配套全市交通安全设施,完好率达到95%以上。

(27)加强环境保护工作,继续推行各级领导环境目标责任制。以治理废气、废水、固体废弃物和噪声为重点,加强城市环境综合整治和城市环境基础设施建设,建成5—10万吨城市生活污水处理厂一座,柳州电厂脱硫、柳锌股份有限公司生产区搬迁、第三期煤气工程、立冲沟垃圾填埋处理场、柳化氮氧化物治理、柳钢焦炉煤气脱硫等六个日元贷款综合治理工程竣工并投入正常运转。所有工业污染源污染物达到国家规定标准;城市大气环境质量达到国家三级标准;柳江河水质继续保持达到国家地面水环境质量Ⅱ类水质标准;全市环境噪声达标区覆盖率达到35%。强化环保执法和科学管理,实行环境保护工作单位法人代表负责制,把环境保护工作列入每年度对企事业单位领导班子政绩考核的重要内容。

(28)抓好园林绿化工作。实施228431工程,即新建、改造、充实提高20条绿化造景路,新建或租地建设2个苗圃(一个科学试验圃,一个生产圃),创建80个花园式庭院和住宅小区,初步建成四个有特色的公园:野生动物园、国防公园、雀山趣味植物园、西山公园;狠抓大环境绿化,让近郊30座石山披上绿装;结合防洪工程,搞好柳江沿河绿化,重点抓江滨公园的扩建工作,建成沿江开放性公园,形成柳州“外滩”的城市景观,增添我市园林景观的现代都市特色。在公园建设上,着重从“特色”上做文章,充实健康向上的文化内涵,提高造园水平和管护水平,进一步加强公共绿地的景观建设。深入开展绿化宣传活动,提高全民的绿化意识,积极组织和发动市民参加全民义务植树活动,力争城市建成区绿化覆盖率达35%以上,绿化率达32%以上,人均公共绿地面积达到9平方米,各项指标均达全国园林城市水平。园林绿地构成系统,形成生态、精神与物质等多方面的综合功能,提高园林绿化的社会效益、环境效益和经济效益。

(29)积极发展城市旅游业。加强对旅游景区(点)、旅游涉外单位和旅游城市面貌的综合治理。加强旅游法制建设,完善旅游管理体系,提高旅游服务质量,充分利用和挖掘柳州市作为全国甲级旅游城市、国家历史文化名城以及具有柳州地方特色的旅游资源,发挥柳州自然风光、民族风情、历史文化的综合优势。积极开展创建优美旅游城市活动,把柳州市建设成为地方特色鲜明、安全卫生、秩序井然、服务周到、深受海内外旅游者欢迎的旅游城市。

七、深入持久地开展群众性精神文明创建活动

(30)继续按照重在建设、广泛参与的原则,着重抓好两项重点工程(即创建文明单位和文明城市活动),六个关键部分(即城市抓单位和社区、农村抓集镇和家庭、行业抓“窗口”和执法部门),全面推进四大系列活动(即以做文明市民、创文明单位、建文明城市为代表的创建系列活动,以军民共建、警民共建为代表的共建系列活动,以移风易俗、转变社会风气和行业风气为内容的“新风”、“满意”系列活动,以学雷锋活动为特色的学先进系列活动)。形成参与面广、吸引力强、内容丰富、持之以恒、富有实效的多层次、系列化的群众性精神文明创建活动新格局。

(31)以提高市民素质和城市文明程度为目标,把创建文明城市活动提高到新水平。深入开展以创造优质服务、优良秩序、优美环境、优化管理和学先进人物为主要内容的“四优一学”竞赛活动,争取在全区创建文明城市第三轮竞赛中继续保持广西“文明城”荣誉称号,九五期进入全国文明城市行列。大力开展创文明楼院、文明家庭、文明职工、文明个体工商户等活动,使争创文明活动进入千家万户。要抓好样板工程,建成一批文明单位标兵,继续开展“十佳市民”的评选活动。充分发挥其示范、带动作用。要实行定期检查制度,对创建活动搞得好的单位进行表彰,对差的单位和那些不文明、不道德的人和事,由新闻单位曝光、批评。进一步健

全和完善创建文明城市达标竞赛制度，进一步健全各县、区、各部门和各基层单位创建文明城市目标责任制，规范创建内容，量化竞赛标准，健全竞赛网络。把文明城市创建与卫生城市、双拥模范城、“南珠杯”竞赛创建活动有机结合起来，定期进行考核检查评比，奖优罚劣。

(32)继续开展创建文明城区、文明单位、文明村镇活动。制定和完善文明城区(县)建设管理办法，提高文明城区创建水平，使创建活动进一步规范化、制度化。力争创建两个自治区级文明城区(县)。在1995年度全市市级文明单位430个、自治区级60个的基础上，争取各增加50%。命名一批“文明单位标兵”。已经命名的各级文明单位，要不断提高创建水平，升级进档，努力创建若干个国家级文明单位。

(33)继续开展以提高农民素质奔小康和建设社会主义新农村为目标的创建文明达标竞赛活动，把文明村镇建设与小康村建设结合起来。县级以上文明村达到300个，创建面达到100%。重点抓好集镇，以集镇带村，每个县、区要抓好三至五个以上经济发展快、村容村貌好，村风民风正的文明示范村，以此推动文明村创建活动向深层次发展。从1997年开始在全市范围内开展评选“文明户”活动，由市统一制定文明户评选条件、管理办法，在村、乡镇、县、市层层进行评选，并挂牌表彰。

(34)继续开展军(警)民共建活动，抓好“双拥”工作。坚持以地方领导为主，以发展群众自建为主，以做好思想政治工作为主，不断拓宽“共建”的领域。已经确定的共建点、共建片，各共建对子要认真履行共建协议，坚持活动经常化、制度化、规范化，“九五”期末共建点达到600个以上。军地两用人才培训基地和少年军校坚持每年开班3—4期，培养两用人才2000多人。继续抓好警民共建，警校共建，工农共建，城乡共建，厂校共建。推动共建工作向全民共建的新格局发展。以我市连续三次荣获“全国双拥模范城”称号为契机，加强国防教育，坚持深入开展“双拥”活动，使拥军优属、拥政爱民活动经常化、制度化，增强军民、军政团结。

(35)重视加强社区建设，继续抓好创建文明小区活动。把强化社区管理和完善社区服务结合起来，不断提高社区的现代文明水平。市一级、县区一级要制定和完善文明小区建设管理办法，每个县区至少创建一个文明示范小区。所有开发商开发的商品房销售以后，即移交给房管或街道居委会，实行物业化管理。要组织开展以“环境清洁优美、社会秩序安定、社区服务全面、邻里关系和睦、文化生活丰富”为标准的文明小区创建活动。各县、区要做好规划，抓好创建的各项协调工作，房管部门，各房地产公司、综合开发管理部门都要积极配合各县区做好创建工作。要建立创建文明小区责任制，市直各机关、城区挂钩一个社区，派出人员，帮助协调、指导社区创建活动，不达标准不准脱钩。各单位都要抓好自己生活小区的管理，积极开展创建文明小区活动。

八、加强党的领导，建立健全领导体制和保障机制

(36)坚持“两手抓，两手都要硬”的方针。精神文明建设必须常抓不懈，持之以恒。各级党委政府要深刻领会党的十四届六中全会精神，增强领导意识，切实把精神文明建设提到更加突出位置。把两个文明作为统一的奋斗目标，一起规划、一起部署、一起落实、一起检查，切实担负起领导本地区，本单位精神文明建设的责任。我市的精神文明建设要实行“三有、“三纳入”和“三个不动摇”，即：抓精神文明建设有领导、有计划、有必要的投入；把精神文明建设纳入我市经济社会发展总体规划，纳入党委和政府的重要议事日程，纳入领导干部和党政领导班子的目标管理，把精神文明建设的实绩和本领作为考核、评价、使用干部的基本依据；在加快经济发展的同时，努力使精神文明建设上新台阶不动摇，在加快改革开放步伐的同时，强化精神文明建设力度不动摇。任何时候都不能以牺牲精神文明为代价换取经济的一时发展，真正做到“一把手抓两手，一班人两手抓”。

建立分级负责制。县以上精神文明建设委员会在同级党委领导下，负责本辖区精神文明建设的统筹协调指导工作；各级文明办是文明委的常设机构，是党委、政府加强精神文明建设的职能部门，具体承担着指导、组织、协调精神文明建设工作的重要责任，要进一步加强，真正建立起领导得力、机构完善、制度健全、有编制、有经费的精神文明建设领导、管理网络体系。进一步理顺管理体系，向城区下放部分管理权限。

建立目标责任制。把精神文明建设的成效作为衡量各级党委、政府和各级领导干部领导水平和工作政绩的基本依据，实行分工负责制，检查考核制，监督奖惩制，做到层层有人抓、事事有人管，项项有指标，限时达要求，使全市精神文明建设步入规范化、制度化的轨道。

建立联系点制度。各级党委、人大、政府、政协，各有关部门的负责同志都要联系1、2个基层单位，具体指导基层单位的精神文明建设，用点上的经验推动面上的工作。

(37)坚持从严治党，加强党风廉政建设，深入开展反腐败斗争，以优良的党风、政风带动社会风气的好转。各级党组织要在精神文明建设中发挥领导核心作用。各级领导干部要讲学习、讲政治、讲正气，以身作则，言行一致，廉洁自律，勤政为民，发挥模范带头作用。要求别人做到的，自己首先做到，禁止别人做的，自己坚决不做。全体共产党员要努力提高自身素质，身体力行，做群众的表率。进一步实施“三严四自”工程，加强对党员特别是各级领导干部的严格要求、严格管理、严格监督。切实改变机关作风，广泛开展“创优质服务、优良作风、优美环境、文明机关、做人民满意的公务员”的活动。坚持不懈地加强党风廉政建设，深入持久地开展反腐败斗争，严肃查处党员、干部违法乱纪现象，严厉打击各种经济犯罪现象，坚决纠正行业不正之风，促进廉政勤政建设。

(38)切实增加对精神文明建设事业的投入，形成多渠道投入的机制。各级政府、各企事业单位每年对精神文明建设投入应随着经济发展和财政收入的增长而相应增加，增加幅度不低于财政收入的增长幅度。对于思想政治教育、社会科学研究、文学艺术部门和单位，对于一些代表城市和本地区文化艺术水平的专业文艺团体，对于非盈利性的图书馆、博物馆、文化馆等单位，各级财政应提供必要的经费保障。建立健全宣传文化事业财政专项资金制度。认真落实国务院《关于进一步完善文化经济政策的若干规定》。加强文化事业的基本建设，把有限的资金更多地用于重要的宣传文化单位和直接为群众服务的文化设施建设上。各县、区要进一步落实文化馆的人员、场地、经费；农村乡镇要有文化站、图书馆及体育活动室，自然村要有文化活动室。勤俭办文化事业，努力提高资金使用效益，充分发挥现有文化设施的作用。

(39)努力建设一支政治强、业务精、作风正的高素质的宣传思想文化教育队伍。切实加强对这支队伍的教育和管理，培养出一大批热爱祖国、热爱人民、有真才实学的各类专门人才。培养和选拔有发展前途的后起之秀，给任务、压担子，积极引导、帮助他们健康成长。各级各部门要着眼未来十五年的发展需要，制定规划，加强后备队伍建设。关心和支持基层从事宣传思想文化教育工作的同志，为他们的生活和工作解决后顾之忧，充分调动他们的积极性。努力形成有利于优秀人才脱颖而出的良好机制和尊重知识、尊重人才的社会环境。

(40)调动社会各个部门和社会各方面力量，形成推动社会主义精神文明建设的强大合力。精神文明建设涉及各行各业，体现在经济、文化、社会生活各个方面，不单是宣传文教部门的事，也是经济战线和一切部门的长期共同任务，要把精神文明建设贯穿于一切工作中去，努力形成全社会共同关心、支持和参与精神文明建设的良好氛围。在党委统一领导下，党政各部门、工会、共青团、妇联等各人民团体以及社会各方面密切配合，齐抓共管，形成合力。重视和发挥我市各民主党派在精神文明建设中的作用。各县、区、各部门、各系统、各单位要根据本规划的要求和部署，结合实际情况，突出重点，制定各自的精神文明建设“九五”规划和年度实施计划，切实承担起精神文明建设的责任，保证本规划的贯彻实施。

中共柳州市委员会
柳州市人民政府
对超额完成1997年度税利指标的企业进行奖励的暂行办法

柳发〔1997〕17号

(1997年3月27日)

为充分调动工商企业生产经营积极性，切实提高经济增长质量和效益，促进我市经济持续稳定发展，特制定本奖励暂行办法。

一、奖励范围：

柳州市预算内工商企业及国有资本控股参股的公司、市属集体企业(含国有资本参股的合作制企业)。

二、奖励条件及办法：

1.年度实现利润比前三年(其中亏损年度及亏损额不计)平均值增长8%、增加值连续两年增长12%以上的企业，超额8%以后的利润上交所得税后，剩余部分可作奖励，但奖励最高不得超过企业当年所得税后利润总额的20%。上年亏损企业必须按规定补亏后才能执行上述规定。

2.国有资本控股、参股的股分公司超额8%以上利润上交所得税后，用不超过20%的国家股红利奖励公司领导和职工。

3.企业年度实现利润指标虽未达到第1条要求，但实现税利连续两年增长，对企业领导班子按下列标准给予奖励：实现税利达3000万元以上奖励6万元；实现税利达4000万元以上，奖励8万元；实现税利5000万元以上，奖励10万元。奖金从企业税后利润中支付。亏损企业不得奖励。

4.上述第1条和第2条的奖励80%用于奖励企业职工，20%用于奖励企业正、副职领导。其中正职领导的奖金系数为1，副职为0.7。

5.企业实现利润超额部分上交的所得税用于建立市技术改造基金，统筹用于企业的技改。

三、审批程序：

企业年终财务结算报表经主管局初审同意后，填写《企业完成年度利润(利税)指标审批表》，分别报市经委、流通办汇总，经注册会计师审计，送审计局、财政局、国资局、统计局审核盖章，报市政府审批。

四、其他规定和说明：

1.企业领导班子正职领导指董事长、总经理、厂长、书记；副职领导指副董事长、副总经理、副厂长、副书记、三总师、工会主席、纪检书记、监事会主席。

2.班子和职工的奖励按上述第2条第4款计算总额后，企业可根据个人工作实绩和贡献大小进行系数调整，可自行制定有所差别的具体办法。

3.企业干部职工所获奖金的50%作为对企业的参股股金(即只能发50%现金)，股份制企业可将此入股金额购买经批准转让的国家股份(或法人股份)，也可作为今后企业扩股时用；非股份制企业可作为今后企业改造为股份制企业时职工持有的新股，在未进行股份制改造前可作为交付企业的风险承包金，无论采用哪种方式，均要根据利益共享，风险共担的原则制定管理办法。凡选定一种方法后，未经主管部门批准，不能改换另一种方式。

4.获奖企业必须如实反映当年实现的税、利，经年度审计或离任审计，如发现帐面弄虚作假，除扣回奖金外，视情节轻重，对企业法人代表及主要财务负责人降1—2级工资，并处以相应的罚款。

5. 获奖人员的收入应依法缴纳个人所得税。

柳州市再就业工程实施方案

柳发〔1997〕41 号

（1997 年 7 月 12 日）

为推进我市的优化资本结构试点工作和现代企业制度的建立，做好失业职工再就业和企业下岗职工分流安置工作，维护社会稳定，促进经济发展，根据《国务院办公厅转发劳动部关于实施再就业工程报告的通知》（国办发〔1995〕24 号）及国务院《在若干城市试行国有企业兼并破产和职工再就业有关问题的补充通知》（国发〔1997〕10 号）精神，结合我市实际，制订本实施方案。

一、再就业工程的主要任务和目标

再就业工程是促进失业职工和企业下岗职工再就业的社会系统工程，是一项长期的、艰巨的工作。其任务是动员全社会力量，转变择业观念，积极拓宽就业门路，充分发挥政府、企业、劳动者和社会各方面的积极性，综合运用扶持政策和各种就业服务手段，由企业安置、个人自谋职业和社会帮助安置相结合，促进失业职工和企业下岗职工尽快实现再就业。

在“九五”期内，每年组织不低于 35％的失业职工和企业下岗职工通过生产自救、转岗培训、职业介绍、兴办劳动就业服务企业和发展第三产业等途径实现再就业。

二、再就业工程的主要工作对象

再就业工程的主要工作对象，是我市参加失业保险统筹的企业下岗职工和按规定享受失业保险待遇的失业职工。现阶段解决的重点是：破产、停产整顿期间或生产经营发生严重困难的企业被精减的职工；失业 6 个月以上有求职要求的失业职工；连续停工待岗 6 个月以上基本生活无保障的企业下岗职工。

三、再就业工程的政策和措施

（一）根据分流安置下岗职工的需要和可能，在行业、控股（集团）公司、大型企业成立再就业服务中心和再就业服务站，有控制地吸纳在企业破产、兼并、停产、改组、改造和建立现代企业制度过程中产生的失业和下岗职工，对其进行不超过两年的委托管理，提供转业转岗训练、职业介绍、生产自救和组织劳务输出等再就业服务，并提供基本生活保障及进行相应管理。

（二）失业和下岗职工凭《失业职工证》和《下岗待工证》（以下简称“两证”）享受本方案规定的各项优惠政策。“两证”的发放由市劳动局负责。

（三）鼓励失业、下岗职工自谋职业。由市流通办牵头，各城区政府、各有关部门（单位）积极配合，在符合城市规划的前提下，在较好地段设立若干个失业、下岗职工专营市场和在相应的市场里留出专门的摊位（其中新建市场必须留出不低于 5％的摊位），让失业和下岗职工进场经营；鼓励失业、下岗职工组织起来开展社区服务，开办职工消费合作社、连锁店以及其他第三产业等。

失业、下岗职工从事以上行业经营，半年至一年内免交工商管理费和本市收取的城市规费，减半征收所得税。在开办资金方面确有困难的，可从再就业工程专项资金中申请适当扶持。

（四）鼓励失业、下岗职工到乡镇企业、三资企业、私营企业就业。原单位或本人继续按规定缴纳养老、失业保险费的，其工龄及缴费年限可连续计算，享受社会保险待遇。

国有企业下岗职工到上述企业及其它非国有企业就业或自谋职业的，两年内仍与原单位保留劳动关系，享受现有的社会保险待遇。期满后如职工本人要求回单位的，原单位应予接收，不回单位的，可依法解除劳动关系。

（五）失业、下岗职工参加求职交流的，免收中介服务费。职业介绍机构应收的中介服务费从再就业工程专项资金中申请拨付。同时鼓励社会各界人员积极联系、促进失业、下岗职工再就业。

失业、下岗职工无正当理由两次不服从企业和行业安排上岗，或两次拒绝劳动部门为其介绍就业及拒绝参加就业训练的，不再享受本实施方案规定的各项优惠政策。

（六）职工转岗再就业必须持有岗位培训合格证。失业、下岗职工参加经市劳动行政部门认定的职业技能训练机构组织的转业训练，经市再就业工程领导小组办公室（以下统称市再就业办）批准，其学费可从再就业工程专项资金中申请适当补助。

（七）鼓励用人单位招用失业、下岗职工。用人单位招用失业职工，签订两年以上劳动合同的，可将该失业职工应享受的失业救济金一次性发给用人单位，作为安置补助费；对招用男性四十周岁以上、女性三十五周岁以上的失业、下岗职工，并签订了无固定期限劳动合同的企业和组织本企业下岗职工生产自救的企业，在经营资金方面有困难的，经市再就业办审核，可从再就业工程专项资金中申请适当扶持。效益好的企业必须多招用失业、下岗职工。凡招用了失业、下岗职工的企业，在税收等方面享受柳发（1995 年）68 号和柳政发（1995）78 号等有关文件规定的优惠政策。

（八）全市各类用人单位在新录用职工时，在同等条件下，必须按不低于 40％的比例优先录用我市失业、下岗职工。商业企业在新增岗位招工时，必须按不低于 60％的比例吸纳本市失业、下岗职工，尤其是女职工。

（九）企业经济性裁减人员，必须将裁员方案以及工会或者全体职工的意见报告市劳动局，听取市劳动局意见后，按规定向被裁减人员支付经济补偿金。

（十）劳动、人事、工商、公安等有关政府职能部门，要采取有效措施和步骤，进一步加大对劳动力市场的宏观调控和依法管理的力度，按照国家有关法规，严格实施使用外来劳动力审批制度、用人单位招聘职工登记备案制度、招聘广告审批制度、职业介绍许可证制度等，坚决打击和制止在招工招聘各环节上的违法行为。

四、筹集建立再就业专项资金，确保再就业工程顺利进行

为保证我市再就业工程的顺利实施，决定设立柳州市再就业工程专项资金。目前再就业工程专项资金的筹集渠道主要有：①从市政府每年筹集的解困资金中划拨 30%；②从每年新增城镇人口收取的城市增容费中提取 30%；③每年从社会保险基金中提取 800 万元；④再就业资金的利息和其他增值收入；⑤社会捐助。再就业资金必须专款专用，由市收费局筹集、管理，由市再就业办按规定用途使用，并接受市财政、审计部门监督。再就业资金（含从中提取的生产自救费、转业训练费、介绍联系费、日常办公经费及托管经费等）不计征税费。

五、再就业工程的组织领导

为切实加强领导，确保再就业工程的顺利实施，决定成立柳州市再就业工程领导小组，由市政府分管领导担任组长，成员由市委宣传部、市体改委、计委、经贸委、建委、流通办、农办、人事局、财政局、国税局、地税局、审计局、工商局、土地局、规划局、公安局、劳动局、总工会、团市委、妇联等有关部门各派一名领导组成。领导小组下设办公室，负责日常工作，办公室设在市劳动局。各县、区要成立相应的领导机构，各行业主管部门要指定专人负责此项工作，并建立目标责任制，统筹规划城乡就业，加强领导，抓好落实。每季度以书面形式向市再就业工程领导小组汇报实施再就业工程的进展情况和失业职工、下岗职工的基本情况等。

六、实施再就业工程的方法步骤

（一）宣传发动。运用各种形式，通过各种新闻媒介广泛宣传实施再就业工程的意义、任务和政策、动员全社会关注、参与再就业工程的实施。引导职工转变旧的择业观念，树立社会主义市场经济体制下通过劳动力市场的竞争就业的新观念，为实施再就业工程建立思想舆论基础。

（二）调查摸底，建立再就业登记制度。各有关部门（单位）要认真填报市劳动局统一制定的调查表，根据《调查表》规定的内容，统一分类造册登记，每季一报，并在调查掌握劳动力供需情况的基础上，制定分流安置方案。

（三）分级实施。实施再就业工程要实行“条块结合，分级实施”的原则。由市再就业工程领导小组统筹协调领导全市再就业工程的实施；各县、区人民政府负责所属企业再就业工程的实施，并完成市再就业工程领导小组下达的失业、下岗职工分流安置任务；各行业主管部门负责本系统企业再就业工程的实施。再就业工作要列入全市经济工作考核目标，作为对各级领导班子考核的重要内容。

（四）树立典型。各部门要抓典型，以点带面，全面推动我市再就业工程的实施。

（五）总结表彰。按照再就业工程目标及时进行检查验收，对先进单位、先进个人进行总结表彰。

附：（一）《柳州市再就业工程专项资金筹集使用管理暂行办法》

（二）《柳州市破产国有企业职工、国有企业下岗职工委托管理暂行办法》

附一

柳州市再就业工程专项资金筹集使用管理暂行办法

第一条 为使失业、下岗职工获得必要的经济帮助，做好失业职工再就业和下岗职工分流安置工作，确保再就业工程专项资金的筹集、使用和管理工作正常进行，制定本办法。

第二条 本市设立柳州市再就业工程专项资金（以下统称再就业资金）。再就业资金由市收费管理局负责筹集、管理，由市再就业工程领导小组办公室（以下统称市再就业办）按规定用途使用。

第三条 再就业资金主要通过下列渠道筹集：

（一）每年从市政府筹集的解困资金中划拨 30%；

（二）每年从新增城镇人口收取的城市增容费中提取 30%；

（三）每年从社会保险基金中提取 800 万元；

（四）再就业资金的利息和其他增值收入；

（五）社会捐助。

第四条 当年应筹集的再就业资金，应在次年第一个月缴入市收费局再就业资金专户。

第五条 再就业资金根据当年的筹集情况和承受能力按下列范围和标准使用：

（一）男性四十周岁以上、女性三十五周岁以上并失业、下岗时间 6 个月以上的职工，基本生活无保障的，在自谋职业或者组织起来就业时，启动资金确有困难的，凭工商营业执照，经市再就业办审核，可给予每人不超过 1000 元的再就业补助。

（二）用人单位招用男性四十周岁以上、女性三十五周岁以上的失业、下岗职工，并签订了无固定期限劳动合同，资金确有困难的，经市再就业办审核，可按每招一人借给 1000～5000 元的生产自救费。

（三）为男性四十周岁、女性三十五周岁以上的失业、下岗职工进行职业介绍，并帮助其实现再就业的组织或个人，经市再就业办审核，可视签订劳动合同期限获得一定数额的联系费（一年期合同为 100 元/人次；二年期为 200 元/人次；三年期为 350 元/人次。帮助实现再就业的对象为失业6个月以上职工的，可按此标准分别增加100元付给联系费）。

（四）失业、下岗职工参加市劳动行政部门认可的职业技能训练机构组织的转业训练，并经考核合格的，经市再就业办审核，每人可报销不超过500元的学习费用。

第六条 再就业资金的使用按下列程序审批：

（一）申请再就业补助的失业、下岗职工，须填写再就业资金再就业补助申请表，并附上身份证和工商营业执照复印件，报市再就业办审批；

（二）申请借用生产自救费的企业，须填写再就业工程资金生产自救费借款申请表，并附上投资项目可行性论证报告和被安置人员花名册，履行抵押、担保手续，经主管部门签署意见后，报市再就业办审批。

（三）凡申请介绍就业联系费、转业训练费的，须填写再就业资金介绍就业联系费、转业训练费申请表，并附上安置或培训人员花名册，报市再就业办审批。

第七条 再就业资金支出在5万元以内（含5万元）的，由市再就业办审批；超过5万元的，由市再就业领导小组组长审批。

第八条 从再就业资金中借用生产自救费的企业，应与市再就业办签订借款合同。生产自救费借用期一般为一年以内，按同期银行贷款利息收取资金占用费。对逾期不还，在3个月内的，按未还金额日加收1‰的资金占用费；超过3个月的，按未还金额日加收2‰的资金占用费。

企业需要延长还款期限的，在借用期满前一个月可按审批权限办理续借手续，但最多只能延期一年。

未偿还借用的生产自救费的企业，不得申请新的生产自救费借款。

第九条 再就业资金的使用应严格管理、统筹安排、专款专用。

第十条 建立、健全再就业资金的财务管理制度。市财政部门、审计部门依法监督、审计。每半年市再就业办应向市再就业工程领导小组报告再就业资金的筹集、使用情况。

第十一条 对侵占、截留、挪用再就业资金的，应追究主管人员和直接责任人员的行政责任；构成犯罪的，依法追究刑事责任。

第十二条 本办法执行中的具体问题，由市劳动局负责解释。

第十三条 本办法自公布之日起执行。

附二

柳州市破产国有企业职工、国有企业下岗职工委托管理暂行办法

第一条 为适应企业深化改革和结构调整的需要，逐步形成本市国有企业优胜劣汰和失业、下岗职工再就业的新机制，构建以企业和主管部门共同负担、政府和社会给予资助为主要特征，以中介机构托管为主要形式的再就业服务新模式，根据有关法律、法规和规章的规定，结合我市的实际，制定本办法。

第二条 本办法适用于我市市属国有企业和参加我市失业保险统筹的中央、自治区属国有企业。

第三条 本办法所称的委托管理（以下统称托管），是指中介机构根据行业主管部门的委托，接收企业兼并、停产、改组、改造和建立现代企业制度过程中产生的下岗职工以及破产企业失业职工，按照托管协议，为他们提供职业培训、职业介绍、生产自救、劳务输出、缴纳社会保险金等再就业服务，并提供基本生活保障和进行相应的管理的行为。托管期限不超过两年。托管的重点是破产企业职工。

第四条 根据需要，按行业系统成立行业再就业服务中心。对本行业下岗职工及破产企业职工进行托管。行业再就业服务中心，行政上隶属于行业主管部门，业务上接受市劳动局的指导。

大型企业可设立企业再就业服务站，作为行业再就业服务中心的派出机构，具体负责相应企业的下岗职工托管工作。其工作人员由行业再就业服务中心聘任。

第五条 企业申请托管时应完成下列前期工作：

（一）企业托管分流下岗人员的工作要和转机建制或扭亏增盈等工作同步进行，并有切实可行的方案；

（二）企业查清下岗人员的下岗原因、基本状况、思想动态、家庭情况和就业要求，并登记造册；

（三）企业按规定完成对返聘的离退休人员和使用的外来劳动力的清理工作，并对可替换岗位用下岗人员进行顶替置换。

第六条 下列人员不列入托管分流范围：

（一）劳动合同期满又不再续签的职工；

（二）停薪留职人员和在企业挂编的人员；

（三）依照《中华人民共和国劳动法》第二十五条规定提前解除劳动合同的职工；

（四）距法定离退休年龄五年以内，可以办理内部退养的下岗人员；

（五）处于孕期，产期、哺乳期的女性下岗人员；

（六）身体状况不能适应正常生产工作需要的下岗人员。

第七条 被托管人员享受下列基本生活待遇：

（一）按本市最低工资标准的80%逐月领取基本生活费；

（二）按有关规定报销门诊医疗费和享受住院医疗补助；

（三）按本人托管前实际缴费标准，由再就业服务中心缴纳社会保险统筹金（个人缴纳部分在其基本生活费中扣缴）。

第八条 破产企业失业职工（不含离退休人员）交由再就业服务中心托管的，按《国务院关于在若干城市试行国有企业兼并破产和职工再就业有关问题的补充通知［国发（1997）10号］的规定，将职工应享有的各项

安置费等，随托管人员全额划拨到再就业服务中心。

第九条 享有减免贷款利息等优惠政策，并进行减员增效等转机建制或生产经营特别困难的企业，由企业按柳政发[1995]78号文件规定，承担下岗职工生活费、福利、保险等费用，管理下岗职工；由行业或企业再就业服务中心（站）提供再就业服务，并承担其中培训和职业介绍费。

托管期满后仍不能实现再就业的，确认为失业职工。

第十条 不符合本办法第八条、第九条规定的其它企业申请委托管理下岗职工的，每托管一人按托管两年的标准一次性交纳8000元托管经费。托管经费由企业承担，可在所得税前列支。

托管经费应在再就业服务中心正式接受被托管人员15日前拨入再就业服务中心专用帐户。托管经费属托管分流下岗人员专项经费，不计征各项税费。

第十一条 在托管期间，国有企业下岗职工的劳动关系保留在原企业，统计为企业在册职工。托管期满或托管期间劳动合同到期的，应依法与原单位解除劳动关系，享受失业职工待遇。

第十二条 各再就业服务中心每年的基本经费由市劳动局统一核拨，专款专用，并接受市财政、审计部门监督。

基本经费预算主要包括下列内容：

（一）本办法第七条规定用于支付托管人员的基本生活费；

（二）支付转业转岗培训和职业介绍费用；

（三）支付再就业所需的安置补偿费用等；

（四）支付再就业服务中心日常办公经费。

第十三条 企业托管下岗职工应向行业主管部门提出申请，破产企业托管失业职工应由清算组向所在行业主管部门提出申请，然后统一由行业主管部门向再就业服务中心提出书面委托，并按本办法第五条的规定附上有关文件，同时抄报市劳动局、市优改办。再就业服务中心根据“稳进快出、量出为入”的原则，对委托事项提出处理意见，报市劳动局审批后实施。

第十四条 经批准同意托管后，再就业服务中心与行业主管部门签订《托管分流下岗人员协议书》，作为具体实施托管工作的依据。《协议书》内容包括：托管人数、托管内容、待遇支付、经费解缴、职责分工、管理要求、违约责任。

第十五条 行业主管部门根据托管协议，通知托管人员在限定的时间内到再就业服务中心或其指定的再就业服务站报到，再就业服务中心正式实施托管工作。

第十六条 托管人员要严格遵守再就业服务中心的各项规章制度，并服从调剂安置。对违反规定者，再就业服务中心可以终止托管，退回原企业。

第十七条 被托管人员仍属原单位在册职工，劳动关系依法保留，其发生的违法生育、各类案件、诉讼问题及伤亡的善后处理等，仍由原企业负责。被托管人员在托管期间生病，必须长休且托管期满仍不能恢复工作能力的，由再就业服务中心退回原企业。

第十八条 再就业服务中心要采取有效措施，积极组织托管人员通过职业培训、职业介绍、生产自救、劳务输出、自谋职业、开展社区服务等多种途径实现再就业，每年应分流转移托管人员40%以上。

第十九条 鼓励各类经济组织吸纳安置托管人员和托管人员依靠自身努力实现再就业，按《柳州市实施再就业工程方案》的规定可给予相应的资金支持和政策扶持等优惠。其中，如托管人员在托管期间被原企业重新录用的，企业所缴纳的托管经费，在扣除托管期费用后，余额全数退回企业；托管人员离开本行业，自行转移工作单位的，可视托管滞留的时间、性别和工龄长短等发给一定数额的转移补贴费。

第二十条 本办法贯彻执行中的具体问题由市劳动局解释。

第二十一条 本办法自公布之日起施行。

柳州市中小企业股份合作制改组暂行办法

柳发(1997)45号

（1997年7月31日）

第一条 为了适应建立社会主义市场经济的需要，积极稳妥地推进本市中小企业进行股份合作制的改造，根据《中华人民共和国公司法》和《广西壮族自治区城镇股份合作制企业暂行规定》等法律、法规和规章的规定，结合本市的实际情况，特制定本办法。

第二条 本办法适用于实行股份合作制改组的市属国有、集体中小企业。

第三条 本办法所称中小企业的划分标准按《国家经委、计委、统计局、财政部、劳动部关于发布大中小型工业企业划分标准》的通知（国家经企〔1988〕240号）等文件规定确定。

第四条 股份合作制企业是兼有合作制和股份制特点，实行劳动合作与资本联合相结合的一种社会主义公有制企业组织形式，其性质为股份合作制。

第五条 实行股份合作制的企业，应遵循下列原则：

（一）职工全员入股，劳动合作与资本联合相结合；

（二）企业财产实行按份共有，属职工集体拥有的财产实行共同共有；

（三）同股同利、利益共享、风险共担；

（四）实行民主管理，表决议案采取一人一票制；

（五）实行按劳分配与按股分红相结合；

（六）税后利润提取公积金，作为企业不可分割的公共积累。

第六条 股份合作制企业依法取得法人资格，自主经营、自负盈亏、自我发展、自我约束。股东以其所持股份对企业承担有限责任。企业以其全部资产独立承担民事责任。

第七条 本办法的股权设置按投资主体分为职工个人股、职工集体股、国家股、法人股。

职工个人股，指职工个人以其合法财产折股或者以技术等无形资产投入所形成的股份，其股权归职工个人所有。

职工集体股，划归企业劳动者集体共同所有的资产折股形成的股份。原集体企业改组为股份合作制企业，经过剥离和扣除后的生产性净资产，职工购置不完的剩余资产，设为职工集体股。

国家股，指国家及所属部门的国有资产以实物、货币等形式向企业投资形成的资产构成的股份。

法人股，指企业法人或具有法人资格的事业单位、社会团体及社区经济组织、联合经济组织，以其依法可支配的资产投入到股份合作制企业形成的股份，其股权由投入资产的法人持有。

第八条 职工个人股与职工集体股之和不得低于企业总股本的百分之八十。

第九条 原有企业实行股份合作制改组时，承担全部离退休、医疗期内等人员养老责任的，按规定从生产性净资产中扣除这部分人员的养老补助费、医疗费形成的集体股份，其收益权可根据职工投资入股比例或章程中有关规定量化给入股的在册职工。

第十条 国有、集体中小企业在努力探索多种改革形式中，要积极实行以股份合作制为重点的改革办法。

第十一条 市属中小企业改组为股份合作制，必须经职工代表大会通过，企业提出申请，征得主管部门同意，由市体改委会同有关部门进行审核，经资产清查评估和产权界定制定方案及章程，报市人民政府批准后方可实施。

第十二条 改制企业由具有法定资格的资产评估机构，按照国家有关规定，对企业资产进行评估。

第十三条 国有企业股份合作制改造进行资产评估，必须到市国资局立项，资产评估结果由市国资局予以确认。

第十四条 柳州市中小企业实行股份合作制时，对企业资产按下列原则进行剥离和扣除后，由企业职工出资购买：

（一）职工宿舍按房改政策办理。回收的资金作为住房基金统一管理。

（二）对企业的资产损失，报经有关部门审查核实后在资产评估中按规定进行处理。

（三）原企业承担离退休、医疗期内等人员的养老补助费及医疗费用，根据有关规定按比例从企业净资产中扣除。

第十五条 原国有企业资产进行剥离和扣除后的剩余资产，由企业职工共同出资购买。

一次性付款的，可优惠20%。一次性购买有困难的，可在期限内分期付款，但首期付款不能低于30%，未交完部分按银行同期利率50%收取资产占用费。

对职工认购后剩余的国有生产性净资产，可以设置国家股或实行有偿占用。

第十六条 国有企业改组后产权转让所得资金由市国资局或授权的国有资产运营机构代收。市政府可根据企业情况返借给企业，实行有偿使用，期限最长不超过三年，按国家银行同期流动资金贷款利率的50%收取资产占用费。

国有企业剥离出来的非生产性资产，暂由企业管理。

第十七条 市属中小企业实行股份合作制改组时，企业通过出让方式获得的土地使用权，经具有资质的资产评估事务所评估后列入企业资产。以划拨方式取得的国有土地使用权，经具有资质资产评估事务所评估并报市土地管理部门确认后，作为政府新增投入企业的资产，其具体处置方式由企业拟订方案报政府批准。划拨土地处置可选择采取以下方式或几种方式相结合：

（一）企业可以依法以出让方式取得土地使用权。在签订土地使用权出让合同，缴纳相当于地价的30%的土地出让费用后，企业以出让方式取得土地使用权，可以由企业转让、出租、抵押或作价入股。企业在缴纳土地出让金有困难时，可分期付款，最长期限为10年。

（二）企业向政府申请出让所需缴纳的费用折为国家股，由土地管理部门委托国有股权持股单位统一持有。

（三）企业可以向政府申请以租赁方式使用其现占用的土地。由土地管理部门与企业签订土地使用权租赁合同，以五至八年为一期，每年租金按国家现行规定的税费标准缴纳，土地使用权经法定程序批准才能转让、出租、抵押。

第十八条 实行股份合作制改组的企业职工入股资金最低额为3000元，困难企业职工可分期付款。企业领导、中层干部、职工入股比例可按5：3：1原则确定。

第十九条 对评估后净资产是负数的企业，视为亏损企业，在改制后五年内可用税前利润补足。

对扣除离退休、医疗期内等人员养老补助费和医疗费后剩余资产为零以下的企业，两年的所得税实行先征后返还的政策。

第二十条 集体企业在过去生产经营和技术改造中享受国家一定优惠政策所形成的资产界定为企业集体资产。

第二十一条 改组为股份合作制的企业原享受的优惠政策不变，并可以享受城镇集体企业所有优惠政策。

第二十二条 改制后企业在职职工的劳动用工、医疗保险、工伤、女职工生育保险、退休养老保险金一律按国家规定，由新制企业承担。原企业工龄在改组后企业内应予以累计。改制前企业与职工签订的劳动合同继续有效。原厂离退休职工视同新制企业离退休职工享受同等待遇。

第二十三条 股份合作制企业的工资总额及工资形式、发放标准，在坚持两低于前提下，由企业股东大会或董事会决定。董事长、总经理的工资收入，应根据企业效益情况，由股东大会和董事会决定。

第二十四条 股份合作制企业招聘职工，应坚持先城镇后农村和“面向社会、公开招收、全面考核、择优录用”的原则，在国家宏观调控下，通过劳动力市场，自主确定招聘的时间、条件、方式和数量。对招用城镇待业人员有困难的工种，经市劳动局批准，可招收部分农村劳动力。

第二十五条 企业改制中的资产评估、土地使用权权属、用途的变更登记、公证及工商、税务变更登记等费用，按最低标准减半收取。属于困难企业的，经市政府批准可予免交有关费用。

第二十六条 职工入股后不能退股，但遇职工死亡、退休、调离、辞职或者被企业辞退、除名、开除等情况，经董事会同意或按企业章程规定允许职工内部转让或由企业作价收购。企业改组后新参加工作的职工，可按规定入股。

第二十七条 股份合作制企业，税后利润按下列顺序分配：

(1)弥补以前年度亏损；

(2)提取10%的法定盈余公积金；其公积金达到注册资本50%时，可不再提取；

(3)提取不高于公积金比例的公益金；

(4)提取任意盈余公积金；

(5)分配股利。

法定公积金和任意盈余公积金主要用于扩大再生产，公益金用于职工的集体福利。股利分配应坚持同股同利的原则。企业的利润分配方案，必须经股东大会审议批准。

第二十八条 股份合作制企业应在每一会计年度终了委托注册会计师审计年度报表，对企业年度经营状况和损益、会计核算做出结论。对不合规定、不真实核算的予以纠正，并依据审计后的损益进行利润分配和分红；对未经审计和查证的企业，一律不得分红。

第二十九条 中小企业改组为股份合作制后，应按有关规章设立党群组织，并各司其职。党、团、工会关系按市委有关规定办理。

第三十条 股份合作制企业应建立股东大会，作为最高权力机构，负责决定企业重大问题。

第三十一条 股份合作制企业设立董事会，董事会成员由股东大会选举产生，董事会是企业经营决策机构。企业经营管理者由董事会聘用。

第三十二条 企业可由股东大会选举产生监事会，负责监督企业经营活动。

第三十三条 董事会、监事会成员的选举具体操作办法及人事的任免，按有关法律、法规、规章和柳发〔1997〕20号文件办理。

第三十四条 改组企业的注册资本应与股本总额一致。

第三十五条 本办法试行中的具体问题由柳州市体改委负责解释。

第三十六条 本办法自发布之日起实施。

柳州市公费医疗暂行管理办法

柳政发(1997)85号

(1997年8月11日)

第一章 总 则

第一条 为了加强公费医疗管理，健全医疗保障制度。根据国务院办公厅转发国家体改委等四部委《关于职工医疗保障制度改革的试点意见》、《以及中共中央十四届三中全会《决定》提出的关于“城镇职工医疗保险金由国家、单位和个人共同负担”和卫生部、财政部《公费医疗管理办法》，结合我市公费医疗管理情况，制定本办法。

第二条 公费医疗制度是国家为保障国家工作人员身体健康而实行的一项社会保障制度，是向享受者提供制度规定范围内的基本医疗。医疗费用由国家、单位、个人三方合理负担。

第三条 公费医疗制度实行积极防病，保证基本医疗、杜绝浪费的原则，由市公费医疗办公室负责公费医疗的管理和监督。

第四条 承担公费医疗任务的医疗单位，要做到因病施治、合理用药、合理检查。医疗费用的收取按规定执行，保证公费医疗制度的正确实施。

第五条 享受公费医疗的个人及其所在单位，必须遵守公费医疗管理的规定。

第二章 公费医疗经费的预算和管理

第六条 公费医疗经费由市财政按享受公费医疗人员工资总额的10%按月拨给市公费医疗管理办公室(全免人员经费按实际开支费用划拨)统一管理和使用。以后每年的公费医疗经费在此基础上增加上年医疗用品上涨指数，并剔除不合理因素逐年予以核定后拨给。中央、自治区驻柳单位、大专院校的学生仍然执行柳卫公医字(1996)6号文件。

第七条 公费医疗经费的管理。

(一)门诊费用的管理：

凡享受公费医疗的人员就诊时，所发生的医疗费用按个人自付比例支付后其余费用全部实行记帐。

(二)住院费用的管理：

凡享受公费医疗人员住院所发生的医疗费用，按个人自付比例支付后其余费用全部实行记帐。

(三)公费医疗办公室与各医院结帐方式：

1.门诊费用：

公费医疗办公室对各定点医院的公费医疗门诊费

用进行审核，符合规定的费用按季拨付各医院。

2. 住院费用：

公费医疗办公室对享受公费医疗人员住院费用进行审核，按审核后的实际费用拨付各医院。

第八条 个人、单位医疗费用负担比例。

（一）门诊基本医疗费用个人自付标准（不含特殊检查、特殊治疗、特殊用药、自费药品等费用）：

45 周岁以下（含 45 周岁），自付 15%；

46 周岁以上（含 46 周岁），自付 10%；

退休人员自付 5%；

全免人员 100%报销。

（二）住院基本医疗费用个人自付标准（不含特殊检查、特殊治疗、特殊用药、自费药品等费用）：

45 周岁以下（含 45 周岁），自付 8%；

46 周岁以上（含 46 周岁），自付 6%；

退休人员自付 2%；

全免人员 100%报销。

（三）基本医疗累计支付：

公费医疗享受人员按门诊、住院的基本医疗自付比例支付的费用，超过本人年工资总额的 5%以上至 5000 元的部分，个人负担 8%（退休人员自付 4%）；5000 元以上至 1000 元的部分，个人负担 6%（退休人员 3%）；10000 元以上的部分，个人负担 2%（退休人员 1%）。

（四）特殊用药自付标准：

凡使用《广西壮族自治区用药报销范围》内注明特批的药品，个人先自付 5%，再按个人不同比例支付，全免人员不需自付。

（五）特殊检查、特殊治疗自付标准：

职工（含退休人员）门诊、住院期间进行心脏彩超、心电监护、核磁共振、CT（头颅或全身）的检查、体外震波碎石治疗结石、高压氧舱、体外反搏、光量子治疗、微波透热照射等治疗和其它收费在 100 元以上（含 100 元）的各种特殊检查、特殊治疗、个人自付 20%；老红军、离休人员和二等乙级以上伤残军人上述费用 100%报销。凡进行器官移植、人工器官安装（其中人工器官按国产最高价格计算）等所发生的医疗费用，个人支付 10%，所在单位支付 40%、公费医疗办公室支付 50%。

（六）转诊、转院：

转区内、区外医院治疗的医疗费用（符合报销范围）个人先支付 5%和 10%（全免人员不需自付），其余费用按市内门诊或住院比例支付。

（七）外地工作、异地安置人员：

工作或居住在异地的在职和退（离）休人员（含出差、探亲人员），就诊所需医疗费用，先由本人垫付，符合支付规定的按各自支付比例报销（按本市收费标准核报）。由用人单位向公费医疗管理办公室申报，办理审批、拨付手续。

第九条 特殊人员医药费用的开支。

（一）全免人员：包括老红军、离休人员、二等乙级以上伤残军人等，符合《广西壮族自治区用药报销范围》药品及检查、治疗等费用 100%的报销。

（二）患有国家规定的特殊病种甲类传染病、精神病、职业病、公伤和实施计划生育手术及其后遗症（经市计划生育委员会会同有关部门鉴定确诊）的职工，符合《广西壮族自治区用药报销范围》的全部药品费用 100%报销。

第三章 公费医疗的管理

第十条 公费医疗证的领取和使用。

（一）凡领用柳州市公费医疗证（以下简称医疗证），必须持身份证、单位证明、工资介绍信、调入国家机关（事业）单位人员进编通和及编制文件交市公费医疗办公室审核、办理有关手续，领取医疗证和 IC 卡。

（二）医疗证、IC 卡只限本人在指定医院就诊时使用，如有遗失，须到市公费医疗办公室办理挂失手续，方可补发医疗证和 IC 卡。

（三）享受公费医疗人员因调动、开除、停薪留职、死亡、减员离开原单位时，所在单位必须及时将医疗证、IC 卡收回，交市公费医疗办公室注销。仍继续使用原证、卡看病，追究原所在单位的经济责任。

第十一条 建立健全公费医疗微机管理网络。享受公费医疗人员，按划片医疗的原则定点就医。

（一）门诊诊病规定：

凭医疗证到指定医院就诊，凭 IC 卡结帐。因危重病而在非定点医院进行抢救时，费用自己先垫支，再凭急诊疾病证明、病历、发票、IC 卡到市公医办审核报销。

（二）住院规定：

1. 因病需要住院（包括家庭病床），必须由医院门诊医生开住院证，凭医疗证、IC 卡办理住院手续，住院费用记帐结算。

2. 医院认为应该出院的病人，而本人拒绝出院，从通知出院之日起，住院的一切费用自理。

3. 杜绝挂空床住院的现象，挂床期间所发生的医疗费一律由个人支付。

4. 患者出院时，属好转出院，可带与疾病治疗有关的药品，药量限于一周；属治愈者不准带药出院。出院结帐不得预收各种检查、治疗费。

（三）用药及检查、治疗的规定：

1. 严格执行《广西公费医疗用药报销范围》和卫生部、财政部《公费医疗管理办法》中的自费药品规定以及药品限量的规定。严格掌握药量（原则上门诊急性病二天量，不超三天；慢性病不超七天；精神病、结核病、慢性肝炎、高血压病、糖尿病可延长到三十天量）。

2. 门诊、住院使用公费医疗药品时（用药范围内），同类药品局限于两种以内（结核病除外）；与疾病无关的药物不用；同天不能开两张相同药品的处方。对各种辅助药物（包括维生素类）要从严控制使用。

3. 门诊、住院用药必须与诊断、病情相符，不符或无记录，按违反规定处理。

4. 严格掌握 CT、动态心电图等各种特殊检查及振波碎石、高压氧舱等特殊治疗的适应症。CT 检查指症原则为肿瘤、脑出血、脑梗塞的诊断。能用一般 X 摄片、B 超确诊的不应再做 CT，如再做 CT 不予报销。振波碎石、高压氧舱一定要掌握适应症，随意扩大适应症范围的不予报销治疗费用。对动态心电图、动态血压、彩色多普勒、心电监护和其它单项检查收费在100元以上（含100元）的特殊检查、治疗项目要建立登记制度。由主治以上医师提出申请，科主任签字，医务科（院公医办）审批盖公章，送市公费医疗办公室批准后，方可进行。

5.患者住院期间，因病需辅助治疗时，除药物治疗（口服或静脉）外，只能同时用一种辅助治疗（包括各种理疗及一个疗程费用总计100元以上的特殊治疗）。

6.收费标准必须严格执行桂价费字（1991）316号《广西壮族自治区医疗收费标准》、桂价费字（1996）063号《广西壮族自治区部分医疗收费标准调整目录》、柳价字（1996）30号、柳价费字（1996）61号、柳价费字（1993）22号、柳价费字（1992）25号、柳卫医字（1996）21号等规定。

7.享受公费医疗人员医疗期间一次性医疗用品只限于使用以下品种：

一次性输液器、注射器、输液筒、输血器、针头、头皮针；

一次性给氧器（输氧管）、通气管、吸痰管、喷嘴；

一次性透析管；

一次性负压袋（器）、胃管、双腔、三腔、导尿管、引流袋；

一次性三通管、三腔二囊管、硬膜外导管、电极片；

一次性药杯（住院患者一次住院只能使用一套4个）塑料药水瓶、尿杯、一次性抽血管。

一次性滴眼瓶，一次性鼻塞；一次性帽子。

8.凡使用特殊药品、特殊治疗、特殊检查及自费药品、自费检查治疗项目时，医师必须先通知病人，并征得病人的同意（签字）后才能进行。

9.特殊用药、特殊检查、特殊治疗仍按原规定逐级审批（经市公费医疗办审批后，注有特批号，输入计算机才能使用）。未经审批或不按要求办理的，不予付款。

对进口药、贵重药要严格掌握，国产药疗效与进口药相同的一律用国产药品。因疾病确实需要使用进口药、贵重药、血制品、生物制品，医院要严格履行审批手续。

第十二条　优待及优诊范围。

（一）根据国务院、自治区政府有关文件精神，凡副厅或相当于副厅以上的干部（含享受同级医疗待遇的干部）、老红军、离休干部、获得正教授以上及相当职称的专家、学者、二等乙级以上的伤残军人；全国劳动模范、全国三八红旗手、全国“五一”劳动奖章获得者、二等以上功臣（军以上单位授予的）；国家人事部批准享受政府特殊津贴的专业人才，以及荣获国家有突出贡献的中青年专家，持医疗证在指定的医院就诊时，可优先挂号、就诊、划价、记帐、取药、检查及治疗。住院时，优先安排病床，可选五所定点医院。

（二）正、副处级（含享受同级待遇）干部、副高职称的专业技术人员；省、部级劳模，持医疗证在指定的医院就诊时优先挂号、就诊、划价、记帐、缴款、取药、检查及治疗。住院时，优先安排病床。可选四所定点医院。

（三）其他人员可选三所定点医院。

第十三条　实行定点医疗

各享受单位应选择就近的市属医院（市第一人民医院、工人医院、中医院、红会医院、妇幼保健院、市卫校肿瘤医院、中西医结合医院、第四人民医院）；城区医院（城中区医院、鱼峰区医院、柳南区医院、柳北区医院）；乡镇卫生院（长塘乡卫生院、沙塘乡卫生院、石碑坪乡卫生院、西鹅乡卫生院、太阳村卫生院）；市政府卫生所、老干休养所卫生室、军队干休所卫生室、工学院卫生所、党校卫生所作为本单位的门诊，住院医疗点。如因工作或住址变动，需更改定点医院，必须持单位证明到市公费医疗办公室办理变更手续，领取新的医疗证及IC卡。

第十四条　市内转诊，区内、外转院。

（一）市内转诊：

就诊医院因缺科或设备所限需转诊的，经主治医生同意并开具转诊证明，享受者同时持单位证明到市公费医疗办公室审批，办理换点、更换医疗IC卡的手续，方能在新的医疗点就诊。精神病、结核病由专科医院经治医师在病历上签名并出具疾病诊断证明，凭单位证明到市公费医疗办公室办理转院手续。精神病限定在区龙泉山医院、东环医院；结核病限定在市结防所、市工人医院、区龙潭医院。

（二）区内、外转院：

因市人民医院、市工人医院、市卫校附院（限肿瘤病人）缺科或医疗技术所限，必须转广西医科大学附院、广西医科大学附属肿瘤医院等以外的医院治疗时，由上述指定医院中一所医院的科主任在经治医师书写的病历摘要上签名，并开具转院证明书，经医院医务科签字盖章同意，患者单位出具证明到市公费医疗办公室审批。

（三）危重病人及晚期癌症病人应在就近医院抢救、治疗，不宜转院。

（四）上述三所市属医院已经明确诊断的病人，市内有相应治疗条件的不予转院。

（五）享受人员未经市公费医疗管理办公室同意，自行转外地就诊费用自付。

第十五条　各享受单位应设一名兼职人员负责本单位的职工办证、报帐、结帐等工作。

第四章　公费医疗工作的检查、监督

第十六条　市公费医疗办公室应建立、健全对公费医疗享受单位的检查监督制度和微机管理网络，并制定相应的措施。列入公费医疗管理的单位、个人和各医疗单位，必须严格遵守公费医疗管理规定，接受市公费医疗办公室的检查和监督。

第十七条　公费医疗检查和监督的内容包括：

（一）对医疗单位、医药销售单位药品购销范围、医疗收费标准执行情况进行检查、监督。

（二）对医疗单位、公费医疗享受单位执行公费医疗人员享受范围、经费开支范围情况进行检查、监督。

（三）对医疗单位和列入公费医疗管理的单位的医疗经费使用情况进行检查、监督。

（四）对享受公费医疗人员医药费报销情况进行检查、监督。

第五章　法律责任

第十八条　定点医疗单位工作人员有下列行为之一者，除扣回不应由公费医疗办公室支付的费用外，处以 200 元以上的 1000 元以下罚款。

（一）诊治、记帐不认真查验《公费医疗证》，将非公费医疗人员的医疗费用记入公费医疗帐内的；

（二）将应由个人支付的医疗费用记入公费医疗费用的；

（三）非法使用公费医疗费用的；

（四）将基本用药换成非公费医疗用药的；

（五）不按收费标准收费或分解收费、巧立名目收费、自设收费标准的。

定点医疗单位违反以上规定，市卫生行政主管部门视情节轻重，对该单位处以违规金额 5－10 倍的罚款。

定点医疗单位如出现拒收、拒治公费医疗享受人员，视情节轻重，给予通报批评或取消定点医疗单位资格。

第十九条　享受公费医疗人员中有下列行为之一者，市卫生行政主管部门除对直接责任人追回所发生的医疗费用外，视情节轻重，停止使用医疗证 3－6 个月，处以 200 元以上 1000 以下罚款：

（一）将本人医疗证、IC 卡转借他人就诊的；

（二）持他人医疗证、IC 卡冒名就诊的；

（三）私自涂改处方、费用单据而多报冒领的；

（四）将公费医疗药品开出卖给他人的。

第二十条　公费医疗办公室工作人员有下列行为之一，市卫生行政主管部门视其情节轻重，给予行政处分直至开除公职。违反法律的由司法机关追究法律责任：

（一）在收缴医疗费用、审核医疗费时徇私舞弊、损公肥私的；

（二）利用职权和工作之便收受贿赂、谋取私利的；

（三）玩忽职守造成医疗费用重大损失的；

（四）有其它违法行为被投诉，并经查证属实的。

第二十一条　定点医疗单位、享受公费医疗人员对市卫生行政主管部门的处罚决定不服时，自接到处罚决定书之日起十五天内向上一级行政机关申请复议或向人民法院提起诉讼。不审请复议又不提起诉讼的由作出处罚的行政机关申请人民法院强制执行。

第六章　附　则

第二十二条　本暂行办法中无具体规定的事项仍按卫生部、财政部《公费医疗管理办法》执行。

第二十三条　凡过去有关管理办法与本暂行办法有抵触的，一律以本暂行办法为准。

第二十四条　本暂行办法由市公费医疗管理委员会办公室负责解释。

第二十五条　本暂行办法自 8 月 15 日起执行。

中共柳州市委员会
柳州市人民政府
关于大力开展技术创新工作的决定

柳发〔1997〕54 号

（1997 年 9 月 4 日）

根据国家经贸委《关于大力开展技术创新工作的意见》和国家科委《关于实施技术创新工程意见的通知》精神，我市在全市企业中组织开展了技术创新工作，并取得了一些进展，被国家经贸委、国家科委列为全国技术创新试点城市。为加速建立有利于自主创新的技术进步机制。促进我市经济结构的调整，培育新的经济增长点，搞好技术创新试点工作，市委、市政府决定在全市范围内大力开展技术创新工作，全面实施《柳州市技术创新工程方案》。

一、提高认识，加强领导

技术创新是科技进步的核心，是发展科技第一生产力的战略措施。大力开展技术创新工作，对加速两个根本性转变有着至关重要的作用，它是关系到社会主义市场经济体制能否建立，经济增长方式能否转变，国民经济能否真正走上依靠科技进步和提高劳动者素质，持续、快速、健康发展的长远大计和关系到民族工业能否振兴，国有经济能否搞好搞活的大问题。正如江泽民同志所强调的“创新是一个民族进步的灵魂，是国家兴旺发达的不竭动力”，“要把建立技术创新机制作为建立社会主义市场经济体制的一个重要目标，特别是要把建立、健全企业的技术创新体系作为建立现代企业制度的重要内容和搞好国有大中型企业的关键环节”。

柳州市是广西工业重镇，是传统工业占主导地位的城市。我们务必要有危机感和紧迫感，要认真搞好改革和技术创新工作，建立现代企业制度，不断推进科技进步，大力发展激光技术、生物工程、微电子技术和机电一体化等高新技术产业。用高新技术改造传统产业，坚持“三改一加强”的方针，从发展我市支柱产业出发，搞好企业组织结构、产品结构和技术结构的调整，不断提高创新开发能力，确保我市工业经济的发展速度和增长质量超过全区、全国的平均水平。

要切实加强对技术创新工作的领导。市委、市政府把技术创新列入重要议事日程，成立市技术创新工作领导小组。各工业主管局、行办和企业要相应成立由第一把手负责的领导小组。税务、金融、财政、人事等有关部门机构也要明确专人负责技术创新工作。使我市的技术创新工作有条不紊地开展起来。

二、“九五”期我市技术创新的主要目标

1. 要初步形成以企业为主体，政府宏观指导，社会服务组织积极参与以及各方面协同配合的技术创新体系及运行机制。

2. 显著提高我市重点企业（或集团）的创新能力、技术开发能力、市场竞争力和经济效益，实现“个、十、百”工程目标。

3. 组织实施一批较大的技术创新项目，开发出100项新技术，100个有较高技术含量和附加值的新产品，其中，有的要成为国际和国内名牌产品。科技进步对经济增长贡献率要达到50%。

4. 培养和造就一大批有较高素质的技术创新人才。

三、要确立企业技术创新工作的主体地位

全市各企业要始终坚持技术创新与企业改革、技术改造和技术引进、结构调整紧密结合，与企业管理相结合的原则，真正确立企业在技术创新活动中的主体地位，即企业在技术创新决策、技术开发、承担技术创新风险和获取相应利益的主体地位。全市各企业特别是大中型企业、技术创新试点企业和高新技术企业，要根据国家、自治区及柳州市有关开展技术创新工作的要求和《柳州市技术创新工程方案》，结合本企业的实际情况和特点，建立起技术创新机制和激励机制，制定出《技术创新工程方案》和政策措施，编制技术创新项目计划，并抓好贯彻落实。要求技术创新试点企业在“九五”期初步建立技术创新体系，一是要建立技术创新活动的支撑体系，二是要大力增强企业市场竞争能力。市委、市政府将企业开展技术创新工作列入考核企业领导班子政绩及重奖企业的一项重要内容，与奖惩挂钩；同时设立“柳州市技术创新先进企业”、“柳州市技术创新优秀项目”、“柳州市技术创新先进工作者”等荣誉称号，每年总结表彰一次（具体奖励政策及评选办法另文下发），以推动企业和技术创新工作者积极开展技术创新工作。市委、市政府还将适时制定出有关政策措施，为企业技术创新工作创造良好的外部环境。

四、建立健全以企业技术中心为核心的技术开发机构，不断提高企业自主创新能力

要把建立企业技术创新体系作为建立现代企业制度的重要内容予以落实，实施大企业，大集团战略。国有大中型企业要下大力改善企业的研究开发条件。技术创新试点企业要建立起自治区级以上水平的技术中心，具有开发5年以上产品和技术的能力。列入“个、十、百”工程的企业要率先进行企业内部管理创新和组织创新，逐步建立起技术中心，条件不成熟的要切实办好企业技术开发机构。同时，积极创造条件吸引独立科研开发机构进入企业，增加企业的科技发展手段，提高技术开发能力和产品储备，逐步在国内全行业中形成优势。

五、大力促进“产学研”联合，加速科技成果的转化

要推动企业与高等院校、研究院所共同组建企业技术开发机构及经济实体，创造条件吸引高等院校和研究院所的科技力量以各种形式进入企业，参与企业的技术创新活动。逐步形成“产学研”共同发展的运行机制，加速高技术成果产业化进程，不断增强企业的技术创新能力。大中型企业，技术创新试点企业应主动跟科研院所、大专院校建立关系，列入“个、十、百”工程的每个企业应至少与一个以上的科研院所或大专院校建立合作关系，科研院所、大专院校进行股份制联合开发，技术转让、咨询、服务等多种形式的合作。加速新技术、新产品的开发速度，迅速把科技成果推向市场。

六、创造条件，吸引、培养和使用好科技人才，引导全体职工积极参与企业技术创新工作

搞好技术创新工作，关键在于人才。要建立对企业科技人才的吸引、培养和使用制度，充分发挥企业科技人员的作用。允许企业高薪引进人才，包括聘请外籍专家和国内高层次技术、管理人才。逐步提高企业高级技术工人和科技人员，特别是高级科技人员在职工中的比例，使全市科技人员及技术工人队伍适应产业发展的需要。大中型企业的科技人员应有50%以上部署在技术创新方面，技术创新试点企业的科技人员应有70%以上部署在技术创新方面。培养和造就一批有较高素质的技术创新人才。主要培养和造就一批有较强的创新意识，懂技术、会管理、善经营、有远见的企业经营管理者；培养和造就一批技术水平高、市场意识强的跨世纪的技术开发带头人和骨干；切实改善科技人员的工作和生活环境，对有突出贡献的人员要给予重奖。建立一支具有技术知识和市场开拓能力的营销人才队伍。同时要加强对职工队伍的培训教育，增强职工的科技意识和能力，建立一支熟悉专业技术知识，作风过硬的技术工人队伍，大力开展“五小”、“合理化建议”等群众性技术创新活动，提高职工对技术创新工作的参与率。

七、建立技术创新投入体系

要建立以企业为投资主体，政府扶植，社会各界支持的技术创新投入体系。多渠道地筹集技术开发资金，资金投入逐步实现多元化。在不亏损的前提下，经财政审核，一般企业要从销售收入中提取或据实列支不低于1%的资金，大中型企业不低于1.5—2%的资金，技术创新试点企业不低于3—5%的资金，高新技术企业不低于5%的资金用于技术创新。提取的资金应存入企业技术创新专户，做到专款专用。市里每年从市财政科技三项经费中拿出50%支持技术创新项目。企业要利用和引进外资，与国外（境外）机构合作，共同投入，共同开发，共同受益。此外，市政府从财政拨出2000万元，加上国家、自治区政府的配套资金，以及企业实现利润超额部分上交的所得税，成立柳州市技术创新基金（基金管理及使用办法另文下发），在7月份投入运行，支持技术创新工作，重点扶持市支柱产业及技术创新试点企业的技术创新工作。

八、企业要以市场为导向，大力加强主导产品，关键技术和成套装备的开发，努力开发一批适销对路、高档次、高质量、高附加值的产品

列入“个、十、百”工程的企业要在努力提高现有产品档次水平的基础上,平均每年开发出一个以上达到自治区级以上水平的新产品。技术创新试点企业,平均每年要开发出二个以上达到自治区以上水平的新产品,其中一项达到国内先进水平。已建立自治区级以上的技术中心的企业要开发出多个或可储存5年以上的新产品项目。加强引进消化吸收和创新,为技术改造提供高水平、高效益的技术源。企业要提高使用新技术的积极性,使节能降耗,降低成本,提高质量的科技成果得到大面积的推广和应用。开发出来的产品要尽快形成商品大量上市,抓紧结构调整,培育新的经济增长点。

九、实施质量振兴计划和名牌战略,提高重点产品的实物质量

大中型企业的产品都要采用国际标准或国内外先进标准生产,要形成具有自主知识产权的产品和技术,进而创出自己的品牌和全国乃至国际名牌产品,通过实施名牌战略来扩大生产规模。大中型企业要使原有的名牌产品上到一个更高的档次,没有名牌产品的企业要尽快实施名牌战略,尽快创出自己的名牌产品。试点企业和大中型企业要率先贯彻实施ISO9000质量保证体系标准,同时通过产品认证,其中试点企业“九五”期要通过质量保证体系认证。

十、抓好试点企业的试点工作

根据国家关于选择企业领导技术创新意识强、在全国同行业中技术创新能力强、经济效益好的企业(集团),作为技术创新试点企业的要求,认真选择,抓好试点企业,以点带面,推动全市的技术创新工作。试点企业的领导要认真按国家、自治区和柳州市的技术创新工作要求,抓好试点工作。建立第一把手亲自指挥的领导体制,形成科学有效的决策程序,制订技术创新实施方案及切实可行的措施。形成以技术中心为核心的技术开发体系,信息网络、资金筹措和投入保障体系以及很强的营销体系,建立健全人才培养和激励制度,增强技术创新各个环节的系统配套性,提高产品的档次和市场的应变能力,起到榜样和示范作用。市经贸委、科委要互相配合,各有侧重,抓好试点企业,带动全市企业搞好技术创新工作。

十一、加快中介服务组织的建设

要按照技术创新的观念和工作思路,强化中介服务组织面向企业、服务企业的工作意识,明确“评估职能,培训咨询职能,信息服务职能”三大职能。加快中介服务组织建设,有效地为企业技术创新工作服务,使中介服务组织真正成为连接政府与企业的桥梁和纽带,有效地促进企业,特别是大中型企业增强技术创新能力。

要加强城市网络建设,建立技术创新项目和信息网络,加强地方、部门、企业间的信息沟通,加强市场信息的沟通,充分发挥网络的作用。建立和完善专家咨询系统,建立科技成果及企业技术难题数据库,提高管理决策的准确性,以及企业的市场预测和快速反应能力。

技术创新工作是一项系统工程,全市各部、委、办、局、行业管理部门和工业企业,要齐心协力,互相配合,认真贯彻落实技术创新工作的有关政策和要求,切实开展好技术创新工作,促进我市经济建设和各项社会事业的全面发展。

中共柳州市委员会
柳州市人民政府
关于奖励引荐外商
投资的规定

柳发〔1997〕71号

(1997年12月18日)

第一条 为奖励引荐境外投资者(包括港、澳、台、侨胞)到柳州市投资的人员,特制定本规定。

第二条 本规定奖励的范围包括:引进外资到柳州市投资兴办中外合资经营企业、中外合作经营企业、外商独资经营企业,及引进外资到柳州市开展对外加工装配和补偿贸易项目等做出贡献的国内法人和公民、华侨、港澳同胞、台湾同胞和外国人。

第三条 凡引荐外商投资的资金已到位的,不附带任何条件的直接投资(不含由我方担保的外商境外借款投入和外商投资企业的境外借款),待项目竣工后,经有关部门验资、验收,对其直接引荐人给予奖励:

一、属国家鼓励投资的农、林、牧、渔业及以固定资产投入为主的工业项目,按外商实际投入金额的1%计算奖金。以上奖金,外商独资经营企业由市财政局支付;中外合资、合作经营企业奖金由中方企业支付。

二、凡投资基础设施、房地产开发及服务项目的中外合资、合作经营企业,按外商实际投入金额的0.5%计算奖金。奖金由中方企业支付。

三、兴办加工装配项目的,从投产之日算起,按该项目合同一年内企业实际获得工缴费收入的3%计算奖金。奖金从中方企业获得的工缴费收入中支付。

四、引荐外商租赁厂房、设施的,从投产之日算起,按第一年租金收入的3%计算奖金。奖金从获取的租金中支付。

五、介绍到国外和港澳地区承包工程的个人,由承包单位按承包合同总金额(按国家外汇折算人民币)的0.2%提奖;介绍劳务输出的个人,由受益单位按该项目所得劳务收益(以国家汇价折算人民币)的1—2%提奖;介绍补偿贸易项目的个人,由受益单位生产效益后按补偿贸易项目外商实际投入金额的0.5%—1%提奖。

第四条 引荐外商投资兴办外商独资经营企业的国内法人和公民以及华侨、港澳同胞、台湾同胞和外国人，须与柳州市外经贸局签订引资协议。引荐外商投资兴办其他企业或项目的须与项目的中方企业签订引资协议，规定双方责任、支付奖励数额和办法。

引资协议作为界定直接引荐人的依据。

第五条 奖金支付办法：由引荐人持引资协议向市对外贸易经济合作局申报，经合作的中外双方认可签字，外方资金实际到位后，待项目竣工或营业，经有关部门验收，按验资后的金额，经市人民政府审定，由市财政或者受益单位发给。如项目的中方企业一次性支付奖金有困难，可先发放应付奖金的50%，其余待项目投产后两年内付清。引荐外商投资资金分期到位的，每期奖金支付办法参照上述办法，按实际到位数计算执行。奖金均用人民币支付。

第六条 对外引荐外商投资获奖的人员，如发现违反本规定，弄虚作假或冒领他人奖金者，经查明属实，撤销其奖励，收回奖金，并按情节轻重给予批评或处罚。

第七条 获奖人员需按规定缴纳个人所得税。

第八条 外商引荐人获奖以后，在经营期内，外方无故抽走资金的，由外商在独资、合资、合作公司的资产对支付奖金单位进行赔偿。

第九条 本规定由市对外贸易经济合作局负责解释。

第十条 本规定自公布之日起施行。柳发〔1993〕41号文同时废止。

中共柳州市委员会 柳州市人民政府 关于鼓励外商投资的若干规定

柳发〔1997〕68号

（1997年12月9日）

为了进一步扩大对外开放，加快利用外资的步伐，现就鼓励外商以合资、合作、独资经营的方式在我市投资和从事土地成片开发作如下规定：

一、土地成片开发、土地使用权出让

（一）土地成片开发

1. 外商投资从事土地成片开发，应依照中华人民共和国有关法律的规定，成立从事开发经营的中外合资经营企业或中外合作经营企业或者外商独资企业（以下称外商投资企业）。依法取得土地使用权，按照城市规划平整场地、建设供排水、供电、道路、通信等基础公用设施建设，形成建设用地条件后，可自主进行开发建设。

2. 允许外商参与开发地块的规划及建筑设计。外商依法取得开发地块土地使用权后，在遵循市政府规划主管部门给定的规划条件下，允许外商自行委托有规划设计、建筑设计资质的单位进行规划及单体建筑设计，所作规划及设计经批准后准予实施。

3. 外商投资企业使用土地，经批准可在1—3年内返还市留成部分50%的土地使用税。

4. 外商投资企业转让土地使用权，经批准后可缓交土地增值税。

5. 外商投资企业需使用土地，凡符合城市建设规划及土地利用总体规划的，优先安排使用土地、办理用地审批手续、发放土地使用证。

（二）土地使用权出让

鼓励外商到我市建成区（含市、县、乡建成区）或经初步开发已形成建设用地条件的区域，依法取得土地使用权，投资兴办各类企业。土地出让价格，根据不同用途、区域和使用年限，可在扣除征地和土地开发成本后给予以下优惠：

6. 建设港口、机场、桥梁等基础设施，可以按划拨方式供给土地。

7. 经营种植业、畜牧业、养殖业以及到贫困乡进行扶贫开发所使用土地，属国有的，可以租赁方式使用土地；属集体经济组织的集体土地，经政府批准可由双方签订协议合作或租赁开发。

8. 经营工业、仓储业的，土地出让金减收市留成的50%。

9. 经营商业、旅游业、服务业的，土地出让金减收市留成的30%。

10. 经营房地产业的，土地出让金减收市留成的15%。

11. 凡投资建设城市市政基础设施项目的，可以采取以土地补偿、经营收费管理补偿或者土地出让和经营收费管理相结合补偿的方式进行。

12. 属于国家鼓励的、技术先进的、投资额较大的中外合资项目，经市政府批准，可采取土地作价入股的合资办法使用土地。

二、企业产权转让

13. 柳州市工商企业经批准可向外商（包括港、澳、台、侨同胞）有偿出让国有工商企业产权。企业可以出让全部产权，也可以出让部份产权。出让部分产权的，外商持有产权的比例一般不得低于企业全部产权的25%。外商购买企业产权应用外币付款，但外商在我国投资已获利取得人民币，也可用人民币支付。

14. 向外商有偿出让企业产权可选择下列方式：

（1）出资购买式出让。即外商一次性出资购买企业产权，资产数额大的可以分期付款；

（2）参股式出让。即外商通过参股方式购买产权；

（3）承担债务式出让。即以外商承担企业债务为条件接收企业产权；

（4）产权出让双方商定的其他形式。

15. 企业产权出让，经办理有关手续后，享受柳州市人民政府规定的外商投资的各种优惠待遇。

三、对外商投资企业的税收及有关政策

16. 企业所得税

在柳州市设立的外商投资企业，其所得税率按产业政策给予所得税率优惠并免征地方所得税。

对生产性外商投资企业，经营期在10年以上的，继续享受所得税减三免四的优惠;规定的减免税期满后,产品出口型企业当年出口产品产值达70%以上,经批准,可按现行税率减半征收所得税;经市政府确认的经营期在10年以上的生产性高新技术企业,从开始获利的年度起,第一年至第二年免征所得税,第三年至第五年减半征收,减半征收的企业所得税,企业可以提出申请,经同级财政部门核准,予以全部返还。先进技术企业在减免税期满后,可申请延长三年减半征收所得税。

从事港口、码头、机场、公路、铁路、电站、煤矿、水利等基础设施建设的外商投资企业和从事农、林、牧开发经营的外商投资企业,经营期限在十五年以上的,从开始获利的年度起,第一年至第五年免征所得税,第六年至第十年减半征收所得税,在以后的十年内可按应纳税所得额减征15%—30%的所得税。

对从事商业、旅游、服务的外商投资企业,经营期限在十年以上的从开始获利的年度起第一年免征所得税,第二、第三年减半征收所得税。所减免的税款,经企业申请,市财政部门核准,予以返还。

外商投资者将其从企业分得的利润,在我市再投资举办、扩建产品出口企业或先进技术企业,经营期不少于五年的,经税务机关核准,全部退还其再投资部分已缴纳的企业所得税税款;再举办、扩建其他企业,经营期不少于五年的,经税务机关核准,退还再投资部分已缴纳的企业所得税税款的40%。

在柳州市举办外商投资企业的外商投资者将其从企业分得的利润汇出境外时,免缴汇出额所得税。

在柳州市举办的外商投资企业,免征固定资产投资方向调节税。

外商投资企业如当年发生亏损,可以用下一年度的所得弥补,但最长不超过五年。

17. 车船牌照税

在柳州市的外商投资企业,一律按国内企业标准征收车船牌照税。

18. 城市房产税

外商投资企业缴房产税如有困难,可向当地税务机关提出申请,经批准,可免房产税1—3年。

19. 对从事高新技术开发、科研生产的开发企业,可减收土地出让金和城市基础设施配套费,在贫困地区成片开发兴办企业的,可减收土地出让金。

20. 水电增容费:外商投资企业属生产性的技术先进型、产品出口型企业的,免缴水、电增容费。

四、对投资我市汽车、机械、冶金、造纸印刷、日用化工五大支柱产业之一的外商:

21. 原厂区内利用外资有新建厂房等基建工程的,办理开工证时一律减半征收建筑项目工程报建费用。

22. 原厂区内利用外资有新建厂房等基建工程的,办理规划许可证时一律减半征收建筑项目工程报建费用。

五、投资保护

23. 国家依法保证外商投资者的合法权益,对投资者的资产不实行国有化和征收。

24. 保障外商投资企业合法经营的自主权和投资利益,支持外商投资企业按照国际上先进的科学方法管理企业。

25. 外商投资企业有权在批准的合同范围内,自行制定生产经营计划、筹措动用资金、采购生产资料、销售产品。

26. 外商投资企业有权自行确定职工的工资标准。工资形式和奖励、津贴制度,由董事会讨论决定。

27. 外商投资企业有权在政策和法规范围内确定劳动用工制度。

28. 凡在柳州市举办的外商企业,允许外方投资者将分得的人民币利润调剂成外汇。

六、本规定自公布之日起施行,凡过去本市所制定的规定与本规定相悖的,以本规定为准。

中共柳州市委员会
柳州市人民政府
关于改善投资软环境
进一步扩大对外开放的决定

柳发〔1997〕67号

(1997年12月9日)

进一步扩大对外开放是实现我市"九五"计划和2010年远景目标的一项重要决策。为改善我市的投资环境,扩大对外开放程度,提高对外开放水平,根据十五大关于努力提高对外开放水平的精神以及《自治区党委、自治区人民政府关于进一步扩大对外开放程度,提高对外开放水平的决定》(桂发〔1997〕12号),特作如下决定:

一、进一步解放思想,更新观念,积极、合理、有效地利用外资。

1. 对外开放是我国一项长期不变的基本国策。面对经济、科技全球化的趋势,我们要努力提高对外开放水平,建立、完善全方位、多层次、宽领域的对外开放格局,充分利用国际国内两个市场、两种资源,引进资金、先进技术和管理经验,促进我市外向型经济的发展。

进一步扩大对外开放,提高对外开放水平,关键在于进一步解放思想、更新观念。为此,要贯彻市委《关于贯彻落实十五大精神和自治区党委的部署加快实现改革与发展新突破的实施意见》,进一步增强全民特别是各级领导干部的开放意识、市场意识、竞争意识、效益意识、风险意识、服务意识、法制观念及全局观念,打破思想禁锢,坚持"发展才是硬道理"和"三个有利于"的根本标准。抓住机遇,勇于开拓,进一步扩大对外开放程度,提高对外开放水平,促进国民经济持续、快速、健康发展。

2. 要按照"扩大总量,优化结构,拓宽领域,改善环境,提高效益"的思想,进一步加强利用外资的工作力度，以第二产业为重点，向第一、第三产业扩展。各个产业、各县（区）、各部门要制定“九五”期利用外资的目标计划，责任落实到部门，保证工作落到实处。

以产业政策引导外资投向，结合我市的特点，把行业发展规划、产业产品结构调整和优化升级与利用外资有机地结合起来。

要积极拓宽利用外资的渠道，扩大开放领域，在国家开放政策的指导下，以改革的姿态，开明的胸怀，做好引进外资工作。除了国家产业政策中明令禁止的项目外，对外商投资的行业不限；投资的方式不限；要让外资投入者有利可图。引进外资不拘形式，大胆尝试以资源换技术，以产权换资金，以市场换项目，以存量换增量的做法，千方百计扩大利用外资，鼓励外商以补偿贸易、加工装配、国际租赁、带资承包、购买或参股国有企业、技术转让、BOT及国际信贷等多种方式在柳投资，大力发展基础设施建设利用外资。

要积极利用外资进行农业综合开发，利用国际无偿援助和优惠贷款改善农业基础设施建设。发展有特色的从种植养殖到深加工一条龙的创汇农业。

要努力寻求多种渠道和方式实现商业利用外资的新突破。

3. 建立我市境外贷款偿债准备金，维护我市对外融资的信誉。

二、深化外贸体制改革，进一步实施“大经贸”战略，推动我市对外经贸事业持续、快速、健康发展。

4. 实施“大经贸”战略，从宏观指导与微观操作的各个层次上，实现各项外经贸业务的渗透与融合。努力实现对外贸易、利用外资、对外承包工程与劳务合作、对外援助、对外投资和其他对外经济合作业务的相互渗透与融合，实现商品贸易、技术贸易和服务贸易的一体化协调发展。要加强外经贸行业与国内相关产业的结合，尽快组建以资本为纽带，跨行业、跨地区、跨所有制，以出口为重点、多元化发展的大型商贸集团公司，形成“航空母舰”。建立一批贸、工、农、科联合开发的出口商品基地，发挥对外经济贸易对国内产业结构调整、产品结构升级、企业技术进步、资源有效配置等方面的导向作用。发挥贸、工、农、商、技、银等各方面的积极性，形成合力，从深度和广度上不断拓展国际市场，提高国际市场的竞争力。

放开搞活国有小型外贸企业，采取以股份合作制为主，包括联合、兼并、租赁、承包、委托经营等多种形式放开搞活国有小型外贸企业；允许和鼓励有能力、有出口产品的企业挂靠外贸公司经营外贸业务，积极争取更多企业和科研单位取得进出口经营权；大力开展边境贸易，拓展东南亚市场，大力推进传统加工工业向越南、缅甸等地转移。

坚持统一政策、放开经营、平等竞争、自负盈亏、工贸结合、推行代理制的外贸体制改革方向。

5. 坚持以质取胜和市场多元化战略。发挥柳州市工业基础、技术力量相对雄厚的优势，努力优化出口商品结构，提高出口商品的质量和档次，发展精、深加工、高附加值产品出口和技术贸易、服务贸易。办好具有特色的有色金属、建材、纺织品等出口商品生产加工基地。要创名、优、特、新产品。每个生产企业都要有自己的出口产品，并以此作为考核企业领导业绩的依据之一。

6. 到“九五”期末，力争我市外贸进出口总值占国民生产总值的比例达到全国平均水平。机电产品出口总值争取占全市外贸出口总值的30%；对外加工出口总值争取达到全市外贸出口总值的50%；农业、商业行业的出口争取各占全市外贸出口总值的10%。

三、加强对外商投资的管理和服务。

（一）改善和优化对外商投资企业的服务

7. 外商投资企业是依法设立的独立法人。合资、合作经营企业的中方主管部门必须依法办事，不得干预企业的正常经营活动；不允许查封、扣压企业的财产、帐目，如发生纠纷，可通过中方董事向董事会转达。不在合资、合作企业任职的中方领导不得干预合资、合作企业的经营管理。更换中方高级管理人员，必须经董事会决议通过。凡属中方高级管理人员原因不能与外方合作共事的，要及时依法更换。

8. 与外商投资相关的工作部门，必须逐步实行行政公开制、服务承诺制和服务限时制。公开办事内容、程序、标准和时限。实行一个窗口对外、一站式服务，简化手续，提高效率，方便外商。不得以任何理由拒绝在法定工作时间内对外商服务，在法定工作时间内，经办人因故不在岗位，不能为外商提供服务时，部门领导必须指定他人代行职责或向外商作出必要解释。

9. 成立柳州市利用外资大项目谈判工作小组，负责具体指导、协调和组织实施全市重大利用外资项目的洽谈工作。完善柳州市对外开放领导小组办公室工作职能，组织集中办理利用外资项目的各种审核、批准、登记、发证手续。

10. 实行重大项目领导负责制。明确各部门的工作目标，责任落实到人，确保利用外资重大项目在筹建经营中的顺利进行。

（二）综合职能部门的管理和服务

11. 市外经贸局是外商投资企业的综合归口管理部门。各县（区）（含高新开发区、阳河开发区）、各委办局的外商投资企业管理部门，对来办理投资有关手续的外商要一次性提供项目审批所需的材料目录和文件范本；在审核外商投资企业申报材料时要一次提出明确的修改意见，并讲清要求。

12. 实行定期与外商座谈会制度。每半年市政府召开一次由主要领导和有关部门领导参加的外商投资企业座谈会，听取外商反映的意见和要求。外商投资企业管理部门每半年至少要召开一次涉外政策说明会，将应公开的政策性文件及时传达到外商投资企业。增加政策透明度，推动涉外政策的贯彻落实。每季度征集汇总外商意见和建议，上报市政府主管领导，并分送有关部门办理。

13. 凡外商投资项目在我市审批权限内，且有效文件齐备的，各审批部门均要在5个工作日内完成：(1)限额内项目合同、章程的审批和批准证书的颁发；(2)企业经营范围、投资规模、董事会变更等业务的审批；(3)对500万美元以下的外商投资项目的立项申报，项目建议书和可行性研究报告一次审批；(4)对500万美元以上(含500万美元)的项目(国家限制乙类和限额以上项目除外)的立项申报，外商投资占60%以上的项目，审批可行性研究报告中生产经营的外部配套指标；(5)对外商设立的独资项目，不做可行性研究报告的审查。

14. 在外商投资企业项目的建设实施过程中，要强化各个环节的协调服务。基础设施和建设工程等项目的审(核)批，凡有效文件齐备的，一般单项审(核)批要在10个工作日内批复；综合项目审批要在20个工作日内批复；特殊重大项目的审批，可以酌情放宽批复时间。环保部门要严格执行"三同时"制度，对我市立项的《环境影响报告书(表)》，凡材料齐备的要在15个工作日内批复。

15. 使用国产原材料、元器件，产品以外销为主以及出口实绩在500万美元以上的外商投资企业，市外经贸局要优先安排申报出口配额和许可证，并积极协助企业参加外经贸部组织的出口配额招标工作。

16. 对外商投资企业派中方人员出国(境)研修、培训、进行商务活动的，各有关部门要优先给予办理出国(境)手续，并要提高办事效率。

17. 改进对外商投资企业的年检办法，实行年检一条龙服务。外经贸局、工商局、经贸委、财政局、外管局、税务局、海关要在统一地点、统一时间内办理年检手续。年检文件齐备的，应在10个工作日内完成年检手续。

(三)行政执法部门的管理和服务

18. 在我市设立的外商投资企业的合法权益受我国法律保护。外商投资企业的经营活动均应遵守我国法律法规。工商、税务、劳动、物价、卫生、公安等行政管理、执法部门依法对外商投资企业进行监督管理，维护外商投资企业的正常经营活动和合法权益。

19. 工商行政管理机关办理外商投资企业的登记注册，凡文件齐备的，要在5个工作日内完成。

20. 税务机关要及时为外商投资企业办理税务登记。对增值税一般纳税人认定，要在5个工作日内完成；外商投资企业享受所得税优惠的审批、所得税减免认定，要在10个工作日内完成；技术先进型和出口创汇型两类企业享受税务优惠审批，要在5个工作日内完成。

21. 卫生行政管理部门对外商投资企业预防性卫生监督的审批，有效文件齐备的，要在5个工作日内完成；食品生产经营企业、宾馆、娱乐场所和企业内部餐厅等审查发证，要在5个工作日内完成。

22. 公安部门和国家安全部门对常驻本市的外商租用、购置、建造住房和办公、生产、经营处所，只要不涉及国家安全、社会秩序以及其它公共利益的要在5个工作日内予以批准。

23. 对侵害外商投资企业及涉外刑事案件、治安案件，公安机关要迅速接警、处警，尽快侦破，依法保护外商人身财产安全。

24. 对外商投资企业的中小型消防项目的审批，要在5个工作日内完成；大型消防项目的审批，要在10个工作日内完成。

25. 对外商投资企业的检查评比实行报批制。要严格执行市政府《关于严禁向外商投资企业乱收费乱罚款乱摊派的通知》(柳政发〔1997〕108号)。任何部门对我市的外商投资企业和涉外宾馆进行检查，应事先向市政府办公室报告，经批准后，凭证方可进行检查。外商投资企业和涉外宾馆有权拒绝接受任何未经批准的检查。

(四)公共事业部门的管理和服务

26. 对外商投资企业的用电申请，低压用电要在7个工作日内，高压用电要在10个工作日内答复；计划停电应提前24小时通知备案用户，其它用户提前24小时通过新闻媒介通知。所管辖的供电设施发生故障，故障地点明确，市区内抢修人员要在1个小时内到达现场；故障点不明确的，要在半小时内出动人员查找。

27. 对外商投资企业的用水申请，凡有效文件齐备、水源条件允许的，要在5个工作日内完成审批，并按供水合同规定保质、保量、按期供水。计划停水应提前24小时通知；事故停水立即抢修，接到报漏，1小时到达现场，小漏24小时修复，大漏立即停水抢修。

28. 外商投资企业提出自建锅炉供热、供汽的申请，要在5个工作日批复。

29. 外商投资企业单机安装电话，自付费之日起5个工作日内开通；单机迁移电话自受理之日起不超过5个工作日开通；电话故障修理，非电缆障碍在24小时内修复；电缆障碍自受理起72小时内修复。

30. 各有关部门因故对外商投资企业终止或暂停服务，必须报市政府批准。任何单位不准干预垄断外商投资企业界区内供电、供水、供热、供气等的工程项目设计、施工以及材料、设备的采购。

(五)口岸联检与金融系统的管理和服务

31. 口岸交通运输查验、代理供应、仓储等部门要加速与国际惯例接轨，简化手续，为货物进出口提供方便。航运、铁路等部门，要尊客爱货、文明装卸、合理收费，做到安全正点、快捷方便。

32. 外商投资企业办理海关注册登记的申报，凡有效文件齐备的，要在2个工作日内完成；办理进出口报关要在2个工作日内完成；办理加工贸易手册要在15个工作日内完成；办理进出口减免税手续要在10个工作日内完成。对"信得过企业"，优先给予办理加工贸易、报关验货等手续。

33. 外商投资企业商检注册登记的申报，凡有效文件齐备的，做到随到随办；进口设备的规格、数量、包装及残损鉴定，在10个工作日内完成；办理普惠制产地签证，要在3个工作日内完成；对出口查验放行商品，商检人员要在查验之当日放行。

34. 外商投资企业申报进出口货物的卫生检疫，要随到随办。

35. 金融部门对外商投资企业的汇入、汇出款，要安全、及时、准确办理。收到的国外帐户付款通知(或总行贷记通知)须隔日入帐。外汇汇出款经外管局批准后应在2个工作日内汇出；收到境外开出的信用证，要在1个工作日内通知企业；办理符合条件的出口信用证押汇业务，要在1个工作日内完成；外商投资企业结汇，人民币资金在2个工作日内入帐；开立外汇帐户要在2个工作日内完成。

36. 除法律、法规、规章规定的保险外，要尊重外商投资企业的意见，任何行政机关或保险机构不得随意增加险种，强令外商投资企业投保。各保险机构必须严格执行人民银行批准的保险费率，不得随意降低或提高保险费率的标准。

(六)中介机构的服务

37. 各级行政职能部门不得以任何理由强制外商投资企业接受指定的中介机构。外商投资企业有权自主选择会计、律师、公证、审计、评估、咨询、人事代理等中介服务机构。中介机构要依法办事，强化服务意识，遵守职业道德，真实准确反映问题；公正公平办理业务，照章合理收费。

四、实行外商投资企业待遇平等制。

38. 外商投资企业生产国家非配额、许可证限制的产品，内外销比例自定。

39. 凡在我市注册的外商投资企业，在供电、供水、排水、通讯等基础设施配套方面享有与内资企业同等待遇，按国内企业标准收费。

40. 有关部门为外商投资企业提供金融、保险、法律、劳动用工、咨询、设计、广告宣传等社会服务，按国内企业标准收取费用。

41. 来我市投资的外商，其住宿、就餐、购置物业、子女就学、购买车船票和旅游景点的门票，一律按我市居民标准收费。

42. 在同等质量、同等价格的前提下，实行外商投资企业的产品使用优先制。

五、对外商投资企业的收费管理。

43. 行政单位对外商投资企业管理和服务的行政行为不得收费，其他经批准的收费项目实行目录制，由物价管理部门会同财政部门印制《柳州市外商投资企业行政事业性收费标准手册》(以下简称《标准手册》)，各部门要严格执行《标准手册》中所列收费项目、标准。经批准新增的收费项目、收费标准，在经有关部门批准后要以新闻发布的形式予以公布，并由收费单位同时通知有关企业。实行一票制收费，《标准手册》内的各项收费一票、一次性收取。

44. 对外商投资企业实施收费的部门和人员，凭物价部门核发的《许可证》、《收费员证》，使用市财政部门统一制发的行政事业性收费票据收费，并在物价部门发给外商投资企业的《收费登记簿》上详细填写收费内容。凡不按规定办理的，市财政、物价部门依法停止其收费行为，外商投资企业有权拒绝缴费。

45. 禁止任何单位和个人以任何形式向外商投资企业拉赞助、收取储蓄金、集资金及会议费、检查费、评比费、培训费等摊派。禁止在外商投资企业安插人员，不得强制外商投资企业使用指定的生产资料谋取利益。

六、外商投资企业的投诉受理。

46. 市政府设立外商投资企业合法权益保护督察办公室，负责受理外商投资企业的投诉，对投诉事件转办、督办和跟踪反馈。

47. 外商投资企业合法权益保护督察办公室必须认真负责受理投诉事件，除特殊情况外，要在3个工作日给予答复，并在15个工作日内将办理结果向投诉人反馈。各部门、各单位接到督察办转办的外商投诉件，要在10个工作日内将处理结果向督察办反馈；凡因特殊情况在规定时限内不能办理完毕的，要及时向投诉人说明情况；因责任人原因不能在规定时限内完成外商投诉件办理工作的，要追究责任人的责任。

七、加强对涉外工作部门的监督。

48. 实行政策政令督办制，以保证本决定的贯彻实施。由市监察局牵头，市法制局、市纠风办、市委组织部、市人事局、市委宣传部、市外经贸局等部门组成柳州市外商投资企业合法权益保护督察办公室，对我市各部门执行本决定情况进行监督检查。监督检查可以通过外商投诉、群众举报、外商评议、定期考核和不定期检查、新闻舆论监督等方式进行。凡涉外工作部门未按本决定履行职责的，要追究直接责任人和部门领导的责任。督察办应及时将情况通报有关部门，并同时报市委市政府主管领导，作为部门年度评议考核的重要依据；对吃、拿、卡、要，故意刁难外商投资企业等违反纪律的责任人，要调离岗位，情节严重的，要开除公职；对触犯刑律的，由司法部门追究刑事责任。

49. 凡涉及外商投资企业工作的所有部门和单位，都要建立内部监督检查机制，对外商投资企业实行服务内容细化、服务标准量化，奖惩措施硬化，接受监督公开化。

柳州市国有企业改建为有限责任公司的暂行办法

柳发〔1997〕66号

(1997年12月9日)

第一章 总 则

第一条 为规范国有企业的公司制改建工作，加快我市国有大中型企业转换经营机制，建立现代企业制度的步伐，根据《中华人民共和国公司法》，结合我市实际，特制定本办法。

第二条 本办法适用于我市大中型国有企业改建为多元投资主体的有限责任公司(以下简称公司)。

第三条 企业改建应遵循以下原则：

(一)明确出资人并依法确立出资者所有权和公司法人财产权；

(二)保障国有资产及其权益不受侵害；

(三)有利于产业、产品结构和企业组织结构的优化；

(四)出资者以出资额为限承担有限责任，并依法继承改建前企业的债权债务。

第二章　改建形式

第四条　企业应通过如下途径形成多元化投资主体进行改建：

(一)吸收国内外自然人出资或法人资本投入；

(二)非金融债权转以股份形式投入；

(三)不同投资主体的法人之间相互参股；

(四)设立职工持股会以吸纳企业内部职工出资。

第三章　改建条件

第五条　企业改建为有限公司的条件。

(一)提出申请报有关部门同意；

(二)按国家规定完成清产核资；

(三)承诺改建后参加国家规定的职工养老、失业、医疗等保险；

(四)符合设立有限责任公司的其它法定条件。

第四章　股权设置和收益

第六条　公司根据投资主体的不同，分别设置国家股、法人股、个人股和外资股。股东总数为2个以上50个以下。

国家或国有资产投资主体投资形成国家股(或国有法人股)；

各类企业法人以及具有法人资格的事业单位和社会团体投资形成法人股，其中公司内部职工以工会名义所设职工持股会持有的社团法人股份，不得抽回。

中国公民以自然人身份投资或以个人专利发明技术(非岗位职务发明)折股投入形成个人股；

外商(包括自然人和法人)投资形成外资股。

第七条　国有企业改建为公司可采取增量投入或存量资产出售的形式确定公司注册资本金。企业采取增量投入或存量资产出售形式改建须报市政府审查决定。

第八条　以增量投入改建的公司股本总额等于评估后的企业生产性净资产加上增量投入。以出售部分产权形式改建的公司股本总额等于评估确认后的企业生产性净资产。

第九条　企业生产性净资产是指从企业净资产中扣除以下部分剩余的资产。

(一)企业办社会职能机构资产；

(二)原企业的呆、坏帐经有关部门核实后在资产评估中按规定进行处理；

(三)职工住房按现行房改政策办理。

第十条　企业土地使用权可按国家规定出让和作价折股，暂不入股的可以定期收取租金。

第十一条　企业无形资产评估后作为国有股投入。

第十二条　设立职工持股会以工会社团法人名义持股成为公司的一个投资主体时，职工持股会资金来源可由以下构成：

(一)职工按规定出资认购；

(二)企业历年工资、福利结余基金；

第十三条　企业内部职工持股的条件、比例、分红及持股会的运作管理由企业根据情况在制订企业内部职工持股管理办法中予以规定。企业领导班子成员可作为自然人出资，每人认购股份额度应为职工个人股平均数的5—20倍。

第十四条　国有产权出让收入和国有股红利的收益由国资委或运营机构收取。

第十五条　企业改建的国有产权出让收入和国有股红利收益如确有必要，可由改建企业提出申请，经国资局或运营机构批准后暂留企业使用，国资委或运营机构按同期银行利率的50%收取占用费。

第十六条　改建后国有股占公司总股本50%以上的，企业性质为国有控股公司。

第十七条　改建前离退休职工的养老、医疗保险费用(国家规定的标准的费用)从公司国有股红利中列支，也可开支进入成本。

第五章　组织机构

第十八条　企业改建公司应当按照《公司法》的规定建立公司组织机构。公司股东会、董事会、执行机构及监事会之间应建立权责分明，相互制约的关系。

第十九条　公司股东会是公司的权力机构。董事会、监事会成员由股东代表大会选举产生。

第二十条　公司董事长由董事会成员开会选举产生，总经理由董事会决定聘任。

第二十一条　股东按所持公司股份比例享有相对应的选举权、表决权。

第二十二条　在职工持股会内部不实行自然人的控股，职工持股代表按法定程序经选举，代表持股会进入董事会，行使参与公司重大决策和选择经营者等董事应有权利。

第二十三条　国有股代表由市国有资产管理委员会或国有资产经营机构根据有关规定指派参与选举、表决，进入董事会、监事会。

第二十四条　企业改建为公司，其劳动、人事、工资制度由公司董事会遵照国家有关法律、行政法规自主决定。公司与员工实行合同聘用制度。

第二十五条　公司员工收入根据岗位、技能和实际贡献确定，经理等高级管理人员的报酬由董事会决定；董事长的报酬，国有控股公司由国资委或运营机构确定，其它的由股东大会决定。

第六章　改建程序

第二十六条　企业改建为公司，应召开职工代表大会，做好职工的政治思想工作，并征得产权主管部门同意后提出申请，由市经贸委会同有关部门审核。

第二十七条　改建申请书应载明下列事项：

(一)企业的名称、住所、法定代表人姓名及职务；

(二)改建公司的形式及股权设置计划；

(三)改建理由及条件；

(四)其他有关事项；

(五)附企业财务报告、财产目录、债权债务清册。

第二十八条　经审核同意后，企业按国家有关规定进行清产核资、界定产权、资产评估，制定公司改建方案。

第二十九条 企业国有资产评估结果须由市国资局予以确认。

第三十条 企业国家土地资产评估结果须经市土地管理局确认。

第三十一条 企业制订改建方案应载明下列事项：

（一）改建企业基本情况；

（二）企业今后发展规划及拟建公司的名称、形式；

（三）公司经营效益预测；

（四）公司章程（载明公司经营范围、股权设置、出资方式及出资额、股东情况、公司的组织机构、利润分配、违约责任等有关事项）。

（五）设立内部职工股，须制订企业内部职工持股管理办法；

（六）改建后公司用工、分配、人事制度改革管理办法及公司的 重要经营管理制度；

（七）后勤服务机构分离办法；

（八）其他事项。

第三十二条 公司改建方案和公司章程经全体股东同意，应先到工商管理部门申请企业名称，预先核准后由市经贸委会同有关部门审核上报市政府审批。

第三十三条 企业改建方案获批复后按方案实施公司制改建并到工商、税务、国资等部门办理登记手续。

第七章 有关配套政策

第三十四条 企业改建中的资产评估，土地使用权权属、用途的变更登记，公证及工商、税务变更登记等费用，从低收取。

第三十五条 被兼并企业已取消法人资格的，应限期到工商、税务、国资等部门办理注销手续并由兼并方通盘考虑改建公司。

第三十六条 职工一次性出资认购企业规定的应购额度或高于应购额度，可按认购额优惠 10%—20%。

第八章 附 则

第三十七条 本办法由市经贸委负责解释。

第三十八条 本办法自公布之日起实行。

柳州市企业国有资产经营责任制试行办法

柳政发〔1997〕142 号

（1997 年 12 月 9 日）

第一章 总 则

第一条 为了加强国有资产管理，落实国有资产经营责任，维护国有资产所有者权益，提高国有资产的经营效益，根据柳州市委、柳州市人民政府《关于国有资产管理的暂行规定》[柳发(1997)44 号]和国家有关法律、法规，制定本办法。

第二条 本办法所称国有企业（以下简称企业），是指市属国有独资企业和国有控股企业。

第三条 企业国有资产，是指国家对企业的各种形式投资以及投资收益形成的，或者依法认定取得的国家所有者权益（即国有净资产），具体包括资本金、资本公积金、盈余公积金和未分配利润等。

国有资产保值增值，是指企业在考核期间，期末国家所有者权益等于或者大于期初国家所有者权益。

第四条 国有资产经营责任制，是落实企业及其法定代表人对企业国有资产承担保值增值责任的一种资产管理与经营的方式。

第五条 实行国有资产经营责任制，应当对企业进行清产核资，核实国有资本金及国有资产占用量。

第二章 国有资产经营责任制的形式和内容

第六条 企业实行国有资产经营责任制，应由国有资产运营机构（以下简称运营机构）与企业法定代表人签订国有资产经营责任书；未纳入运营机构管理的，由市国有资产管理委员会（以下简称市国资委）或其委托的部门与企业法定代表人签订国有资产经营责任书。

市国资委与运营机构法定代表人签订国有资产授权经营责任书。

第七条 国有资产经营责任书包括下列主要内容：

（一）签约双方的名称和法定代表人姓名；

（二）经营责任期限；

（三）国有资产保值增值考核指标；

（四）实行风险抵押的，其资产经营者应缴纳的风险金数额和风险金返还或抵扣办法；

（五）国有资产经营者的报酬方式；

（六）对国有资产经营者的奖惩办法及物质奖励或处罚的具体数额或比例；

（七）国有资产经营责任书的调整、变更和终止；

（八）违约责任；

（九）其他需要约定的事项。

国有资产授权经营责任书还应载明授权方和被授权方的权利与义务。

第八条 运营机构与下属企业法定代表人签订的国有资产经营责任书应报市国资委备案。

第三章 企业及国有资产经营者

第九条 企业依法享受法人财产权的各项权利，并履行下列职责：

（一）履行资产经营责任书规定的各项权利和义务；

（二）维护国家作为国有资产所有者的权益；

（三）以其全部法人财产独立承担民事责任；

（四）遵守国家法律、法规和有关政策，遵守职业道德，依法经营；

（五）建立健全企业内部经济责任制，提高经营管理水平。

第十条 企业的法定代表人即国有资产经营者（以下简称经营者），对企业国有资产保值增值状况承担经营责任，承担履行国有资产经营责任书规定的各项权利和义务的责任。

第十一条 经营者的责任期为三至五年。公司制企业经营者的责任期应与公司董事会任期一致。

第十二条 经营者应交纳风险抵押金。抵押金按企业国有净资产的2.5‰计算，下限为2万元，上限为15万元。抵押金可以是现金或有价证券，也可以用经营者的财物作抵押，但现金比例不能低于30%。

第十三条 经营者的工资报酬有条件的可实行年薪制。

第十四条 企业实现国有资产保值增值目标或完成年度考核指标的，在按照国家规定的企业工资总额调控办法提取的工资总额内，自主确定本企业职工增加工资或奖励水平。

第十五条 市国资委或运营机构按干部管理权限和法定程序委派和推荐企业经营者。

第四章 考核及奖惩

第十六条 对企业及经营者的考核，以国有资产经营责任书为基础，采取审计与评价的办法进行。

第十七条 国有资产经营责任制以国有资产保值增值指标为主要考核指标。具体指标为：

国有资产保值增值率＝（期末国家所有者权益÷期初国家所有者权益）×100%

亏损企业暂用减亏额作为考核指标。

在责任期内，企业应收帐款余额占销售收入的比例以及三年以上的应收帐款，应控制在基期或者合理的水平，作为国有资产保值增值的辅助考核内容。

第十八条 企业国有资产保值增值指标由市国资委或运营机构以下列因素为依据合理核定：

（一）企业前三年平均水平；

（二）行业的平均水平或平均先进水平；

（三）企业近期经营水平或发展预测水平。

国有资产保值增值考核暂不考虑货币时间价值和物价变动因素的影响。

第十九条 企业国有资产保值增值指标考核值按下列程序确定：由企业提出国有资产保值增值指标测算申报方案和有关说明材料，在国有资产经营（授权经营）责任书签订前二个月报送运营机构或市国资委，经审查确定后纳入国有资产经营责任书。

第二十条 企业国有资产保值增值考核以经营者的责任期为考核期，同时进行年度考核。以企业年度考核结果为确定经营者年薪水平或奖惩的依据，并作责任期考核的重要内容。责任期考核可与最后一个年度考核合并进行。

第二十一条 考核年度及责任期终了，经营者应及时向运营机构或市国资委提交企业国有资产保值增值状况的总结分析报告和经审计的财务报告。总结分析报告应包括以下内容：

（一）考核期扣除不可比的影响因素后，企业国有资产保值增值指标的完成情况及因素分析；

（二）不可比的影响因素的调整情况；

（三）其他需要说明的情况和问题；

（四）进一步做好国有资产保值增值工作的措施、意见。

第二十二条 本办法第二十二条中所称不可比的影响因素主要是指在考核期内：

（一）因国家对企业的各种投资增加的资本金或资本公积金；

（二）由于国家对企业实行先征税后返还办法增加的资本金或资本公积金；

（三）企业按国家规定进行资产重估，评估增加或减少的资本公积金；

（四）企业按国家规定进行清产核资增加或减少的所有者权益；

（五）企业接受捐赠增加的资本公积金。

（六）政府有关部门确认的其他增加或者减少所有者权益的因素。

第二十三条 运营机构或市国资委对经营者的总结分析报告进行审查后，提出有关批复意见。

第二十四条 企业完成或超额完成核定的国有资产保值增值指标，按市政府有关规定对企业及经营者进行奖励或按本办法兑现年薪收入。

第二十五条 企业及经营者有下列行为之一的，由市国资委或运营机构责令改正；造成严重后果的对经营者按有关规定给予经济处罚，免除（解聘）其职务，或给予降职、撤职的处分：

（一）违反本办法规定，不履行国有资产经营责任书规定的；

（二）连续二年未完成国有资产经营责任书规定的国有资产保值增值指标的；

（三）违反国家规定，以各种名义侵占、转移企业财产的；

（四）擅自转移企业产权的；

（五）私分国有资产的；

（六）未按照规定进行产权登记、资产评估以及不如实填报报表、隐瞒真实情况的。

第二十六条 经营者责任期满经审计离任后，在下一个年度内，如发现企业存在的问题与其有关，市国资委或运营机构应及时依法追究其应承担的责任并追究审计机构的责任。

第五章 附　　则

第二十七条 运营机构可依据本办法制订具体实施细则。

第二十八条 本办法由市国有资产管理局负责解释。

第二十九条 本办法自一九九八年元月一日起试行。

1997年柳州市国民经济统计资料

国民经济主要指标(一)

项　目	单 位	1997年	1996年
一、人　口			
年末总人口	万人	175.29	172.82
人口密度	人/平方公里	332	325
二、年末社会劳动者人数	万人	98.77	99.09
三、国内生产总值	万元	1635299	1430693
四、农　业			
农林牧渔业总产值	万元	314027	290736
粮食产量	万吨	42.01	39.82
油料产量	吨	23827	23894
甘蔗产量	吨	2716553	2326320
肉类总产量	吨	75795	56843
水产品产量	吨	15184	11754
五、工　业			
工业总产值(新规定)	万元	2604844	2244942
轻工业	万元	850875	769639
重工业	万元	1753968	1475303
主要工业产品产量			
钢	万吨	85.44	76.55
成品钢材	万吨	74.15	70.43
水　泥	万吨	232	247
锌	万吨	15.95	13.72
汽　车	辆	102364	84573
牙　膏	万支	35312	33314
卷　烟	万箱	28.8	29.1

注:(1)本表价值指标绝对数均按当年价格计算;(2)独立核算工业劳动生产率以增加值计算;(3)人口数按市公安局户籍统计数据。

国民经济主要指标(二)

项　　目	单　位	1997 年	1996 年
独立核算工业企业劳动生产率	元/人	26931	23026
独立核算工业企业固定资产原价	万元	2167071	1953317
独立核算工业企业年末流动资产	万元	1839813	1644047
独立核算工业企业利税总额	万元	180632	101649
六、运输、邮电			
全社会货物运输量	万吨	4061	3355
全社会旅客运输量	万人	3030	3858.9
邮电业务总量(1990 年不变价)	万元	42669	31098
七、固定资产投资			
固定资产投资完成额	万元	262668	276742
其中:国有经济固定资产投资	万元	92836	212111
其中:基建投资	万元	80592	98477
更新改造投资	万元	127102	119018
八、批发零售贸易业			
批发零售贸易业商品购进总额	万元	1131150	1161159
批发零售贸易业商品销售总额	万元	1437215	1207739
社会消费品零售总额	万元	613593	520489
九、外贸、旅游			
出口创汇	万美元	21594.67	19421
其中:自营出口创汇	万美元	9540.68	7103
进出口贸易总额	万美元	10155	10784
其中:出口总额	万美元	4405	4579
接待国际旅游人数	人	13981	13750
旅游外汇收入	万美元	786	115

国民经济主要指标(三)

项　　目	单　位	1997 年	1996 年
十、财政、金融			
地方财政收入	万元	72600	58579
地方财政支出	万元	89700	81405
城乡居民储蓄存款年末余额(全社会)	万元	1120200	953935
十一、人民生活			
职工工资总额	万元	245593	235169.2
其中:国有经济单位	万元	191530	183734.1
职工年平均工资	元	6156	5846
其中:国有经济单位	元	6400	6144
城市居民家庭人均年可支配收入	元	5457	4805
农民家庭人均年纯收入	元	2461	1997
十二、教育、文化、卫生(含柳铁、柳地)			
普通高等学校在校学生数	人	5923	5414
普通中等专业学校在校学生数	人	20336	18855
普通中学在校学生数	万人	10.52	9.66
小学在校学生数	万人	22.83	23.15
卫生机构数	个	493	485
卫生机构床位数	张	8215	8261
卫生技术人员数	人	11960	11786
其中:医生	人	5395	5437

按人口平均的国民经济主要指标

项　　目	单　位	1997 年	1996 年
国内生产总值	元/人	9395	8327
工农业总产值	元/人	15666	14758
农、林、牧、渔业总产值	元/人	1798	1692
工业总产值	元/人	14965	13066
轻工业	元/人	4888	4480
重工业	元/人	10076	8587
耕地面积	公顷/人	0.06	0.06
粮食产量	公斤/人	241	232
油料产量	公斤/人	13.69	13.9
水果产量	公斤/人	32.87	26.7
肉产量	公斤/人	43.5	33.1
水产品产量	公斤/人	8.72	6.84
社会消费品零售总额	元/人	3525	3029
地方财政收入	元/人	417	341
地方财政支出	元/人	515	474
外贸出口额(海关数)	美元/人	25.31	26.65
普通高等学校在校学生数	人/万人	34.0	31.5
普通中等专业学校在校学生数	人/万人	116.8	109.7
普通中生在校学生数	人/万人	604.4	562.3
小学在校学生数	人/万人	1311.6	1347.4
卫生机构病床数	张/万人	47.20	48.1
卫生技术人员	人/万人	68.71	68.6
其中:医生	人/万人	31.00	31.6

注:本表价值指标按当年价格计算,人均数按年平均人口数计算:文教、卫生数含柳铁、柳地在市单位数。

国民经济主要比例关系

单位：绝对额：万元
比例：%

项目	1997 年		1996 年	
	绝对额	比例	绝对额	比例
一、国内生产总值(当年价格)	1635299	100	1430693	100
第一产业	178754	10.93	164954	11.53
第二产业	831299	50.83	740338	51.75
第三产业	625246	38.23	525401	36.72
二、工农业总产值(当年价格)	2917844	100	2535678	100
农、林、牧、渔业总产值	314027	10.73	290736	11.47
工业总产值(新规定)	2604844	89.27	2244942	88.53
三、工业总产值(当年价格)	2604844	100	2244942	100
轻工业	850875	32.67	769639	34.28
重工业	1753968	67.33	1475303	65.72
四、农、林、牧、渔业总产值(不变价格)	155375	100	136051	100
农业产值	106318	68.43	94873	69.73
林业产值	3400	2.19	3073	2.26
牧业产值	39399	25.36	33260	24.45
渔业产值	6258	4.03	4845	3.56
五、固定资产投资(不含房地产投资)	215296	100	222060	100
第一产业	2473	1.15	453	0.20
第二产业	133743	62.12	121158	54.56
第三产业	79080	36.73	72493	32.65
住宅	26953	12.52	27956	12.59

注：工业总产值是按新规定计算。

全市人口情况

项　　目	单　位	1997 年	1996 年
一、总户数	户	453816	435120
二、年末总人口	人	1752945	1728212
其中：男性	人	911715	900760
女性	人	841230	827452
三、总人口数中			
非农业人口	人	884844	863552
农业人口	人	868101	864660
四、年平均人口数	人	1740579	1718121
五、出生人口数	人	24709	14878
六、死亡人口数	人	7608	8666
七、出生率	‰	14.20	8.66
八、死亡率	‰	4.37	5.04
九、自然增长率	‰	9.83	3.62

注：本表指标按市公安局户籍统计年报数。

全社会客货运输量

项　　目	单 位	1997年	1996年
铁　路			
客运量(发送量)	万人	426	438
货运量(发送量)	万吨	463	479
公　路			
客运量	万人	2477	3296
货运量	万吨	2950	2745
水　运			
客运量	万人	120	113
货运量	万吨	133	131
民航客运量(发送量)	人	80869	113598

农村基层组织情况(年底数)

项　　目	单 位	1997年	1996年
乡镇政府	个	37	37
村民委员会	个	325	325
村民小组	个	4786	4783
乡(镇)村户数	万户	23.14	22.03
乡(镇)村户人口数	万人	97.22	95.09
乡(镇)村实有劳动力	万人	46.45	44.25
其中:农、林、牧、渔业劳动力	万人	38.12	36.15
工业劳动力	万人	1.31	1.47

乡镇企业基本情况

项　　目	单　位	1997 年	1996 年
一、企业单位	个	13389	6134
#乡村企业	个	877	815
二、企业人数	人	93777	52209
#乡村企业	人	54230	38147
三、营业收入	万元	707508	486667
#乡办企业	万元	534491	285545
村办企业	万元	173017	21125
四、总产值(现价)	万元	557385	423247
#乡办企业	万元	270151	237723
五、利税总额	万元	42612	27880
#乡办企业	万元	13909	8226
村办企业	万元	4228	405
六、工资总额	万元	48202	21937
#乡办企业	万元	29810	13883
村办企业	万元	2012	1205

注:由于统计口径变化,故今年列的 1995 年的数据与去年版本所列的 1995 年数据不同。

农林牧渔业总产值及构成(按当年价格计算)

项　　目	单　位	1997 年	1996 年
一、农林牧渔业总产值	万元	314027	290736
农业产值	万元	216876	203255
林业产值	万元	3762	3959
牧业产值	万元	81758	72911
渔业产值	万元	11631	10611
二、农林牧渔业总产值构成	%	100	100
农业产值	%	69.06	69.91
林业产值	%	1.20	1.36
牧业产值	%	26.04	25.08
渔业产值	%	3.70	3.65

林业生产情况

项目	单位	1997年	1996年
造林面积(成活率达85%以上)	公顷	601	1566
其中:用材林	公顷	308	30
经济林	公顷	168	1409
防护林	公顷	4	18
竹林	公顷	84	109
主要林产品产量			
油桐籽(籽:油=4:1)	吨	239	390
油茶籽(籽:油=5:1)	吨	1975	3294
松脂	吨	2447	1005
竹笋干(鲜笋按1/3折干)	吨	1372	692
板栗	吨	107	46

主要农作物播种面积及产量

单位:面积:公顷 产量:吨

项目	播种面积		产量	
	1996年	1997年	1996年	1997年
农作物总播种面积	202376	204297		
粮食合计	104848	102511	398219	420063
一、谷物	82556	81446	370794	392169
稻谷	70116	69837	342386	360961
其中:早稻	36628	37210	195792	228318
晚稻	33114	32508	144648	132004
小麦	295	59	195	60
玉米	11615	11120	27844	30769
高粱	26	17	20	20
其他谷物	504	407	349	359
二、豆类	13195	12450	15571	17186
三、红薯	9097	8615	11854	10708
油料作物	17696	16013	23894	23827
其中:花生	10551	10695	18447	19251
芝麻	905	824	495	572
麻类	80	100	117	149
甘蔗	36097	39035	2326320	2716553
糖蔗	35859	38809	2310836	2699140
果蔗	238	226	15184	17413
烟叶	1047	2324	1713	1668
木薯	4671	3740	21479	13603

茶叶、水果、渔业生产情况

项　　目	单　位	1997 年	1996 年
茶叶产量	吨	1310	1282
绿毛茶	吨	1310	1282
水果产量	吨	57302	45878
其中：蕉　类	吨	1159	1275
柚　子	吨	870	703
柑　桔	吨	34443	25850
橙	吨	2347	3181
梨	吨	750	795
龙　眼	吨	572	54
柿　子(按鲜柿计算)	吨	147	7794
淡水养殖面积	公顷	615	5354
淡水鱼产量	吨	15184	11754
淡水养殖	吨	14876	11441
其中：鱼　类	吨	14876	11441
淡水捕捞	吨	308	313
其中：鱼　类	吨	308	313

畜牧业生产情况

项　　目	单　位	1997年	1996年
一、当年出栏数			
猪出栏数	头	674815	563431
牛出栏数	头	47195	36576
羊出栏数	只	48851	27249
家禽出栏数	万只	1116.11	889.39
其中:鸡	万只	742.75	640.13
鸭	万只	370.88	247.56
二、当年肉类总产量	吨	70906	56843
其中:猪肉产量	吨	50318	41065
牛肉产量	吨	4609	3309
羊肉产量	吨	697	378
禽肉产量	吨	15255	12078
其中:鸭	吨	10119	8492
鸡	吨	5071	3544
三、牛奶产量	吨	1218	1193
四、禽蛋产量	吨	3698	2911
五、大牲畜总头数(年末存栏数)	头	284620	262548
牛	头	280196	257947
①黄　牛	头	102327	97330
②水　牛	头	177138	159782
③良种及改良种奶牛	头	731	835
马	匹	4424	4601
六、猪年末存栏数	头	532714	476659
七、羊年末存栏数	只	110100	86066
八、年末家禽存栏数	万只	421.15	407.6
九、年末兔总存栏数	万只	2.61	1.14

工业企业单位数、工业总产值(一)

(产值按当年价格计算)

项目	企业单位数(个)		工业总产值(万元)	
	1997年	1996年	1997年	1996年
总计	1772	1336	2413878	2244942
市区	1354	974	288206	2000170
一、按经济类型分				
国有经济	258	276	1459681	1411834
中央企业	28	27	247745	248782
地方企业	230	249	1211935	1163053
集体经济	1247	870	656006	550908
私营经济	120	60	35569	40479
联营经济	2	2	1029	25826
股份制经济	8	7	198514	161537
外商投资经济	13	9	31117	17523
港、澳、台经济	19	10	17034	19123
其他经济	105	102	14927	17710
在总计中:乡属工业	433	454	201808	213677
二、按轻、重工业分				
轻工业	767	553	799430	769639
以农产品为原料	494	361	579442	568671
以非农产品为原料	273	192	219988	200968
重工业	1005	783	1614448	1475303
采掘工业	60	49	53806	42839
原料工业	142	123	571217	554789
加工工业	803	611	989426	877675

注:(1)本表数据为乡级以上工业企业。(2)工业总产值是按新规定计算。

工业企业单位数、工业总产值(二)

(产值按当年价格计算)

项　　目	企业单位数(个)		工业总产值(万元)	
	1997 年	1996 年	1997 年	1996 年
三、按企业规模分				
大型企业	39	37	1267095	1097825
中型企业	65	72	348678	416388
小型企业	1668	1227	798105	730728
四、按工业行业分				
煤炭采选业	5	4	477	3217
黑色金属矿采选业	6	7	1297	2179
有色金属矿采选业	5	6	31738	24156
非金属矿采选业	37	26	16369	12985
木材及竹林采选业	7	7	3393	3247
食品加工业	78	60	194113	164372
食品制造业	49	41	45142	48241
饮料制造业	28	23	11338	14528
烟草加工业	1	1	76354	76978
纺织业	83	60	119014	107757
服装及其他纤维制品制造业	52	32	17836	35666
皮革、毛皮、羽绒及其制品业	18	13	9438	9661
木材加工及竹、藤、棕、草制品业	49	50	25350	28106
家具制造业	34	17	13310	12769
造纸及纸制品业	53	48	47068	64326

工业企业单位数、工业总产值(三)

(产值按当年价格计算)

项　　目	企业单位数(个)		工业总产值(万元)	
	1997 年	1996 年	1997 年	1996 年
印刷业	56	30	24654	16076
文教体育用品制造业	9	5	1757	634
石油加工及炼焦业	1	2	342	304
化学原料及化学制品制造业	90	71	200739	190539
医药制造业	10	9	9483	12116
化学纤维制造业	1	1	7972	8738
橡胶制品业	14	8	9088	7469
塑料制品业	81	61	36056	36525
非金属矿物制品业	217	193	104290	105027
黑色金属冶炼及压延加工业	25	22	207282	189808
有色金属冶炼及压延加工业	37	31	169661	159424
金属制品业	113	65	87683	69864
普通机械制造业	139	92	210123	166743
专用设备制造业	64	41	51661	47396
交通运输设备制造业	251	187	517559	457513
电气机械及器材制造业	80	61	73631	83981
电子及通信设备制造业	13	12	9090	7154
仪器仪表及文化、办公用机械制造业	17	8	12071	12311
其他制造业	26	17	6700	5098
电力、蒸汽、热水的生产和供应业	10	12	53888	54062
煤气生产和供应业	1	2	862	2345
自来水生产和供应业	11	11	6605	6521

独立核算工业企业主要经济指标(一)

单位:万元

	企业单位数(个)	工业总产值(当年价、新规定)	工业增加值(生产法)	年末固定资产原价	产品销售收入	利润总额	利税总额
总　计	1584	2379988	687609	2167071	2270155	16519	180632
市　区	1195	2098548	600365	1982754	2007796	11360	162283
一、按经济类型分							
国有经济	189	1214559	408409	1706736	1404391	500	121395
中央企业	21	245886	93034	411532	261837	3764	57457
地方企业	168	1187339	315375	1295203	1142554	－3265	63939
集体经济	1230	653423	192434	252879	581835	5227	32225
私营经济	120	35569	11580	21936	34573	－229	622
联营经济	2	1029	153	420	1002	－10	11
股份制经济	8	198514	58986	133840	192390	9926	22335
外商投资经济	13	31117	8456	36339	32673	1379	3765
港、澳、台投资经济	19	17034	5991	14262	13121	－616	－94
其他经济	3	10077	1599	659	10171	343	372
在总计中:乡属工业	431	201799	56763	87061	175605	3046	10154
二、按轻、重工业分							
轻工业	729	792362	262561	517460	756111	18551	98943
以农产品为原料	465	573813	188463	370326	546974	5129	72191
以非农产品为原料	264	218550	74098	147134	209137	13423	26751
重工业	855	1587626	425048	1649611	1514044	－2032	81689
采掘工业	51	50281	20042	79136	60844	1606	5133
原料工业	136	567283	172693	884386	528391	－2221	34513
加工工业	668	970062	232313	686089	924809	－1417	42043

独立核算工业企业主要经济指标(二)

单位:万元

	企业单位数(个)	工业总产值(当年价、新规定)	工业增加值(生产法)	年末固定资产原价	产品销售收入	利润总额	利税总额
三、按企业规模分							
大型企业	39	1267095	362101	1446926	1228855	18527	131386
中型企业	65	348678	97061	354157	339923	-6936	12367
小型企业	1480	764215	228447	365987	701377	4929	36879
四、按工业行业分							
煤炭采选业	5	477	100	198	383	-4	4
黑色金属矿采选业	6	1297	222	1697	1319	-436	-383
有色金属矿采选业	5	31738	14855	75995	42975	1475	4298
非金属矿采选业	34	16216	4687	1316	15746	564	1200
食品加工业	68	191876	51248	99375	185477	6434	14156
食品制造业	48	45067	13611	27782	42855	-3571	-391
饮料制造业	22	9735	4131	8631	9696	-194	1237
烟草加工业	1	76354	43176	34737	78086	1790	43625
纺织业	82	119007	36763	113830	104650	13	5982
服装及其他纤维品制造业	52	17836	5897	5693	16003	-133	506
皮革、毛皮、羽绒及其制品业	18	9438	3416	6915	8455	38	301
木材加工及竹藤棕草制品业	44	25303	4571	18036	25564	-1436	-422
家具制造业	33	13297	4191	4032	13192	258	758
造纸及纸制品业	51	45707	12657	50930	46606	-553	2869

独立核算工业企业主要经济指标(三)

单位:万元

	企业单位数(个)	工业总产值(当年价、新规定)	工业增加值(生产法)	年末固定资产原价	产品销售收入	利润总额	利税总额
印刷业	54	24621	8236	15181	22776	450	1687
文教体育用品制造业	8	1716	598	352	1299	32	106
石油加工及炼焦业	1	342	42	138	337	3	19
化学原料及化学制品制造业	87	200325	64571	193018	186779	7547	20196
医药制造业	8	9155	2769	7595	8187	—597	—15
化学纤维制造业	1	7972	2204	11736	8266		440
橡胶制品业	14	9088	3536	7719	7719	173	746
塑料制品业	80	36044	11731	27251	32704	223	2026
非金属矿物制品业	203	99474	32900	137191	98756	—1540	5065
黑色金属冶炼及压延加工业	24	207248	51030	302077	190803	1199	13549
有色金属冶炼及压延加工业	37	169661	49207	88453	146832	2129	9213
金属制品工业	107	80178	24874	18470	73716	3003	6365
普通机械制造业	137	207905	51636	175208	196137	—999	7548
专用设备制造业	2	846	308	33772	44588	—368	2156
交通运输设备制造业	32	24612	8965	290933	501787	4358	26403
电气机械及器材制造业	80	73631	23368	83502	66565	—7349	—2615
电子及通信设备制造业	13	9090	2897	9184	8546	219	587
仪器仪表及文化办公用机械制造业	17	12071	3514	6283	11537	—38	513
其他创造业	26	6700	2096	1618	6415	203	535
电力、蒸气、热力的生产和供应业	8	53049	32017	264876	56001	4780	11711
煤气生产和供应业	1	862	731	7839	2360	—48	70
自来水生产和供应业	11	6605	3204	35491	6597	136	571

主要工业产品产量(一)

产品名称	单位	全市	产品名称	单位	全市
原煤	万吨	1.25	卷烟	万箱	28.81
			配合饲料	万吨	22.71
铁矿石成品矿	万吨	0.08	混合饲料	万吨	3.04
锰矿成品矿	万吨	3.50	化学纤维	万吨	0.58
全部木材	万立方米	5.87	纱	万吨	2.51
工业木材产量	万立方米	0.43	布	万米	4822
发电量	亿千瓦小时	18.49	印染布	万米	2257
			毛巾被	万条	9.27
自来水	亿吨	1.59	服装	万件	1467
大米	万吨	1.67	皮鞋	万双	27.69
小麦粉	万吨	3.67	人造板	万立方米	2.02
食用植物油	万吨	0.57	家具	万件	25.93
糖	万吨	25.82	机制纸及纸板	万吨	5.97
糖果	万吨	0.89			
罐头	万吨	0.01	硫酸(折100%)	万吨	21.54
糕点	吨	5098	化学肥料总计(折纯)	万吨	9.32
豆制品	吨	611	合成氨	万吨	14.45
味精	吨	3297	氮肥(折含N100%)	万吨	8.45
酱油	万吨	0.60	油漆	吨	6853
饮料酒(混合量)	万吨	3.33	颜料	万吨	3.57
软饮料	万吨	0.93	焦炭	万吨	65.47
冷冻饮品	吨	2105	牙膏(自然支)	万支	35311
精制茶	吨	1314	肥皂	万吨	0.20

主要工业产品产量(二)

产品名称	单位	全市	产品名称	单位	全市
中成药	吨	1353	起重机械	吨	1517
塑料制品	万吨	2.11	气体压缩机	台	9853
水泥熟料	万吨	200.94	纺织机械	吨	272
水　泥	万吨	232	缝纫机	万架	
水泥排水管	公里	31	汽　车	辆	102364
水泥压力管	公里	36	改装汽车	辆	263
日用玻璃制品	万吨	3.69			
砖(折标准砖)	亿块	77632.14	自行车	万辆	0.78
钢	万吨	85.44	交流电动机	万千瓦	5.63
普通钢	万吨	72.26	变压器	万千伏安	166.16
优质钢	万吨	13.18	蓄电池	千伏安时	2696
生　铁	万吨	101.06	电力电缆	公里	4780
成品钢材	万吨	74.15	家用电热蒸煮器具	万个	4.46
普通钢材	万吨	67.24	电风扇	万台	23.59
优质钢材	万吨	6.91	房间空气调节器	台	
线　材	万吨	4.63	家用电取暖器具	台	46247
锌	万吨	15.95	电热毯	条	54812
铝　材	吨	3573			
锡	吨	6174	灯　泡	万只	3271
日用精铝制品	吨	13	电子元件	万只	95
工业锅炉	台	98	电工仪器仪表	万台	183.01
内燃机(生产量)	万千瓦	132.4	钟	万只	11.26
金属切削机床	台	34			

固定资产投资完成情况(一)

单位:万元

项　　目	1997年	1996年
固定资产投资完成额	215296	222060
按构成分		
1. 建筑工程	100134	108574
2. 安装工程	13021	16602
3. 设备、工具器具购置	75015	78821
4. 其他费用	27126	18063
按工程用途分		
农林牧渔业	572	453
工业建筑业	115164	121158
商业、运输邮电业	37675	38072
住　宅	26953	27956
其　他	34932	34421
按经济类型分		
国有经济	177524	201650
集体经济	6619	3408
联营经济		
股份有限公司	19871	11967
有限责任公司	18357	2730
中外合资经营	1514	2249
中外合作经营		
外　资		
与大陆合资经营		
与大陆合作经营		
港澳台独资		
其他经济	150	56
在投资总额中:基本建设投资	80592	98477
更新改造投资	127102	119018

注:此表资料不含房地产投资

固定资产投资完成情况(二)

单位:万元

项　　目	1997年	1996年
其他投资	7602	4565
本年新增固定资产	202191	209471
更新改造设备、工具器具购置中用于更新的设备	17705	21353
更新改造本年完成投资用途		
增　产	71346	62229
节约能源	5366	9354
其他节约	319	42
增加品种	5038	7737
提高产品质量	9902	4777
三废治理	1155	1939
其　他	33976	32940
本年施工房屋面积(平方米)	1592873	1976142
其中:住　宅	779889	830494
本年竣工房屋面积(平方米)	804712	756458
其中:住　宅	424977	373546
本年竣工房屋价值(万元)	64915	58080
其中:住　宅	26215	21589

原材料、能源消费总值

单位:万元

项　　目	1997 年	1996 年
总　　值	1270294	1252371
一、按经济类型分组		
国有经济	1011523.5	1016452
集体经济	107922.9	111765
私人经济	0	0
联营经济	22531.9	22165
股份制经济	112694.7	98717
外商投资经济	0	0
港、澳、台投资经济	0	0
其他经济	8781	2591
二、按类值分组:		
能源消费总值	229126	233322
黑色金属材料类	148264.9	157669
有色金属材料类	95956.3	101103
化工类	72486.6	76267
建材类	34478.5	34655
木材类	6432.6	12814
一次转移价值的机电产品类	365354.3	298273
其他类	308759.9	328727
三、按工业、建筑、运输邮电行业及大类分组		
工业企业	1217008	1199546
运输邮电企业	5614.6	5674

邮电情况

项　　目	单　位	1997年	1996年
一、邮电业务总量(按1990价计算)	万元	42669	31098
邮政业务总量	万元	2363	2315
电信业务总量	万元	40306	28783
二、国内业务			
函　件	万件	1669.4	1672.6
包　件	万件	13.4	17.8
汇　票	万张	56.3	58.94
订销报纸累计份数	万份	3059.2	3751.4
订销杂志累计份数	万份	305.6	353.7
集邮业务	万枚	762	685
长途电话	万次	4024.2	3175.8
三、国际及港澳业务			
函　件	件	74043	91873
包　件	件	263	243
国际电话	次	175793	91086
港澳电话	次	134696	141591
四、邮电局、所总计	处	92	80
五、邮电主要设备			
市话电话机总数	部	150913	118004
农村电话机总数	部	4647	3730

各类学校情况

项　　目	单　位	1997 年	1996 年
学校数			
普通高等学校	所	2	2
普通中等专业学校	所	18	18
普通中学	所	127	128
农、职业中学	所	38	39
技工学校	所	21	21
小　学	所	497	462
专任教师数			
普通高等学校	人	501	502
普通中等专业学校	人	1217	1215
普通中学	人	5231	4979
农、职业中学	人	1186	1225
技工学校	人	830	893
小　学	人	8176	8115
在校学生数			
普通高等学校	人	5923	5414
普通中等专业学校	人	20336	18855
普通中学	人	96066	87956
农、职业中学	人	12932	14248
技工学校	人	11911	12072
小　学	人	219350	222828

注：普通中学、农、职业中学、小学统计范围为市教育局统计范围。

卫生机构、病床、技术人员数(市卫生局统计范围)

项　　目	卫生机构数(个)	床位数(张)	卫生技术人员数(人)	其中:中医师	西医师	护　士
全　市	1111	7724	11316	570	3740	1241
其中:市　区	776	6664	9709	486	3356	1065
在总计中:						
县及县以上医院	55	7125	7536	368	2252	930
其中:综合医院	43	5184	5867	158	1898	750
区、乡(镇)卫生院	35	457	593	18	120	104
门诊部、所	368		1712	59	734	181
卫生防疫机构	11		322	1	221	3
个　体	621		621	103	201	0
柳州市人民医院	1	800	886	11	317	134
柳州市工人医院	1	545	807	14	270	118
柳州市红会医院	1	133	165	4	66	17
柳州市卫生学校附属医院	1	300	252	6	83	34
柳州市第四人民医院	1	99	82	3	27	5
柳州市中医院	1	400	379	120	15	30
柳州市妇幼保健院	1	55	162	1	66	23
柳州市第二人民医院						
广西区龙潭医院	1	435	333	6	94	23
柳州卫校附院	1	154	141	1	33	14
柳州铁路局柳州中心医院	1	510	718	19	232	103
广西钢铁(集团)公司职工医院	1	335	425	9	131	45
广西区地质职工医院	1	220	83	1	31	5

注:此表数据含柳铁在市数,不含柳州地区单位在市数

价格指数(城市)(以上年价格为100)

项　　目	1997 年	1996 年
商品零售价格总指数	99.5	104.5
居民消费价格总指数	100.3	106.1
一、消费品价格指数		
1. 食品	97.4	106.7
粮食	91.5	102.1
肉禽及其制品	95.7	107.9
酒、饮料	105.4	104.9
菜　类	96.2	116.8
2. 衣着类	105.2	105.4
3. 家庭设备及日用品	101.0	103.4
4. 娱乐教育文化用品	97.6	104.8
5. 医疗保健	105.0	111.1
6. 交通和通讯工具	96.0	89.3
7. 居住	110.2	111.0
二、服务项目价格指数	105.6	109.9
1. 电讯费	99.2	99.9
2. 邮费	226.0	111.4
3. 交通费	112.7	109.7
4. 洗理美容费	115.5	124.1
5. 文娱费	100.0	100.0
6. 学杂保育费	105.6	116.1
7. 修理及其他服务费	100.1	102.2
8. 医疗保健服务	103.3	109.7

注:此表数据为市区数,不含柳江县、柳城县。

城市住户现金收支情况

项目	1997年		1996年	
	绝对额（元）	年人均（元/人）	绝对额（元）	年人均（元/人）
一、期初手存现金	48611	100	64888	191
二、可支配收入	2663614	5457	1774266	5242
三、现金收入	3357415	6878	2056271	6076
实际收入	2673174	5477	1774523	5243
其中:生活费收入			1626046	4805
1. 国有经济单位职工工资	1619208	3317	1311854	3876
2. 集体经济单位职工工资	142551	292	110450	326
储蓄借贷收入	684240	1402	281748	832
四、现金支出	3294326	6749	2008400	5934
实际支出	2647042	5423	1752044	5177
1. 消费性支出	2309893	4732	1549003	4577
(1)食品	1072218	2197	790678	2336
其中:粮食	115691	237	89322	263
肉禽及制品	354023	725	257075	759
菜类	49337	101	79499	234
(2)衣着支出	188783	387	169696	501
其中:服装	118781	243	104363	308
(3)家庭设备用品及服务	184101	377	103230	305
其中:耐用消费品	118841	243	65417	193
(4)医疗保健	64418	132	23557	69
(5)交通和通讯	176494	362	61514	181
(6)娱乐文教服务	256405	525	191713	566
其中:文娱耐用消费品	81541	167	30554	368
教育	109545	224	124795	368
(7)居住	284168	582	154210	455
(8)杂项商品和服务	83305	171	54402	160
2. 储蓄借贷支出	647283	1326	256355	757
五、期末手存现金	111699	229	112759	333

注:(1)本表数据不含柳江县、柳城县。(2)计算指标中的人口数为调查户的家庭平均人口。
(3)此表数据为抽样调查数。

城 市 公 用 事 业

项　　目	单　位	1997 年	1996 年
年末实有道路面积	万平方米	496.28	426
人均拥有道路面积	平方米	6.48	5.68
年末实有道路长度	公里	569	522
公共汽车营运车辆年末数	辆	399	364
每万人拥有公共交通车辆	标台	6.44	5.43
全年供水总量	万吨	42191	43473
其中：生产用水量	万吨	29051	29794
人均日生活用水量(全社会)	升	370.5	375.56
用水普及率	%	100	100
绿化覆盖面积	公顷	24767	24748
其中：建成区	公顷	2741	2809
园林绿地面积	公顷	24680	24667
公共绿地面积	公顷	502.3	495
人均公共绿地面积	平方米	6.56	6.6
建城区绿化覆盖率	%	33.69	33.58
人工煤气供气总量	万立方米	2356	2091
其中：家庭用量	万立方米	1456	2091
液化石油气供气总量	吨	27780	19702
其中：家庭用量	吨	22661	19522
用气普及率	%	76.38	73.41
年末实有房屋建筑面积	万平方米	2623	2526
年末实有住宅建筑面积	万平方米	1327	1262
年末实有住宅使用面积	万平方米	947.61	896.6
人均住宅使用面积	平方米	13.4	12.8
年末实有住宅居住面积	万平方米	560.26	523.5
人均住宅居住面积	平方米	7.90	7.47

注：此表数据为市区数，不含柳江县、柳城县

职工人数及工资总数

项　　目	年末人数（人）	国有经济单位	集体经济单位	全年工资总额（万元）	国有经济单位	集体经济单位
总计	403010	299222	74927	245593	191530	34742
市区	354395	253970	71564	218735	166174	33239
柳江县	24782	22973	1809	13240	12513	727
柳城县	23833	22279	1554	13618	12843	776
一、按企、事业及机关分组						
企　业	302384	225099	74400	199261	145553	34430
事　业	58683	58236	407	34618	34342	245
机　关	15965	15887	78	11687	11635	52
二、按国民经济行业分组						
1. 农、林、牧、渔业	13421	13421		5205	5205	
2. 采掘业	553	313	240	243	133	109
3. 制造业	215938	153427	44041	125553	103898	21653
4. 电力、煤气及水生产和供应业	5272	4890	382	4988	4655	333
5. 建筑业	35509	22161	13281	17915	11946	5923
6. 地质勘查业、水利管理业	3821	3821		1741	1741	
7. 交通运输、仓储及邮电通信业	22406	14794	7522	11232	8996	2186
8. 批发和零售贸易、餐饮业	28709	13670	5891	14320	7261	2272
9. 房地产业	1840	1270	228	1134	764	119
10. 社会服务业	12197	10521	972	8439	7678	584
11. 卫生、体育和社会福利事业		8851	303	6481	6294	187
12. 教育、文化艺术和广播电影电视业	25981	25881	60	14056	13999	26
13. 科研和综合技术服务业	2044	2017	27	1422	1394	14
14. 金融、保险业	7062	5261	1801	5132	3892	1240
15. 国家机关、政党机关和社会团体	19107	18987	120	13747	13675	72
16. 其他行业	59		59	26	26	

批发、零售贸易业商品购、销、存总额(一)

单位:万元

项目	商品购进总额	商品销售总额			年末库存额
		合计	批发	零售	
总额	1131149.6	14372149	1078449.3	358765.6	165121.8
一、按经济类型分					
国有经济	677787.2	631003.8	615594.5	72120	100936.5
集体经济	370987.5	389710.9	259409.3	130301.6	37511.8
私营经济	10073.9	10774.7	4362.3	7528.6	608.7
股份制经济	9888.9	117751.2	61440.1	56241	24210.3
二、按国民经济行业分					
1. 食品、饮料、烟草和家庭用品批发业	197925.8	222153.6	198174.1	23979.5	24733.1
食品、饮料、烟草批发业	149817.0	165341.3	162185.5	3158.8	9947.5
棉、麻、土畜产品批发业	1291.2	1730.8	1730.7	0.1	497.3
纺织品、服装和鞋帽批发业	1800.3	2547.1	1389.5	1157.6	1727.0
日用百货批发业	15433.5	19852.3	10257.4	9594	6139.3
日用杂品批发业	2440.6	2405.2	2379.0	26.2	270.7
五金、交电化工批发业	10909.0	11627.3	10777.4	849.9	314.6
药品及医疗器械批发业	16234.2	18649.6	9457.6	9192.0	5836.7
2. 能源、材料和机械电子设备批发业	284166.4	294520.0	284875.5	9644.5	22319.2
能源批发业	57514.7	62914.2	58050.0	4864.2	7254.5
化工材料批发业	7303.1	7227.3	7227.3	0	1222.0
木材批发业	0	0	0	0	0
建筑材料批发业	34593.8	34149.4	34149.4	0	1288.0
矿产品批发业	0	0	0	0	0
金属材料批发业	128952.2	130996.8	130996.8	0	4518.3
机械、电子设备批发业	23987.3	25030.1	22770.5	2259.6	4226.1
汽车、摩托车及零配件批发业	31815.3	34202.2	31681.5	2520.7	3810.3
再生物资回收批发业	0	0		0	0

批发、零售贸易业商品购、销、存总额(二)

单位:万元

项目	商品购进总额	商品销售总额			年末库存额
		合计	批发	零售	
3. 其他批发业	77314.8	80782.5	78527.2	2255.3	7977.9
工艺美术品批发业	0	0	0	0	0
图书报刊批发业	984	1025.0	780.9	244.1	70.9
农业生产资料批发业	70632.3	74487.3	74162.3	325.0	7032.1
其他类未包括的批发业	5698.1	5270.2	3584.0	1686.2	874.9
4. 零售业	163863.8	187255.5	85989.7	101265.8	40718.9
食品、饮料和烟草零售业	41610.3	45984.0	40835.5	5148.5	3354.7
日用百货零售业	34938.7	44514.3	8182.5	36331.8	10986.4
纺织品、服装和鞋帽零售业	20746.0	24298.0	8765.0	15533.0	5583.0
日用杂品零售业	1009.2	1256.3	481.3	775.0	313
五金、交电、化工零售业	29366.4	32691.9	18077.0	14614.9	12645.0
药品及医疗器械零售业	12301.0	14462.5	7238.6	7223.9	3649.7
图书报刊零售业	6431.9	6194.6	782.1	5412.5	3017.2
其他零售业	17460.3	17853.9	1627.7	16226.2	1169.2
三、按企业规模分					
大、中型企业		784711.6	647566.5	137145.1	95749.1
小型和个体企业	407878.8	652503.3	430882.8	221620.5	69372.7

社会消费品零售总额

单位:万元

项　　目	1997 年	1996 年
社会消费品零售总额	613592.7	520489.3
(一)按销售地区分:		
(1)市的零售额	519436.9	438449.5
(2)县的零售额	37468.7	33284.8
(3)县以下的零售额	56687.1	48755.0
(二)按经济类型分:		
国有经济	129939.7	129345.2
集体经济	157913.7	87764.3
私营经济	7564.4	7309.3
个体经济	165808.5	150754.0
股份制经济	59341.0	64401.5
外商投资经济	4.1	346.0
港澳台投资经济	371.3	479.0
其他经济	91876.1	77866.0
(三)按行业分:		
批发、零售贸易业	358765.6	302388.0
餐饮业	89742.6	64672.0
制造业	51612.3	51427.2
其　他	113472.2	102002.1
其中:农民对非农业居民零售	91876.1	77866.0

注:1996 年的数据不含居民购买住房。1996 年居民购买住房金额为 34630.8

零售贸易业网点、人员

单位：网点：个 人员：人

项目	1997年		1996年	
	网点	人员	网点	人员
总计	21919	46989	22436	53046
一、按经济类型分组				
国有经济	952	9816	1548	12474
集体经济	1730	10563	2197	13840
私营经济	453	3732	354	2819
个体经济	18690	19195	18246	20422
股份制经济	94	3678	91	3491
二、按国民经济行业分组：				
食品、饮料和烟草零售业	7305	14661	7280	16345
日用百货零售业	6351	13325	7092	16460
纺织品、服装和鞋帽零售业	2745	4583	2791	4957
日用杂品零售业	917	2490	842	2905
五金、交电、化工零售业	1213	5474	1603	5759
药品及医疗器械零售业	537	1467	699	1426
图书报刊零售业	431	680	591	839
其他零售业	2420	4309	1538	4350
三、按企业规模分组：				
大型企业	99	5129	89	3801
中型企业	190	3073	227	3035
小型企业	21630	38787	22120	46210
附营单位				

广西工学院

自治区教育厅厅长余益中携柳州市副市长徐伟崇在学院黄秉鍊院长等领导陪同下参观校园

该院在全区高校中率先开通201卡校园电话，每个学生宿舍安装一部程控电话

多媒体教学中心

广西工学院是经国务院批准建立的地方普通全日制高等工业院校。1958年6月始建于南宁市，1985年5月迁至广西壮族自治区的工业中心——柳州市。

学院位于柳州市东区高新技术产业开发区，校园现占地面积553亩，校舍建筑面积11万平方米。校园内绿草如茵、鸟语花香、亭榭交错、山水相映，被柳州市政府授予“花园式单位”称号。全院现有教职工700余人，其中，具有教授、副教授、高级工程师和讲师等高、中级职称的占教师总数的70%以上，教师中有享受政府特殊津贴专家、自治区优秀专家、自治区有突出贡献科技人员、柳州市专业技术拔尖人才、柳州市优秀青年科技人才。此外，学院还从国内部分重点高校聘请兼职导师、从柳州市企事业单位中聘请了一批企业家、高级工程师为兼职教师，

学院现设置机械工程系、汽车工程系、建筑工程系、计算机与电气工程系、轻纺工程系、轻化工程系、管理工程系等七个系和基础科学部、社会科学部、计算机教学部、大学外语部、体育教学部等五个教学部以及成人教育部；设有机械工程及自动化、建筑工程、企业管理、工业工程、系统工程、汽车与拖拉机、计算机及应用、工业自动化、精细化工、食品科学与工程、电气技术、服装工艺、建筑装饰技术等本专科专业。现有普通全日制在校学生3300余人，成人教育学生2000余人。设有机械工程及自动化、汽车工程、土力学、自动化、计算机、管理信息系统（MIS）等各类实验室。此外，学院与柳州市企业联合建设了汽车性能、汽车车身、食品工艺学等9个校外专业实验室和39个校外教学实习基地。学院设有激光技术研究所、汽车电子研究所、数控－激光一体化研究中心等科研机构。办有机电厂、高新技术印刷中心、服装厂等校办产业。学院具有良好的后勤服务设施，学生宿舍实行公寓式管理。

学院积极开展国内外学术、技术交流。选派专家和选送青年教师到美、俄、日、瑞、澳和丹麦等国家和地区出访研修；先后邀请美、法、日、俄、瑞等国专家来院访问、讲学；聘请外籍教师来院任教。学院还与国内十几所高校有着较广泛的科技、教育协作关系，与华中理工大学、重庆大学、武汉工业大学等高校联合培养研究生。

学院积极探索办学体制的改革，1994年4月，在广西高校中率先成立了“广西工学院董事会”，这也是国内较早实行董事会办学形式的高校之一，目前董事单位已发展到40多家，开创了一条新的办学道路。现在学院正抓紧征地进行新区开发。为更好地培养适应广西经济发展和科技进步的高素质人才，广西工学院正在抓机遇、促改革、求发展，为提高办学整体水平和效益，朝着学院改革发展“九五”计划和2010年远景目标－－把广西工学院办成以工为主，理、文、经、管相结合的广西工业大学而努力奋斗。充满朝气和活力的广西工学院正以崭新姿态迈向21世纪！

地址：柳州市东环路268号

邮编：545005 电话：2612058(总机) 2615430

▼优美的校园—1997年该院被柳州市授予“花园式单位”称号

广西工学院图书馆

迅速发展的广商

教学区一角

广西商业学校是自治区贸易局直属的一所中等专业学校，创建于五十年代，原校址在首府南宁市，1984年迁至柳州市。学校1980年曾定为全国重点中专学校，迁柳后，经过十年奋斗，1994年重新评定，被自治区人民政府和国内贸易部命名为省部级重点中专学校，同时，被授予自治区文明单位。

学校主要开设会计、营销、管理、商务秘书、装璜设计等五大类十多种专门化专业。现有教职工191人，其中具有高中级职称的100人，初级职称的55人，还建立了一支近70人的相对稳定、素质较高的外聘教师队伍。学校集普通中专、职业中专、成人中专、岗位培训于一体，按照“管理严格，条件优越，收费规范，就业面宽”的方向，对学生实行“半军事化、封闭式、分层次”的管理形式，使学校得到迅速发展，在校生由迁柳时的199人增到现在4283人。

学校位于柳州市区南面柳石路一侧，附设“柳州市国际金融贸易中等职业技术学校”，三路公共汽车（9路、16路、23路）直达学校门口，交通十分方便。学校建筑

部队首长和学校领导检阅军训成果

微机一室

书12.6 万册的图书馆

设在校内的《柳州市打击假冒伪劣商品教育基地》展厅一角

面积5万多平方米，建有微机室、语音视听室、理化实验室、阶梯电化教室、商品经营（烹饪）操作室、实习商店、实习餐厅、实习客房、图书馆、篮（排）球场、足球场、旱冰场、卡拉ok歌舞厅等；拥有微机近300台，图书馆藏书12.6万多册，年订各种报刊杂志600多种。

地址：广西柳州市柳石路410号

邮编：545005　　　电话：3112712

学校党委书记：钟成德　　　　校长：庄振权

标准田径运动场

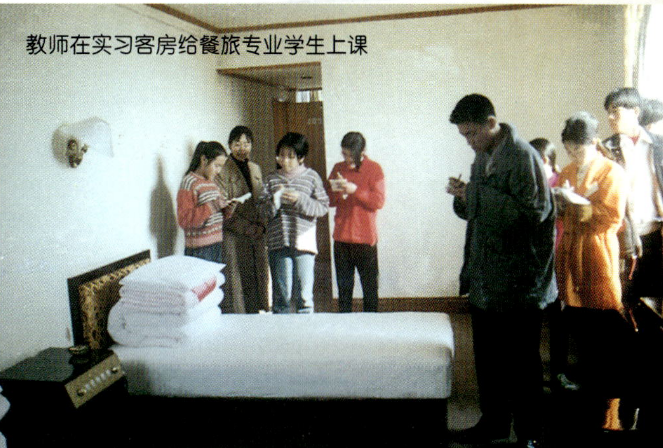

教师在实习客房给餐旅专业学生上课

广西柳州卫生学校

广西柳州卫生学校创建于1951年，隶属广西区卫生厅领导，自1980年以来一直是国家级重点普通中等专业学校。校园座落于柳州市风景秀丽的蟠龙双塔公园旁，依山傍水，环境幽雅，是学习修业的好地方。

校园占地81000平方米，建筑面积60774平方米，学校基础设施完备，有34间教室、29间实验室；有电教室、电脑室；有较先进的教学仪器设备；配备有自动化电脑管理系统，藏书10万余册的图书馆；学校还拥有220张病床的附属医院。

该校的师资力量雄厚，现有教职员工396人，具有高级职称34人，中级职称141人，有一支专业、年龄、职称结构合理，学历层次较高，经验丰富的教师队伍。

该校现有壮、苗、瑶、侗、京、仫佬、毛南、回、布衣、汉等十个民族学生2000多人，中专设有社区医学、预防医学、医学影像诊断、护理等专业；大专设有临床医学专业；高等教育自学考试辅导站设有临床医学、护理、中医等专业

该校建校以来，为国家培养大、中专毕业生近万名，其中越南留学生3名，多数已成为各级医疗单位的骨干，有的到美国、加拿大、日本等国家访问、进修、攻读硕士学位，学成归来，在各自的工作岗位上为国家医疗卫生事业作出较大的贡献。

科研是学校一贯重视的工作。近年来，教师开展有关针麻、麻醉呼吸器、环境卫生等科研课题，研制成功的《双同步呼吸器》获国家专利，在国内外各种专业杂志发表论文达290篇，其中《同步针麻克服腹部手术三关的体会》论文获自治区科学技术大会应用成果奖。该校近年来先后获自治区卫生厅颁发的"学校工作成绩优良奖"、"学校教学管理优良奖"、是柳州市"双文明"单位。

该校在全区设有110个实习基地，为培养"实用型"人才提供良好的实习条件

该校附属医院环境优美的住院大楼，每间病房都配有独立卫生间

老师带学生做手术

团结奋进的党政领导班子

艺术人才的摇篮

柳州市艺术学校

校长　文扉

成立于1980年的柳州市艺术学校，是柳州市唯一的具备中等专业艺术教育的事业单位。多年来，学校已为社会培养艺术人才近5000人。该校学生曾参加全区、全国、国际比赛获大奖、金牌，毕业生中大多数已成为专业表演团体及企事业、校园文艺活动的中坚。

学校开设的职业中专班着重培养歌、舞、音乐、戏剧表演一专多能、综合素质较强的中等专业艺术人才。

学校业余培训部长年招生，开设有声乐、舞蹈、器乐、书法、美术、武术等科目，可供六周岁以上儿童及成人选修。

柳州市艺术学校师资力量雄厚，领导和教职员工团结奋进，有开拓精神，办学作风正派，善于教导学生投入市场竞争，是一所值得广大家长和学生信赖的学校。

校址：柳州市中山东路二十二号

邮编：545001　电话：0772-2822711

全体教职员工

学校领导班子

学校音乐教师探讨教学新法

学生演出剧照

柳州市机械工业学校
柳州市机械工业技工学校

团结　遵纪　勤奋　奉献

校长兼书记　刘义光

柳州市机械工业技工学校原名柳州市重工业局技工学校，创建于1978年9月。1983年4月经自治区人民政府批准，创建柳州市机械工业学校（普通中专），实行两个学校，一套人员，学校的主管部门是柳州市机械电子工业局。

该校从1986年起，连续12年都评为柳州市社会主义建设先进单位，1991年评为全国职业技术教育先进单位，1992年起，多次评为广西劳动工作先进单位、自治区文明单位、柳州市拥军优属“十佳”单位、模范单位。1995年7月被自治区人民政府审定为自治区级重点技工学校。

该校现有教职员工98人，其中教师62名，教师中高级职称（高级讲师、高级实习指导教师）13人，中级职称（讲师、一级实习指导教师）30人，技师4人，在校学生1070人。

该校座落在柳州市东郊风景优美的蛮王城的山水脚下，贤乐公园旁，校园内绿树成荫，假山、雕塑、喷水金鱼池、大小磨菇亭、各种古典式的角亭相映成趣，环境幽静美丽。学校固定资产900多万元，占地面积47000平方米，校舍建筑面积26000多平方米。其中教学楼两栋；实验大楼一栋；大礼堂一座，可容纳1000人；有一座八层的办公大楼及裙楼，有一座建筑面积4000平方米的实习工厂，新图书馆楼藏书3万多册；教职工宿舍4幢共4000平方米，男、女宿舍楼三幢，可容纳900多人住宿，

市领导陪同团中央书记处书记姜大明(右四)、孙金龙（左五）到该校参观后合影留念

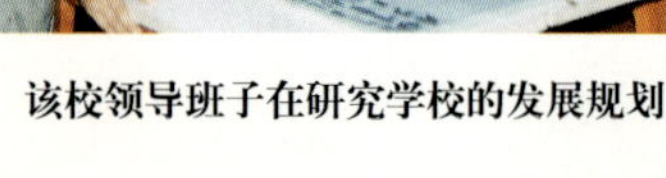

该校领导班子在研究学校的发展规划

学校

该校第一车工车间

美国鹰眼技术学院专家到该校参观访问

还有旱冰场、文化艺术长廊和卡拉OK歌舞厅。

该校实习工厂有车工、钳工、电工、铣磨、齿轮、冷焊等车间，主要设备100多台，做到每个学生都有独立操作的工作岗位。学校还有电教室、电脑室，实验楼设有电工电子、力学、液压传动、金相、物理、机床、精密测量等8个实验室。目前，该校是广西具有较完善的实验和实习设备的一所中等职业技术学校，学校还设有卫星接收站、闭路电视天线，每个教学班配备壹台电视机作电化教学之用。

该校中专设有机械制造工艺及设备、机电技术应用、机械设备维修与管理、模具设计与制造、工业外贸等5个专业；技工设有车工、钳工、电工、铣工、焊工、电子计算机文字录入6个工种。此外，学校还附设天津职业技术师范学院广西函授站。建校以来，已培养出技工毕业生2930人，中专毕业生920人，大专毕业生242人。毕业生到工厂企业后，大部分成为生产管理和技术骨干，有的还成为技术“尖子”。

团结、遵纪、勤奋、奉献是该校校风，发展快、后劲足是该校的特色。在世纪之交的重要历史时刻，学校领导正带领全校师生员工，决心在党的十五大精神指引下，在上级主管部门的领导下，戒骄戒燥，团结一致，为“创一流学校，花园式学校”而努力奋斗。

广西机械厅厅长袁智（右一）在校长刘义光（左一）陪同下，到该校实习车间指导

教师精心指导车工班学生加工2.7米长轴

大楼

晨读

泰国他叻素尼王家学院院长（左一）副院长（左二）到该校参加访问

国家级重点职业高级中学

柳州市一职校

座落在飞鹅路中段及壶西桥头的柳州市第一职业中等专业学校（简称一职校），创办于1982年，该校分为一校两址，占地面积百余亩，校园环境优雅，拥有电子、计算机、外事旅游、汽车维修与运用、保险、烹饪及管理、市场营销、体育等10个专业近2000名学子。

该校有先进的多媒体计算机信息管理中心，于1997年初加入国际互联网；还有电教监控等一系列富有现代气息专业的教学设施和一流的校园环境，有符合现代化标准的体育场。通过科学管理，该校建立了一支素质较高的师资队伍，现有教师137人，其中，专业教师80人，高级教师39人；具有本科学历的79人，占教师总数的58%，高于全国职校教师学历达标（本科）平均数（31%）；学校培养的4000多名毕业生遍布各行各业，在全区同类学校中排行榜首的计算机专业生尤为走俏；不少毕业生成为行业中的佼佼者，近年来，有50多名毕业生荣获全国、全区、全市的技能竞赛一、二等奖；一职校严谨的教学管理模式亦蜚声国内。

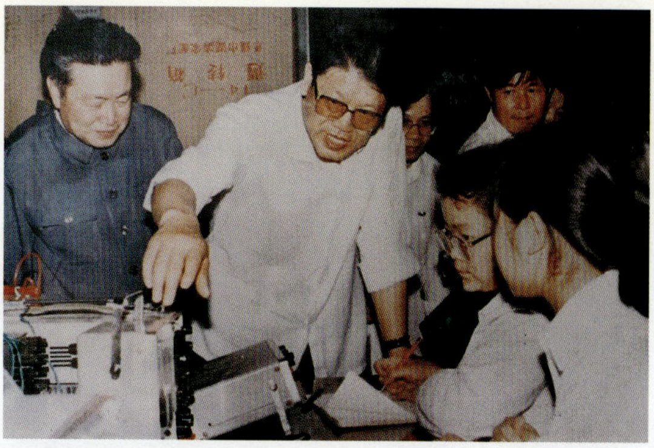

1990年4月，国家教委主任李铁映到校视察。图为李铁映在电子操作室与学生交谈

计算机专业学生在多媒体电脑操作室进行编程训练

校长：汤来兴　电话：3712940　邮编：545007　地址：本部　柳州市潭中西路8号（壶西桥头）　培训中心　柳州市飞鹅路67号

柳州市第二职业中等专业学校

中学高级教师、全国优秀教师、校长 黄剑

柳州市第二职业中等专业学校创办于1984年。十四年来，教育事业迅猛发展，蒸蒸日上，办学取得了良好的业绩。学校被国家教委认定为省级重点职业学校和省级示范性职业学校，并授予全国体育先进学校荣誉称号，还被自治区政府和自治区教委分别评为省级文明单位和省级文明学校。

学校设备设施先进，实验室功能齐全，每一个专业都拥有自己的实习实验基地。根据教学需要，校内设有多媒体微机室、语音室、四通打字室、财会模拟室、建材实验室、制图室、服装设计制作室、美术室、形体训练室、健身房等十六间实习实验室，设备达3000多台（套），充分保证学生实践操作每生一个工位。为了开展社会实践活动的需要，学校成立了学生艺术团，下设管乐队、礼仪队、声乐队、舞蹈队、时装表演队、武术队等，还成立了两个文学社。为学生施展才干、展现自我创造了良好的环境。

文明学校

广西壮族自治区教育委员会

一九九二年十二月

广西壮族自治区

省级重点职业高中

广西壮族自治区人民政府

学校师资力量雄厚。现有专任教师94人，本科学历教师达50%，中、高级教师达55.3%，有四名教师曾赴美国、日本、台湾进行研修或学术交流，有三名教师现正攻读研究生，部分专业教师到相关高等院校进行专业深造，他们是一支高素质的职教事业的中坚力量。

办学十四年来，教学质量不断提高，硕果累累，目前已有近3000名毕业生走上工作岗位，就业率达90%以上。三名财会专业毕业生获市青工状元，两名服装专业毕业生被国家推荐到日本研修，两名毕业生被选送到人民大会堂工作，不少毕业生成了单位的骨干和基层领导。有的自办经济实体，步入先富起来的那部分人的行列。

该校礼仪小姐在广西国际民歌节上为外宾服务

艺术班学生进行基本功训练

宽敞的586微机室

校园风貌

地址：柳州雅儒路200号 邮编：545001 电话：0772-2815465 2815454

全国教育系统劳动模范、自治区“三八”红旗手、柳州市“十佳”校长、柳州市景行小学校长 谢月娥

柳州市景行路小学创办于1932年。座落市中心。现是广西小学教育改革实验学校，首批示范学校建设单位。现有48个班（含一个培智班）学生2750人，教职工148人。其中小中高教师9人，小学高级教师63人，党员30人，团员54人。学校有设备完善的科教楼，内有计算机室、音乐室、语音室、电教室、书法室、绘画室、练功室、围棋室等；宽敞明亮的教室内都配有“两机一幕”，投资万元建设的运动场，场内有塑胶跑道、篮、排球场、乒乓球台、单双杠、滑滑梯……；校园有新颖的、具有儿童特色的美化的景点。为教书育人创建了优美的环境。

学校有一批热爱小学教育的市、自治区乃至全国的优秀教师。

地址：柳州市景行路5号

自治区文明

柳州市景

该校在书法教学中成绩斐然，书法教师韦昌敏现任全国小学写字教材副主编并荣获全国优秀艺术教师称号

该校重视学生的全面素质的培养，田径运动曾获全市小学三连冠

景行小学校园全景

该校治学严谨，实施“创建优美环境，优化教育、教学过程，促进学生整体和谐发展”的整体改革系统工程。全校87%的教师参加国家教委“八。五”重点科研项目《电化教育促进中小学教育优化》等14个科研项目实验，教育师资质量高。1990年《人民教育》刊登该校的整改经验。1991至1994年中央教育电视台，多次播放该校教育改革的做法。还先后获全国、自治区、市教育科研奖9项。学校评为全国“红读”活动先进单位、全国“三优工程”实验先进单位，全国群众体育先进单位、自治区儿童教育先进单位、自治区艺术教育先进单位、自治区科技活动先进单位、自治区文明窗口示范学校、柳州市先进单位、柳州市文明标兵单位。

电话：2824046　邮编：545001

该校电化教学多次获得国家级奖励。图为青年教师进行电教作文课

学校注重学生的全面发展，开办美术、书法、音乐、计算机、武术等兴趣班。图为秦明瑞教师在上小提琴课

教师们正进行计算机辅助小学教学的研究

景行小学鼓号队多次夺得全市鼓号大赛第一名

柳州市文惠

全国优秀教师、校 长　　练 思 源

团结、廉政、开拓、进取的领导班子

柳州市文惠小学座落在柳江北岸城中区青云路，建筑面积为6880平方米，教学楼两栋，综合楼一栋，教师宿舍楼三栋。该校为全日制完小，1-6年级18个教学班，学生956人，两个学前班98人，全校1054人，在职教工56人，其中具有大专学历22人，中专中师及高中学历34人，学校领导班子有书记，一正二副校长共4人，校长练思源，中学高级职称，书记李兵，副校长黄玉婵、唐超英，均具有小教高级职称和大专学历。

该校是一所具有50年历史的老学校，前身是私立文惠小学，创办于1945年12月25日，是为纪念柳宗元（封为文惠侯）而命名，解放前的文惠小学，是我党的地下工作联络站，为柳州的解放，为党的事业作出了贡献。今天，为继承和发扬革命传统，全校教职工奋发图强，努力拼搏，为社会主义现代化建设培养和输送了大批人才，该校在提高学生素质、教学质量，转化差生及校园文化建设等方面更具特色。多年来，该校教学质量逐年提高，每年毕业考、1-6年级期考成绩均超过市级平均水平，毕业率达100%；学生在参加艺术节有关活动中，美术作品、民族乐器等比赛及鼓号

地址：柳州市青云路35号

学生们在实验室上实验课

微机室

语音室

小学

荣获各种奖励200多项

队、乐器队频频获奖；以陶行知为楷模，情洒校园，爱护差生亦是该校办学特点之一。自校创建至今，早有“爱生如子”的美称而闻名龙城，许多家长慕名而来，赠送锦旗或投书表扬；校园美丽，环境优雅，令人心旷神怡，近几年，该校大量投资，丰富校园文化生活，修建园林式平廊、凉亭、购置各种设备，教学楼身披绿装，鲜花点缀满园，玻璃瓦在阳光下流光溢彩，进到文惠如同到了小公园。学校拥有数量较多、倍受中学欢迎和社会好评的学生，他们优良的品德、自觉的纪律、高度的文明礼貌、聪明的才智、扎实的基础……在各级各类的评比和竞赛中，为学校增光溢彩。

该校近十年来，连续获市政府、市教委授予的“德智体全面发展奖”，多次评为市先进单位、双文明单位、自治区文明学校、全国红旗大队、第四届全国青少年生物百项活动优秀活动奖……等200多项奖励。

电话：2817694 邮编：545001

新建的综合楼，拥有一流设备的微机、语音、实验、图书、美术、音乐、体操、舞蹈室、OK厅

拥有100平方米宽敞明亮的图书室，藏书达2万多册

WENHUIXIAOXUE

文惠小学

精心培育 情洒校园

柳州市弯塘路小学

柳州市弯塘路小学位于柳侯公园东面，占地面积1.14万平方米，有39个教学班，在校学生2344人，现有教职工99人。

该校建校于1949年10月1日，是全区“九义”新教材试验学校，是柳州市推行实施“愉快教育”的实验学校之一。学校多次被评为柳州市先进单位、精神文明建设先进单位、德育工作先进单位、少年儿童工作先进单位、柳州市文明学校、自治区文明学校。

几年来，该校努力改进教学方法，减轻学生负担，发展学生的个性，激发学生的学习兴趣，把儿歌、游戏、故事、表演、演讲、辩论等引进课堂，培养学生学会学习的能力。在教改实验中，教师积极撰写论文，教改实验促进了学校教学质量的提高，历年来，学生的学习成绩，各科的及格率、毕业率均达100%，历届全国小学生作文竞赛，该校获奖人数名列全市首位。1995年，学生李德斌荣获全国华罗庚杯教学邀请赛铜牌奖。

该校是柳州市城中区人民政府选定的爱国主义教育基地。学校与融水县白云中心校建立城乡“手拉手”联谊关系，这项活动得到全国少儿基金会及全国妇联的赞扬。该校多次被评为“手拉手学校”先进单位、自治区促进民族团结先进单位。罗丹璐同学获全国“手拉手”活动先进个人，光荣上北京参加全国表彰会，并受到江泽民主席的亲切接见。

该校的铜管乐队，合唱队是一支训练有素的文艺队伍，在市级的多次文艺大赛中名列前茅，在全市、全区均有较大的影响，该校积极开展书法、美术、舞蹈、器乐等兴趣小组活动，学生通过这些教育的艺术熏陶，陶冶了情操，增长了才干。该校还为艺术院校输送了一批艺术人才。

柳州市弯塘路小学环境优美，绿树成荫，花木茂盛。拥有一流的新型教学大楼和教学设备，是学生学习、生活的乐园。

原任校长　韦秋娥

书记　李亚群

校长　冯玮

教学大楼

学校大门

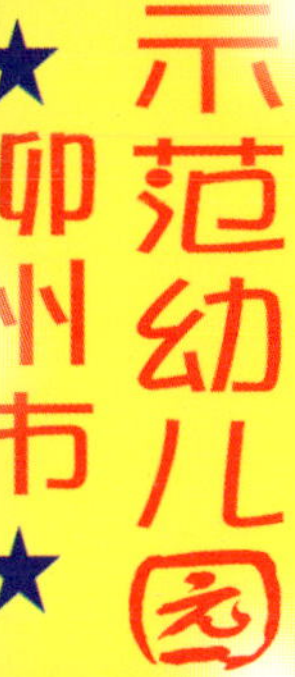

谷埠路幼儿园

▼1997年在柳州市喜迎香港回归的第四届校园文化艺术节上，幼儿舞蹈《田园丰收，情系香江》获一等奖

▲1998年“六一”节前夕，市委书记蒋纯基，市长宋继东一行慰问谷幼小朋友。

小朋友在庆祝“六一”迎回归的联欢会上

柳州市谷埠路幼儿园创建于1952年3月，总占地面积为1538.80平方米，现有教学楼两栋，全园共有13个班，450名幼儿，教职工58人，其中大学本科1人，大专13人，中专25人（含在读大专 16人）：园领导3人平均年龄37岁，均为大专、本科文化；园内高级教师13人，一级教师11人，二级教师11人。

40多年来，该园坚持体、智、德、美、劳全面发展的方针，面向全体幼儿，坚持保、教并重，促进幼儿全面发展。1995年以来，该园教师参加各种竞赛成绩突出。吴健清、申颖、杨秀英等幼教成果、论文分别获奖；有3位幼儿在97中国少年儿童美术节书法大赛中获三等奖。

万柳梅老师参加市教科所立项的“3.3.3智能训练”科研活动，撰写的两篇论文均获中央教科所同类科研成果二等奖。此科研活动在结题后获柳州市第五届教育科研成果二等奖。1997年，幼儿园作为全国教育科学规划“九五”国家教委重点课题——“素质教育的心理学理论实验和技术的综合研究”实验点，并承担了该课题的研究任务。

幼儿园从1984年至今一直保持自治区文明单位的光荣称号及甲类甲级园称号，1990年起曾被评为市先进单位、市少年儿童工作先进集体、市创建文明城市活动先进单位。有着46年历史已成为市级示范园的谷埠路幼儿园正以“立高尚师德，树教育新风”的全新面貌向更高的目标—省级示范园进军。

地址：柳州市谷埠路39号
邮编：545005　电话3822014

▲年轻、充满活力的园领导班子。园长周耀华（中）、副园长杨秀英（左）、副书记李丹（右）

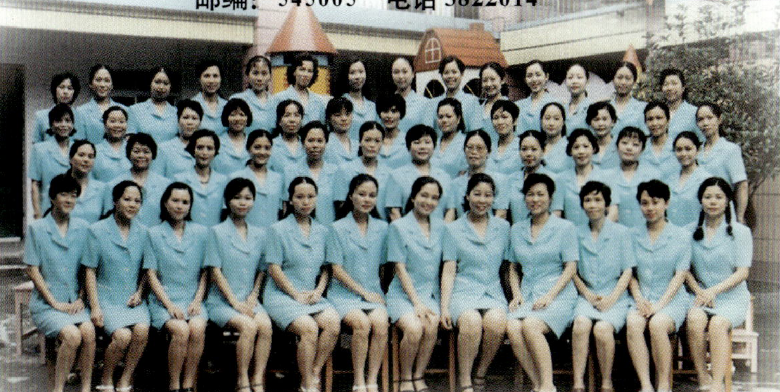

◀全体教职工合影

胜利小区幼儿园

特长班小朋友在该园第一届幼儿艺术节开幕式上表演

生动活泼的教学活动

柳州市胜利小区幼儿园成立于1992年，占地面积3100平方米，建筑面积2719.8平方米。为全日制幼儿园，可收托幼250人。现有11个班，在园幼儿446人，教职工254人，其中教师33人，均为幼儿师范院校毕业，大专9人，中专24人，学历达标率为100%。教师中有幼儿园高级教师11人，一级教师7人，二级教师15人，主管医生1人，助理会计师1人。

该园园内曲径回廊、教室、寝室、洗手间、厕所及户外活动场地连成一体，整个建筑结构新颖别致，布局合理，富有童话色彩，是柳州市具有现代化建筑风格和儿童特点的幼儿园。

1993年自治区政府主席成克杰参观幼儿园时曾给予度评价。几年来该园保持“柳州市甲类甲级幼儿园”号；获市教委颁发的“全面质量奖”、“全面进步奖”、“秀领导班子奖”，获“市少儿工作先进集体”、“市精神明建设先进集体”、“三优工程先进单位”、“市文明单位“市爱国卫生先进单位”，此外，在教职工中有自治区秀教育工作者1人，市级先进个人、优秀教师10人。儿在教师精心培育下，参加历届市学生艺术节、舞蹈、唱节目均获一、二、三等奖，多次参加市里组织的各大型演出活动。在“双龙杯”全国少儿书画比赛中获奖1人，铜奖11人，优秀奖7人，参加市少儿书画现赛获二、三等奖6人。该园师资力量雄厚，保教质量不提高，幼儿体智德美全面发展。

获柳州市第二届学生艺术节一等奖节目：《功夫猴》

富有童话色彩的幼儿教学大厅

地址：胜利路9号 园长：叶启丽 电话：2518400 邮编：545002

附　　录

柳州市部分高级技术人员名录

柳州钢铁(集团)公司

施沛润　男,34岁,1989年毕业于中国矿业大学。现任柳州钢铁(集团)公司焦化厂副厂长、高级工程师。首创焦化厂横管初冷器低温运行操作法。著有《酸洗法硫铵生产技术在我厂的应用》等论文。

陆寿先　男,43岁,1982年毕业于武汉钢铁学院。现任柳州钢铁(集团)公司烧结厂副厂长、高级工程师。著有《浅谈 SiO_2 对铁矿粉使用价值的影响》等文。

钟　海　男,40岁,1982年毕业于武汉钢铁学院。现任柳州钢铁(集团)公司烧结厂副厂长、高级工程师。1994年获柳州市首批优秀青年科技人才称号,1997年获广西冶金优秀科技青年称号。

朱尚朴　男,41岁,1982年毕业于武汉钢铁学院。现任柳州钢铁(集团)公司烧结厂厂长助理、高级工程师。著有《烧结配加白云石对生产率的影响》等文。

张志伟　男,35岁,1984年毕业于武汉冶金科技大学。现任柳州钢铁(集团)公司小型轧钢厂副厂长、高级工程师。著有《螺旋密封在我厂主轧机减速机上的运用》、《250胶木瓦轴承轧机改滚动轴承轧机》等文。

张卫权　男,34岁,1987年毕业于东北大学。现任柳州钢铁(集团)公司小型轧钢厂副厂长、高级工程师。著有《小型材负偏差轧制影响因素分析》、《利用短应力线原理改造400轧机》等文。

覃荫亮　男,51岁,1982年毕业于广西电大。现任柳州钢铁(集团)公司中板厂电气高级工程师。著有《中板压下直流传动系统技术改造》、《SCR—D可逆系统控制大板的设计与应用》等文。

叶新民　男,46岁,1982年毕业于柳钢职大。现任柳州钢铁(集团)公司制氧厂机械动力科副科长、电气自动化高级工程师。著有《硅整流在同步电动机励磁系统中的应用》、《$3200M^3/h$ 制氧机组分子筛再生电加热器设计》,《6KV静电功率因数补偿设计》等文。

陈筱萍　女,40岁,1982年毕业于焦作矿院。现任柳州钢铁(集团)公司制氧厂电气高级工程师。设计有用于制氧机组分子筛切换系统、氩干燥系统的软件"C—40P可编程序控制器"。

罗玉碧　女,38岁,1982年毕业于广西机械学院。现任柳州钢铁(集团)公司机械制造公司经理助理兼生产经营科科长、高级工程师。著有《在2m滚齿机上加工大辊径螺纹槽》等文。

廖树生　男,41岁,1982年毕业于广西电大。现任柳州钢铁(集团)公司动力厂副厂长、高级工程师。负责的"柳州钢铁厂动力调度分布式微机综合监测系统"项目,1997年12月通过柳州市科委技术成果鉴定。

覃莲姣　女,43岁,1978年毕业于武汉钢铁学院。现任柳州钢铁(集团)公司钢研所高级工程师。参加"高炉灌浆造衬护炉工艺研究"项目获自治区、冶金部和国家科技进步成果三等奖。著有《焦炉用新型硅火泥浆的研制》等文。

覃啟才　男,43岁,1978年毕业于中南工业大学。现任柳州钢铁(集团)公司钢研所试验工段副工长、高级工程师。"普碳螺纹钢筋轧后控制冷却试验研究"项目获自治区科技进步二等奖和新产品成果二等奖,著有《轧后余热处理钢筋性能研究》等文。

陆善福　男,46岁,1980年毕业于武汉钢铁学院。现任柳州钢铁(集团)公司生产保护部部长、高级工程师。著有《十字头万向轴在穿孔机上应用》、《冷拔机链条单向磨损的改进》、《老酸洗厂房可靠性鉴定与隐患整治报告》等文。

岳小平　女,45岁,1981年毕业于河池师专。现任柳州钢铁(集团)公司第一中学中学高级教师,著有《抓好说话训练,提高学生语言表达能力》等文。

郑新秀　女,46岁,1976年毕业于武汉大学。现任柳州钢铁(集团)公司第一中学中学高级教师。著有《语文教学要注重阅读教学》等文。

王晓东　女,41岁,1984年毕业于广西师大(函授)。现任柳州钢铁(集团)公司第一中学教研处副主任、中学高级教师。实验项目"高中化学程序启发教学"、"开展协作学习,提高整体效应"均获柳州市教育科研成果二等奖,前者实验报告获市优秀论文一等奖。

附　录

黄锦标　女，47岁，1977年6月毕业于广西民族学院。现任柳州钢铁(集团)公司第一中学中学高级教师。著有《中学政治课教学中学生素质能力的培养的初步探索》等文。

谭庭芬　女，44岁，1978年毕业于广州中山大学。现任柳州钢铁(集团)公司第一中学中学高级教师。著有《耐心细致，谆谆善诱》、《初中历史教学的几点体会》等文。

夏家文　男，51岁，1980年毕业于柳州地区师专。现任柳州钢铁(集团)公司第二中学教导主任、中学高级教师。

莫雅西　女，38岁，1984年7月毕业于广西师范大学。现任柳州钢铁(集团)公司第二中学副教导主任、中学高级教师。

黎建宁　男，38岁，1982年毕业于广西师范大学。现任柳州钢铁(集团)公司第二中学政教主任、中学高级教师。1991年获广西首届优质课评比一等奖。

李　贞　女，39岁，1986年7月毕业于广西师范大学。现任柳州钢铁(集团)公司第二中学中学高级教师。教育科学研究项目"中学生心理健康辅导"被柳州市教委评为一等奖；撰写的《心理辅导实验工作报告》获柳州市第四次教育论文二等奖。

李明德　男，58岁，1984年3月毕业于广西民族学院。现任柳州钢铁(集团)公司第三小学协理员(前校长)、小学中学高级教师。专攻语文"四结合"计算机辅助教学试验。著有《语文"四结合"试验提高语文教学水平》、《语文"四结合"识字教学的理论策略》等文。

柳州微型汽车厂

龚运息　男，34岁，1985年毕业于广西大学。现任柳州微型汽车厂高级工程师。著有《LZW1010PS双排座车身覆盖件模具CAD/CAM》、《CAD/CAM/CAQ技术在新产品开发中的应用》等文。

蒋桂华　男，35岁，1984年毕业于北京理工大学。现任柳州微型汽车厂设计处高级工程师。LZW1010PS微型双排座货车开发主要完成人员之一；主持6320低床车，PN系列车车身设计。

关为军　男，48岁，1978年毕业于柳州拖拉机厂职工大学。现任柳州微型汽车厂工艺处高级工程师。参与厂第一、第二代微型汽车开发，该项目先后获广西区、柳州市科技成果奖。论文《辅助支承在典型件——后桥壳件加工中应用》、《应用粉末冶金取得21万元效益》均发表在《汽车情报网》。

关小霞　女，36岁，1981年毕业于桂林工业经济管理学校。现任柳州微型汽车厂财务处处长、高级会计师。由其主写署名柳州微型汽车厂财务处的论文《向财务管理要效益》发表于《广西会计》。

李　红　女，41岁，1997年6月中山大学世贸经济研究生班毕业。现任柳州微型汽车厂涂装车间主任、高级工程师。著有《自动喷涂线上涂装病态的控制》、《自泳漆工艺在工业化生产线上的应用》等文，后著文在机电工业表面工程技术标准情报网大会交流。

熊少斌　男，47岁，1982年6月毕业于广西电大机制专业。现任柳州微型汽车厂涂装车间副主任、高级工程师。著有《阴极电泳槽循环搅拌系统技改体会》、《水旋式喷漆室漆雾处理系统原理及应用》、《电泳漆调温冷冻系统冬季节能技术改造》等文。

姚佐平　男，34岁，1985年7月毕业于武汉工学院。现任柳州微型汽车厂副处长、高级工程师。参加了LZW1010VH、LZW1010PB微型汽车的开发和试制工作，两车型均获广西科学技术进步二等奖和柳州市科学技术进步一等奖。著有《汽车专用冷轧钢板的基本特性》等文。

柳州五菱汽车有限责任公司柳州机械厂

文代志　男，35岁，1985年7月毕业于天津大学。现任柳州五菱汽车有限责任公司柳州机械厂副总工程师、高级工程师。LJ462Q、LJ462Q—1、LJ276QA型汽油机项目的设计负责人，其中LJ462Q—1型汽油机荣获柳州市九七年度科技进步二等奖。

文泽淮　男，33岁，1985年7月毕业于广西大学。现任柳州五菱汽车有限责任公司柳州机械厂内燃机研究所副所长、高级工程师。LJ376QB型汽油机项目的主要设计者，该项目荣获1990年度全区新产品开发成果二等奖。

杨桂兰　女，34岁，1985年7月毕业于洛阳工学院。现任柳州五菱汽车有限责任公司柳州机械厂主任工程师、高级工程师。LJ462Q、LJ462Q—1、LJ465Q型汽油机项目主要设计者，其中LJ462Q—1型汽油机项目荣获柳州市九七年度科技进步二等奖。

郑长鹏　男，34岁，1987年毕业于广西大学。现任柳州五菱汽车有限责任公司柳州机械厂主任工程师、高级工程师。开发成功《LJ5010XA型客货两用车》项目，获柳州市科技进步一等奖，'94区、市科技重奖人员，著有《利用增强塑料使汽车车身轻量化》等文。

梁荣全　男，36岁，1983年毕业于湖南大学。现任柳州五菱汽车有限责任公司柳州机械厂销售处副处长、高级工程师。作为主要成员设计的 376QB 汽油发动机获广西科技进步二等奖。著有《优化设计在化油器改进中的应用》等文。

柳州市建筑机械总厂

丁永贵 男，41 岁，1985 年毕业于广西电大。现任柳州市建筑机械总厂副厂长、高级工程师。设计有 OVM（含 YCW 千斤顶）锚具、JHM15—12 环型锚具、YKD 型千斤顶、YCQ500 型千斤顶生产工艺、ZB10/500 高压油泵。

邓小琼 女，47 岁，1987 年毕业于广西电大。现任柳州市建筑机械总厂副厂长、总会计师、高级会计师。著有《在试行现代企业制度对强化企业内部财务会计管理的实践与思考》、《工业企业应用量、本、利分析法预测利润浅析》等文。

唐小萍 女，37 岁，1985 年毕业于广西电大。现任柳州市建筑机械总厂副厂长、高级工程师。拥有专利："缆索护套"、"悬索桥预应力锚碇、"预应力变角张拉装置"、"无粘结筋锚头防腐装置"。论文《平行钢绞线拉索与平行钢丝拉索的特性、经济性比较分析》发表于《桥梁建设》。

方中予 男，34 岁，1987 年毕业于沈阳建筑工程学院。现任柳州市建筑机械总厂高级工程师。开发了 OVM200 型钢绞线斜拉索锚固体系，无粘结预应力筋等产品，著有《OVM 锚固体系在岩体加固中的应用》、《OVM 钢绞线斜拉索体系研究》等论文，拥有"LSM15 钢绞线拉索群锚"、"斜拉索减振装置"、"锚固单元防松装置"等发明专利。

柳州压缩机总厂

刘鑑周 男，48 岁，1987 年毕业于广西工学院。现任柳州压缩机总厂厂长助理，高级经济师。著有《对提高企业自主开发能力若干问题的思考》等文。

潘金鸿 男，35 岁，1982 年毕业于沈阳冶金机械专科学校。现任柳州压缩机总厂副处长、高级工程师。著有《钢制压力容器焊接接头裂纹产生的规律及无损检测》、《一种能多机同时使用的射线探伤防护安全联锁、报警器》、《带垫板的环焊缝射线探伤和质量评定》及《消除 X 光底片"水迹"的新方法》等论文，并获奖或在国家专业杂志上发表。

柳州第二空气压缩机总厂

刘志成 男，50 岁，1981 年毕业于柳州第二空压机厂职工大学。现任柳州第二空气压缩机总厂高级工程师。主办设计 LGY20—10/7—B 型低噪声移动式螺杆压缩机，获自治区新产品成果二等奖；主要完成 ZW 系列无油润滑压缩机开发，获自治区优秀新产品开发成果一等奖。

陈启年 男，36 岁，1982 年毕业于广西大学。现任柳州第二空气压缩机总厂高级工程师。主办设计 LU 系列螺杆式空气压缩机。

柳州市自动化控制设备总厂

李民健 男，52 岁，1970 年毕业于北京地质学院（现中国地质大学）。现任柳州市自动化控制设备总厂高级工程师。1989 年 12 月—1990 年 2 月赴美学习，著有《镍镉电池生产线设备的安装调试和维护保养》、《进口设备管理制度》、《进口设备的管理》等文。

柳州市威乐斯电梯厂

蒙 康 男，34 岁，1983 年毕业于广西工学院。现任柳州市威乐斯电梯厂副厂长、高级工程师。主持与参加开发 ESI—1000 型自动扶梯和 TKJ1000/1.75（VVVF）乘客电梯，通过自治区科技成果鉴定；主持与参加研制 BH—100 型两轮警用摩托车成功，编入《中国科技成果大全》。

张 明 男，38 岁，1982 年 7 月毕业于合肥工业大学。现任柳州市威乐斯电梯厂高级工程师。参与组织设计的 TKJ1000/1.75—JXW（VVVF）交流变频变压调速电梯通过广西建委科学技术成果鉴定。

柳州市棉纺厂

程飚生 女，44 岁，1989 年毕业于武汉纺织工学院。现任柳州市棉纺厂生产副厂长、高级工程师。著有《不合格品界定和质量程序可操作性的探讨》、《棉纺厂 ISO9000 贯标过程中难点问题的探讨》等文。

柳州市经编针织厂

冼 民 男，38 岁，1982 年毕业于广西大学。现任柳州市经编针织厂厂长、高级工程师。著有《加强设备管理提高企业效益》、《加强设备管理适应两个根本性转变》等文。

柳州市橡胶厂

柯 建 男，50 岁，1969 年毕业于华南工学院。现任柳州市橡胶厂厂长、党委副书记、高级工程师。著有《顺丁橡胶/低密度聚乙烯共混料的性能试验及其在胶管中的应用》等文。

柳州市东风化工厂

韦筠寰 女，35 岁，1983 年毕业于南宁师范学院。现任柳州市东风化工厂化工研究所高级工程师。主持参加国家"八五"攻关项目"SAA 树脂、油量及稀释剂的研究"、"三原色叠印颜料、油量及应用技术研究"；广西经贸委新产品开发计划项目"新光白代替进口钛白粉研制 9402 涂料白"、"GT 无磷无硅氧漂稳定剂"；广西科委计划项目

"LH 自交联涂料印花粘合剂"等项目的工作;著有《织物涂料印花常见问题的讨论及处理》等文。

柳州市造漆厂

梁善诚　男,37 岁,1982 年毕业于广西民族学院。现任柳州市造漆厂特种漆厂厂长、高级工程师。主要参加研制的"聚氨酯凹凸自干锤纹漆"获自治区新产品成果三等奖。发表有《原子灰配方及生产工艺探讨》、《膨胀型丙烯酸水性防火涂料》等论文。

李崇铭　男,42 岁,1982 年毕业于华南理工大学。现任柳州市造漆厂高级工程师。主要成果"快干氨基烘漆研制"、"聚氨酯自干凹凸锤纹漆研制"均获广西区优秀科技成果三等奖。

柳州市龙城化工总厂

曾庆伦　男,56 岁,1965 年毕业于中南工业大学。现任柳州市龙城化工总厂副厂长兼总工程师、高级工程师。论文《沉锗铬合剂的研制和应用》、《四元合金阳极的研制和应用》分别获省级科技进步三等奖。

肖云平　男,34 岁,1985 年毕业于中山大学。现任柳州市龙城化工总厂副厂长、高级工程师。著有《沸腾焙烧锌精矿的工艺实践》等文并发表。

柳州三柳食品化工有限公司

黄敏章　男,38 岁,1982 年 1 月毕业于广西大学。现任柳州三柳食品化工有限公司副总经理、高级工程师。有"螺旋管式冷却滚筒"、"内冷却式螺旋输送机"两个实用新型专利,"造纸消泡剂"和"造纸施胶剂"生产技术和"食品消泡剂"、"乳胶剂"、"蔗糖脂肪酸醋"实用技术和应用技术。

东风柳州汽车有限公司

梁泽卿　男,52 岁,1966 年 7 月毕业于广西财政专科学校。现任东风柳州汽车有限公司高级会计师。著有《论企业会计与厂长、经理》、《企业会计人员与经济合同签订》等论文。

柳州佳力电机公司

刘甲雄　男,43 岁,1982 年毕业于广西电大。现任柳州佳力电机公司变压器厂生产厂长、高级工程师。1997 年获柳州市科学技术进步奖三等奖。

陈　燕　女,41 岁,1982 年毕业于广西电大。现任柳州佳力电机公司职高教师、高级讲师。著有《自修"语序"浅见》、《下岗职工的再就业培训教育探讨》等文。

柳州市市政工程总公司

杨　义　男,35 岁,1985 年 7 月毕业于武汉工业大学,1996 年 7 月获中国人民大学经济学硕士。现任柳州市市政工程总公司副总经理、高级工程师。主要成果有:"大口径预应力输水管"、"大口径砼排水管"、"∅150～∅200 自应力输水管年产 8 万 m^3 预拌砼"等产品的开发与生产。著有《城镇供水项目评价》、《路面水泥砼耐久性的影响因素及改善途径》等文。

郭　凯　男,34 岁,1987 年 7 月毕业于广西大学,现就读南京理工大学管理科学与工程硕士研究生。现任柳州市市政工程总公司水泥压力管厂技术副厂长、高级工程师。主要成果有"高早强普通硅酸盐水泥"、"早强型道路水泥"及"大口径高速公路涵管"。代表作有:《立窑水泥急凝的工艺因素与克服途径》、《窑灰在工艺过程中回收利用方式的研究与应用》、《在特殊条件下生产高抗析道路水泥的研究》、《用高硅石灰石生产早强型道路水泥》、《路面水泥砼耐久性的影响因素及改善途径》、《三风道煤粉燃烧装置在回转烘干机上的改造应用》、《英国水泥强度测试新方法》、《立窑还原气氛影响水泥凝法性能的机理探讨》等文。

柳州市建筑工程总公司

杨伟成　男,38 岁,1984 年毕业于武汉水利电力学院。现任柳州市建筑工程总公司技术科副科长、高级工程师。代表作有《鱼峰山商业城补尝收缩无缝砼施工》等文。

柳州市第二建筑工程公司

黄毅华　男,35 岁,1984 年 7 月毕业于广西大学。现任柳州市第二建筑工程公司副总经理、代总工程师兼柳州市第二建筑设计所所长,高级工程师。著有《柳州市江北河曲地块建筑地基与基础遥感影像信息解译评价》、《18M 跨工字形屋面梁预应力施工工艺》等文。

梁东荣　男,38 岁,1987 年毕业于江西工学院。现任柳州市第二建筑工程公司副总经理。著有《房地产综合开发的实践与思考》、《论建筑工程渗漏水的防治与补救措施》等文。

柳州市住宅建筑工程公司

吴抗异　男,36 岁,1984 年毕业于广西大学。现任柳州市住宅建筑工程公司副经理、副总工程师、高级工程师。参加研制的 OVM(含 YCW)锚固体系获广西区建委 1991 年度科技进步一等奖。论文《三向斜拉桥拉索施工》发表于《建筑施工》。

柳州市建设物资总公司

徐　坚　男,37 岁,1982 年毕业于江西冶金学院。现任柳州市建设物资总公司主任、高级工程师。著有《工程投资技术经济分析系统》等文，并全面主持建立了广西流通领域内的第一个进销存计算机管理广域网络。

柳州起重运输机械总公司

卢跃清 男，37 岁，1982 年毕业于广西机械学院。现任柳州起重运输机械总公司副董事长、副总经理、高级工程师。成果“应用系统工程原理、降低消耗”获广西企业管理现代化成果二等奖，“运用计算机进行高韧性球铁曲轴工艺设计”等 3 项成果获广西机械工业优秀工艺成果二等奖，“电液压清砂设备改造”获广西机械工业设备改造成果二等奖。著有《运用计算机程序试生产高韧性球铁曲轴》。

柳州市燃料总公司

陈　谦 男，35 岁，1982 年毕业于西南交通大学。现任柳州市燃料总公司总经理、高级工程师。曾主持 JZC350、200 型搅拌机、河西煤厂配煤生产线的改造，著有《谈谈推动乡镇企业的技术进步》等文。

柳州市煤气公司

王羡波 女，42 岁，1982 年 7 月毕业于涟钢职大。现任柳州市煤气公司安技科副科长、高级工程师。参加柳州市民用煤气第二期工程建设，著有《试论在液化气储罐检验过程中用空气进行气密性试验的可行性》等文。

柳州市财政局

文长蔼 男，42 岁，1984 年 7 月毕业于广西经济管理干部学院。现任柳州市财政局副局长、高级会计师。论文《发展中的柳州预算外企业》、《关于柳州市“菜篮子”工作建设的调查》分别刊于广西人民出版社出版的《柳州市财政四十年》、《财政与农业》。

柳州市贸易局

马谟健 男，51 岁，1994 年毕业于中共中央党校。现任柳州市贸易局宣传教育科科长、柳州市商贸培训中心副主任、高级讲师、高级政工师。著有《良好学风是教学质量的保证》等十多篇论文在有关刊物发表。

柳州机场迁建工程指挥部办公室

吴德雄 男，50 岁，1982 年毕业于广西广播电视大学。现任柳州机场迁建工程指挥部办公室科长、高级工程师。

柳州市农工商联合公司

汤菊香 女，43 岁，1985 年毕业于广西农业大学。现任柳州市农工商联合公司经营管理办公室主任、高级农业经济师。著有《围绕种养搞开发、多种经营闯市场》、《农业综合开发的新举措》、《柳州市新星达畜禽实业公司实行股份制的调查》、《综合开发，立体养殖》等文并发表于国家、自治区、市级刊物。

京都律师事务所广西分所

田广德 男，43 岁，毕业于中国人民大学。先后获律师资格，经济学硕士学位及高级经济师资格，曾任柳州重型机械（集团）公司总经理，主持参予国际性商务谈判 60 余次。现任京都律师事务所广西分所律师主任、高级经济师。著有《国际投资研究》一书。

柳州市龙潭公园

刘克青 男，54 岁，1967 年毕业于广西粮食干校。现任柳州市龙潭公园民族文化科科长、群文副研究馆员。《劈山救母》、《遨游太空》等 10 余幅年画由广西人民出版社、广西美术出版社出版，著有侗族民间美术专著《精湛的工艺，迷人的美术》由广西人民出版社出版。

柳州市雀山公园管理处

王小斌 男，36 岁，1983 年 7 月毕业于华南热作学院。现任柳州市雀山公园管理处高级工程师。主持“柳州市郁金香促成栽培试验示范”、“柳州市园林病虫害标本采集、制作、鉴定”科研项目，通过市科委组织专家组的科研成果验收与鉴定，前者获 1996 年柳州市科学进步四等奖。著有《月季黑斑病的药物防治试验》等文。

柳州技术交流站

李志节 男，37 岁，1982 年毕业于成都科技大学。现任柳州技术交流站新技术开发推广部副主任、高级工程师。长期从事热喷涂、电刷镀、组合夹具等新技术推广应用工作。著有《热喷涂技术在广西水 泥行业的应用》等文。

柳州市教育科学研究所

刘　明 男，35 岁，1982 年毕业于广西河池师专，1990 年毕业于广西师范大学。现任柳州市教育科学研究所理科室主任、中学高级教师。在市教育学会、化学学会论文评比中多次获一等奖，1995 年获柳州市第六届青年老师赛教课二等奖，1996 年获柳州市首届教研成果二等奖，1995 年获柳州市“优秀教育工作者”称号，1996 年获柳州市“优秀教师”称号。编著出版《初中化学同步学习指导与训练》、《初中毕业生心理咨询及复习指南》等十一本书并在全国等各级报刊发表了十二篇论文。

柳州市建筑设计科学研究院

陆咸玮 男，48 岁，1987 年毕业于广西工学院，现任柳州市建筑设计科学研究院高级工程师。曾主持“柳州市工商银行龙城路综合楼”(二十层)设计,并参加了“柳江路高层公寓”(二十一层)设计。

覃伟丽 女,35岁,1984年毕业于广西大学。现任柳州市建筑设计科学研究院第二设计所副所长。参与设计“柳州市车管所办证大楼”、“邮电局壶西大楼”、“商业局商贸大楼”、“工人医院高压氧舱”等工程。

柳州市农业科学研究所

张 征 男,37岁,1984年7月毕业于广西农学院。现任柳州市农业科学研究所高级农艺师。成果“推广淡季蔬菜综合栽培技术”获全国农牧渔业丰收奖三等奖、广西农牧渔业丰收奖一等奖,“柳州市万亩蔬菜大面积丰产栽培综合技术推广应用”获柳州市科技进步二等奖、柳州市科技重奖二等奖。论文《菜心杂一代新组合96—18的配制》刊于《长江蔬菜》。

柳州市渔业技术推广站

覃达由 女,45岁,1977年7月毕业于中山大学。现任柳州市渔业技术推广站副总工程师、水产高级工程师。曾先后主持和参加的科技项目13项,获奖10项,其中获国家农业部丰收奖一项,获区农业厅、区科委、区水产局成果奖四项,获市科委及市农业系统以上成果奖多项。编著有《池塘养鱼基本知识》、《庭院养殖中华鳖技术》、《鳜鱼养殖技术》、《团头鲂养殖技术》等技术资料和论文。

柳州市林业技术推广站

康 铭 男,51岁,1969年9月毕业于广西劳动大学。现任柳州市林业技术推广站副站长、高级工程师。论文《封山育林是加速绿化进程的重要措施》、《尾叶桉育苗造林技术》等文发表于《广西林业科学》。

柳州市档案局馆

覃 刚 男,42岁,1991年毕业广西电大。现任柳州市档案局馆业务指导科副科长、副研究馆员。著有《略谈我市会计档案管理的几个问题及对策》、《柳州市“三资”企业档案的调查与思考》等文。

柳州市图书馆

李 丽 女,44岁,1987年毕业于武汉大学。现任柳州市图书馆副研究馆员。编著有《图书分类》(供基层图书馆岗位职务培训用)教材。

柳州市广播电视局

高 洪 男,36岁,1983年毕业于北京大学。现任柳州市广播电视局副局长、高级工程师。著有《桂林资源环境信息系统》、《桌面视频DTV系统》、《实用非线性编辑功能的开发》、《非线性编辑系统与电视节目制作数字化》等文。

罗桂卿 女,46岁,1986年毕业于广西电大。现任柳州市广播电视局党委书记、副局长、主任编辑。编写有在国外电视台播出的专题片《山寨行》、《柳州》、《客居柳州》的解说词。在省级刊物发表《场强宣传管理,搞活内部机制》、《从观众心理谈主持人素质》、《他山之石》、《一个不可低估的活动阵地》、《信息学在新闻工作中的运用》等文。

徐柳英 女,43岁,1976年毕业于华南理工大学。现任柳州市广播电视局高级工程师。著有《场强监测对安播工作的促进作用》等文。

柳州电视台

何 路 男,32岁,1986年毕业于成都电讯工程学院。现任柳州电视台技术制作部副主任、高级工程师。著有《片头制作初探》等文。

柳州市教育电视台

欧胜光 男,46岁,1985年毕业于广西广播电视大学。现任柳州市教育电视台副台长、中学高级教师。著有《立足教育,强化管理,办好教育电视台》、《教育电视节目编辑初探》等文。

柳州市电化教育站

黄奇良 男,59岁,1964年7月毕业于广西大学。现任柳州市电化教育站站长、党支书、中学高级教师。

陈敬春 男,54岁,1978年毕业于广西大学。现任柳州市电化教育站副站长、中学高级教师。参加全国电教实验课题《电化教学促进中小学数学优化》,参加全区《动象教学法》电教实验课题、《计算机辅助小学教学》课题、《电化教学小学作文指导》课题均获验收。

黄彬林 男,59岁,1964年毕业于广西师范大学。现任柳州市电化教育站中学高级教师。

中共柳州市委党校

杨和屏 男,45岁,1980年毕业于广州中山大学。现任中共柳州市委党校副校长、副教授。参编了《中国国情丛书——百县市经济社会调查·柳州卷》,已先后撰写《当前国有企业“减员增效”的难题与对策》、《两广经济发展差距与改革开放心态反差的对比分析》等省级论文近10篇。

覃 萍 女,34岁,1991年北京师范大学硕士研究生毕业。现任柳州市委党校校委委员、副教授。著有《对企业精神文明建设的哲学思考》、《邓小平关于共产党人道德修养思想探析》、《试论邓小平的群众观》、《论社会主义精神文明的“定位”》等文。

覃庆芬 女，34岁，1986年毕业于广西师范大学。现任中共柳州市委党校副教授。著有《论发展是当代中国的主题》、《柳州市郊区乡镇企业发展新路初探》、《在市场竞争中促进企业集团的建立和发展》等十多篇省级以上论文。并分别发于表《湖湘论坛》、《深化改革论文集》、《桂海论丛》、《求实开拓奋进》。

柳州市教育学院

熊文华 男，44岁，1990年广西师范大学硕士研究生毕业。现任柳州市教育学院副院长、副教授，柳州市人大教科文卫委委员，柳州市科协常委，中国语言学会会员，中南修辞学会常务理事，广西语言学会常务理事。著有《论聚会短语的性质及汉语短语的分类》等二十余篇学术论文。

余惠霖 男，45岁，1987年毕业于广西教育学院。现任柳州市教育学院院长助理、副教授。著有：《无心型园锥曲线化简的简捷方法》、《无心型园锥曲线化简的简捷方法的程序设计》、《非零Hilbert空间必有完全就范直交系新证》、《浅谈新法作图的意义与教学》、《关于师专数学专业审美教育的思考》、《关于义务教育阶段数学教育与大众数学的若干思考》等文。

白正骝 男，49岁，1982年毕业于广西师范大学。现任柳州市教育学院勤工俭学处主任、副教授。著有《乡规民约与近代桂东南社会》等文。

孙超红 女，37岁，1981年毕业于广西艺术学院。现任柳州市教育学院美术系副主任，副教授。著有美术学论文《素描初步》、《油画教学与油画写生》、《论人体素描的教学》、《我与我的油画写生》等文。代表作品有《逝去的辉煌》、《庭院》、《农家人》参加全国美展，并载入国家级画册。

韦怀忠 男，53岁，1968年毕业于武汉大学。现任柳州市教育学院物理系副教授。著有《中学生物理竞赛准备题解答》、译著《练声技术》等。

陈 旻 男，34岁，1988年毕业于华南师范大学。现任柳州市教育学院生化系副主任、副教授。著有《蛤蚧卵巢生殖基组织学研究》、《蛤蚧卵巢结构和卵泡发育的研究》等文。

覃智华 女，49岁，1986年毕业于广西师范大学。现任柳州市教育学院副教授。著有《论生态道德与社会道德的关系》、《政府职能在增强国际竞争力中的作用》、《经济增长方式之比较与启示》等多篇论文并发表于国家、省级学术刊物。

广西商业学校

庄振权 男，48岁，1976年毕业于兰州大学，现任广西商业学校校长、高级讲师。1990年参编甘肃人民出版社出版《政治经济学问题解答》；任东北财经大学出版社出版的《消费经济新探》副主编。

莫益华 男，48岁，1984年毕业于广西民族学院函大。现任广西商业学校副校长、高级讲师。任柳州市区技校思想政治研究会会长，参加上海出版社出版的《名师授课录》的教案写作工作，有十多篇文章发表在省、市级刊物上。

韦胜强 男，39岁，1982年毕业于广西民族学院。现任广西商业学校副校长，高级讲师，广西区党史学会会员。代表作有《论毛泽东同志的民族观》、《论少数民族在抗日战争中的地位和作用》，有十多篇论文发表在省、市报刊上，先后三次代表广西参加中南六省区党史界理论研讨会。

罗耀宣 男，45岁，1977年7月毕业于武汉体育学院。现任广西商业学校体育教研室主任，高级讲师。著有《体育教师的职业道德要求》、《中专学生身体形态调查》、《学校体育“三基”教育之我见》等文。

刘仲坚 女，39岁，1982年1月毕业于广西民族学院。现任广西商业学校中专高级讲师。参加编写了国内贸易部高级营业员培训考核系列教材《柜台英语》并由中国财经出版社出版。《如何调动中专学习英语的积极性》一文获广西中专外语教研会1996年度教学论文一等奖。

何从珍 女，43岁，1986年7月毕业于广西师范大学。现任广西商业学校高级讲师。论文《论中专政治课教学艺术》发表于中国人民大学《教学与研究》编辑部编的《教学与研究论库》一书，《浅谈抗战胜利后国共两党和美国对中国统一政策的演变》发表于《政治理论教学与研究》，该论文获全国中专政治理论教学研究会1996年度优秀论文二等奖。在省、市级以上刊物发表和获奖论文十二篇。

柳州市卫生学校

袁明华 女，44岁，1990年毕业于湖南医科大学。现任柳州市卫生学校临床教研室副主任、高级讲师。著有《目标教学在内科学及护理教学中的应用》等文。

茹 红 女，42岁，1990年毕业于武汉同济医科大学。现任柳州市卫生学校检验教研室主任、高级讲师。著有《中专心理卫生状况与学业成绩的相关分析》等文。

柳州师范学校

伍学中 男，45岁，1974年8月毕业于广西艺术学院。现任柳州师范学校年级主任、高级讲师。创作有歌曲(词曲)《布谷鸟与金凤凰》、《中国跳水队队员之歌》,著有《更新观念、更新知识,迎接挑战》等文。

肖 弋 女,34岁,1984年毕业于广西师大。现任柳州师范学校高级讲师。戏剧赏析评论《大胆妈妈和她的儿女们》收入兰州大学出版社出版的中等师范学校选修教材《中外名作赏析》,小说评论《人性的张扬》收入漓江出版社出版的《赵清学创作研讨集》。

陈国梁 男,36岁,1982年毕业于广西师大。现任柳州师范学校高级讲师。著有《SRPP电子管前级的制作与心得》、《水泥音箱的制作》等文。

张 进 女,42岁,1978年毕业于广西民族学院。现任柳州师范学校高级讲师。著有《刍议中等师范学校的班级建设》、《谈师范生语文教科书的正确使用》等文。

柳州市第二职业中等专业学校

黄江碧 女,40岁,1987年6月毕业于柳州市教育学院。现任柳州市第二职业中等专业学校信息处主任,中学高级教师。著有《试论市场经济与礼仪》等文。

何小勇 女,39岁,1982年1月毕业于广西大学。现任柳州市第二职业中等专业学校中学高级教师。著有《浅谈数学差生的心理特征及对策》等文。

王 艳 女,40岁,1981年毕业于柳州师专。现任柳州市第二职业中等专业学校中学高级教师。著有论文《职业学校英语教学浅谈》。

田 昕 女,42岁,1987年毕业于江苏教育学院。现任柳州市第二职业中等专业学校政教主任、中学高级教师。论文《引导职中生进行创造性思想》刊于《教育与职业》,《培养学生进行创造性思维能力》获全国教学艺术论文二等奖。

柳州市第三职业中等专业学校

刘建四 男,42岁,1987年毕业于柳州市教育学院。现任柳州市第三职业中等专业学校副校长、中学高级教师。著有《职校制冷专业理论及技能训练》、《职校学生现状与实践教育》、《中学数学形成性测验与考试设计》等文。

方 芳 女,36岁,1981年毕业于广西柳州师范。现任柳州市第三职业中等专业学校校办副主任、中学高级教师。著有《试论教师情感在教育教学中的作用》等文。

石才棉 男,39岁,1982年1月毕业于武汉体院。现任柳州市第三职业中等专业学校中学高级教师。著有《职高体育班篮球课的组织与教学》、《浅谈直观教学中的示范问题》等文。

柳州市第四职业中等专业学校

覃星敖 男,54岁,1970年毕业于广西劳动大学。现任柳州市第四职业中等专业学校中学高级教师。论文《职业中学教学实习基地的管理》、《端正办学思想,提高办学效益》分别发表于《职教论坛》、《广西职教与成人教育》。

马庆其 男,48岁,1977年毕业于广西农大,1987年毕业于北京人文函大。现任柳州市第四职业中等专业学校中学高级教师。著有《电热水箱式孵化装置》、《如何识别注水、带病肉品》、《深化改革,更具有生命力——浅谈农职中学的发展方向》等文及楹联作品。

柳州市第二中学

彭 剑 男,35岁,1984年毕业于广西师范大学。现任柳州市第二中学教务处副主任、中学高级教师。著有《非智力因素的培养与利用》、《等效法解题技巧》、《论〈专题复习教学〉》等文。

蒙双寿 女,35岁,1984年毕业于广西师范大学。现任柳州市第二中学语文组高中部教研组长、中学高级教师。著有《教学点滴——谈教材的处理及作文训练》、《教学生学会,还要教学生会学》、《超前性、预见性、全面性——试论高考语文复习策略》、《浅谈语文课堂教学上的愉快教学》等文。

邹 瑱 女,35岁,1982年7月毕业于柳州师专。现任柳州市第二中学中学高级教师。曾获"广西第二届初中化学优质课评比"一等奖,"全国第十二次目标教学研讨会、目标教学模式课(录相课)"比赛一等奖;论文《实施目标教学,提高课堂效率》刊登于《柳州教研》。

李宁杰 男,40岁,1983年毕业于广西师范大学。现任柳州市第二中学中学高级教师。著有论文《以制作局部标本的形式,进行"昆虫纲一节"的教学》、《介绍一种实验用花粉的保存方法》、《高中生物教学应重视知识发现过程的教学》。

黄 彪 男,42岁,1982年毕业于柳州师专。现任柳州市第二中学中学高级教师。著有《初中物理教学实施科学素质教育初探》和《谈如何提高学生学习物理的兴趣》等文。

郭 茵 女,37岁,1982年7月毕业于广西师院。现任柳州市第二中学中学高级教师。著有《论对普通中学低层次班学生思想教育》、《抓好高一年级立几教学的衔接工作》等文。

周玉英 女,37岁,1982年毕业于广西师范大学。现任柳州市第二中学中学高级教师。著有《重视全面发展中的特长教育,努力提高学生整体素质》等论文。

柳州市第三中学

李 超 女，37 岁，1981 年毕业于柳州师范大专班。现任柳州市第三中学中学高级教师。

李 林 男，42 岁，1981 年 7 月毕业于河池师专。现任柳州市第三中学中学高级教师。

邱小丽 女，34 岁，1984 年毕业于广西师范大学。现任柳州市第三中学教务主任、中学高级教师。教学课《生态系统的结构》获广西生物学科录相课竞赛一等奖。著有《怎样做一个合格的人民教师》等文。

覃水凤 女，48 岁，1986 年毕业于广西师范大学。现任柳州市第三中学历史教师、中学高级教师。

邓春凤 女，44 岁，1977 年毕业于广西艺术学院。现任柳州市第三中学美术教师、中学高级教师。

江 昱 女，48 岁，1981 年毕业于柳州师专。现任柳州市第三中学语文教师，中学高级教师。

吕莉萍 女，47 岁，1982 年毕业于广西师范大学。现任柳州市第三中学英语教师、中学高级教师。

柳州市第五中学

罗瑞燕 女，37 岁，1983 年 7 月毕业于广西师范大学。现任柳州市第五中学中学高级教师，民盟五中支部主委。著有《补偿教学之我见》等文。

黄柳芳 女，39 岁，1982 年毕业于南宁师范学院。现任柳州市第五中学中学高级教师。著有《努力实施目标教学，提高英语教学水平》等文。

兰燕荣 女，38 岁，1982 年毕业于柳地师专。现任柳州市第五中学中学高级教师。著有《记叙文怎样选择写作角度》、《语文科实施目标教学的体会》等文。

柳州市龙城中学

陶 薇 女，37 岁，1982 年 7 月毕业于广西师范学院。现任柳州市龙城中学中学高级教师。论文《优良班级初探》获柳州市课题研究三等奖。

林 军 男，35 岁，1983 年 7 月毕业于广西师大。现任柳州市龙城中学中学高级教师。著有著作《高中数学 100 天》、论文《排列组合解题综述》等。

李 骥 男，34 岁，1984 年毕业于广西师范大学。现任柳州市龙城中学中学高级教师。有《中考数学复习讲座》电视教学节目，著有《转变观念，科学管理》。

蒋新华 女，48 岁，1980 年毕业于柳州师专、1990 年毕业于广西师大。现任柳州市龙城中学中学高级教师。著有《目标管理对转变差班的作用》等文。

胡河西 女，38 岁，1985 年 7 月毕业于广西广播电视大学。现任柳州市龙城中学中学高级教师。著有《广告知识与运用教学手记》、《贴近生活与学生，循循善诱而渐进》、《语文教学导语运用之我见》等论文。

黎 立 女，36 岁，1981 年毕业于柳州师范。现任柳州市龙城中学中学高级教师。著有《浅议“九义”英语教材的简笔画教学》等论文。

武继英 女，46 岁，1984 年 3 月毕业于广西民院，1994 年 12 月毕业于中央党校。现任柳州市龙城中学中学高级教师。著有电视科普剧本《神奇的电脑世界》、《好书送给你——向青少年推荐百本好书》，论文《让课堂教学发挥出更大效率》。

曾秀萍 女，38 岁，1982 年 6 月毕业于广西师范大学。现任柳州市龙城中学中学高级教师。著有《改革课堂教学，提高教学质量》、《教学工作与创建班集体》等论文。

柳州市第十二中学

刘燕荣 女，48 岁，1986 年毕业于柳州市教育学院。现任柳州市第十二中学教导处副主任、中学高级教师。著有《作文教学中的精改与多练的尝试》、《用“爱”转化后进生》、《向校友学习主题会》等论文并获奖。

张宁洁 女，40 岁，1980 年毕业于柳州师专。现任柳州市第十二中学中学高级教师。曾获广西化学优质课评比三等奖，柳州市青年教师赛教课二等奖；著有《浅谈质量守恒定律教学》、《图形在化学教学中的作用》等文，并获柳州市科技协会、教育学会优秀奖。

陆秀娟 女，42 岁，1977 年毕业于广西艺术学院。现任柳州市第十二中学中学高级教师。著有《中学阶段进行高雅音乐与通俗音乐对比欣赏教学很有必要》、《轻声歌唱教学效果好》等文。

莫素春 女，40 岁，1980 年毕业于柳州师专、1995 年毕业于广西师大。现任柳州市第十二中学中学高级教师。著有《化学总复习与能力的培养》等文。

刘陶玲 女，46 岁，1986 年毕业于柳州市教育学院。现任柳州市第十二中学教研组长、中学高级教师。著有《主导主体说与中学语文教学改革》等文。

黄现明 女，47 岁，1976 年毕业于广西师范大学。现任柳州市第十二中学教研组副组长、中学高级教师。著有《单元教学的初步尝试》、

《谈谈语段阅读的复习》等文。

柳州市第十三中学

张亚利　女，36岁，1982年毕业于广西民族学院。现任柳州市第十三中学中学高级教师。著有论文《JEFC"情景教学"例谈》。

黄镇超　女，43岁，毕业于柳州市教育学院。现任柳州市第十三中学政教主任、中学高级教师。著有论文《情景教学对激发学生学习英语兴趣的作用》。

柳州市第十七中学

罗梦军　男，52岁，1969年6月毕业于广西农学院。现任柳州市第十七中学中学高级教师。著有《加强直观教学，提高教学质量》等论著，1993年获柳州市科委教学科研三等奖。

慈龙明　男，45岁，1984年毕业于广西民院。现任柳州市第十七中学语文教研组长、中学高级教师。著有论文《分析"九义"统考试题，检讨中学语文教学》并获柳州市优秀论文竞赛鼓励奖。

刘桂珍　女，45岁，1984年2月毕业于广西民院。现任柳州市第十七中学中学高级教师。著有论文《培育学生做语文学习的主人——提高中学语文教学效率的尝试》。

黄利丽　女，43岁，1984年毕业于广西民族学院。现任柳州市第十七中学中学高级教师。著有论文《兴趣教学——语文教学成功的法宝》。

佘建秀　女，43岁，1986年7月毕业于广西电大。现任柳州市第十七中学初三年级组长、中学高级教师。著有《研究学生心理，探讨记忆规律》、《浅谈平面几何的入门教学》等文。

柳州市第十九中学

秦迪兴　男，47岁，1987年毕业于柳州师专。现任柳州市第十九中学副校长、中学高级教师。著有论文《品德后进学生的表现成因及教育》。

黄晓峰　男，47岁，1981年1月毕业于广西河池师专、1990年7月毕业于广西师大(文学学士)。现任柳州市第十九中学中学高级教师。著有《"雄兔"四句探微》、《试论莎士比亚悲剧中的几个妇女形象》等论文。

柳州市兽医站

黄秀军　女，53岁，1964年8月毕业于广西农业专科学校。现任柳州市兽医站高级兽医师。参加"中国株猪瘟兔化弱毒克隆苗中试项目的试验研究"，荣获自治区教委1996年度科技进步一等奖。代表作论文《应用柔嫩艾美耳球虫苗预防球虫病的试验》刊于《上海畜牧兽医通讯》。

陈　强　男，43岁，1979年毕业于广西农学院。现任柳州市兽医站高级兽医师。著有《新型生物制剂华星宝防治小鸡白痢研究》、《柳州市家畜氟乙酰胺中毒案的调查报告》、《阿维菌素驱治小猪蛔虫效果研究》等文。

柳州市中西医结合医院

谢月莲　女，45岁，1974年毕业于桂林医学院专科。现任柳州市中西医结合医院副主任、副主任医生。著有《144例过期妊娠分娩方式的分析》、《75例臀位分娩方式的分析》等文。

柳州市卫生学校附属医院

李万浪　男，38岁，1982年12月毕业于广西医学院。现任柳州市卫生学校附属医院外科副主任、副主任医师。著有《阴囊中隔带蒂皮条法一期手术治疗先天性尿道下裂》等文。

姜立军　女，50岁，1983年毕业于广州军医学校。现任柳州市卫生学校附属医院眼科副主任医师。著有《晶体源性青光眼临床分析》、《恶性青光眼的防治》等文。

柳江县水电局

陈自宁　男，53岁，1967年毕业于广西水电学校，1985年毕业于广西大学。现任柳江县水电局设计室高级工程师。论文《小型水轮发电机组防飞车负载的改进》、《水力资源最优开发方案的简捷判定》分别发表于《电世界》、《中国农村水利水电》。

柳江县林业技术推广站

徐瑞成　男，45岁，1977年毕业于广西农学院。现任柳江县林业技术推广站站长、高级工程师。代表作有《广西柳江县珠江流域防护林体系建设工程造林总体设计》、《柳江县经济林基地造林总体设计》。

柳江县人民医院

潘光漪　男，51岁，1983年7月毕业于中山医科大学。现任柳江县人民医院副院长、内科副主任医师。著有《迟发性有机磷农药中毒(附22例分析)》、《复发性脑出血(附21例分析)》、《二氧化碳激光治疗痔疮43例》(县科技进步三等奖)、《上消化道出血101例临床分析》等文。

刘明祥　男，37岁，1983年8月毕业于广西医学院。现任柳江县人民医院副院长、副主任医师。论文《上消化道出血治疗进展》(综述)、《用大网膜填塞治疗肝脓肿6例临床体会》均发表于《广西医学选编》。

周炳忠 男，50岁，1974年7月毕业于广西医学院。现任柳江县人民医院内科副主任医师。著有《酚妥拉明与丹参治疗肺心病36例观察》、《充血性心力衰竭药物治疗的进展》等文。

覃树相 男，53岁，1967年8月毕业于桂林医学院。现任柳江县人民医院口腔科主任、副主任医师。著有《牙周病前牙列畸形的矫治》、《氟防龋的机制和方法》、《3624例牙列缺损统计分析》等文。

柳江县教育局

陈 剑 男，45岁，1986年7月毕业于广西师大。现任柳江县教育局教研室中学高级教师。著有《浅谈备课中的“三层次”和“两设计”——政治课教学的一点体会》等文。

梁汉达 男，47岁，1988年毕业于柳州市教育学院。现任柳江县教育局中学高级教师。著有《从青年教师的培养看整个教师队伍的建设》等文。

柳江县中学

周秋燕 女，35岁，1983年毕业于柳州师专、1994年毕业于广西师大(函授)。现任柳江县中学教导副主任、中学高级教师。著有论文《数形结合在解题中的作用》、《数学教育与素质培养》。

吴晓宁 女，37岁，1981年7月毕业于柳州师专。现任柳江县中学中学高级教师。著有论文《谈谈兴趣的培养》、《“量变、质变规律”在物理教学的应用》等文。

李 霜 女，35岁，1983年毕业于广西师大。现任柳江县中学中学高级教师。著有小说《古陌荒阡》、《陌生的客人》、《戏弄》等。

黄桂敏 女，39岁，1980年12月毕业于柳州师专，1995年7月毕业于广西师大(函授)。现任柳江县中学化学教研组长、中学高级教师。著有论文《摩尔法解题原理及解法例析》，参加编写《高中化学疏导与训练》的第二、三册。

柳江县第二中学

周秋玉 女，48岁，1986年毕业于柳州市教育学院。现任柳江县第二中学中学高级教师。著有《怎样使学生主动发展——语文素质教学浅谈》、《寓德育于语文教学中》等文。

柳江县拉堡中学

刘水珍 女，42岁，1982年7月毕业于广西民院。现任柳江县拉堡中学中学高级教师。著有《应这样理解“价格由市场决定”》等文。

柳江县进德第二中学

覃振利 男，45岁，1977年7月毕业于广西民族学院。现任柳江县进德第二中学副校长、中学高级教师。著有《在学习实践中探索办学思路》、《浅谈教师课堂情绪与教学效果》等文。

柳江县成团中学

刘新旭 男，55岁，1989年高教自考中文专业毕业。现任柳江县成团中学教导主任、中学高级教师。著有《鸡郎鸭妹》、《弘扬雷锋精神，让人间充满爱》等文，前者获广西壮族自治区戏剧创作三等奖。

柳江县百朋中学

覃有全 男，50岁，1985年7月毕业于柳州师专。现任柳江县百朋中学中学高级教师。著有《认真研究实验，激发学习兴趣》等文。

韦永伞 男，39岁，1985年7月毕业于柳州师专学校。现任柳江县百朋中学校长、中学高级教师。著有《例说课本习题的妙用》等文。

柳江县科技情报研究所

蓝仕祝 男，41岁，1984年7月毕业于柳州师专。现任柳江县科技情报研究所中学高级教师。著有《英语书信浅谈》、《初中英语基础知识、阅读理、完形填空训练》、《中考模拟试题》、《英语听、说、读、写、教学初探》等文。

柳江县土壤肥料站

陶 胜 男，35岁，1988年毕业于广西农大。现任柳江县土壤肥料站站长、高级农艺师。成果“镁肥在广西农业持续发展中的作用研究”获区科委三等奖。著有《磷肥对水稻的效应及最佳用量》、《钾肥和稻草对水稻生长及产量的影响》等文。

柳江县三都镇农业技术推广站

熊梦豪 男，52岁，1986年11月毕业于广西农学院。现任柳江县三都镇农业技术推广站站长、高级农艺师。广西《千万亩水稻节水灌溉技术开发》项目获1996年度国家科技进步一等奖。著有《科灌是夺取杂交水稻高产的关键性技术》。

柳城房地产管理所

梁碧玉 女，44岁，1978年毕业于广西大学。现任柳城房地产管理所所长、高级工程师。参加801工程、云南8457工程、酒泉基地工程等国防工程的设计与施工。

柳州市政府驻外地办事处、联络处

驻北京联络处
地址:北京市朝阳区延静里 12 号楼
电话:010—65065221　65069783
邮编:100022
交通:火车站 乘 9 路车至金台路站
联系人:黄树光(主任)

驻上海联络处
地址:上海市闸北区晋元路 88 号(浦联公寓)2 号楼 705 室
电话:021—63542507　63542506
邮编:200070　(01391789768)
交通:火车站乘 902 路车至新疆路站
联系人:张向阳(副主任)

驻厦门办事处
地址:厦门市湖滨南路 258 号鸿翔大厦 18—C
电话:0592—5057511
邮编:361004　5185300
交通:火车站乘 1 路车至新村站
联系人:李元瑜(副主任)

驻北海办事处
地址:北海市广场西里中龙公寓五单元三楼
电话:0779—3038595
邮编:536000
交通:
联系人:樊　杰(副主任)

驻深圳联络处
地址:深圳市爱华路绵绣新居三栋 10 号房
电话:0755—3325403(白)
3325474(晚)
邮编:518031
交通:火车站乘中巴 416、421、423 至爱华市场
联系人:丁度贤(主任)

驻广州办事处
地址:广州市西华路 523 号广西外贸广州中心七楼
电话:020—81095825　81095299
81095087　81095976
邮编:510170
交通:火车站乘 31 路车至西华路口站
联系人:陈国铨(副主任)

驻珠海办事处
地址:市拱北侨光西路广发花园 13B—304 房
电话:0756—8878921
邮编:519020
交通:
联系人:张寿升(主任)

驻海口办事处
地址:海口市滨海大道花园新村 A2 栋 502 号
电话:0898—6776094
邮编:570105
交通:
联系人:韦炳祥(主任)

驻南宁办事处
地址:南宁市民生路青云街 34 号
电话:0771—5323596(13977228729)
邮编:530021
交通:火车站乘 10 路车至商业厅
联系人:樊　杰(主任)

柳州市主要旅游景点

【柳侯公园】　在柳江北岸中心广场东侧。始建于 1906 年,是纪念唐代著名思想家、文学家柳宗元的地方,内有柳侯祠、柳侯墓、罗池等古迹。通过扩建、修缮古迹,增设亭台等,现已发展成占地 15.5 公顷的综合性文化公园。柳侯公园分为南、北、中三个景区,南部为文化古迹区,唐宋的陈迹、明清的石刻,历代修葺的建筑和参天的古木融为一体,古色古香;中部为文娱活动区,内有儿童游艺场、人工湖、动物园等,儿童游艺场项目齐全,设施新颖,是全市最大的儿童乐园;北部为花卉盆景区,位于该区北端的“山水来归”盆景园,虽为人作却无造作之感,回廊水榭,亭阁清池,石山草地,平流跌水,石刻联匾,极具岭南园林特色。近年来,公园兴建以柳宗元文化为主题的人文景观,开办郁金香、金色田野等花卉造型展,满足了游人不断增长的“求知识,求新奇,求乐趣”的旅游需求。

【鱼峰公园】　位于柳江南岸的鱼峰路南端东侧。园中有一石山平地崛起,突兀耸秀,相对高度 68 米,环麓 500 米,唐代文学家柳宗元称其“山小而高,其形如立鱼”,故名立鱼峰,鱼峰公园以立鱼峰而得名。山上花树峥嵘,阁亭竟彩,山中七个岩洞彼此相通连贯,古人称云“灵通七窍”。山麓有小龙潭,波平如镜,清冽可饮,水位随柳江涨落,于潭畔俯览仰观,潭峰相映,如巨鲤跃立潭面,神形兼备,人称“南潭鱼跃”,为柳州旧八景之一。唐宋以来,这里就是游览胜地。明代有山寺僧人在此种树,迨至清代遂成远近游客云集观赏的园林佳境。柳州解放初期即开辟游览,现已成为占地 3.9 公顷,以刘三姐(壮族歌手)民间传说为主要内容的全市性公园。公园划分为登山游览,沿潭休憩、花卉盆景三个景区,天造地设的“南潭鱼跃”,色泽淡雅的亭台楼阁,可游可憩可观的盆景石玩馆,漱玉流霞的叠泉飞瀑,情景交融的登游题诉,遐迩驰名的山歌遗风,使鱼峰公园擅一方之胜。最近,为提高刘三姐文化品味,具有光、声、像等时尚效果的刘三姐文化景点在规划建设中,游人来到这里,他们的思绪将被带向歌仙传歌的年代。立鱼峰还兴建了夜间泛光造景的光照景观,山体在夜间照样展示其秀丽的姿容,另外鱼峰山至马鞍山旅游观光索道也投入了运行,“南天佳丽两奇峰,鱼峰索道一线牵”,拓展了园林空间和增加了动态效果。名山注入现代气息,鱼峰公园对中外游人将具有更大的吸引力。

【马鞍山公园】　位于柳江南岸的屏山大道西段南侧,西邻鱼峰公园,面积 13.5 公顷。园中一奇峰雄峙,海拔 270 米,为市区第二高山,因形似马鞍,故名马鞍山,公园以马鞍山而得名。马鞍山又名天马山,每逢雨季,云遮雾障,远眺之如“天马腾空”,为柳州旧八景之一。山上名胜

古迹很多，有仙弈岩、罗汉洞、梓潼岩、思柳岩、寿星岩、灵泉寺、仙人棋盘、仙人脚印；还有宋代以来历代名人、游客题咏的摩崖石刻32方，其中宋宰相王安中记述山西麓灵泉寺盛况的《新殿记》碑刻是柳州佛教和建筑的史籍，弥足珍贵。灵泉寺现是尼姑住持，佛像重光，晨钟暮鼓，每日来寺朝佛、旅游者络绎不绝。寺东面的枝峰是明代地理学家徐霞客曾游历过的地方，《徐霞客游记》中记述很详。沿石径从北面拾级而上，山腰有“伴仙亭”，亭柱有联“尘世几沧桑棋盘尚在仙人渺；江山饶雨露天马当逢棋手来”，相传八仙中的汉钟离和吕洞宾常在山上饮酒下棋。差近山顶处的仙弈岩，俨如广厦，岩内石柱、石幔、石花似人状物，千姿百态，柳宗元曾到此登临游览，他在《柳州山水近治可游者记》中用了近半的篇幅描绘了马鞍山，对仙弈岩记述尤详。登临山顶，鸟瞰柳州，“柳江西北来，回环若襟带”的美丽风光，柳州全景尽收眼底。近年来，公园新建了凌云阁、弈趣亭、天马山庄、天马仙踪石牌坊、志在青云山门等景点，巧借山景，构成优美的园林空间形象，各景点还点缀了摩崖石刻、楹联匾额，引人伫足共鸣。随着夜间泛光造景系统的完成和鱼峰山至马鞍山旅游索道投入运行，马鞍山这座南天奇峰变得更富神韵，更具魅力。

【龙潭公园】 位于柳州市区南部，距市中心3公里。是一个集自然山水园、民俗文化村、岩溶植物园的特色于一身的省(自治区)级风景名胜区。园内群山环抱、林木苍翠，廿四峰形态各异，有“美女照镜、青狮戏球”等奇景。从雷山绝壁之下涌出一泓清泉在雷、龙二山之间汇积成潭，潭水蜿蜒穿园而过，杳然消失在溶洞之中。雷龙二潭水温终年在18℃～22℃间，每逢隆冬，水汽弥漫，烟波缥渺，宛如仙境，世称“双潭烟雨”。相传雷、龙二神在此司掌雷雨，故又名“雷龙胜境”。唐代柳州刺史柳宗元曾为民祷雨於此，著有《雷塘祷雨文》传世，明代兵部右侍郎张翀钓台和摩崖诗“山下清泉出，林间白发来，寒云如可卧，不必问蓬莱”至今犹存。全园划分为九个景区，总面积为544公顷，在东北部的民族风情区，极富少数民族特色的龙潭风雨桥，侗寨鼓楼、壮族民居，苗族芦笙坪、瑶族火堂、傣族餐厅等村寨建筑散落在青山绿水间，空间形象十分优美，“广西民族文化四绝”的壮歌、瑶舞、苗节、侗楼也都荟萃于此；西部的龙潭胜迹区，恢复了唐、明、清历代古迹，楼阁台榭、碑亭庙宇，殊檀古典园林之胜。其它景区和以整个公园为范围的大型专类植物园也都在加紧建设之中，最近，公园总体规划进行了调整，增建一批内涵丰富的园林景点；在突出广西少数民族风情特色的基础上，刻意反映我国少数民族(包括台湾高山族)丰富多彩、别具特色的风光、习俗、文化传统和建筑艺术，并增加让游人亲身体验或参与的活动。另外，在植物景观，动物景观、水体景观上也增色不少，目前正申报国家级风景名胜区，龙潭公园已成为国内外旅游观光者到柳的必游之处。

【雀山公园】 在市北郊工业区。园中一山峰拔地而起，海拔180.40米，形似雀儿振翼，故名雀儿山，公园以雀儿山而得名。面积84.79公顷，其中水面20.71公顷，园内“浓遮树暗一园绿，艳照霞明半壁红”景观被命名为“雀山霞蔚”，为柳州新八景之一。雀儿山是柳州名胜，自古就有“北雀轩昂驾鹤高”的赞誉，是“县城之主山也”(《柳州县志·山川》)，早在隋代，雀儿山一带就是柳州故城。公园东西环水，沿湖广植桂花、九里香、水蒲桃等树木，每当清风轻拂，湖岸绿云舒卷，花香暗浮。风姿绰约的清漪阁、虹影桥、玉带桥、雀舫、清荫佳处亭等园林建筑隐现在丽水蜿蜒、林木挺秀的人工湖区，犹若画卷，陶醉游人。北面的雀儿山，沿迂回曲折、野趣横生的盘山石径可直上山巅，山上有揽秀亭、塑藤天梯等景点，差近山顶处的摩崖“雀山霞蔚”、“凌霄”气势恢宏，引人遐思。1993年，先后建成有12个娱乐项目，占地3万平方米的水上世界游乐中心和有26个场景、占地2万平方米的《西游记》艺术宫，使雀山公园成为一处大型的综合性的娱乐中心。目前，一个集游乐文化和科普文化为一体的趣味植物园也正在规划建设中。以自然山水为主，富有现代园林特色的雀山公园充满了勃勃生机，成为柳北工业区一颗绿色的明珠。

【都乐公园】 位于柳州市东南12

大龙潭风光　　园林局供稿

公里的都乐村旁，是一个以洞景取胜的自然山水园。因以岩洞见胜，都乐公园习称都乐岩。它于1973年被发现，1974年开发游览，辟为公园，面积为140公顷。园内有46个岩洞，目前开放的盘龙、通天、水云、乐寿四个岩洞，被誉为“大自然的奇幻艺术之宫”。四个岩洞一线相连，洞内总游程700多米，洞中钟乳石形态奇特多变，石质纯洁，石笋、古柱、石幔、石花触目皆是，著名洞景“山村晨曦”、“三姐对歌”等，造化神功，令人叹为观止。洞外，群山环抱，清溪蜿蜒，绿树成荫，湖光潋滟，亭阁疏落，农舍棋布，小巧玲珑的龙珠山下已建成中国第一座凿山勒石的现代书法碑林，各书法高手的墨宝真迹，令人流连。在公园的东西部开发了新景区，简洁明快的新大门、造型新颖。极富民族特色的都乐桥，疏密有致的河岸卵石滩和正在建设的纪念林、情侣岛等景点，以及绿化、彩化大景观，把公园装扮得花团锦簇，呈现一派田园风光。

【蟠龙山公园】 蟠龙山又名宝塔山，“东有宝塔西有鹅，南有马鞍北有雀”，蟠龙山自古就是柳州风景名胜宝地。公园面积11.5公顷，其中山体投影为10.93公顷，设东西两边入口，东门建在蟠龙山东峰山麓，西门建在柳东水厂南侧。在蟠龙山中峰建文光塔，在临江枝峰（西峰）建蟠龙塔和恢复古东林洞、盘古庙、王氏山房，并在山麓恢复“榕荫古渡”和“山川并茂”牌坊。园内分佛教文化区、道教文化区、儒家文化区、上古文化区、地方文化区。“文光塔”、“蟠龙塔”风格各异，互为对景，如双剑插空，入夜塔檐彩灯闪烁，交相辉映，如繁星飞聚。“晶远亭”、“致远亭”、“怡然亭”、“夕照亭”、“东林洞”、“山川并茂牌坊”、“岫秀廊”等园林景点相继竣工，公园初具规模。

盘古庙原在蟠龙山西北麓，后被日机炸塌圮毁。现至临江枝峰近山巅处。庙宇座南朝北，占地150平方米，墙体为清水砖筑砌，硬山顶，山墙有彩绘、浮雕，屋面饰青黄色琉璃瓦，正脊花饰古朴大方，庙门为镂花木门，窗牖镶嵌花格，古色古香。庙内中座供奉凹头呈双角、赤身腰围树叶、一手托日、一手捧月、脚踏山岳的盘古神像，神像身后绘有混沌初开、云气山河壁画。中座的左右两庑塑有女娲、伏羲、燧人、神农、有巢、轩辕等神像，神像身后饰”夸父追日”、“女娲补天”、“共工触山”彩绘。庙门外山石有“人之初”摩崖，门边悬“混沌初开天地神人尊盘古；乾坤久奠苗瑶壮汉敬轩辕”联，廊柱题“始则同源旋而衍派百族发祥天地阔；怡然取火喜或营巢万家竞秀古今中”对，门匾“盘古庙”为集古人颜真卿字制成，走廊内墙塑有书卷浮雕，上勒“开天辟地”，庙宇上古文化氛围十分浓郁。

1995年8月，古迹王氏山房复建竣工，山房为仿古园林建筑，建在西峰临江石壁原址之上，占地30平方米，两层、两进，依山就势，两次悬挑，气势不凡。山房悬“地以人传，书馆江山饶胜概；贤因学著，鸡窗灯光奋残年”楹联，令人缅怀历史上第一个宣称“柳之山川甲天下”的前贤王启元。

1995年6月，建在蟠龙山东峰山麓的“文昌阁”竣工。楼阁为传统仿古园林建筑，4层，占地为80平方米，建筑面积115平方米。底层有文昌帝君、魁星点斗和诸子百家雕塑，阁北则有“直上青云”摩崖。朱漆大柱上题“八方仰文宗，拜育雏深恩，地变荒芜惊四海；一阁饶画景，羡蟠龙厚幸，名随古像播千秋。”、“文化总缘多士盛；昌时因有百家贤。”诸联，凸现了历史文脉。楼阁顶饰绿色琉璃、白色宝顶，建筑背负青山、依山就势，雄浑之中透出几分灵气。

【箭盘山奇石园】 位于屏山大道中段北侧，北与京港房屋开发区为邻，面积4.25公顷，其中水体1.24公顷，绿化面积1.22公顷。广西境内多奇山秀水，奇石资源十分丰富，以柳州一带石种最多、数量最大、形、色、质、纹观赏要素特色鲜明，变化无穷，全国各地乃至海外癖石者和以经营奇石为业的客商，慕名前来求购者，络绎不绝，“柳州奇石甲天下”之说，渐为爱石、赏石、藏石、论石者所公议。以反映广西奇石文化为造园立意的箭盘山奇石园，是广西首座观赏石景园，该园以展石为主，兼具休憩、游赏功能。奇石园西大门为主要入口，占地400平方米，建筑梁架显露、仿竹仿木、直坡屋顶、通透空朗，空间形象优美，富有民族特色，门额题匾“箭盘山奇石园”和“泉石云鹤”，门柱题联“山诚有味凭甄赏；石不能言任品猜”、“天

都乐书法碑林　　园林局供稿

空海阔山无俗;地利人和石有灵”。进入大门“激流勇进”石景迎面而来,动静理水,聚散叠石,宛如天然景观,用石量达800多吨;南面大草坪上疏植桂花、米兰、茶花、南洋杉、皇后葵等,其间点缀柳州风化景石;东面是卵石景区,最大的一块重约10吨,这些形态各异,大小不一,色彩斑斓的卵石群在潺潺的溪流中显得多彩多姿;北面即为柳州名胜——箭盘山,山下的箭盘湖,建有水榭、小桥,湖的南岸耸立着“八桂奇石馆”,建筑占地700平方米,建筑面积1400平方米,挑梁吊柱,外墙堆塑竹木,青灰琉璃饰顶,极具桂中少数民族民居风格。该馆高三层,一层有展厅、易石斋、石友斋,二层为展厅,三层为“藏珍阁”,可一次性展出1800余件大小石玩,入口处悬匾“八桂奇石馆”和“石我交融”,门柱挂联”奇石贵天然虚实肥瘦皆无价,精品在人为形色质纹自有情”。1994年11月,中国第二届赏石展在柳州开幕,1700多件来自长江以南各地的奇石精品在这里大放异彩,吸引了国内外许多石友和客商。

【鹅山公园】 在柳州火车南站西北侧,东距柳江2公里。园中一奇峰雄峙,南北长700米,海拔302.93米,为市区第一高山,因形似鹅,故名鹅山。公园以鹅山而得名,面积13.33公顷,是一个以游艺娱乐为主,具有喀斯特自然地貌和龙城悠久历史内涵的区域性公园。唐柳宗元《柳州山水近治可游者记》曾记载鹅山,并有他的《登柳州鹅山》五言诗传世。明代地理学家徐霞客亦到此游历,并将此山载入《徐霞客游记》中。人们常以“鹅山柳水”来概括柳州的山光水色,每遇大雨,半山石槽飞瀑倾泻,是为柳州古八景之一的“鹅山飞瀑”景观。山体东侧,笔直陡立,崖丹壁赤,在阳光映照下会出现状若明霞之丹霞地貌奇景观。该园主要景点有,广西第一缆——观光索道缆车、柳宗元读书洞、笑佛、闻笛亭、冠亭、风雨亭、山顶综合大世界、水上游乐园等,到鹅山游览,“入门皆胜境,前往尽奇观”。

【柳州“外滩”】 柳州外滩位于柳江大桥南端东西两侧江岸,东从文惠桥起,西至谷埠街口,南靠驾鹤路、飞鹅一路,北临柳江,属沿江开放性公园。以其独具特色的自然风光和园林景观被称之为“柳州外滩”,总面积达7.3公顷。根据江岸地形高差大的特点,结合柳江两岸优美的山水景色和城市风貌,建设者们按分隔、联系、对比、调和、质感、色彩、韵律等园林构图原理对亭台、栏杆、喷泉、路灯、植物、景石以及服务设施等进行精心布局,以远山近水为大背景,采用借景、对景、障景、夹景、框景、点景等园林手法,创造出一种简洁、朴素、淡雅、明快的风格,形成步移景异、景随境出、多视角、多层次的园林空间环境,产生亲切的景观效果。建筑采用既有民族传统神韵,又有时代气息的风格,色彩上“一清二白”;绿化树种突出棕榈科的植物,以创造亚热带植物风光,同时,大量种植米兰、含笑、白兰、桂花等香花植物。主要景点有长乐亭、汇景亭、古码头、下沉式广场、彩色喷泉、树石花台、大草坪、柳州——恩贾梅纳友谊树等。“柳州外滩”造园风格朴实无华,园林布局法度井然,现代装饰流光溢彩,花草树石野趣横生,园林景观入理、入味、入画,堪与名园媲美。

柳州“外滩” 园林局供稿

急用常用电话

急用电话

火警 119 报警 110

交通肇事 122

医疗急救电话

柳州市第一人民医院急诊室 2821020

柳州市工人医院急诊室 3815345

柳州市中医院 2827772

柳州市红会医院 2825195

柳州地区医院急诊室 2531767

柳铁中心医院 3923457

解放军一五八医院 3123128

常用电话

管道煤气柳北管线所办公室 2823425 值班室 2823426

路灯管理所 3834667 3835129

自来水公司调度室 2811044

供电局配电调度室 3836955

有线电视故障查询台 2800207

火车站问讯处 3614922

天气预报信箱 16810001

民航售票处 3824409 3831604 2865976

举报中心 2822625

打 假 3111824

柳州市“3·15”行动指挥中心

地址：市工商局内
电话：3150315
投诉范围：消费者在吃、穿、用、住、行、娱乐、医疗、保健或接受服务时合法权益受到损害的；根据“消法”经营者应履行“10项条款规定的义务”但没有做到的；农民购买、使用农业生产资料时合法权益受到损害的。
举报范围：制售假冒伪劣，不正当竞争、走私贩私和其它违法违章行为。
值班时间：早上8点至晚上8点，节假日照常。
向社会承诺：有诉必接，有勤必出，有案必办，有假必打。按“快、严、公”运作。

柳州市机关作风整顿投诉中心

地址：市三中路政府大院内
电话：2809999
整顿范围：柳州市、县（区）各级党政机关及所属单位，重点县处级领导班子，科以上领导干部和掌管人财物的部门及执法“窗口”服务单位。
整顿内容：思想观念、精神状态、工作方式、工作作风。

’98消费者购物放心店

东风商城
五星商厦
中百商城
柳州工贸大厦
龙城大厦
柳州五交化商场
鱼峰电器商场
东风化工经营部
中糖人民商场
中糖南站商场
中糖新华商场
柳州五交化中心商场
惠客隆商场
信诚商场
喷泉商行
现代厨具商场
银凌电器设备有限公司
佳用超级大商场
佳用龙城化妆品城
佳用柳北超市
佳用飞鹅超市
佳用南站商场
中百超市
柳州市通用电器公司
柳州市摩托车经营公司（驰骏车辆经营有限公司）
柳州市海峰制冷设备有限公司

交　通　信　息

民航柳州站夏秋航班时刻表

（98.06.14—98.10.24）

航班号	机型	班期	航站	离站	到站	航站	离站	到站	航站
CZ3305/6	B757	每天	广州	1905	2000	柳州	2050	2140	广州
CZ8843	B737	周日	汕头	1520	1640	柳州	1720	1825	昆明
CZ8844	B737	周日	昆明	1905	2010	柳州	2100	2215	汕头
CZ3147/8	B737	周二、日	北海	0840	0930	柳州	1700	1800	北海
CZ3147/8	B737	周二、日	柳州	1010	1255	北京	1335	1620	柳州

欢迎乘坐民航班机

	客票价	货运价
柳州——北海	400元	3.2元/公斤
柳州——广州	500元	2.4元/公斤
柳州——昆明	650元	4.29元/公斤（45公斤以下） 3.43元/公斤（45公斤以上）
柳州——汕头	750元	按票价千分之八
柳州——北京	1360元	

民航售票处地址：八一路98号　Tel：2865976　2865977
飞鹅路6号　Tel：3831604　3824409
民航货运处地址：白莲机场内　Tel：3829501

柳州火车站旅客列车时刻表 自1998年10月1日起实行

车次	列车种类	始发站——终到站	到达时刻	开车时刻	车次	列车种类	始发站——终到站	到达时刻	开车时刻
K5	快速	北京西—南宁	13.25	13.45	K6	快速	南宁—北京西	14.19	14.35
36/7	特快	广州—柳州	10.31	——	38/5	特快	柳州—广州	——	15.10
121/6/3/1	特快	成都—北海	0.59	1.25	122/5/4/2	特快	北海—成都	23.27	23.43
157	特快	北京西—柳州	20.35	——	158	特快	柳州—北京西	——	10.55
179	特快	上海—柳州	6.44	——	180	特快	柳州—上海	——	15.39
181	特快	上海—昆明	4.31	4.51	182	特快	昆明—上海	13.17	
201	特快	桂林北—南宁	10.46	10.58	202	特快	南宁—桂林北	12.42	12.55
318/5	普快	西安—南宁	17.56	18.09	316/7	普快	南宁—西安	11.19	11.40
337	普快	郑州—昆明	9.30	9.51	338	普快	昆明—郑州	21.38	22.02
364/5	普快	广州—昆明	7.22	7.39	366/3	普快	昆明—广州	13.53	14.06
379	普快	无锡—南宁	18.26	18.40	380	普快	南宁—无锡	20.00	20.17
457	普快	南昌—柳州	11.57	——	458	普快	南宁—南昌	18.30	18.50
461	普快	武昌—湛江	10.05	10.22	462	普快	湛江—武昌	19.28	19.44
473	普快	襄樊—柳州	12.36	—	474	普快	柳州—襄樊	—	16.20
486/7	普快	广州—贵阳	17.14	17.37	488/5	普快	贵阳—广州	23.41	0.02
.503	普快	张家界—湛江	7.37	7.57	504	普快	湛江—张家界	19.14	19.32
588/9	普快	贵阳—湛江	2.32	2.50	590/587	普快	湛江—贵阳	1.01	1.18
591	普快	长沙—湛江	4.00	4.13	592	普快	湛江—长沙	22.18	22.31
605	普快	柳州—茂名	——	20.10	606	普快	茂名—柳州	21.36	——
607	普快	桂林北—湛江	22.20	22.45	608	普快	湛江—桂林北	6.24	6.47
619	普快	柳州—南宁	——	7.25				——	——
831	普客	柳州—金城江	——	7.58	832	普客	金城江—柳州	18.11	——
833	普客	柳州—黎塘	——	18.52	834	普客	黎塘——柳州	10.43	——
835	普客	融安—柳州	11.47	——	836	普客	柳州—融安	16.05	—
837	普客	井头圩—柳州	20.00	——	838	普客	柳州—井头圩	——	7.25
843	普客	柳州—金城江	——	15.45	844	普客	金城江—柳州	11.15	——
845	普客	老堡—柳州	20.43	——	846	普客	柳州—老堡	——	7.07

（何志杰）

1997年柳州市开行区外汽车客运班线

广州 番禺 深圳 珠海 顺德 江门 新会 台山 普宁 开平 中山 信宜 高州 罗定 阳江 大亚湾 海安 肇庆 宝安 龙华 恩平 汕头 道县 加禾 江永 武岗 从江 郴州 都匀 利波 昆明 贵阳 黎平 榕江 长沙 邵东 富宁 开远

1997年柳州市开行区内各县(市)汽车客运班线

三江 融安 融水 柳城 鹿寨 金秀 象州 武宣 来宾 合山 江口 导江 忻城 金城江 宜山 罗城 南丹 大厂 都安 大化 环江 泗顶 巴马 凤山 东兰 天鹅 百色 田东 平果 钦州 防城 灵山 东兴 拉烈 防城港 北海 合浦 荔浦 灌阳 平乐 永福 桂林 灵川 三定 永安 临桂 兴安 恭城 资源 龙胜 阳朔 上林 宾阳 凭祥 武鸣 梧州 贺县 钟山 蒙山 富川 藤县 岑溪 昭平 玉林 平南 桂平 贵港 博白 北流 容县 陆川 横县 浦北

柳州水运航线：

客运航线于1997年7月停航

货运航线：

固定航线 柳州至香港(澳门)全程1001公里。

不固定航线 柳州、梧州、佛山、肇庆、广州、深圳、珠海、江门等。

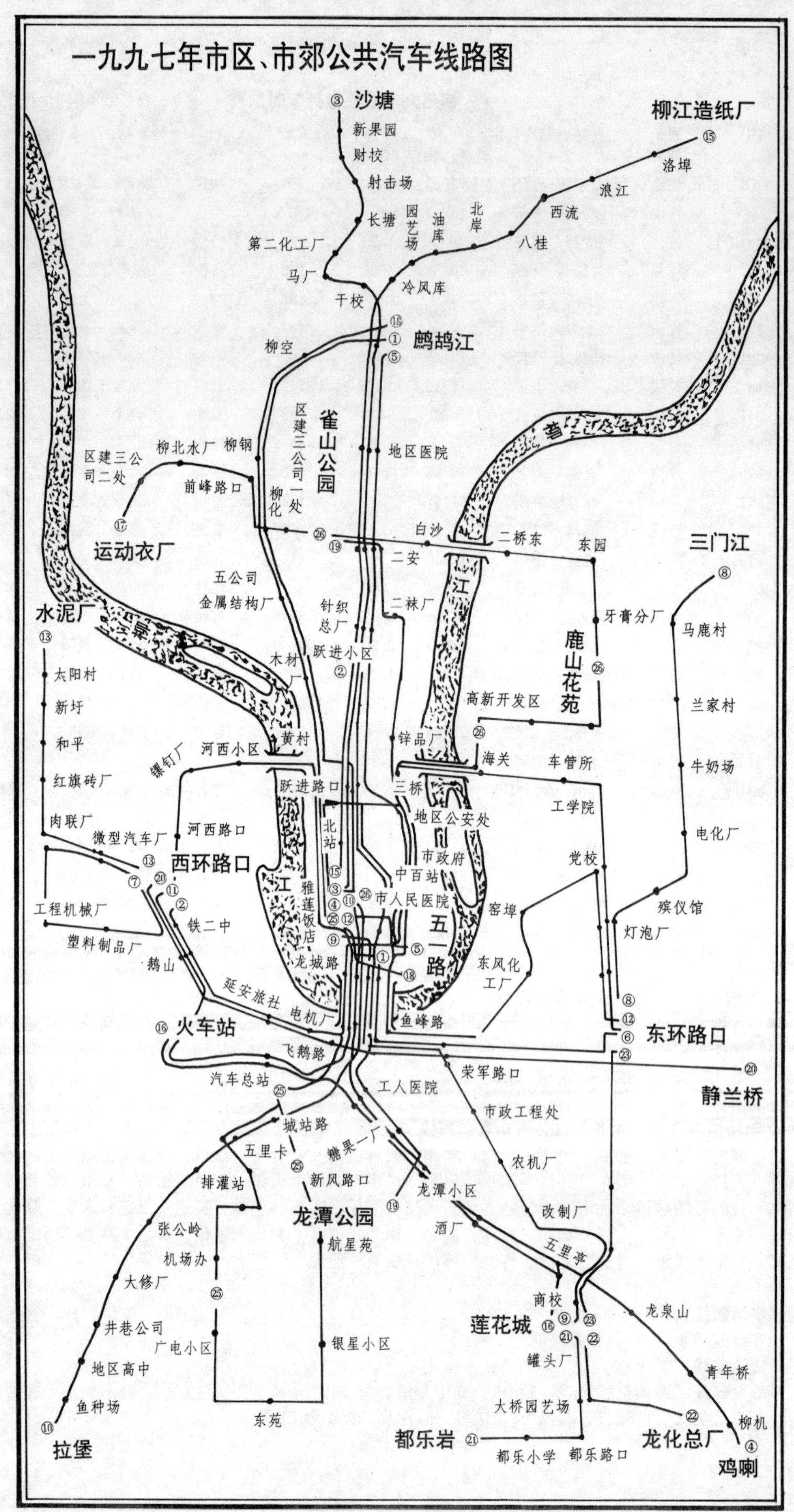
一九九七年市区、市郊公共汽车线路图
沙塘
新果园
财校
射击场
长塘
园艺场
油库
北岸
第二化工厂
马厂
干校
冷风库
柳江造纸厂
洛埠
浪江
西流
八桂
鹧鸪江
柳空
地区医院
雀山公园
区建三公司一处
柳化
区建三公司二处
柳北水厂
柳钢
前峰路口
运动衣厂
白沙
二桥东
东园
二安
三门江
马鹿村
五公司金属结构厂
针织总厂
跃进小区
二秣厂
牙膏分厂
鹿山花苑
水泥厂
太阳村
新圩
和平
红旗砖厂
肉联厂
木材厂
黄村
高新开发区
兰家村
锌品厂
镙钉厂
河西小区
海关
车管所
牛奶场
跃进路口
三桥
地区公安处
工学院
河西路口
微型汽车厂
西环路口
北站
市政府
电化厂
中百站
党校
工程机械厂
雅莲饭店
市人民医院
殡仪馆
铁二中
窑埠
灯泡厂
塑料制品厂
五一路
龙城路
鹅山
东风化工厂
延安旅社
电机厂
鱼峰路
火车站
东环路口
飞鹅路
荣军路口
汽车总站
工人医院
静兰桥
城站路
市政工程处
五里卡
糖果一厂
农机厂
新风路口
龙潭小区
排灌站
改制厂
龙潭公园
酒厂
张公岭
航星苑
五里亭
机场办
大修厂
商校
龙泉山
莲花城
井巷公司
广电小区
银星小区
罐头厂
地区高中
青年桥
鱼种场
大桥园艺场
东苑
柳机
都乐岩
龙化总厂
拉堡
都乐小学
都乐路口
鸡喇

索　　引

说　　明

一、本索引是《柳州年鉴·1998》的内容分析索引。索引范围包括条目、资料、图片和表格(特载、大事记、附录只注类目)。在此范围内凡具有独立检索意义的资料,都可以通过本索引进行检索。

二、本索引按汉语拼音字母(同音字按声调)顺序排列。类目、分目、次分目作索引款目用黑体字排印,其余款目均用宋体字排印。表格、图片在其款目后分别注明"表"或"图"。

三、索引款目后的数字表示内容所在的页码,数字后的拉丁字母(a、b、c)表示栏别(即版面的1、2、3栏)。

四、空2字起排的款目为上一主题的"附见"。同一主题的"参见",只标页码。内容有交叉的款目,为便于读者检索,在本索引中重复出现。

A

B

C

D

E

F

G

H

J

K

L

M

N

P

Q

R

S

T

W

X

Y

Z

柳州市自来水公司

经理 黄京敏

柳西水厂全貌

柳州市自来水公司柳西水厂30万立方米／日扩建工程是自治区、柳州市重点工程。该工程分二期进行，一期工程于1992年开始实施，设计规模为10万立方米／日；二期工程于1995年开始实施，设计规模为20万立方米／日，包括配水管网和加压站等配套设施。工程总投资2.84亿元人民币，其中利用英国政府贷款529万英磅（折合人民币7216万元）。1997年10月28日一次试水成功，1997年12月18日正式竣工投产。新建成的柳西水厂是一个工艺先进、自动化程度高、工作效率高的现代化水厂，它的建成为柳州市工业发展和满足群众生活用水奠定了坚实的基础。

地址：柳州市连塘路23号　电话：2817624　电传：2820103　邮编：545001

柳州市第八中学

校长 易广兴

创建于1963年的柳州八中傍依风景秀丽的箭盘奇石园，经过35年的艰苦创业，至今已建成拥有教职员工175人，其中高级教师48人，在校学生2334名的高、初中学校。

近年来，在市十佳校长易广兴同志的带领下，大胆改革、锐意进取，上下团结一致、齐心协力，在坚持抓好校风、学风、班风的基础上，教育与改革并举、科研与实践相结合，重视抓好师资队伍的建设，特别是青年教师的培养，使学校连续三年初中教学成果名列全市前茅，高中升学率逐年上升，单科数学、物理、化学、英语竞赛均获佳绩；计算机竞赛初中组代表全市荣获了全区团体第一；学校1997年度荣获市政府授予的先进单位称号。校园环境绿化、美化、图书室、电教室、语音室、微机室等一大批硬件设施配套齐全并逐步走向现代化。

图为该校参加全国中学物理奥赛获奖的同学与指导老师刘秀芬副校长合影。其中吴祖林（后排右起第2位）同学当年还考取了清华大学国家理科实验班

柳州钢铁（集团）公司第二中学

校长、书记　李昌林

团结务实的学校领导班子

柳州钢铁（集团）公司第二中学地处柳北工业区、风景秀丽的雀山公园旁，校门口有五路公共汽车站，交通十分方便。学校占地面积30多亩，建筑面积1.196万平方米。校内环境优雅，绿树成荫，四季飘香。教育教学设施完善，设有一流的语音室、微机室和实验室；体育、艺术、图书、阅览等专用场馆均达一类标准，每间教室都安装有闭路电视、电话，配有投影仪、屏幕。

该校创建于1986年8月，现有教学班43个，其中高中15个，初中28个，学生2600人，教职工150人。有一个团结务实、开拓进取的领导班子。拥有一支德才兼备、勤奋工作的教师队伍。该校提出“学会做人，学会学习，学会创新”的校训，对学生实施素质教育。注重教育教学科研工作，该校“心理健康”教育科研获柳州市教育科研一等奖，在市及自治区产生了重大的影响，推广“目标教学”的科研成果，深入开展课堂改革的研究等，已取得一定成效，教育教学质量稳步提高，该校连年获市府颁发的教育教学质量全面奖。先后获市文明单位、花园式单位等多项荣誉，办学成绩得到龙城人民的称赞。

邮编：545002　电话：2592609

该校电教装备先进，图为该校闭路电视总控室

该校心理健康教育在区市产生良好的影响，图为初96（6）班的心理辅导观摩课

该校重视青年教师的培养，抓好教学基本功训练，图为青年教师汇报课

建校12年，如今已成为设施完备的新型学校，图为图书、电教综合楼